U0216102

吉林人民出版社

简体字本二十六史

清史稿

卷二九五——卷三六六

（十二）

［民国］赵尔巽等 撰

许凯等 标点

清史稿卷二九五
列传第八二

隆科多　年羹尧 胡期恒

隆科多，佟佳氏，满洲镶黄旗人，一等公佟国维子，孝懿仁皇后弟也。康熙二十七年，授一等侍卫，擢銮仪使，兼正蓝旗蒙古副都统。四十四年，以所属人违法，上责隆科多不实心任事，罢副都统、銮仪使，在一等侍卫上行走。五十年，授步军统领。五十九年，擢理藩院尚书，仍管步军统领。六十一年十一月，圣祖大渐，召受顾命。世宗即位，命与大学士马齐总理事务，袭一等公，授吏部尚书。旋以总理事务劳，加一等阿达哈哈番，以其长子岳兴阿袭。次子玉柱，自侍卫授銮仪使。雍正元年，与川陕总督年羹尧同加太保。二年，兼领理藩院事。纂修《圣祖实录》、《大清会典》并充总裁，监修《明史》。复与羹尧同赐双眼花翎、四团龙补服、黄带、紫辔。

三年，解步军统领。玉柱以行止甚劣，夺官，交隆科多管束。羹尧得罪，上以都统范时捷疏劾欺罔贪婪诸状，及妄劾道员金南瑛等。并下吏部议处。上谕曰："前以隆科多、年羹尧颇著勤劳，予以异数，乃交结专擅，诸事欺隐。"命缴上所赐四团龙补服，并不得复用双眼花翎、黄带、紫辔。及议上，以时捷劾，请罢羹尧任。以妄劾南瑛，请严加治罪。上以前议徇庇，后议复过当，责隆科多有意扰乱，削太保及一等阿达哈哈番世职。命往阿兰善等处修城垦地，谕曰："朕御极之初，隆科多、年羹尧皆寄以心腹，毫无猜防。孰知朕视为一德，彼竟有二心，招权纳贿，擅作威福，欺罔悖负，朕岂能姑息养奸耶？向日明珠、索额图结党行私，圣祖解其要职，置之闲散，何尝更加信用？隆科多、年羹尧若不知恐惧，痛改前非，欲如明珠等，万不能也！殊典不可再邀，覆辙不可屡蹈，各宜警惧，毋自干诛灭。”四年，隆科多家仆牛伦挟势索赇，事发，逮下法司，鞫得隆科多受羹尧及总督赵世显、满保，巡抚甘国璧、苏克济贿。谳上，上命斩伦，罢隆科多尚书，令料理阿尔泰等路边疆事务，寻命勘议俄罗斯边界。

初，隆科多与阿灵阿、揆叙相党附，既又与羹尧交结。至是，上尽发阿灵阿、揆叙及羹尧罪状。宣示中外。又侍郎查嗣庭为隆科多所荐，坐悖逆诛死，上诘隆科多，隆科多不以实对。五年，宗人府复奏劾辅国公阿布兰以玉牒畀隆科多藏于家，阿布兰坐夺爵幽禁。上命夺隆科多爵，召还京，命王大臣会鞫。以圣祖升遐，隆科多未在上前，妄言身藏匕首以防测。又自拟诸葛亮，奏称：“白帝城受命之日，即死期将至之时。”上躬祀坛庙，妄谓防刺客，令于案下搜查。上谒陵，妄奏“诸王心变”。具狱辞，大不敬之罪五，欺罔之罪四，紊乱朝政之罪三，党奸之罪六，不法之罪七，贪婪之罪十六，凡四十一款，当斩，妻子入辛者库，财产入官。上谕曰：“隆科多罪不容诛，但皇考升遐，大臣承旨者惟隆科多一人。今以罪诛，朕心有所不忍，可免其正法，于畅春园外筑屋三楹，永远禁锢。妻子免入辛者库，岳兴阿夺官，玉柱发黑龙江。”六年六月，科布多死于禁所，赐金治丧。

年羹尧，字亮工，汉军镶黄旗人。父遐龄，自笔帖式授兵部主事，再迁刑部郎中。康熙二十二年，授河南道御史。四迁工部侍郎，出为湖广巡抚。湖北武昌等七府岁征匠役班价银千余，户绝额缺，为官民累。遐龄请归地丁征收，下部议，从之。疏劾黄梅知县李锦亏赋，夺官。锦清廉得民，民争完逋赋，诸生吴士光等聚众闭城留锦。事闻，上命调锦直隶，士光等发奉天，遐龄与总督郭琇俱降级留任。四十三年，遐龄以病乞休。

羹尧，康熙三十九年进士，改庶吉士，授检讨。迭充四川、广东乡试考官，累迁内阁学士。四十八年，擢四川巡抚。四十九年，翰伟生番罗都等掠宁番卫,戕游击周玉麟。上命羹尧与提督岳升龙剿抚。升龙率兵讨之,擒罗都,羹尧至平番卫,闻罗都已擒,引还。川陕总督音泰疏劾,部议当夺官,上命留任。五十六年,越隽卫属番与普雄土千户那交等为乱,羹尧遣游击张玉剿平之。

是岁,策妄阿喇布坦遣其将策凌敦多布袭西藏,戕拉藏汗。四川提督康泰率兵出黄胜关,兵哗,引还。羹尧遣参将杨尽信抚谕之,密奏泰失兵心,不可用,请亲赴松潘协理军务。上嘉其实心任事。遣都统法喇率兵赴四川助剿。五十七年,羹尧令护军统领温普进驻里塘,增设打箭炉至里塘驿站,寻请增设四川驻防兵,皆允之。上嘉羹尧治事明敏,巡抚无督兵责,特授四川总督,兼管巡抚事。五十八年,羹尧以敌情叵测,请赴藏为备。廷议以松潘诸路军事重要,令羹尧毋率兵出边,檄法喇进师。法喇率副将岳钟琪抚定里塘、巴塘。羹尧亦遣知府迟维德招降乍丫、察木多、察哇诸番目,因请召法喇师还,从之。

五十九年,上命平逆将军延信率兵自青海入西藏,授羹尧平西将军印,自拉里会师,并谙羹尧孰可署总督者。羹尧言一时不得其人,请以将军印畀护军统领噶尔弼,而移法喇军驻打箭炉。上用其议。巴塘、里塘本云南丽江土府属地,既抚定,云贵总督蒋陈锡请仍隶丽江土知府木兴。羹尧言二地为入藏运粮要路,宜属四川,从之。兴率兵往收地,至喇皮,击杀番酋巴桑,羹尧疏劾。上命逮兴,囚云南省城。八月,噶尔弼、延信两军先后入西藏,策凌敦多卜败走,西藏平。上谕羹尧护凯旋诸军入边,召法喇还京师。

羹尧寻遣兵抚定里塘属上下牙色、上下雅尼,巴塘属桑阿坝、林卡石诸生番。六十年,入觐,命兼理四川陕西总督,辞,还镇,赐弓矢。上命噶尔弼率兵驻守西藏,行次泸定桥,噶尔弼病不能行,羹尧以闻。上命公策旺诺尔布署将军,额驸阿宝、都统武格参赞军务,驻西藏。青海索罗木之西有郭罗克上中下三部,为唐古特种人,屡出肆掠,阿宝以闻,上令羹尧与钟琪度形势,策进讨。羹尧疏言:“郭罗克有隘口三,悉险峻,宜步不宜骑。若多调兵,塞上传闻使贼得为备，不如以番攻番。臣素知瓦斯、杂谷诸土司亦憾郭罗克肆恶，愿出兵助剿。臣已移钟琪令速赴松潘，出塞督土兵进剿。"寻，钟琪督兵击败郭罗克，下番寨四十余，获其渠，余众悉降。

六十一年，羹尧密疏言："西藏喇嘛楚尔齐木臧布及知府石如金呈策旺诺尔布委靡，副都统常龄、侍读学士满都、员外郎巴特玛等任意生事。致在藏官兵不睦。"因请撤驻藏官兵。下廷臣议，以羹尧擅议撤兵，请下部严议，上原之，命召满都、巴特玛、石如金、楚尔齐木臧布等来京师，遣四川巡抚色尔图、陕西布政使塔琳赴西藏，佐策旺诺尔布驻守。

自军兴，陕西州县馈饷供亿，库帑多亏缺。羹尧累疏论劾州县吏，严督追偿。陕西巡抚噶什图密奏亏项不能速完，又与羹尧请加征火耗垫补。上谕曰："各省钱粮皆有亏空，陕西尤甚。盖自用兵以来，师所经行，资助马匹、盘费、衣服、食物，仓卒无可措办，势必挪用库帑。及撤兵时亦然。即如自藏回京，将军以至士卒，途中所得，反多于正项。各官费用，动至万金，但知取用，不问其出自何项也。羹尧等欲追亏项以充兵饷，追比不得，又议加征火耗。火耗止可议减，岂可加增？朕在位六十一年，从未加征火耗。今若听其加派，必致与正面项一例催征，肆无忌惮矣。著传旨申饬。"命发帑银五十万送陕西资饷。

世宗即位，召抚远大将军允禵还京师，命羹尧管理大将军印务。雍正元年，授羹尧二等阿达哈哈番世职，并加逿龄尚书衔。寻又加羹尧太保。诏撤西藏驻防官军。羹尧疏陈边防诸事，请于打箭炉边外中渡河口筑土城，移岚州守备驻守。大河南保县，移威茂营千总驻守。越嶲卫地方辽阔，蛮猓出没，改设游击，增兵驻守。松潘边外诸番，阿树为最要，给长官司职衔。大金川土目莎罗奔从征羊峒有功，给安抚司职衔。乌蒙蛮目达木等凶暴，土舍禄鼎坤等请禽献，俟其至，给土职，分辖其地。下部议，从之。论平西藏功，以羹尧运粮守隘，封三等公，世袭。

青海台吉罗卜藏丹津为顾实汗孙，纠诸台吉吹拉克诺木齐、阿尔布坦温布、藏巴札布等，劫亲王察罕丹津叛、掠青海诸部。上命羹尧进讨，谕抚远大将军延信及防边理饷诸大臣，四川、陕西、云南督、抚、提、镇，军事皆告羹尧。十月，羹尧率师自甘州至西宁，改延信平逆将军，解抚远大将军印授羹尧，尽护诸军。羹尧请以前锋统领素丹、提督岳钟琪为参赞大臣，从之。论平郭罗克功，进公爵二等。

羹尧初至西宁，师未集，罗卜藏丹津谍知之，乃入寇，悉破傍城诸堡，移兵向城。羹尧率左右数十人坐城楼不动，罗卜藏丹津稍引退，围南堡。羹尧令兵斫贼垒，敌知兵少，不为备，驱桌子山土番当前队，炮发，土番死者无算。钟琪兵至，直攻敌营，罗卜藏丹津败奔，师从之，大溃，仅率百人遁走。羹尧乃部署诸军，令总兵官周瑛率兵截敌走西藏路，都统穆森驻吐鲁番，副将军阿喇纳出噶斯，暂驻布隆吉尔，又遣参将孙继宗将二千人与阿喇纳师会。敌侵镇海堡，都统武格赴援，敌围堡，战六昼夜，参将宋可进等赴，援敌败走，斩六百余级，获多巴囊素阿旺丹津罗卜藏丹津。攻西宁南川口，师保申中堡，敌围堡，堡内囊素与敌通，欲凿墙而入。守备马有仁等力御，可进等赴援，夹击，敌败走，诸囊素助敌者皆杀之。羹尧先后疏闻，并请副都统花色等将鄂尔多斯兵，副都统查克丹等将归化土默特兵，总兵马觌伯将大同镇兵，会甘州助战，从之。

西宁北川、上下北塔蒙回诸众将起应罗卜藏丹津，羹尧遣千总马忠孝抚定下北塔三十余庄。上北塔未服，忠孝率兵往剿，擒戮其渠，余众悉降。察罕丹津走河州，罗卜藏丹津欲劫以去。羹尧令移察罕丹津及其族属入居兰州。青海台吉索诺木达什为罗卜藏丹津诱擒，脱出来归，羹尧奏闻，命封贝子，令羹尧抚慰，敌掠新城堡，羹尧令西宁总兵黄喜林等往剿，斩千五百余级，擒其渠七，得器械、驼马、牛羊无算。以天寒，羹尧令引师还西宁。

寻策来岁进兵，疏：“请选陕西督标西安、固原、宁夏、四川、大同、榆林绿旗兵及蒙古兵万九千人，令钟琪等分将，出西宁、松潘、甘州、布隆吉尔四道进讨，分兵留守西宁、甘州、布隆吉尔，并驻防

永昌、巴塘、里塘、黄胜关、察木多诸隘。军中马不足,请发太仆寺上
都打布孙脑儿孳生马三千,巴尔库尔驼一千,仍于甘、凉增买千五
百。粮米,臣已在西安豫买六万石。军中重火器,请发景山所制火
药一百驼,驼以一百八十斤计。"下廷议,悉如所请,马加发千,兴药
加发倍所请。

　　察罕丹津属部杀罗卜藏丹津守者来归,羹尧宣上指,安置四川
边外。墨尔根戴青拉查卜与罗卜藏丹津合力劫察罕丹津,其子察罕
喇卜坦等来归,羹尧令招拉查卜内附。又有堪布诺门汗,察罕丹津
从子也,为塔儿寺喇嘛,叛从敌,纠众拒战,至是亦来归。羹尧数其
罪,斩之。罗卜藏丹津侵布隆吉尔,继宗与副将潘之善击败之。西
宁南川塞外郭密九部屡出为盗,羹尧招三部内附。余部行掠如故,
呈库、沃尔贾二部尤暴戾。羹尧令钟琪率瓦斯、杂谷二土司兵至归
德堡,抚定上下寺东策布,督兵进歼呈库部众,擒戮沃尔贾部酋,余
并乞降。

　　二年,上以罗卜藏丹津负国,叛不可宥,授钟琪奋威将军,趣羹
尧进兵。西宁东经郭隆寺喇嘛应罗卜藏丹津为乱,羹尧令钟琪及素
丹等督兵讨之,贼屯哈拉直沟以拒。师奋入,度岭三,毁寨十。可进、
喜林及总兵吴正安皆有斩馘,复毁寨七,焚所居室。至寺外,贼伏山
谷间,聚薪纵火,贼歼焉,杀贼六千余,毁寺,诛其渠。青海贝勒罗卜
藏察罕、贝子济克济札布、台吉滚布色卜腾纳汉将母妻诣羹尧请内
属,羹尧予以茶叶、大麦,令分居边上。羹尧遣钟琪、正安、喜林、可
进及侍卫达鼐,副将王嵩、纪成斌将六千人深入,留素丹西宁佐治
事。

　　二月,钟琪师进次伊克喀尔吉,搜山,获阿尔布坦温布,喜林亦
得其酋巴珠尔阿喇布坦等。师复进,羹尧诇知阿冈都番助敌,别遣
凉庄道蒋洞等督兵攻之,戮其囊苏。复击破石门寺喇嘛,杀六百余
人,焚其寺。钟琪师复进次席尔哈罗色,遣兵攻噶斯,逐吹拉克诺木
齐。三月,钟琪师复进出布哈屯。罗卜藏丹津所居地曰额纳布隆吉,
钟琪督兵直入,分兵北防柴旦木,断往噶斯道。罗卜藏丹津走乌兰

穆和儿，复走柴旦木，师从之，获其母阿尔太哈屯及其戚属等，并男妇、牛羊、驼马无算。分兵攻乌兰白克，获吹拉克诺木齐及助乱八台吉。时藏巴札布已先就擒，罗卜藏津以二百余人遁走。青海部落悉平。论功，进羹尧爵一等，别授精奇尼哈番，令其子斌袭，封遐龄如羹尧爵，加太傅。并授索丹、可进三等阿达哈哈番，喜林二等阿达哈哈番按察使王景灏及达鼐、瑛、嵩、成斌拜他喇布勒哈番，提督郝玉麟及正安拖沙喇哈番。

阿拉布坦苏巴泰等截路行劫，羹尧令继宗往剿，逐至推墨尔，阿拉布坦苏巴泰将妻子遁走。成斌等搜戮余贼至梭罗木，击斩堪布夹木灿垂扎木素。羹尧遣达鼐及成斌攻布哈色布苏，获台吉阿布济车陈。又遣副将岳起龙讨平河州塞外铁布等八十八寨，杀二千一百余人，得人口、牲畜无算。羹尧执吹拉克诺木齐、阿尔布拉温布、藏巴扎布槛送京师。上祭告庙、社、景陵，御午门受俘。羹尧策防边诸事，以策旺阿喇布坦遣使乞降，请罢北征师，分驻巴里坤、吐鲁番、哈密城、布隆吉尔驻兵守焉，辖以总兵，每营拨余丁屯赤金卫柳沟所垦田，设同知理民事，卫守备理屯粮，游牧蒙古令分居布隆吉尔迤南山中。宁夏边外阿拉善以满洲兵驻防。上悉从所请。

庄浪边外谢尔苏部土番据桌子、棋子二山为巢，皆穴地而居，官军驻其地，奴使之。兵或纵掠，番御之，尽歼，置不问，番始横。凉州南崇寺沙马拉木扎木巴等掠新城张义诸堡。又有郭隆寺逸出喇嘛，与西宁纳朱公寺、朝天堂、加尔多寺诸番相结，纠谢尔苏部土番谋为乱。羹尧遣钟琪等督兵讨之，纳朱公寺喇嘛降。师进次朝天堂，遣成斌、喜林及副将张玉等四道攻加尔多寺，杀数百人，余众多入水死，焚其寺。游击马忠孝、王大勋战和石沟，王序吉、范世雄战石门口，洞战喜逢堡，苏丹师次旁伯拉夏口，土番伪降，洞之，方置伏，纵兵击之，所杀伤甚众。洞搜剿棋子山，逐贼巴洞沟，土司鲁华龄逐贼天王沟，先密寺喇嘛缚其渠阿旺策凌以献。师入，转战五十余日，杀土番殆尽。羹尧以先密寺喇嘛反覆不常，拼焚其寺，徙其众加尔多寺外桌子山。余众降，羹尧令隶华龄受约束。

　　条上青海善后诸事，请以青海诸部编置佐领。三年一入贡，开市那拉萨拉。陕西、云南、四川三省边外诸番，增设卫所抚治。诸庙不得过二百楹，喇嘛不得过三百，西宁、北川边外筑边墙，建城堡。大通河设总兵，盐池、保安堡及打箭炉外木雅吉达、巴塘、里塘诸路皆设兵。发直隶、山西、河南、山东、陕西五省军罪当遣者，往大通河、布隆吉尔屯田。而令钟琪将四千人驻西宁，抚绥诸番。下王大臣议行。十月，羹尧入觐，赐双眼花翎、四团龙补服、黄带、紫辔、金币。叙功，加一等阿思哈哈番世职，令其子富袭。

　　羹尧才气凌厉，恃上眷遇，师出屡有功，骄纵。行文诸督抚，书官斥姓名。请发侍卫从军，使为前后导引，执鞭坠镫。入觐，令总督李维钧、巡抚范时捷跪道送迎。至京师，行绝驰道。王大臣郊迎，不为礼。在边，蒙古诸王公见必跪，额驸阿宝入谒亦如之。尝荐西安布政使胡期恒及景灏可大用，劾四川巡抚蔡珽逮治，上即以授景灏，又擢期恒甘肃巡抚。羹尧仆桑成鼎、魏之耀皆以从军屡擢，成鼎布政使，之耀副将。羹尧请发将吏数十从军，上许之，觐还，即劾罢驿道金南瑛等，而请以从军主事丁松署粮道。上责羹尧题奏错误，命期恒率所劾官吏诣京师。三年正月，珽逮至，上召入见，备言羹尧暴贪诬陷状，上特宥珽罪。

　　二月庚午，日月合璧，五星联珠，羹尧疏贺，用“夕惕朝乾”语，上怒，责羹尧有意倒置，谕曰：“羹尧不以朝乾夕惕许朕，则羹尧青海之功，亦在朕许不许之间而未定也。”会期恒至，入见，上以奏对悖谬，夺官。上命更定打箭炉外增汰官兵诸事，不用羹尧议。四月，上谕曰：“羹尧举劾失当，遣将士筑城南坪，不惜番民，致惊惶生事，反以降番复叛具奏。青海蒙古饥馑，匿不上闻。怠玩昏愦，不可复任总督，改授杭州将军。”而以钟琪署总督，命上抚远大将军印。羹尧既受代，疏言：“臣不敢久居陕西，亦不敢遽赴浙江，今于仪征水陆交通之处候旨。”上益怒，促羹尧赴任。山西巡抚伊都立、都统前山西巡抚范时捷、川陕总督岳钟琪、河南巡抚田文镜、侍郎黄炳、鸿胪少卿单畴书、原任直隶巡抚赵之垣交章发羹尧罪状，侍郎史贻直、高其佩赴山西按时捷劾年羹尧遣兵围郃阳民堡杀戮无辜，亦以谳辞入奏，上命分案议罪。罢年羹尧将军，授闲散章京，自二等公递降至拜他喇布勒哈番，乃尽削年羹尧职。

十二月，逮至京师，下议政大臣、三法司、九卿会鞫。是月甲戌，具狱辞，年羹尧大逆之罪五，欺罔之罪九，僭越之罪十六，狂悖之罪十三，专擅之罪六，忌刻之罪六，残忍之罪四，贪黩之罪十八，侵蚀之罪十五，凡九十二款，当大辟，亲属缘坐。上谕曰："年羹尧谋逆虽实，而事迹未著，朕念青海之功，不忍加极刑。"遣领侍卫内大臣马尔赛、步军统领阿齐图赍诏谕年羹尧狱中令自裁。遐龄及年羹尧兄希尧夺官，免其罪，斩其子富，诸子年十五以上皆戍极边。年羹尧幕客邹鲁、汪景祺先后皆坐斩，亲属给披甲为奴。又有静一道人者，四川巡抚宪德捕送京师，亦诛死。五年，赦年羹尧诸子，交遐龄管束。遐龄旋卒，还原职，赐祭。

希尧，初自笔帖式累擢工部侍郎。既夺官，复起内务府总管，命榷税淮安，加左都御史。十三年，为江苏巡抚高其倬劾罢。乾隆三年，卒。

胡期恒，字元方，湖广武陵人。祖统虞，明崇祯末进士。国初授检讨，官至秘书院学士。父献征，自荫生授都察院经历，官至湖北布政使。期恒，康熙四十四年举人，献征与遐龄友，欢若弟昆，期恒少从年羹尧游。上南巡，献诗，授翰林院典籍。出为夔州通判，有恩信，民为建生祠。年羹尧为巡抚，荐期恒，迁夔州知府，再迁川东道。年羹尧兼督陕西，复荐迁西安布政使。期恒通晓朝章国故，才敏，善理繁剧，年羹尧深倚之。年羹尧挟贵而骄，惟期恒能以微言救其失。年羹尧奴辱咸阳知县，期恒执而杖之，自是诸奴稍敛戢。尝讽年羹尧善持盈，年羹尧勿能用。及年羹尧败，诸为年羹尧引进者，争劾年羹尧以自解。期恒惟引咎，终不言年羹尧，乃下狱颂系。至高宗即位，始得释。侨居江南，久之，卒。

论曰：雍正初，隆科多以贵戚，年羹尧以战多，内外夹辅为重臣。乃不旋踵，幽囚诛夷，亡也忽诸。当其贵盛侈汰，隆科多恃元舅之亲，受顾命之重。羹尧自代允禵为大将军，师所向有功。方且凭藉权势，无复顾忌，即于覆灭而不自怵。臣罔作威福，古圣所诫，可不谨欤！

清史稿卷二九六
列传第八三

岳钟琪 <small>季父超龙　超龙子钟璜　钟琪子浚</small>
策棱 <small>子成衮扎布　车布登札布</small>

　　岳钟琪,字东美,四川成都人。父升龙,初入伍,授永泰营千总。康熙十二年,吴三桂反,永泰营游击许忠臣受三桂札。升龙使诣提督张勇告变,密结兵民,执忠臣杀之。十四年,从西宁总兵王进宝克兰州,先登被创,迁庄浪守备。从克临洮,平关陇,加都督金事衔。累擢天津总兵。三十五年,上亲征噶尔丹,升龙将三百骑护粮。上命升龙及马进良、白斌,副将以次有违令退怯者,得斩之乃闻。昭莫多之捷,授拖沙喇哈番,擢四川提督。初,西藏营官入驻打箭炉,上使勘界。四川巡抚于养志言营官司贸易,不与地方事。居数年,营官喋吧昌侧集烈发兵据泸河东诸堡,升龙以五百人防化林营。养志反劾升龙擅发兵,升龙亦许养志。上使勘谳,养志坐斩,升龙亦夺官。喋吧昌侧集烈击杀明正土司蛇蜡喳吧,伤官兵,提督唐希顺讨之,上命升龙从军。事定,希顺以病解任,仍授升龙提督。四十九年,乞休。升龙本贯甘肃临洮,以母年逾九十,乞入籍四川,许之。逾二年,卒。雍正四年,追谥敏肃。

　　钟琪,初入资为同知。从军,请改武职,上命以游击发四川,旋授松潘镇中军游击。再迁四川永宁协副将。五十八年,准噶尔策妄阿喇布坦遣其将策凌敦多布袭西藏,都统法喇督兵出打箭炉,抚定里塘巴塘。檄钟琪前驱,至里塘,第巴不受命。诛之。巴塘第巴惧,献户籍。乍丫、察木多、察哇诸番目皆顺命。五十九年，定西将军噶尔弼师自拉里入，仍令钟琪前驱。钟琪次察木多，选军中通西藏语者三十人，更衣间行至洛隆宗，斩准噶尔使人，番众惊，请降。噶尔弼至军，用钟琪策，招西藏公布，以二千人出降。钟琪遂督兵渡江，直薄拉萨，大破西藏兵，禽喇嘛为内应者四百余人。策凌敦多布败走，西藏平。六十年，师还，授左都督，擢四川提督，赐孔雀翎。命讨郭罗克番部，钟琪率师并督瓦斯、杂谷诸土司兵自松潘出边。郭罗克番兵千余出拒，钟琪击破之，取下郭罗克吉宜卡等二十一寨，歼其众。乘夜督兵进至中郭罗克纳务寨，番兵出拒，钟琪奋击，未终日，连克十九寨，斩三百余级，获其渠酸他尔嗕索布六戈。复督兵进攻上郭罗克押六寨，番目且增缚首恶假磕等二十二人以降。郭罗克三部悉定，予拜他喇布勒哈番世职。六十一年，讨平羊峒番，于其地设南坪营。

雍正元年，师讨青海，抚远大将军年羹尧请以钟琪参赞军事。钟琪将六千人出归德堡，抚定上寺东策卜、下寺东策卜诸番部。南川塞外郭密九部屡盗边，而呈库、活尔贾二部尤横。钟琪移师深入捣其巢，尽平之。二年，授奋威将军，趣进兵。郭隆寺喇嘛应罗卜藏丹津为乱，钟琪会诸军合击，歼其众，毁寺，擒戮其渠达克玛胡土克图。罗卜藏丹津居额穆纳布隆吉尔，其大酋阿尔布、坦温布吹拉克诺木齐分屯诸隘，钟琪与诸将分道入。钟琪及侍卫达䏆出南路，总兵吴正安出北路，黄喜林、宋可进出中路，副将王嵩、纪成斌搜山。师进至哈喇乌苏，方黎明，番众未起，即纵击，斩千余人，番众惊走，逐之，一昼夜至伊克喀尔吉，获阿尔布坦温布。复进次席尔哈罗色，遣兵攻噶斯。复进次布尔哈屯，薄额穆纳布隆吉尔，罗卜藏丹津西窜，钟琪逐之，一昼夜驰三百里。其酋彭错等来降，钟琪令守备刘廷言监以前驱，钟琪继其后。其酋吹因来降，言罗卜藏丹津所在距师百五六十里。钟祺令暂休，薄暮复进，黎明至其地。罗卜藏丹津之众方散就水草，即纵击，大破之，禽诸台吉，并罗卜藏丹津母阿尔泰哈屯及女弟阿宝、罗卜藏丹津易妇人服以遁。廷言等亦得吹拉克诺木齐等。钟琪复进至桑驼海，不见虏乃还。出师十五日，斩八万余级。大酋助罗卜藏丹津为乱者皆就擒。青海平，上授钟琪三等公，赐黄带。

庄浪边外谢尔苏部土番据棹子、棋子二山为乱，纳朱公寺、朝天堂、加尔多寺诸番与相纠合。羹尧遣钟琪等督兵分十一路进剿，凡五十余日，悉讨平之。命兼甘肃提督。三年，复命兼甘肃巡抚。四月，解羹尧兵柄，改授杭州将军，命钟琪亦上奋威将军印，署川陕总督，尽护诸军。河州、松潘旧为青海蒙古互市地，羹尧奏移于那喇萨喇。钟琪奏言青海部长察罕丹津等部落居黄河东，请仍于河州、松潘互市。额尔德尼额尔克托克托鼐等部落居黄河西，请移市西宁塞外丹噶尔寺。蒙古生业，全资牲畜，请六月后不时交易。四川杂谷、金川、沃日诸土司争界，羹尧令金川割美同等寨畀沃日，致仇杀不已。钟琪奏请还金川，而以龙堡三歌地予沃日，上皆许之。

寻真除川陕总督。疏言："土司承袭，文武吏往往索贿，封其印数年不与，致番目专恣仇杀。请定限半年，仍令应袭者先行署理。土司有外支循谨能治事者，许土官详督抚给职衔，分辖其地，多三之一，少五之一，使势相维、情相安。"入觐，加兵部尚书衔。疏言："察木多外鲁隆宗察畦、坐尔刚、桑噶、吹宗、衮卓诸部，距打箭炉远，不便遥制。请宣谕达赖喇嘛，令辖其地。中甸、里塘、巴塘及得尔格特、瓦舒霍耳诸地，并归内地土司。"又言："巴塘隶四川，中甸隶云南，而巴塘所属木咱尔、祁宗、拉普、维西诸地逼近中甸，总会于阿墩子，实中甸门户。请改隶云南，与四川里塘、打箭炉互为犄角。"下王大臣议，如所请。四年春，请选西安满洲兵千人驻潼关。冬，请以陕、甘两省丁银摊入地亩征收，自雍正五年始，著为定例。逾年，复疏言甘属河东粮轻丁多，河西粮多丁少，请将二属各自均派，河东丁随粮办，河西粮照丁摊，下部议行。四川乌蒙土知府禄万钟扰云南东川，镇雄土知府陇庆侯及建昌属冕山、凉山诸苗助为乱。上命钟琪与云贵总督鄂尔泰会师讨之。五年春，擒万钟，庆侯亦降。乌蒙、镇雄皆改土归流。冕山、凉山亦以次底定。

　　钟琪督三省天下劲兵处，疑忌众。成都讹言钟琪将反，钟琪疏闻，上谕曰："数年以来，谗钟琪者不止谤书一箧，甚且谓钟琪为岳飞裔，欲报宋、金之仇。钟琪懋著勋劳，朕故任以要地，付之重兵。川、陕军民，受圣祖六十余年厚泽，尊君亲上，众共闻知。今此造言之人，不但谤大臣，并诬川、陕军民以大逆。命巡抚黄炳、提督黄廷桂严鞫。"寻奏湖广人卢宗寄居四川，因私事造蜚语，无主使者，论斩。

　　六年，疏请以建昌属河西、宁番两土司及阿都、阿史、纽结、歪溪诸地改土归流，河东宣慰司以其地之半改隶流官，升建昌为府，领三县，并厘定营汛职制，及善后诸事。下部议，如所请。定新设府曰宁远，县曰西昌、冕宁、盐源，又请改岷州两土司归流。寻分疏请升四川达州，陕西秦、阶二县为直隶州。七年，又分疏请升甘肃肃州为直隶州，陕西子午谷隘口增防守官兵，里塘、巴塘诸地，置宣抚、安抚诸司至千百户，视流官例题补，俱议行。雷波土司为乱，遣兵讨平之。靖州诸生曾静遣其徒张熙投书钟琪，劝使反。钟琪与设誓，具得静始末，疏闻。上褒钟琪忠，遣侍郎杭奕禄等至湖南逮鞫治，语详杭奕禄传。

　　罗卜藏丹津之败也，走投准噶尔，其酋策妄阿喇布坦纳之。策妄阿喇布坦死，子噶尔丹策零立，数侵掠喀尔喀诸部。上命傅尔丹为靖边大将军，屯阿尔泰山，出北路。钟琪为宁远大将军，屯巴里坤，出西路，讨之。加钟琪少保，以四川提督纪成斌等参赞军务。钟琪率师至巴里坤，筑东西二城备储胥，简卒伍为深入计。八年五月，召钟琪及傅尔丹诣京师授方略，钟琪请以成斌护大将军印。科舍图岭者，界巴密、巴里坤间，钟琪设牧厂于此。准噶尔闻钟琪方入觐，乘间以二万余人入犯，尽驱驼马去。成斌使副参领查廪以万人护牧厂，寇至不能御，走过总兵勒垒呼救。勒以轻骑往赴，战败亦走。总兵樊廷及副将冶大雄等将二千人，转战七昼夜。总兵张元佐督所部夹击，拔出两卡伦官兵，还所掠驼马强半。成斌欲罪查廪，既而释之，以捷闻。上已遣钟琪还镇，上谓当于卡伦外筑城驻兵，出游岳击敌，俾不敢深入，令钟琪详议。寻谕奖廷、大雄、元佐功，赐金予世职，遣内务府总管鄂善赍银十万犒师。立祠安西，祀陈亡将士。上以酒三爵遥酹，亦俾鄂善赍往设祭。

九年春，钟琪请移兵驻吐鲁番、巴尔库尔，为深入计。上谕曰："钟琪前既轻言长驱直入，又为敌盗驼马，既耻且愤，必欲进剿，直捣巢穴，能必胜乎？"九年正月，钟琪部兵有自敌中脱归者，言噶尔丹策零将移驻哈喇沙尔，以大队赴西路，而令其将小策零多敦卜犯北路。钟琪以闻，并言敌将自吐鲁番侵哈密，扰安西、肃州边界。我军众寡莫敌，当持重坚壁固守，告北路遣兵应援，并调兵自无克克岭三面夹击。上谕曰："前以钟琪军寡，谕令持重坚守，今已有二万九千人。樊廷马步二千，敌彼二万，转战七昼夜，犹足相当。乃以二万九千人而云众寡莫敌，何懦怯至此？且前欲直捣伊犁，岂有贼至数百里内转坚壁而不出乎？贼果至巴尔库尔，即败逃，亦从科舍图直走伊尔布尔和邵而遁。无克克岭相去二三百里，安所得夹击？钟琪于地势军机，茫然不知，朕实为烦忧。"

三月，准噶尔二千余犯吐鲁番，成斌遣廷将四千人赴援，敌引退。四月，又以千余人犯吐鲁番，别以二百余人犯陶赖卡伦。六月，又以二千余人围鲁谷庆城。吐鲁番回目额敏和卓等率所部奋击，杀二百余人，钟琪议令元佐、勷及张存孝将三千人赴援。提督颜清如将二千人屯塔库，成斌将四千人防陶赖，俟我军进击乌鲁木齐，移回民入内地。上谕钟琪："今年秋间袭击，是第一善策。援吐钱番，乃不得已之举，若但筹画应援，而不计及袭击，是舍本而逐末也。"

鲁谷庆城围四十余日不下，准噶尔移攻哈喇火州城，以梯登，回民击杀三百人。元佐等兵将至，敌引退。七月，准噶尔大举犯北路，傅尔丹之师大败于和通脑儿，钟琪请乘虚袭击乌鲁木齐。上谕钟琪："贼既得志于北路，今冬仍往西路，且增添贼众，更多于侵犯北路，俱未可知。当先事图维，临时权变，勿贪功前进，勿坐失机宜。"并令略行袭击，即撤兵回营。钟琪自巴尔库尔经伊尔布尔和邵至阿察河，遇敌，击败之。逐至厄尔穆河，敌踞山梁以距。钟琪令元佐将步兵为右翼,成斌将马兵为左翼,勷及总兵王绪级自中路上山,参将黄正信率精锐自北山攻敌后,诸军奋进,夺所踞山梁,敌败走。谍言乌鲁木齐敌帐尽徙,乃引兵还。疏闻,上奖钟琪进退迟速俱合机宜。

十二月,上追举科舍图之役,责成斌怠忽,降沙州副将。十年正月,镜儿泉逻卒遇敌,杀其二,掠其一以去。钟琪劾副将马顺,上并以钟琪下部察议。俄,准噶尔三千余人犯哈密,钟琪令勷、成斌将五千人自回落兔大坂,总兵纪豹将二千人自科舍图岭,分道赴援。又令副将军石云倬、常赉,镇安将军卓鼐分地设伏,待敌占天生圈山口,颜清如屯塔尔那沁,遣参将米彪、副将陈经纶分道御战,敌引去。勷等将至二堡,遇准噶尔五千余人,即纵兵奋战一昼夜。敌登山,勷督兵围山,力战至午,敌溃遁。勷自二堡至柳拊泉,与经纶及副将焦景竑军会,乘夜追剿。钟琪使告云倬等,遣兵至无克克岭待敌,疏闻,上奖慰之。钟琪议城穆垒驻军,并命乘胜兴工。云倬等至无克克岭,钟琪令速赴梯子泉阻敌归路,卓鼐继其后。云倬迟发一日,敌自陶赖大坂西越向纳库山遁去。师至敌驻军处,余火犹未息,云倬又令毋追袭。钟琪劾云倬偾事,夺官,逮京师治罪,以张广泗代为副将军。上谕曰:"岳钟琪素谙军旅,本非庸才,但以怀游移之见,致战守乖宜。前车之鉴,非止一端。嗣后当痛自省惕,壹号令,示威信,朕犹深望之!"大学士鄂尔泰等劾钟琪专制边疆,智不能料敌,勇不能歼敌。降三等侯,削少保,仍留总督衔,护大将军印。六月,钟琪疏报移军穆垒。寻召钟琪还京师,以广泗护印。广泗劾钟琪调兵筹饷、统驭将士,种种失宜。穆垒形如釜底,不可驻军。议分驻科舍图、乌兰乌苏诸地。上命还军巴尔库尔,尽夺钟琪官爵,交兵部拘禁。

十一年,以查郎阿署大将军,又论钟琪骄蹇不法,且劾成斌、元佐疏防,上命斩成斌,元佐降调。又劾勷纵贼,上命斩勷。十二年,大学士等奏拟钟琪斩决,上改监候。乾隆二年,释归。十三年,师征大金川,久无功。三月,高宗命起钟琪,予总兵衔。至军,即授四川提督,赐孔雀翎。时经略大学士讷亲视师,而广泗以四川总督主军事。大金川酋莎罗奔居勒乌围,其兄子郎卡居噶拉依。钟琪至军。讷亲令攻党坝。上以军事谘钟琪,钟琪疏言:"党坝为大金川门户,碉卡严密,汉、土官兵止七千余。臣商诸广泗,请益兵三千,广泗不应。广泗专主自昔岭、卡撒进攻。此二处中隔噶拉依,距勒乌围尚百余里。党坝至勒乌围仅五六十里,若破康八达,即直捣其巢。臣商诸广泗,广泗不谓然,而广泗信用土舍良尔吉及汉奸王秋等,恐生他虞。"讷亲亦劾广泗老师糜饷,诏逮治。亦罢讷亲大学士,傅恒代为经略。钟琪奏请:"选精兵三万五千,万人出党坝及泸河,水陆并进。万人自甲索攻马牙冈,乃当两沟,与党坝军合,直攻勒乌围。卡撒留兵八千,俟克勒乌围,前后夹攻噶拉依。党坝留兵二千护粮,正地留兵千防泸河,余四千往来策应。期一年擒莎罗奔及郎卡。臣虽老,请肩斯任。"命傅恒筹,议傅恒用其策。

钟琪自党坝攻康八达山梁,大破贼。师进战塔高山梁,复屡破贼。钟琪初佐年羹尧定西藏,莎罗奔以土目从军。及为总督,以羹尧所割金川属寨还莎罗奔,且奏给印信、号纸,莎罗奔以是德钟琪。师入,莎罗奔惧,遣使诣钟琪乞降。钟琪请于傅恒,以十三骑从入勒乌围开谕。莎罗奔请奉约束,顶经立誓,次日,率郎卡从钟琪乘皮船出诣军前降。上谕奖钟琪,加太子少保,复封三等公,赐号曰威信。入觐,命紫禁城骑马,免西征追偿银七十余万,官其子泹、涝侍卫,赐诗褒之。寻命还镇。十五年,西藏珠尔默特为乱,钟琪出驻打箭炉,事旋定。十七杂谷土司苍旺为乱,钟琪遣兵讨擒之。十九年,重庆民陈琨为乱,钟琪力疾亲往捕治,还,卒于资州,赐祭墓,谥襄勤。上以所封公爵不世袭,予一等轻车都尉,令其子清袭。

钟琪沉毅多智略,御士卒严,而与同甘苦,人乐为用。世宗屡奖其忠诚,遂命专征。终清世,汉大臣拜大将军,满洲士卒隶麾下受节制,钟琪一人而已"。既废复起,大金川之役,傅恒倚以成功。高宗《御制怀旧诗》,列五功臣中,称为"三朝武臣巨擘"云。

超龙,升龙弟,初冒刘姓,名曰杰。入伍,屡迁建昌左营守备。引见，圣祖垂询，乃复本姓名，超擢东川营游击。以避钟琪，改西宁左营。雍正二年，授河州协副将，剿定铁布等寨乱番。又以避钟琪，改张家口协。六年，迁天津总兵。八年，擢湖广提督。乌蒙乱，超龙令总兵张大有率副将何勉、参将母椿龄讨平之。寻遣兵分防贵州界，上以深合机宜嘉之。十年，卒。

钟璜，超龙子。雍正七年，以钟琪奏赴西路军效力，授蓝翎侍卫，除銮仪卫治仪正。乾隆初，擢四川威茂镇参将。再迁总兵，历建宁、南赣、开化、昭通诸镇。擢广西提督，钟琪卒，代为四川提督。疏言："松潘总兵例出塞化番，三年一度。番性多猜，调集守候，彼此互防，甚非所愿。又见小道远费巨，托病不至，惟附近土司领赏，有名无实。请停止，以节劳费。"上从之。金川土舍郎卡侵革布什咱土司，革布什咱合九土司兵攻金川，相持数年未决，郎卡乞令罢兵。钟璜率兵出塞，至拉必斯满安营，召郎卡出。令还所侵地及所掠穆尔津图诸土司番民。九土司之兵悉罢。旋卒，赐祭墓，谥庄恪。

浚，钟琪子。以二品荫生授安西同知，擢口北道，再擢山东布政使。六年，调山西，署山东巡抚。钟琪出师，命浚送至肃州。八年，召钟琪诣京师，命浚就省。乾隆元年，请免郯城、兰山诸县水冲地应征丁米。寻调江西。三年，请免南昌府属浮粮三万七千余两，复疏请发帑修筑丰城江堤，浚江关河口，议行社仓皆允所请。两江总督杨超曾劾浚与属吏朋比纳贿，坐夺官。六年，授光禄寺卿，出为福建按察使。再迁广东巡抚，调云南。两广总督陈大受劾浚误举粮道明安以娄赃败，又采木修堤，任属吏作弊，召还京师。十八年，授鸿胪少卿，转通政使参议，卒。浚在巡抚任亏库项，钟琪请以公俸按年扣还，上特命免之。

策棱，博尔济吉特氏，蒙古喀尔喀部人。元太祖十八世孙图蒙肯，号班珠尔，兴黄教，西藏达赖喇嘛贤之，号曰赛音诺颜。其第八子丹津生纳木札勒，纳木札勒生策棱。康熙三十一年，丹津妻格楚勒哈屯自塔密尔携策棱及其弟恭格喇布坦来归，圣祖授策棱三等阿达哈哈番。赐居京师，命入内廷教养。四十五年，尚圣祖女和硕纯悫公主，授和硕额驸。寻赐贝子品级，诏携所属归牧塔密尔。五十四年，命赴推河从军，出北路防御策妄阿喇布坦。五十九年，师征准噶尔，策棱从振武将军傅尔丹出布拉罕，至格尔额尔格，屡破准噶尔，获其宰桑贝坤等百余人，俘馘甚众。战乌兰呼济尔，焚敌粮。师还，道遇准噶尔援兵，复击败之，授札萨克。

策棱生长漠外，从军久，习知山川险易。愤喀尔喀为准噶尔凌藉，锐自磨厉，练猛士千，隶帐下为亲兵。又以敌善驰突而喀尔喀无纪律节制，每游猎及止而驻军，皆以兵法部勒之，居常钦钦如临大敌。由是赛音诺颜一军雄漠北。

雍正元年，世宗特诏封多罗郡王。二年，入觐，命偕同族亲王丹津多尔济驻阿尔泰，并授副将军，诏策棱用正黄旗纛。五年，偕内大臣四格等赴楚库河，与俄罗斯使瓦萨立石定界，事毕，陈兵鸣炮谢天，议罪当削爵，上命改罚俸，九年，从靖边大将军顺承郡王锡保讨噶丹策零，侦贼自和通呼尔哈诺尔窥图垒、茂海、奎素诸界，偕翁牛特部贝子罗卜藏等分兵击却之。准噶尔诸酋有大策零敦多卜、小策零敦多卜，皆噶尔丹策零同族，最用事。噶尔丹策零遣大策零敦多卜将三万人入掠喀尔喀，闻锡保驻察罕廋尔，振武将军傅尔丹军科布多，乃遣其将海伦曼济等将六千人取道阿尔泰迤东，分扰鲁克伦及鄂尔海喀喇乌苏，留余众于苏克阿勒达呼为声援。策棱偕丹津多尔济迎击，至鄂登楚勒，遣台吉巴海将六百人宵入敌营。诱之出追，伏兵突击，斩其骁将，余众惊溃，大策零敦多卜及海伦曼济等遁去。诏进封和硕亲王，赐白金万。寻授喀尔喀大札萨克。

十年六月，噶尔丹策零遣小策零敦多卜将三万人自奇兰至额尔德毕喇色钦，策棱偕将军塔尔岱御于本博图山。未至，准噶尔掠克尔森齐老，分兵袭塔密尔，掠策棱二子及牲畜以去。策棱不及援，侍郎绰尔铎以转饷至，语策棱曰：“王速率兵遏敌归路，当大破敌。”策棱还军驰击，距敌二日程。初，招丹津多尔济赴援，不至。准噶尔兵趋额尔德尼昭，八月，策棱率兵追敌十余战，敌屡败。小策零敦多卜据杭爱山麓,逼鄂尔坤河而陈。策棱令满洲兵陈河南,而率万人伏山侧,蒙古诸军陈河北,遂战。敌见满洲兵背水陈,兵甚弱,意轻之,越险进。满洲兵却走。准噶尔兵逐之,策棱伏起自山下,如风雨至,斩万余级,谷中尸为满,获牲畜、器械无算。小策零敦多卜以余众渡河,蒙古兵待其半渡击之,多入水死,河流尽赤。锡保驰疏告捷,首表策棱功,上嘉悦,赐号超勇,锡黄带。谕:“此次军功非寻常劳绩可比,随征兵弁,著从优加倍议叙。”上以策棱牧地被寇,赍马二千、牛千、羊五千、白金五万,赈所属失业者,并命城塔尔密,建第居之。十二月,进固伦额驸,时纯悫公主已薨,追赠固伦长公主。

十一年,定边大将军平郡王福彭统军驻乌里雅苏台,诏策棱佩定边左副将军印,进屯科布多,寻授盟长。十二年五月,召来京谙军务。六月,移军察罕庾尔。十三年,准噶尔乞和,请以哲尔格西喇呼鲁乌苏为喀尔喀游牧界,上谙策棱。策棱谓:“向者喀尔喀游牧尚未至哲尔格西喇呼鲁乌苏,此议可许。惟准噶尔游牧,必以阿尔泰山为界,空其中为瓯脱。”准噶尔不从。乾隆元年,师还,命策棱将喀尔喀兵千五百人驻乌里雅苏台,分防鄂尔坤。上以策棱母居京师,策棱在军久,不得朝夕定省,命送归游牧,并赐白金五千治装。二年,准噶尔策零贻书策棱,称为车臣汗,申前请。策棱以闻,上命策棱以已意为报书,书曰:“阿尔泰为天定边界。尔父珲台吉时,阿尔泰迤西初无厄鲁特游牧。自灭噶尔丹,我来建城,驻兵其地,众所共知。其不令尔游牧者,原欲以此为隙地,两不相及,以息争端。今台吉反云难以让给,试思阿尔泰为谁地,谁能让给?尔诚遵上指定议我必不为祸始,亦不复居科布多。又谓我等哨兵逼近阿尔泰,宜向内撤。哨兵乃圣祖时旧例,即定界,岂能不设?台吉其思之!”冬,准噶尔使达什博尔济奉表至,命策棱偕诣京师。

三年春,至京师。噶尔丹策零表请喀尔喀与准噶尔各照现在驻牧。上召达什博尔济入见,谕曰:“蒙古游牧,冬夏随时迁徙。必指定山河为界,彼此毋得逾越。”遣侍郎阿克敦等使准噶尔,与达什博尔济偕往。冬,噶尔丹策零复使哈柳从阿克敦等奉表至,请循布延图河,南以博尔济昂吉勒图、无克克岭噶克察诸地为界,北以逊多尔库奎、多尔多辉库奎至哈尔奇喇博木、喀喇巴尔楚克诸地为界,准噶尔人不越阿尔泰山、蒙古居山前,亦止在扎卜堪诸地,两不相接。并乞移托尔和、布延图二卡伦入内地。上以所议准噶尔不越阿尔泰山定界已就范,惟移托尔和、布延图二卡伦不可许。四年春,赐救遣还。哈柳诣策棱,哈柳曰:"额驸游牧部属在喀尔喀,何弗居彼?"策棱答曰:"我主居此,予惟随主居。喀尔喀特予游牧耳!"哈柳又曰:"额驸有子在准噶尔,何不令来京?"答曰:"予蒙恩尚公主,公主所出乃予子,他子无与也。即尔送还,予必请于上诛之。"冬噶尔丹策零使哈柳复奉表至,始定议准噶尔不过阿尔泰山梁,不复言徙卡伦事。自雍正间与准噶尔议界,策棱三诣京师,准噶尔惮其威重,卒如上指。上奖策棱忠,子陷准噶尔,不复以为念,乃用宗室亲王例,封其子成衮扎布世子。五年,命勘定喀尔喀游牧,毋越扎布堪、齐克慎、哈萨克图、库克岭诸地,与准噶尔各守定界。六年,上以策棱老,命移军驻塔密尔。初,喀尔喀凡三部。及是,土谢图汗十七旗滋息至三十八旗,乃分二十旗与策棱,为赛音诺颜部。以鄂尔昆河西北乌里雅苏河为牧,为三部屏蔽。自此喀尔喀为四部。十五年,病笃,上遣其次子车布登扎布还侍,使侍卫德山等往存问。寻卒,遗言请与纯慤公主合葬。丧至京师,上亲临奠,命配享太庙,谥曰襄,御制诗挽之。

子八,最著者长子成衮扎布,次子车布登扎布。

成衮扎布,初授一等台吉。乾隆元年,封固山贝子。四年,封世子,赐杏黄辔。十五年,袭扎萨克亲王兼盟长,授定边左副将军。十七年,入觐。十八年,杜尔伯特台吉车凌等内附,成衮扎布遣兵赴乌里雅苏台防准噶尔追兵。准噶尔宰桑玛木特以二百人追入边,上命毋纵使还。玛木特逸去,诏以责成衮扎布。十九年,命移军乌里雅苏台。寻罢定边左副将军,命赴额尔齐斯督屯田。二十年,师定伊犁,屯田兵撤还,仍驻乌里雅苏台。二十一年,和托辉特青衮咱卜谋为乱,成衮扎布发其谋。八月,乱作,仍授定边左副将军,率师讨之,赐三眼孔雀翎。十二月,获青衮咱卜,赐杏黄带。二十二年,辉特巴雅尔为乱,正月,授定边将军,率师赴巴里坤捕治。十二月,入觐,复授定边左副将军,驻乌里雅苏台。二十六年,以准噶尔及回部悉平,请殿喀尔喀汛界,下军机大臣议,以附近乌鲁木齐四汛,令索伦、绿旗兵驻防。自苏伯昂阿至乌拉克沁伯勒齐尔十一汛,令成衮扎布督理。二十八年,入觐。二十九年,以乌里雅苏台城圮,请筑城,旧址外立木栅,内实以土,引水环之,报闻。三十六年,卒。

子七,获青衮咱卜,封其第四子占楚布多尔布为世子,代掌扎萨克。卒,命其长子辅国公额尔克沙喇代掌扎萨克。卒,命次子辅国公伊什扎布楚代掌扎萨克。及成衮扎布卒,以第七子拉旺多尔济袭扎萨克亲王。拉旺多尔济,尚高宗女固伦和靖公主,授固伦额驸。从征临清、石峰堡有功。嘉庆八年闰二月,仁宗乘舆入顺贞门,有陈德者伏门侧突出,侍卫丹巴多尔济御之,被三创,拉旺多尔济捘其腕,乃获而诛之,赐御用补褂,封其子巴彦济尔噶勒辅国公。

车布登扎布,初授一等台吉。额尔德尼昭之役,力战被创,封辅国公,赐双眼孔雀翎。十七年,成衮扎布请析所部授车布登扎布自为一旗,上允之,别授扎萨克。十九年,督兵剿抚乌梁海,获准噶尔宰桑,赐贝子品级。二十年,师征伊犁,车布登扎布将三百骑自察罕呼济尔疾驰至集赛,擒宰桑齐巴汉,侦达瓦齐所在,夺舟渡伊犁河,逐达瓦齐,封多罗贝勒。阿睦尔撒纳谋以伊犁叛,车布登扎布首发其奸,密以告将军班第。师还,命招降乌梁海部落,即以隶焉。二十一年,乌梁海酋郭勒卓辉伪言哈萨克汗阿布赉与阿睦撒纳连合,上命率师讨之。有宰桑固尔班和卓者,携千余户赴乌梁海谋偕遁,车布登扎布麾兵捕治,歼其众。遂进兵哈萨克界,会尚书阿里衮自伊什勒诺尔转战至汗扎尔会,斩获无算,封多罗郡王。

成衮扎布讨青衮咱卜,召车布登扎布还乌里雅苏台为佐。二十二年,代成衮扎布署定边左副将军。寻命兆惠代成衮扎布为定边将军,而以车布登扎布为之副。二十三年正月,授定边右副将军,从兆惠出巴里坤,遣兵赴哈什崆格斯搜逸寇。寻命赴博啰塔拉,捕布库察罕、哈萨克锡喇等。哈萨克部人擒布库察罕,哈萨克锡喇及宰桑鄂哲特等走和落霍斯,车布登扎布督兵逐之,哈萨克锡喇度不得脱,悉众据高冈拒战。部将以兵寡,请待其走击之,车布登扎布持不可,麾兵急进,擒鄂哲特,哈萨克锡喇仅以身免。诏以其父超勇号赐之。鄂哲特械至京师,言车布登扎布身先士卒,所向无前,上益嘉叹,赐金黄带。

车布登扎布进次阿布勒噶尔,哈萨克缚布库察罕以献,因请赴阿克苏与将军兆惠会。上命还伊犁,进亲王品级。寻以在军久,令归游牧休息。二十四年,令佐将军兆惠进叶尔羌讨霍集占,旋复命还伊犁。二十七年,使西藏。三十六年,代成衮扎布为定边左副将军,授盟长。以牟利被讦,罢左副将军,擅请展牧界,削亲王品级,命以郡王兼扎萨克世袭。四十七年,卒。子三。丕勒多尔济袭。

论曰:世传钟琪长身赤面,隆准而骈胁。临陈挟二铜锤,重百余斤,指麾严肃不可犯。军西陲久,番部皆詟其名。其受莎罗奔降也,傅恒升幄坐,钟琪戎服佩刀侍。莎罗奔出语人曰:“我曹仰岳公如天人,乃傅公俨然踞其上,天朝大人诚不可测也。”策棱白晳微髭,善用兵,所部多奇士。有脱克浑者,日行千里,登高张两手,若雕鼓翼,调敌,敌不之察。事定,策棱欲官之,辞,赍以千金,酌酒劳之。脱克浑请出侍姬舞,起而歌,慷慨,策棱大悦,即以姬及所乘马赐之。载籍言名将,往往举其状貌及其轶事,使读者慕焉。钟琪忠而毅,策棱忠而勇,班诸卫、霍、郭、李之伦,毋谓古今人不相及也。

清史稿卷二九七
列传第八四

查郎阿　傅尔丹　马尔赛

李杕　**庆复**　李质粹　张广泗

　　查郎阿,字松庄,纳喇氏,满洲镶白旗人。曾祖章泰,以军功授拖沙喇哈番。祖查尔海,复以军功进一等阿达哈哈番。父色思特,死乌兰布通之战。查郎阿袭世职,兼佐领,迁参领。雍正元年,授吏部郎中。二年,超擢侍郎,署镶黄旗满洲都统。五年,迁左都御史,仍治吏部事。是岁冬,西藏噶布伦阿尔布巴等为乱,戕总理藏务贝子康济鼐,扎萨克台吉颇罗鼐驰闻,上命查郎阿偕副都统迈禄率兵入藏。六年,擢尚书。秋,师至藏,驻藏副都统马喇等已擒阿尔布巴,即按诛之,并歼其余党。查郎阿奏移达赖喇嘛暂居里塘,留兵二千交驻藏大臣调遣。又奏请以颇罗鼐总理后藏,而前藏达赖喇嘛未还,毕昭新授噶布伦,虑未妥协,并令颇罗鼐兼领,皆从之。

　　七年,命查郎阿至西安,留佐川陕总督岳钟琪,专理军需。钟琪授大将军,出师,令署川陕总督兼西安将军,加太子少保。八年,命往肃州专理军需。九年,析置四川、陕西两总督,查郎阿改署陕西总督。十年,召钟琪还京师,以查郎阿署宁远大将军,命大学士鄂尔泰驰驿往肃州授方略,并赐白金万。十一年,疏劾副将纪成斌防庚集、总兵张元佐防无克克岭,敌入掠粮车,漫无侦察。上命斩成斌,元佐坐降调。又劾总兵曹玩误防哈密,纵贼妄报,上命斩勤。又劾副都统阿克山、观音保牧马多死,玩惧军事,下部议当斩。查郎阿复奏阿克山、观音保所部兵久居南方，不知牧马法，视退缩窃换者有间，请暂免死，令于通衢荷校，遍示诸军。

十三年，噶尔丹策凌乞和，命查郎阿撤兵。奏请留兵戍哈密及三堡沙枣尔、塔勒纳沁诸城，并于南山大坂、无克克岭、塔勒纳沁河源分设斥堠，又奏于安西及赤金、靖逆、柳沟、布隆吉尔、桥湾五处分兵驻防，部议如所请。授文华殿大学士，兼兵部尚书，仍改陕西总督为川陕总督。乾隆元年，疏言甘肃地瘠，请拨陕西仓粮预筹协济，命会巡抚刘于义确议。寻请拨陕西仓粮八万石运贮庆阳、泾州、静宁、固原诸处，从之。疏劾甘肃巡抚许容匿灾营私，上命夺容官逮治。秋，入觐，谕速回任。奏言："军中马驼被窃，当责大将军偿补。雍正十年以前，岳钟琪任之。十一年，臣任之。惟鄂尔多斯牧厂所失及历年马驼多毙，请免追偿。"上许之。三年，奏劾肃州道黄文炜、军需道沈青崖等侵帑，并及于义徇庇，遣左都御史马尔泰会鞫论罪。

章嘉呼图克图请以里塘、巴塘畀达赖喇嘛，查郎阿奏："圣祖时克西藏，收里塘、巴塘内属。章嘉胡图克图以日用不敷为辞，藏中大小庙千余，常住喇嘛四十余万，需用良巨。请视里塘、巴塘诸地每岁征收数目，以打箭炉商税拨予达赖喇嘛，地仍内属如故。"上嘉纳之。宁夏地震，查郎阿驰往赈抚。五年，命还京入阁治事，加太子太保。六年，命与侍郎阿里衮清察黑龙江、吉林乌喇开垦地亩。十二年，以衰病，命致仕。寻卒。

傅尔丹，瓜尔佳氏，满洲镶黄旗人，费英东曾孙，倭黑子也。康熙二十年，袭三等公，兼佐领，授散秩大臣。四十三年，上西巡，驻驿祁县郑家庄，于行宫前阅太原城守兵骑射。有卒马惊逸近御仗，傅尔丹直前勒止之，摔其人下。上悦谕奖傅尔丹，赐貂皮褂。寻授正白旗蒙古都统。四十八年，授领侍卫内大臣。五十四年，以托疾未入直，罢领侍卫内大臣。命率土默特兵千赴乌兰固木等处屯田。五十六年，复授领侍卫内大臣。

　　师讨噶尔丹，授富宁安靖逆将军，出西路。傅尔丹振武将军，出北路，驻军阿尔泰。五十七年，疏请与富宁安分路进兵，谕定师期。傅尔丹请与征西将军祁生德将万二千人，以七月出布鲁尔，直抵额尔齐斯河。会策妄阿喇布坦使来乞和，令暂停进取，缮兵防守。上欲于乌兰固木、科布多筑城卫喀尔喀游牧，命傅尔丹相度具奏。五十八年春，傅尔丹疏请筑城鄂勒齐图郭勒，上以鄂勒齐图郭勒距师远，命更于科布多筑城。傅尔丹复疏言："科布多阻大河，材木难致。请筑城察罕庾尔，距鄂勒齐图郭勒千里，中设十一站。"上从之。五十九年，将八千人自布拉罕进次格尔额尔格，准噶尔兵溃，击斩二百余级，擒宰桑等百余，尽降其众。又焚乌兰呼济尔敌粮，引还。雍正元年，命兼统祁里德军，分兵驻巴里坤。三年，召还，授内大臣。四年，授黑龙江将军。六年，授吏部尚书，赐双眼孔雀翎。

　　初，青海罗卜藏丹津败走，准噶尔策妄阿喇布坦纳之。上屡遣使索献，策妄阿喇布坦亦遣使请和，上罢两路兵，久之议未决。策妄阿喇布坦死，子噶尔丹策零嗣，屡犯边。七年二月，上命廷臣集议。大学士朱轼、左都御史沈近思皆言天时未至，副都统达福亦言不可，惟大学士张廷玉赞用兵，上意乃决，复出师。命傅尔丹为靖边大将军，出北路。发京师八旗兵六千、车骑营兵九千、奉天等处兵八千八百、以巴赛为副将军，顺承郡王锡保掌振武将军印，陈泰、衮泰、石礼哈、岱豪、达福、觉罗海兰为参赞。定寿将前锋，魏麟、闪文绣将车骑营，纳秦将奉天兵，塔尔岱、西弥赖将索伦兵，费雅思哈将宁古塔兵，阿三将右卫兵，素图将宁夏兵，承保常禄将察哈尔兵，马尔齐、衮布将土默特兵，丹巴、沙津达赖将喀喇沁、土默特兵，法敏、伊都立、巴泰、西琳、傅德理饷，永国护印。上祭告太庙，幸南苑阅车骑营兵，御太和殿行授钺礼，赐傅尔丹御用朝珠、黄带、紫辔、白金五千，加少保。出驻阿尔泰。八年，噶尔丹策零表请执罗卜藏丹津以献，上命缓进兵。寻召与钟琪同诣京师议军事，遣还军。九年，疏言科布多为进兵孔道，请仍于此筑城，下廷议，如所请。

　　五月，傅尔丹移军科布多，噶尔丹策零遣所部塔苏尔海丹巴为间,为守卡侍卫所获,诘之,曰:"噶尔丹策零发兵三万,命大策零敦多卜、小策零敦多卜分将犯北路。小策零敦多卜已至察罕哈达,大策零敦多卜以事宿留未至。"傅尔丹信其语,计及其未集击之。令选兵万人,循科布多河西以进,素图、岱豪为前锋,定寿等领第一队,马尔赛等领第二队,傅尔丹举大兵继其后,令衮泰护筑城,陈泰屯科布多河东,断奇兰道。六月庚子,师发科布多,定寿等进次雅克赛河,获准噶尔逻卒,言距察罕哈达止三日程,准噶尔兵不过千人,未立营。傅尔丹命乘夜速进,行数日不见敌。戊申,获谍,言准噶尔兵二千屯博克托岭。傅尔丹遣苏图、岱豪将三千人往击之。敌出赢兵诱师,而伏二万人谷中。己酉,定寿师次库列图岭,遇敌,斩四百余级,敌驱驼马逾岭遁。

庚戌,傅尔丹师至,苏图、定寿皆会。辛亥,逐敌入谷,伏发,据高阜冲击。傅尔丹督战,杀敌千余,塔尔岱、马尔齐督兵夺西山,敌据险,师攻之不能克。壬子,傅尔丹令移军和通呼尔哈诺尔,定寿、素图、觉罗海兰、常禄、西弥赖据山梁东,塔尔岱、马尔齐据其西,承保居中,马尔萨出其东,达福、岱豪当前,舒楞额、沙津达赖等护后。师甫移,敌力攻山梁东西二军,定寿等奋战。大风雨雹,师为敌所围。傅尔丹遣兵援塔尔岱出,又令承保援定寿,日暮,围未解。癸丑,海兰突围出,定寿、苏图、马尔齐皆自杀。西弥赖令索伦兵赴援,兵溃,亦自杀。甲寅,敌环攻大营,傅尔丹督兵御之,杀敌五百余。科尔沁兵溃,沙津达赖奋战入敌陈,师望见其纛,曰:"土默特兵陷贼矣!"遂大溃。乙卯,永国、海兰、岱豪皆自杀。傅尔丹杂士伍中以出。敌大集,查弼纳、巴赛、达福、马尔萨、舒楞额皆战死。傅尔丹率残兵渡哈尔噶纳河,敌追至击杀五百余人。七月壬戌朔,还至科布多,收余兵仅存二千余。

方战,科尔沁蒙古兵先败,傅尔丹闻人言,谓先败者土默特兵也。劾沙津达赖,论斩。归化城土默特副都统衮布降敌,戮其孥。傅尔丹疏请罪,上谕曰:"损兵诚有罪,朕因尔等竭蹶力战,特宽恕之。痛恻难忍,不觉泪下!解朕亲束带赐傅尔丹。尔等毋妄动,敌至能

坚守,即尔等之功,科布多不能守,可还军察罕庾尔。"傅尔丹复疏
请罪,上谕曰:"轻信贼言,冒险深入,中贼诡计,是尔之罪。至不肯
轻生自杀,力战全归,此尔能辨别轻重。事定,朕自有处置。"寻命以
锡保为靖边大将军,傅尔丹掌振武将军印,协办军务。十年七月,准
噶尔侵乌逊珠勒,锡保令傅尔丹将三千人御之,败绩。锡保疏劾,罢
领侍卫内大臣、振武将军,削公爵。十一年,锡保再疏劾傅尔丹,上
察傅尔丹兵寡,原其罪,命留军效力。

　　十三年,伊都立等侵军饷事发,辞连傅尔丹,命侍郎海望逮诣
京师下狱,并追论和通呼乐哈诺尔及乌逊珠勒失机罪,王大臣等依
律拟斩。命未下,世宗崩,高宗即位,命改监候。乾隆四年,与岳钟
琪并释出狱。十三年,师讨大金川未下,授内大臣、护军统领,赴军,
寻命署川陕总督,与钟琪治军事。大学士傅恒出为经略,奏傅尔丹
衰老,惟熟于管理满洲兵,请令专治营垒诸事。十四年,命为参赞。
大金川师罢,授黑龙江将军。十七年,卒,赐祭墓,谥温愨。子兆德,
袭爵。哈达哈,自有传。

　　傅尔丹颀然岳立,面微赤,美须髯。其为大将军,廷玉实荐之。
钟琪尝过其帐,见壁上刀槊森然,问曰:"安用此?"傅尔丹曰:"此吾
所素习者,悬以励众。"钟琪出曰:"为大将,不恃谋而恃勇,败矣。"

　　马尔赛,马佳氏,满洲正黄旗人,大学士、三等公图海孙。马尔
赛,袭爵。康熙间,迭授护军统领、镶黄旗蒙古都统、领侍卫内大臣,
掌銮仪卫事。雍正二年,加赠图海一等公,号曰忠达,仍以马尔赛
袭。调镶蓝旗满洲。六年,授武英殿大学士,兼吏部尚书。八年,命
与大学士张廷玉、蒋廷锡详议军行事宜。寻以翊赞机务,加一等阿
达哈哈番世职。

　　九年,靖边大将军傅尔丹讨噶尔丹策零,师败。续授抚远大将
军,调西路副将军觉罗伊礼布为参赞,率师驻图拉。马尔赛师行,闻
准噶尔将犯科布多,奏请暂驻第十五台。俄闻准噶尔兵屯科布多近
处,又奏请进驻察罕廋尔。既又闻准噶尔兵至奎素,复奏请调蒙、汉

兵七千人赴推河。上责马尔赛辗转不定，命驻第十四台待命。旋命将蒙、汉兵五千人驻翁衮。上解傅尔丹靖边大将军印授顺承郡王锡保，谕马尔赛，蒙古诸扎萨克俱遵靖边大将军调遣。不得以抚远大将军印有所征发。寻改授抚远将军，驻扎克拜达里克。

十年秋，准噶尔大举内犯，掠喀尔喀诸部。喀尔喀亲王策棱与战额尔德尼昭，大破之，余众循鄂尔昆河源走推河。锡保札马尔赛，令与建勋将军达尔济合军截击，喀尔喀亲王丹津多尔济亦驰报，促马尔赛发兵。马尔赛集诸将议，诺尔珲曰："我等当速发兵迎截，迟且将不及。"诸将皆和之，独都统李杕以为但当守城，马尔赛以杕言为然。诺尔珲、博尔屯等力请，傅鼐至跪求，马尔赛持不可。达尔济遣使约会师，马尔赛终不应。士卒登城见敌过，奋欲出击，参赞胡琳、傅鼐不待马尔赛令，将所部以出，马尔赛乃与偕行。至博木喀拉，令钦拜将七百人逐敌，马尔赛引还，准噶尔兵去已远，钦拜等亦无所获而返。胡琳、钦拜、博尔屯、诺尔珲等先后疏报，上命夺马尔赛官爵治罪，锡保等请诛马尔赛及杕，部议当贻误军机律斩。十二月，遣副都统索林赴扎克拜达里克，斩马尔赛。

李杕，汉军镶蓝旗人，李国翰四世孙。降袭三等伯，累擢至广州将军。坐驻防兵洪巡抚官廨，逮京师论斩，上贷之，复授都统，仍令袭爵。至是，责其一言偾事，罪与马尔赛等，夺官爵，论斩。

庆复，字瑞园，佟佳氏，满洲镶黄旗人，佟国维第六子。雍正五年，袭一等公，授散秩大臣。迁銮仪使，兼领武备院事。七年，授正白旗汉军副都统。八年，迁正蓝旗汉军都统。九年，列议政大臣。十一年，授工部尚书，署刑部，调户部。十二年，授领侍卫内大臣。十三年，高宗即位，命代平郡王福彭为定边大将军，出北路。乾隆元年，准噶尔乞和。罢兵。庆复请沿边设卡伦，以侍卫或护军一专管，喀尔台吉一协理。发土谢图、赛因诺颜、扎萨克图、车臣四部兵合三千人岁六月集鄂尔坤出巡，九月罢归牧，诏如所请。召还京，署吏部尚书，兼户部，寻真除刑部。二年，授两江总督。劾江西巡抚俞兆岳贪鄙营私，夺官，论如律。疏言苏、常、扬、镇、通、泰诸属例征麦二万余石，请改征米，从之。

移督云、贵。四年，加太子少保。五年，疏言："云南府属县引南汁等六河溉田，山溪箐涧水发不常，沙石壅遏，堤埂易决。请以时修治。"上嘉之。又言："滇、黔、粤、蜀四省接壤，瑶、苗杂处，住往争界挑讼，积案莫结。如广西镇安属小镇安土州与云南广南属土目争剥头、者赖二村，臣令详勘，以村入广西境应归广西。而广西又议以小镇安土州归云南，画昭阳关为界。云南、四川于金沙江分界，云南属江驿、七戛、则补、晋毛诸地越在江外，两省驻汛分防，犬牙互制，而四川又欲划江分界。见在民、夷宁帖、应仍旧贯，不必纷更。其或田在彼境，粮在此境，当以粮从田，俾免牵混。"下军机大臣议行。又疏言钱价日昂，请省城增十炉，临安增五炉，发饷银七钱三。下部议行。又分疏请开姚州盐井，南安州属鄂嘉、大小猛光、回子门诸地招垦，浚治金沙江。

旋移督两广，疏劾粤海关监督郑伍赛需索侵蚀，拟罪如律。又疏言："琼州四面环海，中有五指山，黎人所居。请设义学，俾子弟就学应试，别编'黎'字，州县额取一名。"八年，又疏言："广西东兰州雍正初改土为流，置兵二百戍守。水土毒恶，山路崎岖，民病于运粮。请以其半改驻三旺。"均从之。

复移督川、陕。郭罗克土番处青海界上，地寒不能畜牧，屡出为"夹坝"，夹坝，华言盗也。庆复令捕其酋林噶架立诛之，番众顶经誓奉约束。庆复令贫番三百余户授地课耕，岁五六月许出猎，限一次，寨限十五人。要隘设汛置兵，松潘镇总兵岁出巡，驻阿坝。番人讼不决，诣总兵剖晰。上中下三部置土千户一、土百户二，种人为盗，责三土目捕治。疏闻，下军机大臣议行。又有瞻对公司在打箭炉边外，处万山中，恃险肆劫，掠及台站兵，有司捕治。上瞻对土目四朗、下瞻对土目班滚匿罪人不出。

十年，庆复偕巡抚纪山、提督李质粹疏请发兵进剿，上命宜妥协周详，毋少疏忽。庆福遂发兵，质粹进驻东俄洛，扼两瞻对总隘。

夔州副将马良柱出里塘为南路,松潘总兵宋宗璋出甘孜为北路,建昌总兵袁士弼出沙晋隆为中路,刻期并发,四朗诣宗璋军降。士弼自扩城顶趋纳尔格,与番人战加社丫卡诸地,屡胜。良柱攻噜吗所,焚其寨三,地雷发,番人死甚众。上下瞻对夹江而居,四朗居江西地,曰撤墩,其从子肯朱居江东地,曰孺耳,班滚亦居江西地,曰如郎。江东木鲁工为要隘。四朗既降,宗璋兵越撤墩驻阿赛,去如郎数十里,良柱亦逼进如郎,质粹发兵往应,班滚力拒。宗璋分兵自然多会士弼,克腊盖,破底朱。良柱亦抚定番寨四十六。班滚请降,庆复不许。疏入,上命毋恃胜轻敌。寻授庆复文华殿大学士,仍留总督。

十一年春,庆复进驻东俄洛,奏言:“前克底朱,班滚母率头人至军前请降,质粹遣令归。臣咨询质粹,令速进兵。”上责质粹失机,庆复又疏劾士弼意主招降,请夺官,仍戴罪效力。寻自东俄洛进驻灵雀,以明正土司汪结及降人骚达那、俄木丁等为导,自茹色以皮船渡,破十余卡,逼如郎、攻泥日寨,围之数日,焚碉。质粹咨庆复,言班滚已焚死,又方焚碉时,火光中望见番酋悬绺。庆复询于众,俄木丁于烬中得鸟枪铜挽,谓班滚物也,遂以班滚焚毙疏闻。上察庆复师逼如郎时,尝奏班滚走沙加邦河,土目姜错太迎入寨,未言至泥日。谕庆复,班滚渠魁断不可漏网,毋留遗孽,毋堕狡计。寻加庆复太子太保。庆复又劾士弼怯懦乖张,夺官,逮下刑部论罪。

十二年,大金川土酋莎罗奔为乱,上授张广泗川陕总督,召庆复入阁治事,命兼管兵部。寻广泗奏言讯土司汪结,言班滚尚匿如郎未死,庆复得班滚子沙加七立,为更名德昌喇嘛,今仍居班滚大碉,冒称经堂。上责庆复欺罔,夺官待罪。钦差大臣尚书班第奏言师克如郎,班滚已逃,仅得空寨。上逮质粹下刑部狱,召宗璋与质。质粹言:“曩报班滚焚毙,实未亲见。后闻藏匿山洞,亦未告庆复追捕。”上命下庆复刑部狱,令军机大臣会讯,按律定拟,坐贻误军机律论斩。”十四年九月,赐自尽。

李质粹,汉军正白旗人。雍正初,自把总擢蓝翎侍卫。尝从年羹尧出师，累擢陕西、固原提督。丁忧，命署四川提督。附和庆复妄言班滚死，庆复死之明年，斩质粹。

张广泗，汉军镶红旗人。以监生入赀授知府。康熙六十一年，选贵州思州。雍正四年，调云南楚雄。云贵总督鄂尔泰讨乱苗，以广泗佐其事，奏改调黎平。五年，擢贵州按察使。六年，广泗率兵赴都匀、黎平、镇远、清平诸地化导群苗，相机剿抚，超授巡抚。清平属丹江苗最悍，广泗遣兵分道攻克小丹江、大丹江及鸡沟等寨。镇远属上九股诸寨与接壤，亦次第降。下九股、清水江、古州诸苗悉定。疏闻，上命与鄂尔泰详议善后诸事，语详《鄂尔泰传》。十年，广泗疏言："清水江及都江为黔、楚、粤三省通渡，当设哨船联络声势。古州应贮米，责成同知以下董理。译人分别勤惰予粮，并授土官札付，宣布条约，化导苗民。"下部议行。叙功，授拜他喇布勒哈番世职。

准噶尔扰边，宁远大将军岳钟琪率师出西路。上授广泗副将军，召诣京师授方略。广泗至军，钟琪方自巴尔库尔移军穆垒。广泗将四千人出鄂隆吉，与钟琪会于科舍图，至穆垒。上召钟琪还京师，命广泗护大将军印。广泗疏言："穆垒地处两山间，筑城其中，形如釜底，非屯兵进取之地。今筑城未竟，臣与副将军常赉两营当要冲，兵止二三百，即钟琪营亦仅数百，遇警何以抵御？准噶尔专用马，我兵必马步兼用，而钟琪立意用车，沙碛殊非所宜。至马步兵弓箭、鸟枪之外，止携木梃，全无刀戟，官兵莫不窃议。穆垒又无牧地，钟琪留马二千余，悉就牧马兰乌苏、科舍图两地，敌人窥伺可虞。驻兵数万人，粮运最要。地多丛山大岭，车驼分运，必绕出沙碛。钟琪闻寇至，辄令停运，以此迟缓。钟琪张皇刚愎，号令不明。题奏奉到谕旨，临时宣传，莫测诚伪。"上夺钟琪官，命广泗还军巴尔库尔。广泗奏军还巴尔库尔，分兵防洮赉、无克克岭，断敌南走道，防庚集察罕、哈马尔、断敌西来道。巴尔库尔北为镜儿泉、噶顺、乌卜图克勒克诸地，东北为图古里克、特尔库勒诸地，敌自沙碛来，处处可通，皆置兵守。他诸要隘并设卡伦，巡护牧厂，哈密、塔勒纳沁皆增兵为备。寻以查郎阿为大将军，授广泗正红旗汉军都统，留军。十一年，广泗将万余人分驻北山。十二年，调寇至乌图河，檄副都统班第达什、降调总兵张元佐及提督樊廷逐捕，越噶顺至鄂隆吉大坂，击破之，斩四百余人，获三十六人。捷闻，命议叙。十三年，准噶尔乞和，师还。授湖广总督。

自鄂尔泰定苗疆，至是九股苗复为乱。尚书张照偕将军哈元生、副将军董芳率兵讨之，久无功。高宗即位，授广泗经略、赴贵州，将军以下听节制。广泗疏劾照阻挠军机，征集兵数万，元生沿途分布，用以攻剿者不过三千，顾此失彼。芳驻守八弓，仅事招抚。巡抚元展成治赈，条款纷错，官民并困。上为夺照、芳、展成等官，命广泗兼领贵州巡抚。罢元生将军，以提督听广泗驱策。十二月，广泗至凯里，分兵三道进剿，副将长寿出空稗，总兵王无党出台营，广泗督兵出清江地曰鸡摆尾，刻期并进。破上九股卦丁等寨。毁其巢，余苗走入牛皮大箐。乾隆元年正月，广泗令诸军合围，获其渠包利等，斩万余级，诸苗悉定。授广泗云贵总督，兼领巡抚，进三等阿达哈哈番世职。奏定镇远、安顺、大定、平远诸营制，增贵州兵额，都计二千九百有奇。三年，复请浚治清水江、都江，增炉铸钱。皆下部议行。五年，请入觐，会湖广城步横岭等寨红苗纠粤瑶为乱，命广泗往勘。九月，授钦差大臣，楚、粤提镇以下受节制。十一月，乱定。六年正月，至京师，乞归葬，赐其父母祭。贵州黎平黑苗复纠粤瑶为乱，命广泗还贵州按治，获苗酋石金元等置之法。十年，加太子少保。

十一年，大金川土司莎罗奔为乱，调川陕总督。广泗至军，小金川土司泽旺土舍良尔吉来降。八月，遣总兵宋宗璋、许应虎分道攻勒乌围，副将马良柱攻噶拉依，副将张兴、参将买国良继进。山险碉坚，转战逾二年，师无功。十三年，疏劾良柱自丹噶撤军失炮械，命逮诣京师。上授大学士讷亲经略，出视师，并起岳钟琪赴军，诏责广泗师老气怯，调度失机宜。广泗奏报攻克戎布寨五十余碉，谕曰："此亦小小攻克耳。伫待捷音，以慰西顾。"讷亲初至，督攻碉，师败绩。总兵任举为骁将，战没，乃议令官军筑碉，谓与贼共险。上以为非策,责广泗附和推诿,严谕诘难,讷亲劾广泗分十道进兵,兵力微弱,老师糜饷。钟琪亦劾广泗玩兵养寇,信用良尔吉及汉奸王秋,泄军事于敌。上责广泗贻误军机,夺官,逮至京师,上御瀛台亲鞫。广泗极言其枉,命用刑,辨不已。上谕曰:“金川用兵,张广泗、讷亲前后贻误。广泗初至军,妄为大言,既久无成效,则诿过于部将。及讷亲往,乃复观望推诿,见讷亲种种失宜,无一语相告。见其必败,讪笑非议,备极险恢。盖恐此时奏闻,犹或谴责,不若坐视决裂为得计也。朕详悉推勘,如见肺肝。讷亲且在其术中而不觉矣。广泗熟娴军旅,与讷亲并为练达政事之大臣,乃自逞其私,罔恤国事。今朕明正其罪,以彰国宪。”下军机大臣会刑部议罪,当失误军机律斩。十二月,斩广泗。后十日,谕并诛讷亲。

　　论曰:为三军择将,岂易言哉?查郎阿临边未遇敌,按杀成斌、勳。世谓与查廪有连为修怨,甚矣其枉也!傅尔丹中敌间,师徒挠败,世宗特宽之。高宗时复起,至与岳钟琪同视,何其幸欤!若马尔赛之畏缩,庆复之欺诳,谴当其罪。广泗倾钟琪,劾照,知讷亲不可撼,乃坐视其败,以恢杀其身,虽有劳不能逭。吁,可畏哉!

清史稿卷二九八
列传第八五

噶尔弼 法喇 查克丹 钦拜
常赉 哈元生 子尚德 董芳
查弼纳 达福 定寿 素图

噶尔弼,纳喇氏,满洲镶红旗人。父额尔德赫,为敬谨亲王尼堪长史,屡从征伐。顺治十六年,署护军统领。偕安南将军达索等师下厦门,击郑成功。额尔德赫将右翼,获其将周序。命署镇海将军。康熙元年,还京,寻卒,雍正间,以噶尔弼疏乞补谥,谥果毅。

噶尔弼,初授前锋参领,累迁镶红旗护军统领。准噶尔策妄阿喇布坦遣策零敦多卜袭据西藏,康熙五十八年,命噶尔弼驰赴四川佐总督年羹尧治军事。噶尔弼诇知策零敦多卜与其副三济不睦,谓其隙可乘,疏请招策零敦多卜降。五十九年二月,上命平逆将军延信自青海入西藏,而授噶尔弼定西将军,偕都统武格将四川、云南兵出拉里。策零敦多卜自将拒延信,而遣其党春丕勒宰桑将二千六百人自章米尔戎拒噶尔弼。噶尔弼取间道至莫珠贡喀,集皮船渡河,直趋西藏,八月,克之。噶尔弼集西藏大小第巴、头目及诸寺喇嘛宣上指安抚,封达赖喇嘛仓库,遣兵守隘。截准噶粮道,擒斩策零敦多卜的署置总管喇嘛五。策零敦多卜为延信所破,遁走。西藏平。

捷闻,上谕曰:"噶尔弼等遵朕指行师绝域,各自奋励,抚定唐古特人民，命优叙。"延信留驻西藏，六十年，以病召还，命噶尔弼佩定西将军往代。寻授镶蓝旗蒙古都统。行至泸定桥，托病不行。年羹尧以闻，命夺官。逗遛不敢诣京师，论斩。雍正元年，世宗贳其罪，赐都统衔从军。迭署固原提督、布隆吉尔副将军，授镶红旗汉军都统。三年，擢奉天将军。五年，疏言："奉天金、银、铜、铅诸矿，虽开采有禁，而窃掘尚多。惟盉犀湖产铁，为民间农器所需。辽阳黄波罗峪、开原打金厂，请视锦州大悲岭例，永禁开采。"下部议行。旋卒。

法喇，那木都鲁氏，满洲正白旗人。父敦泰，从达索击郑成功，战死。母喜塔腊氏，守节抚孤。法喇，初授笔帖式。康熙十三年，以护军从讨吴三桂，自广东下云南。三十五年，以署骁骑参领从征噶尔丹，累擢镶白旗蒙古都统、护军统领。

准噶尔策妄阿喇布坦遣其族兄策零敦多卜攻西藏，四川提督康泰率师次黄胜关，兵哗溃。上命法喇驰赴四川佐年羹尧治军事，并按提督标兵哗溃状。法喇察知泰偏信守备汪文藻克饷，请斩文藻及倡乱兵以徇，上从之，并夺泰官。五十七年，策零敦多卜戕拉藏汗，幽达赖喇嘛，遂据有其地。法喇遣员外郎巴特玛等赴里塘传谕，又令前锋参领伍林葩、化林协副将赵宏基将满、汉兵五百与之偕。疏言："西藏资茶养生，应令松潘禁出口。里塘、巴塘番寨所需，当开具户口，定数买运。"下所司议行。五十八年，命法喇出驻打箭炉，令副将岳钟琪率师徇里塘，番酋达瓦喇扎木巴、第巴赛卜腾阿珠不从命，缚送法喇军，斩以徇。进次巴塘，第巴喀木布等请降，命法喇进驻巴塘。五十九年，年羹尧请授噶尔弼定西将军，率师入西藏，令法喇还驻打箭炉。

六十年，还京师。寻以护军有自戕者，不以实奏，坐夺官。六十一年，与千叟宴，赐复原衔。雍正十三年，卒。

查克丹，博尔济吉特氏，满洲正黄旗人，奉义公恩格德尔曾孙。自官学生袭三等阿达哈哈番。授头等侍卫。累迁正黄旗护军统领、镶蓝旗蒙古都统。雍正三年,署甘州将军。准噶尔使至,守备马德仁等供应失时,查克丹疏劾,并陈花马池至甘州驿马疲羸状,命总督年羹尧严察。四年,还京师,授正黄旗满洲都统。五年,命率番代兵出北路。九年,振武将军顺承郡王锡保出北路讨准噶尔,命查克丹参赞军务,授内大臣。十年,准噶尔将小策零敦多卜入边,掠喀尔喀诸部。查克丹偕额驸策棱等赴奔博图山,敌越察罕庾尔入掠杭爱山,师逐之,至额尔德尼昭,大战破敌。查克丹督兵奋击,敌自推河遁走。复追至察罕托辉,斩馘殆尽。以功进二等阿达哈哈番。锡保代傅尔丹为靖边大将军,仍以查克丹参赞军务。十三年,还京师,调正红旗蒙古都统。乾隆四年,以病再疏乞休,命致仕。十一年,卒,赐祭葬,谥敏恪。

钦拜,瓜尔佳氏,满洲镶红旗人。曾祖罗璧,劳萨弟也,偕来归。有功,授一等阿达哈哈番,以兼袭兄子程尼世职,合为一等公。钦拜改袭一等伯,授头等侍卫。累迁正黄旗蒙古副都统。雍正元年,授兵部侍郎。四年,以引见失仪,上诘责,巧辩,夺官,戍军台。九年,召还,复官。抚远大将军马尔赛出北路讨噶尔丹,命钦拜将右卫兵以从,参赞军务,授内大臣,驻扎克拜达里克。十年,振武将军顺承郡王锡保驻察罕庾尔,奏请移钦拜相佐。上谕曰:"马尔赛治事甚不惬朕意,扎克拜达克里军中恃钦拜一人,当仍留北路。"准噶尔将小策零敦多卜等自推河走,钦拜等力请追击,马尔赛听敌过,师乃出。既至博木喀喇,令钦拜将七百人进,不及敌而还。钦拜等疏闻,上诛马尔赛。寻署绥远将军。十一月,复署建勋将军。平郡王福彭代为定边大将军,命军事谘于钦拜。乾隆元年,还京师。出为青州将军。还,在内大臣上行走。十二年,卒,赐祭葬,谥肃敏。

常赉,纳喇氏,满洲镶白旗人,镇安将军玛奇子。事世宗雍邸。雍正元年,授工部员外郎,迁郎中。二年,调户部。三年,授广东布政使。四年,擢福建巡抚。广东巡抚杨文乾言福建仓库亏空,上命文乾清理,即移常赉署广东巡抚。疏言:"广东地卑苦,夏秋潦涨,广

州、肇庆二府尤甚。请以广州通判管南海、三水堤工，肇庆通判管高
要、高明、四会堤工，岁冬督堤长修筑，定保固赏罚。水涨护防，仍以
鸭埠、鱼篓诸税充用。"寻赴福建。六年，调云南。

常赉在广东，盗窃奏折匣锁钥。令工私制。将军标兵匿盗，徇
不治。电白、从化盗发，隐不奏。又与将军石礼哈等讦文乾。上谕
曰："常赉朕藩邸微员，以其谨慎，擢至巡抚。乃盗失折匣钥匿不奏，
尚得谓无欺乎？且与石礼哈等党同伐异，其罪不可贷！夺官。赴广
东待鞫。"论斩，上推玛奇下云南旧功，特赦之，令从尚书查弼纳往
陕西治饷。八年，授刑部侍郎，署宁夏将军。九年，授镇安将军，将
肃、甘、凉三州兵五千人自为一队，备声援。寻授西路副将军。

十年，准噶尔侵哈密，常赉与都统良敦、总兵张存孝将满、汉兵
三千二百，驻无克克岭御之。旋授内大臣。从大将军岳钟琪移军穆
垒，复从护大将军张广泗移军巴尔库尔。十一年冬，署大将军查郎
阿奏方冬雪深，请分兵驻防，广泗将万人驻北山，常赉将九千人驻
南山。十三年，命统绿旗兵万人驻巴尔库尔提督颜清如、尚书马会
伯为副。准噶尔乞和，乾隆元年，率兵还京师。五年，以疾致仕，予
半俸。十一年，卒，赐祭葬。

哈元生，直隶河间人。康熙间入伍，授把总。累迁建昌路都司。
坐失察私木过关，夺官。雍正二年，命引见，发直隶以守备用，补抚
标右营守备。贵州威宁总兵石礼哈请以元生从剿仲家苗，有劳，三
年，补威宁镇中军游击，乌蒙土知府禄万钟侵东川，镇雄土知府陇
庆侯助为乱。鄂尔泰檄元生会四川兵讨贼，贼据险拒战，元生冒矢
石奋攻克之。鄂尔泰上其功，上奖元生取仲家苗、克乌蒙能效力，命
以副将、参将题用，寻授寻沾营参将。

六年，米贴苗妇陆氏为乱，鄂尔泰令元生往剿，破险设伏，捣其
巢，获陆氏。率师赴阿驴，破雷波土司，以其助陆氏劫粮也。赉白金
四千。迁元江副将。师还，阿驴夷目从，坐事，元生鞭之，其人大噪，
围元生。元生率游击卜万年等与战两昼夜，贼败却，元生督兵夺据

赤衣台。鹤丽总兵张耀祖赴援,元生出小溜筒江,搜斩余贼,阿驴人空寨遁。拉金、者呢诸寨助为乱,并讨平之。鄂尔泰具以闻,上谕曰:"野夷性反覆,即无鞭责,事亦未必帖然。元生效力多,功过相当,置不议。"

七年,调黎平副将,擢安笼总兵。八年,乌蒙复为乱,鄂尔泰令元生督兵出威宁,破贼数万射殪其渠黑寡、幕来,连躏贼垒八十里,遂克乌蒙。赐孔雀翎及冠服,赉白金万。九年,擢云南提督。上以元生母逾八十,予封诰。寻调贵州。十年,召诣京师,入对,解御衣以赐,命在办理军机处行走。旋令回籍省亲。

贵州九股苗为乱,命还贵州督剿。遭母丧,赐祭,令在任守制。率兵攻九股苗,获悍苗百余,俘斩甚众,余悉请降。十二月,进《新辟苗疆图志》,命巡抚元展成勘订。十三年,古州苗为乱,扰黄平,元生遣兵击之,总督尹继善奏调湖广、广西兵会剿。上授元生为扬威将军,统兵进讨,而以湖广提督董芳为之副。寻遣尚书张照为抚定苗疆大臣,元生与之忤。乃议划施秉以上为上游,用云南、贵州兵,隶元生。施秉以下为下游,用湖广、广西兵,隶芳。元生与芳议界,详逮村庄道路,文移辨论,日久师无工。经略张广泗至,劾元生徒事招抚,夺官逮京师,坐贻误军机论斩。乾隆元年,上命贷其死,赐副将衔,赴西路军营效力。三年,卒,上深惜之,加总兵衔,赐祭葬。

子尚德,初从元生至云南,入伍,授千总。乌蒙既克,赉疏奏捷,上命以游击题补,补云南鹤丽右营游击,迁奇兵营参将。乾隆元年,广泗奏尚德奉檄从征,因父获谴,黾勉自效。擢贵州清江协副将,调定广协。三年,讨平定番州属姑卢寨苗。以父忧归,起湖南辰州副将。迁总兵,历宜昌、凉州、临元、古州诸镇。十三年,讨大金川,命从军。寻为总督张允随劾扰民虐兵,坐夺官。二十二年,赐副将衔,赴西路军营效力。以送羊赴军多毙,夺官责偿,遣回籍。卒。

董芳,陕西咸宁人。初入伍,隶督标。中式武举,补千总。雍正二年,师征青海,从副都统达鼐等追获丹津晖台吉及其孥,并罗卜藏丹津女兄。四年，超授三等侍卫，出为直隶正定镇标游击，累迁云南临元镇总兵。十一年，思茅土酋刁兴国等为乱，芳与提督蔡成贵等率师讨之，擒兴国及助乱土目杨昌禄等，斩三千六百余人，降四万二千六百余人。总督高其倬留芳搜余党，悉平之。十二年，擢湖广提督。

十三年，贵州九股苗为乱，授云南提督哈元生扬威将军，芳副将军，率师讨之。寻命尚书张照总理抚定苗疆，乱未定，高宗即位，授张广泗为经略，视师。广泗劾芳驻军八弓，依附张照，与元生互讦，师集数月，剿抚初无端绪。夺芳官，逮京师。乾隆元年，王大臣会鞫，拟发边远充军，上命宽之，以副将发云南。遭父忧，服除，署剑川协副将。擢总兵，历楚姚、昭通二镇。遭母忧，十三年，召赴京师，赐孔雀翎。

命从征大金川，即授四川重庆总兵。经略讷亲檄芳助总兵莽阿纳等攻克普瞻左梁及阿利山梁碉卡。又从提督岳钟琪攻木耳金冈，夺土卡三、水卡一。十四年，大金川事定，芳赴镇，疏陈考察营汛，修补器械，并以地当黔、楚要冲，密访咕噜邪教，复发存库米折借济贫兵，上命诸事尽心料理。寻调建昌镇。叙平大金川功，加左都督。十五年，西藏朱尔墨特、那木扎尔谋叛，既诛，其党罗布藏札什等为乱，总督策楞、提督岳钟琪师入藏，命芳督兵策应。十九年，调松潘镇，擢贵州提督。二十二年，卒。

查弼纳，完颜氏，满洲正黄旗人。祖爱音布，事世祖为户部理事官，考满，授拖沙喇哈番。以其孙观音保袭，恩诏进三等阿达哈哈番。查弼纳，观音保弟也，袭世职，管佐领。康熙四十七年，授吏部郎中，三迁兵部侍郎。六十一年，授江南江西总督。雍正元年，台湾朱一贵余党温上贵纠江西棚民掠万载、新昌。乱定，大学士白潢、尚书张廷玉并疏议安辑棚民，下查弼纳详议。查弼纳奏："江西界连福建、湖广、广东诸省，地旷山深，民无力开垦，招流民艺麻种靛。以其棚居，名曰：'棚民'。安业日久，驱令回籍，必且生事。当编保甲，千户以上，驻将吏稽察。编册后，续到流移，不得容隐。其读书向学及有膂力者，得入籍应试。"下部议行。二年，奏言私盐责所在州县严捕，停驻防兵巡缉。又奏言太湖跨数郡为盗薮，请移参将驻洞庭东山，周村、铁桥、鲇鱼口、马迹山、龟山、东山、凤山、吴溜设汛驻兵。又奏言江南赋重事繁，请改六安、太仓、颖、泗、庐、邳、海、通诸州为直隶州，苏、松、常三府增设元和、震泽、昭文、新阳、宝山、镇洋、奉贤、金山、福泉、南汇、阳湖、金匮、荆溪诸县。

上既遣廉亲王允禩，以贝勒苏努、尚书隆科多等结党乱，政询查弼纳。诏八至，查弼纳不以实奏。四年，召诣京师，上亲诘之，犹坚执不肯言。命夺官，下王大臣会鞫，乃具言苏努与阿灵阿、揆叙、鄂伦岱、阿尔松阿结党，欲戴允禩致大位，及隆科多交结揆叙、阿灵阿状。王大臣拟查弼纳罪斩，上谕曰："查弼纳本后进，畏附权势。朕昨言及圣祖，查弼纳痛哭不止，尚有良心，可免其罪。"寻授内务府总管、镶红旗汉军都统，擢吏部尚书，协理兵部。五年，以滥保郎中舒伸，降级。旋授兵部尚书。

七年，师征准噶尔，靖边大将军傅尔丹出北路，宁远大将军岳钟琪出西路，查弼纳赴肃州督西路军需。八年，召入觐，授副将军，佐傅尔丹出北路。九年六月，噶尔丹策零大举入犯，傅尔丹中敌间，欲及敌未集先发，查弼纳亦颇信之。师进，查弼纳偕傅尔丹督兵继之，至库列图岭，入谷遇敌伏，师败绩。移军和通呼尔哈诺尔，师大溃。查弼纳与傅尔丹及副将军巴赛收余兵四千，设营护辎重，且战且行，渡哈尔噶纳河。敌追至，查弼纳跃马舞刀溃围出，与傅尔丹相失，虑以陷帅得罪，曰："吾罪当死，蒙恩幸得生。颁白之年，岂可复对狱吏？"遂复入阵，死。巴赛亦求傅尔丹不得，趋敌力战死。巴赛，郑亲王济尔哈郎孙也，敌旌其黄带以示师。参赞马尔萨至红石岩遇敌，中枪死。

达福，瓜尔佳氏，满洲镶黄旗人，敖拜孙也。康熙五十二年，圣祖追录敖拜战功，赐一等阿思哈尼哈番。达福袭职，管佐领。累擢正蓝旗满洲副都统。雍正五年，世宗以敖拜功多，复一等公，仍以达福袭，授散秩大臣、前锋统领。七年，师将出，上召廷臣议，达福力谏。上问故，达福曰："噶尔丹策零狡黠，能得诸酋心为捍御。主少则谏易，将强则制专。我数千里转饷，攻彼效死之士，臣未见其可。"辞益坚，上曰："今使汝副傅尔丹以行，汝尚敢辞？"达福乃叩首出。师至边，傅尔丹令达福将二千人驻库卜克尔。九年，傅尔丹出师，使达福偕定寿领第一队，及移军和通呼尔哈诺尔，昼夜力战，杀敌千余。敌益大集，军方移，达福殿，敌三万余环攻之，力战，复杀敌千余，没于阵。

定寿，赫舍里氏，满洲正黄旗人。初袭三等阿达哈哈番世职，授三等侍卫，累迁正黄旗蒙古副都统。五十六年，以傅尔丹为振武将军，出阿尔泰讨策妄阿喇布坦，定寿将盛京、吉林兵千人当前锋，屡破贼博罗布尔哈苏、乌鲁木齐。雍正二年，授镶黄旗蒙古都统。策妄阿喇布坦使乞和，定寿率兵还驻巴尔库尔。部议阿尔泰当驻军，授定寿阿尔泰驻防将军，寻改命穆克登，而令定寿以都统衔参赞军务。四年，率兵往扎布罕，召偕穆克登还京师。定寿奏留察罕搜勒军中自效。七年，大将军傅尔丹自北路出师，命定寿仍以都统衔为军营前锋统领。八年，傅尔丹令定寿以二千人驻伊克斯诺尔，护阿济必济卡伦。九年，傅尔丹将出师，集诸将议，定寿曰："噶尔丹策零闻我师至，敛兵观变，是有谋也。不可信俘言轻进。"傅尔丹责其懦，侍郎永国、副都统觉罗海兰皆持不可，弗听、师遂行。以定寿领第一队，至雅克赛河，获准噶尔兵二千余。及至库列图岭，攻不克，将移军和通呼尔哈诺尔。呼尔哈诺尔，华言大泽也。定寿诘傅尔丹曰："违众陷师，谁执其咎？"傅尔丹默不语，定寿曰："言在先，敢辞死乎？"军甫移，敌大至，定寿督兵奋击，所向披靡。乘胜入敌阵，风骤起，雨雹并至，师大败。敌围定寿数重，定寿中鸟枪，犹力战，相持竟夜。敌欲生致之，拔刀自刭，死于阵。副都统西弥赖令索伦兵赴援，兵溃，亦自杀。

素图，富察氏，满洲正黄旗人，费雅斯哈孙，素丹子也。素图初名福列，袭二等阿达哈哈番，改名。授护军参领。康熙五十四年，策妄阿喇布坦侵哈密，素图与都统新泰率乌拉兵屯阿尔泰。五十九年，从征西将军祁里德出布勒罕，深入，斩敌伏四百余。次铿尔河，其宰桑色布腾据山拒，素图督兵奋击，大破之，色布腾以二千人降。六十年，移军巴尔库尔，赴吐鲁番督筑城屯田。雍正元年，从副将军阿喇纳驻布隆吉尔。二年，准噶尔犯边，偕总兵孙继宗击之，敌败走，乃城布隆吉尔。复从副都统达鼐逐罗卜藏丹津至花海子，获台吉丹津及其妻子，并招降台吉噶尔斯等。上以方冬冰冻草枯，师奋勇远征，下诏褒勉。擢宁夏左翼副都统。时素丹为宁夏将军，年已老，上命素图协理将军。寻命率西安满洲兵二千从傅尔丹出北路，授参赞大臣。及库列图岭之战，素图与副都统岱豪杀敌四百余。移军和通呼尔哈诺尔，素图与定寿及副都统常禄等据山梁之东。敌大至，素图、常禄与归化城副都统马尔齐力御之，没于阵。侍郎永国、副都统觉罗海兰、岱豪帐中自经死。

时诸将惟副都统德禄、承保从傅尔丹得出。伯都讷副统都塔尔岱中枪穿胫，蒙古医蒙以羊皮，三日始苏。上令还伯都讷，塔尔岱言：“愿从军剿贼雪耻。若负罪而还，何颜见七十有七之老母？”上深嘉之，并赐塔尔岱及其母各白金千。参赞都统陈泰屯科布多河岸，闻敌至，退驻扎布韩，上命斩之。议恤查弼纳、马尔萨、素图、觉罗海兰，皆授拜他喇布勒哈番兼拖沙喇哈番。达福、岱豪、西弥赖、常禄、定寿、永国授拜他喇布勒哈番，余并授拖沙喇哈番。查弼纳、达福、定寿、索图旧有世职，查弼纳合为三等阿达哈哈番，定寿、素图皆合为三等阿思哈尼哈番，达福以其孙别袭巴赛，追封简亲王，见《郑亲王济尔哈朗传》。

论曰：西藏之师，噶尔弼深入奋战，而功独归主将，番代远戍，怏怏不欲行，殆以此欤？查克丹与额尔德尼昭之战，常赉佐巴尔库尔之师，元生、芳屡定乱苗，而元生尤著，卒以牵制坐使迁延。查弼纳剿历已久，晚乃从军，和通脑儿之败，一军尽覆，而主将独逭重诛，抑又何也？

清史稿卷二九九
列传第八六

马会伯 从兄际伯　际伯弟见伯　觐伯
路振扬　韩良辅 弟良卿　子勋
杨天纵　王郡　宋爱

　　马会伯,陕西宁夏人。康熙三十九年一甲一名武进士,授头等侍卫。四十五年,授直隶昌平参将,累迁云南永北总兵。五十九年,师入西藏,命会伯与总兵赵坤率绿旗兵会都统法喇从征。西藏定,叙功,加左都督。雍正元年,入觐,世宗书榜赉焉,曰"有儒将风",并赐貂冠、孔雀翎。其从弟觐伯,以山西大同总兵率师驻山丹卫,命会伯代镇赐白金五百。二年,还镇永北。

　　三年,擢贵州提督,疏言:"贵州土瘠兵贫,臣捐谷千石,所属四营将备捐千石,贮以济兵。来岁续捐增贮。"上善之。初,广顺属长寨仲苗最悍,总督高其倬奏移兵设汛。是岁,建营房,仲苗出阻。会伯会总兵石礼哈率兵捕治,得其酋阿革、阿纪及川贩为主谋者李奇,悉诛之。余众诣军前听命。会伯复赴宗角、者贡、谷隆关、羊城屯诸地督建营房,得旨嘉奖。

　　四年,调甘肃,未至,又调署四川,旋授四川巡抚。五年,疏劾按察使程如丝营私网利,遣侍郎黄炳按鞫得实,论罪如律。会伯疏言:"四川巡抚旧有税规耗银三万九千有奇,令并入正项。富顺盐规一万有奇,令改增引课。仍留丁粮、盐、茶耗规等一万七千有奇,为巡抚养廉及犒赏之用。"报闻。又疏请清察隐粮,争探田地,按名丈量。四川清丈自此起。

调湖北,疏请整饬庶狱,重校刻《洗冤录》,颁发州县,议如所请。七年,命往肃州督西路军需,并权肃州总兵。上谕之曰:"此任朕屡经斟酌,用满员,恐与岳钟琪掣肘。用文吏,则能谙军机实心任事者甚少。委托于汝,慎毋负任用!"寻擢兵部尚书,仍督兵需,并领肃州总兵如故。八年,上责会伯贻误,夺职,仍署总兵效力。乾隆元年,卒。

际伯,会伯从兄。初入伍,从勇略将军赵良栋讨吴三桂,复略阳,败敌阳平关。下四川,夺小关山,克建昌,遂定云南。叙功,授千总,累加参将衔。又从振武将军孙思克征噶尔丹,破敌昭莫多。叙功,加副将衔。康熙三十六年,授宁夏镇标前营游击。从总兵殷化行击噶尔丹,至洪敦罗阿济尔罕。累迁四川建昌总兵。遭母丧,巡抚能泰请留任,上命在任守制。四十六年,入觐,调西宁,赐孔雀翎、鞍马。五十年,授四川提督。卒,赠右都督,赐祭墓,谥襄毅。

见伯,际伯弟。康熙三十年武进士。洪敦罗阿济尔罕之役,见伯在行。叙功,授守备。累迁山西太原总兵。上西巡,赐貂褂、蟒袍。母丧,并命在任守制。上复西巡,赐孔雀翎。上命弁兵内通晓文义者得应武乡会试,见伯疏言《武经七书》注解互异,请敕儒臣选定。下部议驳,上谕曰:"见伯此奏亦是。《武经七书》文义驳杂,朕曾躬历行间,知用兵之道,七书所言,安可尽用耶?"命再议,乃议武试论二:一以《论语》、《孟子》命题,一以《孙子》、《吴子》、《司马法》命题。见伯并请祭孔子,副将以下皆陪祭,上特允之。旋调天津。五十八年,擢陕西固原提督。五十九年,上命贝子延信为平逆将军,率兵定西藏,以见伯参赞军务,屡破敌。师还,次打箭炉,卒,赐祭墓。

觌伯,见伯弟。康熙四十二年武进士,选三等侍卫,授巡捕南营参将。累迁大同总兵。策妄阿喇布坦侵哈密,觌伯率师出驻推河。雍正元年,入觐,赐孔雀翎。命移军驻山丹卫。二年,还镇。三年,上谕之曰:"尔前入见,朕命尔受巡抚诺岷教导。近闻尔等俱听年羹

尧指挥,此甚非是。嗣后诸事,当商诸署巡抚伊都立。"寻追议在军
时因事与将军争竞,夺官,命辖鄂尔坤、图拉屯田。五年,献瑞麦,一
茎十五穗。上谕曰:"今岁各省产嘉禾,觊伯复献瑞麦。帝王本不以
祥瑞为尚,恐有司借端粉饰,致旱潦不以上闻。雍正五年以后,各省
产嘉禾,停其进献。"乾隆元年,卒。

　　路振扬,陕西长安人。初入伍,拔补把总。累迁汉中副将。康
熙五十一年,擢四川松潘总兵。五十六年,策旺阿喇布坦侵西藏,命
四川提督康泰率兵往青海御之。至黄胜关柏木桥,兵哗溃,振扬往
镇抚。事定,以振扬署提督。疏言:"松潘迤南杂谷土司种繁俗悍,
土司良尔吉子班第尔吉,臣密令防隘,颇称勤顺,请袭职,并予赏
赉。又加渴瓦寺安抚土司桑郎温恺募众运粮,漳腊营辖旗命上下包
坐司土兵习战斗、谙边情,臣令备兵候调,咸在踊跃,亦请予赏赉。"
皆如所请。雍正元年,调重庆总兵。

　　四年,迁陕西固原提督。疏言:"国家设禄以养廉,立法以惩贪。
例定以财行赇,及说事过钱人,审实计赃同科。罪未发而自首者免
罪。犹征正赃。窃思官吏营私,彼此容隐,不易败露,或有告发,犹
必互相掩饰。臣请开自首之路,凡上司保题属吏,并大计军政卓异,
荐举人员,以财行求,彼此皆应治罪。如受者自首,免追赃及应得之
罪。如与者自首,则照原赃倍追给主,亦免应得之罪。或说事过钱
人自首,免罪给赏。如是,庶彼此皆存顾虑,未事则畏惧不敢为,既
事则争首惟恐后,是或除贪之一法。"奏入,上嘉之,曰:"向闻振扬
操守廉洁,今览此奏,非一尘不染者不敢言也。"下部议行,并命优
叙。

　　六年,上念振扬老,召诣京师,授兵部尚书。振扬以病固辞,上
疑其恋外任、怀怨望,命停俸,旋改銮仪使。八年,署直隶古北口提
督。九年,上以古北口、宣化、大同沿边要地当增兵,独石口西至杀
虎口当增兵,并修边墙。敕御史舒喜、天津总兵补熙会振扬详勘。振
扬等奏请改设副将以下官,增兵千四百有奇,于各镇营抽拨。边墙

倾圮，用木栅鹿角堵塞，从之。乾隆元年，回銮仪使任。旋卒，赐祭
葬。

韩良辅，字翼公，陕西甘州人。父成，字君辅，康熙中官重庆总
兵。在任十七年，有威惠，民德之。卒，祀名宦祠，葬合州，遂入籍重
庆。

良辅，多力有胆气，年十五，即随父杀贼。补县学生员，弃去肄
武。康熙二十九年，中式武举第一。三十年，成一甲三名进士，选二
等侍卫。出为陕西延绥游击，迁宜君参将。境多盗，有为之主者，捕
得必连坐。又多虎，造虎枪，教士卒刺虎法，杀虎百余，患遂息。迁
神木副将，调直隶大名，又移石匣。五十九年，率古北口兵五百赴西
宁军前听调遣。雍正元年，迁天津总兵，赐孔雀翎。

授广西提督。广西多山林，宜藤牌挑刀。良辅令步兵弓箭瑶弱
者皆改肄牌刀，并增制军械，买马以壮易羸。二年，署广西巡抚。奏
言：“广西土旷人稀，多弃地，其故有六：山谷险峻，瑶、壮杂处，田距
村远，谷熟虑盗割，一也；民朴愚，但取滨江及山水自然之利，不知
陂渠塘堰可资蓄泄，二也；不得高卑宜植粮种，三也；不知耕耨，四
也；所出只米谷，纳赋必用银，且徭随粮起，恐贻后累，五也；良懦垦
熟，豪猾势占，六也。宜选大员督率守，令度地居民，立茅舍，贷牛
种，兴陂渠塘堰，严冒占之禁，宽催科之期，使民知有利无害，皆奋
兴从事，边徼可成乐土。”上命李绂为巡抚，令良辅协同料理。三年，
良辅以天河三瞳瑶、壮时出劫掠，檄柳庆副将孙士魁率兵捕治，并
晓以利害，上瞳莫旺东等、中瞳贾贵翁、下瞳覃明甲等皆出降。师
还，复抚定宜山属那隘、三岔诸寨。四年，复署巡抚。遭嫡母丧，命
在任守制。五年，实授巡抚。疏言：“广西抚、提、镇三标岁需兵粮七
万六千石有奇，各属额征粮数，有无多寡不同。拨运供支，有司既苦
繁费，兵士又虞乏食。请酌水道远近，粮额多少，匀给拨运。并多征
折色，以给舟楫不通之地。”下部议行。上命绂以侍郎奉使，与良辅
赴贵州安笼，与总督鄂尔泰议分界，事毕，还广西。坐前官提督奉议

土民罗文刚抗阻设汛，未早捕治，夺官。七年，卒。

良辅既以兵略显，子弟多肆武。季弟良卿、长子勋尤知名。

良卿，字省月，康熙五十一年武进士，授侍卫。出为陕西宁守备，再迁庄浪参将。师讨谢尔苏部土番，从凉州总兵杨尽信击敌棋子山，功多，赐孔雀翎，赍白金千。累迁宁夏中卫副将、广西碣石总兵，移肃州。乾隆五年，擢甘肃提督。卒，赐祭葬，谥勤毅。

勋，字建侯。年十九，中式武举。康熙五十六年，祖成请效力，命在内廷行走。五十九年，师征西藏，勋随良辅赴噶斯应援。雍正元年，授三等侍卫。出为贵州威远游击，未赴，改镇远。五年，从提督杨天纵击仲苗，迁云南镇雄参将。八年，乌蒙猓为乱，扰镇雄、永善。总督鄂尔泰令分兵三道进攻，令提督张耀祖、总兵哈元生各出一路，而以勋将四百人出镇雄奎乡，进次莫都都，猓数千出拒，力战一昼夜，杀二百余，破寨四。翌日，猓复犯奎乡，勋击之。战三日，杀二千余，尽焚其寨。时元生已克乌蒙，猓屯鲁甸，拒大关以守。耀祖军次东川不进，鄂尔泰复檄勋自镇雄夹攻，循途搜斩，破寨百余。克发乌关，至黄水河，环攻敌垒，大破之，克大关、小关。镇雄、永善相继下。捷闻，上谕曰："参将韩勋，领兵四百，破贼数千。以寡敌众，鼓三军之气。丧贼人之胆，较诸路为独先。"命优叙。超擢贵州安笼总兵。

九年，移古州，讨定稿平苗。十三年，疏言："古州苗寨接壤郡县，请视湖广例，得与内地兵、民联姻。庶彼此感喻，习知礼义，可底善良。"从之。清江诸苗犯王岭汛，勋率兵击之，苗退距台拱，势犹炽，率副将王涛截击，破乌公、八姝诸寨，进屯朗洞。乾隆元年，从经略张广泗进攻牛皮大箐，自朗洞旋师，途毁二十余寨。三年，按治定番州姑卢等寨苗。四年，疏言："古州西北地名滚纵，临容江，接牛皮大箐，实为要隘，当设兵防守。"允其请。六年，粤瑶挟黎平黑洞苗入境焚劫，击走之，禽其首恶石金元等，置之法。擢贵州提督。八年，卒，赠右都督，赐祭葬，谥果壮。

杨天纵,字景圣,陕西渭南人。年十七,父母相继没,遂入伍。尝从勇略将军赵良栋下云南,冒矢石,负重创。补四川提标把总,迁峨边营千总。康熙三十九年,打箭炉西藏营官喋吧昌侧集烈为乱,天纵从提督唐希顺讨之,易服入敌中数往返,希顺用其言为攻取计。四十年,攻二道水、磨冈、磨西面诸地,争先摧敌,克打箭炉。叙功,加游击衔,授浙江处州都司。三迁署山东沂州副将。

五十七年,授贵州定广副将,入觐,上命加总兵衔,留沂州任。山东盐枭势张甚,天纵按行各汛,行至费县,闻有声自远至,势且数百人。正夕,天纵令从骑伏路旁,俟其近,骤出击之,皆惊溃。逐之,及于柱子村,擒其渠,俘数百。又击之于蒙阴、于泰安,余众悉解散。五十九年,调广东雷州副将,山东巡抚李树德以沂州险要,请仍留任,许之,加都督佥事。

雍正元年,迁云南临元总兵。鲁魁猓夷方景明等恃众据险,恒出掠。天纵偕布政使李卫率兵捕治,悉歼焉。四年,授贵州提督。五年,疏言:"各省考察军政,所劾多千总、把总,至一二十员不等。千所总虽微员,有防汛、护饷、解逃、捕盗之责,如有偷惰,应不时斥革,何待此时?盖缘提镇以是塞责,且有所劾即有所擢,只图可得锱铢。上负君恩,下屈末弁。请敕提镇,嗣后千把总有劣员,即时斥革。"上韪之,谕兵部著为令。

总督鄂尔泰讨平长寨仲苗,环其地东西南皆生苗,犷悍不受约束,内地仲苗以为逋逃薮。天纵从鄂尔泰招抚,遣参将刘成谟率熟苗头人推诚劝谕,生苗有求见,令薙发,予以衣冠酒食,使转相化导。受抚者百四十八寨、五千六百余口。叙功,予拖沙喇哈番世职。

巡抚张广泗清理苗疆,丹江苗纠众抗拒,天纵遣兵助剿,疏言:"旧存大炮过重,余炮力不及远。臣以己意制炮,大者曰靖蛮大炮,能及数里。小者曰过山鸟,攻远便捷。选兵送广泗行营听用,并调安笼、安南、大定、黔西、长寨诸营兵携炮赴凯里一路,分布进攻。"上嘉天纵料理合宜。七年,疏劾前署巡抚祖秉圭"不谙事机,广泗未至日,在教场阅操,言将尽剿诸苗,以致顽苗抗拒,劳师动众。臣不敢隐讳。"上谕曰:"生苗必经此惩创,方可久安。朕以祖秉圭不胜任,已予罢退。此类情事,焉能逃朕鉴察耶?"九年,以老致仕,加太子太保。十年,请改籍四川成都。旋卒,赐祭葬,谥襄壮。

王郡,陕西乾州人,康熙三十年,陕西饥,就食福建,以李姓入伍,补台湾镇标把总,迁延平城守千总。六十年,台湾民朱一贵为乱,总督满保檄郡赴援。自厦门渡海,一昼夜至淡水,佐守备陈策固守,与策安集民、番。师至诸罗,往会从克台湾。二岁中四迁。雍正元年,擢浙江严州副将,奏复姓。寻又迁江西南赣总兵。六年,调台湾。九年,上以郡在台湾,三年任满,例当调内地。命总督刘世明选代郡者。世明举海坛总兵吕瑞麟,令赴台湾就郡咨度兵民风土,乃调郡潮州。

十年,擢福建提督。台湾北路社番为乱,瑞麟与台湾道刘象恺往剿,郡赴台湾镇抚。南路乱渠吴福生等窃发,郡率兵于虎头山、亦山、碑头诸地逐捕,擒福生,余党悉平,加都督同知。寻北路大甲西、沙辘、牛骂诸社番杀掠兵民,郡自鹿仔港侦知阿东一社有北仑、西仑、东仑、恶马诸地,为乱番所聚,令游击邱有章、李科等攻西仑,参将李荫越、游击林黄彩等攻东仑、恶马,而游击黄贵,守备蔡彬、蔡荣等攻北仑。乱番设伏拒我师,督兵奋击,悉讨平之,加左都督。

十一年,调水师提督。十二年,疏言:"厦门环海,地少人多,需米不赀。加以营兵赴籴,难免匮之。水师提督公廨旧有官房,鱼池赁于民,岁得息五千余。请买谷贷于兵,俟谷熟买补,数年内可得数万石。孤岛兵民,庶无虞难食。"上谕曰:"郡将应得祖息筹济兵食,甚可嘉也。"命议叙。寻入觐,途次构疾,遣太医诊视,赐药饵。二子,守乾、守坤随侍,召入见,赐守乾守备衔,守坤户部主事。乾隆元年,复入觐,赐鞍马、弓矢。时部议许民间得制乌枪防盗,郡言:"台湾远在海表,番、汉杂处。禁例一开,恐火器充斥。小则侵界扰番,大则偶遇水旱,群不逞藉以为乱。台湾民居多平衍,山箐中皆生番,各险要皆置兵戍守。民间不需乌枪,恳仍旧例禁止。"从之。十一年,请老,加太子少保,食全俸。二十一年,卒于家,赐葬,谥勤悫。守乾官至南昌总兵。

宋爱,字体仁,陕西靖远人,父可进,雍正初,以京营参将从抚远大将军年羹尧讨罗卜藏丹津。敌攻镇海堡,遣赴援,击杀六百余人,敌败走。敌又攻西宁南川口,围申中堡,复遣赴援,堡兵出夹击,敌败走,擢副将。从提督岳钟琪攻郭隆寺毁寨七,焚其屋宇七十余所。旋与钟琪分道深入,定青海。擢凉州总兵,授三等阿达哈哈番世职。复从钟琪攻谢尔苏土番,桌子山,围之七昼夜,一日数接战。可进受重创,奋进破其巢,遂讨平之,擢甘州提督。

爱,雍正元年,武进士,授三等侍卫。二年,命省可进军中。桌子山之战,爱从可进奋战有功。河南河北总兵纪成斌请以爱授河南开封都司,上疑成斌受羹尧指,允其请,即令爱传谕诘成斌。成斌奏:“开封都司,省会重地,去年剿桌子山,亲见爱奋不顾身,极有胆气。且代可进料理营务,颇有才干。知其能胜任,故冒昧陈请。臣实未受何人属托,即可进亦不过同在军中相识,素无交情。”上谕之曰:“朕原不过揣度之辞,近年年羹尧握兵柄,若尔等蔑国恩,重私谊,甚非朕保全功臣之意。今既无别故,意在为地得人,朕甚嘉赏。”再迁浙江绍兴副将,命署总兵,历南阳、永州、天津、定海诸镇。

乾隆六年,擢襄阳总兵。七年,调安笼。十年,贵州总督张广泗奏言:“古州新辟苗疆,诸镇中惟爱详慎周密,年力正壮,请以调补。”上从之。丁母忧,命暂署服阕后真除。十八年,擢贵州提督。前提督丁士杰奏言古州苗因公役使不从,恐激成骄抗,谕将吏弹压。爱奏:“古州苗于应备夫役,一呼即至,初未见迟延。所属新疆苗民,亦不至骄抗。苗性难驯,惟在有司善于约束。平时不烦苛,有事不姑息。务使怀德,兼知畏法。”上褒勉之。十九年,总督硕色劾爱马政废驰,又为故镇远总兵吴三杰勾资治丧。会爱卒,寝其奏。

论曰:雍正间文武多通用,高其位以提督迳授大学士为最著。

会伯、振扬皆长兵部，然会伯未上官，振扬不久改右班，其绩仍在专阃。良辅为疆史，卓卓有建白，家世出将，与会伯略同。天纵、郡、等弭乱绥氓，因事有功，年羹尧部将如宋可进、黄喜林、吴正安、周瑛、王嵩、马忠孝，岳钟琪部将如纪成斌、曹勷、张元佐，皆相从转战，惟可进以有子爱，名字犹可见，他皆不具始末。成斌、勷且以微罪死，是亦重可哀已。

清史稿卷三〇〇
列传第八七

沈起元　　何师俭　　唐继祖
马维翰　　余甸　　王叶滋
刘而位

　　沈起元，字子大，江南太仓人。康熙六十年进士，选庶吉士，改吏部主事。擢员外郎，以知府发福建用。总督高其倬令权福州，调兴化。时世宗闻福建仓谷亏空，遣广东巡抚杨文乾等往按，被劾者半，受代者争为烦苛，起元独持平。莆田民因讼互斗，其倬恐酿乱，令捕治。起元责两人而释其余，报曰："罪在主者，余不足问也。"寻摄海关，裁陋规万余金。巡抚常安有奴在关，以索费困商舶。起元闻，立督收税如额，令商舶行，白常安斥奴。自是人皆奉法。其倬奏开南洋，报可。已，复令商出洋者，必戚里具状，限期返，逾者连坐。起元曰："人之生死，货之利钝，皆无常，戚里岂能预料？且始不听出洋则已，今听之，商造船集货费不赀，奈何忽挠以结状？若令商自具状，过三年不归，勿听回籍，不犹愈乎？"其倬从之。

　　调台湾。台湾田一甲准十一亩有奇，赋三则：上则一甲谷八石，中则六石，下则四石，视内地数倍。然多隐占，民不甚困。时方清丈，占者不得匿。其倬欲使台湾赋悉视内地下则，恐不及额致部诘。起元令著籍者仍旧额，丈出者视内地下则。俟隐占既清，更减旧额重者均于新额，赋不亏而民无累。起元在福州，以辨冤狱忤按察使潘体丰，体丰中以他事，镌四级，遂告归。

高宗即位，起江西驿盐道副使。乾隆二年，擢河南按察使。会久雨，被灾者四十余县，饥民四走，或议禁之。起元谓："民饥且死，奈何止其他徙？"令安置未被水诸县，给以粮，遂无出河南境者。巡抚雅尔图檄府县修书院，以起元总其事，乃教群士省身克己之学。立章善坊，书孝子、悌弟、义夫、贞妇名，采访事实，为《章善录》版行，一时风动。

七年，迁直隶布政使。大旱议赈，总督高斌欲十一月始行，起元力请先普赈一月，俟户口查竣，再分别加赈。有倡言赈户不赈口者起，元曰："一户数口，止赈一二，是且杀七八人矣！"檄各属似此者罪之。户部尚书海望奏清理直隶旗地，有司违限，旨饬责。斌将劾数州县应命，起元不可，曰："旗地非旦夕可清，州县方赈灾，何暇及此？独劾起元可也！"乃止。九年，内转光禄寺卿。十三年，移疾归。

起元自少敦厉廉耻，晚岁杜门诵先儒书。临没，言："平生学无真得。年来静中自检。仰不愧，俯不怍，或庶几焉！"

何师俭，字桐叔，浙江山阴人。以纳赀，于康熙六十年选授兵部员外郎。奉职勤恳，常数月不出署。雍正元年，迁广西右江道佥事，部请留任一年，世宗命以升衔留任，赐人参、貂皮。师俭以执法却重贿，忤要人，因诬以避瘴故留部。侍郎李绂昌言曰："今部曹不名一钱，才者尤劳瘁，苟得郡，争趋之，况监司耶？"期满，复请留，加按察司副使衔。司疏奏皆出其手，他司事难治者亦时委之。

三年，出为江南驿盐道副使，上召对，勉以操守，复赐人参、貂皮，许上疏言事。四年，调广东粮驿道副使。岁大祲，师俭以存留米五万石给饷，饬所属缓征。或疑专擅获咎，师俭曰："请而后行，民已苦箠楚矣！"总督孔毓珣与巡抚杨文乾不相能，以师俭署盐法道，欲引以为助。文乾疑为毓珣党，令买铜，将以赔累困之。明年，文乾入觐。上示以毓珣弹事，亦及师俭，乃知师俭非阿毓珣者。令署按察使，毓珣又疑师俭暱文乾。及文乾卒，劾师俭违禁开矿，侵蚀铜价。

逾年，署巡抚傅泰会鞫，事始白。上知其无罪，命往陕西佐治军需。

师俭在兵部，谙悉诸边形势扼塞、战守机宜、刍饷缓急。至凉州，每集议，指画如素习，总督查郎阿深重之。署凉庄道参政，师过凉州，檄至肃州支饷。两路遥远，师俭即以凉州所蓄给之，师行无乏。一日羽书数过，师俭策必调取生兵，峙饷以待。已而果然。肃州师将行，飞檄令截取公私羸马，官民皇皇。师俭曰："在道官商皆赴肃者，若官顿于途，货弃于地，非军前所宜。进剿未有定期，何如听其至肃，释所载而后供役？军前得人与货，亦省刍葵解送之烦，是获两利也。檄虽严，吾自当之。"于是官商皆安，军事亦无误。

寻调补西安盐驿道副使。关中旱，诏以湖广米十万石自商州龙驹寨运陕西。师俭董其役，未半，大雨溪涨，羸马少，不足供转输。商于山中无顿积所，水次隘，运艘不齐。师俭以秋谷将登，请止运，民亦不饥。军中马缺，檄取驿马。师俭谓："置邮传命，如人身血脉，不能一日废。"拒不可，事竟寝。

擢按察使，数平疑狱。吏有故入人罪者，必按如法，虽贵势贤亲不徇纵。十三年，以目疾乞休。高宗即位，赦诏至，时目已失明，令吏诵案牍，谛听，得邀赦典者，立出之而后上陈。留两月，毕其事始归。后卒于家，陕西祀名宦。

唐继祖，字序皇，江南江都人。康熙六十年进士，选庶吉士。雍正元年，散馆，授编修，转礼部员外郎。五年，考选浙江道御史。七年，授工科给事中。命察八旗亏帑，律侵挪皆不赦，犯者，贫羁狱二三十年不结。继祖为核减开除，奏请豁免。积牍一清。命巡西城，回民聚居，顽犷不法，严治之，有犯必惩，悉敛辑。建仓东便门，外多发冢墓，毁祠宇，继祖陈其不便，改地营建，冢墓祠宇并修复。南漕愆期，命赴淮安巡视。继祖驰至，不更张成法，惟选干吏催督，惩其疲惰。两阅月，粮艘悉抵通州。条上漕务利病，下部议行。

七年，命往湖南谳狱，并巡察湖南、湖北两省，裹粮出，有馈觞酒豆肉，皆却之，令行禁止。与巡抚赵申乔同按永顺苗变狱，群情帖服，苗疆以安。湖南捕役多通盗，奏请捕役为盗，加重治罪，报可，入新例。八年，擢通政司参议。九年，擢鸿胪寺卿。寻命以本衔署河南按察使，旋授湖北按察使。继祖在两湖久，熟知吏民情伪，楚俗刁健，黠吏与奸豪通，伺官喜怒，讼益难治。继祖闭诸胥于一室，不令与外通，讼风衰减。雪监利女子冤狱，按钟祥民变，皆为时所称。世宗驭吏严，内外大僚凛凛，救过不暇。继祖一意展舒，所陈奏无不允。上欲大用之，出巡察，赐以折匣，许奏事，曰："朕于督抚贤者始赐折匣，汝宜好为之！"调江西，未之任，以疾乞归。病愈将出，遽卒。

马维翰，字墨麟，浙江海盐人。康熙六十年进士。雍正元年，授吏部主事。甫视事，杖奸胥，铨政清肃。转员外郎，考选陕西道御史，迁工科给事中，监督仓场，所至有声。六年，命赴四川清丈田亩，时同奉使者四。维翰分赴建昌道属，具有条理，粮浮于田者必请减，逾年事竣。御史吴涛在川东丈田不实，以维翰助之。至则发其弊，遂以维翰代任。巡抚宪德荐可大用。八年，留补建昌道副使，疏陈二事：四川俗好讼，州县断狱苟简，案牍不具，奸民辄翻控，淆乱是非，请设幕职以襄治理；又民鲜土著，多结草屋，轻于迁徙，焚劫辄致灾，请发官款造砖甓，劝民多建瓦屋。上斥其非政要，以其疏示宪德，谓："汝荐可大用者乃若此！"然维翰勇于任事，相度要害，改黎州千户所设清溪县。乌蒙苗乱，出师会剿，维翰治军需，供糗粮刍荛，凿雪通道，与厮卒同甘苦。论剿抚悉中机宜，事乃定。凉山地震数百里，勘灾散赈，民感之。矿厂扰蛮，起为乱，方进剿。维翰力陈营兵不辑及各厂病蛮状，请罢厂撤兵，抚各番，止诛其魁。

在川七年，不阿上官。旋被构，维翰揭部请解职赴质。时亲王总部事，特威重，捽使免冠。维翰以手按冠抗声曰："奉旨不免冠。"谯问故，则又抗声曰："旨解职，非革职也！"部乃疏请夺官。事旋白。乾隆二年，起授江南常镇道参议。丁父忧，归，卒于家。

余甸，字田生，福建福清人。康熙四十五年进士。居乡励名节，巡抚张伯行重之，延主敖峰书院。授四川江津知县，民投牒者，片言立决遣，讼为之简。日与诸生诵说文艺，疏解性理。所征赋即储库，不入私室。时青海用兵，巡抚年羹尧督饷。多额外急征。檄再三至，甸不应。乃使仆持檄告谕，自朝至晡，甸不出，使者哗。甸坐堂皇，命反接，将杖之，丞簿力为请，久之乃释其缚。越日，使者索檄，甸曰：“汝还报，我闭门待劾，檄已达京师矣。”羹尧亦置之。行取吏部主事，时尚书张鹏翮、侍郎汤右曾皆以干济名，甸遇当争辨者，侃侃无所挠。主选二年，权要富人请托多格不行。将告归，条文书已驳议未奏者十余事，曰：“此皆作奸巧法易为所蒙，必上闻，吾乃去。”父忧免丧，犹庐墓。

　　以河道总督陈鹏年疏荐，擢山东兖宁道。厘工剔弊，一袪积习，甚得士民心。鹏年卒，齐苏勒为河督，以工事劾甸，行河至济宁，士民群聚乞还甸。齐苏勒疏陈，召入见。雍正二年四月，授山东按察使。携二仆，买驴之官。务崇礼教，轻刑罚，政化大行。十一月，召诣京师。三年，擢顺天府丞。

　　甸历官尽革陋规，为按察使，愍囚不能自衣食，取盐商岁馈三之一以资给之。兼完图圄，修学宫、书院，委有司出入注籍。既去官，上命内阁学士缪沅清察山东盐政诸弊，举是劾甸，夺官归，甸用唐人诗语为人书楹帖，其人有怨家，讦于有司，以为怨望。有司以甸所书也，并下甸于狱。事白，遽卒。

　　王叶滋，字槐青，江南华亭人。弱冠，补诸生。浙江巡抚朱轼辟佐幕，器其才。雍正元年，重开明史馆，轼荐之，引见称旨。命入馆纂修。举顺天乡试。福敏督湖广，世宗命叶滋往赞其幕。五年，应礼部试，甫毕，上召见，问湖广吏治、民生利弊，奏对甚悉，趣驰传还湖广。榜发中式，未与殿试，赐二甲进士，即常德知府。常德例，知府至，行户更新照，规费四千金，叶滋革其例。境数被水灾，请帑增筑化猫新陂堤堰，豁被水荒田额粮，民德之。辰州关木税为利薮，时议移关常德，叶滋恐累民，拒之，请仍旧制。行法不避豪贵，兴学造士，荐举优行诸生陈悌为武平知县，贵金马为上蔡知县，刘樵为清平知县，并为良吏。

署岳州、辰州二府，摄岳常道副使。久之，授辰沅靖道副使。时苗疆初辟，清林箐，增汛堠，规模肃然。所属绥宁、城步与黔疆犬牙错。尝率数骑，持酒肉盐豉，循行苗砦。群苗迎拜，谓"上官亲我"。召诸头人集校场，赐花红银牌，宣上德意，劝以礼义。因偕总兵阅兵耀军容，群苗帖服。署按察使，调粮储道，旧有漕费，悉归公用。值贵州苗乱，师进剿，叶滋驻辰州治军需，克期办。绥宁苗蠢动，为贵州苗应。叶滋条上剿抚事，悉中窾要。大吏令驻绥宁指挥，积劳疾作，卒于山中。

叶滋初以文学受知，及官于外，所至有声绩。卒时年仅五十五，世咸惜之。

刘而位，字尔爵，山西汾阳人。康熙五十二年举人，授河南安阳知县。有兄弟争产构讼十余年者，为据理剖解，至泪下，皆叩头求罢，案牍遂稀。雍正中，迁福建泉州知府，再迁兴泉道参议。盐政窳敝，商居奇索高直，民苦淡食，不获已，增价以市。既而盐不足，民恶其垄断，聚而殴之。海舶私枭动逾千百，往捕则持械拒，大狱迭兴，罗织牵连，数岁不息。而位创议裁引革商，岁额课税归灶完纳，如农完赋，任人转运，听其所之，则诸弊可革而国赋不乏。巡抚赵国麟心韪之，格于例不行。未几，引疾归。乾隆三年，起官四川盐茶道副使。蜀盐产于井，课由井纳，民便之。雍正中有请设引招商增课者，四川盐政自此坏。商无余资，运不足额，民持钱不得盐，而井盐滞积不售，因以致讧。而位欲事厘剔，大吏畏难不可，力争，愈嫉之。改松茂道，调永宁道参议。居常郁郁，不得行其志，惟与诸生讲学。寻卒于官。

而位生平服膺王守仁，曰："尊所闻，行所知，须不流于弊。尊阳明而不知其流弊，非善学阳明。尊朱子而不知其流弊，亦非善学朱子。"盖谓王氏高明，弊在躐等。朱子格物，弊恐拘而不化。著《省克引》、《刘氏家训》,为学者所称。

论曰:起元深于经术,当朝政尚严,能持以平恕。师俭以勤敏,继祖以明肃,并见重于时。维翰有干局,甸尤能泽以儒效。叶滋抚循苗疆,未竟其用。而位议变盐法,亦不得申其志,而但以学术名。国家重视监司,所以扩循良之绩,储封疆之选,若诸人者,可谓无忝矣。

清史稿卷三〇一
列传第八八

讷亲　傅恒　子福灵安　福隆安　福长安
福隆安子丰伸济伦

　　讷亲，钮祜禄氏，满洲镶黄旗人，额亦都曾孙。父尹德，附见其父《遏必隆传》，讷亲其次子。雍正五年，袭公爵，授散秩大臣。十年，授銮仪使。十一年十二月，命在办理军机处行走。十三年，世宗疾大渐，讷亲预顾命。高宗即位，庄亲王允禄、果亲王允礼、鄂尔泰、张廷玉辅政，号"总理王大臣。"授讷亲镶白旗满洲都统、领侍卫内大臣，协办总理事务。十二月，敕奖讷亲勤慎，因推孝昭仁皇后外家恩，进一等公。乾隆元年，迁镶黄旗满洲都统。二年，迁兵部尚书。十一月，庄亲王等请罢总理事务，讷亲授军机大臣。叙劳，加拖沙喇哈番世职。三年二月，领户部三库。九月，命协办户部。直隶总督李卫劾总河朱藻诈欺贪虐，命讷亲与尚书孙嘉淦勘谳，藻坐流。讷亲因与嘉淦条上永定河南北岸建筑闸坝诸事。十二月，迁吏部尚书。四年五月，加太子太保。

　　讷亲贵戚勋旧，少侍禁近，受世宗知，以为可大用。迨高宗，恩眷尤厚。讷亲勤敏当上意，尤以廉介自敕，人不敢干以私。其居第巨癸缚扉侧，绝无车马迹。然以早贵，意气骄溢，治事务刻深。左都御史刘统勋疏论讷亲领事过多，任事过锐。上谕曰："讷亲为尚书，模棱推诿，固所不可，但治事未当，亦所不免，朕时时戒毋自满。今见此奏，益当自勉。"语详《统勋传》。

　　九年正月，命讷亲阅河南、江南、山东诸省营伍，并勘海塘、河工。时直隶天津、河间二府方以灾治赈，令顺道先往察核。疏请展赈一月，从之。讷亲使事既蒇，分疏上陈，其勘诸省营伍，言："遍阅三省督抚、河漕、提镇为标者十七，优绌互见。惟河南南阳、江南苏松水师二镇最劣。请下部核赏罚。"其勘江、浙海塘，言："旧日浙江潮自蜀山中小亹出入，近海宁为北大亹，近萧山为南大亹，张沙宽阔，为杭州、绍兴二府保障。迨中小亹渐湮，潮趋蜀山北，震荡为患。若浚中小亹故道，减大亹潮力，上下塘工悉可安堵。即中小亹未可遽复，则当择险要多为坦坡，木石戗坝，俾撇水积淤资以御潮。至诸处柴塘，停沙阻水，无烦议改石工。入江南境，地平而潮缓，华亭旧塘坚致，宝山新塘尺度参差，工作又不中程。金山、奉贤、南汇、上海皆土塘，距海稍远，所司守护如法，当无他虞。"其勘洪泽湖，请浚盐河俾通江，疏串场河俾达海，并停天然三坝、高堰下游二堤。其勘南旺湖，请以湖中涸地贷贫民耕稼。别疏言："各直省政事，督抚下司道，司道下州县。州县官惟以簿书钱谷为事，户口贫富、土地肥瘠、物产丰啬、民情向背、风俗美恶、以及山川原隰、桥梁道路，皆漫置不省。官但有条教，民惟责纳赋，浮文常多，实意殊少。请敕各直省督抚，令州县官遍历境内，何事当兴举，何事当整饬，行之有无治效，以实报长官，长官即是为殿最，以实达朝廷。似亦崇实效、去虚文、饬吏治、厚民生之一端也。"皆下部议行。

　　十年三月，协办大学士。五月，授保和殿大学士，仍兼吏部尚书。十二年四月，命如山西会巡抚爱必达谳万全民张世禄、安邑民张远等挟众抗官状，论如律。爱必达及总兵罗俊、蒲州知府朱发等皆坐谴黜。十三年正月，命如浙江会大学士高斌覆勘巡抚常安贪婪状，未至，高斌鞫得常安实爱赇，讷亲与共奏，论如律。三月，复命如山东会巡抚阿里衮治赈。

　　时大金川土司莎罗奔攻革布什咱土司犯边，上命川陕总督张广泗讨之。大金川地绝险，阻山为石垒，名曰碉，师进攻弗克。四月，召讷亲还京师，授经略大臣，率禁旅出视师。六月，讷亲至军，下令期三日,噶拉依,噶拉依者,莎罗奔结寨地也。师循色尔力石梁而下,攻碉未即克,署总兵任举勇敢善战,为诸军先,没于阵。讷亲为气夺,乃议督诸军筑碉,与敌共险,为持久。疏入,上重失任举,又以筑碉非计,手诏戒讷亲,因时度势,以为进止。讷亲与广泗合疏言:"天时地利皆贼得其长,我兵无机可乘。冬春间当减兵驻守,明岁加调精锐三万,于四月进剿,足以成功,至迟亦不逾秋令。"讷亲又别疏言:"来岁增兵,计需费数百万。若俟二三年后有机可乘,亦未可定。"疏入,上谕曰:"卿等身在戎行,目击情状,不能确有成算游移两可。朕于数千里外,何从遥度?我师至四万,彼止三千余,何以彼应我则有余,我攻彼则不足?卿等当审定应攻应罢,毋为两歧语。"上知讷亲不足办敌,谕军机大臣议召讷亲还。又念大金川非大敌,重臣视师,无功而还,伤国体,为四夷讪笑。密以谕讷亲,冀激奋克敌。居数月,师虽有小胜,卒未得尺寸地。讷亲惟请还京面对,乃召讷亲及广泗诣京师,以岳钟琪摄经略,傅尔丹摄川陕总督,复遣尚书班第同治军事。寻夺讷亲官,令自具鞍马,从讨噶尔丹赎罪,逮广泗。

九月,命大学士傅恒代为经略,别遣侍卫富成逮讷亲,责置对,并令富成录讷亲举止言语以闻。上前后手诏罪讷亲恒数千百言,略谓:"讷亲受命总戎,乖张畏缩。疏言昼夜攻碉,自帐中望见火光,知未尝临敌。又言督军攻阿利山,既回营,我军数千人各鸟兽散。知偶临敌,双先士卒退。富成疏讷亲语'金川事大难,不可轻举,此言不敢入奏。'讷亲受恩久,何事不可言?如固不能克,当实陈请罢兵。乃事败欲以不可轻举归过朝廷,狡诈出意外。又值续调兵过,辄言'此皆我罪,令如许满洲兵受苦。'满洲兵闻调,鼓舞振跃,志切同仇。讷亲以为受苦,实嫉他人成功,摇众心,不顾国事。孤恩藐法,罪不可逭。"

十月,谕:"讷亲先世以军功封二等公,为孝昭仁皇后戚属,供职勤慎,进一等公。获罪,应仍以二等公俾其兄策楞袭爵。"讷亲恃上恩,尚冀入见上自解,上复迭降手诏,谓:"军旅事重,平日治事详慎,操守洁清,举不足言。"又谓:"讷亲小心谨密,而方寸一坏,天夺其魄,虽欲幸免而不能。"十二月,广泗既诛,上封遏必隆遗刀授侍卫鄂实,监讷亲还军,诛以警众。十四年正月,上命傅恒班师,复谕鄂实即途中行法。是月戊寅,鄂实监讷亲行至班拦山,闻后命,遂诛讷亲。

傅恒,字春和,富察氏,满洲镶黄旗人,孝贤纯皇后弟也。父李荣保,附见其父《米思翰传》。傅恒自侍卫荐擢户部侍郎。乾隆十年六月,命在军机处行走。十二年,擢户部尚书。十三年三月,孝贤纯皇后从上南巡,还至德州崩,傅恒扈行,典丧仪。四月,敕奖其勤恪,加太子太保。时讷亲视师金川,解尚书阿克敦协办大学士以授傅恒,并兼领吏部。讷亲既无功,九月,命傅恒暂管川陕总督,经略军务。寻授保和殿大学士,发京师及诸行省满、汉兵三万五千,以部库及诸行省银四百万供军储,又出内帑十万备犒赏。十一月,师行,上诣堂子告祭,遣皇子及大学士来保等送至良乡。傅恒既行,上日降手诏褒勉。傅恒道陕西,言驿政不修误军兴,上命协办大学士尚书尹继善摄陕西总督,主馈运。入四川境,马不给,上又命尹继善往来川、陕督察。旋以傅恒师行甚速,纪律严明,命议叙,部议加太子太傅,特命加太保。固辞,不允,发京师及山西、湖北马七千佐军。傅恒发成都,经天赦山,雪后道险,步行七十里至驿。上闻,赐双眼孔雀翎,复固辞。

初,小金川土舍良尔吉间其兄泽旺于莎罗奔,夺其印,即烝于嫂阿扣。莎罗奔之犯边也,良尔吉实从之,后诈降为贼谍。张广泗入奸民王秋言,使领蛮兵,我师举动,贼辄知之。傅恒途中疏请诛良尔吉等,将至军,使副将马良柱招良尔吉来迎,至邦噶山,正其罪,并阿扣、王秋悉诛之。事闻,上褒傅恒明断,命拜前赐双眼孔雀翎,毋更固辞。

十月,至卡撒,以屯军地狭隘,与贼相望,且杂处番民市肆中,乃相度移旧垒前,令总兵冶大雄监营垒。十四年正月,上疏言:"臣

至军,察用兵始末,当纪山进讨之始,马良柱转战而前,逾沃日收小
金川直抵丹噶,其锋甚锐。彼时张广泗若速进师,贼备未严,殄灭尚
易,乃坐失事机,宋宗璋宿留于杂谷,许应虎败衄于的郊,贼得尽据
险要,增碉备御。讷亲初至,督战甚急,任举败没,锐挫气索,军无斗
志,一以军事委张广泗。广泗又为奸人所愚,专主攻碉。先后杀伤
数千人,匿不以闻。臣惟攻碉最为下策,枪炮不能洞坚壁,于贼无所
伤。贼不过数人,自暗击明,枪不虚发。是我惟攻石,而贼实攻人。
贼于碉外为濠,兵不能越,贼伏其中,自下击上。其碉锐立,高于浮
屠,建作甚捷,数日可成,旋缺旋补,且众心甚固,碉尽碎而不去,炮
方过而复起。客主劳佚,形势迥殊,攻一碉难于克一城。即臣所驻
卡撒,左右山巅三百余碉,计日以攻,非数年不能尽。且得一碉辄伤
数十百人,得不偿失。兵法,攻坚则瑕者坚,攻瑕则坚者瑕。惟使贼
失所恃,我兵乃可用其所长。拟俟诸军大集,分道而进。别选锐师,
旁探间道,裹粮直入,逾碉勿攻,绕出其后。番众不多,外备既密,内
守必虚。我兵既自捷径深入,守者各怀内顾,人无固志,均可不攻自
溃。卡撒为进噶拉依正道,岭高沟窄,臣当亲任其难。党坝隘险,亦
几同卡撒,酌益新军。两道并进,直捣巢穴,取其渠魁。期四月间奏
捷。"上以金川非大敌,劳师两载,诛大臣,失良将,内不怿。及是闻
其地险难下,益不欲竟其事,遂以孝圣宪皇后谕命班师,而傅恒方
督总兵哈攀龙、哈尚德等攻下数碉。上以金川水土恶,赐傅恒人参
三斤,并及诸将有差,屡诏召傅恒还。又以孝圣宪皇后谕封一等忠
勇公,赐宝石顶、四团龙补服。傅恒奏言:"金川事一误,今复轻率戢
事,贼焰愈张。众土司皆罹其毒,边宇将无宁日。审度形势,贼碉非
尽当道,其巢皆老弱,我兵且战且前,自昔岭中峰直抵噶拉依,破竹
建瓴,功在垂成,弃之可惜。且臣受诏出师,若不扫穴擒渠,何颜返
命?"并力辞封赏,上不允,手诏谓:"匈奴未灭,无以家为,乃骠姚武
人锐往之概。大学士抒诚赞化,岂与兜鍪阃帅争一日之绩?"反复累
数千言,复赐诗喻指。

　　时傅恒及提督岳钟琪决策深入,莎罗奔遣头人乞降,傅恒令自

缚诣军门。莎罗奔复介绰斯申等诣岳钟琪乞贷死，钟琪亲入勒乌围，挈莎罗奔及其子郎吉诣军门，语详《钟琪传》。傅恒遂受莎罗奔父子降，莎罗奔等焚香作乐，誓六事，无犯邻比诸番，反其侵地，供役视诸土司，执献诸酋抗我师者，还所掠内地民马，纳军械枪炮，乃承制赦其罪。莎罗奔献佛像一、白金万，傅恒却其金，莎罗奔请以金为傅恒建祠。翌日，傅恒率师还。上优诏嘉奖，命用扬古利故事，赐豹尾枪二杆、亲军二名。三月，师至京师，命皇长子及裕亲王等郊迎。上御殿受贺，行饮至礼。傅恒疏辞四团龙补服，上命服以入朝，复命用额亦都、佟国维故事，建宗祠，礼曾祖哈什屯以下，并追予李荣保谥，赐第东安门内，以诗落其成。

十九年，准噶尔内乱，诸部台吉多内附。上将用兵，谘廷臣，惟傅恒赞其议。二十年，师克伊犁，俘达瓦齐以归，谕再封一等公，傅恒固辞，至泣下，乃允之。寻图功臣象紫光阁，上亲制赞，仍以为冠，举萧何不战居首功为比。二十一年四月，将军策楞追捕阿睦尔撒讷未获，上命傅恒出视师，赴额林哈毕尔噶，集蒙古诸台吉饬军事。傅恒行日，策楞疏至，已率兵深入，复召傅恒还。

三十三年，将军明瑞征缅甸败绩，二月，授傅恒经略，出督师。时阿里衮以副将军主军事，上并授阿桂副将军、舒赫德参赞大臣，命舒赫德先赴云南，与阿里衮筹画进军。三十四年二月，傅恒师行，发京师及满、蒙兵一万三千六百人从征，上御太和殿赐敕，赍御用甲胄。四月，至腾越，傅恒决策，师循戛鸠江而进，大兵出江西，取道猛拱、猛养，直捣木梳，水师沿江顺流下，水陆相应。偏师出江东取猛密，夹击老官屯。往岁以避瘴，九月后进兵，缅甸得为备。傅恒议先数十日出不意，攻其未备，水师当具舟。上初命阿里衮造舟济师，阿里衮等言崖险涧窄不宜舟，傍江亦无适舟所。上又命三泰、傅显往视，言与阿里衮等同。及傅恒至军，谘土司头人，知蛮暮有山曰翁古多木，旁有地曰野牛坝，野人所居，凉爽无瘴。即地伐木造舟，野人乐受值，执役甚谨。傅恒即使傅显佐茈事。舟成，督满、汉兵并从行奴仆，更番转般。又得茂隆厂附近炮工，令范铜为炮。状闻，辄降旨嘉奖，为赋造舟行焉。

　　傅恒初议自将九千三百人渡戛鸠而西，师未集，七月，将四千
人发腾越。上以经略自将师寡，促诸军速集如初议。八月，傅恒自
南蚌趋戛鸠。奏至，上方行围木兰，入围获狍，畀福隆安以赐傅恒。
傅恒道南底坝至允帽，临戛鸠江，时猛拱大头人脱猛乌猛、头人贺
丙等，诣傅恒请降。师至，脱猛乌猛将夹江诸夷寨头人来迎，与贺丙
具舟。傅恒命分兵徐济，夹江为寨猛拱后土司浑觉亦请降，献驯象
四。上赉三眼孔雀翎，傅恒疏辞。师复进，取猛养，破寨四，诛头人
拉匿拉赛。设台站，令瑚尔起以七百人驻守。遂至南董干，攻南准
寨，获头人木波猛等三十五人。进次暮腊，再进次新街。

　　傅恒自度戛鸠江，未尝与缅甸兵战，刈禾为粮，行二千里不血
刃，而士马触暑雨多疾病。会阿桂将万余人自虎踞关出野牛坝，造
舟毕成，征广东、福建水师亦至，乃合军并进。哈国兴将水师，阿桂、
阿里衮将陆师，阿桂出江东，阿里衮出江西。缅兵垒金沙江两岸，又
以舟师扼江口。阿桂先与缅兵遇，麾步兵发铳矢，又以骑兵陷阵，缅
兵溃。哈国兴督舟师乘风蹴敌，缅兵舟相击，死者数千。阿里衮亦
破西岸缅兵，傅恒以所获虏进。上复为赋诗，阿里衮感瘴而病，改将
水师，旋卒。十一月，傅恒复进攻老官屯，老官屯在金沙江东，东猛
密，西猛垅，北猛拱、猛养，南缅都阿瓦，为水陆通衢。缅兵伐木立寨
甚固，哈国兴督诸军力攻，未即克。师破东南木寨，缅兵夜自水寨
出，傅恒令海兰察御之，又令伊勒图督舟师掩击，复获船虏。缅兵潜
至江岸筑垒，又自林箐中出，海兰察击之，屡有斩馘。

　　师久攻坚，士卒染瘴多物故，水陆军三万一千，至是仅存一万
三千。傅恒以入告，上命罢兵，召傅恒还京。傅恒俄亦病，阿桂以闻。
上令即驰驿还，而以军事付阿桂。会缅甸酋懵驳遣头人诺尔塔赍蒲
叶书乞罢兵，傅恒奏入，上许其行成。傅恒附疏言："用兵之始，众以
为难。臣执意请行，负委任，请从重治罪。"上手诏谓："用兵非得已，
如以为非是，朕当首任其过。皇祖时，吴三桂请撤藩，谘于群臣，议
撤者惟米思翰、明珠数人。及三桂反，众请诛议撤诸臣，皇祖深辟其

非。朕仰绍祖训,傅恒此事,可援以相比。傅恒收猛拱,当赐三眼孔
雀翎,疏辞,俟功成拜赐。今既未克贼巢,当缴进赐翎,以称其请罪
之意。"懵驳遣头人诣军献方物。十月,傅恒还驻虎踞关,上命傅恒
会云贵总督彰宝议减云南总兵、知府员,缺厘正州县旧制。三十四
年二月,班师。三月,上幸天津,傅恒朝行在。既而缅甸酋谢罪表久
不至,上谓傅恒方病,不忍治其罪。七月卒。上亲临其第酹酒,命丧
葬视宗室镇国公,谥文忠。又命入祀前所建宗祠。其后上复幸天津,
念傅恒于此复命,又经傅恒墓赐奠,皆纪以诗。及赋《怀旧诗》,许为
"社稷臣"。嘉庆元年,以福康安平苗功,赠贝子。福康安卒,推恩赠
郡王衔,旋并命配享太庙。

傅恒直军机处二十三年,日侍左右,以勤慎得上眷。故事,军机
处诸臣不同入见,乾隆初,惟讷亲承旨。迨傅恒自陈不能多识,乞诸
大臣同入见。上晚膳后有所谘访,又召傅恒独对,时谓之"晚面"。又
军机处诸大臣既承旨,退自属草,至傅恒始命章京具稿以进。上倚
傅恒为重臣,然偶有小节疏失,即加以戒约。傅恒益谦下,治事不敢
自擅。敬礼士大夫,翼后进使尽其才。行军与士卒同甘苦。卒时未
五十,上尤惜之。

子福灵安、福隆安、福康安、福长安。福康安自有传。

福灵安,多罗额驸,授侍卫。准噶尔之役,从将军兆惠战于叶尔
羌,有功,予云骑尉世职。三十二年,授正白旗满洲副都统。署云南
永北镇。总兵卒。

福隆安,尚高宗女和嘉公主,授和硕额驸、御前侍卫。三十三
年,擢兵部尚书、军机处行走,移工部尚书。三十五年,袭一等忠勇
公。三十六年,用兵金川,总兵宋元俊劾四川总督桂林,命福隆安往
谳。福隆安直桂林,抵元俊罪。四十一年,复授兵部尚书,仍领工部。
金川平,画像紫光阁。四十九年,卒,谥勤恪。

子丰绅济伦,初以公主子,命视和硕额驸品秩,授镶蓝旗汉军副
都统、奉宸苑卿。四十九年,袭爵。累迁兵部尚书,领銮仪卫。嘉应
间,再坐事,官终盛京兵部侍郎。十二年,卒。

　　子富勒浑翁珠,袭爵。

　　福长安,自蓝翎侍卫累迁至正红旗满洲副都统、武备院卿,领内务府。四十五年,命在军机处学习行走。累迁户部尚书。五十三年,台湾平。五十七年,廓尔喀平。诸功臣画像紫光阁,福长安皆与焉。嘉庆三年,俘王三槐,福长安以直军机处得侯。四年,高宗崩,大学士和珅得罪,仁宗以福长安阿附,逮下狱,夺爵,籍其家,诸大臣议用朋党律坐立斩,上命改监候,而赐和珅死,使监福长安诣和珅死所跪视。旋遣往裕陵充供茶拜唐阿,就迁员外郎。六年,以请还京,夺职。发盛京披甲。旋自骁骑校屡迁,再为围场总管,一为马兰镇总兵,再署古北口提督。屡坐事谴谪。二十一年,授正黄旗满洲副都统。二十二年,卒。

　　论曰:高宗初政,宽大而清明,举国熙熙,乐见太平。是时鄂尔泰、张廷玉负夹辅之重,然居中用事为天子喉舌,厥惟讷亲,继之者傅恒也。高宗手诏谓当鄂尔泰在朝,培养陶成,得一讷亲。讷亲在朝,培养陶成,得一傅恒。又谓讷亲受恩第一,次则傅恒。讷亲视师失上指,坐诛,终不没其勤廉。傅恒再以受降还师,德心孚契,自以其谨慎,非徒藉贵戚功阀重也。

清史稿卷三〇二
列传第八九

徐本　汪由敦　子承霈　来保
刘纶　子跃云　刘统勋　子墉　孙镮之

　　徐本,字立人,浙江钱塘人,尚书潮子。本,康熙五十七年进士,改庶吉士,授编修。雍正五年,提督贵州学政,授赞善,迁侍读。七年,擢贵州按察使。八年,调江苏,迁湖北布政使。十年,擢安庆巡抚。奏定比缉盗贼章程,窃案责府州,盗案责臬司。案多而未获,巡抚亲提。比立限,定劝惩,上嘉之。十一年,疏言:“云、贵、广西改流土司安置内地,例十人给官房五楹,地五十亩。安庆置二十一人,地远在来安。请变价别购俾耕以食。”又疏言:“州县征粮,例由府道封柜,请改州县自封。完粮十截串票改仍用三连由票,零户银以下以十钱当一分。”又疏言:“寿州滨淮,盗聚族而居,假捕鱼为业,每出劫掠,已次第捕治,令渔船编甲。孙、平、焦、邓诸姓设族正,有盗不时举发。”皆下部议行。

　　召授左都御史。十二年,迁工部尚书、协办大学士。浙江衢州民王益善邪教惑众,命本会总督程元章按治,请改设衢州总兵、金衢严巡道以下官,并更定营制,下部议行。十三年五月,命同宝亲王、果亲王,大学士鄂尔泰、张廷玉等办理苗疆事务。高宗即位,命在办理军机处行走,调刑部尚书。寻命协办总理事务。

　　乾隆元年,授东阁大学士兼礼部尚书,充《世宗实录》总裁。二年,直南书房。以协办总理事务,予拖沙喇哈番世职。三年,授办理军机大臣。四年,加太子太保。七年,兼管户部尚书。九年六月,以病乞休,加太子太傅致仕。遣御前侍卫永兴赍赐御用衣冠、内府文绮貂皮,上亲临其第慰问赐诗。命其子侍讲学士以烜送归里,在籍食俸。明年,上念本归将一载,复赐诗。十二年,本卒,加少傅,发白金千治丧。浙江巡抚顾琮往祭,谥文穆。上南巡,所经郡县遣祭旧臣,礼部奏请未及本,上特命遣祭。祀京师贤良祠。

以烜,进士,官至礼部侍郎。

汪由敦,字师茗,浙江钱塘人,原籍安徽休宁。雍正二年进士,选庶吉。士遭父丧,以纂修《明史》,命在馆守制。丧终,三迁内阁学士,直上书房。乾隆二年,廷臣妄传除目,为言官执奏,语连由敦,未得旨,由敦具疏辨。上诘由敦何以先知,足见有为之耳目者,其人必不谨。左授侍读学士。累迁工部尚书,调刑部,兼署左都御史。十一年,命在军机处行直。十四年,金川平,加太子少师。是岁命协办大学士。由敦出大学士张廷玉门,其直军机处,廷玉荐也。时军机处诸大臣,鄂尔泰已卒,廷玉为班首,而讷亲被上眷,日入承旨,出令由敦属草,虑不当上意,辄令易稿,至三四不已,傅恒为不平。及讷亲诛,傅恒自金川还朝,引诸大臣共承旨以为常。廷玉致仕将归,以世宗遗诏许配享太庙,乞上一言为券,谢恩未亲至。传旨诘责,傅恒与由敦承旨,由敦免冠叩首,言廷玉蒙恩体恤,乞终始矜全,若明旨诘责,则廷玉罪无可逭。次日,廷玉早入朝,上责由敦漏言,徇师生私恩,不顾公议。解协办大学士,并罢尚书,仍在尚书任赎罪。十五年,命复任。

上阅永定河工,令由敦同大学士傅恒、总督方观承会勘南岸建坝,请于张仙务、双营葺旧坝二,马家铺及冰窖以东增新坝亦二,如所议。四川学政朱荃以匿丧黩贿得罪,由敦所荐举,吏议夺职。上以由敦谨慎,长于学问,命降授兵部侍郎。俄,永定河堤决,复命赴固安监塞口。有请别开新河者,由敦主仍浚旧河,亦如所议。十六年,调户部侍郎。命同大学士高斌勘天津等处河工,请浚永定河下流,疏王庆坨引河,增凤河堤坝,培东岸堤障东淀。十七年,授工部尚书。十九年,加太子太傅,兼刑部尚书。二十年,准噶尔平,军机大臣得议叙。二十一年,调工部尚书。二十二年,授吏部尚书。二十三年,卒,上亲临赐奠,赠太子太师,谥文端。

由敦笃内行,记诵尤淹博,文章典重有体。内直几三十年,以恭谨受上知。乾隆间,大臣初入直军机处,上以日所制诗用丹笔作草,或口授令移录谓之"诗片"。久无误,乃使撰拟谕旨。由敦能疆识,当上意。上出谒陵及巡幸必从,入承旨,耳受心识,出即传写,不遗一字。其卒也,谕称其"老诚端恪,敏慎安详,学问渊深,文辞雅正",并赋诗悼之。又以由敦善书,命馆臣排次上石,曰《时晴斋法帖》。上赋《怀旧诗》,列五词臣中,称其书比张照云。

子承沆、承霈、承霭。

承霈,字春农。由敦既卒,丧终,承霈以赐祭葬入谢。傅恒为言承霈书类由敦,授兵部主事,充军机处章京。累迁郎中,除福建邵武知府。时母年八十,请军机大臣为陈情,留京供职,复补户部郎中,三十六年,师讨小金川,上命户部侍郎桂林出督饷以承霈从。三十七年,阿尔泰、宋元俊劾桂林以金与土酋赎所掠军士,辞连承霈,命逮治。俄,事白,仍以郎中充军机处章京,累迁工部右侍郎。甘肃冒赈事发,部议凡在甘肃纳捐监生,应禁革毋许应试,及自别途出身。承霈奏人数甚多,乞开自新之路,令纳金如例,许考试及自别途出身,得旨俞允。四十年,上校射,承霈连发中的,赏花翎,调户部右侍郎。五十四年,坐监临顺天乡试失察,左迁通政使,累迁复至侍郎。嘉庆五年,授左都御史,迁兵部尚书,兼领顺天府尹。六年,永定河水溢,上命治赈,得旨奖叙。七年,上将幸木兰,承霈请罢停围,不许。寻改左都御史,署兵部尚书。北城盗发,上责承霈不称职,以二品冠服致仕。十年,卒,诏视尚书例议恤。

来保,字学圃,喜塔腊氏,满洲正白旗人,初隶内务府。康熙中,自库使授侍卫,再夺职。五十七年,复授三等侍卫。雍正初,擢内务府总管。坐内务府披甲裁额，众哄廉亲王允禩第，来保等奏不实，复夺职。起景陵掌关防郎中，再迁复为内务府总管，署工部尚书。疏言：“满洲骑射较优，沿边古北口诸处提镇以下，请兼用满洲，资控制。”从之。乾隆元年十二月，大学士管浙江总督嵇曾筠、江苏巡抚邵基疏请停办戊午铜运，下部议。来保奏：“积欠数盈六百万，应停办一年。以清旧款。但己未以后仍招商采买，行之数年，积欠复多，又当停办。请敕部并下各直省督抚晓谕，听商具赀本出洋采买，不必先给价值，随到即收，不拘多寡，但不得克扣抑勒，重滋商累。”总理王大臣议覆允行。

二年六月，上以运河水浅，粮船至临清以北，尤多阻滞，由于卫河上游各渠口居民私泄过多。敕直隶、河南督抚等照前河臣靳辅题准定例，稽查严禁。来保奏言：“水浅运阻，查禁不得不严。但卫水发源河南，至临清五百余里。沿河居民不知几千万家，待溉之地不知几百千顷。今秋成在望，已非灌溉之期，所虑者有司奉行过当。后虽运河未至浅阻，而一入五月，渠口尽行堵塞，坐使有用之利置之无用，恐不无废时失业者，不称仁育万民之意。当使漕运不致浅阻，民田亦得灌溉，或暂禁于浅阻之年，而不禁于深通之岁。应令督抚、河道诸臣悉心调剂，以期两便。”疏入，上命侍郎赵殿最、侍卫安宁会同督抚查勘，请于漕船将抵临清，视运河水盈缩，定渠闸启闭。十二月，授工部尚书，兼议政大臣。四年，病，请解任，上不许。十二月，授内大臣，赐紫禁城内骑马。五年，调刑部尚书。

上以来保奉职勤，命改隶满洲，正白旗所立佐领准世袭。六月，御史沈世枫奏来保诚悫有余，习练不足，不胜刑部繁要之任。谕曰：“来保人实可信，然世枫所言，颇中其病。倘因此自知省惕，则心志虚公，而才识亦将日进。此闻过而喜，所以称贤也。”九年，命如奉天按将军额洛图侵饷纳贿状，论如律。十年，调礼部尚书，加太子太保，授领侍卫内大臣。寻授吏部尚书协办大学士。十二月，授武英殿大学士。十三年九月，命为军机大臣。十四年，金川凯旋，进太子太傅，兼管兵部、刑部事。十五年三月，来保年七十，上制诗赉之。十六年，兼管吏部事。二十五年，来保年八十，复赐御制诗。二十六年，兼管礼部事。二十九年，卒，年八十四，赠太保，祀贤良祠，谥文端。四十四年，御制《怀旧诗》，列五阁臣中。

来保能知人。舒赫德官乌里雅苏台将军，疏请徙阿睦尔撒纳眷属于边。上以其伤远人心，震怒，遣使封刀斩之。来保争甚力，以为才可大用。上亦悔，第曰："已降旨！"来保曰："即上有恩命，臣子成麟善骑，遣追前使还。"上允之。归召成麟，使赍诏追前使还。成麟日夜驰三百余里，先前使三日到，舒赫德赖以免。来保善相马，上尝为《相马歌》赐之。

刘纶，字慎涵，江苏武进人。少隽颖，六岁，能缀文，长工为古文辞。乾隆元年，以廪生举博学鸿词，试第一，授编修。预修《世宗实录》，迁侍讲，进太常寺少卿。四迁，擢内阁学士。十二年，扈跸木兰，奏《秋郊大猎》、《哨鹿》二赋，称旨。十四年，直南书房，授礼部侍郎，调工部。十五年，命军机处行走。十六年，土默特贝子哈木噶巴雅斯呼朗图不按原议年限驱种地流民，命纶偕侍读学士麒麟保往勘。六月，疏言："出口民价典旗地，应遵原议三年、五年限外撤还原主。其领地耕种为佃户，受雇力作为佣工，皆浮寄谋生，初无估地意，应许力耕糊口。至领地垦荒积累辛勤，始得成熟，不同价典，年满先还原主。所需自种地有赢，仍给种以偿前劳。木头城、三坐塔居人稠密，许照常居往。设三坐塔巡检一，资弹压。"诏从其议。父忧归。服阕，十八年，除户部侍郎。

十九年，兼顺天府尹。故事，顺天府公牍，治中、通判不署名。纶请以钱谷属治中，狱讼属通判，先署牍呈尹可否之。大军西征准噶尔，师行，役车供偫，一切办治无误。二十年，准噶尔平，予奖叙。浙江按察使富勒浑劾巡抚鄂乐舜授意布政使同德勒派商银，命纶如浙江偕两江总督尹继善等会讯。二十一年，覆奏鄂乐舜受银属实，拟绞候，同德未知情，富勒浑诬劾，拟杖流。上以富勒浑参款已实，不应议罪，责纶等失当。部议夺官，有旨从宽留任，罢直军机处。二十二年，命仍入直。二十四年六月，奏蓟州、宝坻等县蝻子萌动，州县官事繁，督捕未能周遍，饬千把、外委同佐杂分捕，参将偕监司巡察勤惰，报可。进左都御史。二十五年，偕侍郎伊禄顺赴西安勘将军嵩阿礼克兵粮、勒馈送等款，得实，论如律。二十六年，进兵部尚书。二十八年，调户部，协办大学士，加太子太保。三十年，母忧归。甫除丧，诏起吏部尚书，仍协办大学士。三十六年，授文渊阁大学士，兼工部尚书。三十八年，卒，命皇子临其丧，赠太子太傅，祀贤良祠，谥文定。

　　纶性至孝，亲丧三年不御酒肉。直军机处十年，与大学士刘统勋同辅政，有"南刘东刘"之称。器度端凝，不见有喜愠色。出入殿门，进止有恒处。自工部侍郎归，买宅数楹。后服官二十年，未尝益一椽半甃。衣履垢敝不改作，朝必盛服，曰："不敢亵朝章也！"侍郎王昶充军机处章京，尝严冬有急奏具草，夜半诣纶，纶起然烛，操笔点定。寒甚，呼家人具酒脯，而厨传已空，仅得白枣十数枚侑酒，其清俭类此。校士尤矜慎，尝曰："衡文始难在取，继难在去。文佳劣相近，一去取间于我甚易，独不为士子计乎？"较量分寸，辄至夜分不倦。为文法六朝，根柢汉、魏。于诗喜明高启，谓能入唐人门阈。

　　子跃云，字服先。乾隆三十年进士及第，授编修。累迁礼部侍郎。六十年，充会试副考官，以校阅失当下吏议，左迁奉天府府丞，罢归。嘉庆四年，召为大理寺少卿，迁工部侍郎。上御门，跃云误班未至，左迁内阁学士。复授兵部侍郎。休致，卒。殿试例糊名，跃云对策，高宗亲置上第，喜曰："此刘纶子，不意朕竟得之！"及视学江西，有清名。高宗意向用，以忤和珅，主会试，坐浮言，黜。仁宗召起，老矣，终不竟其用。子逢禄，见《儒林传》。

　　刘统勋，字延清，山东诸城人。父棨，官四川布政使。统勋，雍正二年进士，选庶吉士，授编修。先后直南书房、上书房，四迁至詹事。乾隆元年，擢内阁学士。命从大学士嵇曾筠赴浙江学习海塘工程。二年，授刑部侍郎，留浙江。三年，还朝，四年，母忧归，六年授刑部侍郎。服阕,诣京师。

擢左都御史。疏言:"大学士张廷玉历事三朝,遭逢极盛,然晚节当慎,责备恒多。窃闻舆论,动云'张、姚占二姓半部缙绅',张氏登仕版者,有张廷璐等十九人,姚氏与张氏世婚,仕宦者姚孔铉等十人。二姓本桐城巨族,其得官或自科目荐举,或起袭荫议叙,日增月益。今未能遽议裁汰,惟稍抑其迁除之路,使之戒满引嫌,即所以保全而造就之也。请自今三年内,非特旨擢用,概停升转。"又言:"尚书公讷亲年未强仕,综理吏、户两部。典宿卫,赞中枢,兼以出纳王言,时蒙召对。属官奔走恐后,同僚亦争避其锋。部中议覆事件,或辄转驳诘,或过目不留,出一言而势在必行,定一稿而限逾积日,殆非怀谦集益之道。请加训示,俾知省改。其所司事,或量行裁减。免旷废之虞。"两疏入,上谕曰:"朕思张廷玉、讷亲若果擅作威福,刘统勋必不敢为此奏。今既有此奏,则二臣并无声势能箝制寮寀可知,此国家之祥也。大臣任大责重,原不能免人指摘。闻过则喜,古人所尚。若有几微芥蒂于胸臆间,则非大臣之度矣。大学士张廷玉亲族甚众,因而登仕籍者亦多。今一经察议,人知谨饬,转于廷玉有益。讷亲为尚书,固不当模棱推诿,但治事或有未协,朕时加教诲,诫令毋自满足。今见此奏,益当自勉。至职掌太多,如有可减,候朕裁定。"寻命以统勋疏宣示廷臣。

命勘海塘。十一年,署漕运总督。还京。十三年,命同大学士高斌按山东赈务,并勘河道。时运河盛涨,统勋请浚聊城引河,分运河水注海。德州哨马营、东平戴村二坝,皆改令低,沂州江枫口二坝,俟秋后培高,俾水有所泄。迁工部尚书,兼翰林院掌院学士,改刑部尚书。十七年,命军机处行走。十八年,以江南邵伯湖减水二闸及高邮车逻坝决,命偕署尚书策楞往按。合疏言河员亏帑误工,诏夺河督高斌、协办河务巡抚张师载职,穷治侵帑诸吏。九月,铜山店汛河决,统勋疏论同知李焞,守备张宾呈报稽误。上以焞、宾平日侵帑,闻且穷治,自知罪重,河涨任其冲决,立命诛之,并縶斌、师载令视行刑。统勋驻铜山督塞河,十二月,工成。统勋偕策楞疏陈稽察工料诸事,诏如所议行。大学士陈世倌疏言黄河入海,套柜增多,致壅塞,命统勋往勘。统勋疏言:"海口旧在云梯关,今海退河淤,增长百余里,柜套均在七曲港上,河流无所阻遏。"上又命清察江南河工未结诸案,统勋疏言未结款一百一十一万有奇,请定限核报。又以河道总督顾琮请于祥符、荥泽诸县建坝,并浚引河,命统勋往勘。统勋议择地培堤坝,引河上无来源,中经沙地,易淤垫,当罢,上从之。

十九年,加太子太傅。五月,命协办陕甘总督,赐孔雀翎。时方用兵准噶尔,统勋请自神木至巴里坤设站一百二十五,并裁度易马、运粮诸事,命如所议速行。二十年,廷议驻兵巴里坤、哈密,命察勘。统勋至巴里坤,阿睦尔撒纳叛,攻伊犁,伊犁将军班第死事,未得报。定西将军永常自木垒引师退,统勋疏请还守哈密。上责其附和永常,置班第于不问,命并永常夺职,逮治。其子墉亦夺职,与在京诸子皆下刑部狱,籍其家。旋上怒解,谕:"统勋所司者粮饷马驼,军行进止,将军责也。设令模棱之人缄默不言,转可不至获罪。是其言虽谬,心尚可原。永常尚不知死绥,何怪于统勋?统勋在汉大臣中尚奋往任事,从宽免罪,发往军营交班第等令治军需赎罪。"释其诸子。

二十一年六月,授刑部尚书。寻命勘铜山县孙家集漫工,解总河富勒赫任,即命统勋暂摄。是冬,工竟。二十二年,命赴徐州督修近城石坝,加太子太保。二十三调吏部尚书。二十四年,命协办大学士。二十六年,拜东阁大学士,兼管礼部、兵部。八月,偕协办大学士兆惠查勘河南杨桥漫工。十二月,工竟。二十七年,上南巡,复命偕兆惠勘高、宝河湖入江路,疏请开引河,择地筑闸坝。上谕谓:"所议甚合朕意。"又以直隶景州被水,命勘德州运河,疏请移吏董理四女寺、哨马营两引河,毋使淤阏。二十八年,充上书房总师傅,兼管刑部,教习庶吉士。三十三年,命往江南酌定清口疏浚事宜。三十四年,复勘疏运河。

三十八年十一月,卒。是日夜漏尽,入朝,至东华门外,舆微侧,启帷则已瞑。上闻，遣尚书福隆安赍药驰视，已无及。赠太傅，祀贤良祠，谥文正。上临其丧，见其俭素，为之恸。回跸至乾清门，流涕谓诸臣曰："朕失一股肱!"既而曰："如统勋乃不愧真宰相。"

统勋岁出按事，如广东按粮驿道明福违禁折收，如云南按总督恒文、巡抚郭一裕假上贡抑属吏贱值市金，如山西按布政使蒋洲抑属吏补亏帑，如陕西按西安将军都赍侵饷，如归化城按将军保德等侵帑，如苏州按布政使苏崇阿误论书吏侵帑，如江西按巡抚阿思哈受赇，皆论如律。其视杨桥漫工也，河吏以刍茭不给为辞，月余事未集。统勋微行，见大小车载刍凡数百辆，皆驰装困卧。有泣者，问之，则主者索贿未遂，置而不收也。即令缚主者至，数其罪，将斩之。巡抚以下为固请，乃杖而荷校以徇，薪刍一夕收立尽。逾月工遂竟。方金川用兵，统勋屡议撤兵，及木果木军覆，上方驻热河，统勋留京治事，天暑甚，以兼上书房总师傅，检视诸皇子日课。廷寄急召，比入对，上曰："昨军报至，木果木军覆，温福死绥。朕烦懑无计，用兵乎，抑撤兵乎？"统勋对曰："日前兵可撤，今则断不可撤。"复问谁可任者，统勋顿首曰："臣料阿桂必能了此事。"上曰："朕正欲专任阿桂，特召卿决之。卿意与合，事必济矣。"即日令还京师。户部疏论诸行省州县仓库多空缺，上欲尽罢州县吏不职者，而以笔帖式等官代之。召统勋谕意，且曰："朕思之三日矣，汝意云何？"统勋默不言。上诘责，统勋徐曰："圣聪思至三日，臣昏耄，诚不敢遽对，容退而熟审之。"翌日入对，顿首言曰："州县治百姓者也，当使身为百姓者为之。"语未竟，上曰："然。"事遂寝。上为《怀旧诗》，列五阁臣中，称其"神敏刚劲，终身不失其正"。云。子二：墉、堪。

墉，字崇如，乾隆十六年进士，自编修再迁侍讲。二十年，统勋得罪，并夺墉官下狱。事解，赏编修，督安徽学政。疏请州县约束贡监，责令察优劣。督江苏学政，疏言府县吏自赡顾，畏刁民，畏生监，兼畏吏胥，阘冗怠玩。上嘉其知政体，饬两江总督尹继善等淬厉除旧习。授山西太原知府，擢冀宁道。以官知府时失察僚属侵帑，发军台效力。逾年释还，命在修书处行走。旋推统勋恩，命仍以知府

用,授江苏江宁知府,有清名。再迁陕西按察使。丁父忧,服阕,授
内阁学士,直南书房。迁户部、吏部侍郎。授湖南巡抚,迁左都御史,
仍直南书房。命偕尚书和珅如山东按巡抚国泰贪纵状,得实,授工
部尚书,充上书房总师傅。署直隶总督,授协办大学士。五十四年,
以诸皇子师傅久不入书房,降为侍郎衔。寻授内阁学士,三迁吏部
尚书。嘉庆二年,授体仁阁大学士。命偕尚书庆桂如山东谳狱,并
按行河决,疏请宽浚下游。四年,加太子少保,疏陈漕政,金丁不慎,
途中盗米,致有凿舟自沉,或鬶及樯舵,舟存而不可用,请饬各行省
金丁宜求殷实,皆如所议行。九年,卒,年八十五,赠太子太保,祀贤
良祠,谥文清。墉工书,有名于时。

　　镮之,统勋次子堪之子也。乾隆五十四年进士。自检讨累迁至
户部尚书,兼领顺天府府尹。嘉庆二十二年,上自热河还京师,镮之
入见。上以顺天府奏事稀、捕教匪不时得诘,镮之不能对,但言方旱
灾不敢急捕贼。上又问振灾当设粥厂几所、需米若干,镮之又不能
对。上降旨责其玩愒,命以侍郎候补。复累迁吏部尚书,加太子少
保。道光元年,卒,谥文恭。

　　论曰:明内阁主旨拟,承旨撰敕,其在唐、宋,特知制诰之职。以
王命所出入,密勿献替,遂号为宰相。军机处制与相类,世谓大学士
非兼军机处,不得为真宰相。胜此任者,非以其慎密,则以其通敏。
慎密则不泄,通敏则不滞,不滞不泄,枢机之责尽矣。本,世宗旧臣,
由敦、来保、纶、统勋次第入直。由敦左迁而未罢直,统勋罢而复入,
尤以决疑定计见契于高宗,许为有古大臣风,亮哉!

清史稿卷三〇三
列传第九〇

福敏　　陈世倌　　史贻直
阿克敦　　孙嘉淦　　梁诗正

　　福敏,字龙翰,富察氏,满洲镶白旗人。康熙三十六年进士,选
庶吉士,散馆,以知县待铨。时世宗在藩邸,高宗初就傅,命福敏侍
读。及世宗即位,擢内阁学士,兼礼部侍郎。三年,迁吏部侍郎。出
署浙江巡抚。四年,擢左都御史,兼翰林院掌院学士。复出署湖广
总督,沔阳、潜江等十州县水灾,疏请发常平仓谷治赈。谬冲花苗
叛,福敏檄贵州兵截后路,以湖广兵捣其巢,讨平之。安陆、荆州被
水,疏请老弱妇女治赈如常,而以丁壮修堤,俾民得食而堤亦完。上
眷福敏厚,尝手诏谕曰:“朕令尔暂摄总督,苟得其人,即命往替。近
日廊庙中颇乏才,皇子左右亦待尔辅翼。留尔湖广非得已,宜体朕
意勉为之。”

　　五年,召还京,授吏部尚书。六年,以巡抚浙江时徇布政使佟吉
图动库银,夺职。八年,命协理兵部侍郎,迁左都御史。十年,署工
部尚书。协办大学士,旋署刑部尚书。乾隆三年,擢武英殿大学士,
兼工部尚书、翰林院掌院学士。四年,加太保。六年七月,高宗初幸
木兰行围,福敏疏言:“行围边外,内外章奏按期驰送,较宫廷清穆
劳逸迥殊。宜朝乾夕惕,清明在躬,从容应之。留京百官,必因事警
察,勿使偷惰者得行其私。巡行之日,言路宜举大利害,不当琐细渎
陈伤政体。圣祖于猎地平易险阻无不了然,故周旋中度,驰射如神。

愿皇上筹度于先。弁兵布围，未必无参差，乞少加从容，俾黾勉从事。弁兵从行日久，资斧不继，量加恩泽，费无多而惠无穷。"上谕曰："览大学士所奏，老成忠恳，补衮陈善，朕皆嘉纳焉。"八年，疏陈时政，言："河防事重，请如灾民请赈例，便宜处置，以时上闻。灾民流移，情非得已。若有司不善拊循，徒禁越境，致辗转沟壑，宜加以玩视罪。江南、湖广偏灾，请留南漕赈济。定数多寡，当出上裁。庶上不亏储，下足济食。"疏入，从之。

十年，以疾乞解任，温诏如所请，加太傅。二十二年，卒，年八十四。福敏尝有疾，上临视，及闻其卒，复亲奠。赐祭葬，祀贤良祠，谥文端。

福敏性刚正，廓然无城府。直内廷与蔡世远、雷铉善，尤服膺朱轼。既乞休，语铉曰："此位岂易称？我浮沉其间，君不我嗤耶？"四十四年，上制《怀旧诗》。于旧学诸臣皆称先生，字而不名，言于轼得学之体，于世远得学之用，于福敏得学之基。六十年二月上丁，释奠礼成，赠福敏太师，诏言："冲龄就傅时，启迪之力多也。"

陈世倌，字秉之，浙江海宁人。父诜，自有传。世倌，康熙四十二年进士，改庶吉士。自编修累迁侍读学士，督顺天学政。父忧归，起督江西学政，疏乞终制，得请。二年，服阕，擢内阁学士，出为山东巡抚。时山东境旱蝗，粮运浅阻，世倌单车周历，密察灾轻重、吏能否，乃视事。趣捕蝗略尽，并疏治运道，世宗书扇以赐。世倌疏言："社仓通有无、济丰歉，古今可行。宜令各乡劝富民输谷，不限多寡，量予奖劝。举公正乡约三人司其出入，官为稽核。贫民春贷秋偿，石纳息二斗，歉则减之，十年后纳息一斗。请饬诸行省先就数州县行之。俟有成效，然后推广。"下所司议行。又疏请禁回教，上以回教其来已久，限于种人，非蔓延难量。无故欲禁革，徒纷扰，非治理，罢其议。又疏上沿海防卫五事，报可。四年，母忧归。命治江南水利，坐迟误夺职，并命赴曲阜督修孔子庙。

高宗即位，起左副都御史。乾隆二年，授仓场侍郎，再迁工部尚书。六年，授文渊阁大学士。是年秋，淮、徐、凤、泗等处被水，上命侍郎周学健会总督高斌庀工役。世倌屡疏陈行水恤灾诸事，上即命乘传往会学健等察勘。世倌言水势高下必当亲勘，请以通测量术者偕往，从之。十二月，偕学健等疏陈筹画工役，请待来岁二三月水涸施工。上曰："世倌临行奏言岁内可疏，积水尽消，今疏言仍待来岁二三月，其所筹画皆不过就高斌、周学健所定规模而润色之，别无奇谋硕画，何必多此往返乎？"

九年，予假回籍，请致仕，不许。疏言："道经山东，闻有剧盗就逮。因案关数省，迁延待质。剧盗既鞫得实，宜速诛。请饬山东巡抚定谳，毋使久稽显戮。"上韪其言。假满还职，加太子太保。云南巡抚劾属吏，例当令总督覆谳。世倌拟旨误，下吏议夺职，上斥世倌卑琐不称大学士，宜如议夺职。又别敕略谓："朕斥世倌卑琐，即如世倌与孔氏有连，乃于兖州私营田宅，冀分其余润。此岂大臣所为？今既夺职，下山东巡抚毋令居兖州。"十五年，入京祝嘏，赏原衔。十六年，命入阁办事，兼管礼部事。二十二年，以老病乞休，诏从其请，加太子太傅。二十二年春，陛辞，御制诗赐之，谓："皇祖朝臣无几也。"赉银五千两，在家食俸。未行，卒，谥文勤。

世倌治宋五子之学，廉俭纯笃。入对及民间水旱疾苦，必反覆具陈，或继以泣。上辄霁颜听之，曰："陈世倌又来为百姓哭矣！"虽中被谴诃，终亮其端谨。其后南巡，犹遣官祭其墓云。

史贻直，字儆弦，江苏溧阳人。父夔，康熙二十一年进士，官至詹事。贻直少娴掌故。三十九年，成进士，年十九。自检讨五迁侍读学士。雍正初，命在南书房行走，再迁吏部侍郎，历工部、户部。命如河南按总督田文镜劾信阳知州黄振国等，定谳入告。上蔡知县张球，文镜所尝荐，贻直等发其讳盗。下吏议，文镜疏自劾。复命如山西按前总督年羹尧领河东盐政，私其子挠盐法。七年，复命如福建按巡抚朱纲劾按察使乔学尹等。并论如律。上奖其公当，命署福建总督，福建水师巡海，挟市易物蚀关税，贻直为申禁。福州、兴化、泉州、漳州四府以米少,仓谷不如例粜易,赟直请以台湾应输兵米易谷运四府,以次粜旧存新。内地兵戍台湾,往还扰番社,赟直请下台湾总兵,戍兵往还,遣裨将检押,皆如所议行。

八年,调署两江总督,以本籍疏辞,勿许。授左都御史,仍留两江。九年,召还。时师征准噶尔,陕西、甘肃当师行道,任馈饷。命偕侍郎杭奕禄等宣谕化导,旋命协理陕西巡抚,擢兵部尚书,仍留陕西。十年,署巡抚。廷议禁烧锅,下诸行省。赟直疏言:"年丰粮羡,烧锅亦民间谋生之一事。当视年事丰歉,审民力盈虚,加以董劝。"上许为得因时制宜之意。湖广总督迈柱请疏湖广荆子关至陕西龙驹寨水道,便转饷。赟直疏言:"荆子关至龙驹寨,旧有丹河,行两山间,纡折三百七十里。夏秋间民引以溉田,筑堰蓄流,涓滴必争。雨后山水骤至,纤路辄断,实不宜于挽运。臣察湖广转饷艰难,当于河南府陕州傍河诸州县积谷,行转搬之策。浚治丹河,宜若可缓。"上韪赟直言,格迈柱议不行。旋授户部尚书,总理陕西巡抚。

十三年七月,召还。八月,世宗崩。高宗即位,赟直入对,高宗出世宗遗念衣赐赟直,勖以始终一致。赟直泣,上亦泣不止。赟直疏言:"科道及吏、礼二部宜循旧制用科目。官吏迁擢,捐弃阶资,幸进者不以为公。沉滞者不胜其怨,宜亦循旧制存阶级。河南各州县报垦砂砾山冈,按亩升科,小民鬻儿女以应输将,州县官劝捐,有损国体。请简廉明公正大臣抚绥其地,则情弊立见。"事下总理事务王大臣议行。

寻命署湖广总督。乾隆元年,疏言:"旧制州县亏仓谷,议罪,谷一石当银一两,时值实不及。诸杂粮皆视谷,尤失平。"部议米一石当银一两,谷及诸杂粮皆当银五钱,著为令。武昌城西南当江、汉合流处,旧有长堤。赟直令所司履勘重筑,自王惠桥至土城矶,堤千三百余丈,期三岁而毕。湖广为两淮行盐地,而地错入川、粤,凡巴东、归州、道州、宁远等九州县民私食川、粤盐,两淮盐政尹会一以为言。赟直言湖广行两淮盐岁七十余万引,诸州县僻远,两淮盐不至,强而行之,官商且交困。部议如赟直奏。湖南城步等县苗酋蒲寅山、凤老一等为乱，贻直与巡抚高其倬等讨平之，上嘉其劳。召还，历工、刑、兵、吏诸部尚书。七年，命署直隶总督。复召还。协办大学士。九年，授文渊阁大学士。十一年，加太子太保。

贻直子奕昂，官山东运河道，以巡抚鄂昌荐，命署甘肃布政使。二十年，鄂昌坐事籍没，得贻直请托状，上念贻直勤慎，不深罪，令致仕回籍，召奕昂还京。二十二年，上南巡，直迎驾沂州，令在家食俸。寻召还，仍授大学士。途中病作，遣御医就视。至京，命领工部，加太子太傅。二十五年，上以贻直成进士已六十年，赐诗奖为"人瑞"。寻命遇祀典不必随班行礼，以肩舆入直。二十七年，贻直乞致仕，命不必兼摄工部，岁加俸五百金。二十八年，卒，年八十二，赠太保，祀贤良祠，谥文靖。

贻直为政持大体，不苟为异同。性强记，饬举止，善为辞令。年羹尧既诛，世宗问贻直："汝亦羹尧荐耶？"贻直免冠对曰："荐臣者羹尧，用臣者皇上。"及事高宗，耄矣，尝奏事，拜起舒迟。高宗问："卿老惫乎？"贻直对曰："皇上到臣年，当自知之。"高宗为霁颜。

子奕簪，乾隆十年进士，官左春坊左赞善。奕昂，以举人授刑部员外郎，自署甘肃布政使召还京，旋授福建按察使，再迁兵部侍郎，以口语罢。奕瑰，官山西潞安知府，高宗命留京侍贻直，授四品京堂。

阿克敦，字仲和，章佳氏，满洲正蓝旗人。康熙四十八年进士，改庶吉士，授编修。五十二年，充河南乡试考官。五十三年，上以阿克敦学问优，典试有声名，特擢侍讲学士。五十五年，转侍读学士。五十六，朝鲜国王李昀病目，使求空青，命阿克敦赍赐之。迁詹事。五十七年，擢内阁学士。六十一年，朝鲜国王李昀请立其昑为世弟，命阿克敦偕侍卫佛伦充使册封。擢兵部侍郎。世宗即位，兼翰林院掌院学士，充《圣祖实录》副总裁。雍正元年，命专管翰林院掌院学士，充《国史》、《会典》副总裁。复偕散秩大臣舒鲁册封朝鲜国王李昑。三年，授礼部侍郎，兼兵部。四年，调兵部，兼国子监祭酒。

两广总督孔毓珣入觐，命阿克敦署总督，兼广州将军。奏劾碣石总兵陈良弼索渔船陋规、左翼总兵蓝奉以二子冒补把总，倚势累兵。上嘉阿克敦实奏，命择胜任之人，具本题参。高要、高明、四会、三水、南海等五县民濒江筑圩，开窦建闸，引水溉田，谓之"围基"。江涨多溃决，巡抚杨文乾奏请以最冲改石工，次冲改桩埽，计费数十万，借帑修筑，且议以开捐补款，阿克敦意与相左。五年，疏言："高要等县沿江围基，俱系土工，岁十一月后，有司督率乡民按亩分工，加单培薄，民不为苦，官无所费。江涨不免冲决。但水性不猛，非必石工、桩埽方能抵御。请仍循旧法，令有司于农隙督民修补。倘江水盛涨，遣吏巡行防冲决，无烦改筑费帑。"上为寝文乾议。寻与毓珣合疏请遣广南韶道、肇高廉罗道督修诸县围基，报闻。苍梧芋荚山矿民群聚窃发，阿克敦令捕得其渠，上谕嘉之。

调吏部，署广东巡抚。劾肇高廉罗道王士俊侵税羡，上以士俊尚可用，命训饬迁改，改署广西巡抚。文乾劾阿克敦闻盗不严缉，新会县得盗，授意改谳，以窃贼详结。侵粤海关耗银，令家人索暹罗米船规礼。毓珣亦劾侵太平关耗银，六年，命夺阿克敦官，下毓珣、文乾会鞫，文乾卒，上遣通政使留保、郎中喀尔吉善会毓珣及署广东巡抚傅泰严鞫，以讳盗、侵耗轻罪，不议坐。令家人索暹罗米船，拟绞。士俊复揭告阿克敦庇布政使官达娄赃，加拟斩监候。七年，山东巡抚费金吾以疏浚江南徐州、沛县及济宁、嘉祥诸县水道，请派员督修。上命释阿克敦往江南河工效力自赎。

九年，上命抚远大将军马尔赛率师讨准噶尔，授阿克敦内阁额外学士，协办军务。十一年，命驻扎克拜达里克督饷。十二年，召还。命偕侍郎傅鼐、副都统罗密使准噶尔，宣谕噶尔丹策零，议罢兵息民。喀尔喀与准噶尔以阿尔泰山梁分界，噶尔丹策零欲以杭爱为界，收阿尔泰山为游牧地。阿克敦与议三日不决，噶尔丹策零遣使吹那木喀从阿克敦等诣京师，请以哲尔格西喇呼鲁乌苏为喀尔喀游牧地界。十三年，阿克敦等至京师。上以阿克敦等奏及地图密寄北路副将军策棱，令熟筹定议。策棱言准噶尔游牧不得令过阿尔泰山。议中辍。命阿克敦署镶蓝旗满洲副都统、工部侍郎。高宗即位,命守护泰陵。

乾隆三年,复命阿克敦使准噶尔,以侍卫旺扎尔、台吉额默根为副、赍敕谕噶尔丹策零议界。噶尔丹策零使哈柳从阿克敦等诣京,请准噶尔游牧不越阿尔泰山,而乞移布延图、托尔和二卡伦入内地。上谓游牧不越阿尔泰山,已可定议,而移二卡伦不可许。命哈柳赍敕还。

授阿克敦工部侍郎。五年,调刑部,复调吏部。八年,授镶蓝旗满洲都统。十年,兼翰林院掌院学士。十一年,授刑部尚书。十三年,命协办大学士。寻解以授傅恒。四月,翰林院进孝贤皇后册文,清文译“皇妣”为“先太后”,上以为大误,召阿克敦询之。阿克敦未候旨已退,上怒,谓阿克敦以解协办大学士故怨望,夺官,下刑部,当大不敬律,拟斩监候。六月,命在内阁学士上行走,署工部侍郎。七月,擢署刑部尚书,授镶白旗汉军都统。十月,兼翰林院掌院学士。十二月,复命协办大学士。十四年,金川平,加太子少保。连岁上幸木兰、幸河南、幸盛京,皆命留京办事,迭署左都御史、步军统领。二十年,以目疾乞假,上遣医视疾。屡乞休,命致仕。二十一年,卒,赐祭葬。谥文勤。子阿桂,自有传。

阿克敦居刑部十余年,平恕易简,未尝有所瞻顾。一日,阿桂侍,阿克敦曰:“朝廷用汝为刑官,治狱宜何如?”阿桂曰:“行法必当其罪,罪一分与一分法,罪十分与十分法。”阿克敦怒,索杖,阿桂惶恐求教。阿克敦曰:“如汝言,天下无完人矣!罪十分,治之五六,已不能堪,而可尽耶?且一分罪尚足问耶?”阿桂长刑部,屡举以告僚属云。

孙嘉淦,字锡公,山西兴县人。嘉淦故家贫,耕且读。康熙五十二年,成进士,改庶吉士,授检讨。世宗初即位,命诸臣皆得上封事。嘉淦上疏陈三事:请亲骨肉,停捐纳,罢西兵。上召诸大臣示之,且曰:“翰林院乃容此狂生耶?”大学士朱轼侍,徐对曰:“嘉淦诚狂,然臣服其胆。"上良久笑曰:"朕亦且服其胆。"擢国子监司业。四年,迁祭酒,命在南书房行走。六年正月,署顺天府府尹。丁父忧,服未阕,召还京,仍授府尹。进工部侍郎,仍兼府尹、祭酒。十年,调刑部侍郎,寻兼署吏部侍郎。

嘉淦为祭酒,荐其弟扬淦为国子监丞。教习宋镐、方从仁等期满引见,嘉淦言镐等皆可用。上诘之,又言从仁实不堪用。上乃大怒,斥嘉淦反覆欺罔,夺职,交刑部治罪,当挟诈欺公律拟斩。上语诸大臣曰:"孙嘉淦太戆,然不爱钱。"命免罪,在户部银库效力行走。嘉淦出狱,径诣库。果亲王允礼时领户部,疑嘉淦故大臣,被黜,不屑会计事。又闻蜚语谓嘉淦沽名,收银皆不足。乃莅视,嘉淦方持衡称量,与吏卒杂坐均劳苦。询所收银,则别置一所,覆之,无丝毫赢绌。事上闻,上愈重嘉淦。十二年,命署河东盐政。

十三年八月,高宗即位,召嘉淦来京,以侍郎候补。九月,授吏部侍郎。十一月,迁都察院左都御史,仍兼吏部。嘉淦以上初政,春秋方盛。上疏言:"臣本至愚,荷蒙皇上圣恩,畀以风纪重任。日夜悚惶,思竭一得之虑。而每月以来,捧读圣训,剀切周详,仁政固已举行,臣愚更无可言。所欲言者,皇上之心而已。皇上之心,仁孝诚敬,明恕精一,岂复尚有可议?而臣犹欲有言者,止于心无不纯、政无不善之中,窃鳃鳃私忧过计而欲预防之也。治乱之循环,如阴阳之运行。阴极盛而阳生,阳极盛而阴娠。事当极盛之地,必有阴伏之机。其机藏于至微,人不能觉。及其既著,积重而不可返。此其间有三习焉,不可不慎戒也。主德清则臣心服而颂,仁政行则民身受而感,出一言而盈廷称圣,发一令而四海讴歌,在臣民本非献谀,然而人主之耳则熟于此矣。耳与誉化,非誉则逆,始而匡拂者拒,继而木纳者厌,久而颂扬之不工者亦绌矣。是谓耳习于所闻,则喜谀而恶直。上愈智则下愈愚,上愈能则下愈畏,趋跄谄胁,顾盼而皆然,免冠叩首,应声而即是。此在臣工以为尽礼,然而人主之目则熟于此矣。目与媚化,非媚则触,故始而倨野者斥,继而严惮者疏,久而便辟之不巧者亦忤矣。是谓目习于所见,则喜柔而恶刚。敬求天下之事,见之多而以为无足奇也,则高己而卑人。慎辨天下之务,阅之久而以为无难也,则雄才而易事。质之人而不闻其所短,返之己而不见其所失。于是乎意之所欲,信以为不逾,令之所发,概期于必行矣。是谓心习于所是,则喜从而恶违。三习既成,乃生一弊。何谓一弊?喜小人而厌君子是也。今夫进君子而退小人,岂独三代以上知之哉?虽叔季之君,孰不思用君子。且自智之君,各贤其臣,孰不以为吾所用者必君子而决非小人?乃卒之小人进而君子退者,无他,用才而不用德故也。德者君子之所独,才则君子小人共之,而且小人胜焉。语言奏对,君子讷而小人佞诔,则与耳习投矣。奔走周旋,君子拙而小人便辟,则与目习投矣。即课事考劳,君子孤行其意而耻于言功,小人巧于迎合而工于显勤,则与心习又投矣。小人挟其所长以善投,人主溺于所习而不觉,审听之而其言入耳,谛观之而其颜悦目,历试之而其才称乎心也,于是乎小人不约而自合,君子不逐而自离。夫至于小人合而君子离。其患可胜言哉?而揆厥所由,皆三习为之蔽焉,治乱之机,千古一辙,可考而知也。我皇上圣明临御,如日中天,岂惟并无此弊,抑且并无此习。然臣正及其未习也而言之,设其习既成,则或有知之而不敢言,抑或言之而不见听者矣,今欲预除三习,永杜一弊,不在乎外,惟在乎心,故臣愿言皇上之心也。语曰:'人非圣人,孰能无过'此浅言也。夫圣人岂无过哉?惟圣人而后能知过,惟圣人而后能改过。孔子谓五十学易,可无大过。文王视民如伤,望道如未之见。是故贤人之过,贤人知之,庸人不知也。圣人之过,圣人知之,贤人不知也。欲望人绳愆纠谬而及于其所不知,难已。故望皇上圣心自懔之也。反之己真知其不足,验之世实见其未能,故常欿然不敢自是。此不敢自是之意,流贯于用人行政之间,夫而后知谏争切磋,爱我良深,而谀悦为容者,愚己而陷之阱也。夫而后知严惮匡拂,益我良多,而顺从不违者,推己而坠之渊也。耳目之习除,取舍之极定,夫而后众正盈朝,太平可睹矣。不然,自是之根不拔,则虽敛心为慎,慎之久而觉其无过,则谓可以少宽。厉志为勤,勤之久而觉其有功,则谓可以少慰。此念一转,初亦似于天下无害,而不知嗜欲燕安功利之说,渐入耳而不烦,而便辟善柔便佞者,亦熟视而不见其可憎。久而习焉,或不自知而为其所中,则黑白可以转色,而东西可以易位。所谓机伏于至微而势成于不可返者,此之谓也。大学言'见贤而不能举,见不贤而不能退,'至于好恶拂人之性。而推所由失,皆因于骄泰,骄泰即自是之谓也。由此观之,治乱之机,转于君子小人之进退,进退之机,握于人主之一心。能知非则心不期敬而自敬,不见过则心不期肆而自肆。敬者君子之招而治之本也,肆者小人之媒而乱之阶也。然则沿流溯源,约言蔽义,惟望我皇上时时事事常守此不敢自是之心,而天德王道举不外乎此矣。"疏上,上嘉纳,宣示。迁刑部尚书,总理国子监事。河南郑州有疑狱,命使者往勘,仍不得实。上命嘉淦往讯,得其冤状十余人尽脱之。三年四月,迁吏部尚书,仍兼管刑部事。九月,直隶总督李卫劾总河朱藻贪劣误工。命偕尚书讷亲往鞫,得实,论如律。

十月,授直隶总督。时畿辅酒禁甚严,罹法者众。嘉淦疏言:"前督李卫任内,一年中获私酿三百六十四案,犯者千四百余名。臣抵任一月,获私酿七十八案,犯者三百五十余名。此特申报者耳,府、厅、州、县自结之案,尚复不知凡几。吏役兵丁获而贿纵者,更不知凡几。此特犯者之正身耳,其乡保邻甲、沿途店肆、负贩之属牵连受累者,又复不知凡几。一省如是,他省可知。皇上好生恤刑,命盗案自罹重辟,尚再三酌议,求一线可原之路。今以日用饮食之故,官吏兵役以私酿为利薮,百姓弱者失业,强者犯令,盐枭未清,酒枭复起,天下骚然,殊非政体。臣前言酒禁宜于歉岁,不宜于丰年,犹属书生谬论。躬莅其事,乃知夺民之赀财而狼藉之,毁民之肌肤而敲扑之,取民之生计而禁锢之。饥馑之余,民无固志,失业既重,何事不为? 歉岁之不可禁,乃更甚于丰穰。《周礼·荒政》,舍禁去讥,有由然也。且也,酒禁之行,无论适以扰民,而实终不能禁。借令禁之不扰,且能永禁,而于贫民生计,米谷盖藏,不惟无益,抑且有损。夫作酒以糜谷,此为黄酒言也,其麹必用小麦,其米则需糯粳,皆五谷之最精。若烧酒则用高粱,佐以豆皮、黍壳、谷糠,麹以大麦为之,本非朝夕所食,而豆皮、黍谷、谷糠之属,原属弃物,杂而成酒,可以得价,其糟可饲六畜。化无用为有用,非作无益害有益也。今欲禁烧酒而并禁黄酒,则无以供祭祀、宾客、养老之用。若不禁黄酒止禁烧酒,省大麦、高粱之粗且贱者,而倍费小麦、糯粳之精且贵者,臣所谓无益于盖藏也。百工所为,皆需易之以粟,太贵则病末,太贱则伤农,得其中而后农末俱利。故农有歉荒,亦有熟荒,十年以内,歉岁三而丰岁七,则粟宜有所泄,非但积之不用而已。今北地不种高粱,则无以为薪、席、屋墙之用,种之而用其秸秆,则其颗粒宜有所售。烧锅既禁,富民不买高粱,贫民获高粱,虽贱价而不售。高粱不售,而酒又为必需之物,则必卖米谷以买黄酒,向者一岁之内,八口之家,卖高粱之价,可得七八两,今止二三两矣。而买黄酒之价,则需费七八两,所入少而所出多,又加以秕糠等物堆积而不能易钱,自然之利皆失。日用所需,惟枲米麦。枲而售,则家无盖藏。枲而不售,则百用皆绌,臣所谓有损于生计者此也。小民趋利,如水就下。利所不在,虽赏不为。利之所在,虽禁弥甚。烧锅禁则酒必少,酒少则价必贵,价贵而私烧之利什倍于昔。什倍之利所在,民必性命争焉。孟子曰'君子不以所养人者害人',本为民生计,而滋扰乃至此,则立法不可不慎也。"疏上,诏弛禁。

民王宰谋得诸生马承宗产,贿太监刘金玉等投献贝勒允佑门下,嘉淦疏请交刑部具谳,上嘉其能执法。民焦韬被诬坐邪教,株连者数百人,嘉淦白其枉。民纪怀让食料豆汁染衣,会村有贼杀人,侦者以为血,诬服。决有日,正定知府陈浩廉得冤状,嘉淦亲鞫,雪怀让。

寻命兼管直隶河工,嘉淦议治永定河。初至官,即请于金门闸上下多建草坝,使河流渐复故道。四年正月,复疏请于金门闸下增设草坝一,引永定河归故道,自中亭、玉带达天津归海。得旨,偕总河顾琮悉心经理。嘉淦复疏言:"天津南北运河与淀河会于西沽以入于海河。南运河水浊,久必淤垫,况通省之水皆汇于此,秋潦时至,宣泄不及。大学士鄂尔泰曾奏准于静海独流疏引河,实下游治水之关键。但开河易,达海难,设中途梗阻,必更漫溢为患。且海口开深,又恐潮水倒灌。臣等见勘通省水道,凡众河交会及入淀、入海之路,有急宜修浚者,即于今夏兴修。"报闻。五月,晋太子太保。

五年九月,疏言:"直隶经流之大者,永定、子牙、南运、北运四河,与东西两淀。治永定河,拟于叶淀之东疏引河,由西沽北入海。治子牙河,拟浚新河,引上游诸水入淀,开旧河东堤,使渐由西沽南入海。治北运河,两岸去沙裁直,浚减河,培堤岸。治南运河,两岸筑遥堤,浚河使行正溜,安陵镇建闸,浚减河三十余里,入老河口达于海。治西淀,拟开白沟河故道以入中亭,九桥南别疏一河,并浚清门河别派分流,下游已畅达,复将金门闸西引河改由东道,于苑家口叠道建木桥五,使沥水通行。治东淀,拟浚上游三岔河令宽深,杨家河、卜家河洼诸处疏引河,并行而东会于西沽,庶使四河顺轨,两淀畅泄。"又引永定河改归故道,各工俱全,上嘉之。时江南总督高斌入都,上命会同嘉淦议河务,十月,合疏言:"永定河当于固安南、霸州北顺流东下,接东淀达西沽入海,则上游涨水自消。霸州北当筑堤护城,保定县西新庄至城东路疃村堤根逼溜,应加宽厚,其路疃村东至艾头村接营田围埝约五十余里,拟筑月堤作重障。"嘉淦方锐意引永定河归故道,河溢,傍河诸州县被水。六年正月,谕曰:"朕闻永定河经理未善,固安、良卿、涿州、雄县、霸州诸州县田亩往往被淹,孙嘉淦不能辞其责也。"于是命大学士鄂尔泰莅勘,请暂塞金门闸上游放水口,嘉淦奏:"旋开旋筑,实与放水本意相左,将来泥沙壅入玉带,恐为患更大。"谕曰:"此奏固是,然鄂尔泰慎重,欲筹万全,乡不必固执己见。卿此事自任甚力,而料理未善,朕不能为卿讳。然朕终以卿为是者,不似顾琮为游移巧诈之计耳。"其后上巡天津,阅中亭河工,赋诗纪事。犹病嘉淦之失计也。是年八月,调湖广总督。七年五月,疏言:"内地武弁不得干预民事。苗疆独不然,文员不敢轻入峒寨,但令差役催科,持票滋扰而已。争讼劫杀之案,皆委之于武弁,威权所及,摊派随之。于是因公科敛,文武各行其令。因事需索，兵役竞逞其能。甚至没其家赀，辱及妇女。苗民不胜其忿，与之拼命，而嫌衅遂成。为大吏者，或剿或抚，意见各殊。行文查勘，动经数月。苗得闻风豫备，四处勾连，饮血酒，传木刻，乱起甚易，戡定实难。幸就削平，而后之人仍蹈前辙，搜捕株连，滋扰益甚。苗、瑶无所告诉，乘隙复动，惟力是视。历来治苗之官，既无爱养之道，又乏约束之方。无事恣其侵渔，有事止于剿杀。剿杀之后，仍事侵渔。侵渔既久，劳必又至剿杀。长此循环，伊于胡底。语曰：'善为政者，因其势而利导之'苗人散居，各有头人。凡作奸窝匪之处，兵役侦之而不得者，头人能知之。斗争劫杀之事，官法绳之而不解者，头人能调之。故治苗在治头人，令各寨用头人为寨长。一峒之中，取头人所信服者为峒长，使各约束寨长而听于县令。众苗有事，寨长处之不能，以告峒长。又不能，以告县令。如是，则于苗疆有提纲挈领之方，于有司自收令行禁止之效。且峒长数见牧令，有事争讼可告官区处，而无仇杀之举。牧令数见峒长，有条教可面饬遵行，而无吏役荧蔽之患。扰累既杜，则心志易孚。所谓立法简易，因其俗而利导者也。"八年正月，命署福建巡抚，未赴，湖南粮道谢济世劾善化知县樊德贻、衡阳知县李澎浮收漕米，巡抚许容庇德贻等，疏劾济世，下嘉淦察谳。长沙知府张琳按衡阳丁役，得浮收状，申署粮道仓德，布政使张璨致书仓德，请易府牒。仓德持不可，以其实揭报嘉淦及漕运总督顾琮。嘉淦欲寝其事，而顾琮以上闻。御史胡定复论劾仓德，又揭都察院，上遣侍郎阿里衮往按，直济世。上责嘉淦徇庇，夺官，责修顺义城工。

九年，授宗人府府丞。十年，迁左副都御史。十二年，以老乞休，许之。十四年，召来京，直上书房。十五年正月，授兵部侍郎。八月，擢工部尚书，署翰林院掌院学士。十七年，进吏部尚书、协办大学士。十八年十二月，卒，年七十有一，谥文定。

嘉淦居官为八约，曰："事君笃而不显，与人共而不骄，势避其所争，功藏于无名，事止于能去，言删其无用，以守独避人，以清费廉取。"用以自戒。既以直谏有声，乾隆初，疏匡主德，尤为时所慕。

四年,京师市井传嘉淦疏稿论劾大学士鄂尔泰、张廷玉等,高宗谕步军统领、巡城御史严禁。十六年,或又传嘉淦疏稿斥言上失德有五不可解、十大过,云贵总督硕色以闻。命求所从来,遣使者督谳。转相连染,历六省,更三岁,乃坐江西卫千总卢鲁生伪为,罪至死。高宗知无与嘉淦事,眷不替,嘉淦益自抑。尝著书述《春秋》义,自以为不足,毁之。子孝愉,以荫生授刑部主事,官至直隶按察使。

梁诗正,字养仲,浙江钱塘人。雍正八年进士及第,授编修。累迁侍讲学士。十三年,以母忧归。高宗即位,召南书房行走。乾隆三年,补侍读学士。累迁户部侍郎。诗正疏言:"八旗除各省驻防与近京五百里俱听屯种,余并随旗驻京。皇上为旗人资生计者,委曲备至,而旗人仍不免穷乏。盖生齿日繁,若不使自为养,而常欲官养之,势有不能。臣谓非屯田不可。今内地无间田,兴、盛二京膏腴未尽辟。世宗时,欲令黑龙江、宁古塔等处分驻旗人耕种,已有成议,未及举行。今不早为之所,数百年后,旗户十倍于今。以有数之钱粮,赡无穷之生齿,使取给于额饷之内,则兵弁之关支,不足供闲散之坐食。使取给于额饷之外,则民赋不能加,国用不能缺。户口日繁,待食者众,无余财给之,京师亦无余地处之。惟有酌派户口,散列边屯,使世享耕牧之利,以时讲武,亦以实边。诸行省绿营马步兵饷,较康熙年间渐增至五六百万。在各标营、镇协每处浮数十百名,不觉其多。在朝廷合计兵饷,则冗额岁不下数十百万。各省钱粮,大半留充兵饷,其不敷者,邻省协拨,而解部之项日少。向来各营多空粮,自雍正元年清查,此弊尽除。是近年兵额但依旧制,已比前有虚实之别。况直省要害之地,多满洲驻防,与各标营、镇协声势联络,其增设兵额可以裁汰者,宜令酌定数目,遇开除空缺,即停止募补。庶将来营制渐有节省,而见在兵丁无苦裁汰。"

十年,擢户部尚书,诗正疏言:"每岁天下租赋,以供官兵俸饷各项经费,惟余二百余万,实不足备水旱兵戈之用。今虽府库充盈,皇上宜以节俭为要,勿兴土木之工,黩武之师,庶以持盈保泰。"十三年,调兵部尚书。十四年,加太子少师,兼刑部尚书、翰林院掌院学士、协办大学士。

十五年,调吏部尚书。御史欧堪善疏劾诗正徇庇行私,上召诸大臣及堪善廷诘。所劾皆无据,惟翰林院轮班引见,偶有越次。上谕曰:"梁诗正职在内廷,不过文学供奉,朕何如主,而谓诸臣能恣行其胸臆乎?至小小瞻徇私情,则不独诗正,诸大臣恐俱未能尽绝。如张廷玉掌院三十年,引见越次,不知凡几,何以未闻论劾?诗正有此一二可议,即被论劾,得以知所儆省,未始非福。堪善之言,当以为感,不当以为怨也。"会御史储麟趾劾四川学政朱荃匿丧,上询诗正、诗正对失指,下吏议,当夺职,命留任。

十六年,从上南巡,诗正父文濂年八十,予封典。十七年,疏乞终养。二十三年,丁父忧,召署工部尚书。二十四年,调署兵部尚书。二十五年,服阕,真除,仍命协办大学士,兼翰林院掌院学士。二十八年,授东阁大学士,加太子太傅。寻卒,谥文庄。

子同书,举人赐进士,官至翰林院侍读。敦书,官至兵部右侍郎。

论曰:福敏以谨厚为高宗师。世倌、贻直立朝有风节,虽坐谴,皆近私,大德不逾,卒不以相掩。阿克敦惇大而清介。嘉淦谔谔,陈善闭邪,一朝推名疏。诗正论八旗当行边屯。绿营当停募补,掌国计虽岁有余,拳拳惟惧不足,其虑远矣。

清史稿卷三〇四
列传第九一

张照　甘汝来　陈德华
王安国　刘吴龙　<small>杨汝谷　张泰开</small>
秦蕙田　彭启丰　梦麟

　　张照,字得天,江南娄县人。康熙四十八年进士,改庶吉士,授检讨,南书房行走。雍正初,累迁侍讲学士。圣祖训士民二十四条世宗为之注,题曰《圣谕广训》,照疏请下学官,令学童诵习,复三迁刑部侍郎。十一年授左都御史,迁刑部尚书,疏请更定律例数事。

　　大学士鄂尔泰初为云贵总督,定乱苗,稍收其地,置流官。既而苗复叛,扬威将军哈元生、副将军董芳讨之,不以时定。上责鄂尔泰措置不当,照素忤鄂尔泰,因请行。十三年五月,上命照为抚定苗疆大臣。照至贵州,议画施秉以上为上游,用云南、贵州兵,专属元生。以下为下游,用湖广、广东兵,专属芳,令诸军互易地就所画。元生、芳遂议村落道路皆别上下界,文移辨难。照致书元生等,令劾鄂尔泰。会高宗即位,召照还,以湖广总督张广泗往代。上怒照挟私误军兴,广泗复劾照谬妄,元生等并发照致书令劾鄂尔泰事,遂夺职逮下狱。乾隆元年,廷议当斩,上特命免死释出狱,令在武英殿修书处行走。

　　二年,起内阁学士,南书房行走。五年,复授刑部侍郎。照言:"律例新有更,定校刻颁行诸行省,期以一年。旧轻新重者,待新书至日遵行，不必驳改。旧重新轻者，刑部即引新书更正。庶一年内薄海内外早被恩光。"特旨允行。上以朝会乐章句读不协节奏，虑坛庙乐章亦复如是，命庄亲王允禄及照遵圣祖所定《律吕正义》，考察原委。寻合疏言："《律吕正义》编摩未备，请续纂《后编》。坛庙朝会乐章，考定官商字谱，备载于篇，使律吕克谐，寻考易晓。民间俗乐，亦宜一体厘正。"下部议行。七年，疏请矜恤军流罪人妻孥，罪人发各边镇给旗丁为奴，其在籍子孙到配所省视，旗丁不得并没为奴。

寻擢刑部尚书，兼领乐部。民间贷钱征息，子母互相权，谓之"印子钱"。雍正间，八旗佐领等有以印子钱朘所部旗丁者，世宗谕禁革，都统李禧因请贷钱者得自陈，免其偿，并治贷者罪。至是，照言印子钱宜禁，如止重利放债，依违禁取利本律治罪，禧所议宜罢不用，从之。九年二月，父汇卒于家，照方有疾，十年正月，奔丧，上勉令节哀，毋致毁瘠。至徐州，卒，加太子太保，吏部尚书，谥文敏。

照敏于学，富文藻，尤工书。其以苗疆得罪，高宗知照为鄂尔泰所恶，不欲深罪照，滋门户恩怨。重惜照才，复显用。及照卒，见照狱中所题白云亭诗意怨望，又指照集愤嫉语，谕诸大臣以照已死不追罪。后数年，《一统志》奏进，录国朝松江府人物不及照，上复命补入，谓："照虽不醇，而资学明敏，书法精工，为海内所共推，瑕瑜不掩，其文采风流不当泯没也。"

甘汝来，字耕道，江西奉新人。康熙五十二年进士，以教习授知县，补直隶涞水知县。涞水旗丁与民杂居，汝来至，请罢杂派，以火耗补之。禁庄田无故增租佃佣。旗丁例不得行笞，汝来请以柳梃约束。三等侍卫毕里克调鹰至涞水，居民家，仆捶民儿毙，诉于汝来。毕里克率其仆哄于县庭，汝来逮毕里克，械其仆于狱。事闻，下刑部议，夺汝来职，毕里克罚俸，圣祖命夺毕里克职，汝来无罪。汝来自是负循吏名，移知新安县，凿白杨淀堤，溉田数千顷。又移知雄县，惩奸吏，复请罢杂派。雍正初，授吏部主事，擢广西太平府知府，三迁至广西巡抚。五年，迁都察院左副都御史。

　　汝来为按察使时，李绂为巡抚，奉议州士司罗文刚纠众阻塘汛，吏请兵捕治，绂与汝来持不许。事闻，世宗命绂、汝来如广西捕文刚。广西巡抚韩良辅如云南，与总督鄂尔泰计事，上令汝来署巡抚。泗城府土司岑映宸所部民相仇，汝来与鄂尔泰、良辅、绂设谋絷映宸，隶其土流官。汝来请于镇安土府置学官，上以非苗疆急务，责其沽名。又以汝来谢恩疏言曲赐宽容，上诘之曰："人君持国法，当行直道，曲则不直，汝来语何意？"召还京。六年，良辅获文刚、汝来坐疏纵夺职，在咸安宫官学行走。山东巡抚费金吾议浚济宁、嘉祥、沛县等处水道，命汝来效力。九年，起直隶霸昌道。丁母忧，令在任守制。

　　再迁礼部侍郎。高宗即位，议行三年丧，谘于诸大臣，汝来曰："三年之丧，无贵贱，一也。皇上法尧、舜之道，宜行周、孔之礼，立万年彝伦之极。"

　　或言二十七月中朝祭大典若有所妨，汝来曰："墨缞视事，越绋以祭，礼固言之，夫何疑？"乃考载籍，上仪制，援古证今，具有条理。

　　迁兵部尚书，疏言："广东海滨微露滩形，民间谓之'水坦。'渐生青草，谓之'草坦。'徐成耕壤，谓之'沙坦'。坦初见，沿海民报围筑者，当先令立标定四至，毋于围筑后争控。民有田十顷以上，毋许围筑。以杜豪占。即贫民围筑，限五顷。其出工本牛种助他人围筑量取租息者，听。陆地开垦例六年升科，海田浮脆，当宽至十年。潮大至坦没，蠲一岁粮。围毁则免升科原额。"疏入，敕广东督抚议行。复疏言："海滨居民单桅船采捕鱼虾，例不输税。近闻各海关监督与双桅船同令领牌纳钞，又闻、广间贫民有置筊取鱼者，有就埠育鸭者，吏或按筊按埠私征税，请通行严禁。"从之。乾隆三年，调吏部尚书，仍兼领兵部，加太子少保。

　　四年七月，汝来方诣廨治事，疾作，遂卒。大学士讷亲领吏部，与共治事，亲送其丧还第。至门，讷亲先入，妪缝衣于庭，讷亲谓曰："传语夫人，尚书暴死于廨矣！"妪愕曰："汝谁也？"讷亲具以告，妪汪然而泣，始知即汝来妻也。讷亲因问有余赀否，妪曰：'有。'持囊出所余俸金,讷亲为感泣。奏上,上奖其寒素,赐银千两,命吏经纪其丧,谥庄恪。

嘉庆间,汝来曾孙绍烈应顺天乡试,以怀挟得罪,仁宗犹念汝来居官持正,宥绍烈,命仍得原名应试。

陈德华,字云倬,直隶安州人。雍正二年一甲一名进士,授修撰,再迁侍读学士。提督广东肇高学政,旋调广韶学政。遭母丧归,未终制,召充《一统志馆》副总裁官。迁詹事,上书房行走,再迁刑部侍郎。四年,迁户部尚书。七年,调兵部尚书。八年,以弟德正为陕西按察使,谳狱用酷刑,为巡抚塞楞额所劾。德正具密折拟揭部科,为书告德华,德华沮之,未奏闻。上以德华既知德正事非是,当奏闻,乃为隐匿,非大臣体,且曰:"父为子隐,子为父隐,直在其中。朕非不知以此风天下。然君臣之伦,实在兄弟之上。"下部议夺职,命左迁兵部侍郎。十二年,以议处江西总兵高琦武备废弛,违例邀誉,夺职。十四年,起为左副都御史,上书房行走。以督诸皇子课怠,屡诘责夺俸。二十二年,迁工部侍郎。二十三年,迁礼部尚书。二十九年,致仕。三十六年,皇太后万寿,诏绘九老图,以德华入致仕九老中。四十四年,卒,年八十三。

德华性笃俭,缊袍蔬食,萧然如寒素。立身循礼法,而不自居道学。尝谓:"士大夫之患,莫大于近名。求以立德名,则必有迂怪不情之举而实行荒。求以立言名,则必有异同胜负之论而正理晦。求以立功名,则必务见所长,纷更旧制。立一法反生一弊,而实行无所裨。"方为尚书时,京师富民俞民弼死,诸大臣皆往吊。上闻,察未往者,德华与焉。

王安国,字春圃,江南高邮人。雍正二年一甲二名进士,授编修,再迁侍讲。提督广东肇高学政,复再迁左金都御史。乾隆二年,疏请禁官吏居丧诣省会谒大吏。下部议行。复三迁左都御史。五年,两江总督马尔泰论广东巡抚王暮徇纵,命安国往按,即命以左都御史领广东巡抚。安国曰:"吾奉命勘事而即得其位,古所讥蹊田夺牛者非欤?"疏力辞,上不许。广东俗奢靡,安国事事整肃,仓有余粟。故事,自总督以下皆有分,安国独以非制,止之。九年正月,就迁兵部尚书,寻遭父丧。广州将军策楞疏言安国孤介廉洁,归葬无资,与护理巡抚托庸等具赗归之,报闻。

十年,召为兵部尚书,调礼部。安国疏乞终丧,居庐营葬。服阕,乃入朝。十四年六月,安国入对,言诸行省方科试,诸学臣尚有未除积弊。上令具疏陈,安国疏言:"上科乡试后,颇闻诸学臣因录科例严,转开侥幸。或于省会书院博督抚之欢,或于所属义学徇州县之请,或市恩于朝臣故旧,或纵容子弟家人,乘机作弊,致取录不甚公明。"上召安国询所论诸学臣姓名,安国举尹会一、陈其凝、孙人龙、邓钊等。上以会一、钊已物故,其凝、人龙皆坐事黜,因责安国瞻徇,手诏诘难。二十年,迁吏部尚书。二十一年,疏乞假为父改葬。上以来年当南巡,谕俟期扈行。冬,病作,予假治疾。二十二年春,卒,赐白金五百治丧,谥文肃。

安国初登第,谒大学士朱轼,轼戒之曰:"学人通籍后,惟留得本来面目为难。"安国诵其语终身。至显仕,衣食器用不改于旧。深研经籍,子念孙,孙引之,承其绪,成一家之学,语在《儒林传》。

刘吴龙,字绍闻,江西南昌人。雍正元年进士,授庶吉士。二年,以朱轼荐,改吏部主事。六迁至光禄寺少卿。尝视瀛牍,有以欲劫行舟定罪者,吴龙曰:"欲劫二字,岂可置人于死?"论释之。十一年,出为安徽按察使。十三年,内迁光禄寺卿。命管理北路军需。乾隆元年,召还,疏言:"北路军需,有输送科布多截留察汉廋尔诸处,应就车驼户追缴脚价。尚有逋负,请量予豁除。"上从其议。三迁左都御史,疏言:"步军统领衙门番役,私用白役,生事害民,宜令具册考核,有所追捕,官界差票,诣有司呈验。步军统领鞫囚,旗人会本旗都统,民人会顺天府尹、巡城御史,互相觉察。"疏入,议行。又疏言诸行省州县董理讼狱,其有舛误,小民无所申诉,宜令督抚遣监司按行稽考，以申民隐。旋劾罢浙江巡抚卢焯，论如律。迁刑部尚书。七年，卒，赐白金五百治丧，谥清悫。

吴龙简重，不苟言笑。为政慎密持重，得大体。督学直隶江苏，士循其教。乾隆初，杨汝谷、张泰开与吴龙先后为左都御史，皆以笃谨被上眷。

杨汝谷，字令贻，江南怀宁人。康熙三十九年进士，授浙江浦江县知县。行取，授礼部主事，三迁监察御史，河南南阳镇标兵以知府沈渊禁博，劫渊，围诸教场三日。汝谷论劾，上遣尚书张廷枢等往按，谴总兵高成诛标兵之首事者。别疏言：“选人待缺，辄言出为人后，或值远缺，报治丧，冀更选。请饬选人具三代，已选，复称出为人后，报治丧，以不孝论。”下部议行。六迁兵部侍郎，兼署左副都御史。疏言直隶被水灾，请运关东米十万石至天津，留南漕十万石存河间、保定适中地，分贮备赈，下部议行。高宗即位，调户部侍郎，疏言：“河南荥泽地滨黄河，康熙三十六年河势南侵，县地多倾陷。民困虚粮，流亡远徙。”上命河南巡抚察议，删赋额，寻迁左都御史。乾隆三年，以老乞休，命本省布政使给俸。五年，卒，年七十六，谥勤恪。

张泰开，字履安，江南金匮人。乾隆七年进士，改庶吉士，命上书房行走。旋自编修五迁礼部侍郎。十九年，国子监学录缺员，泰开举同部侍郎邹一桂子志伊。上责其瞻徇，部议夺职，予编修，仍在上书房行走。二十年，内阁学士胡中藻为诗谤朝政，坐诛，泰开为诗序，授刻，部议夺官治罪，上特宥之，仍在上书房行走。寻复授编修。二十二年，擢通政使。三迁左都御史。三十一年，授礼部尚书。三十二年，复授左都御史。三十三年，以老乞休，上奖其勤慎，加太子少傅，赋诗饯其行。三十九年，卒，年八十六，谥文恪。

秦蕙田，字树峰，江南金匮人。祖松龄，顺治十二年进士，官左春坊左谕德。本生父道然，康熙四十八年进士，官礼部给事中，与贝子允禩善，为其府总管。允禩得罪，逮下狱，蕙田往来省视。世宗贷道然死,而狱未解。乾隆元年,一甲三名进士,授编修,南书房行走。乃上疏言:"臣本生父道然身罹重罪,蒙恩曲宥。以追银未完,系狱九年,年已八十,衰朽不堪。本年五六月间,侵染暑湿,疟疢时作,奄奄一息,几至庚毙。情关骨肉,痛楚难忍。臣虽备官禁近,还顾臣父,老病拘幽,既无完解之期,更无生存之望,方寸昏迷,不能自主。诚不忍昧心窃禄,内惭名教。伏惟皇上矜慎庶狱,一线可原,概予宽释。当此圣明孝治天下,惟有乞恩,丐臣父八十垂死之年,得以终老牖下。臣愿夺职效奔走以赎父罪。"高宗命宥道然,并免所追银。

蕙田累迁礼部侍郎,丁本生父忧,服将阕,命仍起礼部侍郎。二十二年,迁工部尚书,署刑部尚书。二十三年,调刑部尚书,仍兼领工部,加太子太保。疏请诸行省流丐递籍编甲收管,上谕曰:"蕙田所奏甚是,为清狱讼、弭盗贼之良法。但此辈辗转流徙,城市村落,所在皆有。必一一收捕传送,令原籍保甲监察,事理繁琐,不若就所在地察禁。当令有司遇流丐强悍不法,即时捕治。"二十九年,以病乞休,上不允。再请,上命南还谒医,不必解任。九月,卒于途,谥文恭。明年,上南巡,幸无锡,赋诗犹及蕙田。

蕙田通经能文章,尤精于《三礼》,撰《五礼通考》,首采经史,次及诸家传说儒先所未能决者,疏通证明,使后儒有所折衷。以乐律附吉礼,以天文历法、方舆疆理附嘉礼。博大闳远,条贯赅备。又好治《易》及音韵、律吕、算数之学,皆有著述。

子泰钧,乾隆十九年进士,翰林院编修。

彭启丰,字翰文,江南长洲人。祖定求,康熙十五年,会试、殿试皆第一,官至翰林院侍讲。启丰,雍正五年会试第一,殿试置一甲第三,世宗亲拔第一。授翰林院修撰,南书房行走。三迁右庶子。乾隆六年,充江西乡试副考官,再迁左金都御史。疏言:"臣驿路经宿州,宿州方被水,蒙恩赈恤。知州许朝栋任甲长胥吏索费,饥民户籍登记不以实。凤阳知府梅毓健不亲诣察核。"下两江总督那苏图严察。七年,迁通政使,督浙江学政。三迁刑部侍郎,疏言:"浙省吏民占官湖为田，余杭南湖发源天目，下注苕溪，溉杭、嘉、湖三郡。自巡抚朱轼浚治，今已沙淤。其他会稽、余姚、慈溪等湖，皆仅存其名，请敕次第开浚。江南漕米，每石收钱五十四，半给运丁，半归州县为公使钱。杭、嘉、湖运丁有漕截，而州县无漕费，石米私加一二升至五六升，请敕如江南例，石米收钱二十四，为州县修仓铺垫费，而禁其浮收。浙江额设均平夫银供差徭，差简可以敷用，差繁每苦赔垫，本省官吏来往，任意多索，请敕部按官吏尊卑、差役繁简，定人夫名额俾为成例。浙省黄岩、太平地多斥卤，民家稍有余盐，兵弁藉以婪索。婪索不遂，指为私盐，其或以数家数人之盐合并诬报，请敕文武大臣申禁。"下部议行。寻以忧去。

十五年，授吏部侍郎。十八年，调兵部侍郎。二十年，疏乞养母，允之。二十六年，复授吏部侍郎。二十七年，以京察注考，吏部郎中阿敏尔图诸尚书、侍郎皆列一等，启丰独列二等，上责其示异市名。旋迁左都御史。二十八年，迁兵部尚书。三十一年，上以史奕昂为侍郎，入对，谕加意部事。奕昂遂自恣，面斥启丰，不称尚书，侍郎期成额以是讦奕昂。上诘启丰，启丰力言无之。询侍郎钟音，钟音对如期成额，启丰语乃塞。上为罢奕昂，因谓："启丰学问尚优，治事非所长。今乃先巽懦模棱，奏对不以实，失大臣体。"即降侍郎。三十三年，命原品休致。四十一年，以东巡，迎驾，予尚书衔。四十九年，卒，年八十四。

子绍升，语在《文苑传》。孙希濂，乾隆四十九年进士，官至刑部左侍郎。右迁福建按察使。曾孙蕴章，自有传。

梦麟，字文子，西鲁特氏，蒙古正白旗人，尚书宪德子。乾隆十年进士，改庶吉士，授检讨。十五年，迁侍讲学士，再迁祭酒，提督河南学政。十六年，授内阁学士。十七年，湖北罗田民据天堂寨谋乱，梦麟以河南商城邻罗田，驰往捕治，上嘉之。疏言："商城界江、楚峻岭深岩，易藏奸宄，请增兵巡察。"下河南巡抚议，移驻守备，增兵百。十八年，署户部侍郎，充江南乡试考官，即命提督江苏学政。二十年，授工部侍郎，代还，调署兵部，兼蒙古镶白旗副都统。二十一年，命在军机处学习行走。大臣在军机处，资望少浅者曰"学习行走"，自梦麟始。

是岁，河决孙家集。二十二年，河道总督白钟山奏请开荆山桥河，命梦麟驰勘，趣即兴工，工竟，议叙。上南巡阅河，以六塘河以下积潦，桃源、宿迁、清河诸县卑成浸，令梦麟勘治。寻奏："六塘河上承骆马湖，至清河分两派，由武障、义泽等河汇潮河入海，长三百余里，中间淤浅数十处，已令速疏浚南北两堰。并去年水坏宿迁堰工，及诸缺口，俱加修筑。诸县积水，开沟十五，设涵洞五，建闸四，俾得宣泄。"工既竟，又奏："荆山桥河道经铜、沛、邳、睢四州县，分设四汛。黄水自丁家楼汇入苏家闸，荆山桥正当其冲，应令堵筑。微山湖至荆山桥河下游王母山，纡长湾曲，每岁霜降后应令疏浚。居民就湾筑堰坝捕鱼，渡口叠石为步，皆阻河道，应令严禁。"上命如所议行。

山东巡抚鹤年奏金乡、鱼台、济宁诸州县水患，命侍郎裘曰修偕梦麟驰往相度，合疏言："诸县久为微山湖水所浸，当筹分泄之路。韩庄闸南伊家河至江南梁旺城入运，今已久淤，当开浚引积水东注。"从之。两江总督尹继善以沂水入运为害，奏建湖口闸，命梦麟与在工诸臣分任其责。合疏言："沂水自卢口傍泄，淹民田，阻运河。当筑坝堵截，使不得入运，毋碍微山诸湖入河归海之路。六塘河在骆马河下游，为沂水疏泄要道，宿迁、桃源诸水自沭入涟归海。并宜疏治宣通。兼浚六塘河出口，使无浅阻。此治沂水之概要也。夏邑、永城诸水，自睢河下注洪泽湖，出清口会黄入海。近岁河道多淤，董家沟诸地尤宜急治，兼浚洪泽湖出口。清口东水二坝，遵旨撤除。各闸口门亦宜加宽。此治睢河之概要也。"疏入，上许为颇得要领。调户部。冬，工竟，还京师。二十三年，复调工部，署翰林院掌院学士。卒，赐祭葬。

论曰：照绌于盘错，而优于词翰，高宗知之审矣。汝来以清节著,德华等以文学庸,而安国博辨群书,好学深思,自为家法。蕙田治礼,综历代政事学术,贯串会通,体大思精,尤彬彬名世之大业也。梦麟早岁负清望,参大政,方驾遽税,惜哉!

清史稿卷三○五
列传第九二

钱陈群 子汝诚　孙臻　　沈德潜
金德英　钱载　齐召南　陈兆崙
兆崙孙桂生　董邦达　钱维城　邹一桂
谢墉　金蛀　庄存与　刘星炜　王昶

钱陈群，字主敬，浙江嘉兴人。父纶光，早卒。母陈，翼诸孤以长，语在《列女传》。康熙四十四年，圣祖南巡，陈群迎驾吴江，献诗。上命俟回跸召试，以母陈病不赴。六十年，成进士，引见，上谕及前事。改庶吉士，授编修。雍正七年，世宗命从史贻直，杭奕禄赴陕西宣谕化导，陈群周历诸府县，集诸生就公廨讲经，反覆深切，有闻而流涕者。使还，上谕奖为"安分读书人"。五迁右通政，督顺天学政。乾隆元年，以母丧去官。服除，高宗命仍督顺天学政，除原官。陈群以母陈《夜纺授经图》奏上，上为题词。疏请增顺天乡试中额，上以官制有定，取者多，用者益远，国家不能收科目取人之效，寝其议。

三迁内阁学士。陈群屡有建白：尝疏请严治匿名揭帖，无论事巨细，非据实首告而编造歌谣诗词，匿名粘贴闾巷街衢，当下刑部依律治罪。疏请广劝种植树木，官地令官种，州郡吏种至千本以上，予纪录。受代时具册，备地方公用。民地令民种，至五六百本者，予匾额奖赏，成材后听取用。疏请偏灾蠲免分数，分别贫富，富者按例定分数蠲免,贫者被灾几分即蠲免几分,使之相等。及敕询州县耗羡,疏言:"康熙间,州县官额征钱粮,收耗羡一二钱不等。陆陇其知嘉定县止收四分,清如陇其,亦未闻全去耗羡也。议者以康熙间无耗羡,非无耗羡也,特无耗羡之名耳。世宗出自独断,通计外吏大小员数,酌定养廉,而以所入耗羡按季支领。吏治肃清,民亦安业。特以有征报支收之令,不知者或以为加赋。皇上询及盈廷,臣请稍为变通,凡耗羡所入,仍归藩库,各官养廉及各州县公项,如旧支给。其续增公用,名色不能画一,多寡亦有不同,应令直省督抚明察,某件应动正项,某件入公用,分别报销。各省州县自酌定养廉,荣悴不一,其有支绌者,应令督抚确察量增,俾稍宽裕仍饬勿得耗外加耗,以致累民。则既无加赋之名,并无全用耗羡办公之事,州县各有赢余,益知鼓励。至于施从其厚。敛从其薄,古之制也。及此仓庾充裕,民安物阜之时,大臣悉心调剂,使养廉之入,不为素餐,元气培扶,帑藏盈溢,然后以三十年之通制国用。宋太祖能罢羡余,臣固知皇上之圣,不必廷臣建白如张全操其人者,而德音自下也。"

七年,擢刑部侍郎。上令廷臣议州县常平仓应行诸事,诸臣皆议歉岁减价。陈群疏言:"成熟之年,出陈易新,仓米必不及市米,而民以米值纳仓,银色当高于市易。拟令石减一钱二分,还仓时加谷四五升,以为出入耗费。"

十七年,患反谷疾,连疏乞解职,许之。命其子编修汝诚侍行,且赐诗以宽其意。陈群进途中所作诗,上为答和。时有伪为孙嘉淦疏稿语谤上,上令穷治,陈群自家密疏请省株连。上严饬之,而事渐解。二十二年,上南巡,令在籍食俸。二十五年,上《桥梓图》寄赐陈群。二十六年,借江南在籍侍郎沈德潜诣京师祝皇太后七十寿,命与香山九老会,加尚书衔。上谕:"明岁南巡,诸臣今年已赴阙,毋更远迎。"二十七年,南巡,陈群偕德潜迎驾常州,上赐诗称为"大老。"三十年,南巡,复迎驾。是岁陈群年八十,加太子太傅。赐其子汝器举人,汝诚廱辟,命从还省视。

三十一年,陈群复进其母陈画册,册有纶光题句。上题诗以赵孟頫、管道升为比。三十五年，上六十万寿，命德潜至嘉兴劝陈群母诣京师，陈群献竹根如意，上批札云：“未颁僧绍之赐，恰致公远之贡，文而有节，把玩良怡！今赐卿木兰所获鹿，服食延年，以俟清晤。”三十六年，上东巡，陈群迎驾平原，进《登岱祝釐颂》。是冬，复诣京师祝皇太后八十万寿，命紫禁城骑马，赐人参，再与香山九老会。陈群进和诗有句云“鹿驯岩畔当童扶”，上赏其超逸，复为图赐之。南归，以诗饯。

陈群里居，每岁上录寄诗百余篇，陈群必赓和，亲书册以进，体兼行草，屡蒙奖许。三十九年，卒，年八十九。上谕谓：“儒臣老辈中能以诗文结恩遇、备商榷者，沈德潜卒后惟陈群。”加太傅，祀贤良祠，谥文端。四十四年，上制《怀旧诗》，列五词臣中。

子汝诚，字立之。乾隆十三年进士，改庶吉士，授编修，命南书房行走。四迁至侍郎，历兵、刑、户诸部。再典试江南，上命寄谕尹继善，招陈群游摄山，父子可相见。汝诚试毕，迎陈群入试院，居数日乃还。三十年，乞养归。四十一年，父丧终，授刑部侍郎，仍在南书房行走。四十四年，卒。

汝诚子臻，字润斋。自兵马司副指挥授河南邓州知州，累迁江西粮道。左授山西平阳知府，复累迁直隶布政使。嘉庆二十一年，授江西巡抚。江西南昌诸府食淮盐，而与福建、浙江、广东三省毗连，私贩侵引额。臻议疏纲额、缉私贩。寻移山东巡抚。兖、曹、沂诸府民素悍，染邪教，盗甚炽。臻请就诸府增设参将以下官，上皆采其议。入觐，以衰老左授湖南布政使，休致。十九年，卒。

陈群诗纯懿朴厚，如其为人。赓唱既久，亦颇学御制诗体。贰刑部十年，慎于庶狱，虚衷详鞫。高宗尝以于定国期之。汝诚继贰刑部，奉陈群之教，持法明允。臻亦善治狱。在平阳，介休民被盗杀其母，攫钏去。民言姻家尝贷钏，佣或窃钏逃，邻家子左右之。县捕三人，榜掠诬服。他日获盗得钏，民乃言非其母物，狱不能决。臻微服访得实。抚山东，清庶狱，雪非罪二十余人，擒教讼者置于法。

　　沈德潜,字碻士,江南长洲人。乾隆元年,举博学鸿词,试未入选。四年,成进士,改庶吉士,年六十七矣。七年,散馆,日晡,高宗莅视,问孰为德潜者,称以“江南老名士”,授编修。出御制诗令赓和,称旨。八年,即擢中允,五迁内阁学士。乞假还葬,命不必开缺。德潜入辞,乞封父母,上命予三代封典,赋诗饯之。十二年,命在上书房行走,迁礼部侍郎。是岁,上谕诸臣曰:“沈德潜诚实谨厚,且怜其晚遇,是以稠叠加恩,以励老成积学之士,初不因进诗而优擢也。”

　　十三年,德潜以齿衰病噎乞休,命以原衔食俸,仍在上书房行走。十四年,复乞归,命原品休致,仍令校《御制诗集》毕乃行。谕曰:“朕于德潜,以诗始,以诗终。”且令有所著作,许寄京呈览。赐以人参,赋诗宠其行。德潜归,进所著《归愚集》。上亲为制序,称其诗伯仲高、王。高、王者谓高启、王士祯也。十六年,上南巡,命在籍食俸。是冬,德潜诣京师祝皇太后六十万寿。十七年正月,上召赐曲宴,赋《雪狮》与联句。又以德潜年八十,赐额曰“鹤性松身”,并赍藏佛、冠服。德潜归,复进《西湖志纂》,上题三绝句代序。二十二年,复南巡,加礼部尚书衔。二十六年,复诣京师祝皇太后七十万寿,进《历代圣母图册》。入朝赐杖,上命集文武大臣七十以上者为九老,凡三班,德潜为致仕九老首。命游香山,图形内府。

　　德潜进所编《国朝诗别裁集》请序,上览其书以钱谦益为冠,因谕:“谦益诸人为明朝达官,而复事本朝,草昧缔构,一时权宜。要其人不得为忠孝,其诗自在,听之可也。选以冠本朝诸人则不可。钱名世者,皇考所谓‘名教罪人’,更不宜入选。慎郡王,朕之叔父也,朕尚不忍名之。德潜岂宜直书其名?至世次前后倒置,益不可枚举。”命内廷翰林重为校定。二十七年,南巡,德潜及钱陈群迎驾常州,上赐诗,并称为“大老。”三十年,复南巡,仍迎驾常州,加太子太傅,赐其孙维熙举人。三十四年,卒,年九十七。赠太子太师,祀贤良祠,谥文悫。御制诗为挽。是时上命毁钱谦益诗集,下两江总督高晋令察德潜家如有谦益诗文集,遵旨缴出。会德潜卒,高晋奏德

潜家并未藏谦益诗文集,事乃已。四十三年,东台县民讦举人徐述
夔《一柱楼集》有悖逆语,上览集前有德潜所为传,称其品行文章皆
可为法,上不怿。下大学士九卿议,夺德潜赠官,罢祠削谥,仆其墓
碑。四十四年,御制《怀旧诗》,仍列德潜五词臣末。

德潜少受诗法于吴江叶燮,自盛唐上追汉、魏,论次唐以后列
朝诗为《别裁集》,以规矩示人。承学者效之,自咸宗派。

金德瑛,字汝白,浙江仁和人。乾隆元年进士,廷对初置第六,
高宗亲擢第一,授修撰。是岁举博学鸿词科,德瑛以荐征,既入翰
林,不更试。旋命南书房行走,充江南乡试考官。德瑛以原籍休宁
辞,不许。再迁右庶子。督江西学政。任满,上特谕“德瑛甚有操守,
取士公明”,命留任。德瑛疏言:“翰林为储才地,庶吉士宜求学有根
柢,器量明达,庶可备他日任使。每科命大臣教习,大臣政事甚繁,
但能总大纲。旧有分教例,但由掌院选任,时设时止。乞令掌院于
翰詹中择品学优赡、资俸较深者引见,简畀分教。”得旨俞允。复四
迁太常寺卿,命祭告山西诸行省帝王陵寝。疏言:“女娲氏陵寝殿塑
女象,旁侍嫔御,民间奉为求嗣之神,实为亵黩。请毁象立主。”下部
议行。督山东学政。十九年,岁饥,上发帑治赈,而邹、滕诸县灾尤
重。有司格于例限,不敢以请。德瑛任满还京师,入对,具言状,上
特命展赈。迁内阁学士。二十一年,迁礼部侍郎。充江西乡试考官。
使还,经徐州,时河决孙家集,微山湖暴涨,入运河,江南、山东连壤
诸州县被水。德瑛谘访形势,入陈于上前,上嘉德瑛诚实不欺。旋
命尚书刘统勋董治疏筑。二十三年,督顺天学政,疏言:“八旗诸生
遇岁试,辄称病诿避,甚至病者多于与试者,请下八旗都统考核。”

二十六年,擢左都御史,疏言:“秋审旧例,凡已经秋审者谓之
‘旧事’,见入秋审者谓之‘新事’。当九卿、詹事、科道集议时,书吏
宣唱名册,繁重淹滞。其实商榷轻重,多在新事。积年缓决之案,自
按察使上巡抚,更三法司,初狱已致慎矣。况三审缓决,久成信谳。
诸囚偷生图圄,幸待十年庆典,得蒙恩赦。然亦裁自圣心,诸臣无与

焉。旧事名册宜罢宣唱。陈案既省，近事得以从容往复，尽心详审。
九卿兼有余暑治其本职。”上韪其言，下大学士会刑部议，请如德瑛
言。十二月，命稽核通州仓储，中寒病作，二十七年正月，卒。

德瑛端平简直，无有偏党，为上所知。方为少詹事，入对，上曰：
“汝元年状元，尚作四品官耶？”数日擢太常寺卿。及病，上每见廷臣
问状，且曰：“德瑛辛巳生，长朕十岁。”及病革，上方出巡幸，将启
跸，犹曰：“德瑛久不入值，病必重。”德瑛即以其日卒。三十一年，德
瑛子洁成进士，引见，上曰：“汝金德瑛子耶？”德瑛卒已将十年，上
犹拳拳如是。

钱载，字坤一，浙江秀水人。雍正十年副榜贡生，举博学鸿词、
举经学，就试皆未入选。乾隆十七年，成进士，改庶吉士授编修。七
迁内阁学士，直上书房。四十一年，督山东学政。四十五年，命祭告
陕西、四川岳渎及帝王陵寝。寻擢礼部侍郎，充江南乡试考官，举顾
问为第一，《四书》文纯用排偶，上以乖文体，命议处。

《吕氏春秋》尧葬谷林，《史记》不书其地。乾隆元年，以山东巡
抚岳浚奏，自东平改祀濮州。四十一年，大理寺卿尹嘉铨疏言当在
平阳，下部议驳。载督学山东，谒濮州尧陵，自四川还道平阳，得尧
陵州东北，及江南典试归，又至东平求旧时所祭尧陵，参互考订，以
为在平阳者是。《史记》汤、武皆未著葬地，盖都于是则不书，
尧亦其例。因疏请厘定。下大学士、九卿议驳，载奏辨。复议，仍寝
不行。上谕曰：“经生论古，反覆辨证，原所不禁。但既陈之奏牍，并
经廷臣集议，即不当再执成见。载斥吕不韦门下客浮说，不韦即不
足取，亦尚不可以人废言。况其门下客所著书，所谓‘悬之国门，不
易一字’，岂能谓不足为据？其时去古未远，或尚有所承述。乃欲在
数千年后虚揣翻驳，有是理乎？载本晚达，且其事只是考古，是以不
加深问，若遇朝廷政治，亦似此晓晓不已，朕必重治其罪。”命传旨
申饬。载疏累数千言，语有未明，复为自注，时谓非章奏体，上亦未
深诘也。

四十八年，休致。五十八年，卒，年八十有五。

子世锡,入翰林。时侍郎英廉及载充教习庶吉士,英廉语世锡曰:"君家仍世入翰林,而上命父教其子,当勉为瓛、颐以报上恩。"世锡子宝甫,初名昌龄、避仁宗陵,以字行。亦以编修官至云南布政使。

德瑛论诗宗黄庭坚,谓当辞必己出,不主故常。载初与订交,晚登第,乃为门下生。诗亦宗庭坚,险入横出,嶻然成一家。同县王又曾、万光泰辈相与唱酬,号秀水派。语互详《文苑传》。载又为陈群族孙,从陈群母陈受画法,苍秀高劲,亦如其诗。

齐召南,字次风,浙江天台人。幼而颖敏,乡里称神童。雍正十一年,命举博学鸿词,召南以副榜贡生被荐。乾隆元年,廷试二等,改庶吉士,散馆授检讨。八年,御试翰詹各官,擢中允,迁侍读。九年,以父丧去官。时方校刻经史,召南分撰《礼记》、《汉书考证》,命即家撰进。服除,起原官。十二年,迁侍读学士。十三年,复试翰詹各官,以召南列首,擢内阁学士,命上书房行走。迁礼部侍郎。上于宁古塔得古镜,问召南,召南辨其款识,具陈原委。上顾左右曰:"是不愧博学鸿词矣!"上西苑射,发十九矢皆中的,顾尚书蒋溥及召南曰:"不可无诗!"召南进诗,上和以赐。十四年夏,召南散直堕马,触大石,颅几裂。上闻,遣蒙古医就视,赐以药。语皇子宏瞻:"汝师傅病如何?当频使存问!"幸木兰,使赐鹿脯十五束。及冬,入谢,上慰劳,召南因乞归,固请乃许。及行,赐纱、葛各二端。

上南巡,屡迎驾,辄问病状,出御制诗命和。上尝询天台、雁宕两山景物,召南对未尝游览。上问:"名胜在乡里间,何以不往?"召南对"山峻溪深,臣有老母,怵古人登高临深之诫,是以未敢往。"上深嘉之。既而,以族人周华为书讪上,逮诣京师,吏议坐隐匿,当流,籍其家,上命夺职放归,还其产十三四。召南归,遂卒。

召南易直子谅,文辞淹雅。著《水道提纲》,具详源委脉络。《历代帝王年表》,举诸史纲要,并行于世。

陈兆崙,字星斋,浙江钱塘人。亦幼慧。雍正八年进士,福建即用知县。举博学鸿词,诣京师试,授内阁中书,充军机章京。乾隆元年,廷试二等,授检讨。十七年,上御经筵,以撰进讲义称旨,擢左中允。御试翰詹各官,复擢侍讲学士。再迁顺天府府尹。值大水,兆嵩心计指画,抚绥安集,无不得所。畿辅役繁,旧设官车疲敝,议金富户应役,兆嵩奏罢之。时方西征,发禁旅,兆嵩经画宿顿储蓄。井井有绪,军民晏然。二十一年,迁太常寺卿。上谒陵,以同官迎驾失仪,左授太仆寺少卿。再迁太仆寺卿。三十六年,卒。

兆嵩精六书之学,尤长经义,于《易》、《书》、《礼》均有论述。为诗文澹泊清远。

孙桂生,字坚木。嘉庆初,自优贡生授知县,拣发湖北。时教匪为乱,桂生从广州将军明亮击贼,破孝感,歼鲁惟志。战归州,御齐王氏,屡有功,授大冶知县,再迁安陆知府。九年,遭母丧,湖北巡抚章煦疏请留军。丧终,除荆州知府。三迁,再转为江宁布政使,署江苏巡抚。初彭龄劾桂生征赋不力,夺职,复劾察库帑不实,上命大学士托津、户部尚书景安按治,疏言:“桂生察库帑无弊,征赋亦逾十之七。”召诣京师,旋授甘肃布政使。再转,复迁江苏巡抚。上六十万寿,蠲各行省民间逋赋。桂生疏言:“旷典殊施,当令泽及于民。请自嘉庆元年起至二十二年,详察民间逋赋,毋令官吏因缘为奸二十二年漕项,例至二十四年奏销,民逋请并蠲除。”又言:“民间逋赋有由州县移他款代纳者,今既蠲逋,当令见任州县期十年偿所移款。”皆议行。命署苏州织造,兼领浒墅关,兼署两江总督。宣宗即位,召诣京师,以三品京堂待缺,旋命休致。二十年,卒。桂生子宪曾,进士,官至詹事。

董邦达,字孚存,浙江富阳人。雍正元年,选拔贡生。以尚书励廷仪荐,命在户部七品小京官上行走。十一年,成进士,改庶吉士,授编修。乾隆三年,充陕西乡试考官,疏言官卷数少,以民卷补中,报闻。授右中允,再迁侍读学士。十二年,命直南书房,擢内阁学士,以母忧归。逾年,召诣京师,命视梁诗正例,入直食俸。十五年,补原官,迁侍郎、历户、工、吏诸部。二十七年,迁左都御史,擢工部尚书。二十九年,调礼部。三十一年,调还工部。三十二年,仍调还礼部。三十四年,以老病乞解任。上谕曰:"邦达年逾七十,衰病乞休,自合引年之例。惟邦达移家京师,不能即还里。礼部事不繁,给假安心调治,不必解任。"寻卒。赐祭葬,谥文恪。

邦达工山水,苍逸古厚。论者谓三董相承,为画家正轨,目源、其昌与邦达也。子诰,自有传。

钱维城,字宗盘,江南武进人。乾隆十年一甲一名进士,授修撰。功令,初入翰林,分习清、汉文,维城习清文,散馆列三等。上不怿,曰:"维城岂谓清文不足习耶?"傅恒为之解。命再试汉文,上谓诗有疵,赋尚通顺,仍留修撰。是岁即迁右中允,命南书房行走。三迁,再转为刑部侍郎。疏请申明律例:"事主杀盗贼移尸,有司辄置勿论。本律科移尸罪,反至流徒。请凡杀人律得勿论者,虽移尸仍用本律。杀奸之狱,奸夫拒捕,有司辄用斗杀律定谳。杀奸杀拒捕者,反重于杀不拒捕者。请用杀拒捕罪人律勿论。"下部议行。三十四年,命偕内阁学士富察善如贵州会湖广总督吴达善按治威宁州知州刘标亏帑,巡抚良卿、前巡抚方世俊等皆坐谴。三十五年,古州苗香要为乱,复命偕吴达善及巡抚宫兆麟督剿。香要多力而狡,苗女迫根为羽翼,煽旁寨出掠。维城如古州,督总兵程国相破乌牛、佳居诸寨,获迫根。维城乃自乌牛如佳居宣谕,解胁从。督兵破朋论大箐,香要独身跳去。乃令先撤兵,遣词香要,卒擒而歼之。乱定,谕议叙。三十六年,云南龙陵戍卒四十去伍走,既就获,大吏请悉诛之。维城入对,言:"伊犁戍卒荷校一月,今用法过重。且戮于获所,边兵何由知? 不如械至龙陵,倍其罚,荷校三月,足以儆众。"上从之。三十七年,丁父忧,归,以毁卒。谥文敏。

维城工文翰,画山水幽深沈厚。钱陈群谓维城通籍后画益工,盖得益于邦达云。

邹一桂,字原褒,江南武进人。祖忠倚,顺治九年一甲一名进士,官修撰。一桂,雍正五年二甲一名进士,改庶吉士,授编修。十年，授云南道监察御史，疏禁官媒蓄妇女为奸利。乾隆七年，转礼科给事中，疏言"刑部诸囚已结入北监，未结羁南所。今察视监所，已未结杂收，请如例分禁"，又言："奉命下部议诸事，科道辄于部议未上之先，搀越渎陈，请申饬。"上韪其言。湖南巡抚许容坐诬劾粮道谢济世罢，复命署湖北巡抚。一桂与给事中陈大玠具疏论列，谓："容狡诈欺公，仅予夺职，已邀宽典。今复任封疆，何以训天下？乞降旨宣示臣民，俾晓然于黜陟之所以然，斯国法昭而吏治有所率循。"上为罢容。十年，迁太常寺少卿，疏言："律载狱具全图，铁索钮链，俱有定式。狱官以防范为辞，匣床以束其身，铁箭以直其项，观音圈以挛其手足。部议禁非刑，日久复创新制，令诸囚排头仰卧，横穿长木，压其手足，与匣床无异，请敕严禁。"从之。四迁为礼部侍郎。同部侍郎张泰开举一桂子志伊为国子监学正，又坐徇尚书王安国、左都御史杨锡绂祀其父乡贤，屡下部议，二十一年，左授内阁学士。二十三年，乞致仕。三十六年，诣京师祝上寿，加礼部侍郎衔，在籍食俸。三十七年，归，卒于东昌道中。加尚书衔。

一桂画工花卉，承恽格后为专家。尝作《百花卷》，花题一诗，进上，上深赏之，为题百绝句。晚被薄谴，归犹赋诗之饯云。

谢墉，字山城，浙江嘉善人。乾隆十六年，上南巡，墉以优贡生召试，赐举人，授内阁中书。十七年，成进士，改庶吉士，授编修。坐撰《闽浙总督喀尔吉善碑文》，语失当，下部议，降调。二十四年，回部平，墉拟《铙歌》上，上命复官，直上书房。五迁工部侍郎，督江苏学政。四十三年，调礼部。四十五年，调吏部。广西全州知州彭曰龙坐纵革役复充，夺官，诣部请捐复。大学士阿桂领吏部，将许之，墉以为不可。时有山东商河教谕侯华捐复，方议驳，墉援以例曰龙。阿桂疑墉为华地，奏闻。上命讯，华力言无嘱托，乃用墉议，不许曰龙捐复。四十八年，复督江苏学政。五十一年，任满，还京师。上问洪泽湖运河水势，墉奏："洪泽湖渐高，民间传说'昔如釜，今如盘'，请加疏浚。"五十二年，上以总督李世杰奏洪泽湖水注清口畅流，命

墉往与世杰勘湖水浅深。寻奏湖水深至十丈,浅亦在一二丈间,墉
自请议处。上以湖水前年较浅,墉得自传闻,据以入告,兹既已勘
明,免其议处。

墉两任江苏学政,士有不得志者,以偶语讥诮。阿桂偶以闻,上
命巡抚闵鹗元访察。鹗元言墉初任声名平常,后任颇为谨饬。上命
降授内阁学士。五十四年,上察直上书房诸臣多旷班,墉七日未入
直,复降编修,在修书处效力。五十六年,复命直上书房。六十年,
休致,寻卒。

墉在上书房久,仁宗方典学肄习诗文,高宗命墉讲授。嘉庆五
年,加恩旧学,赠三品卿衔,赐祭葬。子恭铭,进士,改庶吉士,散馆
归班,是岁授内阁中书。墉以督学蒙谤,然江南称其得士,尤赏江都
汪中,尝字之曰:"予上容甫,爵也。若以学,予于容甫北面矣!"乾隆
中直上书房诸臣以学行称者,又有金甡、庄存与、刘星炜。

甡,字雨叔,浙江钱塘人。初以举人授国子监学正。乾隆七年,
举礼部试第一,廷试复第一,授修撰。三迁侍讲学士。二十二年,直
上书房,擢詹事,再迁礼部侍郎。三十八年,上幸热河,从,方入直,
遘疾遽仆。大学士刘统勋以闻,命予假。甡乞休,允之。明年秋,疾
间,乃得归。四十七年,卒,年八十有一。

甡在上书房十七年,直谅诚敬,所陈说必正义法言,诸皇子皇
孙皆爱重之。

存与,字方耕,江南武进人。乾隆十年一甲二名进士,授编修。
四迁内阁学士。二十一年,督直隶学政。按试满洲、蒙古童生,严,
不得传递,群哄。御史汤世昌论劾,命夺存与官。上恶满洲、蒙古童
生纵恣,亲覆试,搜得怀挟文字。临鞫,童生海成最狡黠,言:"何不
杀之?"上怒,立命诛之。哄堂附和者三人,发拉林种地。四十人令
在旗披甲,不得更赴试。并以存与督试严密,仍命留任,擢礼部侍
郎。遭父丧。服除,补内阁学士,仍授原官,直上书房。曹母丧。服
除,补原官。五十一年,以衰老休致。五十三年,卒。

存与廉鲠。典浙江试,巡抚馈金不受,遗以二品冠,受之。及途,

从者以告曰:"冠顶真珊瑚,值千金!"存与使千余里返之。为讲官,上御文华殿,进讲礼毕,存与奏:"讲章有舛误,臣意不谓尔。"奉书进,复讲,尽其旨,上为留听之。

弟培因,字本淳,乾隆十五年一甲一名进士,官至内阁学士。

刘星炜,字映榆,江南武进人。乾隆十三年进士,改庶吉士,授编修。迁侍讲,督广东学政。疏言:"鹤山立县初,有广州民一百五户请修城入籍,缘是开冒考之弊,请以有庐墓、田庐在县者为限。"丁母丧,去。服阕,补原官。督安徽学政,请童生兼试五言六韵诗。童试有诗自此始。累迁侍读学士。二十九年,直上书房,再迁礼部侍郎。卒。

王昶,字德甫,江苏青浦人。乾隆十九年进士。南巡,召试,授内阁中书,充军机章京。三迁刑部郎中。三十二年,察治两淮运盐提引,前盐运使卢见曾坐得罪,昶尝客授见曾所,至坐是漏言夺职。云贵总督阿桂帅师讨缅甸,疏请发军前自效。上命大学士傅恒出视师,嗣以理藩院尚书温福代阿桂,皆以昶佐幕府。温福移师讨金川,昶实从,疏请叙昶劳,授吏部主事。既,复从阿桂定两金川,再迁郎中。刑部侍郎袁守侗按事四川,上命察军中事,还奏言昶治军书有劳。四十一年,师凯还,擢昶鸿胪寺卿,仍充军机章京。三迁左副都御史,外授江西按察使。数月,以忧归。起直隶按察使,未上,移陕西按察使。

在陕西凡十年,值回田五为乱,军兴,昶缮守具,佐治军需,疏请清厘保甲,禁民间蓄军器。迁云南布政使,河南伊阳民戕知县,窜匿陕西境未获,昶如商州督捕,上命俟得贼诣京师觐见。昶既得贼,入谒上,自陈疲惫,乞改京职,上温旨慰遣,乃上官。以云南铜政事重,撰《铜政全书》,求调剂补救之法。旋调江西布政使。五十四年,内迁刑部侍郎。屡命如江南、湖北瓛狱。五十八年,以老乞罢,上许之,方岁暮,谕俟来岁春融归里。昶归,遂以"春融"名其堂。嘉庆元年,诣京师贺内禅,与千叟宴。四年,复诣京师谒高宗梓宫。十一年,卒。

昶工诗古文辞,通经。读朱子书,兼及薛瑄、王守仁诸家之学。搜采金石,平选诗文词,著述传于世。

论曰:国家全盛日,文学侍从之臣,雍容揄扬,润色鸿业。人主以其闲暇,偶与赓和,一时称盛事。未有弥岁经时,往复酬答,君臣若师友,如高宗之于陈群、德潜。呜呼,懿矣!当时以儒臣被知遇,或以文辞,或以书画,录其尤著者。视陈群、德潜恩礼虽未逮,文采要足与相映,不其盛欤!

清史稿卷三〇六
列传第九三

曹一士 李慎修 李元直 陈法 胡定 仲永檀 柴潮生 储麟趾

曹一士，字谔廷，江苏上海人。雍正七年进士，改庶吉士，散馆授编修。十三年，考选云南道监察御史。高宗即位，谕群臣更番入对。一士疏言："敬读谕旨，曰'百姓安，则朕躬安'大哉王言，闻者皆感涕。臣愚以为欲百姓之安，其要莫先于慎择督抚。督抚者，守令之倡。顾其中皆有贤者，有能者，贤能兼者上也，贤而不足于能者次之，能有余而贤不足者又其次也。督抚之为贤为能，视其所举而了如。今督抚举守令，约有数端，曰年力富强，曰治事勤慎，曰不避嫌怨。征其实迹，则钱粮无欠，开垦多方，善捕盗贼。果如所言，洵所谓能吏也。乃未几而或以赃污著，或以残刻闻，举所谓贪吏、酷吏者，无一不出于能吏之中，彼诚有才以济其恶耳。夫吏之贤者，悃愊无华，恻怛爱人，事上不为诡随，吏民同声谓之不烦。度今世亦不少其人，而督抚荐剡曾未及此。毋亦轻视贤而重视能之故耶？抑以能吏即贤吏耶？臣恐所谓能者非真能也，以趋走便利而谓之能，则老成者为迟钝矣。以应对捷给而谓之能，则木讷者为迂疏矣。以逞才喜事而谓之能，则镇静者为怠缓矣。以武健严酷、不恤人言而谓之能，则劳于抚字、拙于锻链者谓之沽名钓誉、才力不及，而摭拾细故以罢黜之矣。至于所取者溃败决裂，则曰臣不合误举，听部议而已。夫有误举必有误劾，误举如此，则误劾者何如？误举者犹可议其罪，误劾者将何从问乎？臣以为今之督抚，明作有功之意多，而惇大成裕之道少。损下益上之事多，而损上益下之义少，此治体所关也。皇上于凡丈量开垦、割裂州县、改调牧令，一切纷更烦扰，皆行罢革。为督抚者，度无不承流宣化，所虑者，彼或执其成心，饰非自护。意为迎合，姑息偷安。臣敢请皇上特颁谕旨，剖析开导，俾于精明严肃之中，布优游宽大之政。所属守令，敕于保题荐举时，分列贤员、能员，然后条疏实事于下。能员有败行，许自行检举。贤员著劣迹，则从重处分。倘所举皆能而无贤，则非大吏乏正己率属之方，即贤者有壅于上闻之患。督抚之贤否，视所举而了如矣。”疏入，上为通谕诸督抚。

一士又请宽比附妖言之狱，并禁挟仇诬告，疏言：“古者太史采诗以观民风，藉以知列邦政治之得失、风俗之美恶，即《虞书》在治忽以出纳五言之意，使下情之上达也。降及周季，子产犹不禁乡校之议。惟是行僻而坚，言伪而辨，虽属闻人，圣人亦必有两观之诛，诚恐其惑众也。往者造作语言，显有背逆之迹，如罪人戴名世、汪景祺等，圣祖、世宗因其自蹈大逆而诛之，非得已也。若夫赋诗作文，语涉疑似，如陈鹏年任苏州知府，游虎丘作诗，有密奏其大逆不道者，圣祖明示九卿，以为‘古来诬陷善类，率如此’。如神之哲，洞察隐微，可为万世法。比年以来，小人不识两朝所以诛殛大憝之故，往往挟睚眦之怨，借影响之词，攻讦诗文，指摘字句。有司见事风生，多方穷鞫，或致波累师生，株连亲故，破家亡命，甚可悯也。臣愚以为井田封建，不过迂儒之常谈，不可以为生今反古。述怀咏史，不过词人之习态，不可以为援古刺今。即有序跋偶遗纪年，亦或草茅一时失检，非必果怀悖逆，敢于明布篇章。使以此类悉皆比附妖言，罪当不赦，将使天下告讦不休，士子以文为戒，殊非国家义以正法、仁以包蒙之意。伏读皇上谕旨，凡奏疏中从前避忌，一概扫除。仰见圣明廓然大度，即古敷奏采风之盛。臣窃谓大廷之章奏尚捐忌讳，则在野之笔札焉用吹求？请敕下直省大吏，察从前有无此等狱案、现在不准援赦者，条列上请，以俟明旨钦定。嗣后凡有举首文字者，苟无的确踪迹，以所告之罪依律反坐，以为挟仇诬告者戒。庶文字之累可蠲，告讦之风可息矣。"上亦如其议。

雍正间督各省开垦，督抚以是为州县课最，颇用以厉民。一士疏言："开垦者所以慎重旷土，劝相农夫，本非为国家益赋起见也。臣闻各省开垦，奉行未善，其流弊有二：一曰以熟作荒。州县承上司意旨，并未勘实荒地若干，预报亩数，邀急公之名。逮明知荒地不足，即责之现在熟田，以符报额。小民畏官，俯首而从之，咸曰：此即新垦之荒地而已。一曰以荒作熟。荒地在河壖者，地低水溢，即成沮洳。在山麓者，上土下石，坚不可掘，州县悉入报垦之数。民贫乏食，止贪官给牛种草舍，糊旦夕之口，不顾地之不可垦也。十年之后，民不得不报熟，官不得不升科。幸而薄收，完官不足。稍遇岁歉，卒岁无资，逃亡失业之患从此起矣。然且赋额一定，州县不敢悬欠，督抚不敢开除，飞洒均摊诸弊，又将以熟田当之。是名为开垦，有垦之名无垦之实也。兹二弊者，缘有司但求地利，罔惜贻害。大吏惟知虑始，不暇图终，是以仁民之政，反启累民之阶。臣请敕下直省督抚，凡开垦地亩，无论已未升科，俱令州县官核勘，内有熟田混报开垦，举首除额，免其处分。如实为新垦，具印结存案，少有虚伪，发觉从重治罪，则以熟作荒之弊可免矣。新垦应升科，督抚遴员核勘，硗确瘠薄，即与免赋。倘因报垦在先，必令起赋，以贻民累，发觉从重治罪，则以荒作熟之弊亦可免矣。"

乾隆元年，迁工科给事中。故事，御史迁给事中，较资俸深浅。一士入台仅六月，出上特擢。寻疏劾原任河东河道总督王士俊，疏未下，语闻于外。上疑一士自泄之，召对诘责，下吏议，当左迁，仍命宽之。一士复疏请复六科旧职。专司封驳，巡视城仓、漕盐等差，皆不当与。又疏论各省工程报销诸弊，请敕凡有营造开浚，以所须物料工匠遵例估定，榜示工作地方。又疏论州县官谳狱，胥吏上下其手，窜改狱词，请饬申禁。又疏论盐政诸弊，请毋令商人公捐。禁司盐官吏与商人交结。小民肩挑背负，戒毋苛捕。大商以便盐船阻通行水道，戒毋堵截。皆下部议行。一士病哽噎，即以是年卒。

一士晚达，在言官未一岁，而所建白皆有益于民生世道，朝野传诵。闻其卒，皆重惜之。

李慎修，字思永，山东章丘人。康熙五十一年进士，授内阁中书。迁主事，出为浙江杭州知府。雍正五年，入为刑部郎中，历十余年，治狱多所平反。有侵帑狱，初议以挪移从末减，慎修执不可。或讽以上意，亦不为动。乾隆初，出为河南南汝光道，移湖北武汉黄德道，以忧去。服除，授江南驿盐道。引见，高宗曰："李慎修老成直爽，宜言官。"特除江西道监察御史。疏论户部变乱钱法，苛急烦碎。历举前代利害，并言钱值将腾贵，穷极其弊。上元夜，赐诸王大臣观烟火，慎修上疏谏，以为玩物丧志。上喜为诗，尝召对，问能诗否，因进言："皇上一日万几，恐以文翰妨政治，祈不以此劳圣虑。"上韪之，载其言于诗。尝谓慎修曰："是何眇小丈夫，乃能直言若此？"慎修对曰："臣面陋而心善。"上为大笑。复出为湖南衡郴永道。十二年，乞病归，卒。

高密李元直为御史在其前，以刚直著。慎欲与齐名为山东二李。京师称元直"戆李"，慎修"短李"。元直，字象山。康熙五十二年进士，改庶吉士，散馆授编修。雍正七年，考选四川道监察御史，八阅月，章数十上。尝历诋用事诸大臣，谓："朝廷都俞多，吁咈少，有尧、舜，无皋、夔。"上不怿，召所论列诸大臣大学士朱轼、张廷玉辈并及元直，诘之曰："有是君必有是臣。果如汝所言无皋、夔，朕又安得为尧、舜乎？"元直抗论不挠，上谓诸大臣曰："彼言虽野，心乃无他。"次日，复召入，奖其敢言。会广东贡荔枝至，以数枚赐之。未几，命巡视台湾，疏请增养廉、绝馈遗，并条上番民利病数十事。台湾居海外，巡视御史至，每自视如客，事一听于道府。元直悉反所为，时下所属问民疾苦。欲有所施措，督抚劾其侵官，遂镌级去。家居二十余年，卒。世宗尝曰："元直可保其不爱钱，但虑任事过急。"

又尝谕诸大臣曰："甚矣，才之难得。元直岂非真认事人？乃刚气逼人太甚。"元直晚年言及知遇，辄泣下。初在翰林，与孙嘉淦、谢济世、陈法交，以古义相劝。时称四君子。及嘉淦总督湖广，治济世狱，徇巡抚许容意，为时论所不直，元直遂与疏焉。

法，字定斋，贵州安平人。康熙五十二年进士，自检讨官至直隶大名道。讲学宗朱子，著《明辨录》，辨陆、王之失。莅政以教养为先，手治文告，辞意恳挚。既久，人犹诵之。

胡定，字登贤，广东保昌人。雍正十一年进士，改庶吉士，授检讨。乾隆五年，考选陕西道监察御史。七年，湖南巡抚许容劾粮道谢济世，下湖广总督孙嘉淦按治，将坐济世罪。八年二月，定疏陈容陷济世、嘉淦袒容状，录湖南民揭帖，谓布政使张璨、按察使王璲、长沙知府张琳、衡州通判方国宝、善化知县樊德贻承容指，朋谋倾陷。并述京师民谚，目容为媪，谓其妒贤嫉能如妇人之阴毒。疏入，上命户部侍郎阿里衮如湖南会嘉淦覆勘，并令定从往。会湖南岳常道仓德密揭都察院，发璲请托私改文牍状，阿里衮至湖南，雪济世枉。上夺嘉淦、容等职，谕谓："定为言官，言事不实，自有应得之罪谴。今既实矣，若止为济世白冤抑，其事尚小。因此察出督抚等扶私诬陷，徇隐扶同，使人人知所儆戒，此则有裨于政治，为益良多。至诸行省督抚举劾必悉秉公心，方为不负委任，若以爱憎为举劾，如嘉淦、容居心行事，岂不抱愧大廷，负惭夙夜？诸督抚当深自儆省，以嘉淦、容为戒。"定于是负敢言名。

转兵科给事中，巡视西城。求居民善恶著称者，皆榜姓名于衢。民有讼者，即时传讯判结。西山卧佛寺被窃。同官误以僧自盗奏，定廉得真盗，僧得雪。旋以母老乞归养。服除，复授福建道御史。疏论内务府郎中某朘民为私利，按治事不实，夺职下刑部。久之谳定，罢归。二十二年，上南巡，定迎驾杭州，复原衔。卒，年七十九。著有《双柏庐文集》。

　　仲永檀，字襄西，山东济宁人。乾隆元年进士，改庶吉士，授检讨。五年，考选陕西道监察御史。疏请酌减上元灯火声乐，略言："人君一日万几，一有暇逸之心，即启怠荒之渐。每岁上元前后，灯火声乐，日有进御，愿酌量裁减，豫养清明之体。"上降旨，谓："《书》云'不役耳目'，《诗》云'好乐无荒'古圣贤垂训，朕所夙夜兢兢而不敢忽者。惟是岁时燕赏，庆典自古有之，况元正献岁，外藩蒙古朝觐有不可缺之典礼。朕踵旧制而行之，未尝有所增益。至于国家政事，朕仍如常综理，并未略有稽迟。永檀胸有所见，直陈无隐，是其可嘉处，朕亦知之。"

　　京师民俞君弼者，为工部凿匠，富无子。既死，其戚许秉义谋争产。内阁学士许王猷与同族，属招九卿会其丧，示声气，且首君弼有藏镪。步军统领鄂善以闻，诏严鞫，秉义论罪如律，并夺王猷职，旨戒饬九卿。六年，永檀奏："风闻鄂善受俞氏贿万金，礼部侍郎吴家骐赴吊得其赀。又闻赴吊不仅九卿，大学士张廷玉以柬往，徐本、赵国麟俱亲会，詹事陈浩为奔走，谨据实入奏，备访查。"又言："密奏留中事，外间旋得消息，此必有私通左右暗为宣泄者。权要有耳目，朝廷将不复有耳目矣。"疏入，上疑永檀妄言，命怡亲王和亲王大学士鄂尔泰、张廷玉、徐本、尚书讷亲、来保按治，摘永檀奏宣泄密奏留中果何事，又谓权要私通左右，此时无可私通之左右，亦无能私通左右之权要，诘何所见，命直陈。鄂善仆及居间纳赇者，皆承鄂善得俞氏贿，和亲王等以闻。上召和亲王鄂尔泰、讷亲、来保同鄂善入见，上温谕导其言，鄂善乃承得白金千。上谕鄂善曰："汝罪于律当绞。汝尝为大臣，不忍弃诸市。然汝亦何颜复立于人世乎？汝宜有以自处。"既又下和亲王等会大学士张廷玉、福敏、徐本，尚书海望，侍郎舒赫德详议，如上谕。乃命讷亲、来保持王大臣奏示鄂善，鄂善乃言未尝受赇。上因怒责鄂善欺罔，夺职下刑部，又命福敏、海望、舒赫德会鞫，论绞，上仍令赐死。家骐、浩并夺职。永檀答上询宣泄留中事，举吴士功密劾史贻直以对。和亲王等谘察大学士赵国麟等赴俞氏会丧虽无其事，然语有所自来。上乃奖永檀摘奸发伏，直陈无隐,擢佥都御史。

国麟独奏辨,言:"永檀风闻言事,以蒙恩坐论之崇班,而被以跪拜细人之丑行。事有流弊,宜防其渐。数有往复,当保其终。明季言路与政府各分门户,互相挤排,纲纪浸以大坏。在今日权无旁挠,言无偏听,宁为未然之虑,不弛将至之防。乞特降谕旨,明示天下,以超擢永檀为奖其果敢,宥其冒昧。嗣后凡诋斥大臣按之无实者,别有处分,则功过不相掩,而赏罚无偏曲。如以臣言过懇,乞赐罢斥,或容解退,以全初心。"上手诏谓:"超擢永檀,亦善善欲长、恶恶欲短之意,大学士所云,老成远虑,朕甚嘉纳。其入阁视事,毋违朕意。"而国麟求去益力,给事中卢秉纯劾国麟,谓:"上询国麟尝会俞氏丧否,出以告其戚休致光禄寺卿刘藩长,语无状。"上召藩长,令鄂尔泰、张廷玉、徐本、讷亲、来保按其事,因谓藩长市井小人,国麟与论姻,又尝奏荐,事非是。遣鄂尔泰等谕意。令请退。居数日,国麟疏不至,乃特诏左迁,留京师待缺。秉纯语过当,藩长刺探何缘被遣,不谨,皆夺职。

又擢永檀副都御史。贵州瓮安民罗尚珍诣都察院诉家居原任四川巡抚王士俊侵其墓地,命永檀如贵州会总督张广泗按治,士俊论罪如律。河南巡抚雅尔图劾永檀自贵州还京师,道南阳,纵其仆挞村民,下部议罚俸。七年十二月,命如江南会巡抚周学健治赈,未行,永檀以密奏留中事告大学士鄂尔泰子鄂容安。上命夺职,下内务府慎刑司,令庄亲王、履亲王、和亲王、平郡王、大学士张廷玉、徐本,尚书讷亲、来保、哈达哈按其事。鄂容安、永檀自承未奏前商谋,既奏后照会。王大臣等用泄漏机密事务律论罪,上责其结党营私,用律不合,令会三法司覆谳。王大臣等因请刑讯,并夺大学士鄂尔泰职逮问,上谓鄂尔泰受遗大臣,不忍深究,下吏议,示薄罚。永檀、鄂容安亦不必刑讯,永檀受恩特擢,乃依附师门,有所论劾,无不豫先商酌,暗结党援,排挤异己,罪重大。鄂容安罪亦无可逭,但较永檀当末减。命定拟具奏,奏未上,永檀卒于狱。鄂容安论戍,上宽之,语在《鄂容安传》。

柴潮生,字禹门,浙江仁和人。雍正二年举人,授内阁中书,充军机处章京。累迁工部主事。乾隆七年,考选山西道监察御史。是岁旱,上降诏求言。潮生疏言:"君咨臣儆,治世之休风,益谦亏盈,检身之至理。臣伏读上谕有云:'尔九卿中能责难于君者何人?陈善闭邪者何事?'此诚我皇上虚怀若谷、从谏弗咈之盛心也。今岁入春以来,近京雨泽未经沾足,宵旰焦劳,无时或释。惟是天时雨旸,难以窥测。而人事修省,不妨过为责难。修省于事为者,一动一言,纯杂易见。修省于隐微者,不闻不见,朕兆难窥。君心为万化之源,普天率土,百司万姓,皆于此托命焉。皇上万几余暇,岂无陶情适兴之时?但恐一念偶动,其端甚微,而自便自恕之机,或乘于不及觉,遂致潜滋暗长而莫可遏。则俄顷间之出入,即为皇功疏密所关。伏乞皇上于百尔臣工所不及见,左右近习所不及窥,朝夕愈加劼毖,岂特随时修省致感召之休征已哉?"

八年,天津、河间二府大旱。九年,潮生复疏言:"河间、天津二府经流之大河三:曰卫河,曰滹沱河,曰漳河。其余河间分水之支河十有一,潴水之淀泊十有七,蓄水之渠三。天津分水之支河十有三,潴水之淀泊十有四,受水之沽六,水道至多。向若河渠深广,蓄泄有方,旱岁不能全收灌溉之功,亦可得半。即不然,而平日之蓄积,亦可支持数月,以需大泽之至。何至抛田弃宅,挈子携妻,流离道路哉?水利之废,即此可知矣。甘霖一日不足,则赈费固不可已。臣窃以为徒费之于赈恤,不如大发帑金、遴遣大臣经理畿辅水利,俾以济饥民、消旱潦,且转贫乏之区为富饶。救时之急务,筹国之远谟,莫以易此。臣考汉张堪为渔阳太守,于狐奴开稻田八千顷,狐奴今昌平也。北齐裴延俊为幽州刺史,修古督亢坡,溉田万余亩,督亢今涿州也。宋何承矩为河北制置使,于雄、鄚、霸州兴堰六百里灌田。明汪应蛟为天津巡抚,捐俸开二千亩,亩收四五石。今东西二淀,即承矩之塘泺,天津十字围,即应蛟水田之遗址。国朝李光地为巡抚,请兴河间水田,言涿州水占之地,每亩售钱二百,开成水田亩易银十两。上年总督高斌请开永定河灌田，亦云查勘所至，众情欣悦。臣闻石景山有庄头修姓，自引浑河灌田，比常农亩收数倍。蠡县亦有富户自行凿井，旱岁能收其利。霸州知州朱一蜚劝民开井二十余口，民颇赖之。证之近事，复确有据，则水利之可兴也决矣。今请特遣大臣赍帑金数十万两，往河间、天津二府，督同道府牧令，分委佐贰杂职，除运道所关，及滹沱正流水性暴急，慎勿轻动，其余河渠淀泊，凡有故迹可寻者，皆重加疏浚。又于河渠淀泊之旁，各开小河。小河之旁，各开大沟，皆务深广度，水力不及则止。节次建立水门，递相灌注。旱则引水入沟以溉田，潦则放闸归河以泄水。其离水辽远之处，每田一顷，掘井一口，十顷掘大塘一口，亦足供用。其中有侵及民田，并古陂废堰为民业已久者，皆计亩均分拨还，即将现在受赈饥民及外来流民，停其赈给，按地分段，就工给值，酌予口粮，宁厚无减。一人在役，停其家赈粮二口。二人在役，停其家赈粮四口。其余口及一户皆不能执役者，仍如例给赈。其疏浚之处，有可耕种，即借予工本，分年征还。更请别简大臣，赍帑金分巡直隶各府，一如河间、天津二府，次第举行。或曰‘北土高燥，不宜稻种，土性沙咸，水入即渗，挖掘民地，易起怨声。前朝徐贞明行之而立败，怡贤亲王与大学士朱轼之经理亦垂成而坐废，可为明鉴’。臣按九土之种异宜，未闻稻非冀州之产，玉田、丰润粳稻油油。且今第为之兴水利耳，固不必强之为水田也。或疏或浚，则用官资，可稻可禾，听从民便。此不疑者一也。土性沙咸，是诚有之，不过数处耳，岂遍地皆沙咸乎？且即使沙咸，而多一行水之道，比听其冲溢者不犹愈于已乎？此不疑者二也。若以沟渠为捐地，尤非知农事者。凡力田者，务尽力而不贵多垦。今使十亩之地，捐一亩以蓄水，而九亩倍收，较十亩皆薄入孰利？况捐者又予拨还。此不疑者三也。至前人屡行屡罢，此亦有由，贞明所言百世之利，其时御史王之栋参劾，出于奄人勋戚之意。其疏亦第言滹沱不可开，未尝言水田不可行也。但其募南人开垦，即以地予之，又许占籍。左光斗之屯学亦然。是夺北人之田，又塞其功名之路。其致人言也宜矣。至营田四局，成

绩具在。当日效力差员。不无举行未善，所以贤王一没，遂过而废
之，非深识长算者之所出也。非常之原，黎民所惧，所贵持久，乃可
有功。秦开郑、白之渠，利及百世，而当时至欲杀水工郑国。汉河东
太守番系引汾水灌田，河渠数徙，田者不能偿种。至唐长孙恕复凿
之，亩收十石。凡始事难，成事易。赓续以终之则是，中道而弃之则
非。此不疑者四也。至水利既兴，招募农师，造作水器，逐年作何经
理。俾永无湮塞，应听在事大臣详加筹画。皇上视民如子，凡有赈
恤，千万帑金亦无可惜。即如开通京师沟道，估费二十余万，以视兴
修一省水利，轻重较然。况此举乃以阜财，非以费财。天灾国家代
有，荒政未有百全，何如掷百万于水滨，而立收国富民安之效？纵有
尧灾汤旱，亦可挹彼注兹，是谓无弊之赈恤。连年米价屡廑圣怀，尽
停采买，岂可久行？捐监输仓，亦非上策。若小民收获素裕，自然二
釜有资。臣访问直隶士民，皆云‘有水之田较无水之田，相去不啻再
倍’是谓不竭之常平。近畿多八旗庄地，直隶亦京兆股肱，皆宜致之
富饶，始可居重驭轻。汉武帝徙豪民于关中，明成祖迁富家于帝里，
固非王政，不失深谋。若水利既兴，自然军民两利，是谓无形之帑
藏。且雨者水土之气所上腾而下泽也，土气太甚，则水气受制。直
隶近年以来，闵雨者屡矣。但使水土均调，自可雨旸时若，是谓有验
之调燮。且水性分之则利，合之则害。用之则利，弃之则害。故周
用有言：‘人人皆治田之人，即人人皆治水之人。’张伯行亦主此论。
陆陇其为灵寿令，督民浚卫河。其始颇有怨言，谓开无水之河以病
民。既而水潦大至，独灵寿有宣导，岁竟有秋。货殖者旱则资舟，为
国者备斯无患，是谓隐寓之河防。今生齿日繁，民食渐绌。臣愚以
为尽兴西北之水田，辟东南之荒地，则米价自然平减。但事体至大，
请先以直隶为端，行之有效，次第举行。乐利万年，庶其在此！”

　　十年，疏陈理财三策，言：“治天下要务，惟用人、理财两大事。
承平日久，供亿浩繁，损上益下，日廑宸衷。而量入为出，似尚未筹
至计。礼曰：‘财用足故百志成’。若少有窘乏，则蠲征平赋、恤灾厚
下之大政俱不得施。迟之又久，则一切苟且之法随之以起。此非天

下之小故也。顷见台臣请定会计疏，言每年所入三千六百万，出亦三千六百万。就今日计之，所入仅供所出。就异日计之，所入殆不足供所出。以皇上之仁明，国家之闲暇，而不筹一开源节流之法，为万世无弊之方，是为失时。臣等荷恩，备官台省，不能少竭涓埃，协赞远谟，是为负国。以臣之计，一曰开边外之屯田以养闲散。一曰给数年之俸饷散遣汉军，一曰改捐监之款项以充公费，三者行而后良法美意可得而举也。满洲、蒙古、汉军各有八旗，丁口蕃昌，视顺治时盖一衍为十。而生计艰难，视康熙时已十不及五，而且仰给于官而不已。局于五百里之内而不使出，则将来上之弊必如北宋之养兵，下之弊亦必如有明之宗室，此不可不筹通变者也。臣闻奉天沿边诸地，水泉肥美，请遣干略大臣，分道经理。视可屯之处，发帑建堡墩，起屋庐，置耕牛农具，令各旗满洲除正身披甲在京当差，其次丁、余丁力能耕者前往居住。所耕之田，即付为永业，分年扣完工本，更不升科。惟令农隙操演，数年之后皆成劲卒。逐年发往军台之人，令其分地捐赏效力，此后有愿往者，令其陆续前往。此安顿满洲闲散之法也。汉军八旗已奉听其出旗之旨，以定例太拘，故散遣寥寥。今请不论出仕与否，概许出旗。其家现任居官者给三年俸饷，无居官者给六年俸饷。其家产许之随带，任其自便。则贫富各不失所，而五年以后国帑节省无穷。即一时不能尽给，分作数年以次散遣，都统以下、章京以上各官，改补绿旗提镇将弁。此安顿汉军之法也。臣又按耗羡归公，天下之大利，亦天下之大弊也。康熙间，法制宽略，州县于地丁外私征火耗，其陋规匿税亦未尽厘剔。自耗羡归公，一切弊窦悉涤而清之，是为大利。然向者本出私征，非同经费，其端介有司，不肯妄取，上司亦不敢强，贤且能者则以地方之财治地方之事，故康熙间循吏多实绩可纪，而财用亦得流通。自耗羡归公，输纳比于正供，出入操于内部，地丁公费，除官吏养廉无余剩。官吏养廉，除分给幕客家丁修脯工资，及事上接下之应酬，与马蔬薪之繁费，亦无余剩。地方有应行之事、应兴之役，一丝一忽悉取公帑，有司上畏户、工二部之驳诘，下畏身家之赔累，但取其事之美观而无实济者，日奔走之以为勤。故曰天下之大弊也。夫生民之利有穷，故圣人之法必改。今耗羡归公之法势无可改，惟有为地方别立一公项，俾任事者无财用窘乏之患，而后可课以治效之成。臣请将常平仓储仍照旧例办理，捐监一项留充各省公用，除官俸兵饷动用正项，余若灾伤当拯恤，孤贫当养赡，河渠水利当兴修，贫民开垦当借给工本，坛庙、祠宇、桥梁、公廨当修治，采买仓谷价值不敷，皆于此动给，以地方之财，治地方之事。如有大役大费，则督抚合全省而通融之。又有不足，则移邻省而协济之，稽察属司道，核减属督抚，内部不必重加切核，则经费充裕，节目疏阔，而地方之实政皆可举行。设官分职，付以人民，只可立法以惩贪，不可因噎而废食。唐人减刘晏之船料，而漕运不继。明人以周忱之耗米归为正项，致逋负百出，路多饥殍。大国不可以小道治，善理财者，固不如此。此捐监之宜充公费也。三法既行，则度支有定，经费有资，当今要务，无急于此者。伏乞皇上深留睿虑，敕公忠有识大臣，详议施行。"

寻迁兵科给事中，巡视北城。乞归侍母，孝养肫至。贫，以医自给。久之，卒。

储麟趾，字履醇，江南荆溪人。乾隆四年进士，改庶吉士，授编修。进诸经讲义，援据儒先，责难陈善，辞旨醇美。十四年，考选贵州道监察御史。编修朱荃与大学士张廷玉有连，督四川学政，母死发丧缓。麟趾疏劾，语不避廷玉，高宗以是知其忼直。

尝大旱，麟趾应诏上疏，略言："臣闻天道若持衡然，故雨旸寒燠，无时不得其平。而气化偶偏，必于亢阳伏阴示其象。然往来推行，久而必复其常者，天道之无私也。君道法天，亦若持衡然。故喜怒刑赏，无事不得其平。而意见偶偏，必于用人行政露其机。然斟酌损益，终必归于大中至正者，君德之极盛也。汉臣董仲舒曰：'善言天者，必有验于人，天人相应，捷于桴鼓。《春秋》所以详书灾异也'皇上至圣极明，岂复有纤芥之事足以召祲而致灾者？但愚臣蠡测管窥，以为自古人主患不明，惟皇上患明之太过。自古人主患不断，惟皇上患断之太速。即如擢一官、点一差，往往出人意表，为拟议所不及。此则皇上意见之稍偏，而愚臣所谓圣明英断之太过者也。史臣之赞尧曰'乃圣乃神'。宋儒朱子曰'圣人，神明不测之号'。夫所贵乎不测者，错综参伍，与时偕行，而非于彼于此不可思议之谓也。此虽不足上累圣德万分之一，然臣尤愿皇上开诚布公，太和翔洽，要使天下服皇上用人之至当，不必徒使天下惊皇上用人之甚奇。若云防微杜渐，不得不尔，则国法具在，试问诸臣行事邪正，又谁能欺皇上之洞鉴者？抑臣又闻之，唐臣韩愈曰：'独阳为旱，独阴为水。君阳臣阴，有君无臣，是以久旱。'今皇上宵衣旰食，焦劳于法宫之中。而王公大臣拱手备位，不闻出其谋画，上赞主德，辅宣圣化。是君劳于上，臣逸于下，天道下济而地道不能上行。其于致旱，理或宜然。臣区区之忱，愿皇上虚中无我，一切用人行政，不改鉴空衡平之体。又于一二纯诚忧国之大臣，时赐召对，清宴之余，资其辅益。必能时雨时风，消殄旱灾矣。"

麟趾累迁太仆寺卿，移宗人府府丞。引疾归，家居十余年。卒，年八十二。

论曰：谏臣之益人国，最上匡君德，次则绸缪军国，洞百年之利害。若夫击邪愍患，岳岳不避权要，固亦有不易言者。高宗嗣服，虚己纳谏，一士、慎修、潮生、麟趾其所献替，合陈善责难之谊。潮生所论理财三策尤闳远，惜不能用也。定劻许容，永檀弹鄂善，皆能举其职者。永檀乃以漏言败，异哉。

清史稿卷三〇七
列传第九四

尹继善　　刘于义　　陈大受
张允随　　陈宏谋

　　尹继善,字元长,章佳氏,满洲镶黄旗人,大学士尹泰子。雍正元年进士,改庶吉士,授编修。五年,迁侍讲,寻署户部郎中。上遣通政使留保等如广东按布政使官达、按察使方愿瑛受赇状,以尹继善偕。鞫实,即以尹继善署按察使。六年,授内阁侍读学士,协理江南河务。是秋,署江苏巡抚。七年,真除。疏禁收漕规费,定石米费六分,半给旗丁,半给州县,使无不足,然后裁以法。平粜盈余,非公家之利,应存县库,常平仓捐谷听民乐输,不得随漕勒征。命如议行。又疏请崇明增设巡道,兼辖太仓、通州。并厘定永兴、牛羊、大安诸沙分防将吏。福山增隶沙船,与京口、狼山诸汛会哨。又请移按察使驻苏州,苏松道驻上海,皆从之。旋署河道总督。九年,署两江总督。十年,协办江宁将军,兼理两淮盐政。疏言:“镇江水兵驻高资港,江宁水兵驻省会,各增置将吏。狼山复设赶缯大船,与镇江、江宁水兵每月出巡察,庶长江数千里声势联络。”上嘉之。尹继善请清察江苏积欠田赋,上遣侍郎彭维新等助为料理,又命浙江总督李卫与其事。察出康熙五十一年至雍正四年都计积亏一千十一万,上命分别吏蚀、民欠,逐年带征。尹继善等并议叙。又请改三江营同知为盐务道,并增设缉私将吏。

　　十一年,调云贵广西总督。思茅土酋刁兴国为乱,总督高其倬发兵讨之,擒兴国,余党未解。尹继善至,谘于其倅,得綮要,檄总兵杨国华、董芳督兵深入,斩其酋三,及从乱者百余。元江、临安悉定。分兵进攻攸乐、思茅,东道抚定攸乐三十六寨,西道攻六囤,破十五寨,降八十余寨。疏闻,上谕曰:“剿抚名虽二事,恩威用岂两端?当抚者不妨明示优容,当剿者亦宜显施斩馘,俾知顺则利,逆则害。今此攻心之师,即寓将来善后之举,是乃仁术也。识之!”十二年,奏定新辟苗疆诸事,请移清江镇总兵于台拱,并移设同知以下官,增兵设汛,从之。又奏去南浚土黄河,自土黄至百色,袤七百四十余里。得旨嘉奖。寻诏广西仍隶广东总督。十三年,奏定贵州安笼等营制。贵州苗复乱,尹继善发云南兵,并征湖广、广西兵策应。遣副将纪龙剿清平,参将哈尚德收新旧黄平二城,合兵徇重安。副将周仪等复余庆,获苗酋罗万象等。总兵王无党、韩勋剿八寨,总兵谭行义剿镇远。又令无党合广西、湖南兵与行义会,破苗寨斩千余级,获苗酋阿九清等,苗乱乃定。乾隆元年,贵州别设总督,命尹继善专督云南。二年,奏豁云南军丁银万二千二百有奇。入觐,以父尹泰老,乞留京侍养。授刑部尚书,兼管兵部。三月,丁父忧。四年,加太子少保。五年,授川陕总督。郭罗克部番复为乱,尹继善檄谕番酋执为盗者以献,事旋定。六年,奏陈郭罗克善后诸事,请设土目,打牲予号片,宽积案,撤戍兵,上皆许之。七年,丁母忧。

八年,署两江总督,协理河务。疏言:“毛城铺天然坝,高邮三坝,皆宜仍旧。”上谕令斟酌,因时制宜。九年,卫入觐,还,上命传旨开天然坝,且曰:“卫奏河水小,坝宜开。”尹继善覆奏,略言:“卫不问河身深浅,但问河水大小,非知河者也。河浅坝开,宣流太过。湖弱不敌黄强,为害滋甚。”上卒用尹继善议。十年,实授两江总督。十二年,疏言:“阜宁、高、宝诸地圩岸分年修治,务令圩外取土,挑浚成沟,量留涵洞,使旱涝有备。凤、颍、泗三属频遭水患,河渠次第开浚,而田间圩塍实与为表里,亦陆续兴修。俟有成效,推行远近。”上谕曰:“此诚务本之图,实力为之。”

十三年,入觐,调两广,未行,授户部尚书、协办大学士、军机处行走,兼正蓝旗满洲都统。未几,复出署川陕总督。嗣以四川别设总督,命专督陕、甘。大学士傅恒经略金川,师经陕西,上奖尹继善料理台站、马匹诸事,调度得宜。十四年,命参赞军务,加太子太保。十五年,西藏不靖,四川总督策楞统兵入藏,命兼管川陕总督。

十六年,复调两江。十七年,尹继善以上江频被水,疏请浚宿州睢河、彭家沟,泗州谢家沟,虹县汴河上游,筑宿州符离桥,灵璧新马桥,砂礓河尾黄疃桥、翟家桥,诏如所请。罗田民马朝柱为乱,檄总兵牧光宗捕治,并亲赴天堂寨,获朝柱家属、徒党,得旨嘉奖,召诣京师。

十八年,复调署陕甘总督。雍正间,开哈密蔡伯什湖屯田,乾隆初,以畀回民。贝子玉素富以屡歉收请罢。尹继善奏言:“从前开渠引水,几费经营,回民不谙耕作,频岁歉收。万亩屯田,弃之可惜。请选西安兵丁子弟,或招各卫民承种。”上题其言。

调江南河道总督。十九年,疏言:“河水挟沙而行,停滞成滩。有滩则水射对岸,即成险工。铜、沛、邳、睢、宿、虹诸地河道多滩,宜遵圣祖谕,于曲处取直,开引河,导溜归中央,借水刷沙。河堤岁令加高,务使稳固,而青黄不接,亦寓赈于工。”诏如议行。命署两江总督,兼江苏巡抚。二十一年,疏请浚洪泽湖入江道,开石羊沟,引东西湾两坝所减之水,疏芒稻闸达董家沟引河,引金湾闸坝所减之水,加宽廖家沟河口,引璧虎、凤凰两桥所减之水,并浚各河道上游,修天妃、青龙、白驹诸闸,从之。实授两江总督。二十二年,疏言:“沛县地最卑,昭阳、微山诸湖环之,济、泗、汶、滕诸水奔注。请于荆山桥外增建闸坝,使湖水畅流入运。又沂水自山东南入骆马湖,出卢口入运,阻荆山桥出水。当相度堵修。”上以所言中形势,嘉之。旋与侍郎梦麟等会督疏治淮、扬、徐、海支干各河暨高、宝各工,是冬事竟,议叙。二十五年,上命增设布政使,尹继善请分设江宁、苏州二布政使,而移安徽布政驻安庆。二十七年,上南巡,命为御前大臣。二十九年,授文华殿大学士,仍留总督任。三十年,上南巡,尹继善年七十,御书榜以赐。召入阁,兼领兵部事,充上书房总师傅。

三十四年，兼翰林院掌院学士。三十六年，上东巡。命留京治事。四月，卒，赠太保，发帑五千治丧。令皇八子永璇奠酹，永璇，尹继善婿也。赐祭葬，谥文端。

尹继善释褐五年，即任封疆，年才三十余。莅政明敏，遇纠纷盘错，纡徐料量，靡不妥贴。一督云、贵，三督川、陕，四督两江。在江南前后三十年，最久，民德之亦最深。世宗最赏李卫、鄂尔泰、田文镜，尝谕尹继善，谓当学此三人。尹继善奏曰："李卫，臣学其勇，不学其粗。田文镜，臣学其勤，不学其刻。鄂尔泰，宜学处多，然臣亦不学其愎。"世宗不以为忤。高宗尝谓："我朝百余年来，满洲科目中惟鄂尔泰与尹继善为真知学者。"御制《怀旧诗》复及之。子庆桂，自有传。

刘于义，字喻旃，江苏武进人。康熙五十一年进士，改庶吉士，授编修。在翰林文誉甚著，凡有撰，拟辄称旨。雍正元年，命直南书房，迁中允。再迁侍讲，督山西学政。三年，迁庶子，上谕以留心民事。岁饥，无积贮，奏请岁以耗羡四万于太原、平阳、潞安、大同买米贮仓，春粜秋补，上命巡抚伊都立酌量举行。四年，一岁四迁，擢仓场侍郎。仓吏积习，粜正米以购筛飏耗米抵额。于义严出入，稽余米定数，宿弊一清。七年，命察核西宁军需。八年，迁吏部侍郎。命与侍郎牧可登如山东察赈，并按按察史唐绥祖劾济南知府金允彝祖邹平知县袁舜裔亏空，论如律。

九年，授直隶河道总督。奏天津截留漕粮，省津贴诸费，但给地方官耗米百之一。又奏青龙湾诸地，侍郎何国宗议建鸡心闸十四阻水，当停。并请展坝面，使无碍水道。均如议行。擢刑部尚书，仍理河务。寻署直隶总督。直隶盗犯，依律不分首从皆斩。大名劫盗十余案，每案数十人。于义以凶器只田具，赃物仅米谷，乃饥民借粮争夺，非盗，奏请得末减。直隶盗案视各省分首从自此始。

十年，署陕西总督。十一年，授吏部尚书，仍署总督。累疏言甘、凉为军需总汇，粮草价昂，兵饷不敷养赡。请酌借籽粮农器，于瓜州诸地开垦屯种,耕犁以马代牛,并募耕夫二百,教回民农事。又于赤金、靖逆之北渊带湖及十八塔儿湾筑台堡为保障,安家窝铺口别开渠供灌溉。又疏请甘、凉设马厂,牧长、牧副,视太仆寺条例,岁十一月,察马匹孳生多寡,为弁兵升降赏罚。均如所请行。十三年,命大学士查郎阿代于义领陕甘总督,予于义钦差大臣关防,留肃州专管军储。乾隆元年,奏言:"兰州浮桥始于前明,用二十四艘,两埠铁缆百二十丈。自有司递减四舟,缆仅七十丈,于是埠基砌入河心,水益湍急,冲溃屡见。请动用公帑改复原式。庶河宽水缓,以便行旅。"得旨允行。

查郎阿入觐,于义仍署陕西总督。二年,召还京。三年,查郎阿劾承办军需道沈青崖等私运侵帑,辞连于义。上遣侍郎马尔泰会查郎阿按治,于义坐夺官,并责偿麦稞价银三万余两。甘肃自康熙末至雍正初,亏帑金一百六十余万,文书散缺。于义奉命察核,逮任总督,部署西师往返,凡四年,屯田筑堡,安集流移,输送军粮战马,其劳最多。以簿领过繁,得过亦由此。

五年,起署直隶布政使。七年,授福建巡抚,疏请裁减闽盐课外加派。漳州民陈作谋、台湾民王永兴等谋为乱,遣将吏捕治。八年,调山西,召补户部尚书。九年,调吏部尚书、协办大学士。御史柴潮生请修治直隶水利,命同直隶总督高斌勘察。议浚牤牛河。开白沟河支流,西淀亦开支河,东淀河道裁湾取直,子牙河疏河口,筑堤界,别清浑,疏凤河,浚塌河淀,引唐河入保定河,浚正定诸泉,引以溉田,并修复营田旧渠闸。是为初次应举各工。十年,署直隶总督,加太子太保。是冬,报初次工竟。复议还乡河裁湾取直,筑运蓟河西堤。挑张青口支河、新安新河、拓广利渠,望都至安肃开沟,并裁永定河兜湾。是为二次应举各工。引塌河淀涨水入蓟运河,疏天津贾家口、静海芦北口诸河,及庆云马颊河、盐山宣惠河。是为三次应举各工。又令署直隶河道总督,疏请减庆云赋额。上命减地丁十之三,著为令。十二年夏,报二、三次工竟。召还。

十三年二月,奏事养心殿,跪久致仆,遽卒。赐祭葬,谥文恪。

陈大受,字占咸,湖南祁阳人。幼沈敏,初授《内则》,即退习其仪。既长,家贫,躬耕山麓。同舍渔者夜出捕鱼,为候门,读书不辍。雍正十一年,成进士,选庶吉士。乾隆元年,授编修。二年,大考翰詹诸臣,日午,上御座以待。大受卷先奏,列第一,超擢侍读。五迁吏部侍郎。四年,授安徽巡抚。初视事,决疑狱,老吏骇其精敏。庐、凤、颍诸府时多盗,有司多讳匿。大受定限严缉,月获盗五十辈,得旨褒美。淮南、北荐饥,发仓谷赈之。谷且尽,继以麦。又告籴江南、广东,且发且储。时频岁饥民掠米麦以食,有司以盗论。哀其情,奏原六十余人。麦熟,禁酾曲造酒及大商囤积。又以高阜斜陂不宜稻麦。福建安溪有旱稻名畲粟,不须溉灌,前总督郝玉麟得其种,教民试艺有获。因令有司多购,分给各州县,俾民因地种植。事闻,上谕曰:"诸凡如此留心,甚慰朕怀。"

是年,调江苏,疏请饬粮道较定各州县漕斛,及先冬令民搜蝻子。屡谕嘉奖,并以搜蝻子法令直隶总督高斌仿行。常州、镇江、太仓三府州被水灾,发仓治赈。江南旧多借堰圩塘,或有久废者,被水后尤多溃败,工巨费重,民力不能胜。大受出官粟借之,召民兴筑,计时而成。于江浦缮三合、永丰、北城诸圩,于句容复郭西塘黄堰,苏州、太仓疏刘家河,灌溉潴泄,诸工毕举。七年秋,黄河决古沟、石林高、宝、兴、泰、徐诸州县罹其患,大受驰视以闻。上命截漕米协济,大受乃命多具舟,候水至分载四出,舳舻数百里,一日而遍。丹阳运河口藉潮水灌输,淤沙需疏浚,大受奏定六年大修,每年小修。后高宗南巡,御制《反李白丁都护歌》曰:"岂无疏浚方,天工在人补。轮年大小修,往来通商贾。"盖嘉其奏定岁修法利于漕运也。

十年,有旨蠲明年天下钱粮,大受疏请核准漕项科则,晓谕周知,汇核地丁耗羡,同漕项并完,酌定业户减租分数,通饬遵行。得旨嘉奖。户部议禁商人贮米,大受谓:"商人贮米,得少利即散,贮不过一岁,民且利焉。请弛禁便。"又言:"城工核减,意在节用。用省而工恶,再修且倍之。"上皆韪其言。常州俗好佛,家设静堂,自立名教。江宁、松江、太仓渐染其习。大受疏请饬有司防禁,移佛入庙,堂内人田屋产,量为处置。上谕曰:"此等事须实力,不可欲速。不然,则所谓好事不如无也。"十一年,加太子少保,调福建。十二年,疏言:"近海商民,例许往逻罗造船贩米。内渡时若有船无米,应倍税示罚。"部议从之。疏言:"巡台御史巡南北二路,台湾、凤山、诸罗、彰化四县具厨傅犒赏,往往滥准词讼。又于额设胥役外,俾奸民注籍,恃符生事。"上命自乾隆五年起,巡台御史均下部严议。又疏言:"台湾番民生业艰难,向汉民重息称贷。子女田产,每被盘折。请拨台谷六万石分贮诸罗、彰化、淡水诸县,视凤山例接济。其不愿借者听。"报可。台湾民、番杂处,土音非译不通。有奸民杀人贿通事,移坐番罪,疑之,再鞫,竟得白。或言海上有岛十四,为田万余亩,可开垦,前政以入告。大受以岛地久在禁令,一旦开禁,聚人既多,生奸尤易。设兵弹压,为费弥甚,利不敌害,辄奏罢之。召授兵部尚书。十三年,调吏部,协办大学士、军机处行走。十四年,金川平,晋太子太傅。秋,署直隶总督。十五年,授两广总督。陛辞请训,上曰:"汝直军机处两年,万几之事,皆所目击,即朕训也。何赘辞?惟中外一心足矣。"寻命协理粤海关。两粤去京师远,吏偷民噿,大受以猛治之,举劾不法吏,政令大行。十六年,以病乞解任,温诏慰留。未几,卒,赐祭葬,谥文肃,祀贤良祠。

　　大受眉目皆上起,丰髯有威。清节推海内,以微时极贫,禄不逮亲养,自奉如布衣时。子辉祖,自有传。

　　张允随,字觐臣,汉军镶黄旗人。祖一魁,福建邵武知府,有政绩,祀名宦。允随入资为光禄寺典簿,迁江南宁国同知,擢云南楚雄知府。雍正元年,调广南。丁母忧,总督鄂尔泰等请留司铜厂。二年,授曲靖知府,擢粮储道。鄂尔泰复荐可大任,上召入见。五年,擢按察使。未几,迁布政使。云南产铜供铸钱,宝源、宝泉二局需铜急,责委员领帑采洋铜,洋铜不时至。允随综铜厂事,察知旧厂产尚富,增其值。民乐于开采,旧厂复盛。又开大龙、汤丹诸新厂,岁得铜八九百万斤供用。乃停采洋铜，国帑省，官累亦除。八年，调贵州。未几，授云南巡抚。允随官云南久，熟知郡国利病，山川险要，苗、夷情状。十一年，思茅土酋刁兴国纠徼外苦葱蛮等为乱，蔓延数州县。允随与总督高其倬遣兵讨之，思茅围解。乱苗遁攸乐，知县章纶以事诣会城，至蟛蟑村，遇寇死。允随趣兵进，擒兴国。余众走临安，复击破之。允随疏以镇沅、思乐府县皆新改土为流，请立学，设教职，定学额。又疏以云南各府州或兵少米多，请以额征秋米石折银一两，或兵多米少，请以额征条银两收米一石。十二年，疏请于广西府开炉鼓铸。皆下部议行。十三年，疏报蒙化垦田二十六顷有奇。

　　乾隆二年，署云南总督。疏言："云南水利与他省不同，水自山出，势若建瓴。大率水高田低，自上而下，当浚沟渠，使盘旋曲折，承以木枧、石槽，引使溉田。偶有田高水低，则宜车戽。又或雨后水急，则宜塘蓄。低道小港水阻恐傍溢，则宜疏水口使得畅流。山多沙碛，水发嫌迅激，则宜筑堤埝，俾护田亩。臣令有司勘修，工小，令于农隙按田出夫，督率兴作。工稍大者，出夫外，应需工料，令集士民公议需费多寡。有田用水者，按田定银数，借库帑兴工。工毕，分年还款。工大非民力能胜，详情覆勘，以官庄变价，留充工费。"报闻。

　　三年，请停铸钱运京。是冬，入觐。四年，正岁，上宴廷臣，赋拍梁体诗，允随与焉。五年，疏言："云南盐不敷民食，安宁得洪源井，试煎，年获二十一万余斤。丽江得老姆井，试煎，年获十八万余斤。分地行销，定为年额。"上奖为有益之事。署贵州总督。六年，广东妖民黄顺等遁匿贵州境，有司捕得奏闻。上谕曰："汝不以五日京兆自居，尽心治事可嘉。"

　　复署云南总督。兵部议各省有增设兵额，量加裁减。允随奏："云南昭通、普洱二镇有增设兵额，地处边要，未可裁减。惟有通核合省标、镇、营、协，按额均减，分计则兵裁无几，合计则饷省已多。标、镇、营、协应裁兵一千一百六十，先裁余丁四百四十八。余俟缺出停补。"从之。允随请浚金沙，上命都统新柱、四川总督尹继善会勘。疏言："金沙江发源西域，入云南，经丽江、鹤庆、永北、姚安、武定、东川、昭通七府,至叙州入川江。东川府以下,南岸隶云南,北岸隶四川。营汛分布,田庐相望。至大井坝以上,南岸尚有田庐,北岸皆高山。山后沙马、阿都两土司地,从前舟楫所不至。自乌蒙改流设镇,云南兵米、每岁籴自四川,皆自叙州新开滩至永嘉黄草坪五百八十里,溯流而上。更上自黄草坪至金沙厂六十里,商舶往来。臣等相度,内有未汉漕、凹崖、三腔、锣锅耳诸滩险恶,应行修理。更上自金沙厂至滥田坝二百二十七里,十二滩,滥田坝最险,次则小溜筒。臣等相度开凿子河。更上自双佛滩至蜈蚣岭。十五滩相接,石巨工艰。臣等令改修陆路,以避其险。云南地处极边,民无盖藏,设遇水旱,米价增昂。今开通川道,有备无患。”上谕曰:“既可开通,妥协为之,以成此善举。”允随主办其役,计程千三百余里,费帑十余万,经年而工成。

八年,疏言:“大理洱海发源鹤庆泲沮河,至大理,合苍山十八溪,汇而成海。下自波罗甸出天生桥,趋澜沧江。海袤百二十里,广二十余里。而天生桥海口宽不及丈,每致倒流,淹浸滨海民田。臣饬将海口疏治宽深,自波罗甸下达天生桥,分段开浚,垒石为堤,外栽茨柳,为近水州县祛漫溢之患。海口涸出田万余亩,令附近居民承垦,即责垦户五年一大修,按田出夫,合力疏浚。”授云南总督,兼管巡抚。九年,疏报东川河坝租得铜矿,试煎,月得铜四万余斤。十年,加太子少保。

十二年,授云贵总督。疏言:“苗、保种类虽殊,皆具人心。如果抚驭得宜,自不至激成事变。臣严饬苗疆文武,毋许私收滥派,并禁胥役滋扰。至苗民为乱往往由汉奸勾结。臣饬有司范察捕治。”又疏言:“贵州思州诸府与湖南相接,今有辰、沅饿民百余入贵州境采蕨而食。臣已饬贵州布政使、粮驿道以公使银振济。如有续至,一体散给安置。”诸疏上,并嘉奖。十五年,入觐,授东阁大学士,兼礼部尚书,加太子太保。十六年,卒,赐祭葬,谥文和。

陈宏谋,字汝咨,广西临桂人。为诸生,即留心时事,闻有邸报至,必借观之。自题座右,谓"必为世上不可少之人为世人,不能作之事。"雍正元年恩科,世所谓春乡秋会。宏谋举乡试第一,成进士,改庶吉士,授检讨。四年,授吏部郎中。七年,考选浙江道御史,仍兼郎中。监生旧有考职,多以人代。世宗知其弊,令自首,而州县吏藉察访为民扰。宏谋疏请禁将来,宽既往。召见,征诘再三,申论甚晰,乃允其奏,以是知其能。授扬州知府,仍带御史衔,得便宜奏事。丁父忧,上官留之,辞,不许。迁江南驿盐道,仍带御史衔,摄安徽布政使。又丁母忧,命留任。因乞假归葬。

十一年,擢云南布政使。初,广西巡抚金铁奏令废员垦田报部,以额税抵银得复官,报垦三十余万亩。宏谋奏言:"此曹急于复官,止就各州县求有余熟田,量给工本,即作新垦。田不增而赋日重,民甚病之,请罢前例。"上命云南广西总督尹继善察实,尹继善请将虚垦地亩冒领工本核实追缴。乾隆元年,部议再敕两广总督鄂弥达会铁详勘。宏谋劾铁欺公累民,开捐报垦不下二十余万亩,实未垦成一亩,请尽数豁除,时铁内迁刑部侍郎,具疏辨。上命鄂弥达会巡抚杨纪曾确勘。二年,宏谋复密疏极论其事。高宗责"宏谋不待议覆,又为是渎奏。粤人屡陈粤事,恐启乡绅挟持朝议之渐。"交部议,降调。寻鄂弥达等会奏,报垦田亩多不实,请分别减豁。铁以下降黜有差。

三年,授宏谋直隶天津道。五年,迁江苏按察使。六年,迁江宁布政使,甫到官,擢甘肃巡抚,未行,调江西。九年,调陕西。十一年,复调回江西。寻又调湖北。十二年,川陕总督庆复劾宏谋在陕西爱憎任情,好自作聪明,不持政体。部议夺官,上命留任。未几,复调陕西。上谕曰:"此汝驾轻就熟之地,当秉公持重,毋立异,毋沽名。能去此结习,尚可造就也。"署陕甘总督。十五年,加兵部侍郎。其冬,河决阳武。调河南巡抚。十七年,调福建。十九年,复调陕西。二十年,调甘肃。再调湖南,疏劾布政使杨灏侵扣谷价。上嘉其不瞻徇,论灏罪如律。二十一年,又调陕西。

二十二年,调江苏。入觐,上询及各省水灾,奏言皆因上游为众水所汇,而下游无所归宿,当通局筹办。上以所言中肯綮,命自河南赴江苏循途察勘。十二月,迁两广总督,谕曰:"宏谋籍广西,但久任封疆,朕所深信。且总督节制两省,专驻广东,不必回避。"二十三年,命以总督衔仍管江苏巡抚。加太子少傅。二十四年,坐督两广时请增拨盐商帑本,上责"宏谋市恩沽名,痼习未改"。下部议夺官,命仍留任。又以督属捕蝗不力,夺总督衔,仍留巡抚任。二十六年,又以失察浒墅关侵渔舞弊,议罢任,诏原之,谕责"宏谋模棱之习,一成不变"。调抚湖南。二十八年,迁兵部尚书,署湖广总督,仍兼巡抚。召入京,授吏部尚书,加太子太保。

宏谋外任三十余年,历行省十有二,历任二十有一。莅官无久暂,必究人心风俗之得失,及民间利病当兴革者,分条钩考,次第举行。诸州县村庄河道,绘图县悬壁,环复审视,兴作皆就理。察吏甚严,然所劾必择其尤不肖者一二人,使足怵众而止。学以不欺为本,与人言政,辄引之于学,谓:"仕即学也,尽吾心焉而已。"故所施各当,人咸安之。

在扬州值水灾,奏请遣送饥民回籍,官给口粮,得补入赈册,报可。盐政令淮商于税额外岁输银助国用,自雍正元年始,积数千万,率以空数报部。及部檄移取,始追征,实阴亏正课,宏谋奏停之。

在云南,方用兵猓夷,运粮苦道远,改转般递运,民便之。增铜厂工本,听民得鬻余铜,民争趋之。更凿新矿,铜日盛,遂罢购洋铜。立义学七百余所,令苗民得就学,教之书。刻《孝经》、《小学》及所辑《纲鉴》、《大学衍义》,分布各属。其后边人及苗民多能读书取科弟,宏谋之教也。

在天津,屡乘小舟咨访水利,得放淤法,水涨挟沙行,导之从堤左入、堤右出。如是者数四,沙沈土高,沧、景诸州悉成沃壤。按察江苏,设弭盗之法,重诬良之令,严禁淹亲柩及火葬者。

在江西,岁饥告籴于湖广。发帑缮城垣,筑堰埭,修圩堤闸坝,以工代赈。南昌城南罗丝港为赣水所趋,善冲突,建石堤捍之。左蠡朱矶当众水之冲,亦筑堤百丈,水患以平。又以钱贵,奏请俟云南铜解京过九江，留五十五万五千斤，开炉鼓铸。并以旧设炉六，请增炉四，诏并许之。又以仓储多亏缺，请令民捐监，于本省收谷，以一年为限。限满，上命再收一年。又以民俗尚气好讦讼，请令各道按行所属州县，察有司，自理词讼，毋使延阁滋累。上命实力督率，毋徒为具文。

在陕西，募江、浙善育蚕者导民蚕，久之利渐著。高原恒苦旱，劝民种山薯及杂树，凿井二万八千有奇，造水车，教民用以灌溉。陕西无水道，惟商州龙驹寨通汉江，滩险仅行小舟。宏谋令疏凿，行旅便之。又以陕西各属常平仓多空廒，亦令以捐监纳谷。并请开炉铸钱，如江西例。户部拨运洋铜，铸磬，采云南铜应用，钱价以平。请修文、武、成、康四王及周公、太公陵墓，即以陵墓外余地召租得息，岁葺治。皆下部议行。

在河南，请修太行堤。又以归德地洼下，议疏商丘丰乐河、古宋河，夏邑响河，永城巴沟河，民力不胜，请发帑浚治。

既至福建，岁歉米贵，内地仰食台湾，而商舶载米有定额，奏弛其禁以便民。又疏言福建民嚣竞多讼，立限有为稽核，以已未结案件多寡，课州县吏勤惰。又言福建地狭民稠，多出海为商，年久例不准回籍。请令察实内地良民或已死而妻妾子女愿还里者，不论年例，许其回籍，从之。

在湖南，禁洞庭滨湖民壅水为田，以宽湖流，使水不为患，岁大熟。江南灾，奏运仓谷二十万石济之，仍买民谷还仓。

再至陕西，闻甘肃军需缺钱，拨局钱二百万贯济饷，上嘉其得大臣任事体。疏请兴关外水利，浚赤金、靖逆、柳沟、安西、沙州诸地泉源，上命后政议行。又以准噶尔既内附，请定互市地，以茶易马充军用，诏从之。

其治南河，大要因其故道，开通淤浅，俾畅流入海。督民治沟洫，引水由支达干，时其蓄泄。徐、海诸州多弃地，遇雨辄淫溢，课民开沟，即以土筑圩，多设涵洞为旱潦备。低地则令种芦苇，薄其赋。其在江苏，尤专意水利。疏丁家沟，展金湾坝，浚徐六泾白茆口，泄太湖水,筑崇明土塘御海潮,开各属城河。又疏言:"苏州向设普济、育婴、广仁、锡类诸堂,收养茕独老病,并及弃婴。请将通州、崇明滨海淤滩,除附近民业著听升科,余拨入堂。又通州、崇明界新涨玉心洲,两地民互争,请并拨入,以息争竞。"上谕曰:"不但一举而数善备,汝亦因此得名也。"

及督湖广,疏言:"洞庭湖滨居民多筑围垦田,与水争地,请多掘水口,使私围尽成废壤,自不敢再筑。"上谕曰:"宏谋此举,不为煦妪小惠,得封疆之体。"

逮入长吏部,疏言:"文武官弁,均有捕盗之责。乃州县捕役,平时豢盗,营兵捕得,就谳时任其狡展,或且为之开脱。嗣后应令原获营员会讯。"上嘉其所见切中事理。又疏言:"河工办料,应令管河各道亲验加结。失事例应文武分偿,而参游例不及,应酌改画一。"下河督议行。又言:"匿名揭帖,循例当抵罪,所款款内有无虚实,仍应按治。则宵小不得逞奸,有司亦知所警。"上亦韪之。

二十九年,命协办大学士。三十二年,授东阁大学士,兼工部尚书。三十四年,以病请告,迭谕慰留。三十六年春,病甚,允致仕,加太子太傅,食俸如故。赐御用冠服,命其孙刑部主事兰森侍归。诏所经处有司在二十里内料理护行。上东巡,觐天津行在,赐诗宠其行。六月,行至兖州韩庄,卒于舟次,年七十六,命祀贤良祠,赐祭葬,谥文恭。

宏谋早岁刻苦自励,治宋五子之学,宗薛瑄、高攀龙,内行修饬。及入仕,本所学以为设施。莅政必计久远,规模宏大,措置审详。尝言:"是非度之于己,毁誉听之于人,得失安之于数。"辑古今嘉言懿行,为《五种遗规》,尚名教,厚风俗,亲切而详备。奏疏文檄,亦多为世所诵。曾孙继昌,字莲史。嘉庆二十四年乡试、二十五年会试,廷试,俱第一,授修撰。历官至江西布政使。

论曰:乾隆间论疆吏之贤者,尹继善与陈宏谋其最也。尹继善宽和敏达,临事恒若有余。宏谋劳心焦思,不遑夙夜,而民感之则同。宏谋学尤醇，所至惓惓民生风俗，古所谓大儒之效也。于义督军储、策水利，皆秩秩有条理。大受刚正，属吏惮之若神明，然论政重大体，非苟为苛察者比。允随镇南疆久，泽民之尤大者，航金沙江障洱海，去后民思，与江南之怀尹继善、陈宏谋略相等，懿哉！

清史稿卷三〇八
列传第九五

那苏图　杨超曾　徐士林
<small>邵基　王师</small>　尹会一　王恕
方显　<small>子桂　陈光裕</small>　杨锡绂
潘思矩　胡宝瑔

那苏图,戴佳氏,字羲文,满洲镶黄旗人。康熙五十年,袭拖沙喇哈番世职,授蓝翎侍卫。雍正初,四迁兵部侍郎。二年,出为黑龙江将军。八年,调奉天将军。乾隆元年,擢兵部尚书。二年,调刑部,授江南总督。协办吏部尚书顾琮请江、浙沿海设塘堡,复卫所,下督抚详议。三年,那苏图奏:"明沿海卫、所武事废弛,我朝裁卫改营,江南有金山、柘林、青村、南汇、川沙、吴淞、刘河诸营,提督驻松江控制。崇明、狼山二镇对峙海口,塘汛声势连络,无庸复设卫、所。濒海炮台,应改建者一,华亭漴缺墩。应增建者二:柘林南门、福山挑山嘴。应移建者一,吴淞王家嘴;应修者一,刘河北七丫口。"并请改旧制,撤墙设垛,置木盖,留贮药之屋。并请城茜泾,设兵崇明西南二条监河、顾四房港、堂沙间港诸地。下部议行。江南旱,上命拨福建仓谷三十万石治赈。那苏图奏言:"江、广诸省买米,次第运至,无灾州县,本年漕粮全数截留,两江不患无米。福建海疆重地,且不产米,请留十万石分拨灾区,以二十万石运还福建。"上嘉其得封疆大臣之度。四年,诏免两江地丁钱粮。奏言:"向例蠲免不分贫富,但富户遇歉,未伤元气。贫民素乏盖藏,多免一分,即受一分之惠。请以各州县实征册为据,额根五钱以下者全蠲。五钱以上者酌量蠲免,五两以上者无庸议蠲。"上谕曰:"卿能如此酌议,如此担当,诚为可嘉。古人云'有治人无治法'。当访察胥役,毋令因事扰民,则全美矣。"以忧去。

五年,授刑部尚书。旋出署湖广总督。六年,调两江。七年,调闽浙。疏裁闽省盐场浮费,场员受年节规礼,以不枉法赃论罪。八年,疏言:"温、台二洋,渔船汛兵,向有陋规。总督李卫奏改涂税,嵇曾筠又请减半征收。渔船出洋,海关征梁头税,有司征渔课,不当复加涂税。"命永远革除。九年,疏言:"台湾孤悬海外,漳、泉、潮、惠流民聚居,巡台御史熊学鹏议令开荒。臣思旷土久封,遽行召垦,恐匪徒滋事,已令中止。"报闻。

旋调两广。十年,条奏:"两广盐政,请以商欠盐价羡余分年带征。商已承替,令承替者偿。官或侵渔,令侵渔者偿。埠商占引地,通成本,斥逐另募。盐课外加二五加一,并属私派,悉行禁革。"又调直隶。十一年,条奏八旗屯田章程。十二年,上东巡,那苏图从至通州,赉白金万。条奏稽察山海关诸事,并如所奏议行。加太子少傅。十三年,加太子太保,授领侍卫内大臣,仍留总督任。那苏图请赴金川军前佐班第治事。上不许,十四年,命暂署河道总督。卒,赐祭葬,谥恪勤。

杨超曾,字孟班,湖南武陵人。康熙五十四年进士,改庶吉士,授编修。雍正四年,直南书房。时湖南北甫分闱,命充湖北乡试考官。旋督陕西学政,再迁左庶子。六年,疏陈:"镇安、山阳、商南、平利、紫阳、石泉、白河诸县士风衰落,西安、汉中各属冒考,号为寄籍,诸弊丛生。请就本籍量取,宁阙无滥。并改寄籍者归本籍,廪增俱作附生。"议行。调顺天学政,迁侍读学士。九年,擢奉天府尹。疏言:"奉天各属科派多于正供,造册有费,考试有费,修廨宇、治保甲有费。长官取之州县,州县取之民间,衙蠹里书,指一派十,婴害尤剧。已严檄所属檄谕石禁。"上韪之,下其奏永为例。十年,疏言:"秋收稍歉,明春米谷势必腾贵,请停商运。"下部议行。十一年,疏言:"州县所收加一耗羡,自锦州、宁远外,俱留充州县养廉。府尹以下养廉,以中江等税羡支给。"部议即以是年始,著为令。内务府准御史八十条奏,增锦州庄头百户拨民种退圈地亩。超曾奏:"地给民种,立业已久。今增庄头百户,户给六百五十坰,坰六亩,都计三十九万亩。闲民万户,无地可耕,一时断难安辑。且正值春耕,清丈劻需时日。旧户新庄俱不能播种,本年赋必两悬。请缓俟秋收查丈。"事遂寝。迁仓场侍郎。十二年,擢刑部额外侍郎,仍督仓场如故。旋授刑部侍郎。

乾隆元年,署广西巡抚,二年,实授。疏请豁除桂林等府县各墟及贺县花麻地租杂税。初,巡抚金𫓧奏令废员官生垦荒报捐,有司因以为利,搜民间有余熟田,量给工本,即作新垦。云南布政使陈宏谋疏陈其弊,下总督鄂弥达及超曾核覆。会疏陈捐垦不实田亩、应减应豁及官生短给工本诸事,上命豁加赋虚田凡数万亩,𫓧及布政使张钺皆夺官。三年,召授兵部尚书。"

五年夏,署两江总督。秋,授吏部尚书。仍署总督。疏劾江西巡抚岳浚及知府董文伟、刘永锡徇情纳贿,遣侍郎阿里衮会江南河道总督高斌按治,浚等坐谴。六年,疏请裁太通道、扬州盐务道,以通州隶常镇道辖,余如旧,可其奏。兼署安徽巡抚。秋,大风雨,滨江、海诸州县皆被水。超曾令先以本州县所存银米抚恤,并发司库银八万、未被水诸州县仓米十万,赈上江各州县,又发司库银十万、各县谷百余万,赈下江各州县。疏入,上谕曰:"料理赈恤,颇为得宜,当以至诚恻怛为之,庶可稍救灾黎也。"通州盐河亦以水发辍工,督治水利大理寺卿汪漋、副都御史德尔敏令开唐家闸泄水。民虑淹及麦田,纷集欲罢市。侍郎杨嗣璟疏劾,命超曾按其事。超曾奏:"民无挟制阻挠情状,似可无事深究。"上从之。复疏荐江苏巡抚徐士林处己俭约,安徽巡抚陈大受虚中无滞,江西巡抚包括性情和平，惟吏玩民刁，鲜所整顿。上谕曰："此至当至公之论，与朕见同也。"寻内召视部事，以父忧归，籍稿丧次。病作，七年，卒，赐祭葬，谥文敏。

徐士林，字式儒，山东文登人。父农也，士林幼闻邻塾读书声，慕之，跪母前曰："愿送儿入塾。"乃奋志励学。康熙五十二年，成进士，授内阁中书。再迁礼部员外郎。雍正五年，授江南安庆知府。十年，擢江苏按察使。坐在安庆失察私铸，左迁福建汀漳道，漳州俗好斗，杀人，捕之，辄聚众据山拒。或请用兵，士林不可。命壮丁分扼要隘，三日，度其食且尽，遣人深入，好语曰："垂手出山者免!"如其言，果逐队出。伏其仇于旁，仇举为首者，擒以徇，众惊散。自此捕杀人者，无敢据山拒。

乾隆元年，迁河南布政使。以父病乞归侍，旋居父丧。命署江苏布政使，士林以母病、父未葬，辞。四年，命以布政使护江苏巡抚，复奏母病笃不能行。是年夏，诣京师，高宗召封，问："道所经山东、直隶，麦收若何?"曰："旱且萎。"问："得雨如何?"曰："虽雨无益。"问："何以用人?"曰："工献纳者，虽敏非才。昧是非者，虽廉实蠹。"上深然之。真除江苏布政使。五年，湖广遣山东流民还里，道经江南，恃其众扰民。士林疏言："真确灾民，或有田可耕，或无田而佃，素皆力穑。时值春融，自当资送复业。至若游惰无业，漂泊日久，彼固非耕能之人，亦不尽被灾之民，应请停资送。或谓无籍穷民，恐流而为匪，终年搜查递送不得休。臣未闻不为匪于本籍，独为匪于邻封者。亦未闻真为匪者递回本籍，即能务本力田而不复潜至邻封者也。安分则抚之，犯法则惩之，在地方官处置得宜而已。"上是其言，下九卿议行。

秋，授江苏巡抚。湖北巡抚崔纪以湖广食淮盐，自雍正元年定值，递年加增，为民累，疏请核减，命士林会盐政准泰核议。士林奏："盐为民食所资，贵固累民，贱亦累商。今确核成本，每引贱价以五两三钱余为率，贵价以五两七钱余为率。商人计子母，若令按本出售，恐商力日绌，转运不前，民亦所未便。请每引酌给余息二三钱。"
疏下户部议，成本如所定，至余息已在成本内，无庸酌给。士林奏：
"商人牟利，运盐不时至，市值即因之而长。盐政三保原议每引贱至
六两三钱余，贵至六两五钱余，是实有余息。今臣所议已将余息减
除，仅加息二三钱。计售于民，每斤增不过以毫计，利已至薄。只以
商本饶裕，常年通算，积少成多。今不给余息，商情必生退阻。倘汉
口运盐不继，恐淮商困而楚民亦病也。"上特从之。是岁徐、海水灾，
士林疏请治赈。六年春，复疏请酌借贫民谷麦。沛县灾最重，请发
藩库余平银籴米续赈。别疏言："江苏社谷积贮无多，去年秋成，惟
徐、海被灾，余俱丰稔。臣饬诸州县劝捐十余万石，仍戒勿强派，勿
限数，勿差役滋扰。"上深嘉之。寻以病请告，温旨慰留，遣医诊视。
又疏言："淮北被水，二麦无收，急宜抚恤。臣不敢泥成例，已先饬发
库帑赈济，俟察实成灾分数具题。"上谕曰："如此料理，甚副朕视民
如伤之念。"

及秋，病益甚，疏请乞假，且言："母年八十三，未能迎养，暌违
两载，寝食靡宁。"上允之。行至淮安，卒。遗疏入，上谕曰："士林忠
孝性成，以母老还离，不受妻孥之养，鞠躬尽瘁，遂致沉疴。及得假
后，力疾旋里，以图侍母。临终无一语及私，劝朕以忧盛危明之心为
长治久安之计。此等良臣，方资倚任。乃今溘逝，朕实切切含悲不
能自已者也！"命祀京师贤良祠，赐祭葬。遗疏言："故父之淮，母鞠
氏，孝养祖父母，侍病二十余年，历久不懈。垦赐表扬。"命予旌如
例。

士林善治狱。为巡抚，守令来谒，辄具狱命拟判，每诫之曰："深
文伤和，姑息养奸。夫律例犹《本草》，其情事万端，如病者之经络虚
实，不善用药者杀人，不善用律者亦如之。"凡谳定必先摘大略牌
示，始发缮文册，吏不得因缘为奸。日治官文书，至夜坐白木榻，一
灯荧然，手批目览，虽除夕、元辰弗辍。爱民忧国，惟日不足。江南
民尤德之。九年，请祀苏州名宦祠。鄞县邵基、临汾王师与士林先
后抚江苏，有清名。

　　基，字学址。康熙六十年进士，改庶吉士。雍正三年，授编修。考选福建道御史。巡中城，止司坊官馈遗商市月桩钱，厘积案，奸宄慑息。巡直隶顺德、大名、广平三府，以廉勤饬使事。迁户科给事中，命在上书房行走。四迁国子监祭酒，立教术五条，勉生徒以正学。历右通政、左佥都御史，并仍兼祭酒。十二年，迁右副都御史，擢吏部侍郎。疏言："强梗属员，以上官将予参劾，辄先发制人。往往参本未到，揭帖已至。质讯虚诬，按律治罪，上官已被其累。请嗣后上官恃势，属员受屈，仍许直揭部科。其有诬揭者，于本罪外加重科断。"议行。寻兼翰林院掌院学士。

　　乾隆元年，充博学鸿词阅卷官。出为江苏巡抚。二年，疏言："江苏各属，江、海交错，全资水利。运道、官河及湖海巨工，自当发帑官修。其支河汊港，蓄水灌田，向皆民力疏浚。近悉请官帑，似非执中无弊。请将运河及江、河、湖、海专资通泄之处，仍发库帑估修。其余河港圩岸，令有司劝民以时疏浚修筑，庶公私两益。"下部议，从之。时以治赈收捐，基疏争，略言："天下传皇上新政，首罢捐例。今为乐善好施之例，是开捐而巧更其名也。周官荒政十二，未开乞灵于赀郎。"上命停止，户部持不可，卒行之。上以基题补按察使戴永椿，知府王乔林、石杰皆同乡，道员李梅宾、虑见曾皆同年，不知避嫌，严旨诘责。基旋卒。子铎，官检讨，早卒。孙洪，赐举人，官至礼部侍郎，亦有清名。

　　师，字贞甫。雍正八年进士，以知县发直隶。十一年，授元城知县。王胜疃芜田数百亩，岁有征，请除其累。导民树艺，沙壤成沃，岁祲不待请而赈。调清苑，迁冀州知州。州民被诬杀人，已定谳，民所聘女誓同死。廉得实，覆鞫，雪其枉，俾完娶。累迁清河道，从学士高斌等规画直隶水利，周历保定、河间、天津、正定诸地，所擘画多被采用。擢直隶按察使。十一年，迁浙江布政使，调江苏，巡抚安宁劾，解任。又以按察使任内失察邪教，降补天津道。再授浙江布政使。十五年，擢江苏巡抚，免沛县昭阳湖淹地老荒麻地征课。寻卒，子亶望，自有传。

尹会一，字元孚，直隶博野人。雍正二年进士，分工部学习，授主事，迁员外郎。五年，出为襄阳知府。汉水暴涨，坏护城石堤。会一督修建，分植巡功，民忘其劳。创八蜡庙，表诸葛亮所居山，复为茅庐其上。署荆州，石首饥民聚众，扬言将劫仓谷。会一单骑往谕，系其强悍者，发仓谷次第散予之，众悦服。九年，调江南扬州知府，浚新旧城市河通舟楫，浚城西蜀冈下河灌田畴。十一年，迁两淮盐运使。新安定书院，士兴于学，高宗即位，就加金都御史衔，擢两淮盐政。

乾隆二年，入觐，命署广东巡抚，以母老辞。调署河南巡抚。河南方闵雨，疏请缓征，并发仓平粜，不拘存七粜三旧例，视缓急为多寡，上从之。寻疏言："力田贵乘天时。河南民时宜播种，尚正举耜。时宜耘籽，始行播种。臣拟分析种植先后，刊谕老农，督率劝勉。如工本不敷，许借仓谷，秋后补还。北方地阔，一夫所耕，自七八十亩至百余亩，力散工薄。臣劝谕田主，授田以三十亩为率。分多种之田给无田之人，则游民亦少。河南多咸碱沙地犁去三尺，则咸少而润泽。臣责成乡保就隙地值所宜木，则地无旷土。河南产木棉，而商贾贩于江南，民家有机杼者百不得一。拟动公项制造给领。广劝妇女，互相仿效。"上谕之曰："酌量而行，不可欲速，不可终怠。若民不乐从，尤不可绳以法也。"旋命实授。三年，上以河南岁稔，敕筹备仓谷。会一疏言："河南岁丰，直隶、江南岁歉，商贩纷集，米价日昂。臣饬有司，本地价高，于邻县买补。邻县价高，报明不敷银，在各属盈余款内均拨。河南民食麦为上，高粱、荞麦、豆次之。臣并令参酌籴贮，来春先尽粜借。"上嘉之。

四年，共河、沁水共涨，濒河四十七州县成灾。会一定赈恤规条十六，无食者予一月之粮，无居者予葺屋之资，缓征减粜，留漕运贷仓米，米不足，移他郡之粟助之，富民周济。并假余屋以栖贫窭，建棚舍，安流亡，免米税，兴工代赈，种蔓菁助民食，助籽种，施药饵，延诸生稽察。又令离乡求食者，有司随在廪给，开以作业，俟改岁东作资送还乡。御史宫焕文劾会一本年报盗百六十余案,秋审招册驳改至三十余案,疲玩贻误,上以会一忠厚谨慎,非有心误公,召授左副都御史。疏陈:"人主一言,天下属耳目。"今方甄别年老不胜任之员,而饶州知府张钟以年老改部属,旬日间前后顿殊,群下无所法守。"上嘉纳之。

会一母年七十余,疏请终养。上知会一孝母,母李先以节孝旌,有贤名,赐诗褒之。会一在官有善政,必归美于母。家居设义仓,置义田,兴义学,谓皆出母意。母卒,会一年已逾五十,居丧一遵古礼。十一年,服阕,召授工部侍郎,督江苏学政。

十二年,上敕各省学政按试时,以御纂四经取与旧说别异处发问,答不失指者,童入学,生补廪。会一请令生童册报考试经解,别期发问,不在册报者,不概补经解。下部议行。会一以江南文胜,风以质行。尝谒东林道南祠,刻《小学》颁示士子。处士是镜庐墓隐舜山,亲访之,荐于朝。侍郎方苞屏居清凉山,徒步造访,执弟子礼。校文详慎,士林悦服。十三年,转吏部,仍留学政任。力疾按试,至松江,卒。遗疏请任贤纳谏。巡抚雅尔哈善奏准入名宦祠。

子嘉铨,自举人授刑部主事,再迁郎中。授山东济东道,再迁甘肃布政使。改大理寺卿,休致。乾隆四十六年,上巡幸保定,嘉铨遣其子赍奏,为会一乞谥,又请以汤斌、范文程、李光地、顾八代、张伯行及会一从祀孔子庙。上责其谬妄,逮至京师亲鞫之,坐极刑,改绞死。上以嘉铨自著《年谱》,载与刑部签商缓决,并称大学士为"相国",又编《本朝名臣言行录》,屡降旨深斥之。

王恕,字中安,四川铜梁人。康熙六十年进士,改庶吉士。雍正元年,吏部以员外郎缺员,请以庶吉士拣补,恕与焉。旋自员外郎迁郎中,考选广西道御史。转兵科给事中。出为江南江安粮道,再迁广东布政使。乾隆五年,署福建巡抚。上谕之曰:"勉力务实,勿粉饰外观。封疆大吏不可徒自立无过之地,遂谓可保禄全身也。"旋奏:"臣到任数月,官方民俗,积储兵防,已得其大略。漳、泉素刁悍,已严谕有司勤为听断，力行整刷。民俗尚华靡，督臣德沛以俭朴化民，臣更当倡导为助。合省常平仓谷，至四年岁终，共存一百三十四万，又收捐监谷十五万，委道府切实察核。"报闻。六年，奏言："台湾各县最称难治。于繁缺知县内拣选调补，多以处分被驳。请嗣后调台官员，虽有经征承追各案，准予题调。"上谕曰："用此定例则不可，随本奏请则可。"又奏："各乡社谷向俱借存寺庙，请于四乡村镇适中处分建仓房，工费即以社谷拨充，俟将来续收补项。"又奏免崇安无田浮赋一千二百五十一顷，及闽县加征无著学租。又奏："福建多山田，零星合计成亩。嗣后民间开垦不及一亩，与虽及一亩而地角山头不相毗连者，免其升科。"均从之。实授巡抚。

　　江苏布政使安凝条奏赈务，上发各督抚察阅。恕疏言："救灾之法有三：曰赈，曰粜，曰借。此三者，实心办理则益民，奉行不善则害政。以赈而论，地方有司于仓猝查报时，分极贫、次贫。一有差等，便启弊端。里甲于此酬恩怨，胥役于此得上下，而民之冀幸而生觖望者，更不待言。盖贫富易辨，极次难分。如以有田为次贫，无田为极贫，一遇旱涝，颗粒皆无，有田与无田等也。如以有家为次贫，无家为极贫，则无从得食，相忍守饥，完聚与茕独同也。与其仓猝分别开争竞之门，莫如一视同仁绝觊觎之望。臣愚以为初赈似应一律散给，加赈再行分别，庶杜争端。以粜而论，定例石减时价一钱，俾小民升斗易求，牙商居奇无望，诚接济良法。乃有司每多请过减，倘轻听准行，势必希图多粜，规利者云集喧嚣。且米价太贱，商贩不前。臣请嗣后平粜，仍照定例斟酌办理，使灾民实沾升斗之惠，而棍徒囤户难行冒滥之奸。以借而论，动公家之银，为百姓谋有无、通匮乏，此周官恤贫遗法也。然使办理未协，则官民交累。假如荒年田土无力耕种，有司借给籽种，犹可获时即偿。若告贷银米以给口食，则必计其能还而后与之，狡黠之流遂谓官有偏私，不免造谤生事。有司不得已略为变通，而无力还官，差拘征比，民无安息。是始则借不能遍，因争哄而被刑。继则还不能清，迫追呼而更困。名为利民，实为病民。且年久不清，蒙恩豁免，帑项终归无著。臣以为与其借而无偿，莫如赈而不借。此皆当先事而熟筹者也。"报闻。旋以官按察使时删改囚供，下吏部，召诣京师。上以恕居官贤否询闽浙总督策楞，又命新任巡抚刘于义察。策楞言："恕操守廉洁，老成持重，惟识力不能坚定。"于义亦言"恕廉洁，百姓俱称安静和平，绝无扰累。惟不能振作"。上谓两奏皆至公之论。寻补浙江布政使。旋卒。

恕治事不苟。初授湖北粮道，押运赴淮，以船户挟私盐，自请总督纠劾。任江安粮道，整饬漕务尤有声。充福建乡试监临，武生邱鹏飞以《五经》举第一，士论不平，奏请覆试。寻察出实使其弟代作，吏议降调，上特宽之。

子汝璧，字镇之。乾隆三十一年进士，授吏部主事，累迁郎中。出为直隶顺德知府，调保定。因承审建昌盗马十未亲鞫，夺官戍军台。寻准赎，罪降授同知，署直隶宣化府同知，累擢大名道。嘉庆四年，擢山东按察使。五年，迁江苏布政使。六年，护理巡抚。旋授安徽巡抚。七年，请增设颍州督捕同知。湖广总督吴熊光等奏湖广需兵米，请于安徽籴十万石。上以安徽方缺雨，令酌量。汝璧奏："湖广军需事要，当如数拨运。请视嘉庆二年例，先运六万石。"如所请。寻奏太湖续报成灾，请缓征，并劾府县勘报迟延。上以督抚查办灾赈，于奏报后续行查出灾区，往往回护属吏，将小民疾苦置之不问。汝璧独据实参奏，因深嘉之。八年，召授内阁学士，擢礼部侍郎。旋复授安徽巡抚。九年，召授兵部侍郎，调刑部。因病，请解任。十一年，卒。

汝璧兄汝嘉，后汝璧六年成进士，官检讨。

方显，字周谟，湖南巴陵人。自岁贡生授湘乡教谕，稍迁广西恭城知县。雍正四年，诏诸行省举贤能吏，布政使黄叔琬以显应，超擢贵州镇远知府。值岁饥，捐俸煮粥食饥民，民颂之。总督鄂尔泰议开苗疆，改土归流，云南东川、乌蒙、镇雄诸土府既内属，贵州苗未服。贵州苗大者，南曰古州、曰八寨，西南曰丹江，东北曰九股、曰清水江。九股、清水江界镇远，丹江界凯里，八寨界都匀，古州界黎平，参错万山中,地方三千里,众数十万,恒出剽掠。鄂尔泰召显问状,显力言宜如云南例改土归流。问剿与抚孰施,对曰:"二者宜并施。第先抚后剿,既剿则仍归于抚耳。"因条上十六事,曰:别良顽,审先后,禁骚扰,耐繁难,防邀截,戒姑息,宥胁从,除汉奸,缴军器,编户口,轻钱粮,简条约,设重兵,建城垣,分塘汛,疏河道,各为之说甚备,鄂尔泰题之。檄按察使张广泗招抚古州、丹江、八寨诸苗,而以九股、清水江诸苗属显。

六年,显自梁上进次挨磨、者磨,再进次柏枝坪,宣谕诸苗,抚定清水江生苗十六寨、九股属台拱生苗数寨。冬,广泗已戡定丹江,显续招清水江生苗七寨、九股属陶赖生苗十三寨。施秉有盗匿台拱农二寨,副将张尚谟捕不得,欲屠之。苗惧,逃林谷,将为变。显闻之,曰:"如此则诸苗人人自危。"独驰入苗寨,寨空无人,显则宿寨中。翌旦,张盖出,令从者绕林谷呼苗出,抚谕之曰:"汝曹速归寨即良民,天子必不杀良民。"苗感泣,相率归寨。显益宿寨中三日,苗缚施秉盗以献。七年三月,广泗以清水江南岸诸寨尚怀观望,檄显与尚谟率兵循北岸徼巡。次柳罗,南岸公鹅、柳利、鸡摆尾诸寨苗渡江来攻,显督兵御之,杀数十人。苗众师寡,尚谟欲引退,显不可,固守待援。广泗师至,围乃解。广泗用显议,散诸寨,专攻公鹅,破之,诸寨皆听命。鄂尔泰奏置贵东道,即以命显,仍驻兵清江。显申军令,誓将士毋掠,毋淫,毋践田谷,苗民有来诉者,为处其曲直。乃益筑城郭,建官廨,治炮台营房,苗民竞来助役。九年,诸工竟。显巡行视塘汛,黔、楚商船上下相接,苗民皆悦服。事粗定,寻授显按察使。

台拱者,苗中扼要地也,鄂尔泰议置营于此。十年,巡抚张广泗奏请显董其事。秋,羊翁、乌罗、桃赖诸寨苗为乱,九股诸苗附之,攻台拱。显与总兵赵文英严为备,击走之。进破羊翁寨。苗夜至,显以兵少,令人爇两炷香手之为火绳状以怖苗,苗走,退踞排略。排略者,台拱隘,我师饷道所必经。台拱师仅二千五百人,苗数万,援兵再败。自贼始攻,或欲弃之走,显拒之。及围久粮尽,宰马以食,迫冬寒,众汹汹不自保,议溃围退保下秉。显曰:"台拱失,古州、清江诸寨皆煽动。苟免,失臣节;挠败,损国威。事急,死此耳。"众感奋,会总兵霍升援至。苗夺我后山,樵路绝,显夜出兵夺以还。苗攻益急,显怒马击之,众殊死战,苗败走。乘胜拔乌孟、井底二寨,取米谷饷军。升兵亦克大关入,头率兵出夹击,苗大溃。凡坚守六十九日而围解。提督哈元生师继至,破莲花堃悍苗。九股苗复定。自鄂尔泰议开贵州苗疆,事发于广泗,而策决于显,卒终始其事,崎岖前后七年而事集。

乾隆元年,丁母忧,去官。三年,服除,授四川布政使。四年,署巡抚。大小金川、杂谷、梭磨、沃日、革什咱诸土司相仇杀,显遣人谕之,事稍解。议者欲乘此视云南、贵州例,令改土归流。显疏言:"杂谷、梭磨、吐番后裔,其巢穴在唐为维州,户口十余万。金川与接壤,户口不过数万。杂谷惮金川之强,金川则畏杂谷之众,彼此钳制,边境乂安。固不可任其争竞,亦不可强其和协。沿边生番,留之可为内地捍卫。从前川省调用土兵,亦供征发。至其同类操戈,原未扰及内地。前经化海,亦尚凛遵。设欲改土归流,非惟弹丸土司无裨尺寸,且所给印信号纸,一经追取。即成无统属之生番。稍有违抗,又费经营。"奏入,上以所见甚是,褒之,寝前议未行。旋与总督鄂弥达、提督郑文焕疏言小金川与杂谷、梭磨画界,以所侵必色多六寨归杂谷、梭磨。又与沃日画界,以陇堡等三寨隶沃日,美因等二寨隶小金川。大金川与革什咱二土司构争,檄建昌道李学裕开谕,革什咱建转经楼沮大金川,令即毁除,大金川亦归所侵盖古地。边外诸土司乱悉平。

郭罗克番为乱,真走匿色利沟,遣兵围捕,土酋蒙柯纵使走。显令总兵潘绍周按治,奏闻,上谕曰:"此等事汝固应就近料理,亦当与总督熟商。"总督,黄廷桂也。四川乱民号啯噜子,为民害。显疏言:"四川自明末兵燹,屠戮殆尽。我朝戡定后,各省移民来者多失业之民,奸顽丛集。有所谓啯噜子,结连党羽,暗藏刀斧,昼夜盗劫。臣严谕捕治,并令编保甲,整塘汛,以清其源。"得旨:"实力奉行,毋视为虚文。"

五年，授广西巡抚。时显方病目，闻命赴新任，上嘉其急公。旋请回籍调理，上慰留之。六年，显病目未愈，命太医院选眼科驰往医治。寻以疾亟，请告回里。卒。

显莅政明而恕。文焕尝奏显"爽直坦白，政治勤敏，遇事彼此悉心商榷，推诚共济"。上嘉文焕论甚正。显尝奏荐学裕，因及夔州知府崔景俊："赋性巧滑，以其悛改，姑从宽恕。"上谕曰："似此考察属吏，且宥过录长，得用人之要矣。"

桂，显子，字友兰。从显平贵州苗有功，议叙。父丧终，以知县发广东，补英德，调潮阳。以善折狱名。举卓异，擢云南昆阳知州，署安宁。乾隆二十年，擢临安知府，署澄江。调东川，丁母忧。服除，授甘肃巩昌知府。巩昌及平凉、庆阳三府饥，诏发西安藩库银六十万治赈，大吏檄桂任其事。至平凉，饥民待食急，适部拨城工银三十万先至，桂以便宜留治赈，饥民赖以全。三十三年，迁浙江宁绍台道。故事，定海战舰九岁更造，则移致宁波船厂，取其值输之官，名曰"折变"。奉檄裁战舰，桂请视时值倍之，部驳坐短估，戍伊犁。三十七年，放还。卒。

冯光裕，字叔益，山西代州人。康熙五十年举人。雍正元年，以荐授云南大姚知县。大姚赋少而耗重，积逋数万。光裕不取耗，视负尤多者薄责之。逋赋悉清。民以耗重故，辄寄大户造伪券占田，吏毁其籍。光裕检毁未尽者藏之，按牒辨其伪，归田故主，民尤颂之。迁贵州铜仁同知，赴阙引见。时古州苗方乱，世宗询及之，光裕对苗不可尽杀，宜随机化导，令归版图，上韪其言。既行，擢思州知府，未任，改云南永北。永北介金沙江外，与四川连界，苗、猓窟其中，有事则两界相诿。总督鄂尔泰命往勘，光裕轻骑往，猓从谷中出，挺刃相向。光裕策马前，谕以利害，猓罗拜听命，各散去。鄂尔泰疏请改知丽江，仍兼理永北事。未几，擢驿盐道。八年，东川、乌蒙猓叛，鄂尔泰檄光裕会镇将讨平之，擢按察使。乌蒙俘七千人，语不可通，译者面谩莫能诘。光裕集群译于使院，分室居之，讯一人，经数译乃得其情。猓姓名多同，为编次年貌，验决无误，省释者甚众。广西州民李天保以邪教聚众殆千人,檄光裕按治。光裕曰:"愚民茹蔬奉佛,非有异志。"薄其罪,焚籍,置不问。

十一年,擢贵州布政使。十三年,古州苗叛,都江、清江、八寨、丹江、台拱诸新附苗皆应。师讨之,光裕督饷,令民应役,厚与直,行得持械自卫。募熟苗为助,畀以木符,戒官兵无妄杀,皆踊跃应募。师集十余万,皆得宿饱。军罢,民被兵者无所栖止,给草舍居之,赋以衣食,复业者二十余万户。贵州赋银八万八千、米十五万五千,光裕奏请蠲免。高宗即位,命被兵地停征三年。又奏:"古州、丹江诸苗剿除殆尽,荒田空寨,远近相望。当募民居苗寨,垦苗田,设屯置卫,行保甲法,授降苗所纳军器,俾农隙讲肆,以壮声援、省馈饷。"得旨允行。

乾隆四年,擢湖南巡抚。镇筸红苗叛,光裕督兵捕治,不三月而平。疾,乞假,闻城步、绥宁苗复勾结粤瑶为乱,密咨两广总督筹协捕。寻卒。遗疏犹言:"二县困于兵,请免今年租。"上从其请。

子祁,乾隆二年进士,官编修。孙廷丞,举人,以荫生授光禄寺署正,官至湖北按察使。

杨锡绂,字方来,江西清江人。雍正五年进士,授吏部主事。累迁郎中。考选贵州道御史。十年,授广东肇罗道。肇庆濒海,藉围基卫田。岁亲莅修筑,终任无水患。乾隆元年,署广西布政使,寻实授。请禁州县以土产馈上官。六年,授广西巡抚。贵州土苗石金元为乱,焚永从县治,会贵州湖广兵剿擒之。既而迁江土苗复为乱,谋犯思恩府檄兵往捕,得其渠李尚彩及其党八十余。七年,奏言:"广西未行保甲。苗、僮虽殊种,多聚族而居,原有头人,略谙事体。请因其旧制,寓以稽核。苗、瑶、伶、僮各就其俗为变通。"诏嘉之。寻又奏言:"设兵以卫民,乃反以累民,城守兵欺凌负贩,攫取薪蔬。塘汛兵驱役村庄,恣为饮博。臣于抚标访察惩治,请敕封疆大臣共相厘剔。"得旨允行。八年,梧州知府戴肇名馈人参,诡其名曰:"长生果"。却之,具以闻,上谕曰:"汝可谓不愧四知矣。"广西民有逃入安

南者，捕得下诸狱，疏闻，上命重处，锡绂即杖杀之。上谕曰："朕前
批示，令其具谳明正典刑。乃锡绂误会，即毙杖下。此皆当死罪人，
设使不应死者死，则死者不可复生矣。"下部议处。九年，授礼部侍
郎。

十年，授湖南巡抚。奏言："《周礼》，遂人治野，百里之间，为浍
者一。为洫者百，为沟者万，捐膏腴之地以为沟洫。诚以蓄泄有时，
则旱潦不为患，所弃小、所利大也。后世阡陌既开，沟洫虽废，然陂
泽池塘尚与田亩相依，近水则腴，远水则瘠。湖南滨临洞庭，愚民昧
于远计，往往废水利而图田工。甚至数亩之塘，培土改田。一湾之
涧，绝流种蓺。彼徒狃于雨旸时若，以为无害。不知偶值旦涝，得不
偿失。且溪涧之水，远近所资，若截垦为田，则上溢下漫，无不受累。
官吏以改则升科为劝垦之功，亦复贪利忘害，沟洫遂致尽。废臣以
为关系水利，当以地予水而后水不为害，田亦受益。请敕各省督抚，
凡有池塘陂泽处所，严禁改垦。"上以各省米价腾贵，谕各督抚体察
陈奏，锡绂疏言："米贵由于积渐。上谕谓处处积贮，年年采买，民间
所出，半入仓庾，此为米贵之一端。臣生长乡村，世勤耕作，见康熙
间石不过二三钱，雍正间需四五钱，今则五六钱。户口多则需谷多，
价亦逐渐加增。国初人经离乱，俗尚朴醇。数十年后，渐习奢靡，揭
借为常，力田不给。甫届冬春，农籴于市，谷乃愈乏。承平既久，地
值日高，贫民卖田。既卖无力复买，田归富户十之五六。富户谷不
轻售，市者多而售者寡，其值安得不增？臣以为生齿滋繁，无可议
者。田归富户，非均田不可，今难以施行。风俗奢靡，止可徐徐化导，
不能遽收其效。至常平积贮，当以足敷赈济而止，不必过多。目今
养民之政，尤宜专意讲求水利，使蓄泄有备，偏灾不能为患。以期产
谷之多，未必非补救米贵之一道也。"疏入，上均嘉纳焉。丁父忧，服
阕，十五年，授刑部侍郎，仍授湖南巡抚。丁母忧，服阕，十八年，仍
授湖南巡抚。擢左都御史。十九年，署吏部尚书。礼部侍郎张泰开
保同部侍郎邹一桂子志伊为国子监学录，下吏部议处，议未当，责
锡绂曲庇，下都察院，议夺官，命留任。二十年，复署湖南巡抚，授礼

部尚书。二十一年,署山东巡抚。

二十二年,授漕运总督,疏请豁兴武、江淮二卫旗丁欠缴漕项,上责其沽名,命以养廉代偿。二十三年,疏言:"屯田取赎,宜宽年限。价百金以上,许三年交价,价足田即归船。旗丁交兑不足,名曰'挂欠'。应由坐粮厅限追惩治,督运官以下有一丁挂欠,即停其议叙,旗丁改佥。新丁但交篷桅杠索价值,旧丁公私欠项,不得勒新丁接受。水次兑漕,令仓役斛,旗丁执概,江淮、兴武二卫运丁运粮,快丁驾船。应循例并佥,不得避运就快。"上谕曰:"此奏确有所见。"下部议,从之。二十五年,疏言:"自开中河,漕艘得避黄河之险。独江北、长淮等帮,以在徐州交兑,不能避险。请令改泊皂河,弁丁诣徐州受兑。州县代雇剥船转运过坝。"上从之。寻以锡绂实心治事,命免以养廉代偿漕项。二十六年,疏言:"运蓟州粮船自宁河转入宝坻,由白龙港、刘家庄达蓟州。水道淤浅,请责成官为疏浚。"又疏言:"板闸、临清、天津三关,尚沿明制,漕艘给发限单,应请裁革。州县收漕如有搀杂潮润,粮道察出,本管知府视徇庇劣员例议处。军丁兼充书役,一体句佥。头舵水手受雇,领费辄复潜逃,请发边远充军。"上谕曰:"所奏俱可行。"从之。加太子少师。二十八年,加太子太保。二十九年,疏言:"军、民户籍各分,既隶军籍,即应听佥办运。乃宦家富户百计图避,所佥皆无力穷民,情理未得其平。嗣后如佥报后辨诉审虚,参劾治罪。"上谕曰:"锡绂此奏,破瞻徇之习,如所议行。"并下部议叙。又疏言:"粮艘例禁私盐。道经扬州、总督、盐政及臣各专委督察。乃又有淮扬道,扬州游击、守备,江都、甘泉两县,各差兵役搜查,粮艘因之羁阻。如江广帮为通漕殿后,过扬州已在冬令,尤为苦累。臣思事权宜归于一,请专听总督、盐政委员督察,余悉停止。"上谕曰:"所奏是。"下部议行。三十年,疏言:"骆马湖蓄水,相传专济江广重运。今岁帮船阻滞,先开柳园堤口,运河水长,江浙帮遂得遄行。次开王家沟口,江广帮至,湖水未尝告竭。每岁沂水自湖而下,为海州、沭阳水患。若于四五月间引湖济运,亦减海州、沭阳水患,一举两利。"从之。三十三年,卒,赐祭葬,谥勤悫。

锡绂官漕督十二年,编辑《漕运全书》,黄登贤代为漕督,表上之。自后任漕政者,上辄命遵锡绂旧章。

潘思榘,字絜方,江南阳湖人。雍正二年进士,改庶吉士。三年,分刑部学习。六年,补主事。累迁郎中。八年,授广东南雄知府。骤雨水溢,郊野成巨浸,露宿于野。督吏卒治筏拯溺,出金瘗死赡生,活民无算。十三年,迁海南道。浚琼州西湖。深入五指山,安辑黎众,劝守将之残黎民者,调粮驿道。乾隆四年迁按察使。惩贪锄猾,理冤狱尤多。民以旱纠众入市掠夺,思榘方被疾,强起坐堂皇,立捕数十人杖之徇,事乃定。疏言:"广东有狼、瑶、黎三种,狼世居茂名,今附民籍,读书应试如平民。瑶亦输税归诚,设瑶童义学为训课。惟黎僻处海南,崖、儋、万、陵水、昌化、感恩、定安七州县为最多。生黎居深山,熟黎错居民间相往来。语言相习,请于此七州县视瑶童例设义学,择师教诲,能通文义者许应试。"部议从之。

七年,迁浙江布政使。八年,疏言:"常平仓谷春发秋敛。但收成有迟早,俗所谓青黄不接。有司不揆缓急,甫春开粜,牙行囤积,吏胥侵渔。民未沾实惠,而谷已出逾额,且减价过多。迨秋成买补,非存价观,望冀省耗折。即抑派争买,致昂市价。请定浙东诸府以四月、浙西诸府以六月发粜,价平即止。"上以因时制宜,许之。又疏言:"浙江土狭民稠,全资溪湖容蓄灌溉,乃民间占垦甚多。如余杭南湖,会稽鉴湖,上虞夏盖湖,余姚汝仇湖,慈谿慈湖,向称巨浸,今已弥望田畴,殊妨水利。嗣后报垦田地,当责有司亲勘,果非官湖,方准升科。查勘不实,严定处分。"下廷臣议行。秋,金、衢、严三府被水,旁溢杭、湖、绍三府,漂流人畜无算。思榘出临江干,处分赈事。萧山民汹汹欲渡江,思榘曰:"民饥当哺,哄则乱民耳。"严治之,自是无敢哗者。思榘再疏闻,上谕曰:"今岁浙江灾,巡抚常有讳灾之意,汝为其难矣。"

十一年,授安徽巡抚。河决凤阳,颍、泗诸府州灾尤重。思榘请加赈,按行督察,犯风渡洪泽,舟几覆。十二年,疏请调济灾区,略言："凤、颍民习惰窳。臣上年遍历查勘，方冬水落，二麦已播种，而民不知耰锄培壅。所过村落，林木甚稀，蔬圃亦少。臣令有司审察桑麻、蔬蓏，凡可佐小民日食之用者，随宜试种。凤、颍地分三等，冈地最高，湖地稍低，湾地最下。湾地连大河，水发难施人力。湖地则外仰中低，积潦为湖，下流疏泄，即可涸出栽种。冈地水虽不及，而绝少沟池，交秋缺雨，即患暵干。间有傍山麓而为陂塘，如寿州安丰塘、怀远郭陂塘、凤阳六塘，均应及时修筑。与其因灾动帑巨万，何如平时酌动数百金陆续培治。民间减荒歉，多收成，朝廷亦省帑金。纵遇偏灾，亦可以工代赈。凤、颍民好转徙，丰年秋成事毕，二麦已种，辄携家外出，春熟方归。遇灾留一二人在家领赈，余又潜往邻境。俗谓在家领赈为大粮，在外留养为小粮，沿途资送为行粮，至有一家领三粮者。本业抛荒，人无固志。应令有司严察，流民过境，实系被灾，方准资送。藉端生事者究惩。"奏入，上谕曰："此乃固本之事，历来无有言及此者。朕甚嘉悦焉！"

　　寻调福建巡抚。未行，疏请安徽学田、囤田、义田三项，视江苏免学租例，予以蠲免。下军机大臣察议，以江苏无免学租例，上责思榘沽名干誉，博去后之思，命出资修涿州城工示罚。十三年，疏言："福建自乾隆元年至十一年积欠钱粮，正设法清厘。民间田业授受，往往不及推粮过割。粮从田出，既有赔粮之户，即有无粮之田，岂可使得业者任其脱漏，无业者代其追比？当饬有司确察，务使粮归于田。"十四年，复疏言："臣清察积欠，一在屯田户名不清，一在寺田租赋不一。自顺治间裁并卫所，名虽军户，实系民耕，乃粮册仍列故军姓名，致难催比，应令核实更正。寺田始自明季，僧、民相杂，辄称寺废僧逃，藉词逋赋，应令分析寺已废者，官为经理。"上命实力为之。别疏言："福州城外西湖为东晋郡守严高所开，周二十余里，蓄水溉田，年久淤垫。臣劝导疏浚，并筑堤建闸。又福清郎官港、法海埔俱有海滩游地，臣令筑堤招垦，得地二千一百余亩。"上嘉谕之。

　　思榘莅政精勤，昼见官属，夜披案牍，旱潦必抚恤。民犷，以斩讼相尚，多去为盗，廉得主名，饬有司捕治。又以农隙巡海防，周阅战舰。朔望入书院与诸生主讲说经艺,如是者以为常。积劳疾作不少止。十七年,卒。上命用江苏巡抚徐士林例,祀京师贤良祠。予恤视一品,赐祭葬,谥敏惠。

胡宝瑹,字泰舒,江南歙县人。父廷对,尝官娄县训导,因居青浦。宝瑹,雍正元年举人。乾隆二年,考授内阁中书,充军机处章京。六年,大学士查郎阿、侍郎阿里衮清察黑龙江、吉林乌喇开垦地亩,以宝瑹从。八年,迁侍读,考选福建道御史。是岁直隶旱,上命治赈。宝瑹疏言:"直隶被旱,民多流亡,请敕总督宣示上意,使民静以侍赈。流民愿归耕而无力得归者,资送还里,俾及时艺麦,于来岁民食有益。"九年,上命大学士讷亲阅河南、山东、江南诸省营伍,宝瑹疏言:"营伍积玩,器械坚脆,粮马盈亏,各处不一。势必闻风修整买补,不肖营员或藉端苛派,或坐扣月粮,请敕督抚提镇严饬查察。"十年,山东、江南水灾,宝瑹疏言:"方冬水涸,应劝谕农民引流赴壑,俾田不久浸,以便春耕,尤当预防蝻子。"诸疏皆议行。十一年,转户科给事中,迁顺天府府丞。大学士傅恒视师金川,以宝瑹从。授府尹,历宗人府丞、左副都御史。擢兵部侍郎,兼府尹如故。河南民傅毓俊告张天重谋逆,遣宝瑹按治,毓俊服诬,论如律。

十七年,署山西巡抚,十八年,实授。抚饥民,理冤狱,劾贪吏,整关隘堤防,诸政并举。寻调湖南。十九年,奏言:"郴、桂二州铜铅矿委员董理,一年而代。矿为弊薮,代者必数月乃能明察。此数月中,欺蒙隐漏,已自不少。请仿台湾、琼州例,令新旧协办数月。"得旨允行。

二十年,调江西。二十一年,疏言:"广信铜塘山勘明无可垦之地,无可用之材,无可煎之矿,请永行封禁。"二十二年,疏言:"丰城堤工最要,石堤官修,土堤民修,向设里夫,行之已久。黠者避役,贫者误工,复改为折征。请按田均堤,附漕粮征收。有田始有粮,有粮始有夫。圩长无从侵冒,工程乃可永固。"均如所请行。

复调河南。河屡决,山东、河南、安徽诸州县多积水。上遣侍郎裘曰修会诸省督抚疏治。宝琭与曰修会勘,疏言:"河南干河有四:贾鲁、惠济、涡河、巴沟。巴沟在商丘为丰乐河,在夏邑为响河,在永城为巴河。今拟疏浚加宽深,以最低处为率。惠济上游在中牟、祥符诸县,下游在柘城、鹿邑诸县,今亦拟加宽深,以六七丈为率。贾鲁自中牟以下有惠济分流,自朱仙镇以下,截沙湾,塞决口,拓旧堤。涡河自通许青冈为燕城河,上游应加宽,下游应加深。鹿邑以下本已宽深,当增筑月堤。支河应浚者,商丘北沙、洪沟二河为支中之干,余大小支河,分要工、次工、缓工,次弟兴修。"二十三年,上谕曰:"河南灾区积困,宝琭不辞劳瘁,能体朕意,尽力调剂,以苏穷民,甚可嘉也!"寻加太子少傅。诸工皆竟,上御制《中州治河碑》,褒宝琭、曰修,语并见《曰修传》。

二十五年,疏言:"河北诸水,卫河为大。雍正间,河督嵇筼于汲、淇、浚、汤阴、内黄诸县建草坝二十六,今已渐次淤垫。臣相度疏筑,俾一律深通。请定为三年一小修、五年一大修。"上可其奏。是冬,调江西。二十六年,河决杨桥。复调还河南。疏言:"贾鲁、惠济二河在中牟境内,逼近杨桥。贾鲁受黄水南徙,至祥符时家冈仍入故道,今已成河。当将分者截之使合,浅者疏之使深,雨岸多挑渠港,增筑堤堰,自成河道。惠济自两闸至冈头桥已淤断,而冈头桥至十里坡贾鲁河不过四五里。即于十里坡建滚水坝,导由冈头桥入惠济,以分贾鲁之势,而惠济已复故道。"上褒为事半功倍。

二十七年,宝琭疾作,请解任。上谕曰:"此奏甚非朕之所望,安心静摄,以慰廑念。"遣医驰驿诊视。疏言:"沟渠与河道相为表里,臣于二十三年河工告竣,即督令州县经理沟洫,每一州县中开沟自十数道至百数十道,长自里许至数十里,宽自数尺至数丈,皆以足资蓄泄为度。驿路通衢,并就道傍开浚,虽道里绵亘,而分户承挑,民易为力。自是每岁或春融,或农隙,随时加浚宽深。"上深嘉之,并令直隶总督方观承仿行。二十八年,卒,加太子太保、兵部尚书,赐祭葬,谥恪靖。遗疏请入籍青浦,许之。

　　论曰：那苏图、士林、恕、思矩皆以清节著，而超曾、宝瑔又济之以勤敏。恕论救灾，宝瑔善行水，皆以民事为急。显佐定苗疆，有拊循之绩。锡绂督漕运，所修举似若琐细，然皆当官之急务也。会一泽以道学，但微近名，遂贻后嗣之祸，恫哉！

清史稿卷三〇九
列传第九六

崔纪　喀尔吉善 子定长　孙鄂云布
雅尔图　晏斯盛　瑚宝
卫哲治　苏昌　鹤年
吴达善　崔应阶　王检
吴士功

崔纪，初名珺，字南有，山西永济人。年幼丧母，哀毁如成人。事父及后母孝。康熙五十七年，成进士，改庶吉士，授编修。迁国子监司业，以母忧归。服阕，补故官。三迁祭酒。乾隆，提督顺天学政。雍正间，采安徽学政李凤翥、河南学政习寯、浙江学政王兰生条议，每岁令诸生五人互结，无抗粮揽讼，诸生有事告州县，当先以呈词赴学挂号。为人作证及冒忍命盗案先革后审，诸生殴杀人及代写词状，加常罪。一等已斥诸生不许出境，诸生欠粮，必全完乃收考，纪疏请罢之。又定诸生月课三次不到，详革，纪请改一年，诸生完粮，上户限十月，中、下户限八月，纪请改岁底，下部议行。迁詹事，再迁仓场侍郎，署甘肃巡抚。

二年，移署陕西巡抚。疏言："陕属平原八百余里，农率待泽于天，旱则束手、惟凿井灌田，实可补雨泽之缺。臣居蒲州，习见其利。陕属延安、榆林、邠、鄜、绥德各府州，地高土厚，不能凿井。此外西安、同州、凤翔、汉中四府并渭南九州县最低,渭北二十余州县地较高,掘地一二丈至六七丈,皆可得水。劝谕凿井,贫民实难勉强。恳准将地丁羡银借给充费,分三缴缴完。民力况瘁,与河泉自然水利不同。请免以水田升科。"上谕曰:"此极应行之美举,当徐徐化导,实力奉行,自不能视水田升科也。"擢吏部侍郎,仍留巡抚,寻实授。纪疏言:"陕西水利,莫如龙洞渠,上承泾水,中受诸泉。自雍正间总督岳钟琪发帑修浚、泾阳、醴泉、三原、高陵诸县资以灌溉。惟未定岁修法,泾涨入渠,泥沙淀阏,泉泛出渠,石罅渗漏。拟于龙洞高筑石堤,以纳众泉,不使入泾。水磨桥、大王桥诸泉亦筑坝其旁,收入渠内。并额定水工,司启闭。"均从之。陕西民惮兴作,言纪烦扰。上令详勘地势,俯顺舆情。三年,命与湖北巡抚张楷互调,时报新开井七万余,上令楷察勘。楷言民间食其利者三万二千余,遇旱,井效乃见。民益私凿井,岁岁增广矣。

纪至湖北,自陈不职,部议降调。上谕曰:"纪在陕西凿井灌田,料理未善,致反贻民累。惟其本意为民,命从宽留任。"五年,总督德沛劾纪以公使钱界护粮道崔乃镛,上又闻纪以淮盐到迟,令民间暂食私盐,谕纪自列,纪疏辨,下部议,降调。六年,再授祭酒。九年,督江苏学政。以父忧归。十四年,起授山东布政使。以东省贫民借官谷累百万石,请视部定价石六钱,收折色,纾民力。十五年,命以副都御史衔再督苏学政,力疾按试。旋卒。

纪潜心理学,上亦闻之,再任祭酒,召见,命作《太极图说》。历官所至,以教养为先。遇事有不可,辄艴然曰:"士君子当引君当道,奈何若是?"

喀尔吉善,字澹园,伊尔根觉罗氏,满洲正黄旗人。先世居瓦尔喀,有赫臣者,当太祖创业时来归,授牛录额真。使叶赫,叶赫部长金台石使人戕之。太祖灭叶赫,令其子克宜福手刃其仇以祭。克宜福从军有功,世职至三等阿达哈哈番。克宜福子喀齐兰,官至正黄旗副都统。孙凯里布,官至吏部尚书,皆袭世职。

喀尔吉善降袭拜他喇布勒哈番。授上驷院员外郎。历工部郎中,兼袭世管佐领。雍正六年,命偕通政使留保如广东按署巡抚阿克敦等被劾状。八年,擢兵部额外侍郎。九年,授侍郎。十三年,以验马不实夺官,令往盛京收粮。乾隆元年,起废籍,命管圆明园八旗兵丁。复往盛京收粮,奏禁八旗台站官兵与朝鲜贸易。上谕曰:"官兵不暇贸易,亦不谙贸易。当令商民与互市,务均平交易,毋抑价,毋强索。"三年,擢内阁学士。迁户部侍郎,协理步军统领刑名事务。调吏部,四年,命兼管三库。

五年,授山西巡抚。上闻山西布政使萨哈谅、学政哈尔钦皆贪婪,询喀尔吉善。喀尔吉善疏劾,命侍郎杨嗣璟会鞫,论如律。上以喀尔吉善不即劾,下部议,夺官,命宽之。又劾河东盐政白起图贪婪,白起图疏辨,命副都统塞楞额往鞫,论如律。七年,调安徽。

八年,复调山东。疏言:"山东岁饥,民多流亡,而邻省贫民亦有转入山东觅食者,请饬官吏劝各回故土以待治赈。"上谕曰:"所见甚得体。各省督抚当于平居无事时委曲开导,使知敦本务实,力田逢年。若轻弃其乡,本业既荒,无所依倚。即国家收养资送,亦不得已之举,非可恃为长策也。"又以济南、武定、东昌三府遇旱,济南、东昌府仓存谷缓急可相通。武定无仓,请拨登莱、二府仓谷以济民食。九年,疏言:"方春粮价踊贵,贫民艰食,请酌量减粜。"又言:"山东兵米,本折兼支,春季价昂支折色,秋季价减支本色,请春秋二季本折更换。"又请修德州、海丰、惠民、乐陵城工以代赈。复以济南、武定诸属县麦复不登,令于曹、沂诸府丰收之区采买接济。上皆允之。直隶藁城知县高峙请开临淄、即墨、平阴、泰安、沂、费、滕、峄诸县银、铜、铅、铁各矿,事下喀尔吉善勘奏,奏言:"东省拱卫神京,地跨四府八县,形势联属。矿洞久经封禁,未便开采。利之所在,众必共趋。恐济、武灾区、沂、曹盗薮,别生事端,应仍封禁。"上亦如其请。

十一年,迁闽浙总督。台湾生番为乱,遣兵讨之。奏言:"台湾流民日多,匪类肆窃,甚或恣行不法,民间谓为闽棍。请令窃案再犯及阍棍治罪后,并逐回内地。"又请在台人民迎取眷属,限一年给照过台。浙江处州总兵苗国琮请于官山种树,储战船桅木之用,下喀尔吉善勘奏。奏言:"令有司种树,须先靡帑,且必百十年后始中绳墨,日久稽察非易。不若许民自种,在官不费经营,而巨材可获实用。"从之。疏劾浙江巡抚常安贪婪,命大学士讷亲往鞫得实,论如律。诏嘉其公直,加太子少保。疏言:"宁海东湖旧与海通,宋后失修,饬府县察形势土性,导士民输资筑堤,拨为世业,定限升科。"上谕曰:"劝课农桑,兴修水利,务本之图也。欣悦览之!"十五年,加兵部尚书衔。

十六年,上南巡,蠲江南积逋二百余万,浙省无逋赋,亦特蠲本年正赋三十万,制诗褒之。十七年,以年老乞休,温诏慰留。疏言:"闽省产米少,本岁丰稔,宜为储备。请见存仓谷不及半者,令购足数。已及半而本地谷贱,亦以原存粜价买补。"上是之。漳州民蔡荣祖谋乱,事泄,捕获,置之法,与议叙。十九年,加太子太保。上以八旗生齿日繁,许在京汉军改入民籍,推行于各省。喀尔吉善与福州将军新柱疏言:"汉军愿为民,无问世族、闲散,许入民籍。如别无生计,坐补绿营粮缺。所遗马、步甲,以满洲兵坐补。"二十二年秋,病痁,遣医偕其子定敏驰视,赐人参。未几,卒,赐祭葬,谥庄恪。

定长,喀尔吉善子。初授内阁中书,迁侍读。擢江南徐州知府。四迁至巡抚,历安徽、广西、山西、贵州诸省。十八年,湖广总督永常奏请于邻省会哨,定长奏:"贵州与邻省联界,苗、夷环处。遽行会哨,苗性多猜,或滋事变。请停止。"从之。二十年,题请原任黔西知州黄秉忠入祀名宦,上以秉忠为总督廷桂父,瞻徇市恩,降旨严斥。二十二年,上南巡,请入觐,命便道省喀尔吉善,赐诗褒宠。寻命与尚书刘统勋按云、贵总督恒文贪婪状,即命署云贵总督。调山西巡抚,未之任,丁父忧。旋授副都统衔,往西路军营督屯田事。补兵部侍郎,授福建巡抚,迁湖广总督。三十三年,卒,谕部议恤。寻署总督高晋劾荆州副都统石亮衰庸,上责定长徇庇,罢恤典。

鄂云布,喀尔吉善孙。初授笔帖式。三迁工科给事中。嘉庆元年,授陕西汉中知府。上以鄂云布喀尔吉善孙,家风具在,即擢甘肃西宁道。再迁江苏布政使,护安徽巡抚。旋以秋审诸案原拟缓决,刑部多改情实,责鄂云布宽纵,下吏部议降调,命留任。寻迁贵州巡抚,年老召还,鄂云布闻命即行。上闻之,不怿,下吏部议,夺官,授笔帖式,赏蓝翎侍卫,充叶尔羌办事大臣。旋卒。

雅尔图,蒙古镶黄旗人。雍正四年,自笔帖式入资授主事,分工部。再迁郎中。十三年,授镶蓝旗满洲副都统。乾隆元年,疏言:“京员无养廉,请将户部余平银给部院办事官。八旗参佐等员视步军营例,予空粮。”知所议。师征准噶尔,授参赞大臣。三年,命暂管定边副将军印。四年,召授左副都御史,迁兵部侍郎。

河南新乡民及伊阳教匪为乱,命往按治,就授河南巡抚。疏言:“河南多盗,不逞之民阴为之主,俗谓‘窝家’。保甲、甲长等畏窝家甚于官法。大河以南,深山邃谷。民以防鸟兽为名,皆有刀械。惑于邪教,怀私角斗,何所不为。如梁朝凤、梁周、张住等辈,党类甚多,愚民易遭煽惑。与其发觉后尽置诸法,何如于未发觉前设法销散。文武会遣兵役搜查,仍令自首免罪。”又言:“各省提镇以下官皆有伴档兵丁及各色工匠,一营有数名虚粮,即少数名额兵。请照官级核定数目,不得虚占兵额。”俱下部议行。

五年,奏报捕得女教匪首一枝花,命议叙。寻谕河南止设河北、南阳二镇,与巡抚不相统属,视山西例兼提督衔。疏陈整饬营务,足兵额,勤差操,明赏罚,练技艺,整军械,重兵食,验马匹,谨守望,严约束。并请以州县民壮之半交驻防汛弁操练。并戒兵民和衷,不得偏袒,平时试习骑射,期于娴熟,俱如所请行。三年,疏言:“河南上年淫雨,省城多积水。臣令浅处浚深,窄处开宽。为合城受水之区通沟建闸,时其蓄泄。养鱼植木,以利民用。”又言:“河南上年被水,奉命浚省城乾河涯及淮、颍、汝、蔡各水。目前二麦成熟,农务正殷,余请概停开浚。”上从之。又奏言:“现获盗百余,多系邻省人,臣迭饬员弁分路访缉。出省捕盗,例须赴地方官挂号,盗闻而潜逃,请得迳行往捕。"上命勉为之。

六年,又奏言:"河南界连五省,西南伏牛、嵩山、桐柏等山,支干交错,地多林木,易于藏盗。请每岁秋冬,与联界各省文武订期巡察。"上命如所请行。七年,奏言开、归等处积水,无妨田亩,上责其掩饰。寻又奏:"河南地平土松,水利诚不如东南之通达。开、归等处地当下游,夏秋大雨,涧水大汇注。积水未消,多系邻近黄河州县。历来豁免钱粮,于民生并无妨碍。且土性咸卤,难以种植。未便一律疏泄,以损田庐。"上谕曰:"实难宣泄,朕不怪汝。若避而为饰辞则不可。"八年,自陈"戆直致被人言"。上谕曰:"汝必欲以丰年为政效,水旱漠不关心。此奏殊属客气。"命来京,改授镶蓝旗满洲副都统。授刑部侍郎,调吏部。

十二年,命往山西按治安邑、万泉民乱,中途称病,上责其逗遛,命解任。寻起授内阁侍读学士,复擢兵部侍郎。十三年,调仓场侍郎,兼正红旗满洲副都统。迭署户部侍郎、步军统领。十八年,因疾解任。三十二年,卒。

晏斯盛,字虞际,江西新喻人。康熙五十九年,举乡试第一。六十年,成进士,改庶吉士。雍正元年,授检讨。五年,考选山西道御史。镶红旗巡役,以斯盛从骑惊突,拘辱之。斯盛以闻,命治罪。疏言:"各州县立社仓,原以通济丰歉。贫民借谷,石收息十升。如遇歉,当不取其息。"从之。九年,督贵州学政。迁鸿胪寺少卿。乾隆元年,擢安徽布政使。奏言:"各省水旱灾,督抚题报,应即遴员发仓谷治赈,仍于四十五日限内题明应否加赈。其当免钱粮,将丁银统入地粮核算,限两月题报。或分年带征,或按分蠲免,请旨遵行。"三年,疏言:"安徽被灾州县,仓储不敷赈粜,请留采被灾州县漕米备赈。"四年,言:"江北向多游食之人,每遇歉岁,轻去其乡。惟寓赈于工,人必争趋。凤阳、颍州以睢水为经,庐州以巢湖为纬,六安、滁、泗旧有堤堰,请援淮、扬水利例,动帑修浚。"皆从之。

七年,擢山东巡抚。山东有老瓜贼,巡抚朱定元令汛兵巡大道。

斯盛疏言："贼情狡狯，大道巡严，必潜移僻路。或假僧道技流，伏匿村落。应令州县督佐杂分地巡察。"又奏："邪教惑民，莫如创立教会，阳修善事。此倡彼和，日传日广，大为风教之害。尽法深求，株连蔓延，恐生事端。请将创教授徒为首者如法捕治，被诱者薄惩，出首者免究。"上从其请。寻以莱州被水，请暂禁米出海。上谕曰："此不过属吏为一邑一邑之说，汝等封疆大吏，不可存遏籴之心。若无米可贩，百姓自不运，何待汝等禁乎？"又言兖、沂等府州被水，而江南饥民复至，疏请无灾州县留养限五百人，有灾州县限二三百人，上命实力料理。八年，调湖北巡抚。九年，迁户部侍郎，仍留任。

斯盛究心民事，屡陈救济民食诸疏，以社仓保甲相为轻纬，因言："《周礼》族师、遂人之法，稽其实则井田为之经。盖就相生相养之地，而行政教法令于其中，是以习其事而不觉，久于其道而不变。周衰，管子作轨里连乡，小治而未大效。秦、汉、隋、唐，庞杂无纪。宋熙宁中，编闾里之户为保甲，事本近古，然亦第相保相受，而未得其相生相养之经。臣前奏推广社仓之法，请按堡设仓，使人有所恃，安土重迁，保甲联比，相为经纬。顾欲各堡一仓，仓积谷三千，一时既有难行。而入谷之数，则变通于额赋之中，别分本折，稍觉纷更。虽然，社仓保甲，原有相通之理，亦有兼及之势。求备诚难，试行或易。加意仓储，既虑贵粜妨民，停止采买，又虑积贮无资。详加酌剂，拟请停户部捐银之例，令各省捐监于本地交纳本色，以本地之谷实本地之仓，备本地之用。不采买而仓储自充，诚为兼济之道。窃谓常平之积便于城，未甚便于乡。城积多，则责之也专，而无能之吏或以为累。乡积多，则守之者众，而当社之民可以分劳。且社仓未有实际，以仓费无所出也。名有社仓，而仓不在社，社实无仓，往往然矣。今捐谷多在于乡，而例又议有仓费。拟请将此项捐纳移入社仓，捐多则仓亦多。取乡保谷数而约举之，大州县八十堡，四堡一仓，仓一千二百五十石，总二万五千石，中小州县，以此类推。储蓄之方，莫便于此。方今治平日久，一甲中不少良善，四堡之仓，轮推甲长递管，互相稽核，年清年款。则社长累弊自除，而官考其成，隐然有上下相维之势矣。"奏入,上嘉,上嘉纳之。

十年,进《喜雨诗》四章,用其韵赐答,京师钱贵,上令廷臣议平市值,下各督抚仿行。斯盛疏请视京师例,禁民间铜铺毁钱。又令州县每岁秋以平粜钱市谷。时设局令商民以银平易,又疏请捕私钱,并禁民私剪钱缘,兼限民间用银二三两以上、粜米二三石以上,皆不得以钱准银,下廷臣议行。寻以母老请终养回籍。十七年,卒。

斯盛著《楚蒙山房易经解》,唐鉴称其"不废象数而无技术曲说,不废义理而无心性空谈,在近日易家犹为笃实近理"云。

瑚宝,伊尔库勒氏,满洲镶白旗人。雍正五年武进士,授三等侍卫。补陕西永兴堡守备。八年,准噶尔二万余犯科什图卡伦,从总兵樊廷进剿,遇于尖山,获驼九十。又进败之于北山,又遇于乌素达阪,击之退。翌日,分七队迎战,瑚宝督兵奋击,自辰至申,至科什围,殪敌无算。敌围鹅仑矶,瑚宝赴援,乘夜来袭,领先锋转战雪中七昼夜,夺波罗砖并白墩、红山、镜儿泉诸地,得其渠六,敌溃遁。九年,准噶尔复犯吐鲁番,瑚宝从廷进剿,以劳赐白金三百。累迁肃州镇右营游击。

高宗即位,复累迁山西大同总兵,赐孔雀翎。十二年,迁固原提督。上谕之曰:"固原兵骄纵,犯上不法。瑚宝当加意整饬,使兵知畏法,渐次转移。"又谕之曰:"固原城内外兵多民少,回民过半,私立掌教等名。应时时体访,期杜衅端。回人充标兵,应留意分别,豪悍者惩黜,怯弱者淘汰,使营伍肃清。"旋疏请营兵具互结,以弓箭、鸟枪、技艺三项轮操。冬季借支春饷,次年四季扣除。下部议行。师征金川,调固原步兵二千。瑚宝请驮载军装,以二骡代三马,可省费三分一,从之。

十三年,署甘肃巡抚,兼办总督。奏言:"陕西歉收,师行采买草料为难。将甘肃仓贮豆石拨用,俟兵过照买还仓。"上以通融协济,有益军需,温谕嘉勉。召授兵部尚书。寻署陕甘总督,调湖广。又改授漕运总督。坐失察卢鲁生伪造奏稿事,夺官,仍留任。寻卒,谥恭恪。

卫哲治,字我愚,河南济源人。雍正七年,以拔贡生廷试优等,发江南委用。初署赣榆知县,调盐城。值蝗灾,设六条拊循,优礼德望,馈饷高年,旌奖孝义,经理茕独,讥警游惰,约束过犯。县北有司河,汇上游七县水入海。夏旱水弱,海潮至,咸苦不可食,甚乃浸溢民田。秋水盛,又患河宽流缓,入海不速。哲治建闸立斗门,蓄泄有备。斥卤化膏腴,岁有洇出地,给无业民承耕。田沈没而粮未除者,悉请豁免。循海筑土墩九十余,潮大,渔者得就墩逃溺,号“救命墩”。乾隆二年,补长洲,兼摄吴县。请豁坍荒逋赋十余万。八年,迁海州知州。岁歉治赈,全活二十万人,流民有自山东就食者。擢淮安知府。十年,河决陈家堡,漂溺男女、田庐无算。哲治遣小舟载饼饵救之,躬涉风涛,往来存问。山东复灾,流民南下。哲治捐俸,益以劝募,葺草屋,自清江浦属鱼沟以北,衔接二百余里,所在给粥糜、衣、药。十三年,山东又灾,两江总督尹继善令哲治运赈米至台庄。上闻哲治善治赈,调山东登莱青道。居数月,擢布政使。

十四年,授安徽巡抚。奏言:“歙县马田地在休宁,请折征充饷。”又言:“广德催粮,每图有单头,数图有经催。前巡抚潘思榘改行顺庄,转有未便,请得仍旧。”皆下部议行。旋召诣京师。十五年,令回任,上谕之曰:“汝不满朕意。以一时无人,故仍留汝。宜奋勉改过。”调广西。入觐,哲治具言亲老不便迎养,命仍留安徽。寻丁忧。十八年,服阕,署兵部侍郎。暂管户部事。复授安徽巡抚。疏建歙县惠济仓。再调广西。二十年,内擢工部尚书。因病乞回籍。二十一年,卒。

苏昌,伊尔根觉罗氏,满洲正蓝旗人,满丕子。康熙五十九年,自监生考取内阁中书,迁侍读。考选浙江道御史。乾隆元年,命巡察吉林。奏言:“船厂、宁古塔、三姓、白都讷、阿尔楚喀等处满官不知律例,讼案稽延累民,请自京师遣官往理。”三年,转礼科给事中。

屡擢至奉天府尹。十一年，奉天被水，苏昌请设厂四乡，增办赈官吏公费，又请禁止游民往来奉天等处。

十四年，擢广东巡抚。十六年，署两广总督。广西巡抚舒辂请于思陵土州沿边种笋竹，杜私越。土目因以侵夷地致衅。苏昌奏："镇安、太平、南宁等沿边二千余里，无论种竹难遍。料理稍疏，事端转启。请更正。"上责舒辂轻率，寝其事。苏昌奏："琼州海外瘠区，贫民生计艰难，有可垦荒地二百五十余顷，请招民开垦，免其升科。"从之。召来京。十九年，授吏部侍郎。

二十四年，署工部尚书，授湖广总督。在籍御史孙绍基称与按察使沈作朋旧为同官，因以取赇。苏昌劾奏抵罪，并请定回籍之员与有司交结处分。苏昌劾湖北巡抚周琬乖戾掩饰，上调苏昌两广，命继任总督爱必达察琬。爱必达发琬匿灾徇劣吏状，夺官，戍巴里坤。苏昌至广东，又劾碣石总兵王陈荣贪黩，夺官，论如律。加苏昌太子太保。二十九年，奏言："广东产米不敷民食，宜多贮社谷，以补常平不足。请嗣后息谷统存州县备赈，免其变价。"从之。

调闽浙总督。在两广荐盐运使王概，概以赃败，下吏议。御史罗暹春因劾苏昌瞻徇糊涂，不堪节制海疆。上曰："苏昌不能辞失察之咎。节制海疆，乃朕所简用，非御史所宜言。"苏昌别疏劾知县刘绍泛，下刑部。上以暹春与绍泛同为江西人，疑暹春劾苏昌为绍泛地，诘责暹春，改主事，命苏昌留任。三十年，台湾淡水生番为乱，焚鲎壳庄，民死者五十余。苏昌檄按察使余文仪会台湾总兵督兵讨平之。三十三年，入觐。卒，谥慤勤。子富纲，官云贵总督。

苏昌在两广，有巨室横毙人母，诬其子，狱久具，色决本已下。苏昌疑其冤，亲鞫之，得实，疏自劾，上奖谕之，置知县于法，时论称焉。

鹤年，字芝仙，伊尔根觉罗氏，满洲镶蓝旗人。父春山，康熙五十一年进士，选庶吉士。官至盛京。兵部侍郎。

　　鹤年，乾隆元年进士，选庶吉士，授检讨，兼公中佐领，三迁内阁学士。十五年，擢仓场侍郎。以京师米贵，疏请京、通俸饷米先半月支放。十八年，劾坐粮厅郎中绰克托刚愎自用，迟延徇纵，绰克托坐夺官。又奏："通州南仓建自明天顺间，后并入中仓。雍正间，复分为二，与西仓分贮漕白米。臣见中西仓足敷收贮，请裁南仓归并中西仓。"从之。

　　十九年，授广东巡抚。奏陈平米价，严保甲，缉窃盗案，禁私铸、私雕诸事。上谕曰："诸凡行之以实，持之以久。勉之！"寻复疏请以化州石城官租谷碾给海安营兵米。又奏海阳蔡家园土堤改筑灰墙，出俸倡修。二十一年，奏言："番禺、花、阳春诸县征收兵米，有所谓厨房米、官眷米，相传起于明代藩府。后为旗营武职俸米。凡万二千余石，必细长洁白，产少价昂，甚为民累。应请禁革。"上嘉之。

　　调山东巡抚。奏言济宁、鱼台、金乡、滕、峄诸州县积水为灾，上命加意赈恤。二十二年，上南巡，迎跸。奏言："海丰地处海滨，东北乡尤低下，易罹水患。积年逋赋请豁免，乾隆十一年至二十年旧欠并改用下则。"复奏济宁等五州县积水尚未尽涸。上以江南宿虹、灵璧，河南永城、夏邑，皆有积水，命侍郎裴曰修会诸督抚筹度疏消。

　　七月，擢两广总督。奏："东省水患频仍，正与裴曰修商度，拟浚伊家河，泄微山湖水。河自韩庄迤西至江南梁旺城入运河，计程七十里，需银十三四万，一切正须经理。又与河臣张师载商浚运河，并及建堤。事不容己，恳留任督办。"上谕曰："览奏，具见良心。然朕以无人，不得不用汝。汝仍遵前命。"

　　十月，复命以总督衔管山东巡抚事。综理工程。奏言："浚运河必先浚伊家河以泄积水，使久淹地亩渐次涸出，然后履勘估修，庶工实费省。请俟春暖鸠工不致有误新运。"又偕师载疏言："运河淤垫日甚，寻常修浚，非经久之策。应自济宁石佛闸起北至临清闸，逐一探底，以深八尺为度，俾河身一体平坦。"上韪其言。十二月，伊家河工竟。又奏言："运河淤浅处分段筑坝，测量纤路，多民居。草土屋愿售，给价拆除。瓦屋不愿售，量将纤路加宽。被水民田速为疏消,俾为种麦。应修桥梁,察有解江余石应用,不使估报买采。"上以"实心经理,不负任使"嘉之。寻卒,赠太子太保、兵部尚书衔,祀贤良祠,赐祭葬,谥文勤。子桂林,自有传。

吴达善,字雨民,瓜尔佳氏,满洲正红旗人,陕西驻防。乾隆元年进士,授户部主事。累擢至工部侍郎、镶红旗满洲副都统。二十年,授甘肃巡抚。赴巴里坤督理军需,以劳赐孔雀翎。二十二年,疏言:"军粮自肃州运哈密至军,石需费十二、三两。凯旋官兵枭口粮制衣履,请改二成本色,八成折价。既得随时支用,亦可稍省运费。"从之。加太子少保。

二十四年,代黄廷桂为陕甘总督,寻复以命杨应琚,改总督衔管巡抚事。奏言:"宁夏横城堡河涨城圮。相度水势,分别添筑草坝,俾大溜北注,化险为平。"旋以总督衔调河南巡抚。奏改延津、封丘、胙城、荣泽、卢氏、灵宝诸县营制,议行。

授云贵总督。二十七年,奏言:"云南、贵州各镇协营每兵千设藤牌兵百,少不适用。请以七成改习鸟枪,三成改习弓箭。"从之。寻兼署云南巡抚。二十九年,奏改都匀、铜仁二协营制。调湖广总督,兼署湖北巡抚。巴陵民熊正朝伪称县人巡抚方显子,居省城与绅士交结,乘间盗窃,捕得置诸法。

三十一年,调陕甘总督,奏言:"木垒地广土沃,请将招集户民编里分甲,里选里长,百户选渠长,乡约保正。讼狱,守备审理,命盗案,守备验讯。巴里坤同知审解。"从之。三十三年,复调湖广总督,兼署荆州将军。命赴贵州,偕内阁学士富察善、侍郎钱维城按巡抚良卿、按察使高积营私舰法,论如律。三十五年,兼署湖南巡抚。

三十六年,复调陕甘总督,值土尔扈特部内附,上命分赉羊及皮衣。吴达善料理周妥,上嘉其能。以病乞解任。寻卒,赠太子太保,祀贤良祠,赐祭葬,谥勤毅。

崔应阶,字吉升,湖北江夏人。父相国,官浙江处州镇总兵。应阶,荫生,初授顺天府通判,迁西路同知。雍正中,擢山西汾州知府,乾隆十五年,授河南驿盐道。擢安徽按察使。丁母忧,服阕,补贵州按察使。二十一年,擢湖南布政使,署巡抚。总督硕色劾应阶子甘肃东乐知县琇附驿寄家书,应阶不检举,上特命降调。二十二年,补江南常镇扬道。再迁山东布政使。

二十八年,迁贵州巡抚,调山东。疏请浚荆山桥旧河,泄积水。二十九年,疏言:“武城运河东岸牛蹄窝、祝官屯,西岸蔡河陂水汇注,俱为堤隔,浸灌民田,请各建闸启闭。”均如所议。三十一年,疏言:“各州县民壮有名无实,饬属汰老弱,选精壮,改习鸟枪,与营伍无二。不增粮饷,省得精壮三千三百余名。”得旨嘉奖。三十二年,疏言:“武定滨海,屡有水患:一在徒骇尾闾不畅,一在钩盘淤塞未开。徒骇上游宽百余丈,至沾化入海处仅十余丈,纡回曲折,归海迟延。徒骇旧有漫口,径二十五里,宽至四五十丈,水涨赖以宣泄。若就此开浚,庶归海得以迅速。又有八方泊为众水所汇,伏秋霖雨,下游阻滞,淹及民田。泊东北为古钩盘河,经一百三十余里,久成湮废。若就此开浚,引水入海,则上游不致停蓄,积水亦可顺流而下。”皆如所请。

调福建,三十三年,擢闽浙总督,加太子太保。三十四年,劾兴泉永道蔡琛贪鄙,论如律。调漕运总督,奏粮道专司漕务,无地方之责,令亲押赴淮,不得转委丞倅。召授刑部尚书,调左都御史。四十五年,以原品休致。寻卒。

王检,字思及,山东福山人。父符,官太常寺卿。检,雍正十一年进士,改庶吉士,乾隆元年,授编修。大考四等,休致。十三年,上幸阙里,召试,复授编修。十四年,授直隶河间知府,迁甘肃凉庄道。以官河间有政声,即调直隶霸昌道。累擢安徽按察使。奏:“外任官员眷属外,定例州县家人二十名,府道以上递加十名,违者降级。定额本宽,近则州县一署几至百人,毋论招摇滋弊,即养廉亦不足供,请申明定例,违数详参。”又奏:“皖城滨临大江,岁多劫案,请加重沿江乘危抢夺旧例,边海有犯视此。"均得旨允行。调直隶,又调山西。二十八年,迁广西布政使,调甘肃。奏:"各省大计举劾,例由藩司主稿。请嗣后藩司新任,得援督抚例展限三月,以重考核。"

二十九年,擢湖北巡抚,署湖广总督。以前巡抚爱必达请于沔阳新堤设文泉县治,地处低洼,城仓库狱俱未兴工,且于民情未便,奏请裁撤,移沔阳州同驻新堤,下部议行。

调广东巡抚。秋审,刑部进湖广招册,检所定拟,多自缓决改情实,或改可矜。上核刑部九卿所改皆允,谕检"秋谳大典,宜详慎持平,失出失入,厥过维均"。传旨申饬。三十一年,奏:"凡盗出洋肆劫,伙党、器械,招买皆自内地。如果保甲严查,岂能藏匿?请嗣后洋盗案发,询明由某地出口,将专管及兼辖、统辖各员,照保甲不实力例议处。"从之。广东有名竹洲艇者,其制上宽下锐,行驶极速。海盗用以行劫,追捕为难。检令凡船皆改平底。琼州地悬海外,黎人那隆等劫商戕法,为诸盗最。检亲督剿捕,决遣如律。又以民多聚族而居,置祭田名曰"尝租",租谷饶裕,每用以纠众械斗。奏请"尝租自百亩以上者,留供每年祭祀,余田归本人。其以租利所置,按支均派,俾贫民有田以资生,凶徒无财以滋事。"上谕曰:"所奏意在惩凶息讼,惟恐有司奉行不善,族户贤否不齐,难免侵渔攘夺。嗣后因恃祠产丰厚,纠众械斗,按律惩治。即以祠田如检所请分给族人,俾凶徒知所警惧,而守分善良仍得保其世业。"三十二年,因病请假,有诏慰问。旋卒。

子启绪,自编修官河南开归陈许道。燕绪,自编修官侍讲。孙庆长,内阁中书,官福建按察使。

吴士功,字惟亮,河南光州人。雍正十一年进士,选庶吉士,改吏部主事。累迁郎中,考选御史。奏言:"部院大臣简用督抚,调所属司员以道府题补,恐滋偏听、交结诸弊,请照雍正旧例停止。"从之。御史仲永檀言密奏留中,近多泄漏。敕王大臣诘问,举士功劾尚书史贻直疏以对。上出士功疏,戒以不悛改,当重谴。七年,授山东济东泰武道,丁忧,服阕,调直隶大名道。改山东兖沂曹道,属县饥,上南巡,迎驾,召对,以闻。为截留粮米六十万石赈之,命士功董其事。旱蝗为灾,督吏捕治,昼夜巡阅,未及旬,蝗尽。调湖南粮道,巡抚阿克敦疏留,调山东粮道。再迁湖北按察使。二十二年,护巡抚。河南饥,敕湖北发毗连州县仓米运河南,即留本年应运漕粮归仓。士功奏湖北地卑湿,米难久贮,请以一米改收二谷还仓,报闻。

迁陕西布政使,护巡抚。疏言:“宜君、榆林、葭州、怀远、府谷、神木、靖边、宁远诸州县先旱后潦。拨宁夏米麦五万石分赈怀远、靖边诸县,中阻黄河,河冰即难挽运,臣饬先期速运。拨绥德等四州县米二万石协济榆林、葭州,山路崎岖,臣饬添雇骡驼速运,俾民早沾实惠。”谕令竭力妥为之。调直隶,奏请:“抚藩离任,将库项有无亏空奏明。新任抚藩亦于交代限内另折奏闻,仍照例出结保题,以除挪借积弊。”上以所奏简而易行,命著为例。二十三年,复调陕西,护巡抚。疏言:“延安府兵米,各县运府仓。弁兵赴府支领,路远费倍,耗损过半。请甘泉、宜川、延川、延长四县本县征放支给。”又奏:“陇州汧阳县跬步皆山,岁征屯豆,请改折色解司充饷。”俱从之。

擢福建巡抚。二十四年,奏请捕私铸,按钱数多寡治罪。又奏获南洲盗八十余人,与总督杨廷璋疏请改定南洲塘汛。又奏:“福建九府二州,常平缺额谷三十一万石有奇。台湾积年平粜未买谷十五万石有奇。皆令补足。浙西歉收,请拨台湾谷十万石听浙商贩运。风汛不便,先发内地沿海府县仓谷拨给,俟台湾谷运到还仓。一转移间,无妨于闽,有益于浙。”上嘉之。二十五年,奏:“寄居台湾皆闽、粤滨海之民,乾隆十二年复禁止移眷,民多冒险偷渡,内外人民皆朝廷赤子。向之在台湾为匪者,均只身无赖。若既报垦立业,必顾惜身家,各思保聚。有的属在内地者,请许报官给照,迁徙完聚。”又条奏稽查滨海渔船,令取船主、澳甲保结。出口逾期不还,责成澳甲、船主查报。稽察携带多货,帆樯编字号,书姓名,免匪舟溷迹,均从之。寻以福建民多械斗,由大族欺凌小族,疏请大户恃强纠众拟情实,小户被欺抵御拟缓决。刑部拟驳,上谕曰:“福建械斗最为恶俗。士功乃欲以族大族小分立科条,是使械斗者得以趋避其词,司谳者因而高下其手。士功夙习沽名,宜刻自提撕,勿自贻伊戚。"

二十六年,廷璋劾提督马龙图挪用存营公项。命士功严谳。会奏龙图借用公项,已于盘查时归补,援自首例减等拟徒。上以龙图败露后始行归补,且将登记数簿焚毁,又增舞文之罪,不得以自首论,因究诘出何人意,寻覆奏士功主政。上夺士功官,发巴里坤效力自赎。二十七年,廷璋奏闽县民杨魁等假造敕书承袭世职,投抚标效力。上命巴里坤办事大臣诘责士功,并令自揣应得处分,赎罪自效。士功输银赎罪,命释回。旋卒。

子玉纶,二十六年进士,自检讨累迁兵部侍郎,督福建学政,复降授检讨。

论曰:疆政首重宜民。纪督凿井,反贻怨讟。喀尔吉善遂阻开矿、种树之议,兴利诚不易言也。雅尔图、应阶治水,斯盛治社仓,哲治治赈,才有洪纤,效有巨细,要皆有益于民。苏昌劾大吏,颇见风力,瑚宝等亦各有建树。自古未有不尽心民事而可以称善治者也。

清史稿卷三一〇
列传第九七

齐苏勒　嵇曾筠 子璜
高斌 从子高晋　完颜伟
顾琮　白钟山

　　齐苏勒,字笃之,纳喇氏,满洲正白旗人。自官学选天文生为钦
天监博士,迁灵台郎。擢内务府主事,授永定河分司。康熙四十二
年,圣祖南巡阅河,齐苏勒扈跸。至淮安,上谕黄河险要处应下挑水
埽坝,命往烟敦、九里冈、龙窝修筑。齐苏勒于回銮前毕工,上嘉之。
荐擢翰林院侍讲、国子监祭酒,仍领永定河分司事。河决武陟,奉命
同副都御史牛钮监修堤工。疏言:“自沁河堤头至荥泽大堤十八里,
择平衍处筑遥堤。使河水趋一道,专力刷深,不致旁溢。”六十一年,
世宗即位,擢山东按察使,兼理运河事。命先往河南筹办黄河堤工。
时河南巡抚杨宗义请于马营口南旧有河形处浚开河。齐苏勒同河
道总督陈鹏年疏言:“河不两行,此泄则彼淤。马营口堤甫成,若开
引河,虑旁泄侵堤。”事乃寝。

　　雍正元年,授河道总督。既上官,疏言:“治河之道,若濒危而后
图之,则一丈之险顿成百丈,千金之费糜至万金。惟先时豫防,庶力
省而功易就。”又言:“各堤坝岁久多倾圮,弊在河员发弛,冒销帑
金。宜严立定章示惩劝。”并允行。乃周历黄河、运河,凡堤形高插
阔狭,水势浅深缓急,皆计里测量。总河私费,旧取给属官,岁一万

三千余金，及年节馈遗，行部供张，齐苏勒裁革殆尽。举劾必当其能否，人皆懔懔奉法。

阳武、祥符、商丘三县界黄河，北岸有支流三，逼堤绕行五十余里。南岸青佛寺有支流一，逼堤绕行四十余里，齐苏勒虑刷损大堤，令筑坝堵御，并接筑子堤九千二百八十八丈，隔堤七百八十丈。又以洪泽湖水弱，虑黄水倒灌，奏筑清口两岸大坝，中留水门，束高清水以抵黄流。及淮水畅下，坝在波涛中，又虑坝为水蚀，遣员弁驻工，湖涨下埽防坝，黄涨则用混江龙、铁篦子诸器，驾小舟往来疏浚，不使沙停，水患始缓。诏豫筹山东诸湖蓄泄以利漕运，疏言：“兖州、济宁境内，如南旺、马蹋、蜀山、安山、马场、昭阳、独山、微山、稀山等湖，皆运道资以蓄泄，昔人谓之‘水柜’。民乘涸占种，湖身渐狭。宜乘水落，除已垦熟田，丈量立界，禁侵越。谨淳蓄，当运河盛涨，引水使与湖平，即筑堰截堵。如遇水浅，则引之从高下注诸湖。或宜堤，或宜树，或宜建闸启闭，令诸州县量事程功，则湖水深广，漕艘无阻矣。”二年，广西巡抚李绂入对，上谕及淮、扬运河淤垫年久，水高于城，危险可虑。绂请于运河西别浚新河，以其土筑西堤，而以旧河身作东堤，东岸当不至溃决。上命与齐苏勒商度，齐苏勒奏言：“淮河上接洪泽，下通江口。西岸临白马、宝应、界首诸湖，水势汪洋无际。若别挑新河，筑西堤于湖水中，不惟糜费巨金，抑且大工难就。”上是其言。是秋，飓风作，海潮腾踊丈余。黄河入海之路，二水冲激，历三昼夜，而滨海堤岸屹然。上嘉其修筑坚固，赐孔雀翎，并予拜他喇布勒哈番世职。

三年，副总河嵇曾筠奏于祥符县回回寨浚引河，事将竣，齐苏勒奉命偕总督田文镜察视。齐苏勒奏言：“浚引河必上口正对顶冲，而下口有建瓴之势，乃能吸大溜入新河，借其水力涤刷宽深。今所浚引河，与见在水向不甚相对。当移上三十余丈，对冲迎溜。复于对岸建挑水坝，挑溜顺行，以对引河之口。俟水涨时相机开放，庶河流东注，而南岸堤根可保无虞。”上命内阁学士何国宗等以仪器测量，命齐苏勒会勘。齐苏勒奏：“仪器测度地势，于河工高下之宜甚有准则。今洪泽湖滚水坝旧立门槛太高,不便于泄水。请敕诸臣绕至湖口,用仪器测定,将门槛改低,庶宣防有赖。”又奏言:“治河物料用苇、柳,而柳尤适宜。今饬属于空闲地种柳,沮洳地种苇。应请凡种柳八千株、苇二顷者,予纪录一次,著为例。”均称旨。寻又奏言:“供应节礼,并已裁革。河标四营旧有坐粮,岁千余金,以之修造墩台,制换衣甲、器械。盐商陋规岁二千金,为出操验兵赏功犒劳之用。每年往来勘估,伏秋两汛,出驻工次,车马舟楫,日用所需,拮据实甚。河库道收额解钱粮,向有随平余银五千余,除道署日用工食,请恩准支销。”上允之。四年,以堵筑睢宁朱家口决口,加兵部尚书、太子太傅。五年,疏言:“黄河斗岸常患冲激,应改斜坡,俾水随坡溜,坡上悬密柳抵之。既久溜入中泓,柳枝沾泥,并成沙滩,则易险为平。”从其请。五年,齐苏勒有疾,上遣医往视。寻入观觐,命岁支养廉万金。

六年,两江总督范时绎、江苏巡抚陈时夏浚吴淞江,上命齐苏勒料理。筑坝陈家渡,松江知府周中铉、千总陆章乘舟督工下埽,潮回坝陷,溺焉。齐苏勒往视察,下为土埝,中有停沙,因督令疏浚,坝工乃竟。复偕曾筠会勘河南雷家寺支河,是秋事毕。于是黄河自砀山至海口,运河自邳州至江口。纵横绵亘三千余里,两岸堤防崇广若一,河工益完整。

七年春,疾甚,上复遣医往视。寻卒,赐银三千两为归榇资,进世职三等阿达哈哈番,赐祭葬,谥勤恪。上又以靳辅、齐苏勒实能为国宣劳,有功民社,命尹继善等择地,令有司春秋致祭。

齐苏勒久任河督,世宗深器之,尝谕曰:“尔清勤不待言,而独立不倚,从未闻夤缘结交,尤属可嘉。”又曰:“隆科多、年羹尧作威福,揽权势。隆科多于朕前谓尔操守难信,年羹尧前岁数诋尔不学无术,朕以此知尔独立也。”又曰:“齐苏勒历练老成,清慎勤三字均属无愧。”八年,京师贤良祠成,复命与靳辅同入祀。

嵇曾筠,字松友,江南长洲人。父永仁,诸生,从福建总督范承谟死事。母杨守节,抚曾筠成立。事分见《忠义》、《列女传》中。

曾筠,康熙四十五年进士,选庶吉士,授编修。累迁侍讲。雍正元年,直南书房,兼上书房。擢左金都御史,署河南巡抚,即充乡试考官。迁兵部侍郎。河决中牟刘家庄、十里店诸地。诏往督筑,逾数月,工竟。二年春,奏言:"黄、沁并涨,漫溢铫期营、秦家厂、马营诸堤。循流审视,穷致患之由。见北岸长沙滩,逼水南趋,至仓头口,绕广武山根,逶迤屈曲而下。官庄峪又有山嘴外伸,河流由西南直注东北,秦家厂诸地顶冲受险。请于仓头对面横滩开引河,俾水势由西北而东南,毋令激射东北,并培钉船帮大坝,更于上下增筑减水坝,秦家厂诸地险势可减。"又与河督齐苏勒会奏培两岸堤,北起荥泽,至山东曹县,南亦起荥泽,至江南砀山,都计十二万三千余丈。皆从之。

授河南副总河。驻武陟。疏言:"郑州大堤石家桥迤东大溜南趋,应下埽签桩,复于埽湾建矶嘴坝一。中牟拉牌寨黄流逼射,应下埽护岸,建矶嘴挑水坝二。穆家楼堤工坐冲,亦应下埽加镶。阳武北岸祥符珠水、牛赵二处工堤,近因中牟迤下,新长淤滩,大溜北趋成冲,应顺埽加镶。"又言:"小丹河自辛旬口至河内清化镇水口二千余里。昔人建闸开渠,定三日放水济漕,一日塞口灌田。日久闸夫卖水阻运,请严饬。仍用官三民一之法,违治其罪。"又言:"祥符南岸回回塞对面淤滩直出河心,致河势南趋逼省城。请于北岸旧河身浚引河,导水直行。"上谕苏勒用曾筠议。四年,奏卫河水盛,请于汲、汤阴、内黄、大名诸县筑草坝二十七。又请培郑州薛家集诸处埽坝。

五年,命兼管山东黄河堤工。寻转吏部侍郎,仍留副总河任。六年,疏言:"仪封北岸因水势冲急,雷家寺上首滩崖刷成支河。请将旧堤加帮,接筑土坝,跨断支河,以防掣流侵堤。青龙冈水势萦纡,将上湾淘作深兜,与下湾相对。请乘势开引河,导水东行。"寻擢兵部尚书,调吏部,仍管副总河事。奏请培兰场耿家寨北堤,下埽签桩筑坝。

七年，授河南山东河道总督，疏请开荆隆口引河。八年，署江南河道总督，疏言："山水异涨，汇归骆马湖，溢运浮黄，河、湖合一。请于山盱、周桥以南开坝泄水，并启高、宝诸堰，分水入江海。高堰、山盱石工凑有桩腐石欹，顺砌卑矮者，应筑月坝，加高培实。其年久倾圮者，全行改筑。兴工之际，筑坝拦水，留旧石工为障。俟新基筑定，再除旧石，仍留旧底二层，以御风浪。"又奏："禹王台坝工为江南下游保障。沭水源长性猛，坝工受冲。请于见有竹络坝二十七丈外，依顶冲形势，建石工六百余丈。接连冈阜，仍筑土堤，并浚沭河口门，使循故道直趋入海。"十年，奏扬州稻芒河闸商工草率，改归官辖，并增设闸官。十年，加太子太保。十一年四月，授文华殿大学士，兼吏部尚书，仍总督江南河道，予一品封典。十二月，丁母忧，命在任守制。曾筠奏恳回籍终制，温诏许之。以高斌暂署，仍谕曾筠本籍距淮安不远，明岁工程，就近协同经理。十二年四月，同高斌奏增筑海口辛家荡堤闸，同副总河白钟山奏修清江龙王闸，浚通凤阳厂引河。十三年，谕曾筠葬母事毕赴工。高宗御极，命总理浙江海塘工程。

乾隆元年，兼浙江巡抚。寻命改为总督，兼管盐政。曾筠条奏盐政，请改商捕为官役，严缉私贩，定缉私赏罚。地方有抢盐奸徒，官吏用盗案例参处。又疏请于海宁筑尖山坝，建鱼鳞石塘七千四百余丈。入觐，加太子太傅。二年，疏请筑淳安淳河石矶。三年，疏请修乐清滨海堤。又疏请发省城义仓运温、台诸县平粜，并从之。寻召入阁治事，以疾请回籍调治。上令其子璜归省，又遣医诊视。卒，赠少保，赐祭葬，谥文敏，祀浙江贤良祠。又命视靳辅、齐苏勒例，一体祠祀。

曾筠在官，视国事如家事。知人善任，恭慎廉明，治河尤著绩。用引河杀险法，前后省库帑甚钜。弟三子璜，亦由治河有功，官大学士，继其武。

璜，字尚佐。幼读《禹贡》，曰："禹治水皆自下而上。盖下游宣通，水自顺流而下。"长老咸惊异。雍正七年，赐举人。八年，成进士，选庶吉士,年裁二十。授编修,再迁谕德。乾隆元年,命直南书房。三年,丁父忧,服阕,擢庶子。两岁四迁左金都御史。九年,奏:"督抚阅兵,只就趋走应对定将弁能否。请近省命大臣,边省命将军、副都统,简阅行伍。"是岁令大学士讷亲阅河南、山东、江南三省行伍,璜此奏发之也。

璜侍曾筠行河,习工事。奏河工疏筑诸事:请浚毛城铺坝下引河,并于顺河集诸地开河引溜,修筑黄河岸,留新黄河、韩家堂诸地旧口,泄盛涨,议行。授大理寺卿。累迁户部侍郎。十八年十月,黄、淮并涨。璜疏请浚铜山以下、清口以上河身,并仿明刘天和制平底方船,用铁耙疏沙,修补高堰石工、归仁堤闸,酌复江南境内减水闸坝。尚书舒赫德等被命视河,奏请派熟谙工程大员董理堤防,因令璜偕工部侍郎德尔敏督修。璜奏:"高堰工程有砖石之殊,年分有新旧之异。今当修砌石工,堤外筑拦水坝,并将旧有砖工尽改石工。石较砖重,桩木应培增。旧修石堤用石二进,石后用砖二进,砖与土不相融结,久经风浪,根空基圮,令于砖石后加筑灰土三尺,以御冲刷。"又奏:"串场河为诸水总汇。请自石硖闸南更建闸二,并就旧河道疏浚,直达海口。"十九年,奏:"高堰、高涧、龙门、石沟四处深塘兜湾,请修复草坝。"皆从之。十九年堤工竟,议叙,转吏部。二十年,以母病,乞假归。

二十二年春,上以璜母病愈,授河南副总河,并谕曰:"璜侍父曾筠久任河工,见闻所及,谙练非难。母虽年近八十,常、淮带水,尽可轻舟迎养,固无异在家侍奉也。"四月,上南巡,临视高堰、清口及徐州诸工。以伏汛将至,近河诸地岁频歉,贫民甚多,谕疏筑诸工同时并举,以工代赈。因璜前奏请于昭关增滚坝、浚支河,南关旧坝改建滚水石坝,即命璜董其事。璜奏:"运河东堤减水入下河,经刘庄、伍佑、新兴诸场,分注斗龙、新洋二港归海。但刘庄大团闸至新兴石硖闸相距较远,请于伍佑沿洼口、蔡家港各增建石闸,引水出新洋港。并疏射阳湖港口,使之径直。浚串场河以西孔家沟、冈沟河、皮家河支流凡三。此皆下河归海之路也。湖河诸水,归海纡回,归江迳直。多一分入江，即少一分入海。应挑河筑坝，使湖河水势相平，乃将各坝开放。则湖水既减，可为容纳来水地。伏秋水盛，泄高邮湖引入运河，出车逻、南关二坝，则归海水少，下河田庐可无虑矣。”上谕曰：“璜此奏分别缓急，因势利导，会全局而熟筹之。改纡为直，移远为近，浚浅为深，具有条理。即令尹继善、白钟山等会璜次第兴举。”十一月，高邮运河东坝新建石坝工成，奏请酌定水则，车逻、南关二坝过水至三尺五寸，开五里中闸。至五尺，开新建石坝。又奏：“车逻、南关坝脊高于高邮湖面二尺七寸，芒稻闸为湖水归江第一尾闾，请常年启放，俾江、湖脉络贯通。”上深嘉之，从所请，并降旨命勒石闸畔。

二十三年正月，擢工部尚书。五月，上下江诸工皆竟。九月，调礼部。二十四年四月，请在籍终养。二十五年，诣京师祝上寿。归至清江浦，奏言：“归江之路，尚有应筹。请于金湾坝下开引河，并浚董家沟。又以廖家沟、石羊沟、三坝改低三尺，使与芒稻闸相准。”上命交尹继善等勘议。二十九年，丁母忧。三十二年，服阕，署礼部尚书，旋实授。七月，授河东河道总督，奏：“杨桥大坝为河南第一要工，虽已堵闭，时辄渗漏。而北岸河滩顺直，既不能挑引河分溜，大坝迤东又遍地飞沙，不能建越堤。请将坝身裹戗培厚，用资完固。”璜每巡河，不避艰险。身先属吏。一夕闻虞城工险，驰往。天甫晓，雨雹交下，下埽岌岌欲崩，从者失色，劝璜姑退。璜立堤上叱曰：“埽去我与俱去！”雨雹息，堤卒无恙。

三十三年九月，召授工部尚书，罢直南书房。寻以在河督任未甄别佐杂，左迁左副都御史。三十六年，迁工部侍郎。三十八年，擢尚书，调兵部。四十年，复调工部。四十四年，调吏部，协办大学士。初，璜议挽黄河北流仍归山东故道，入对尝及之。是岁河决青龙冈，大学士阿桂视工。上以璜议询阿桂及河督李奉翰，佥谓地北高南低，水性就下。欲导河北注，揣时度势，断不能行。上复命廷臣集议，仍谓黄河南徙已久，不可轻议改道，寝其事。

四十七年，加太子太保，在上书房总师傅上行走。并以璜年老，谕冬令日出后入朝,赐元狐端罩。五十年正月,与千叟宴,为汉大臣领班。五十一年,以老乞休,赐诗慰留。上幸避暑山庄,命留京办事。五十五年四月,以璜成进士逾六十年,重与恩荣宴。璜年八十,与高宗同岁生,生日在六月,奏改万寿节后。上嘉其知礼,代定八月十九日,赐诗及联榜、上方珍玩宠之。五十六年,复赐肩舆入直。五十九年七月,卒,年八十有四,命皇八子奠酹,赠太子太师,赐葬,祭谥文恭。

子八,长承谦,进士,官至侍读,先璜卒。族子承恩,举人,累官至河东河道总督。

高斌,字右文,高佳氏,满洲镶黄旗人,初隶内务府。雍正元年,授内务府主事。再迁郎中,管苏州织造。六年,授广东布政使,调浙江、江苏、河南诸省。九年,迁河东副总河。十年,调两淮盐政,兼署江宁织造。十一年,署江南河道总督。十二年,回盐政任。复署河道总督,培范公堤六万四千余丈。十三年,回盐政任。旋授江南河道总督。

乾隆元年,疏请河工抢修工段需用土方,令河兵挑运十之四,用民工十之六。又请苇荡营采柴均归厂运。又请各州县河工外解各项悉归河库道。河南永城、江南萧县频年被河患,上命高斌会两江总督赵宏恩、河南巡抚富德筹疏通之策。高斌等奏:“黄河南岸砀山毛城铺向有减水石坝一,萧县王家山有天然减水石闸一,睢宁县峰山有减水闸四,建自康熙间,诚分黄导淮以水治水之善策。年久淤浅,水发为患。毛城铺旧有洪沟、巴河二河,为减泄黄水故道。闸下地势,东北偏高,水向南行,漫入祝家口。请俟水涸疏浚二河,并于二河上游开蒋沟河,筑祝家口、潘家口二坝。漳水南流,使尽入蒋沟、洪沟、巴河分流下注,永城、砀山诸县当无水患。王家山天然闸减水会入徐溪口,旧有引河,间有淤浅。峰山减水四闸,历年既久,引河亦有淤浅,均应疏浚。”又奏:“淮扬运河自清口至瓜洲三百余里,其源为分洪泽湖水入天妃闸,建瓴而下,经淮安、宝应、高邮、扬州以达于江,惟借东西漕堤为障。请于天妃、正越两闸之下,相距百余丈,各建草坝三。坝下建正石闸二,越河石闸二。又于所建二闸尾各建草坝三。重重关锁,层层收蓄,则水平溜缓,可御洪泽湖异涨,亦可减运河水势。湖水三分入运,七分会黄。山盱尾闾天然南北二坝,非洪泽湖异涨不可轻开,使清水全力御黄。而高、宝诸湖所受之水,循轨入口,不至泛溢下河。则高、宝、兴、盐诸县民田可免洪湖泄水之患。"疏入,均议行。

御史夏之芳等疏言:"毛城铺引河一开,则高堰危,淮、扬运道民生可虑。"命高斌会大学士嵇曾筠、副总河刘永澄等详度。安徽布政使晏斯盛、广东学政王安国复请浚海口,又命高斌与宏恩及江苏巡抚邵基会勘。二年三月,高斌请入觐。赵宏恩内擢户部尚书,亦诣京师。上命王大臣集议,并召之芳等皆与。高斌言:"毛城铺减水坝康熙十七年靳辅所建,减水归洪泽湖,助清刷黄。六十年来,河道民生,均受其益。见浚毛城铺,乃因坝下旧河量加挑浚,使水有所归,并非开坝。况减下之水,纡回曲折六百余里,经徐、萧、睢、宿、灵、虹诸州县,有杨疃等王湖为之渟蓄。入湖时即已澄清无挟沙入湖之患,亦无湖不能容之虑。"之芳等仍执所见,议未决,御史甄之璜奏:"毛城铺开河,淮、扬百万之众,忧虑惶恐。"钟衡条奏亦及之。上卒用高斌议,斥之璜、衡、之芳等。高斌复请别开新运口,堵塞旧运口,以避黄河倒灌。三年正月,淮、扬运河工竟,有旨嘉奖。四年,上闻时论议高斌所改新运口离黄稍远,而上游水势遇黄河异涨,仍不见倒灌,命大学士鄂尔泰乘驿往勘。鄂尔泰仍主开新运口,如高斌议。八月,高斌入觐,命便道与直隶总督孙嘉淦、总河顾琮会勘直隶河道。六年,泰言:"黄河自宿迁下至清河,河流湍急,内逼运河,唇齿相依。请培运河南岸缕堤,作为黄河北岸遥堤。"又言:"江都瓜河地势卑下,请量改口门,别浚越河,以减淮水入瓜河分数。"又言镇江南岸埽工宜改砖工。均下部议行。

调直隶总督,兼管总河。奏言:"永定河惟在尾闾通畅,请于三角淀旁开引河,下接大清河老河头,上接郑家楼水口。挑去积土,即于北岸圈筑坡埝，以防北轶。南岸亦量为接筑，以遏南溜。下口河唇，随时疏通。至上游应筹分泄，请于南岸双营，北岸胡林店、小惠家庄各增建三合土滚坝一。并减堤高，使卑于坝。南岸郭家堤旧草坝应一律修筑如式。"七年，淮、扬水灾，上命高斌及侍郎周学健会总督德沛等治赈。事毕，还直隶，复奏言："永定河上游为桑乾河，自山西大同至直隶西宁，两岸可各开渠灌田。自西宁石闸村入山，经宣化黑龙湾、怀来和合堡、宛平沿河口，两山夹峙，一线中趋。若于山口取巨石错落堆叠，仿竹络坝之意，为玲珑水坝，以杀其汹涌，则下游河患可减。"疏上，均议行。十年三月，加太子太保。五月，授吏部尚书，仍管直隶水利、河道工程。十二月，命协办大学士、军机处行走。

十一年，御史杨开鼎劾南河河道总督白钟山河决匿灾不报，命高斌往江南会总督尹继善按治，白钟山坐夺官。疏言："淮、黄二渎，每年伏秋水涨，以老坝口水志为准则。乾隆七年最大，水志连底水一丈四尺七寸，当以此较量每年水势。各处闸坝开闭，应以就近石工水涨尺寸为度。"运河水涨，又命高斌往勘。疏陈培六塘河谢家庄、龙沟口诸处堤堰，浚中墩河、项家卫东门河。又疏请豁免海州、沭阳、赣榆诸县逋赋，及板浦、徐渎、中正、莞渎、临洪、兴庄诸场折价带征银，并从之。高斌尝谓黄水宜合不宜分，清水宜蓄不宜泄，惟规度湖河水势，视其缩盈以定蓄泄，方不至泛溢阻碍为民害。诸所筹画，皆可循守。十二年三月，授文渊阁大学士。四月，命往江南同河道总督周学健督理防汛。五月，直隶水利工竟。

十三年，命偕左都御史刘统勋如山东治赈。又命偕总督顾琮如浙江按巡抚常安婪贿状，高斌等颇不欲穷治。上又遣大学士讷亲往按，责高斌模棱，下吏议，夺官，命留任。闰七月，周学健得罪，命兼管江南河道总督。寻以籍学健家产徇私瞻顾，夺大学士，仍留河道总督。十六年三月，上南巡，命仍以大学士衔管河道总督事。闰五月，暂管两江总督。八月，盱南阳武漫工未合龙，诏往相度修筑，命未下，高斌奏请驰赴协办。上奖其急公任事，得大臣体。十一月，工竟,命同侍郎汪由敦勘天津诸处河工。十七年,年七十,赐诗。

十八年,洪泽湖溢,邵伯运河二闸冲决,高邮、宝应诸县被水,下部严议。学习河务布政使富勒赫奏劾南河亏帑,命署尚书策楞、尚书刘统勋往按。策楞等疏发外河同知陈克济、海防同知王德宣亏帑状。并及洪泽湖水溢,通判周冕未为备,水至不能御,不即奏劾状。上责高斌徇纵,与协办河务张师载并夺官,留工效力赎罪。九月,黄河决铜山张家路,南注灵、虹诸县,归洪泽湖,夺淮而下。上以秋汛已过,何至冲漫河堤,责高斌命往铜山勒限堵塞。策楞寻奏同知李炖、守备张宾侵帑误工状,上命斩炖、宾,縶高斌、张师载使视行刑,仍传旨释之。二十年三月,卒于工次。予内大臣衔,发内库银一千治丧。

二十二年,上南巡,谕曰:“原任大学士、内大臣高斌,任河道总督时颇著劳绩。即如毛城铺所以分泄黄流,高斌设立徐州水志,至七尺方开。后人不用其法,遂致黄弱沙淤,隐贻河患。其于黄河两岸汕刷支河,每岁冬季必率厅汛填筑。近年工员疏忽,因有孙家集夺溜之事。至三滚坝泄洪湖盛涨,高斌坚持堵闭,下游州县屡获丰收。功在民生,自不可没。癸酉张家路及运河河闸之决,则其果于自信,抑且年迈自满之失。在本朝河臣中,即不能如靳辅,较齐苏勒、嵇曾筠有过无不及。可与靳辅、齐苏勒、嵇曾筠同祀,使后之司河务者知所激劝。”二十三年,赐谥文定。御制《怀旧诗》,列五督臣中。命祀贤良祠。

子高恒,高恒子高朴,皆坐事获谴,自有传。上复录高恒孙高杞授内务府郎中。从子高晋。

高晋,字昭德。父述明,凉州总兵。高晋初授山东泗水知县,累迁安徽布政使,兼江宁织造。乾隆二十年,擢安徽巡抚。二十二年,上南巡视河,命高晋协办徐州黄河两岸堤工。高晋奏言:“凤、颍灾区诸工并举,米价日昂,动工程银三万两购米,尚虑不敷。上念淮徐海道诸工,截漕二十万石平粜。请分五万济上江各工。”从之。工竟,加太子少傅。

二十六年,迁江南河道总督。奏言:"高、宝、兴、泰积年被水,上命封南关、车逻等坝,于金湾坝下浚引河,泄水归江,使洪泽湖、运河之水不致漫坝东注。下河各县支河汊港及田间积水,均汇入串场河,北至盐城石砣、天妃等闸,出新洋港。又自兴化白驹、青龙、八社、大关等闸出斗龙港,分二道归海。惟下河形如釜底,积涝骤难消涸。请浚兴化迆南丁溪、小梅二闸引河使出王家港,兴化迆北上冈、草堰、陈家冲三闸引河,使汇射阳湖,增二道归海,俾数州县积水节节流通,沮洳渐成沃壤。"从之。二十七年,授内大臣,奏言:"运河归江,邵伯以下旧设六闸。自盐河分流下注,请将六闸金门量为展宽。又盐河旧设中、南、北各二闸,应留北二部以济盐、运。南、中二闸过水迟滞,应添建石坝,接长土堤,酌挑引河,俾高、宝湖水归江益畅。"二十八年,加太子太傅。二十九年,奏言:"清口以上桃、宿等厅,专受黄水。清口东坝以下,淮、黄合流,至云梯关迆东归海。北岸五套、南岸陈家浦顶冲入溜,议培筑旧堤。臣以云梯关外近海,与其筑堤束水,不若于旧堤上首作斜长子堰,使水汇正河入海。"上均是之。

三十年,迁两江总督,仍统理南河事务。三十一年,按苏州同知段成功纵仆扰民,高晋以成功方病,拟宽之,上责其祖庇。三十三年,署湖广总督,兼摄荆州将军事。三十四年,回任,兼署江苏巡抚。上命采洋铜铸钱,高晋请收小钱,并运云南铜供铸,费省于洋铜,上用其议。三十六年,兼署漕运总督,授文华殿大学士,兼礼部尚书,仍任总督如故。寻命同侍郎裘曰修、总督杨廷璋筹勘永定河工。事竟,还江南。

四十年,河东河道总督姚立德奏请以蜀山湖收蓄伏秋汛水,工部以旧例蜀山湖于十月后收蓄汶河清水议驳,上命高晋会勘。寻奏:"蜀山湖周六十五里,在汶河南、运河东,为第一水柜。向定蓄水限九尺七八寸,请改以一丈一尺为率,兼蓄伏秋汛水。从之。四十一年,河督吴嗣爵奏黄河淤高,命高晋与总督萨载筹议。请浚清口以内引河停淤,使清水畅出,与黄河汇流东注,并力剔沙,则黄河不浚自深，海口不疏自治。”上谕曰：“此奏甚合机宜形势，为治淮、黄一大关键。届时妥为之。”是冬，入觐，上以高晋年七十，书榜以赐。

四十三年，命赴浙江会巡抚王亶望相度海塘，又命赴河南堵筑仪封漫口。秋，河决时利驿，高晋请议处，命宽之。冬，时利驿工竟。仪封新修埽工蛰陷，部议夺官，仍命留任。十二月，卒，赐祭葬，谥文端。《怀旧诗》并例五督臣中。子书麟、广兴，自有传。

完颜伟，完颜即其氏，满洲镶黄旗人。雍正间，自内务府笔帖式累迁户部员外郎。命往江南学习河务。乾隆二年，授浙江海防道。调江南河务道，寻擢浙江按察使。方建尖山坝工，巡抚卢焯奏以伟督工，岁赉银五百。六年，命为江南副总河，就擢河道总督。高邮南关、五里、车逻三坝，值河、湖盛涨，泄水辄浸下河州县民田。上命闭洪泽湖天然坝及三坝，不使水入下河。知州沈光曾以上河滨湖滩地被水，议以济运余水由三坝减泄，并易芒稻河闸为坝，疏宝应、高邮、甘泉诸湖南注之路。伟劾其扰乱河工，光曾坐夺官。

初，上以黄河大溜逼清口，命循康熙旧迹，开陶庄引河，导使北注。大学士鄂尔泰与河道总督高斌合勘，甫定议，会暴汛积淤，工遂停。高斌亦去任，复命伟相度。伟议自清口迤西黄河南岸设木龙挑溜，使渐趋而北。七年，疏言：“淮源上游雨多水发，贾鲁河盛涨，由涡达淮，汇于洪泽湖。三石滚坝减归高、宝、邵伯等湖，而古沟、东坝漫刷过水又自白马湖来会，水势益大。臣督筑子堰捍御，并开高邮老土坝及南关等三坝，水势始定。”上嘉之。

是岁黄河亦盛涨，石林口减水过多，沛县及山东鱼台、滕、峄诸县皆被水。伟具疏请罪。御史吴炜劾伟用人不得当，伟疏辨，上不深责，调河东河道总督。九年，奏言：“山东历年被水，由于上游散漫，下游梗阻。运河东接汶、泗、沂、济诸水，泄入微山、蜀山、南旺、马踏诸湖。北接漳、卫二水，泄入盐河、徒骇、马颊、钩盘诸河。遇伏秋异涨，宣泄不及，应于运河内增闸坝以分其势，疏下河以畅其流。其经由各州县，凡沟渠淤狭者浚之，堤堰残缺者修之。”报可。十年，以母老乞回京，有旨慰留。十三年，授左副都御史。旋卒。

顾琮，字用方，伊尔根觉罗氏，满洲镶黄旗人。尚书顾八代孙。父顾俨，历官副都统。顾琮，以监生录入算学馆，修《算法》诸书，书成议叙。康熙六十一年，授吏部员外郎。雍正三年，授户部郎中，迁御史。四年，巡视长芦盐政。八年，迁太仆寺卿。九年，授霸州营田使。十一年，协理直隶总河，迁太常寺卿，署直隶总督。寻授直隶河道总督。十二年，奏报："永定河口深通，上流始得畅注入淀。近因淤，议浚引河，自然开刷，不劳民力，号为天赐引河。"上令报祀。疏请更定管河厅汛，增设员缺，下部议行。

乾隆元年，署江苏巡抚。丁父忧回旗。二年，命协办吏部尚书事。永定河决，命偕总督李卫督修。旋署河道总督。三年正月，改授朱藻，命协同办理。奏畿辅西南诸水汇于东西两淀，淤垫漫溢为患。请设堰船捞泥，以三角淀通判、清河同知司其事。藻罢去，复授河道总督。五年，浚青县兴济、沧州捷地两减河，疏陈善后诸事，请疏海口，筑遥堤，多设涵洞。六年，请改定子牙河管河官制。寻以裁缺回京。六年，授漕运总督。七年，奏言："清江以上，运河两岸，向来只知束水济运，未知借水灌田，坐听万顷源泉，未收涓滴之利。同此田亩，淮南、淮北、腴瘠相悬。或疑运河泄水，于济运有妨。不知漕艘道经淮、徐，五月上旬即可过竣。稻田须水，正在夏秋间。若届时始行宣导，是只借闭蓄之水为灌溉之资，于漕运初无所妨。况清江左右所建涵洞，成效彰彰。推此仿行，万无疑虑。请特遣大臣总理相度，会同督、抚、河臣详酌兴工。"议未及行。八年，以督运诣京师。入对，请行限田。上斥其扰民。

十年六月，疏请于马庄集、曹家店各建石闸，束上游之水，并将骆马湖入运处改在阜湖以上轮车头，建闸挑渠，引水济运。十字河竹络坝开放后，黄水湍激，横截运河，粮艘提溜为难。当于竹络坝下束黄坝迤东接堤堵截，别于苏家闸南浚河越黄入运，从之。十一年，署江南河道总督。十二年，命偕大学士高斌按浙江巡抚常安贪婪

状。坐未穷治,夺官,命留任。寻调河东河道总督。十七年,疏言:
"运河堤未设堡房。请视黄河例,每二里建堡房,都计四百余座。"十
九年,坐江南总河任内浮费工银,夺官。旋卒。

顾琮内行严正,尝入对。值旱多风,世宗以为忧。顾琮引《洪
范》谓:"蒙恒风若,虑臣或蔽君。"上为之动容。世宗崩,顾琮方丧
偶,逾三年乃续娶。方苞以为合礼。

白钟山,字毓秀,汉军正蓝旗人。雍正初,自户部笔帖式迁江南
山清里河同知。累擢江苏布政使。奏:"狼山、苏松二镇驻地距苏州
俱远,军糈挽运维艰,请就所驻及附近州县配给。崇明孤悬海外,地
不产米,请由江、广采运,拨万石贮崇明仓,备平粜。海滨涨出沙洲,
民人占居,当筑土墩以避潮患。"从之。十二年,授南河副总河,旋擢
河东河道总督。

乾隆元年,奏:"河标兵驻济宁,无仓储,每称贷贵籴。请以生息
银二千七百有奇买谷四千石,设仓存贮,春借秋收。"又奏:"豫东河
防,水落时,当堵塞支河。伏秋水涨,购料募夫,每虑不及。请发河
南、山东司库银分存郑州及武涉、封丘、曹、单诸县,永远贮备。"皆
从之。四年,疏言:"漳水旧自直隶入海,康熙四十五年,引漳入卫济
运,故道渐淤,全归卫河,势难容受。嗣于德州哨马营建滚水坝,开
引河泄卫水,由钩盘河达老黄河入海。然漳、卫二水随时淤塞,虚縻
帑金。漳水旧有正河、支河,应择易浚者复其故道。于馆陶建闸,卫
水大,听漳入海以防涨。卫水小,分漳入卫以济运。"奏入,命大学士
鄂尔泰详议,议在丘县东和尔寨村承漳河北折之势,接开十余里,
至漳洞村入旧河。因于新河东流入卫处建闸,以时启闭,上从之。时
漕运总督补熙请造十丈大船,运河当以水深四尺为则。白钟山谓:
"闸河无源之水,雨至而后泉旺,泉旺而后河盈。上闸闭、下闸启,则
下闸倍深,上闸倍浅。各闸相距远近不均,水近者深,则远者必浅。
以人役水,以水送舟,必不能均深四尺。"侍郎赵殿最又请于馆陶、
临清各立卫河水则,白钟山谓:"尺寸不足,将卫辉民田渠闸尽闭,

致妨灌溉,事既难行,尺寸既足,将官渠官闸尽闭,来源顿息。下流已逝,运河之水亦立见消涸。二者均属非计。"议并寝。

八年,调江南河道总督,疏言:"石林口堵筑坚固,大溜直趋下流。黄村、韩家塘等处新筑子堰,恐不足抵御,于对岸浚引河,导溜南注,并加厚子堰,派兵驻防。"又奏言:"苇荡左右两营,岁输柴二百二十五万束。积久生弊,轮运不齐。请禁兵民杂采,定采苇期限,浚运柴沟渠,编柴船帮号。"皆允行。

十一年,御史杨开鼎劾:"白钟山出纳悭吝,任情驳减,用损工偷,纵仆役娄索。陈家浦决七百余丈,止称二十余丈。兴筑延缓,阜宁、盐城二县受其害。"命高斌会尹继善按治,以开鼎从。寻覆奏驳减、娄索无实据,惟陈家浦漫口冲刷,贻害累民。上召白钟山诣京师,夺官,效力河工。总河顾琮复论白钟山措处失当,上命籍其资逾十万以偿。

十五年,授永定河道。十八年,河决张家路,命从尚书舒赫德往勘。旋命以按察使衔协办南河事。十九年,复授河东河道总督。二十年,署山东巡抚。请罢孔氏袭曲阜知县,上命改授世袭六品官。寻奏济宁以南积水未消,请缓开汶河大坝,疏浚下游河道。上命白钟山往勘南河,文武各官听调遣。

二十二年,调江南河道总督,疏言:"自河决张家路,沙停河淤,下流不畅,南高北洼。迨孙家集复决,河底益高。黄河受病,率由水势侧注北岸,冲刷沟槽。惟有南北分筹,南宜疏,北宜筑。筑则支河不致夺溜,疏则稍分有余之水势,庶徐州得以少安。臣与河臣张师载商榷,以为南岸长滩较北岸更险,必于横亘处浚引河,导溜归中,岸堤益加高厚。北岸无堤,漫水如梁家马路、徐家山等处支河数十道,及黄家庄、郭家堂等处漫槽矮滩,宜筑土坝。水平则收束以刷正河,水涨则平漫不消,不至冲槽夺溜。并于孙家集培堤增坝,以为重障。骆马湖北受蒙阴山水,西受微山湖水,其尾闾在六塘河。上游湖堤在在残缺,及应修补捍防。"皆从之。

荆山桥工竟,议叙。奏言:"宁夏上游河水陡涨,急报下游防范。

正阳关为淮水上下关键,应仿宁夏水报法,派员专司其事。"又奏:"上江诸水皆归安河以达洪泽湖。安河间段淤浅,连年水患由此。宜多募渔船,伐芦捞泥,俾尾闾一通,上游皆有去路。又归仁堤下旧有涵洞,穿鲍家河以达安河,久经湮塞。拟开浚分林子河一支,则安河进水之地亦有所分,患可渐减。"报闻。二十三年,加太子少保。二十六年,卒,赠太子太保,赐祭葬,谥庄恪。

论曰:自靳辅治河、淮,继其后者,疏浚修筑,守成法惟谨。世宗朝,齐苏勒最著,嵇曾筠、高斌皆仍世继业,与靳辅同祠河上,有功德于民,克应祭法。完颜伟、顾琮、白钟山随事补苴,不负当官之责。高斌任事二十年,疏毛家铺引河,排众议行之,民蒙其利。夺淮之役,缚赴工次待决。雷霆不测之威,赫矣哉!

清史稿卷三一一
列传第九八

哈攀龙 _{子国兴}　任举　治大雄
马良柱　本进忠　刘顺

　　哈攀龙,直隶河间人,其先出回部。乾隆二年一甲一名武进士,授头等侍卫。以副将发福建,除兴化城守副将。迁总兵,历河南南阳,福建海坛、漳州诸镇。以母丧去官。十三年,高宗东巡,攀龙迎銮,命往金川,隶总督张广泗军,署松潘镇总兵。出美诸沟,取撒卧山、大松林、噶达诸寨。分兵出马沟右梁,察形势,得其险要,搜截松林,贼蔽松设卡。毁其二,径左梁山沟,炮毙贼数十。进克渴足寨,焚碉寨四、水城一,杀贼二十余。寻与署重庆镇总兵任举合兵攻色尔力石城,举没于阵。攀龙入林,殪贼三十余,夺举尸回。复偕都统班第、署重庆镇总兵段起贤、侍卫富成分道夜袭色尔力,焚木卡三,杀贼五十余。进破石梁、双沟诸垒。经略讷亲、总督张广泗劾攀龙攻色尔力不能下,兵部议左迁。上责攀龙自陈,攀龙言屡克卡杀贼报广泗,广泗不以入告。会讷亲、广泗皆得罪去,上知攀龙枉,命罢议。寻从经略大学士傅恒夜攻色尔力,先登,拔石卡,殪贼数十。十四年,金川事定,命署固原提督。十六年,移湖广提督,陈整饬弁兵诸事,上嘉勉之。寻命真除,复移贵州提督。入陛见,病留京师,卒。

　　子国兴,乾隆十七年武进士,授三等侍卫。出为云南标右营游击,迁东川营参将。缅甸头人召散据孟艮为乱。总督杨应琚檄国兴佐军,战楞木,进克猛卯,督战被枪,创右辅及臂。应琚以闻,赐孔雀翎。寻署腾越营副将。时副将赵宏榜以偏师深入，与缅人战于新街，师败绩。国兴师至蛮莫，诇新街无备，督兵潜入，缅人乃引退。从将军明瑞进克木邦，战于蛮莫，大破之。复偕侍卫莽克察击斩守隘贼六十余。擢楚姚镇总兵。入陛见，命在乾清门行走，赉银帛。还军，移普洱镇总兵，迁贵州提督。经略傅恒议用水师，令国兴赴铜壁关外野人山督造船。移云南提督，加太子少保。船成，从傅恒出猛拱、孟养、南丰、猛烈、猛坝，次老官屯。缅人水陆备甚固，攻之不时下。头人诺尔塔以其酋槽驳命，遣使得鲁蕴诣军乞解兵。傅恒令国兴出见，晓以利害，令具约十年一贡，毋更扰边，归所掠内地人。缅人誓奉约。时傅恒方病，将军阿桂召从征诸大臣议，皆言许之便，遂与定约解兵。既而贡弗至，总督彰宝遣都司苏尔相谕意，留不遣，扬言国兴许以木邦、猛拱、蛮莫三土司予缅人，请如议。彰宝劾国兴与缅人议具约不以实，上召国兴至京师，诘国兴，国兴自陈未尝有此议。上责国兴迁就毕事，夺太子少保，左授贵州古州镇总兵。移云南临元镇。后二年，得鲁蕴复至老官屯。请如前誓三事。时师征金川，上命国兴从将军温福进讨。三十七年，迁西安提督，命尽护陕西、甘肃从征诸军。寻令偕总兵董天弼自曾头沟取底木达、布郎郭宗。温福以国兴能军，令自策卜丹径取美洛当一面。国兴自阿喀木雅山沟纡径玛尔迪克山寨，察策卜丹地势，林深径狭，不宜于行师，乃将二千人佐海兰察攻玛尔迪克。温福再疏闻上。金川贼千余屯贡噶山左，谋劫粮，国兴驰击，贼败匿。师还，经玛尔迪克，贼自林中出，复击败之，上赉荷包四。进攻贡噶山，设伏，斩贼百余，搜箐夺碉卡。九月，金川酋索诺木使诣国兴，请献鄂克什地以降。国兴令并割南北两山美美卡、木兰坝及玛尔迪克。越日，贼尽撤诸册。国兴以兵入鄂克什旧寨，贼退守路顶宗。十月，使归墨垄沟师败时所掠外委臧儒，且言尝劝僧格桑同降。温福以闻，上令国兴檄谕索诺木声其罪。时国兴及海兰察将五千人屯贡噶山，谋攻策卜丹，阻冰雪未进。上命还师攻路顶宗。路顶宗山麓有巨沟，沟源出南山。海兰察纡道出山后，侍卫额森额自小径为应，国兴前越沟攻碉。师继进，遂克路顶宗，破卡五十余、碉三百余,俘获甚众。复自喀木色尔北山攻穆拉斯郭大寨,进据兜乌山巅,与总兵马彪军合,夺附近碉卡,克额尔莽木栅。复将千人渡水,自南山鄂尔齐仰攻,克诸寨,与大军会,进攻明郭宗。别以兵袭击公雅山,克木尔古鲁寨,并夺据嘉巴山麓。廷议定小金川,分命将帅三道进讨金川。上曰:"国兴虽绿营汉员,熟军事。又尝为乾清门侍卫,与满洲大臣无异。"授参赞大臣,佐副将军丰升额。是月克明郭宗,焚念经楼。整兵进取日果尔乌山麓,攻美诺。上嘉国兴功,官其子文虎守备。攻克布朗郭宗,僧格桑遁金川。我军直抵底木达,僧格桑父策旺出降。小金川平。

国兴卒于军,赐白金千,存恤其家,加赠太子太保,谥壮武。祀昭忠祠,图形紫光阁。文虎授陕西提标右营守备,从军攻木果木,阵没,从祀昭忠祠。复官次子文彪千总。

任举,山西大同人。雍正二年武进士,以守备发陕西。累迁固原提督左营游击,署城守营参将。乾隆十一年二月,固原兵变,夜攻提督许仕盛,毁辕门将入。举闻乱,单骑诣鼓楼鸣角,招营兵未变者才五十人,部勒使成列。变兵惧,退掠市廛。举追及,手刃五十余人,禽四十余人。变兵出城南门,还攻东西二门。举守东门,右营游击铁保守西门,御战,变兵溃。事定,总督庆复以闻,擢中军参将。

十二年,命征金川,隶总督广泗军。寻授西凤协副将。举至军,与总兵许应虎、副将高宗瑾、参将贾国良攻色底贼碉,击以炮二百余发,碉一角圮,垣凿孔发炮,密如鳞比。举度我军炮小不能下,将移军退守,贼出战,再设伏败之。十三年,上谕谓:"在军诸将狃于瞻对之役,庸懦欺蒙,已成凤习。今别用举等,皆未从征瞻对,无所掣肘,宜鼓励勇往。"广泗亦奏在川镇将,忠诚勇干元出举右者,令率汉、土兵三千取道昔岭。寻又奏令署重庆镇总兵。

举与参将王恺自牛厂至素可尼山。时五月,遇大雪,辟道以行。经撒乌山,至昔岭山梁,山北曰木冈,孤峰当道,贼置城卡守隘。举督兵攻卡,凭高发炮洞其垣,令土兵缘沟潜进,毁贼碉。师循出山腰，克贼卡，遂陟中峰，以千人驻守，进攻木冈。时总兵哈攀龙师至马沟右梁，阻松林不得进。广泗令自纳喇沟出昔岭右，与举合攻木冈贼所置城卡，力战未即下。举察昔岭左有道通卡撒，中经得思东、木达沟，贼皆置碉焉。总兵冶大雄方自卡撒进，举与合军，焚木达沟诸碉，围得思东，断其汲道，督兵挟斧斫贼，贼堕岩逋，得大小碉三。进攻色尔力石城，分兵为三道，举督兵直攻石城，攀龙出其右，副将唐开中及国良出其左。越沟度林，攻贼所置木城，国良战死。六月己巳，举与攀龙、开中合攻石城，城坚甚。我师方力攻，贼三百余自西南林内出，举督兵与战，被创，战益力，枪复中要害，遂卒。攀龙入林杀贼，以其尸还。

　　时上方命举真除，经略大学士讷亲以举死事闻，上阅疏为泣下，并谕："举忠愤激发，甘死如饴，而朕以小丑跳梁，用良臣于危地，思之深恻！"命视提督例赐恤，加都督同知，谥勇烈，祀昭忠祠，官其子承恩都司，承绪千总。承恩丧终入谢，上以尚幼，命传谕其母善教之。二十四年，授三等侍卫。累迁福建陆路提督。五十二年，台湾林爽文为乱，承恩请往讨之，师无功，逮诣京师，罪当死，上宽之。五十三年，赦出狱。五十五年，复授巡捕营参将，迁副将。卒。承绪官巡捕营游击，市中火，赴救被创，卒。上之赦承恩，谓其未有子，承绪又死勤事，不可使举无嗣也。

　　治大雄，四川成都人。康熙季年入伍，从征西藏，克里塘、巴塘，降结敦落笼宗、说板多打笼宗诸寨，获为乱喇嘛五。雍正初，从军出松潘黄胜关、剿抚热当十二部落。攻郭隆寺，攻岭三，破寨十五，追斩康布喇嘛于西海。又从征卓子山、棋子山，戮头人。追剿罗卜藏丹津，擒丹津珲台吉。川陕总督岳钟琪疏荐，引见，特授蓝翎侍卫。累迁陕西庄浪营参将。加副将衔，赐孔雀翎，命赴巴里坤军，檄署川陕督标中军副将。

　　准噶尔犯克什图、峨仑矶诸卡伦。大雄偕总兵樊廷以二千人当贼二万，转战七昼夜，拔守卡伦兵以出。与总兵张元佐等师会，力战杀贼。赐拜他喇布勒哈番世职，赉白金五千。寻授直隶山永协副将。命署湖北彝陵镇总兵。上言：“彝陵距省千余里，兵饷岁以四季支给，请改夏秋、冬春二次汇支。”下督抚议行。寻调署山西大同镇总兵。与前任总兵李如柏互劾，均夺职。乾隆元年，以副将发湖广，寻授衡州协副将。城绥苗、瑶为乱，大雄驻长安堡，焚贼寨，戮其渠，余相率就抚。擢镇筸镇总兵。总督孙嘉淦劾大雄贪纵，夺职。湖南巡抚蒋溥言谳无贪纵迹，引见，复云南昭通镇总兵。叙剿苗功，加都督佥事衔。

十三年，从征金川，至卡撒，统云南、贵州诸军进攻色底、光多诸寨。引兵出昔中峰岭之西，与署总兵哈攀龙、任举师会，克大小碉十、石城一，堕碉百三十。同攻克昔岭沟底石城水卡。经略大学士傅恒奏大雄历战阵，令总理营垒，措置妥协，赐孔雀翎。金川头人莎罗奔等乞降，师还。授云南提督，加左都督衔。入觐，官其子继钧蓝翎侍卫，命送大雄上官。疏言：“西藏喀拉乌苏诸地与准噶尔连界，盗窃纷扰，是其故习。今藏北鄙即我边地，防边自可弭盗。请驻藏大臣仍设重兵，循大道置台站，以资防守。”上嘉其留心。

继钧至常德迎家，中途假回民金，大雄以闻。上以大雄知事不可掩，乃始奏劾，左授哈密总兵。命署安西提督，赴巴里坤验马驼，疏报四千余。会总督方观承核参将钟世杰等至巴里坤领马千九百余，途中马多死，论罪。上以大雄疏不实，下部议。总督黄廷桂复劾大雄，命夺官，逮京师治罪。二十一年四月，行至西安，卒。三十二年，上以绿营世职不得世袭罔替，下兵部察诸将有功者，俟袭次毕，赐恩骑尉世袭罔替，大雄与焉。

马良柱，甘肃张掖人，其先本回部。康熙季年，从军征吐鲁蕃。雍正初，将军阿尔那檄赴插汉麦里干讨贼，皆有功。复从安西镇总兵孙继宗攻罗卜藏丹津，降台吉三十三。战于哈马儿打布罕噶斯，禽其渠，授蓝翎侍卫，赐白金百，迁三等侍卫，外授四川提标游击，赐貂皮、数珠。命将兵屯西藏。旋以兵扰民，左降，听四川巡抚、提督调遣。

　　八年，瞻对土司为乱，提督黄廷桂檄良柱讨之。贼坚守石碉，督兵仰攻，枪毙所乘马，易马进，再毙，乃步行督战。碉上投石如雨，伤面，抟贼益奋，火其碉，并焚擦马、擦牙诸寨，歼贼无算。侧冷邦诸头人皆降。复授松潘镇左营游击。三迁夔州协副将。

　　乾隆十年，师复征瞻对，破直达、松多诸寨，夺碉七十余。进攻下密左山梁，获头人噶笼丹坪。再进克下密等百余寨，获头人塔巴四交。渡了鲁河，遂破瞻对，焚其寨。其渠姜错太死于火。十二年，大金川酋莎罗奔攻革什咱土司，并掠明正土司所属鲁、密章谷诸地。巡抚纪山移良柱威茂协副将，督兵防御。莎罗奔纠小金川土司泽旺侵沃日各寨，都司马光祖赴援，贼大至，光祖困于热笼。良柱率轻骑驰救，败贼巴纳山，进克石卡二百二十三。光祖等出应，贼溃，围解。泽旺降，并还所侵沃日三寨。诏嘉其奋勇，迁重庆镇总兵。再进复孙克宗官寨，攻江卡，战屡胜，克太小碉寨百余，降二十余寨，进克丹噶山，分兵焚撒笼等七寨，噶固等寨先后降。贼守石达大碉，良柱昌雨进，数十战，贼乘夜来扑营，设伏，歼焉。马邦头人思错已降，总兵许应虎驭之不以道，复叛，围应虎于的交，良柱驰救。贼退入戎布寨，攻之未下。旋复犯马邦，副将张兴被围。良柱请移戎布师赴援，总督张广泗不许，兴陷于贼。侵噶固，守兵叛附贼，夺卡伦七。广泗令良柱往攻，力战，贼未却。值大雪二十余日，粮匮，煮铠弩以食。力不支，广泗檄退师。仓卒移营，炮械为贼得。

　　广泗劾之，命逮诣京师，良柱陈粮绝状，上特原之。命在香山教禁军云梯，亲临观之。良柱起舞鞭，称旨，赐大缎、荷包，命仍赴金川军，以副将、参将等官酌量委用。寻授泰宁协副将，大学士傅恒视师，檄良柱攻昔岭，克之。莎罗奔请降，良柱以十余骑入其营宣谕。授建昌镇总兵，赐孔雀翎。母忧去官。召入京师，仍令教禁军习云梯。服阕，授松潘镇总兵。杂谷土司苍旺为乱，偕提督岳钟琪讨平之。寻请老，改籍四川华阳。卒，年八十一。

　　良柱额隆然，大目虬髯，边人畏之，号为狮子头。善战，临阵手铁鞭一,马上旋转如飞,其攻噶固,广泗不为策应,饷又不时至,上知广泗忌其成功,故特轻其罚云。子应诏,官直隶河间副将。孙瑜,自有传。

本进忠,甘肃西宁人。初入伍,冒姓名曰张元吉,寻请复姓名。雍正中,从扬武将军张广泗援吐鲁番,屯鲁克沁。准噶尔来侵,邀击,禽贼七。复追败之哈喇和卓。乾隆十三年,檄赴金川,从征囊得山梁。攻碉先登,夺矛,中石,伤。从攻普沾,掷火弹入碉,焚碉十三,夺木城。进战于乐利噶尔堤克,殪贼。攻碉,右股中枪,伤。录功,擢四川威茂协右营都司。引见,赐大缎。杂谷土司苍旺为乱,提督岳钟琪檄进忠讨之,夺铜炮一,斩馘数十。生禽二十五,降茶堡番民二千余。自角木角沟入杂谷,获苍旺。累擢永宁协副将。

三十年,从将军明瑞征缅甸,进攻蛮结,克木卡十六,殪贼三,伤额,明日,仍裹创出战。事闻,赐孔雀翎,号法式善巴图鲁。擢云南临元镇总兵。明瑞令将五千人屯龙陵关备调遣。召诣热河行在,入觐,命乾清门行走,赐貂皮、银币,令还军。旋移普洱镇总兵,擢云南提督。卒,加太子太保,谥勤毅。

刘顺,顺天人。雍正五年武进士,授蓝翎侍卫。以守备发陕西。累迁至金塔协副将。乾隆十三年,令将千五百人赴金川,偕副将高雄自甲索攻囊得,道松林。贼百余出战。击之遁,毁贼碉。从大军自卡撒左山梁进,诸碉以次皆下。惟普瞻双、单二碉守甚坚。日暮,将收兵,顺潜率所部逼单碉,纵火攻之,贼溃,并夺双碉。师继进,遂克色底。普瞻西有山曰阿利,贼碉林立。顺冒雨奋攻,夺山梁木卡,破碉。发炮,殪贼数十,复破大炮一、石卡四。经略讷亲屡奏顺奋勇。金川平,擢贵州威宁镇总兵。上以顺熟边情,移甘肃西宁镇总兵。入觐,赐孔雀翎。擢安西提督。病,乞罢。卒,加太子太保,谥壮靖。

论曰:初征金川,攀龙、举、大雄皆以勇略著。举尤骁杰为军锋,讷亲、张广泗督战急,鼓锐攻坚,遂以身徇,伤已!良柱善战,又以广泗牵制,不能尽其材。进忠、顺力战破坚碉,亦攀龙辈之亚也。

清史稿卷三一二
列传第九九

傅清　拉布敦　班第 子巴禄
鄂容安　纳穆扎尔　三泰

　　傅清,富察氏,满洲镶黄旗人,李荣保次子,傅恒弟也。雍正间,授侍卫。乾隆初,累迁至直隶天津镇总兵。康熙中定西藏,留兵镇抚,以大臣驻藏办事,为员二,嗣省其一。是时驻藏副都统索拜当代,命傅清以副都统往。十一年,疏言:“西藏处徼外,西北界准噶尔,北通青海,为四川西南外郛。自雍正十二年设塘汛,不特传送官文书,且以联络声气。上年索拜以节费议撤汛,使藏人任邮递,谓之番塘。未几辄被盗。今准噶尔当入藏熬茶,番塘恐滋误。请自打箭炉至藏复置塘汛,酌冲僻远近,当得兵千人以内。”议如所请。

　　十二年,西藏郡王颇罗鼐卒。颇罗鼐爱其次子珠尔默特那木扎勒,请以为嗣,遂袭爵为郡王。上谕傅清曰:“颇罗鼐更事多,黾勉事中国。珠尔默特那木扎勒幼,傅清宜留意。如珠尔默特那木扎勒思虑所未至,当为指示。”傅清言:“颇罗鼐在时,长子公珠尔默特策布登出驻阿里克夏,当令珠尔默特那木扎勒帅师出驻腾格里诺尔、喀喇乌苏诸处。今仍遣珠尔默特策布登驻阿里克夏,令别遣宰桑驻腾格里诺尔、喀喇乌苏诸处。”又以准噶尔入藏熬茶,请增兵分路防护。上命与珠尔默特那木扎勒商榷,毋涉张皇。十三年,命以提督拉布敦代,傅清还。复授天津镇总兵,迁古北口、固原提督。珠尔默特那木扎勒请撤留藏兵,上从之。旋以副都统纪山代拉布敦。

十四年,纪山疏言珠尔默特那木扎勒与达赖喇嘛有隙,请移达赖喇嘛置泰宁。上知珠尔默特那木扎勒乖戾且为乱,命驻藏大臣复旧置二员,予傅清都统衔,自固原复往。纪山复疏谓珠尔默特那木扎勒言其兄珠尔默特策布登将举兵相攻,上命傅清途中诇虚实。傅清疏言:"珠尔默特策布登未尝构兵,特珠尔默特那木扎勒妄言,藉以夺其兄分地。臣至藏,即将珠尔默特那木扎勒惩治。"是时上已遣侍郎拉布敦代纪山,因谕傅清,珠尔默特那木扎勒乖戾且为乱,令熟计密奏。

十五年,傅清与拉布敦先后至藏,珠尔默特那木扎勒迫其兄珠尔墨特策布登至死,遂逐其子,遣使通准噶尔叛益有迹。上命副都统班第赴西藏,与傅清、拉布敦密谋取进止,仍诏傅清、拉布敦毋轻发,并密谕四川总督策楞勒兵为备。珠尔默特那木扎勒谋愈急,绝塘汛,军书不得达。傅清与拉布敦未得上诏,计以为"珠尔默特那木扎勒且叛,徒为所屠。乱既成,吾军不得即进,是弃两藏也。不如先发,虽亦死,乱乃易定"。

十月壬午,召珠尔默特那木扎勒至通司冈驻藏大臣署,言有诏,使登楼,预去其梯,若将宣诏。珠尔默特那木扎勒方拜跪,傅清自后挥刀断其首。于是其党罗卜藏扎什始率众围楼数重,发枪炮,纵火,傅清中三创,度不免,自刭死。拉布敦死楼下。主事策塔尔、参将黄元龙皆自杀。通判常明中矢石死。从死者千总二、兵四十九、商民七十七。事闻,上轸悼,宣示始末,谓其"揆几审势,决计定谋,心苦而功大"。傅清追封一等伯,谥襄烈,旋命立祠通司冈。丧还,上临奠。其子孙以一等子世袭,赐白金万。

班第至藏,戮罗卜藏扎什等,疏陈珠尔默特那木扎勒自立名号,通款准噶尔,称策旺多尔济那木扎勒为汗,请其发兵至札达克为声援。上复降诏褒傅清、拉布敦,建祠京师,命曰双忠。子明仁,以侍卫袭子爵。从征金川,卒于军。

拉布敦,栋鄂氏,满洲镶红旗人。其先对齐巴颜,于太祖时率所部来归,语见阿兰珠、朗格诸传。父锡勒达事圣祖,自赞礼郎累迁吏部尚书。出署川陕总督,还京师。以镇筸苗为乱,命偕副都统图斯海、徐九如帅师讨之,降三百一寨,剿十五寨。锡勒达与荆州副都统珠满、湖广提都俞益谟所戡定者,天星、龙椒洞、排六梁等三寨。乱定,与总督于成龙、巡抚赵申乔议立营汛,增设官吏为抚绥,复还京师,卒。

拉布敦,其第六子也。生有力,能弯十力弓,左右射。工诗文,习国语言。康熙间,袭叔祖勒尔图三等阿达哈哈番世职。雍正朝,从傅尔丹讨准噶尔,战于和通呼尔哈讷尔。又从策凌讨准噶尔,战于额尔德尼昭,皆有所斩馘,授世管佐领。上命军中举骁勇之士,拉布敦与焉,赐孔雀翎。乾隆初,累迁正红旗满洲副都统。八年,复讨准噶尔,授参赞大臣,出北路。九年,授定边左副将军。其冬,疏言:"厄尔特宰桑额勒慎等内牧布尔吉推河,乌梁海得木齐札木禅内牧布延图河源。布尔吉推河在阿尔台山梁外,布延图河源在阿尔台山梁内,距卡伦不远,已札坐卡侍卫等严防。"十年冬,疏言:"乌梁海得木齐乌尔巴齐等避雪,内牧黄加书鲁克,距卡伦不远。托尔和乌兰、布延图、哈玛尔沙海诸卡伦外,皆有准噶尔人踪迹,仍札坐卡侍卫等严防。"寻召还京师,授正白旗满洲副都统。复出署古北口提督。

十三年,驻藏副都统傅清当代,命拉布敦往。十四年,召还,以纪山代,授工部侍郎。未终岁,上征纪山还,复命赴藏。十五年,授左都御史。寻与傅清谋诛珠尔默特那木扎勒,其党罗卜藏扎什围楼,拉布敦挟刃跃下楼,击杀数十人,自剖其腹死。上闻,赠爵、赐金、立祠如傅清。命以拉布敦之族升隶正黄旗,谥壮果。子隆保,以侍卫袭子爵。误班夺官,爵除。

班第,博尔济吉特氏,蒙古镶黄旗人。康熙间,自官学生授内阁中书。五迁,雍正初至内阁学士。四川、云南徼外与西藏定界,命偕副都统鄂齐如西藏宣谕。迁理藩院侍郎。坐事左迁,在内阁学士上行走。十一年,在军机处行走。乾隆三年,授兵部侍郎。外擢湖广总督。剿镇筸、永绥乱苗,两阅月而毕,上嘉焉。五年,以忧还京师。六年,命仍在军机处行走,授兵部尚书。

十三年,师征金川,授内大臣,出督军饷,加太子少保。寻按四川巡抚纪山加征累民状,命即署巡抚。时讷亲、张广泗师久无功,上谘班第,但言广泗罪状,语不及讷亲。上谕曰:"班第虽职饷,然为本兵军机大臣,军事及将弁功罪,皆职掌所在,不得以督饷,一切置不问。"左迁兵部侍郎。

十四年,予副都统衔赴青海办事。西藏郡王珠尔默特那木扎勒有叛迹,驻藏办事大臣傅清、拉布敦疏闻。上移班第代拉布敦,未至,珠尔默特那木扎勒谋益急。傅清、拉布敦召至廨,诛之。其徒卓呢、罗卜藏扎什等遂叛,傅清、拉布敦死之。公班第达执卓呢、罗卜藏扎什等,班第至,按讯,又得其党德什奈等凡二十七人,悉诛之。上以藏酋授王爵名位过重,命班第达以公爵管格隆事,令班第宣谕。班第又疏陈珠尔默特那木扎勒与准噶尔通书谋叛状,上命诛珠尔默特那木扎勒妻子。四川总督策楞等以师至,会议西藏善后诸事。西藏大定。十六年,授都统衔。十七年,还京师,仍在军机处行走,授正红旗汉军都统。出署两广总督。

十九年,师征准噶尔,复授兵部尚书,署定边左副将军,出北路。准噶尔内乱,辉特台吉阿睦尔撒纳来降。诏以时岁进兵,谕班第筹画。班第以军中驼马牛羊宜牧地,得扎布堪、呢圭诸处,冬令暖,富水草,令喀尔喀亲王额琳沁多尔济等往督牧。遣兵擒乌梁海宰桑车根、赤伦等,收其众数千户。复令参赞大臣萨喇尔将兵擒准噶尔宰桑库克新玛木特、通玛木特,收其众,得牲畜无算。上奖班第奋勇果断,予子爵,世授正黄旗领侍卫内大臣,赐白金千。十二月,授定北将军,召来京示方略。

二十年正月,大举讨准噶尔,班第出北路。阿睦尔撒纳授定边左副将军为副,永常以定西将军出西路,萨喇尔授定边右副将军为副。班第与阿睦尔撒纳等议以二月出师。阿睦尔撒纳将六千人先行,班第将二千人继其后。班第至齐齐克淖尔,以马不给,令千五百人先,留五百人待马再进。至喇托辉,与阿睦尔撒纳军合。上以阿睦尔撒纳为准噶尔人所知,令其前行易招抚,戒班第仍令阿睦尔撒纳先行毋合军。班第至额尔得里克,复令阿目尔撒纳先行。四月,师至博罗塔拉,得达瓦齐所遣征兵使者,知伊犁无备。班第谋约西路军锐进。五月,遂克伊犁。达瓦齐以万人保格登山,侍卫阿玉锡以二十余骑击之,惊走。上奖班第功,封一等诚勇公,赐宝石顶、四团龙补服、金黄绦朝珠。班第以伊犁厄鲁特生计甚艰,不足供大兵,六月疏请留察哈尔兵三百、喀尔喀兵二百移驻伊犁河北尼楚衮治事。诸军次第遣还,是月,获达瓦齐,献俘京师。

军初出,上察阿睦尔撒纳有异志,令班第严约束。及伊犁既定,上令和硕特四部部置汗,将以阿睦尔撒纳为辉特汗。阿睦尔撒纳觊总统四部,意不慊,置副将军印不用,用故准噶尔台吉噶尔丹策凌菊形小印檄诸部,讳其降,言以中国兵定乱,叛迹渐著。上召阿睦尔撒纳,以九月至热河行在,行饮至礼,与他部汗同受封。参赞大臣色布腾巴尔珠尔率遣还诸台以归。阿睦尔撒纳乞代奏,冀总统四部,期七月俟命。色布腾巴尔珠尔归,不敢闻。以班第趣阿睦尔撒纳诣热河,令参赞大臣额林沁多尔济与俱。阿睦尔撒纳怏怏就道,而上念阿睦尔撒纳终且叛,谕班第宜乘其未发讨之,毋濡忍贻后患。谕至,阿睦尔撒纳已行。上又命鄂容安等擒治。

八月,阿睦尔撒纳行至乌陇古,解副将军印还额林沁多尔济,走额尔齐斯,遂叛。伊犁道梗。阿睦尔撒纳之党克什木、巴朗、敦克多曼集、乌克图等作乱,班第与鄂容安以五百人拒战,自固勒扎赴空格斯,转战至乌兰库图,贼大至,围合。班第拔箭自刭,鄂容安同殉。上初闻班第等陷贼,令参赞大臣策楞自巴里坤间使传谕毋以身殉。策楞闻讹传班第等自贼中出,以闻,上解所佩荷包为赐。既闻班第等死事状,降诏谓:"班第、鄂容安见危授命,固为可恻。然于事无补,非傅清、拉布敦为国除凶者比。"二十一年,师复定伊犁。丧还,上亲临奠,并令执克什木、巴朗等,馘耳以祭。又以萨喇尔同陷贼不能死，令监往旁视。寻视班第义烈，仍如傅清、拉布敦故事，京师建祠，亦曰双忠。旋复命图形紫光阁。

子巴禄，以察哈尔总管从军，袭一等诚勇公，授镶红旗蒙古都统，从定伊犁。师讨霍集占，授参赞大臣，援将军兆惠有功，命驻军和阗。战伊西洱库尔淖尔，屡败霍集占。师还，加云骑尉世职，图形紫光阁。为后五十功臣首。出为凉州、绥远城军、察哈尔都统。卒。

鄂容安，字休如，西林觉罗氏，满洲镶蓝旗人，大学士鄂尔泰长子。雍正十一年进士，改庶吉士。世宗命充军机处章京。乾隆元年，授编修，南书房行走。再迁，五年，授詹事府詹事。鄂尔泰承旨固辞，上曰："鄂容安与张廷玉子若霭，皇考命在军机处行走。本欲造就成材。朕兹擢用，鄂尔泰毋以己意辞。"是时直军机处大臣与章京皆曰行走，无异辞也。寻又命上书房行走。七年，以与闻左副都御史仲永檀密奏留中事，夺职，语在《永檀传》。八年，命仍在上书房行走，授国子监祭酒。十年，袭三等伯爵后，五年加号襄勤。十二年，授兵部侍郎。

十三年，出为河南巡抚，赐孔雀翎。河南境伏牛山界陕西、湖北二省，袤延八百余里，鄂容安行部入山亲勘。又以界上诸关通大道，易藏奸宄，饬行保甲，入奏，上嘉焉。卫辉参将阮玉堂督操，鞭所部兵，兵哗。鄂容安疏请先治哗兵罪，然后罢玉堂，毋令兵骄，亦当上指。鄂容安又令籴补诸府、州、县常平仓谷都二十九万石有奇，浚治开封、归德、阵州三府干枝诸水，以慎蓄泄、广灌溉。上奖其留心本务。

十五年，上巡幸河南，鄂容安疏言河南士民乐输银五十八万七千有奇，上曰："朕巡幸方岳，从不以丝毫累民，曾何藉于输将？且省方问俗，勤恤民隐，尚虑助之弗周，岂容供用转资于下？鄂容安此奏失政体。其以输银还之士民。"鄂容安疏请罪，又言："士民输银出本愿，还之恐不免胥吏中饱，仍请允其奏。"上意终不怿。还幸保定，鄂容安入觐，不引谢，上诘责，令痛自改悔，不得有丝毫糜费粉饰，为补过之地。

十六年,移山东巡抚。济南被水,米贵。鄂容安请用乾隆十三年例,暂弛海禁,招商往奉天籴运。旋与东河总督顾琮规塞张秋挂剑台河决,培筑运河堤,自台儿庄至德州千有余里,循堤建堡房。塞太行堤涵洞,以纾宁阳等县水患。十七年,疏陈山东州县吏交代库银仓谷多有亏缺,下各府考核。又移江西巡抚。

十八年,授两江总督。十九年,疏言:“江南地广事繁,胥役弊滋甚。淮安等府藉赈为弊,苏州等府藉漕为弊,徐州府藉应徭为弊,当严核惩治。令各属胥吏遵经制原额,禁伪冒及额外无名白役。”是年考绩,加太子少傅。

上将用兵准噶尔取达瓦齐,以鄂容安年力方盛,勇壮晓畅,召授参赞大臣。二十年,永常以定西将军出西路,萨喇尔以定边右副将军为副,鄂容安实从。谕曰:“汉西域塞外地甚广,唐初都护开府扩地及西北,今遗址久湮。鄂容安在军,凡准噶尔所属及回部诸地,有与汉、唐史传相合可援据者,并汉、唐所未至处,当一一谘询记载。”旋偕萨喇尔入告,途中抚降诸部落,并檄谕达瓦齐,赉荷包、鼻烟壶。

及师定伊犁,是胡中藻以赋诗诽上,诛。中藻为鄂尔泰门生,鄂尔泰从子鄂昌与唱和,连坐。上责鄂容安不为陈奏,行赏独不及。命与班第驻守伊犁。

阿睦尔撒纳叛迹渐著,鄂容安入告。上令与萨喇尔率师至塔尔巴哈台相机捕治。阿睦尔撒纳入觐,中途遂叛,伊犁诸宰桑应之。鄂容安与班第力战不支,相顾曰:“今日徒死,于事无济,负上付托矣!”班第自刭。鄂容安腕弱不能下,命其仆刲刃于腹,乃死。故事,大臣予谥者,内阁拟二谥请上裁,以翰林起家者例谥“文”,至是拟“文刚”、“文烈”,上抹二“文”字,谥刚烈。图形紫光阁,上亲为赞,有曰:“用违其才,实予之失。”盖惜之也。以次子鄂津袭爵,官至伊犁领队大臣,坐事夺官。以鄂容安长子鄂岳袭爵。

纳穆扎尔图,伯特氏,蒙古正白旗人,都统拉锡子。纳穆扎尔自闲散授蓝翎侍卫。累迁工部侍郎、镶蓝旗满洲副都统。乾隆十五年,西藏珠尔默特那木扎勒之乱既定,命偕班第驻西藏。议增设噶卜伦,皆予扎萨克衔。自喀喇乌苏至库车增台八,设兵。准噶尔通藏,凡阿里、那克桑、腾格里淖尔、阿哈雅克四路,各于隘口设卡伦。又有勒底雅路,为准噶尔犯藏时间道,亦驻兵防守。迭疏陈请,皆如议行。

十九年,杜尔伯特诸部来降,命赴北路料理游牧。偕喀尔喀亲王得亲扎布规画安置辉特、和硕特十三旗于固尔班舒鲁克,杜尔伯特十旗于鄂尔海西喇乌苏,分界驻牧,设卡伦防范。纳穆扎尔抚降人颇至,当夏,虑赴京领饷不耐炎署,请遣使转饷至张家口散给。及秋,杜尔伯特诸旗遇霜雪损畜,入告,予米五百石赈抚。辉特、和硕特诸旗生计绌,奏济以粮畜。

阿睦尔撒纳叛,命驻乌里雅苏台。旋移户部侍郎。二十一年,和托辉特台吉青滚杂卜亦叛,纳穆扎尔虑喀尔喀诸部为所动,传檄谕以利害。上嘉之,授参赞大臣,从将军成衮扎布率索伦兵追捕青滚杂卜。十一月,师至杭哈奖噶斯,已近俄罗斯境,捕得青滚杂卜,槛送京师。上奖纳穆扎尔勇往,封一等伯,世袭,号曰勤襄。二十二年,授工部尚书、正红旗满洲都统,命驻科布多。旋又命移驻布延图。十月,署定边左副将军。二十三年,议乌梁海降人酋曰察达克所属鄂拓克置得木齐、收楞额,治庶事。请以得木齐改佐领,收楞额改骁骑校,岁贡貂皮送乌里雅苏台,赉以缎布。疏入,如所议。

师讨霍集占,复授参赞大臣,出西路。寻授靖逆将军,会雅尔哈善,攻库车及兆惠代雅尔哈善将师自阿克苏进逼叶尔羌,至喀喇乌苏,为霍集占所围。纳穆扎尔及参赞大臣三泰先奉命帅师济兆惠军,兆惠遣副都统爱隆阿、侍卫奎玛岱来迎。纳穆扎尔道遣爱隆阿先还,而与三泰、奎玛岱将二百骑夜进,遇贼三千余,围数重,力战矢尽,遂没于阵。上闻,追封三等义烈公,谥武毅。祀昭忠祠。回部平,图形紫光阁。

子保宁,自有传。保泰,自拜唐阿累迁察哈尔都统,与雅满泰同为驻藏大臣。廓尔喀侵藏,保泰坐请达赖喇嘛、班禅额尔德尼避兵,又匿廓尔喀未构兵前表贡方物,及遣使有所请不以入奏。上改其名曰俘习浑,与雅满泰同夺职荷校,先后予杖者四。藏事定,戍俘习浑黑龙江。赦还。雅满泰复授侍卫。

三泰,石氏,汉军正白旗人。都统石文炳孙也。父观音保,官至都统。三泰,自蓝翎侍卫累迁正红旗汉军副都统、吏部侍郎。乾隆二十三年,命军机处行走,调户部侍郎。命以参赞大臣行走从纳穆扎尔出西路。七月,命纳穆扎尔、三泰率健锐营及索伦、察哈尔兵应兆惠。夜进,期以黎明至兆惠军。遇贼,众寡势不敌,力战,三泰坠马,徒步击贼,中创死。三等侍卫彰武、蓝翎侍卫班泰、管站四品花翎西拉布、护军校委署章京齐旺扎布及兆惠所遣迎三等侍卫奎玛岱,皆死。上闻,追封三等子。谥果勇。

石廷柱之裔,本以散秩大臣世袭,至是,别授其兄祥泰散秩大臣。回部平,图形紫光阁。上追悼纳穆扎尔、三泰死事,为赋《双义诗》,以傅清、拉布敦殉西藏,班第、鄂容安死伊犁相拟。谓“此六人者,事异心同,皆与国休戚之荩臣也”。子佛柱,袭子爵、散秩大臣,官阿克苏领队大臣。

论曰:高宗朝徼外诸叛,霍集占最桀骜耐战,方其困兆惠保叶尔羌,非师武臣力,几不能克。阿睦尔撒纳既叛,师未接,辄远窜,非霍集占比也。珠尔默特那木扎尔欲背中国,乃汗准噶尔,尤愚妄,殆不足数。六臣所遇异,故其效亦殊。大诛既加,罪人斯得,咸凛凛称义烈矣。

清史稿卷三一三
列传第一○○

兆惠　阿里衮 <small>子丰升额　布彦达赉</small>
舒赫德 <small>子舒常</small>

　　兆惠,字和甫,吴雅氏,满洲正黄旗人,孝恭仁皇后族孙。父佛标,官至都统。兆惠,以笔帖式直军机处。七迁至刑部侍郎、正黄旗满洲副都统、镶红旗护军统领。十三年,命兼领户部侍郎。赴金川督粮运,疏论粮运事,并言诸将惟乌尔登、哈攀龙勇往,并及诸行省遣兵多不实。不命告经略傅恒核实。师还,命核军需。调户部侍郎。赴山东按传钞尚书孙嘉淦伪疏稿,暂署巡抚。十八年,命赴西藏防准噶尔。十九年,议用兵,命协理北路军务,并督粮运。二十年,命驻乌里雅苏台。准噶尔台吉噶勒藏多尔济降,命兆惠畀以牲畜。是岁阿睦尔撒纳叛,陷伊犁。命兆惠移驻巴里坤,兼督额林哈毕尔噶台站。二十一年,师收复伊犁。上以定西将军策楞不胜任,召兆惠还京授方略,未行,命逮策楞,并解扎拉丰阿定边右副将军以授兆惠。

　　时阿睦尔撒纳北遁哈萨克,定西将军达尔党阿逐捕未得,上命还师。厄鲁特诸宰桑从军者谋为乱,绰罗斯汗噶勒藏多尔济告兆惠,巴雅尔入掠其牧地。兆惠令宁夏将军和起将百人征厄鲁特兵往御,而噶勒藏多尔济从子扎那噶尔布及宰桑呢吗、哈萨克锡喇、达什策零等阴通巴雅尔,中途变作,和起死之。

　　兆惠自伊犁将五百人逐捕,经济尔哈朗至鄂垒扎拉图,与达什

策零战,大败之。逐贼战于库图齐,再战于达勒奇,杀贼数千。二十
二年正月,至乌鲁木齐。噶勒藏多尔济、扎那噶尔布等诸贼皆会,日
数十战,马且尽。师步行冰雪中,至特讷格尔,遂被围。巴里坤办事
大臣雅尔哈善先遣侍卫图伦楚将兵八百益兆惠军。会兆惠遣军校
云多克德楞彻自围中出,诣雅尔哈善言转战状,事闻,上嘉兆惠奋
勇,封一等武毅伯,授户部尚书、镶白旗汉军都统、领侍卫内大臣。

及图伦楚兵至,围解,兆惠得新兵,复逐捕巴雅尔至穆垒河源。
巴雅尔已徙牧他处,仍还师巴里坤。上以兆惠远道旋师,逐贼不息,
赍御用玉镖、荷包、鼻烟壶,命同定边将军成衮扎布分路剪除厄鲁
特。兆惠旋偕参赞大臣鄂实等自额林哈毕尔噶进剿。时扎那噶尔
布已杀噶勒藏多尔济。会阿睦尔撒纳自哈萨克盗马窜还伊犁,掠扎
那噶尔布牧地。

兆惠察回部头人布拉呢敦、霍集占叛有迹,令参赞大臣富德逐
捕阿睦尔撒纳,而驻师济尔哈朗以待。上责兆惠与成衮扎布急回
部、缓阿睦尔撒纳,失轻重。兆惠乃率师继富德以北,遣使宣谕左右
哈萨克,师复进次额密勒西岸。富德师至塔尔巴哈台,获逃渠巴雅
尔及其孥,槛送京师,语详《富德传》。哈萨克汗阿布赉使献马,并具
表请入觐,上降敕宣谕。阿布赉使言阿睦尔撒纳以二十骑来投,约
诣朝相见,令先收其马并及牛羊。阿睦尔撒纳惊走,获其从子达什
车凌、宰桑齐巴罕,缚送兆惠,兆惠以闻,命槛车致京师。兆惠分遣
诸将图伦楚、三达保、爱隆阿击败阿睦尔撒纳属众,降其渠纳木奇
父子,送京师。兆惠复进,与富德军合,诇阿睦尔撒纳已入俄罗斯。
上命还师。

旋授兆惠定边将军,讨布拉呢敦、霍集占。兆惠奏请屯田乌鲁
木齐,以来春进讨,倘不能即入回部,则且积谷市马为持重,上责其
怯懦。二十三年正月,兆惠以厄鲁特人在沙喇伯勒尚万户,当先剿
除,乃专力回部。上授雅尔哈善靖逆将军,趣进师。命兆惠剿厄鲁
特事竟,别道合攻。并谕兆惠:"厄鲁特性反复,往往自残杀。毋以
其乌合稍众,过疑虑。"兆惠与副将军车布登扎布等分四道进剿,兆

惠趋博罗布尔噶苏,车布登扎布趋博罗塔拉,副都统瑚尔起等趋尼勒喀,侍卫达礼善等趋齐格特,皆会于伊犁。厄鲁特众纷纭溃窜,遂尽歼焉。

上以贼渠哈萨克锡喇、鄂哲特等十余人皆未获,命兆惠等加意奋勉。四月,兆惠获鄂哲特送京师,疏言:"准噶尔事将蒇,请自伊犁移师合攻回部。"上仍责兆惠俘哈萨克锡喇等。既又令赴库车察军事,还京师,诏未至而兆惠师已发,会雅尔哈善围库车,霍集占突围走。上逮雅尔哈善,以兆惠代将。兆惠中途疏言:"将八百人赴库车,当与雅尔哈善协力剿贼,不愿腼颜遽还。"上奖其肫诚勇往,赐双眼孔雀翎。

既至军,诇霍集占自库车出入叶尔羌城守,乃帅师往捕。道阿克苏,头人颇拉特降。和圆头人霍集斯故擒达瓦齐有功,至是亦来附,并招乌什头人俱降,遂薄叶尔羌。兆惠兵止四百,自乌什至此千五百里,马行乏,择要隘屯兵。霍集占出战,三败,保城不复出。兆惠遣副都统爱隆阿以八百人扼喀什噶尔来路阻贼援,而率师临葱岭南河为阵。葱岭南河者即喀喇乌苏,译言黑水,故时谓兆惠军为黑水营。

兆惠念兵寡而城大,不任攻,谍言贼牧群在城南英奇盘山,乃帅轻骑躏其牧地,且致贼为野战,渡黑水才四百骑而桥圮。霍集占挟数千骑出,师战且涉水,士卒殊死战,五昼夜杀贼数千人。诸将高天喜、鄂实、三格、特通额皆战死。兆惠马再踣,面及胫皆伤,乃收兵筑垒掘濠以为卫,贼亦筑垒与我师相持。布拉呢敦自喀什噶尔至,助霍集占困我师。靖逆将军纳穆扎尔等帅师赴援,中途遇回兵,力战,皆死之。上先事发索伦、察哈尔、健锐营及陕、甘绿旗兵济兆惠师。闻兆惠被围,促富德赴援,又命阿里衮选战马三千送军前。兆惠发阿克苏,令舒赫德驻守。至是遣使令以被围状入奏,上奖兆惠统军深入,忠诚勇敢,进封武毅谋勇一等公,并赐红宝石帽顶、四团龙补服。

霍集占既逼我师为长围,相持数月。贼自上游引水谋灌我师垒，我师于下游沟而泄之。我师垒迫深林，贼发枪弹著林木中，我师伐为薪，得弹，用以击贼，常不匮。水不给，贼引水，反得饮，又掘井恒得泉。发地得藏粟一百六十窖，掠野得马驼千余。迫岁幕，围合已三月，军中粮渐尽，士卒煮鞍革，甚或掠回民以食。布拉呢敦、霍集占以围久不下，会布鲁特掠英吉沙尔，而兆惠即以是日率师焚贼垒，所杀伤过当，疑兆惠与布鲁特相约，因遣使入我师请和。兆惠因其使射书谕以纳款当入觐，二酋亦射书请撤围相见。兆惠置不更答，二酋自此攻稍缓。

二十四年正月，富德帅师至呼尔璊，遇回兵，转战五昼夜。阿里衮送马至，合军复战。布拉呢敦出战，中弹伤，还喀什噶尔。师至叶尔羌河岸，阿里衮与爱隆阿合军为右翼，富德及舒赫德为左翼，逐贼，以次徐进。兆惠自围中望见火光十余里，马驼群嚣尘上，知援集，乃率余军破垒出，与诸军相合，引还阿克苏。上为赋《黑水行》纪其事。兆惠疏辞进封及章服，谕毋辞，并以其母老，时遣人存问。

霍集占之党攻和阗，上以兆惠、富德既合军急引还，谓富德不得以援兆惠为毕事，兆惠为帅被围待援，尤不当遽引师退。谕趣富德援和阗，兆惠当就见在兵力加意奋勉，以竟全功。兆惠督诸将分道进攻，布拉呢敦弃喀什噶尔，霍集占亦弃叶尔羌同遁。兆惠师至喀什噶尔，抚定余众，富德亦收叶尔羌，为画疆界，定贡赋，铸泉币，并分屯满、汉兵驻守。富德师复进，追及霍集占，战于阿勒楚尔，再战于伊西洱库尔淖尔。布拉呢敦、霍集占奔巴达克山，师从之。巴达克山汗素勒坦沙初言霍集占中弹死，生获布拉呢敦。复言两酋已皆死，献霍集占首。上加兆惠宗室公品级、鞍辔，并授其子侍卫。兆惠复抚定霍罕额尔德尼伯克所属四城，并齐哩克布鲁特、额德格纳布鲁特、阿济毕部众，请留兵分驻叶尔羌、喀什噶尔诸城。复定各城伯克更番入觐例。二十五年二月，师还，上幸良乡，于城南行郊劳礼。兆惠入谒，赐朝珠及马，从上还京。饮至，赉银币。图形紫光阁。

二十六年七月，命协办大学士，兼领刑部。旋令偕大学士刘统勋按杨桥河决。二十七年，复偕统勋勘江南运河。二十八年，直隶水灾,命勘海口,疏天津、静海诸县水道。复命偕两江总督尹继善筹浚荆山桥河道。二十九年十一月,卒。上临其丧,赠太保,谥文襄。嘉庆元年十一月,命配享太庙。

子扎兰泰,尚高宗女和硕和恪公主,袭爵,授额驸。

阿里衮,字松崖,钮祜禄氏,满洲正白旗人,尹德第四子,而讷亲弟也。乾隆初,自二等侍卫授总管内务府大臣。迁侍郎,历兵、户二部。五年,命与佥都御史朱必阶如山东勘巡抚硕色报歉收失实状。疏言:"兰山、郯城被水最甚,请缓征新、旧赋,而以官帑市谷补社仓。"复命与江南河道总督高斌如江西勘巡抚岳浚等徇情纳贿状,鞫实,浚坐黜。

六年,侍郎梁诗正奏八旗兵丁当分置边屯,复命与大学士查郎阿如奉天相度地势。上言:"地宜耕者,吉林乌拉东北拉林、阿尔楚克,阿尔楚哈东飞克图,齐齐哈尔东南呼兰,西南黑尔苏站、刷烟站,白都讷东八家子至登额尔者库,皆沃壤。呼兰东佛忒喜素素富林木,惟地高下各异。墨尔根寒暑早,齐齐哈尔砂碛,吉林乌拉无余地,宁古塔山深,乌苏里产参,皆不宜耕。"议政王大臣用其议,移屯自拉林、阿尔楚哈始。

八年,命如湖南勘巡抚许容劾粮道谢济世狂纵状,白济世枉。命即署巡抚,历河南、山西、山东诸省。十四年,讷亲诛,令分任讷亲偿帑。旋以兄弟不相及,命免之。上将巡五台,阿里衮疏请于台怀建行宫,太原就巡抚署增建群室。上不许。阿里衮别疏荐参将傅谦,大学士傅恒弟也,上责其不当,诏切责。十五年,授湖广总督。湖北巡抚唐绥祖为前总督永兴劾罢,阿里衮白绥祖无受赇状,永兴坐黜。十六年,移两广总督。东莞民莫信丰谋为乱,讨平之。寻居母忧,还京师。授户部侍郎,擢尚书,历刑、工、户三部,兼镶白旗汉军都统。

二十一年四月,命军机处行走。时上方责诸将逐捕阿睦尔撒纳,定西将军达尔党阿出西路。五月,命阿里衮佐达尔党阿,在领队大臣上行走。九月,师至雅尔拉,遇贼再胜。十月,命与达尔党阿还京师。二十二年正月,上以成衮扎布为定边左副将军,会师巴里坤,阿里衮仍在领队大臣上行走。二月,达尔党阿以失阿睦尔撒纳削爵,阿里衮亦坐降户部侍郎,旋兼正白旗蒙古副都统。

时回部大和卓木布拉呢敦、小和卓木霍集占分据叶尔羌、喀什噶尔为乱,于是沙拉斯、玛呼斯诸部游牧与相应。九月,阿里衮与都统满福自阿斯罕布拉克、和什特克取道至哈喇沙尔,搜山杀敌。复进至塔本顺和尔、纳木噶,俘男妇二百余。十二月,满福为郭多克哈什哈诱戕,沙拉斯、玛呼斯遁库车诸处。阿里衮复进次哈喇沙尔西南库尔勒。二十三年正月,复进逐敌至呼尔塔克山,获玛呼斯得木齐额默根等。四月,阿里衮自鲁克察还师,驻巴里坤。上先得伯克素赉玛奏,阿里衮方搜捕玛哈沁将还师,与阿里坤疏言师向呼尔塔克山不相应,上因责阿里衮中途迁延,罢侍郎,以副都统革职留任。

六月,靖逆将军雅尔哈善攻库车,霍集占赴援,入城守,已,复走还叶尔羌。上为罢雅尔哈善,而督定边将军兆惠攻阿克苏,遂进逼叶尔羌。十一月,命阿里衮选马三千、驼七百益兆惠军。兆惠攻叶尔羌不克,濒黑水结寨,霍集占为长围困之。上闻,授富德定边右将军、阿里衮参赞大臣,援兆惠。是月命袭封二等公。十二月,授兵部尚书、正红旗蒙古都统。二十四年正月,富德师至呼尔璊,霍集占出战,五日四夜未决。阿里衮以驼马至,乘夜分师为两翼斫阵,斩千余级。布拉呢敦中创,与霍集占并败走。援兆惠全师以还。上以阿里衮送马济军,如期集事,且杀贼多,加云骑尉世职,例进一等公。七月,霍集占走巴达克山部,阿里衮与富德等帅师从之,降其众万二千有奇。阿里衮以五百人驻伊西勒库尔淖尔西截隘,复分兵出其南,遇敌,夺其家属辎重,降二千有奇。复将选兵二百逾岭逐敌。克巴达山部旋纳款,以霍集占首献。行赏赐,阿里衮双眼孔雀翎。

二十五年,召还京师。六月,自喀什噶尔行次叶尔羌,会雅木扎尔回酋迈喇木煽讹谓阿睦尔撒纳复入阿克苏,群起为乱。乃复还喀什噶尔,率八百人以出,至伯什克勒木,迈喇木等以千余人拒战,阿里衮督所部击破之。贼入城坚守,麾兵合围,夜四鼓,城人呼号乞降,迈喇木遁去。上奖阿里衮应机立办,授其子拜唐阿丰升额蓝翎侍卫。阿里衮旋捕迈喇木等送京师,复进丰升额三等侍卫授其次子倭盛额蓝翎侍卫。十月,阿里衮还京师,授领侍卫内大臣,图形紫光阁。二十八年,加太子少保。二十九年,授户部尚书、协办大学士。

时缅甸乱,南徼兵连数岁。三十一年春,将军明瑞深入,上授阿里衮参赞大臣,驰传至军。二月,明瑞战死猛腊,大学士傅恒出为经略,授阿里衮及阿桂为副将军,并令暂领云贵总督,率师驻永昌。朝议:“明年进兵。令岁秋夏瘴退,先收普洱、思茅边外诸小部落。”阿里衮疏言:“边外十三板纳皆内属不为乱,惟召散、整贝、猛勇三部附缅甸。”当用兵时,刑部尚书舒赫德在军,与云南巡抚鄂宁密疏议抚。六月,缅甸使头人请款,阿里衮拒之,以闻。上命置毋答,并遣舒赫德等。七月,阿里衮疏请绝缅甸贸易,并治云南省城至永昌道,抚慰沿边诸土司,借帑俾市籽种牛具,皆得俞旨。十二月,阿桂至兵,共发兵出边,未深入而还。

三十四年二月,上摘云贵总督明德疏语,以军中马羸责阿里衮,下部议夺职。命宽之。三月,傅恒至军,与阿里衮议进兵渡戛鸠江,西攻猛拱、猛养两土司,向阿瓦。阿瓦,缅甸都也。偏师至猛密,夹江而下,造舟蛮暮通往来。七月,师行。初,阿里衮病疡上遣医就视良愈,至是复大作。傅恒令留永昌治疾,阿里衮请行。师进,缅甸兵不出。十月,傅恒还师蛮暮,复进攻老官屯,驻戛鸠江口。缅甸兵水陆并至,傅恒、阿桂军江东,阿里衮军江西,迎战。敌结寨自固,阿里衮兵七百攻之,敌百余弃寨走。把总姚卓杀敌,夺其旗,师锐进,敌四百余亦遁。复战,会日暮,敌不能坚守,皆引去。凡破寨三,杀敌五百余。傅恒亦遘疾,诸将议毋更进兵,阿里衮曰:“老官屯贼寨坚,前岁额尔登额攻未克。距此仅一舍,不破之何以报命?”策马行,傅恒以下皆从之,寨,不克。阿里衮疾甚,犹强起督攻,视枪炮最多处辄身当之。傅恒虑其伤,令将舟师,毋更与攻寨。十二月,卒于军,谥襄壮,祀贤良祠。以丰升额金川功,追加封号为果毅继勇公。子丰升额、倭兴额、色克精额、布彦达赉。

丰升额,自三等侍卫袭封一等公,擢领侍卫内大臣,署兵部尚书、镶蓝旗蒙古都统。三十五年八月,命在军机处行走。金川再用兵,定边左副将军温福为帅,劾参赞大臣伍岱乖谬。上命丰升额往勘,因授丰升额参赞大臣。五月,丰升额攻东玛寨,伪退以致敌,令章京佛伦泰、富尔赛突起逼寨,侍卫伸达苏发巨炮,敌惊却,多坠崖死,遂克东玛。六月,攻固卜济山梁。师至色尔渠,令乌什哈达、三泰等左右进攻。丰升额出中路,发炮堕碉。乌什哈达等引兵出岩下,丰升额自山径策应鏖战,敌大奔。七月,复克色尔渠大碉及卡房百余。卡房,敌所置堠也。旋与温福大军合,十月,克路顶宗、喀木色尔诸寨。复进克兜山梁及附近诸寨。十一月,克博尔根山,夺玛觉乌大寨。再进克明郭宗,下碉卡九十余。克嘉巴山,焚经楼。语详《温福传》。十二月,授丰升额副将军。

三十八年正月,与将军温福、副将军阿桂议分道并进,温福自功噶尔拉进攻噶尔萨尔,阿桂自僧格宗经纳围纳扎木,至当噶尔拉,待温福军至,与合攻噶拉依。丰升额自章谷、吉地经绰斯甲布,温福分遣参赞大臣舒常驻军于此,与合攻勒乌围。丰升额驻军宜喜,于其地设粮台,规进取。四月,考绩,加太子少保。温福师锐进,六月,次木果木。阿桂亦克当噶尔拉。上令丰升额攻大板昭,命未至,木果木师溃,温福死之。上闻败,命丰升额引兵自党坝、三杂谷至巴朗拉为阿桂声援。既闻阿桂自当噶尔拉全师而出,屯翁古尔垄,谕丰升额仍驻宜喜为犄角。

丰升额初未移军,分兵驻智固山,防后路。阿桂以定西将军为帅,十一月,收小金川全境。丰升额自宜喜攻克沙坝山梁碉卡,分敌势。十二月,阿桂定策自取谷噶,而令丰升额攻凯立叶,进兵。上命丰升额以五千人往攻,三十九年正月,师次萨尔赤鄂罗山,占其南雪山,又分兵屯孟拜拉山梁。阿桂遣纳木扎等将二千人与合军。二月晦夜半,丰升额帅师自达尔扎克北山涧越石蹋雪以进。次日黎明,至凯立叶山麓。山绝险,凡大峰各置碉,见我师至且近,枪石并发。丰升额督师直前冲击,与侍卫彰霭、明仁取第二峰,玛尔占、伊达里取第三峰,令领队臣五岱营第三峰下。捷闻,上以碉据峰巅,仰攻不易克,命留五岱于此,而移军谷噶,与阿桂合军攻勒乌围。

阿桂遣谍告丰升额:“达尔扎克面当莫尔敏山,山旁地曰迪噶拉穆扎。师得此,绕出凯立叶后,夹攻易为力。”丰升额即遣兵占莫尔敏山,敌力争,我师前后不相属,卒败敌,取迪噶拉穆扎。丰升额寻从上命移军谷噶。六月,克色绷普,破碉十一。七月,克该布达什诺大碉。十月,自间道克墨格尔陟曰尔巴当噶西峰,破碉寨二百余,得凯立叶山梁之半。命议叙,赉玄狐帽、貂马褂。十一月,攻格鲁古了口,通党坝,遂进逼勒乌围。四十年正月,克甲尔纳堪布卓沿河诸碉寨。四月,破噶尔丹寺及噶朗噶木栅十七。五月,克了口石碉八、木城四。再进,尽堕逊克尔宗诸碉寨。敕奖其奋勉,命封号加“继勇”字。七月,师至章噶,碉甚坚,碉外为濠三重,濠外立木栅。海察攻其中,丰升额督官达色、仁等攻其左右,毁栅覆濠以度师,缘碉侧直上,自其巅俯攻,遂克之,并得其旁木城。八月,与阿桂合克勒乌围。九月,复进向噶拉依。十二月,克格隆古科布曲山梁。四十一年正月,克玛尔古当噶山梁。金川全部悉定。师围噶拉依,上命加丰升额一等子,以其弟布彦达赉袭爵,寻移户部尚书,赐双眼孔雀翎。二月,金川酋索诺木出降,致京师。

四月,师还,赉御厩马具鞍辔,图形紫光阁。四十二年十月,卒,赠太子太保,谥诚武。

布彦达赉,自三等侍卫累迁武备院卿。嘉庆间,授户部尚书、正白旗满洲都统、步军左翼总兵署统领。五年,卒,赠太子太保,谥恭勤。布彦达赉女为宣宗元妃,道光元年,册谥孝穆皇后,礼成,封三等公。

舒赫德,字伯容,舒穆鲁氏,满洲正白旗人,徐元梦孙也。舒赫德,自笔帖式授内阁中书,累迁御史,充军机处章京。乾隆二年,疏言:“八旗生齿日繁。盛京、黑龙江、宁古塔三省土沃可耕。请将闲散移屯。并条议设公库,以各省税务专属旗员,赎旗地典于民者,以官地界无地旗丁。以十年为期,次第行。"上以税务专属旗员为非是,谕曰:"舒赫德此议,但知旗人生计艰难,不知国家设关,欲稽察奸宄,非为收税之员身家计也。朕日以砥砺廉隅勉臣工,尚恐其不能遵奉,而可以谋利导之乎?况各省税务本未分满、汉,旗员有廉洁者,何尝不可派委。大抵为上者施逮下之仁,惟有励以忠勤,示以节俭。为下者皆当早作夜思,宣力供职,以永受国家惠养。方可谓之计长久。盖厚其生计,不可不思,而长贪以为惠下,则未见其利,而且贻害,非所以教旗员,亦非所以爱旗员也。"初,雍正间,京师设官米局,收旗丁饷米存储平粜。舒赫德疏请复设,从之。五迁至兵部尚书,移户部尚书。

十三年,命从经略大学士傅恒征金川,授参赞,加太子太保。十四年,师还,留办军需奏销,命往云南、湖广、河南查阅营伍,并勘云南金沙江运铜水道。舒赫德疏言金沙江下游铜运无阻,上游四十余滩多峻险,仍当陆运。总督张允随言上下游皆疏通,语不实。古州总兵哈尚德因古州被水,请移城,上令舒赫德相度。舒赫德请城内外疏积水,无待移建。十月,复移兵部尚书。十五年,疏言:"定例额兵百人阙二,谓之'名粮',为军中公使钱。惟缮治军器、巡防路费,每不给于用。马兵不宜于东南,其在西北,十居其八,亦可量减。藤牌兵全无实用。拟于马兵、藤牌兵内加增名粮,以备公用。"廷议允行。十二月,命如浙江勘海塘。十六年,命勘永定河工。又命如浙江按杭州觉罗额尔登受赇状。

十七年,命偕侍郎玉保赴北路军防准噶尔。十八年,以准噶尔内乱,撤防,召还。命如江南塞铜山张家马路河决。时准噶尔达瓦齐复为台吉,所部杜尔伯特台吉车凌等来降。准噶尔宰桑玛木特,乌梁海得木齐扎木参、瑚图克等追车凌,先后阑入北路卡伦。上命舒赫德如鄂尔坤治军事,而令侍郎玉保、前锋统领努三、散秩大臣萨喇尔佐定边左副将军成衮扎布。十九年春,舒赫德至军,参赞大臣达清阿诱致玛木特,将槛送京师,疏闻,上以玛木特闻召即至,命释使还。既，萨喇尔、努三帅师出边，获扎木参、瑚图克，舒赫德等复疏槛送京师。上以玛木特诱致，扎木参等乃逐捕所得，事不同，责舒赫德谬误，命以扎木参等囚置军中。军中方传达瓦齐遣其将扎努噶尔布以五千人犯边。成衮扎布等致书达瓦齐，言玛木特、扎木参等以入边被捕本末。上以为太懦，谕舒赫德等。上方以准噶尔内讧，将乘时收乌梁海，以萨喇尔本蒙古头人，习边事，将倚以招致。舒赫德等疏言达瓦齐复为台吉，乌梁海等未易招致，令萨喇尔驻军卓克索待后举。上责舒赫德畏怯，使萨喇尔掣肘。蒙古贝勒额琳沁、公格勒克巴木丕勒以赴军迁延得罪，舒赫德等疏言其至军后奋勉，请赎罪。上下诏责其舛谬，并及行文达瓦齐事，下部议夺官，得旨宽免。上幸热河，召舒赫德诣行在示方略。旋解成衮扎布将军以授策楞。

七月，辉特台吉阿睦尔撒纳来降。舒赫德与策楞议留阿睦尔撒纳及诸头人军中待命，以其帑移置苏尼特。阿睦尔撒纳有兄为玛木特所获，乞资以行粮俾赴援，舒赫德不许。是时上方欲倚阿睦尔撒纳擒达瓦齐，事闻，上盛怒，诏罪状策楞、舒赫德，略谓："阿睦尔撒纳初来降，乃以其眷属移置戈壁南，相距数千里，使其父母妻子分析离居，失远人归附心。准噶尔内乱，所部叩关内附，正可示以怀柔，永绥边境。策楞、舒赫德颠倒舛谬，至于此极！"皆夺职，以闲散在参赞大臣上效力赎罪，并籍其家，罪及诸子。二十二年正月，上命阿睦尔撒纳佐班第帅师讨达瓦齐。阿睦尔撒纳请移游牧于乌里雅苏台，上许之。命领队大臣兆惠驻军于此，予舒赫德章京衔佐兆惠。六月，师已定伊犁，谕曰："策楞、舒赫德军前效力，今大功已成，本欲施恩，开其自效。策楞已予都统衔，驻军巴里坤。检舒赫德笔札，虽无怨望语，乃效汉人习，日必记事作诗。嗣宜痛自改悔，令仍以章京留乌里雅苏台。"上分准噶尔故地，本众建诸侯意，四卫拉特各为汗。阿睦尔撒纳求为总统，上不许，遂叛。其妻子在乌里雅苏台，舒赫德偕兆惠收送京师。二十一年，喀尔喀台吉青滚杂卜叛，驿道中梗。会察哈尔兵数百送羊至，舒赫德留之，分布诸台站，军报乃通。

行边至努兑木伦,护厄鲁特人。掠马者乌梁海入入边,窜匿俄罗斯,驰檄往索。上嘉其治事尚协机宜,召还,授正黄旗汉军副都统。

二十二年正月,上命成衮扎布为定边将军,逐捕阿睦尔撒纳,授舒赫德参赞大臣。寻擢兵部尚书,兼镶黄旗汉军都统。三月,以舒赫德在军独具疏奏事,责其放纵,罢尚书。七月,疏请防范沙喇斯游牧内移,上斥其藉作归计,严谕申戒。十二月,上以成衮扎布师久无功,诏罪状舒赫德,略言:“舒赫德起自废籍,初赴军授方略,令传谕成衮扎布,并戒其毋更惬怯。乃至军后,诸事皆失机宜。即如招服克咊特、乌鲁特等游牧,当收其马以佐军。乃任令屯驻山中,致兵过复叛。及朕有旨诘责,始东遮西露,往来道途,疲马力于无用之地。举此一端,可见诸事皆无成算。此实舒赫德未将朕旨宣示成衮扎布之所致也。舒赫德罪不胜诛,朕念成衮扎布去年擒青滚杂卜之功,贳舒赫德以不死。令夺职为兵从军赎罪。”

二十三年,予头等侍卫衔,驻阿克苏。十月,将军兆惠逐捕霍集占,深入被围。命定边右副将军富德往援,授舒赫德参赞大臣。会于巴尔楚克。舒赫德以阿克苏通叶尔羌、喀什噶尔要隘,当设卡伦。上嘉之,擢吏部侍郎,迁工部尚书、镶红旗满洲都统,赐孔雀翎。十二月,简阿克苏锐卒、诸路兵先至者驰援兆惠。二十四年正月,与富德合军解兆惠围,予云骑尉世职。七月,命移驻叶尔羌,旋命仍驻阿克苏。先后奏定回城赋税,台站酌设伯克,阿克苏铸腾格,以四存公,六畀回人。阿克苏、库车、哈喇沙尔、乌什和阗置文武吏。皆得旨议行。寻以回部平,图形紫光阁。二十八年,加太子太保。

二十九年,命如福建按提督黄仕简劾厦门洋行陋规,总督杨廷璋以下皆得罪,语详《廷璋传》。三十一年,署陕甘总督,旋署户部尚书。三十二年,如湖南北谳狱。三十三年,将军明瑞征缅甸,败绩,死之。上命大学士傅恒为经略,授舒赫德参赞大臣,先赴云南筹画进军。舒赫德密疏议巡,忤上旨。下部议夺官,并削云骑尉世职,命以都统衔参赞大臣,出驻乌什。

三十六年,土尔扈特汗渥巴锡等自俄罗斯来归,众疑其伪降,舒赫德力白无他志,命如伊犁宣抚,寻授伊犁将军。十一月,授户部尚书。三十八年,加太子太保,授武英殿大学士。九月,命如江南监黄河老坝口堤工。寿张民王伦叛,破临清,命督师进剿,克之,伦自燔死。赐双眼孔雀翎,复予云骑尉世职,赉貂冠、黑狐褂。四十一年,金川平,图形紫光阁。初,舒赫德为伊犁将军,子舒宁在京杖毙二奴,得罪,上命发伊犁交舒赫德约束。及是,又以争煤矿为山东民所讼,舒赫德缚舒宁送刑部,疏请罪。下部议夺官,命宽之。四十二年四月,卒,赠太保,谥文襄,祀贤良祠。

　　子舒常,始为侍卫。舒赫德议移置阿睦尔撒纳妻子得罪,舒常亦夺官,发黑龙江披甲。及舒赫德召还为副都统,授舒常三等侍卫。舒赫德以佐成衮扎布无功再得罪,舒常复发黑龙江。乾隆二十三年二月,命释还。累迁至镶蓝旗护军统领。三十七年,将军温福征金川,授参赞大臣。金川平,图形紫光阁,与舒赫德父子并列前五十功臣。舒赫德卒,令还京治丧,授工部侍郎。出为贵州巡抚,迁湖广、两广总督。入为工部尚书。复出署江西巡抚,复为湖广总督。荆州汉水决,夺官,授一等侍卫。擢都察院左都御史,改镶黄旗蒙古都统。嘉庆初,署刑、兵二部尚书。卒,谥恪靖。

　　论曰:兆惠再就围中受爵,得援师克竟其功。而为之援者,前则雅尔哈善,后则富德,顾坐法不克有终。讷亲之诛也,高宗谓策楞、达尔党阿皆愧奋,阿里衮独内疑,遇事畏葸。然策楞、达尔党阿先后偾事夺封,阿里衮以战阀承世祚,丰升额继之,庆延于后嗣。舒赫德初为御史有直声,后出视军,高宗屡言其懦,再被谴谪,终致台司。功名始终之际,盖亦有天焉。然其要必归于忠谨,兹非彰彰可睹者欤?

清史稿卷三一四
列传第一〇一

策楞 _{子特通额 特清额 特成额} 玉保 达尔党阿 哈达哈 _{子哈宁阿} 永常 觉罗雅尔哈善 富德 萨赖尔

　　策楞,钮祜禄氏,满洲镶黄旗人,尹德长子。乾隆初,为御前侍卫。二年秋,永定河决,上出帑命策楞如芦沟桥赈灾民。累迁为广州将军,授两广总督。广东巡抚托庸劾布政使唐绥祖赃私,下策楞勘谳。策楞雪绥祖枉,上嘉其秉公。寻加太子少傅,移两江总督。其弟讷亲承父爵进为一等公,以征金川失律坐遣。十三年十月,命策楞袭爵,仍为二等公,复移川陕总督。旋以川、陕辖地广,析置二督,策楞专领四川。时大学士傅恒代讷亲为经略,命策楞参赞军务。傅恒受金川降,班师行赏,策楞加太子太保。

　　西藏郡王珠尔默特那木札勒狡暴,谋为乱,上命策楞戒备。十五年冬,驻藏大臣傅清、拉布敦诛珠尔默特那木札勒,为其党所戕,西藏乱,上命策楞及提督岳钟琪督师戡难。时西藏公班第达获逆渠卓呢、罗卜藏扎布,戢兵待命。策楞以闻,请率八百以往,留军驻打箭炉待征发。策楞至西藏,与钟琪及侍郎兆惠,驻藏大臣纳穆扎尔、班第等审定规制,为《西藏善后章程》,语详《西藏传》。

杂谷土司苍旺浸梭磨、卓克基二土司为乱，策楞与钟琪发兵讨之。上以川兵弱，当瞻对、金川用兵后，元气未复，诚慎重。师战胜，获苍旺，收其地内属。策楞丁母忧，解官还京师。江南淮、扬水灾，命偕尚书刘统勋往勘。因疏河工积习，总督高斌以下皆坐黜，即令策楞署南河总督。河决铜山张家马路，上以河工非所习，改授两广总督。时准噶尔酋达瓦齐庸懦，所部内讧。上锐意用兵，十九年二月，召策楞，命出视师，授定边左副将军。阿睦尔撒纳之降也，尚书舒赫德在军察其狙诈，虑且复叛，策楞与共议，以所携部族置戈壁南，而留阿睦尔撒纳及诸头人丁壮胜兵者从军。上闻阿睦尔撒纳降，将倚以取达瓦齐，得策楞等疏。怒甚，命削职，以闲散在参赞上效力赎罪，发诸子各行省驻防披甲。上遂用阿睦尔撒纳为定边左副将军，导我师讨达瓦齐。二十年五月，师定伊犁，上降诏犹责策楞、舒赫德恇怯乖张，几偾事。旋以师有功，予策楞副都统衔，令率偏师戍巴里坤。

九月，阿睦尔撒纳叛去，上以永常为定西将军，命策楞参赞大臣上行走。既，闻当阿睦尔撒纳叛时，永常引师自穆垒左次巴里坤，罢永常将军，以命策楞。旋诏逮永常，授扎拉丰阿为将军。策楞疏言待军士器械，随将军进兵。诏并逮策楞，谓惩其懦也。寻以罪在永常，贷策楞，令属扎拉丰阿督饷。会准噶尔宰桑克什木等陷伊犁，定北将军班第等死事。策楞驰疏闻，请合兵进讨。上复授策楞副都统衔参赞大臣，扎拉丰阿未至，摄将军。策楞与喀尔喀诸部贝勒合兵击败准噶尔部落，授内大臣，真除定西将军。上督诸将逐捕阿睦尔撒纳甚急。二十一年二月，策楞闻台吉诺尔布等已得阿睦尔撒纳，腾章奏捷，上告于陵庙。进策楞一等公，赐双眼孔雀翎、宝石帽顶、四团龙补服。三月，策楞复疏言前奏非实，上命停封赏，严促进兵逐捕。是月，复克伊犁，阿睦尔撒纳走哈萨克。四月，命大学士傅恒视师，逮策楞及参赞大臣玉保。旋得策楞奏，方督兵压哈萨克境，令擒阿睦尔撒纳以献。上乃令傅恒还京师。时达什党阿出西路，哈达哈出北路，与策楞合军以进，师久次，不得阿睦尔撒纳踪迹。九月,达尔党阿、哈达哈引兵还屯哈萨拉克。十一月,复命逮策楞、玉保槛送京师,途遇准噶尔兵,为所戕。

子特通额,初发黑龙江披甲。二十三年,以侍卫从将军兆惠讨霍集占,战黑水,与总兵高天喜等同战死。图形紫光阁,列后五十功臣。

特清额,初发抗州披甲。自上虞备用处拜唐阿,十一迁,至嘉庆间,授成都将军。尝两摄四川总督。会有为《蜀都赋》讦长吏者,给事中胡大成以闻。仁宗命工部尚书托津、光禄寺少卿卢荫溥诣勘,特清额坐徇隐,降三级留任。未几,卒。

特成额,初发西安披甲。自黏竿处拜唐阿,再迁三等侍卫。师讨大金川酋索诺木,高宗命特成额从征。转战两年,自资理北山下克美美卡诸地。攻荣噶尔博最高峰,夺康萨尔山半石碉。破密拉噶拉木山果木城,特成额皆有功,授贵州威宁镇总兵。乾隆四十二年,上以勋旧世家有世为领侍卫内大臣,因以丰升额遗缺授特成额。三迁授礼部尚书,为成都将军,三摄总督。寻除湖广总督。五十年,岁旱,湖北、江苏、浙江皆饥,特成额疏请发湖南仓谷赈湖北。有余平值以粜,使商自四川贩米至者,见湖北谷值低,得输以济江、浙。上奖其不分畛域,得大臣体。寻移云贵总督,以李侍尧代督湖广。侍尧疏发上年旱饥,孝感民无食,掠富家储谷。诸生梅调元者,纠众与抗,生瘗二十三人。上震怒,逮特成额,籍其家。旋予副都统衔,充乌什办事大臣。又坐在湖广失察属吏侵帑、案牍雍积,屡被谴责。及荆州堤决,复逮下狱论绞,久之,赦。授头等侍卫、乌鲁木齐办事大臣。嘉庆初,自科布多参赞大臣授兵部侍郎,未上,卒。

玉保,乌朗罕济勒门氏,蒙古镶白旗人。自理藩院笔帖式三迁郎中。乾隆三年,擢侍郎。八年,率准噶尔使者入藏熬茶,赐孔雀翎。十二年,复率准噶尔使者入藏熬茶,疏言:“前次入藏,自巴延喀喇纳木齐图穆伦至穆鲁乌苏渡口,道甚险,时方秋冬间少雪,行旅尚便。今冬令大雪,拟改道逾哈什哈岭左巴延喀喇巴山后,自布鲁尔仍至穆鲁乌渡口。"报可。十六年,迁正黄旗蒙古都统。十七年,达瓦齐为乱,命偕尚书舒赫德赴北路防边。十八年,杜尔伯特台吉策凌等来降,命驰赴犒劳。上以玉保习准噶尔事,命以参赞大臣佐军事。十九年,辉特台吉阿睦尔撒纳来降,复命驰赴犒劳,率以入觐。

二十年,阿睦尔撒纳叛,命仍以侍郎、参赞大臣出北路。师次哈齐克,遣兵至鄂什默纳河,收阿睦尔撒纳所属三百余户。搜山,获阿睦尔撒纳党得木齐班咱等。进次安集雅哈,歼阿巴噶策楞疏报已获阿睦尔撒纳,行赏,玉保封三等男世袭。玉保获从贼达永阿,言阿睦尔撒纳相距仅一日,玉保执送策楞。又得从贼乌逊,言阿睦尔撒纳方出痘,所部尚有厄鲁特兵八千,哈萨克兵三千,亦执送策楞。上责玉保退缩,玉保师复进。遣诸将乌尔登等追至库陇癸岭,得从贼额林沁,言阿睦尔撒纳已逾岭入哈萨克境,引还,次固勒扎。上怒策楞、玉保不得阿睦尔撒纳。策楞又疏言玉保驰檄谓阿睦尔撒纳即日就禽,无烦大军深入,因是勒兵未进,遂命并逮诣京师,旋命姑宽之。玉保疏辨未尝驰檄阻策楞进兵,上谓:"玉保即未阻策楞进兵,阿睦尔撒纳脱于谁手?"因斥其畏葸欺饰,削男爵,夺参赞大臣,改授领队大臣。玉保疏言阿睦尔撒纳仅余从贼二三人,投哈萨克汗阿布赉,正督兵往索。上以玉保明知叛贼孑身无助,始直前追逐,斥其取巧。命尚书阿里衮诣军逮策楞,并谕:"玉保已率兵向哈萨克,免其罪,未行则并逮。"寻达尔党阿疏报玉保师已临哈萨克,命授头等侍卫。旋以师久次不得阿睦尔撒纳,命仍逮治,与策楞同送京师。道死。

达尔党阿,钮祜禄氏,满洲镶黄旗人,理藩院尚书阿灵阿次子。初袭曾祖额亦都一等子爵,累官吏部尚书。讷亲得罪请从军。师还,加太子少保。十九年,出为黑龙江将军。策楞得罪,命袭封二等公。是年十二月,上用阿睦尔撒纳讨达瓦齐,以班第为定北将军,授达尔党阿参赞大臣。二十年正月,命将索伦、巴尔呼兵诣军。五月,定伊犁。师还,命协办大学士。

及阿睦尔撒纳叛，授定边左副将军，偕赞大臣哈达哈，出北路，率师逐捕。十月，改授右副将军，出西路，而以哈达哈当北路。十二月，复以将印授扎拉丰阿，达尔党阿仍为参赞大臣。二十一年正月，又以鄂勒哲依、萨赖尔同掌将印。达尔党阿帅师至珠勒都斯迎萨赖尔。及策楞报获阿睦尔撒纳，达尔党阿亦赐双眼孔雀翎。寻自特讷格尔赴安集海，分兵略唐古特游牧。旋以阿睦尔撒纳窜入哈萨克，上命西路专任达尔党阿，北路专任哈达哈，督兵压哈萨克境，使擒阿睦尔撒纳以献。五月，复授右副将军。时策楞驻登努勒台，令达尔党阿还师。达尔党阿不从，上即解策楞定西将军以命达尔党阿。

八月，师次雅布拉，哈萨克汗阿布赉遣头人和集博尔根率四千骑分二队从阿睦尔撒纳走鲁腊，而自率千余骑西行，会于亳阿腊克山下。达尔党阿师至，遇和集博尔根前队，自山谷中诱使出，突其中坚，斩五百七十余级，获头人楚鲁克。逐敌至努喇，遇和集博尔根后队，复战陷阵，得其纛，斩三百四十余级。阿睦尔撒纳部宰桑言阿睦尔撒纳易蓝纛以战，战败，易服遁。哈达哈亦击破阿布赉军，获头人昭华什。两军合，遣楚鲁克、昭华什还谕其渠。时阿睦尔撒纳走不过一二里许，遇楚鲁克等，使还报伪为哈萨克头人语，待其汗阿布赉至，且执阿睦尔撒纳以献。达尔党阿信之，按兵以待。阿睦尔撒纳从容捆载去。上闻不得阿睦尔撒纳，命缴双眼翎，召还京师，罢协办大学士。二十二年二月，夺爵，左授正白旗满洲副都统。八月，军中俘阿睦尔撒纳从子达什，策楞槛致京师。上始闻达尔党阿、哈达哈缓追逸贼状，俱夺官，发热河披甲。二十三年，授三等侍卫。率西安驻防兵赴军，师有功，进二等侍卫。卒。

哈达哈，瓜尔佳氏，满洲镶蓝旗人，黑龙江将军傅尔丹子。傅尔丹初袭曾祖费英东二等信勇公，乾隆元年，追论失律罪，黜，以哈达哈袭。是时哈达哈已自侍卫累迁领侍卫内大臣，兼勋旧佐领。既，袭爵，复迁镶红旗满洲都统、工部尚书，加太子少保，署兵部尚书、步军统领。

十九年，师讨达瓦齐，授参赞大臣，佐定北将军班第出北路。寻改领队大臣。二十年，达瓦齐就俘。再出师讨阿睦尔撒纳，复授参赞大臣，佐定边左副将军达尔党阿出北路。哈达哈请将索伦、喀尔喀兵为前锋，上奖其奋勉。寻命代达尔党阿为定边左副将军当北路，移军布延图。南自伊克斯淖尔，北至乌哈尔哈及乌里雅苏台、札卜堪诸形胜地，皆分兵列戍。二十一年，命自阿尔泰进兵，诏以北路专任哈达哈。特楞古特宰桑敦多克、图尔班和卓等与我师遇，伪请降。哈达哈察其诈，斩敦多克，絷图尔班和卓等，殪其众。上嘉其勇，再授领侍卫内大臣，赐双眼孔雀翎。

师至嵩哈萨拉克山，遇哈萨克汗阿布赉拥众自巴颜山西行，与战，败之。复遣诸将瑚尔起、鄂博什、奇彻布等追击，斩百余级，获马二百。哈达哈不知阿布赉在军，未穷追。而达尔党阿与阿睦尔撒纳遇，战既胜，纵使脱去。两军合，引还。夺双眼孔雀翎，命以参赞大臣屯科布多。寻论失阿布赉罪，夺爵，罢领侍卫内大臣，左授兵部侍郎。旋就进尚书，徙屯乌里雅苏台。二十二年八月，诏罪状达尔党阿、哈达哈，谓："二臣皆勋旧子孙，袭爵专阃，而因循观望，坐失军机若此。"尽夺其官，发热河披甲。二十三年，与达尔党阿同授三等侍卫从军，同进二等侍卫。

子哈宁阿，自蓝翎侍卫累迁宁夏副都统。哈达哈为定边左副将军，哈宁阿为领队大臣。寻命以参赞大臣佐定西将军达尔党阿出西路。旋令诣伊犁佐定边右副将军兆惠。兆惠困济尔哈朗，力战突围出，哈宁阿与焉，予三等轻车都尉世职。又从兆惠击巴雅尔，功最，赐玉镙、荷包、鼻烟壶。哈达哈夺爵，以哈宁阿袭，擢镶黄旗汉军都统。二十三年，复授参赞大臣，佐靖逆将军雅尔哈善讨霍集占。围库车，霍集占脱去，与雅尔哈善同逮送京师。二十四年正月，雅尔哈善弃市。上以哈宁阿为参赞，责薄于将军，又念济尔哈朗力战有劳，命絷狱待秋决。十一月，富德师至巴达克山，遣使令缚送霍集占。上以达尔党阿、哈达哈皆在军，不自奋请行，诏诘责，因言："哈宁阿秋谳本当决，哈达哈稍有事效，尚当宽宥，今岂可曲贷？重念费英东勋劳,不忍刑诸市。"命赐自尽,且令驰谕哈达哈,哈达哈已先以十月卒于军。

　　永常,董鄂氏,满洲正白旗人。自三等侍卫累迁镶红旗满洲都统。乾隆五年,命如安西按事,即授安西提督,屯哈密,赐孔雀翎、红绒结顶冠。十五年,授湖广总督。罗田民马潮柱为乱,讨平之。十八年,上将征准噶尔,命为钦差大臣,驻安西。旋移陕甘总督,加太子少保。

　　辉特台吉阿睦尔撒纳来降,言达瓦齐昏暴。上决策用兵,召永常诣京师,谕行军机宜,遂以内大臣授定西将军。时上倚阿睦尔撒纳及来降宰桑萨赖尔取达瓦齐,以阿睦尔撒纳副定北将军班第出北路,以萨赖尔副永常出西路,仍谕阿睦尔撒纳、萨赖尔为军锋,敕永常督军锋,先发。永常令诸道军兼程并进,上责其误。永常师次巴里坤,命还肃州。永常还督饷,有所计画,上皆不谓然。师定伊犁,俘达瓦齐,诏责:"永常但知师行粮随,沾沾议接济。今功已成,何虑粮不足?因粮于敌,从来胜算。如永常奏,辗转挽运,动逾数十日,庸有济乎?"因左授吏部侍郎。

　　阿睦尔撒纳叛,犯伊犁,永常师左次,上责其怯懦,罢内大臣、定西将军,以副都统衔为参赞。厄鲁特诸台吉有不从阿睦尔撒纳叛者,宰桑扎木参等率数千人诣永常请附屯。永常疑其诈,挟宰桑为质,兼程却走,恐贼蹑其后,征策楞赴援,并檄阿敏道引还,同驻巴里坤。上命夺官逮京师,行至临潼,道卒。仍籍其家,戍其子拉林。

　　觉罗雅尔哈善,字蔚文,满洲正红旗人。雍正三年翻译举人,自内阁中书四迁,乾隆三年,授通政使。御史邱玖华疏论九卿议事不公,别疏请录用贤良祠大臣子孙。雅尔哈善劾玖华为原任侍郎励宗万门生,宗万祖杜讷为贤良祠大臣,玖华劾九卿议事不公,示刚正,实为起宗万地。上谓:"录用贤良祠大臣子孙,不过虚衔微秩,视其材可用然后用之。岂有尝为侍郎获罪因贤良祠大臣子孙而辄起者?

励宗万虽愚,计不出此。玖华所论九卿议事不公,切中时弊。诸臣见之,宜深自儆省。若迁怒建言者,是为不知耻!"命解雅尔哈善任。令庄亲王允禄、平郡王福彭会大学士以下严鞫,雅尔哈善言语得之右通政陈履平,因请皆夺官。上责王大臣议不当,命夺雅尔哈善官,履平下吏议。四年,特起四川龙安知府。五年,以忧去。六年,授江南松江知府,移苏州知府。九年,迁福建汀漳道。雅尔哈善在松江、苏州皆有声绩,其去,民思之。十三年,以福建按察使署江苏巡抚。上元民毁制钱,雅尔哈善论如律,复以数少乞原,上责其宽纵,命夺职留任。十五年,雅尔哈善议经征未完不及一分知县许惟枚等,皆劾罢。总督黄廷桂劾不当下吏议,当夺官,仍命留任。寻入为户部侍郎。十六年,复出为浙江巡抚。十九年,复入为户部侍郎,命军机处行走。旋授兵部侍郎。

　　二十年,师讨阿睦尔撒纳,授参赞大臣,出北路。二十一年,命改赴西路,令驻巴里坤办事。疏请徙布库努特降人于乌兰乌苏,与前降噶勒杂特人同牧。未几,绰罗斯汗噶勒藏多尔济叛,噶勒杂特人哈蒌克锡喇等与为响应,回部降人莽噶里克亦从之。雅尔哈善擒其党并子白和卓。十二月,上奖雅尔哈善实心治军事,加内大臣衔。和硕特降酋沙克都尔曼吉不与阿睦尔撒纳之乱,率所部徙巴里坤附城为牧地以居。噶勒藏多尔济巴雅尔之叛,上寄谕雅尔哈善,令密察沙克都尔曼吉踪迹。雅尔哈善方内疑,又以饷不时至,沙克都尔曼吉请粮不能给,乃使裨将阎相师将五百人入其垒,若迷途借宿者。夜大雪,相师吹笳,督兵袭其庐。沙克都尔曼吉惊起,其妻与相抱持,至死不释,其众四千余人歼焉。雅尔哈善疏报沙克都尔曼吉与绰罗斯叛党扎那噶尔布相通,戮以杜后患。又遣兵赴鲁克察克剿莽噶里克,上嘉其奋往。

　　二十二年春,定边右副将军兆惠自伊犁率师逐捕噶勒藏多尔济等,雅尔哈善遣侍卫图伦楚将八百人益兆惠军。提督傅魁师至盐池,遇莽噶里克率三十二人入塞探白和卓消息,傅魁执而杀之,雅尔哈善疏闻。上以莽噶里克为叛首,当谳定行诛,命逮傅魁送京师。

兆惠师自济尔哈朗至特纳勒尔,为敌围,得图伦楚援乃解。寻召雅尔哈善还京师,户部侍郎。四月,复授参赞大臣,令驻济尔哈朗。九月,擢兵部尚书。十二月,令移驻鲁克察克,总理屯田。

二十三年二月,命为靖逆将军,帅师讨霍集占。五月,师至库车,霍集占所属头人阿卜都克勒木城守。雅尔哈善督师合围,断其水草,城贼出战,屡败之。六月,败援贼于托木罗克。霍集占自将八千人,具最精巴拉鸟枪,行阿克苏戈壁来援。雅尔哈善督兵战库车南,斩千余级。霍集占负伤入库车,获其纛。库车依冈为城,以柳枝、沙土密筑甚坚,炮攻不能入。提督马得胜策穴地入城,距城北一里为隧,已及城。雅尔哈善督之急,我兵夜秉燧入穴。城贼见火光,于城内为横沟,水入隧,我兵皆没。头人鄂对告雅尔哈善曰:"库车食且尽,霍集占必出走。城西鄂根河水浅,可涉北山通戈壁走阿克苏。宜分兵屯此二隘,霍集占可擒也。"雅尔哈善以鄂对新降,不可信。越八日,霍集占乘夜引四百骑启西门,涉鄂根河通。又数日,阿都卜克勒木复夜通。余头人阿拉难尔等率老弱出城降。雅尔哈善杂讯城人,谓沙呢雅斯等五人为阿都卜克勒木死党,因杀之。

疏入,上闻不得霍集占,盛怒,夺雅尔哈善官。雅尔哈善劾副都统顺德讷疏纵,又劾马得胜失机。上曰:"雅尔哈善始劾顺德讷,继劾马得胜,无一语引罪。不思身任元戎,指麾诸将者谁之责欤?此而不置之法,国宪安在?"命兆惠至军斩顺德讷以徇,逮雅尔哈善及得胜送京师。二十四年正月,逮至,命王公大臣会鞫,以雅尔哈善老师糜饷失机事,论斩,遂见法。后二日,并斩得胜。自雅尔哈善死,高宗知沙克都尔曼吉无叛状,赋诗斥其杀降。

富德,瓜尔佳氏,满洲正黄旗人,驻防吉林。乾隆初,自护军擢至三等侍卫。十三年,从经略大学士傅恒征金川,擒贼党阿扣,迁二等侍卫。师还,累迁副都统。二十年,师征准噶尔,命送绰罗斯台吉噶勒藏多尔济等赴军。擢参赞大臣,督西路台站。阿睦尔撒纳所属唐古忒部见阿睦尔撒纳入伊犁,谋遁去。二十一年,富德帅师至鄂塔穆和尔,遇唐古忒众千余营树林蒲苇中,击杀二十余人,追至色白口山内。贼据险分队抵御,夺寨六,斩获无算。唐古忒部遁伊犁,追至察罕鄂博,复遇哈萨克兵千人与唐古忒队合。富德奋勇冲击,斩百余级,夺回被掠集赛噶杂特三十余户,擒台吉恩克巴雅尔等四十余人。上奖富德奋勉,授正黄旗蒙古都统。

二十二年,定边将军成衮扎布赴巴里,以富德为参赞大臣。定边右副将军兆惠疏报与成衮扎布分道进兵,命富德从兆惠军。阿睦尔撒纳还掠扎那噶尔布游牧,富德追剿,收复巴尔达穆特各鄂拓克。得叛酋巴雅尔踪迹,遂深入逐捕,夺隘五。至爱登苏,哈萨克汗阿布赉遣使降。阿睦尔撒纳逃入俄罗斯,寻死。叛酋哈萨克锡喇、布库察罕未获,命富德逐捕。二十三年,招右部哈萨克图里拜及塔什罕回人图尔占俱来降,遣使入觐。上以富德在军久,招抚西哈萨克有劳,予云骑尉世职。

是时雅尔哈善讨霍集占无功,兆惠代将,师锐进,被围,命富德为定边右副将军赴援。二十四年正月,军次呼尔璊,遇贼骑五千,转战五日四夜。会参赞大臣阿里衮送马至,分翼驰突,贼众大溃,杀巴尔图十五人、大伯克数十人、贼千余。酋布拉呢敦中松伤剧,舁入城,旋遁喀什噶尔。兆惠解围出,以功封三等伯。师进次叶尔羌河岸,复战败贼,进封一等成勇伯。霍集占党侵和阗,富德赴援,破贼。进攻叶尔羌,霍集占兄弟弃城遁,追败之于阿勒楚尔,又败之于伊西洱库尔淖尔,窜巴达克山。军从之,令擒献,巴达克山汗素勒坦沙献霍集占首。师还,进封一等靖远成勇侯,赐双眼孔雀翎,官其子侍卫。授领侍卫大臣。二十五年,复授御前大臣,图形紫光阁,赐紫禁城骑马,命军机处行走。寻授理藩院尚书、正黄旗蒙古都统。副都统老格盗官驼事发,鞫实,言寄马富德牧厂,有牲畜数千。上以富德暴贵,安得有牧厂,命都统巴尔品勘验,旋奏富德家产拥资至三万余。命和亲王等会鞫,得富德出兵时留官马,索蒙古王公牲畜,并携缎、布、烟、茶牟利状,下狱,吏议当斩,上命改监候。二十八年,赦,授散秩大臣。三十三年,将军明瑞征缅甸死绥,参赞大臣额勒登额坐逗留得罪。额勒登额亦吉林驻防，与富德有连，富德坐误举，罢散秩大臣，下狱，吏议当斩，上命入缓决。三十六年，赦，授三等侍卫。

三十八年，将军温福征金川，军溃木果木。发健锐、火器两营兵益阿桂军，授富德头等侍卫，为领队大臣，从副将军明亮出南路。富德自真登、梅列旧卡进兵，克得布甲喇嘛寺、得里两面山梁、日寨、策尔丹色木诸隘，复进克僧格宗、马奈、绒布寨、卡卡角诸隘，授副都统，待阙。复进克沙锡里穆当噶尔碉卡、羊圈河桥。四十四年，请拨兵三千往宜喜助明亮，允之。攻噶咱普得娄，夺卡五。攻布咱尔尼山梁，夺沿河卡五。攻庚额特山梁，夺大碉三、卡八。攻咱普得尔窝，贼弃碉窜，追至马尔邦，乞降。富德从军二年，未能大有摧破，屡下诏敦责之，至是，命下部叙功。

金川平，阿桂劾富德滥赏，侵土兵盐菜银两弥不足，下桂林核实，复命袁守侗如川会阿桂具狱。富德密上清字疏讦阿桂，上命槛送京师。廷讯，乃具服滥赏，并以银六铤入己。又受知府曾承谟馈金五十两，并劾副将广著，不待命即令其充兵，广著自戕死。清字疏复称"阿桂手持黄带，语不逊"，坐诬告大逆，例当斩，遂见法。

萨赖尔，蒙古正黄旗人。本厄鲁特头人，隶准噶尔台吉达什达瓦为宰桑。乾隆十五年，准噶尔内乱，萨赖尔率所属四十七户降，安置察哈尔。命入旗，授散秩大臣。准噶尔台吉喇嘛达尔扎请遣萨赖尔归，不许。授参赞大臣，出北路。十九年，乌梁海得木齐扎木参入边，萨赖尔以五百人御之，擒扎木参，而遣收凌、朔岱、讷库勒等十人还。事闻，授内大臣。既，遣还诸人来告宰桑雅尔都、得木齐阿茂海欲来归，乞驻牧乌兰固木、克木克木齐克。萨赖尔言雅尔都等亲阻，许驻特斯河，否则驱之阿尔台山外，并请发厄鲁特兵听调。尚书舒赫德以为未便，上谕萨赖尔相机而行。命舒赫德会同萨赖尔及车凌等选台吉、宰桑可信任者将兵二百人，并令侍卫永柱会总管阿敏道选察哈尔八旗兵五百，交萨赖尔为招谕驱逐之用。

萨赖尔兵至卓克索，乌梁海宰桑雅尔都、车根、赤伦、察达克、图布慎、玛济岱各鄂拓克窜徙阿尔台山外。萨赖尔奏："乌梁海等已远遁，但贪恋故土。必仍回牧。彼时整兵速出，易于收服。请暂撤兵还。"允之。辉特台吉阿睦尔撒纳来降，命萨赖尔迎劳颁赏。旋偕喀尔喀贝子车木楚克扎布等以千八百人击雅尔都、车根、赤伦、察达克四宰桑于察罕乌苏，败之，获牛马无算。初，有扎哈沁宰桑库克新玛木特者犯卡伦，伪追之弗获，达青河诱执之。上责其不武，令纵之去。玛木特移牧布拉罕托辉，不即降。道遇通玛木特，被擒，絷之诺海克卜特勒。萨赖尔羌知之，自乌兰山后掩擒通玛木特，并获新玛木特送军营，安置其户畜于库卜克尔克勒。让嘉之，授子爵世袭，迁正白旗领侍卫内大臣。

时定议征达瓦齐，命萨赖尔为定边右副将军。二十年正月，率师偕参赞大臣鄂容安等出西路。师行，厄鲁特降者于途中肆劫。上戒鄂容安，以己意喻萨赖尔使自敛戢。阿睦尔撒纳请移牧乌里雅苏台，招辉特部众。上察其意叵测，谕萨赖尔令防范，并促其进兵。萨赖尔等疏报扎哈沁得木齐巴哈曼集以三百余户，宰桑敦多克以千余户来降。复遣侍卫瑚集图招谕达瓦齐同族台吉噶勒藏多尔济，寻率台吉诺海奇齐等三十余人来降，诏封为绰罗斯汗。上谕奖萨赖尔，解所佩荷包以赐，并赐双眼孔雀翎。三月，萨赖尔与诸将和起、齐努浑自罗克伦督兵赴博罗塔拉，与北路班第等军合。疏言："招抚倬罗斯台吉衮布扎卜等，皆率所属来降，凡四千余户。叶尔羌、哈什哈尔和卓木献玉盘请降，令各回原牧。降人请与地耕牧，令往吐鲁番、莽噶里克处受地。阿睦尔撒纳属人二百余及额林哈毕尔噶穷夷八百余户，令附属扎哈沁宰桑，有牲畜者，畀籽种，令其耕牧。并自罗克伦启行，驰檄达瓦齐，晓谕利害。"上奖其筹画妥协，以御用宝石朝珠赐之。

萨赖尔兵至登努勒台，将军班第等亦至尼楚衮，两军合。达瓦齐居伊犁河西格登，不设备。五月，西路军自固勒扎渡口越推墨尔里克岭直抵格登，达瓦齐惊遁，未几就擒。伊犁平，诏封萨赖尔一等超勇公，赐宝石顶、四团龙服。六月，军还。征阿睦尔撒纳入觐，萨赖尔同班第、鄂容安驻守伊犁，留兵五百为卫。七月，阿睦尔撒纳谋叛，逗留途中。班第等屡疏入告，萨赖尔亦以为言。上密谕诸臣擒治，弗能决，阿睦尔撒纳遂遁。其徒克什木等为乱，班第、鄂容安死之，萨赖尔更衣降。十二月，萨赖尔遣使诣巴里坤办事大臣和起，以阿睦尔撒纳踪迹告，请发兵往击。和起以闻，上令将军策楞传谕慰劳，赍荷包、鼻烟壶，俟其至赐之。又命理藩院员外郎唐喀禄董其游牧。

二十一年正月，萨赖尔脱出，至吐鲁番。巴里坤参赞大臣达尔党阿率兵往会。萨赖尔疏请罪，上令驻特讷格尔，仍授定边右副将军。三月，策楞疏言：“侍卫巴宁阿自伊犁归，言克什木之乱，将军班第等自固勒扎赴峪格斯御之。”贼甫至，萨赖尔欲奔。鄂容安曰：‘贼来当战，胡急走？’萨赖尔答言：‘尔何知’遂策马去，众从之。班第等仅余司员侍卫及卫卒六十人。夜贼至，班第等遂自杀。”上命逮萨赖尔入都，鞫实，以萨赖尔降人，贷其死，命锢之狱。班第等丧还，执克什木馘以祭，令萨赖尔观之。寻以叛党渐次就擒，释出狱。二十四年，授散秩大臣、镶白旗蒙古副都统、乾清门行走。旋擢内大臣，复封二等超勇伯。卒，图形紫光阁。

论曰：国重有世臣，然承平久，富贵宴安，恒不足任使。出任军旅，兵未接，将已内怯，几何不偾事耶？策楞辈拥兵玩寇，其病正坐此。雅尔哈善文墨吏，其杀降亦以内怯。富德族微，力战致通显，有功而不善居，卒以构祸。萨赖尔反复，迹甚著，独以降人蒙宽典，幸矣！

清史稿卷三一五
列传第一〇二

高天喜 鄂实 三格 和起
唐喀禄 阿敏道 满福
豆斌 端济布 诺尔本

　　高天喜,甘肃西宁人。天喜本准噶尔人,雍正中为我师所俘。高氏抚为子,因从其族籍。从军,累擢保宁堡守备。乾隆二十二年,副将军兆惠击伊犁,天喜从参将迈斯汉赴援。遇噶勒杂特贼百余,击杀之,获其驼马。既,闻兆惠被困济尔哈朗,议驰救,迈斯汉怯不进。巴里坤办事大臣雅尔哈善以闻,上即夺迈斯汉官以命天喜。寻迁金塔协副将。再迁西宁镇总兵,授领队大臣。二十三年十月,师攻叶尔羌,兆惠议出间道袭取贼辎重,渡黑水。天喜督兵修桥度师,未及半,贼大至。天喜闻兆惠陷贼阵,舍桥及赴之,奋与贼战,与鄂实、三格、特通额俱没于阵。上赋诗惜之。谥果义,又赐其家白金千。

　　鄂实,西林觉罗氏,满洲镶蓝旗人,大学士鄂尔泰第二子。出为叔父鄂礼后。自荫生授三等侍卫。累迁本旗副都统、左翼前锋统领。兄鄂容安死阿睦尔撒纳之乱,鄂实请从军,授参赞大臣,佐定边将军成衮扎布,出西路。二十二年夏,成衮扎布令逐捕扎那噶尔布,鄂实以地险马疲,中道引还。上手诏诘责曰:“若谓地险,贼何以能行?若谓马疲,贼马何独能壮健?”左授蓝翎侍卫。是冬,鄂实逐扎哈沁贼,斩一百四十余级,获牲械。上谓:“今当大雪,马力应疲乏,尚能剿贼。彼时鄂实为参赞大臣，有事但诿诸将军。兹以负罪，乃直前剿贼，朕知其隐矣。"量迁三等侍卫。死事，上令仍视前锋统领赐恤，谥果壮。

三格，栋鄂氏，满洲正白旗人。自诸生授蓝翎侍卫。累迁黑龙江副都统。命将索伦、巴尔呼兵三千，佐参赞大臣策楞出西路，为领队大臣。策楞以怯懦逮，三格亦坐夺官。旋复授正白旗蒙古副都统。攻呼尔璊台吉赛音伯勒克等，再战，掠其牧地，予三等轻车都尉世职。二十二年春，定边将军成衮扎布令逐捕扎那噶尔布，未得。秋师至博罗和罗，遇叛党额林沁达瓦等百余户，三格与战。会布鲁古特台吉珲齐、呼尔璊台吉达瓦斩扎那噶尔布伪请降，并请招额林沁达瓦，三格信之，遽引师还，珲齐等旋遁去。坐夺官，并削世职。以兵伍自效。死事，上命仍视副都统赐恤，谥刚勇。

天喜、鄂实、三格并祀昭忠祠，予骑都尉兼云骑尉世职。回部平，图形紫光阁。特通额，策楞子也。附见《策楞传》。

和起，马佳氏，满洲镶蓝旗人。其先世阿音布，国初以军功授拜他喇布勒哈番世职。和起袭职，授盛京协领。累擢宁夏副都统。乾隆十九年，命与侍卫海福将千人佐定西将军永常讨达瓦齐，迁宁夏将军。永常劾和起兵不及额，而和起先疏言将九百人以往，留百人护辎重，上得永常疏，不之罪也。寻又命偕提督豆斌为巴里坤办事大臣，策楞代永常为定西将军，复劾和起送兵马迟误，当夺官，留任。旋复官，授钦差大臣关防，召诣京师谘军事。达什达瓦所属宰桑讷默库、曼集、乌达瑚们都等在军私还游牧，命和起严鞫得实，以降人请予宽典，上不许，命正军法。

二十一年十一月，辉特台吉巴雅尔叛，掠扎哈沁五百余户。定边右副将军兆惠令和起将索伦兵百人往按，檄吐鲁番伯克莽阿里克等集辟展，而噶勒杂特宰桑哈萨克锡喇、布鲁特台吉尼玛阴应巴雅尔，诡以兵五百会。和起望兵至，疑之。令莽阿里克诇之，绐告曰："我兵也！"逾时，尼玛等操戈前，莽阿里克自后噪，贼众蜂集。和起

所将兵仅百人,负重创,手刃数贼,股中枪,徒步转战,至夜力尽。和
起垂死,命索伦侍卫努古德、彰全布突围出,以所戴孔雀翎为识报
兆惠,遂死之。谥武烈,追封一等伯,以一等子世袭,祀贤良、昭忠二
祠。二十三年,师还,获尼玛及其子槛送京师,命戮于和起墓前。子
和隆武,自有传。

　　唐喀禄,他塔喇氏,蒙古正蓝旗人。自笔帖式再迁理藩院员外
郎。乾隆十九年,赐副都统衔,命赴北路军董理新降辉特台吉阿睦
尔撒纳、班珠尔等游牧地。唐喀禄疏言:"班珠尔所属多老稚不能
耕,虑饥馁。"上以距耕时尚远,责其琐屑,命撤还。扎萨克林丕勒多
尔济初命同董理游牧,将军别有指挥,唐喀禄疏请留。上责其不当,
左迁理藩院笔帖式。寻复授员外郎,命送济隆呼图克图自巴林赴伊
犁,董理定边右副将军萨喇尔游牧。复赐副都统衔,授领队大臣,将
驻防扎布堪兵千人,从定边右副将军哈达哈赴哈萨克,逐捕阿睦尔
撒纳。贼渠固尔班和卓遁入乌梁海,唐喀禄报哈达哈督兵擒之,赐
孔雀翎,阿睦尔撒纳令其徒达瓦藏布入掠,唐喀禄令索伦总管鄂博
什将五百人御之,降其众三百。寻命屯科布多。授理藩院侍郎、镶
蓝旗蒙古副都统。

　　唐喀禄行按诸部,辉特降人屯扎克赛,每自相劫夺,请移屯呼
伦贝尔、齐齐哈尔诸地。喀尔喀俘获扎哈沁、特楞吉特、奇尔吉斯、
乌尔罕济兰诸部人万余,请以扎哈沁人移驻卡伦内。特楞吉特、奇
尔吉斯、乌尔罕济兰人给东三省兵丁为奴。杜尔伯特游牧请移乌兰
固木,上并从其请。师出西路击哈萨克锡喇,命唐喀禄屯额尔齐斯
为声援。阿睦尔撒纳败走,唐喀禄诇知杜尔伯特贝勒巴图博罗特、
台吉阿喇善等潜与相结。遣兵攻之辉巴朗山,禽阿喇善等,并戮乌
梁海五十余户,遂赴塔尔巴哈台逐捕阿睦尔撒纳及哈萨克锡喇,赐
御用荷包、鼻烟壶。师至塔尔巴哈台,粮罄马乏,唐喀禄引师退,疏
言遵旨撤兵,上怒,左授蓝翎侍卫,佐定边左副将军纳穆扎尔出北
路。降人和硕齐,上擢用至散秩大臣,至是令护哈萨克来使入边,上

命纳穆扎尔遣唐喀禄将二百人迎之。阿睦尔撒纳窜俄罗斯，上命唐喀禄偕和硕齐驻额尔齐斯侦御。

二十三年三月，土尔扈特舍棱等谋走俄罗斯，上命偕和硕齐逐捕。四月，师次布固图河，获舍棱弟劳章扎卜。劳章扎卜诡为兄乞降，唐喀禄未敢信，和硕齐遽纵之还。越日，舍棱诡约降，献酒，和硕齐饮之，邀唐喀禄过其营，贼噪而起。唐喀禄及侍卫富锡尔、穆伦保、佛尔庆额力战，均遇害，和硕齐更衣降。事闻，赐骑都尉世职，祀昭忠祠。富锡尔、佛尔庆额，皆满洲镶黄旗人。穆伦保，满洲正白旗人，皆赐云骑尉世职。

阿敏道，图尔格期氏，蒙古镶红旗人，世居察哈尔。父阿吉斯，康熙间讨噶尔丹，以员外郎从军，中道粮匮，兵若饥。阿吉斯言于众曰："我等官兵世受国恩，甘毙道路。誓竭力前进。"众皆诺。于是有昭莫多之胜。圣祖嘉其能，予拖沙喇哈番世职。卒。

阿敏道，袭职。雍正初，累迁二等侍卫。九年，命将巴里呼兵百人自固尔班塞堪赴巴尔坤佐军，又命偕侍读学士查克丹调喀尔喀兵三千率之往。寻复偕护军统领费雅思哈赴乌尔辉音扎罕练兵。乾隆元年，准噶尔乞和，撤军，阿敏道还京，授镶蓝旗察哈尔总管。十九年，师收乌梁海，将察哈尔兵以从，加副都统衔。二十年，迁所获巴尔沁人等于齐拉罕。师定伊犁，定北将军班第奏以阿敏道督台站。是年，阿睦尔撒纳叛，班第陷贼。阿巴噶斯、哈丹附逆肆掠，台站中断。阿敏道辄督兵巡徼，使驿递恒得相续。会定西将军永常自木垒退驻乌尔图布拉克，撤阿敏道还。上夺永常官，以策楞代将。命阿敏道将精骑诣伊犁求班第消息。策楞不即遣，上诘责之。寻将千人捕阿巴噶斯、哈丹贼众。

二十一年，授镶蓝旗蒙古副都统。时回酋布拉呢敦、霍集占有异志，定边右副将军兆惠诇知之，阿敏道将索伦兵百、厄鲁特兵三千赴叶尔羌、喀什噶尔慰抚，且使致二渠。至库车，霍集占在焉，闭城拒我师。阿敏道斩游骑四十余，围之。城人诡言曰："厄鲁特吾仇，虑为害。撤还即纳降。"阿敏道遂命厄鲁特兵退,仅留索伦兵百。或虑有变,阿敏道曰:"吾招抚回众,惟期于国有济,何暇他虑?"遂入,为霍集占所执。

二十二年,上谕诸将檄霍集占送阿敏道还,不从,谋加害。库车伯克呼岱巴尔以告,阿敏道谋脱归,不克,死之。二等男署察哈尔营总旺扎勒及诸裨将绷科、糯金吹、扎木苏七、巴克萨拾,并索伦兵百人,皆从死。事平,诸有功者图形紫光阁,阿敏道列后五十功臣,加世职为骑都尉兼一云骑尉,祀昭忠祠。旺扎勒加云骑尉,绷科等皆予云骑尉世职。

满福,瓜尔佳氏,满洲镶蓝旗人。自世管佐领累擢拉林副都统。乾隆二十二年,迁都统,驻巴里坤。命将吉林兵千人屯吐鲁番,寻授领队大臣。定边将军成衮扎布出珠勒都斯,令满福将三百人巡视阿勒辉至乌纳哈特十三台站,搜剿玛哈沁。沙拉斯、玛唬斯既降复叛,掠台站,上命满福自阿勒辉往剿,又令巴里坤办事大臣阿里衮帅师与会。阿里衮未至,满福师次背色岭,与贼遇,击之,贼败走,伪遣人乞降,且言贼渠已就缚,请除道迎。满福信之,行次哈喇和落,径险林密,下临深沟。满福悟为贼所绐,急麾前队返。贼千余突自林中出,围我师。满福厉声督兵力战,被创坠沟,死之。上以满福虽为贼所愚,愍其捐躯,命如阵亡例议恤,谥武毅,祀昭忠祠,图形紫光阁。

豆斌,陕西固原人。初以马兵入提标,累迁肃州镇标中军守备。雍正间,从征准噶尔,力战受创,赐白金四百。迁川陕督标前营游击。准噶尔犯科舍图,率兵击走之。乾隆初,累迁提督,自广东移广西。疏言:"各营鸟枪,旧式大小参差,坐卧倚伏,不能应手。又质薄易热,难收实用。请照陕西威字号缠丝枪式改制。"下两广总督议行。俄,调还固原。又命以提督衔领湖北宜昌镇总兵事。寻复历甘肃、安西提督。命讨准噶尔,师将标兵出驻巴里坤,以输军马后时,下吏议。旋乞病,罢。

居数月，复授安西提督，仍令赴巴里坤兆惠师。师攻霍集占于库车，命斌将所部从，充领队大臣，徼巡鲁克察克，辟库车诸地驿路。兆惠被围黑水，斌从副将军富德自阿克苏兼程赴援。师次呼尔璊，霍集占以五千人迎战，我师分两翼，贼据高冈，斌率中军火器进攻。贼知我师马力乏，拥众相逼。阿里衮解马至，斌偕众将夹击，胁中创，仍力战，贼大败。创甚遂卒，谥壮节，祀昭忠祠，予骑都尉。兼云骑尉。上制诗惜之。回部平，图形紫光阁。孙霭，袭世职，官至山东登州镇总兵。

端济布，瓜尔佳氏，满洲镶黄旗人。自前锋累迁头等侍卫、镶黄旗察哈尔总管。乾隆二十二年，上令选兵千佐定边将军兆惠出西路。自朱尔图斯赴玛纳斯，获得木齐鄂罗斯，并所部三百人、马驼牛羊二千余。扎哈沁头人巴哈曼集叛走，端济布偕侍卫奎玛岱追捕，至小卫和勒津，降所部二百户，又得掠台站贼札木布。师捕治厄鲁特头人噶尔藏多尔济、扎那噶尔布等，布鲁古特台吉珲齐、呼尔璊台吉达瓦斩扎那噶尔布，诣端济布军请降。端济布遽引师还，珲齐、达瓦复叛去。上惩端济布惟事姑息，命靖逆将军雅尔哈善按治。师至罗克伦孟古图岭，获噶尔藏多尔济宰桑罗卜札尼玛、得木齐敦多克，槛送巴里坤。上闻，命贷端济布罪。

扎哈沁得木齐哈勒拜等谋掠台站，参赞大臣哈宁阿檄端济布往捕，至玛纳斯，得间谍十余。渡河至美罗托山，贼遁，收其游牧牲畜。师围库车，端济布将吉林、厄鲁特兵以从。霍集占将三千人自赛里木来援，屯高阜。端济布偕侍卫顺德纳等奋击，斩二千余级。师攻叶尔羌，霍集占筑台城东北。端济布及侍卫诺尔本将右翼后队攻之，贼拒战，复斩二千余级。兆惠被围于黑水，端济布从定边左副将军富德赴援，十余战，至呼尔璊，与兆惠军会，赐三等轻车都尉世职，授镶红旗满洲副都统。

师逐贼，战于阿尔楚尔，再战于伊西洱库尔淖尔，端济布将二百人截贼逃路。侦山有贼寨，越岭攻之，被创，赐号塔什巴图鲁。师还,图形紫光阁,列前五十功臣。卒,赠都统,谥壮节,祀昭忠祠。谕以"端济布力战受伤,与阵亡者无异也"。

诺尔本,吴机格忒氏,满洲正蓝旗人。以前锋从军。富德获宰桑乌巴什,遣诺尔本送兆惠军。道遇贼,力战,赐号克筹巴图鲁。师围库车,霍集占来援。诺尔本偕公衮楚克,侍卫齐凌札卜、齐努浑等击贼右翼,贼败走,逐之六十余里。至鄂根河口,斩获甚众。贼逃入苏巴什山,复偕齐努浑入山搜戮,温诏嘉焉。师攻叶尔羌,偕端济布战城东,败贼。师还,命在乾清宫行走,赍银帛,赐骑都尉加一云骑尉世职,图形紫光阁。擢头等侍卫,从明瑞征缅甸,击贼被创。寻令将兵屯腾越。还京,擢围场总管,加副都统衔。卒。

论曰:高天喜骁勇善战,与鄂实、三格奋斗破阵,死事为最烈。和起等仓卒为贼陷,慷慨授命。斌与端济布以力战受创,得与战死者同其血食。旌勇励忠,当如是也。

清史稿卷三一六
列传第一〇三

瑚尔起　爱隆阿 弟巴灵阿　舒明
福禄　齐里克齐　阎相师
伊柱　努三 乌勒登

　　瑚尔起，瓜尔佳氏，满洲镶蓝旗人。自笔帖式累迁协领。乾隆
十三年，从征金川。迁呼伦贝尔总管。二十年，从征准噶尔，加副都
统衔。二十一年，从参赞大臣达尔党阿自珠尔都斯逐捕阿睦尔撒
纳，诇知阿睦尔撒纳窜哈萨克，从定边左副将军哈达哈以师临之。
哈萨克汗阿布赉拒战，击败之，斩百余级，得马二十余。获其头人，
言阿睦尔撒纳方在泥雅斯图山，檄阿布赉禽献。杜尔默特贝勒巴
图、伯罗特等潜通阿睦尔撒纳，瑚尔起与战辉巴朗山，执伯罗特，尽
歼其部众，及阿睦尔撒纳所留乌梁海五十余户。

　　沙喇斯、玛呼斯既降复叛，掠台站，而布鲁古特台吉珲齐等戕
察哈尔总管巴宁阿以叛。上命瑚尔起偕鄂实、三格副哈宁阿，将千
人驻济尔哈朗、巴里坤适中地，捕珲齐及沙喇斯、玛呼斯部众。瑚尔
起偕鄂实追剿札哈沁逃贼，又偕副都统巴图济尔噶勒自呼斯坦至
尼勒喀河，侦珲齐等百余户游牧，突击，执之。

　　寻从师自伊犁逐剿诸回部，至善塔斯巅，招降布岭特头人图鲁
启拜、鄂库及其部众，搜捕阿里玛图河逸贼。上以索伦兵从征久，召
瑚尔起及副都统鄂博什率以还，瑚尔起等仍请从军。将军兆惠攻霍

集占于叶尔羌,被围,定边右副将军富德檄瑚尔起及巴图济尔噶勒率索伦兵自伊拉里克赴援,以马驼未至,负粮械步行戈壁中。上奖谕,即授正白旗蒙古副都统。师至巴尔楚克,兆惠围已解,与富德军合。霍集占之徒阿卜都克勒木等侵和阗,攻哈拉哈什,侍卫齐凌扎卜请援。兆惠令瑚尔起与巴图济尔噶勒督兵赴援。齐凌扎卜驰告,夜行至伊立齐,贼闻兵至,引退。诇知贼骑七百余屯博尔齐,天大雾,瑚尔起督兵突击,贼溃走,追至皂洼勒河,斩百余级,收回人四千余户,和阗遂平。上赋《博罗齐行》纪事,赐瑚尔起云骑尉世职。

师自喀喇乌苏逐捕霍集占,至阿尔楚尔。贼设伏两山间,我军张两翼击之,贼败走三十里,负山而屯。瑚尔起等自山麓横冲入阵,师夹击,贼大败,越山遁,师从之,至伊西洱库尔。淖尔瑚尔起等为伏东山,侧击,贼复大败,霍集占窜入巴达克山。巴达克山汗素勒坦沙献霍集占首。瑚尔起将索伦兵还,赉银币,图形紫光阁,列前五十功臣。瑚尔起疏言:“呼伦贝尔多水泉,可耕。请选塔雅沁降回百户往耕。”上命瑚尔起以副都统为呼伦贝尔总管,董其事。移黑龙江副都统。从征缅甸,收猛拱、猛养诸地。卒于军。赐骑都尉,并前世职为一等轻车都尉,祀昭忠祠。

爱隆阿,觉尔察氏,满洲正黄旗人。自前锋侍卫累迁齐齐哈尔副都统。乾隆二十一年,授领队大臣,赴巴里坤军营。偕参赞大臣富德逐捕巴雅尔,至爱登苏,遇阿布赉部众突出,数与战,却之。自巴尔楚克至济尔哈朗置台站,逐贼沙喇博和什岭,遇都尔伯特纳木奇游牧,乞降,旋遁去,爱隆阿追及之,杀千余人,纳木奇遂纳款。师至察罕乌苏,收厄鲁特宰桑乌鲁木游牧百余户。师屯济尔哈朗,命爱隆阿驻守济尔哈朗、巴里坤适中地。寻从靖逆将军雅尔哈善讨霍集占。先是爱登苏之战,侍卫奇彻布战没,至是爱隆阿上言:“前擒巴雅尔,夺还奇彻布尸,富德未及疏列。”定边将军兆惠疏言:“爱隆阿原报所无,事后追论,显为争功,请严议。”诏原之。

师围库车,贼来援,爱隆阿等与战于戈壁,歼贼甚众。霍集占将五千人续至，爱隆阿等率吉林及索伦兵千骑逐贼至鄂根河侧，与战，迫贼入水，死者三千余人，拔其纛，驿致京师。上为赋《回纛行》，奖其能战。旋从将军兆惠至叶尔羌，与霍集占部众战，当左翼。兆惠被困，靖逆将军纳穆札尔赴援，爱隆阿将兵截喀什噶尔贼援路。徼巡台站，至托罕塔罕，遇贼，剿杀百余人。上授爱隆阿参赞大臣，令与定边右副将军富德援兆惠。爱隆阿战呼尔璊，再战叶尔羌河，遂与兆惠军合。寻引兵驻乌什，兼防喀什噶尔，予云骑尉世职。复从富德逐霍集占，战于伊西洱库尔淖尔。徼巡台站值吗噗斯、宾巴等谋劫察罕乌苏台站，以兵追袭，斩获殆尽，进骑都尉世职。师还，授正白旗护军统领，兼镶白旗蒙古副都统。图形紫光阁，列前五十功臣。再进一等轻车都尉兼一云骑尉世职。授伊犁参赞大臣。卒。

弟巴灵阿，自亲军校累迁二等侍卫，授察哈尔总管。赐坤都尔巴图名号，授领队大臣。博罗齐搜捕厄鲁特部众，遇伏战死，赐云骑尉世职，图形紫光阁，列后五十功臣。

舒明，乌梁海济勒莫特氏，蒙古正黄旗人。自二等侍卫累迁都察院左副都御史、正黄旗护军统领。命赴北路军，为诸部降人董理游牧。旋授吏部侍郎。诇知降人纳默库戍台站侍卫，谋以所部叛，驰奏。敕参赞大臣阿兰泰往捕治，阿兰泰请益兵，上责其纷扰。纳默库就擒，上以舒明筹策得宜，而阿兰泰推诿迟误，夺阿兰泰三等男爵畀舒明。

舒明在边，诸部降人至者，为之拊循。噶杂特宰桑根敦降，上授佐领，使与丹毕游牧同处。都尔伯特台吉伯什阿噶什、乌巴什降，上授伯什阿噶什亲王、乌巴什贝子，游牧额尔齐斯，舒明为陈请留屯哈达青吉勒。达什达瓦部降，编为三旗，移阿尔台。其续至者，使处扎哈沁旧游牧地。策凌乌巴什、巴图博罗特及达玛林等部众贫甚，疏请赈，上为发米六百石。上闻和托辉特青滚杂卜将叛，命舒明诇之。舒明言叛已著，命会将军成衮札布等捕治。授参赞大臣，成衮札布令将科布多兵二百以往。上命侍卫巴宁阿勒泰将三百人为舒明佐。旋命偕成衮札布驻乌里雅苏台。授理藩部侍郎。再迁绥远城将军，兼领归化城都统。二十七年，卒。

子雅满泰，袭三等男。累迁正白旗蒙古副都统。坐事左授头等侍卫。与保泰同充驻藏大臣。廓尔喀侵后藏，与保泰同得罪，荷校被杖。复起至头等侍卫，卒。

福禄，旺察氏，蒙古正白旗人。自护军校累迁福建建宁镇总兵。内移正蓝旗蒙古副都统。外授直隶宣化、广东右翼诸镇总兵。又内移正红旗汉军副都统。乾隆二十三年，授参赞大臣，驻乌里雅苏台。旋命将索伦兵二千人赴巴里坤。时定边左副将军成衮札布与参赞大臣阿桂会讨舍楞，福禄请具三月粮，自科布多输送，从之。至海拉尔，与御前侍卫敦察会师进。旋佐将军兆惠讨霍集占，偕定边右副将军富德帅师次呼尔璊。霍集占以五千余人来犯，福禄偕领队大臣永庆率索伦、察哈尔兵击之，自巳至申，与贼战十余次，贼溃去。进次叶尔羌河岸，城贼突围出，富德与福禄等领中军自右进，追贼渡河，贼屡败。兆惠自叶尔羌出，至阿尔吉什，侦鄂斯璊方侵和阗，疏请富德、福禄帅师策应。上命福禄偕策布登札布以兵堵霍集占窜俄罗斯路。旋命驻军和阗，予云骑尉世职。迁杭州将军。准噶尔平，图形紫光阁。上巡浙江，福禄督驻防兵肄式，制《阅武诗》奖之。调西安将军。授领侍卫内大臣。以老乞休，卒。

齐里克齐，蒙古镶黄旗人。初为额鲁特人，以地为氏。乾隆二十年，师征准噶尔，来降。准噶尔平，从定边将军兆惠击霍集占，战于霍尔果斯。霍集占败走，降头人图鲁启拜等，授蓝翎侍卫。护哈萨克使臣诣京师，迁三等侍卫。复从定边右副将军富德击霍集占，至色勒库尔，敌踞山以拒。齐里克齐偕前锋参领喀木齐布督健锐营兵自山阴攀登仰击，霍集占败遁。降所部二千余人，获军器、驼骡，赐布哈巴图鲁勇号。师还，命在乾清门行走，图形紫光阁。再迁头等侍卫，予云骑尉世职。三十二年，从将军明瑞征缅甸，遇贼于底麻,败之。赐副都统衔。召回京,再迁镶黄旗蒙古副都统。三十七年,师征金川,命督健锐营从参赞大臣阿桂出南路。授领队大臣,攻美诺,克之,金川平,师还,领健锐营。

嘉庆初,教匪起,送察哈尔马如湖北军,事竟即还。上以未请从军,诏诘责,夺官,削世职。寻授镶黄旗蒙古副都统。卒。

阎相师,字渭阳,陕西高台人,入伍。累迁安西前营游击。雅尔哈善谋诛厄鲁特降人沙克都尔曼吉。天大雪,相师将五百人,伪为失道,求寄宿其垒。夜分,鸣笳骤起,杀沙克都尔曼吉,歼其部众四千余人。寻偕副将丑达将千人赴鲁克察克同额敏和卓逐回酋莽阿里克。录功,迁金塔寺营副将。屯田吐鲁番。擢甘肃肃州镇总兵,赐花翎。从雅尔哈善讨霍集占,授领队大臣。围库车,力战被创。师克阿克苏,以相师驻守。已,复随剿霍集占于叶尔羌。授安西提督,驻喀什噶尔。未几,改甘肃提督,移驻库车。上命屯田乌鲁木齐。凯旋,入觐,赍银币,图形紫光阁。引疾罢,予食全俸。旋卒,赠太子太保,谥桓肃。

相师躯干修伟,有至性。既贵,念亲不逮养,每食泣下。得俸与兄弟,不问出入。所居镇夷堡地万亩,为浚渠灌溉,数百家利赖之。

伊柱,萨克达氏,满洲正白旗人。父塔勒马善,雍正间,以副都统将归化城兵从征噶尔丹策凌。将军达尔济驻伯格尔,世宗命塔勒马善参赞军务,署前军统领,逐贼至额得尔河源,驻军乌里雅苏台。乾隆初,权定边左副将军,召还。师复征准噶尔,命赴额尔齐斯屯田。二十一年,授北路参赞大臣。复召还,授护军统领。卒。

伊柱,自佐领再迁索伦总管。偕副都统济福、侍卫德尔森保赴喀尔喀车臣部捕盗,得逋贼。二十四年,从将军兆惠讨霍集占。霍集占之弃叶尔羌走也,副将军富德等逐之,至阿尔楚尔。贼设伏两山间,师分三队奋击,伊柱领右翼,战自辰至午,贼大溃。翼日,至巴达克山界伊西洱库尔淖尔,贼据险守,师分道进攻,树白纛,降贼万余。伊柱偕巴图济尔噶勒等堵山后策应。富德遣侍卫赛普图等谕巴达克山汗,使禽霍集占以献。伊柱驻兵卡伦为声援。瓦罕伯克率所部降。寻,巴达克山汗素勒坦沙函献霍集占首。回部平。伊柱将千人驻喀什噶尔,护诸降人屯田伊犁。师还,上御丰泽园宴劳,赐伊柱缎十二、白金五百。伊柱复出领屯田,为置台守望,疏渠灌溉,农隙督佃伐木作屋以居,上谕令加意开拓。迁镶蓝旗蒙古副都统。从将军明瑞征缅甸,击贼老官屯。卒于军,进三等轻车都尉世职。

努三,瓜尔佳氏,吉林满洲正黄旗人。自前锋再迁头等侍卫、御前行走。乾隆十一年,四川总督庆复剿下瞻对头人班滚,命努三如庆复军。庆复疏报班滚焚死,罢兵。张广泗代庆复,言班滚现在。庆复坐得罪,努三罢御前行走。寻授镶白旗蒙古副都统、正蓝旗护军统领。十八年,师征准噶尔,命从湖广总督永常筹军事。旋帅师驻鄂尔坤。准噶尔宰桑玛木特阑入卡伦。授参赞大臣,命会将军成衮札布逐捕。努三与参赞大臣萨赖尔、护军统领乌勒登合军,军不载,杂取牲畜。努三获逃人特赫拜哈都,未闻上。乌勒登收乌梁海,纵逃人巴朗。上诘责努三、乌勒登,下定北将军班第等按治。努三、乌勒登自陈收牲畜匿以自私事始萨赖尔,上以萨赖尔新降,不知法度,责努三等不得以此诿过。寻谳上,坐失巴朗,罪当斩。诏录其前劳,恕死,留军,仍籍其家。

旋授蓝翎侍卫。再迁头等侍卫,命与左都御史何国宗赴伊犁,测天度,绘地图。送兵诣巴里坤,请回京。左授蓝翎侍卫,留巴里坤差遣。招抚巴尔达穆特各鄂拓克有劳,三迁镶蓝旗护军统领,督巴里坤屯田。兆惠被围黑水,努三从定边左副将军富德往援,至呼尔璊,分两翼击贼,与兆惠军会,赐骑都尉世职。师还,赐银币。累迁领侍卫内大臣、正蓝旗满洲都统。卒,谥恪靖。

乌勒登,乌礼苏氏,满洲正白旗人。自前锋累迁镶黄旗蒙古副都统、护军统领。乾隆十三年,从征金川。经略大学士傅恒至军,令

驻军马奈。十八年，师征准噶尔，援参赞大臣，驻乌里雅苏台。扎哈
沁宰桑玛木特等阑入卡伦，乌勒登偕喀尔喀副都统策登扎卜将五
百人，与参赞大臣努三分道捕治。参赞大臣萨尔赖收乌梁海，乌勒
登自索郭克策应，俘获甚众。寻坐纵逃人巴朗，并与努三匿所获乌
梁海牲畜，罪当斩，贷死从军。寻授头等侍卫，命选厄鲁特宰桑厄勒
锥音等兵赴伊犁讨贼。加副都统衔，授领队大臣，进剿阿巴噶斯、哈
丹等游牧。

阿睦尔撒纳窜哈萨克，定西将军策楞遣乌勒登将千人从参赞
大臣玉保逐捕，玉保中道引还。乌勒登师至库陇癸岭，阿睦尔撒纳
脱走。逮诣京师，廷鞫，言：“初闻阿睦尔撒纳遁，请发兵速追之。策
楞、玉保俱不允。从玉保往，复请追击。玉保止发兵五十，至库陇癸
岭，仅余二十人，驼复乏。阿睦尔撒纳于师行日已过岭窜哈萨克。”
上以其言实，贷死，授三等侍卫，在乾清门行走。寻仍遣赴军。定边
将军兆惠招降布勒特部头目图鲁启拜，令乌勒登自珠木罕至图固
斯塔老宣诏，护降人入觐。擢头等侍卫，授参赞大臣。令捕玛哈沁，
并截霍集占逃路。寻以捕玛哈沁不力，令在领队大臣上行走。师还，
累迁镶黄旗蒙古都统、左翼前锋统领。卒。

论曰：从兆惠、富德讨霍集占有功诸将校，若瑚尔起、爱隆阿歼
敌搴旗，见于咏歌，厥绩懋焉。舒明逐叛拊降，以劳受爵。福禄、努
三与呼尔璊之役，齐里克齐佐色勒库尔之战，相师助库车之围，伊
柱收伊西洱之降，录功皆居最，抑亦其次也。

清史稿卷三一七
列传第一〇四

王无党　吴进义　谭行义
李勋　樊廷　武进升　马负书
范毓𪱿

王无党,直隶万全人。康熙五十一年武进士,授蓝翎侍卫。累迁广西梧州协副将。贵州台拱九股苗为乱,无党率师讨定之,擢左江镇总兵。九股苗复为乱,无党驰抵古州,分兵赴八寨督剿。经略张广泗檄无党分攻台拱大台雄,克之。平交上等三十余寨,禽其渠巴利,会收牛皮大箐。乾隆元年,署贵州提督。从广泗抚定上下九股诸苗从为乱者。二年,真除。疏陈黔省急务,请筹积贮,筑城垣,整墩台塘房,禁掠卖人口,下部议行。定番州属姑卢寨苗恃险强肆,广泗与无党遣汉、土官兵三千余,分道毁寨搜箐,禽其渠老排。十余日而定,上褒其妥协。四年,陛见,赐孔雀翎。

六年,移湖广提督。黑岗苗为乱,大学士鄂尔泰以无党在贵州久,熟苗事留使截定乃上官。八年,上以湖广军政废弛,无党至官未有所整理,下诏诘责。十三年,坐提标兵救火攘衣物,兵部论无党徇庇,当夺官,命诣京师引见,左授湖南沅州协副将。迁云南楚姚镇总兵。内擢銮仪使。复外授福建漳州镇总兵,迁浙江提督。以目疾乞罢。卒,谥壮愨。

　　吴进义，字子恒，陕西宁朔人。父开坼，康熙二十七年一甲三名武进士，官至云南元江副将。进义入伍，从振武将军孙思克征噶尔丹，札署守备，发江南借补千总。累迁江南寿春镇总兵。擢江南提督，疏言：“太湖界江、浙，渔船奸良难辨。请照海洋例巡哨，支河小汛，饬两省陆路兵巡查，则声势联络，奸宄敛迹。”有旨嘉奖。久之，移浙江，再移福建，复还浙江。时有伪为孙嘉淦疏稿语讦上，进义与浙闽总督喀尔吉善以闻。上令究所从来，语连提督廧胥吏，喀尔吉善劾进义隐讳，命解官听谳。进义力辨未尝隐讳，其幕客证进义已见稿。浙江巡抚雅尔哈善论进义当重辟，上愍其老，命贳罪。复以疏稿未得作伪主名，令江苏巡抚庄有恭会鞫。有恭疏陈进义实未见稿，浙江承审诸吏牵合附会。事下军机大臣覆讯，得实。上以进义无辜废斥，召来京，命以提督衔署直隶宣化镇总兵。未几，授古北口提督。进义请限操演火药，增设河屯协弓兵，皆允行。二十三年，加太子少保。二十七年，卒，年八十四，加太子太保，谥壮悫。

　　进义家世多武功，从祖坤，贵州永北总兵，尝征四川苗及金川有功。坤子开增，自武举官至浙江温州总兵。

　　谭行义，四川三台人。康熙时，以武举授陕西西宁卫千总。雍正初，从军平青海，再迁河南城守营参将。河东总督田文镜劾行义送陕西军马疲瘦，夺官，上令来京引见。召对称旨，赐编刻《上谕》、貂皮、香珠，复原官。再迁广东高雷廉总兵。总督鄂尔达檄行义将五千人协剿贵州乱苗，进击滚纵、高表诸寨。经略张广泗令赴援上江，攻乌婆、摆吊诸险要地，搜牛皮大箐，获其魁，历福建漳州、湖南镇箪诸镇。

　　乾隆四年，授广西提督，帅师会讨楚、粤乱苗。宜山县土蛮恃险劫掠，行义与总督马尔图、署巡抚安图令游击杨刚讨之。破白土、丘索二村，执其渠，斩以徇。忻城土县外八堡有剧盗曰蓝明星，恃险焚劫。行义檄副将毕映捕治，明星遁入山，搜捕得之。有黄顺者，匿湖北、广东错壤处，谋为乱。贵州人黎阿兰与相应，散旗印，将起事。行义诇知之，督兵攻克贼巢，擒斩首从七十余，事乃定。柳州兵皆居草舍，患火。行义请发白金四千贷兵建瓦屋，分三年还帑，从之。又有李彩者，纠众聚迁江石版村谋犯县城，行义既捕治，请城北设汛。寻以擅发仓谷贷于兵，左授登州镇总兵。十一年，迁江南提督。十四年，移浙江提督。十六年，再移福建陆路提督。十八年，卒，谥恭悫。

李勋，贵州镇远人。入伍，稍迁守备。从征台拱九股生苗，广泗檄同剿羊吊、洞里、羊色诸地，搜牛皮大箐，勋亦在行间。累迁湖广提督。缅甸乱，移云南提督。疏请自普洱驰往孟艮捕治乱渠召散，上以其老，不胜瘴疠，命还普洱。勋已至孟艮，督总兵刘德成、华封等葺堡寨，防要隘，得召散兄猛养等。勋还，卒于途。加太子太保，谥庄毅。

樊廷，陕西武威人。初入伍，更姓名王刚。从征乌蒙、青海、西藏，积功累迁甘肃肃州镇总兵。自陈复姓名，改籍四川潼川县。准噶尔犯科舍图卡伦，盗驼马，其众二万余。廷率副将冶大雄等将二千人御之，转战七昼夜，与总兵张元佐等军合，杀贼无算，尽还所盗。时提督纪成斌护宁远大将军印，闻上，诏褒廷以寡敌众，忠勇冠军，赐白金万，一等轻车都尉世职。授陕西固原提督、都督佥军。入觐，请从军，命从署宁远大将军查郎阿出师屯南山。副将军张广泗侦贼伏乌尔图水，檄廷将千五百人自碱泉子进剿，至哈洮遇贼，夺据山梁，连败之。越噶顺抵鄂隆吉大坂，杀贼四百，禽三十六，收其粮械。

乾隆初，上从查郎阿请，发甘、凉诸镇兵五千人驻哈密，置总统提督，以授廷。廷至军，疏言：“乌尔克为极西第一要隘，兵出侦洮赖大坂北芦草沟、噶顺沟东乱山子及乌尔图水，夜辄有火光。守隘兵寡，请量增。”又疏言：“哈密兵在山南烟墩沟诸地牧驼马，请分山北防兵巡护。”皆用其议。在边二年，以病乞罢，命还固原治疾，遣医往诊。寻卒于哈密。遗疏论防边事甚切，上深悯之。命查郎阿经纪其丧，归葬凉州。赠都督同知，谥勇毅。

子经文,官至广东右翼总兵。经文子继祖,官湖北副将。继祖子从典,请改籍湖北恩施。从典子燮,官湖南永州镇总兵,同治中,坐事罢。

武进升,山西宁乡人,其后改籍江南江宁。初以张姓入伍。稍迁浙江温州镇标守备。雍正初,闽浙总督满保疏荐,引见,授三等侍卫,属怡亲王允祥。寻外授江宁游击。累迁福建陆路提督。言:"闽省不习骑射,加意督率,弓力渐增。马兵出马收马较前改观。"高宗谕以"如此方不负任使,然亦不可欲速,尤贵为之以实,要之以久。"进升与总督喀尔吉善忤,疏言:"喀尔吉善外似和平,心实刚愎。令臣密察水师提督张天骏营伍,臣辞以水师非所辖。督臣正言厉色,必令臣密察。及察知水师陋规,告之督臣,督臣置不问,反与天骏契合。臣察漳州营马值,总兵马负书为督臣旧部,巧为徇私。令臣无地自容。"又疏言喀尔吉善衰惫状,上斥进升支离狂率。喀尔吉善亦劾进升徇所属,纵兵行窃。因左授江南狼山镇总兵,进升疏谢,谕曰:"汝无他过,只好胜多事,故左授示薄惩。若不知改,或遂委靡,一切姑息,皆不可也。"居数月,擢江南提督,以老罢。再起,终浙江提督。卒,年八十余,谥良毅。

马负书,汉军镶黄旗人。乾隆元年一甲一名武进士,授头等侍卫。累迁福建漳州镇总兵。疏言:"漳州民好斗,有所谓'闯棍',结党肆行,土豪养为牙爪,请严治之。"上下其章喀尔吉善,令体察惩治。历琼州、金门、台湾、狼山诸镇。署古北口提督,疏言:"兵习阵法,无济实用。应于秋冬收获后,择地成列,为仰攻旁击势。分合进退,以金鼓为节。常月教场演习,仍依营制。"得旨允行。授福建陆路提督。卒,谥昭毅。

范毓馪,山西介休人。范氏故巨富。康熙中,师征准噶尔,输米馈军,率以百二十金致一石。六十年,再出师,毓馪兄毓馪请以家财转饷,受运值视官运三之一。雍正间,师出西北二路,怡亲王允祥荐

毓馪主饷,计谷多寡,程道路远近,以次受值,凡石米自十一两五钱
至二十五两有差,累年运米百余万石。世宗特赐太仆寺卿衔,章服
同二品。寇犯北路,失米十三万余石,毓馪入私财补运,凡白金百四
十四万。师既罢,米转运近地,户部按近值核销,故所受远值,责毓
馪追缴,凡白金二百六十二万,复出私财采参,市铜供铸钱以偿。

　　毓嶈以武举授卫千总,以驼佐军,擢守备。累迁直隶天津镇总
兵。自河南河北移广东潮州,疏请令潮州营兵如河北例,兼习长枪、
短棍、连接棍诸艺。世宗命与总督鄂弥达、提督张溥商榷。鄂弥达
等上言:“广东山海交错,军械惟鸟枪最宜,次则弓箭、藤牌、挑刀、
大炮。毓嶈所议与广东不甚宜。”上黜鄂弥达等议,仍谕毓嶈初至,
当嘉其肯言。嘉应、潮阳遇飓,海岸决。毓嶈以闻,命加意抚绥。乾
隆初,署广东提督。故事,市舶至,诣海关纳税。或遇风未至所往地,
中道暂泊,亦论税如例。毓嶈虑民避屡税,遇风不敢泊,致倾覆,疏
请商舟寄泊,非即地市易不征税,上命待审察。毓嶈以忧归,服终,
授直隶正定镇总兵。湖广总督阿尔赛请移任苗疆,上不允,谕以“毓
嶈富家子弟,谨慎无过。苗疆事重,不能胜也。”上巡五台,毓嶈言兄
毓馪子清注具羊千、马十备赏赉,上却之。寻以老罢。卒。

　　论曰:提镇虽专阃,然受制于督抚,所辖兵散处诸营汛,都试肄
武,虚存其制耳。无党、进义皆能勤其官者,行义捕盗,廷屡从战,皆
有劳。进升断断不欲旷其职。毓嶈与其兄出私财助军兴,几倾其家
而不悔,求诸往史,所未有也。

清史稿卷三一八
列传第一○五

阿桂 子阿迪斯　阿必达

阿桂,字广庭,章佳氏。初为满洲正蓝旗人,以阿桂平回部驻伊
犁治事有劳,改隶正白旗。父大学士阿克敦,自有传。

阿桂,乾隆三年举人。初以父荫授大理寺丞,累迁吏部员外郎,
充军机处章京。十三年,从兵部尚书班第参金川军事。讷亲、张广
泗以无功被罪,岳钟琪劾阿桂结张广泗蔽讷亲。逮问。十四年,上
以阿克敦年老,无次子,治事勤勉。阿桂罪与贻误军事不同,特旨宥
之。寻复官,擢江西按察使,召补内阁侍读学士。二十年,擢内阁学
士。时方征准噶尔,命阿桂赴乌里雅苏台督台站。逾年,父丧还京。
旋复遣赴军,授参赞大臣,命驻科布多,授镶红旗蒙古副都统。二十
二年秋,授工部侍郎。辉特头人舍楞约降,唐喀禄以兵往会,为所
袭,阿桂率兵策应。上嘉之,赐花翎。上命阿桂与策布登扎布合军
击舍楞,毋使逃入俄罗斯。阿桂言:"得降贼,谓舍楞将逃土尔扈特。
或不达,且复回准噶尔。邀之中路,可禽献。"上责其观望,召还京。
是年准部平,复命赴西路,与副将军富德追捕余贼。

霍集占叛,二十四年,命赴霍斯库鲁克从富德进讨。八月,逐贼
至阿勒楚尔,又至伊西洱库尔淖尔,回众降。霍集占走拔达克山。是
年,回部平。上以阿克苏新附,为回部要地,命阿桂驻军绥抚。二十
五年,移驻伊犁。阿桂上言伊犁屯田、阿克苏调兵诸事。上嘉其勇
往,命专司耕作营造,务使军士、回民皆乐于从事。时西域初定,地

方万余里，伏莽尚众，与俄罗斯邻。上诏统兵诸大臣议，咸谓沙漠辽远，牲畜凋耗，难驻守。阿桂疏言：“守边以驻兵为先，驻兵以军食为要。伊犁河以南海努克等处，水土沃衍，宜屯田。请增遣回民娴耕作者往屯。增派官兵驻防，协同耕种，次第建置城邑，预筹马驼，置台站，运沿边米赴伊犁，简各省流人娴工艺者，发备任使。”又奏定山川、土谷诸祀典，上用其议。阿桂造农器，督诸屯耕获，岁大丰。

二十六年，疏言：“伊犁牧群蕃息，请停内地购马驼。增招叶尔羌、喀什噶尔、阿克苏、乌什回民诣伊犁，广屯田。”皆称旨。迻授内大臣、工部尚书、镶蓝旗汉军都统，仍驻伊犁。奏玛纳斯库尔、喀喇乌苏、晶河三地屯田，人授十五亩。二十七年，疏定约束章程，建绥定、安远二城，兵居、民房次第立，一如内地，数千里行旅宴然，予骑都尉世职。召还，赐紫禁城骑马，命军机处行走。调正红旗满洲都统，加太子太保。二十九年，命署伊犁将军。寻调署四川总督。时金川土司郎卡与绰斯甲布等九土司构衅，阿桂巡边，尽得郎卡狡狯怙恶状，并悉其山川形势，入奏。是冬，召还京。三十年，上南巡，命留京治事。

乌什回赖黑木图拉作乱，诏驰赴乌什与将军明瑞攻之，赖黑木图拉中矢死。众伯克复推额木色图拉抗我师，自三月至八月，攻城不下。明瑞军其北，阿桂军其南，作长围困之，绝其水道。贼粮尽，内讧，沙布勒者擒额色木图拉以献，乌什平。上责其迟延，示怯损威，部议夺官，命留任，驻雅尔城。旋复夺尚书，命还伊犁助明瑞治事。阿桂疏请移雅尔城于楚呼楚，从之。三十二年，授伊犁将军。请自楚呼楚至乌尔图布拉克设三台，以通雅尔，下部行。

缅甸扰边，总督刘藻、杨应琚先后得罪去，上命明瑞率师讨之，至猛育，粮尽，战没。大学士傅恒自请行，三十三年，以傅恒为经略，阿桂及阿里衮为副将军，仍授阿桂兵部尚书、云贵总督。三十四年，以明德为总督，令阿桂专治军事。阿桂请由铜壁关抵蛮暮，伐木造舟，俟经略至军，进攻老官屯，且言军粮不给。上以为畏怯，罢副将军，改授参赞大臣。九月，舟成，傅恒亦至，分三路进，傅恒出万仞关,由大金沙江西经猛拱、暮鲁至老官屯。阿里衮率舟师循江下,阿桂率蛮暮新舟出江会之,先伏兵甘立寨。缅人从猛戞来拒,寨兵出击,沉三舟,舟师噪应之,缅人大溃,歼其渠,遂与西岸军合。老官屯守御坚,军士多病瘴,阿里衮卒于军,复授阿桂副将军。傅恒亦病,上命班师,而缅酋懵驳亦惩甘立寨之败,遣使议受约束,乃召傅恒还。命阿桂留办善后,授礼部尚书。

三十五年,兼镶红旗汉军都统。命赴腾越待缅人入贡。遣都司苏尔相赍徼至老官屯,缅人拘之,索还土邦等三土司。疏入,上命罢尚书、都统,以内大臣留办副将军事。三十六年,疏请大举征缅,入觐陈机密。上手诏诘责,命夺官留军效力。是时金川酋郎卡已死,其子索诺木及小金川酋泽旺子僧格桑扰边,四川总督阿尔泰征之无功,上命阿桂随副将军、尚书温福进讨,十二月,署四川提督,克巴郎拉、达木巴宗各寨。三十七年二月克资哩山,进克阿喀木雅。松潘总兵宋元俊亦复革布什咱。两金川势日蹙,合谋抗我师。上命温福等三路进讨,阿桂出西路阿喀木雅攻喇卜楚克,克之,夺普尔玛寨,进逼美美卡。泽旺为子谢罪,索诺木亦代僧格桑请还侵地,上不许。时侍郎桂林代阿尔泰为总督,并领其众,至黑陇沟,失利,副将薛琮死之,阿尔泰劾罢桂林。上授阿桂参赞大臣,命赴南路接剿。僧格宗者,小金川门户也。甲尔木山梁为僧格宗要径。阿桂乘贼怠,潜赴黑陇沟,夜半大雾,袭据之,进逼僧格宗,突入毁其碉,歼贼无算。上授温福定边将军,丰升额、阿桂俱授副将军。分道取美诺。阿桂克美都喇嘛寺,俯瞰美诺。僧格桑遁布郎郭宗,而温福亦克西路来会。进剿布郎郭宗。僧格桑送孥金川而遁底木达,求见父泽旺,泽旺不纳,渡河走金川。泽旺降,械送京师,小金川平。于是议讨金川,金川贼巢二:曰噶拉依,曰勒乌围。温福由功噶尔拉,阿桂由当噶尔拉,合攻噶拉依,丰升额由绰斯甲布径攻勒乌围。复授礼部尚书。

三十八年正月朔,冒大雪,进夺当功噶尔拉诸碉,而温福至木果木,索诺木诱降番叛袭军后,断登春粮道,我师溃,温福死之。小金川与美诺等相继陷。阿桂悉收降番械,毁碉寨,分置其人章谷、打箭炉,斩其桀骜者,亲殿军退驻达河。事闻,上怒甚,命发健锐、火器两营,黑龙江、吉林、伊犁额鲁特兵五千,授阿桂定西将军,明亮、丰升额副将军,舒常参赞大臣,整师再出。十月,攻下资哩。用番人木塔尔策,分师由中、南两路进,潜军登北山巅,遂取美诺,明亮等亦克僧格宗来会,凡七日,小金川平。

三十九年正月朔,阿桂抵布郎郭宗,人裹十日粮,分三队进,转战以前,克穆喇穆左右二山,赞巴拉克山、色依谷山。二月,克罗博瓦山,乌勒围门户也。贼退守喇穆山。部将海兰察从间道破色溷普寨,绕出山后,贼退守萨甲山岭。海兰察夺其峭壁大碉,诸寨夺气,同时下,乘胜临逊克尔宗。僧格桑死于金川,金川酋献其尸,而死守逊克尔宗。十月,阿桂用策先克默格尔山及凯立叶,于是日尔巴当噶诸碉反在我师后,遂悉平之。贼退守康萨尔山。时丰升额出北路,师至凯立叶,望见烟火,以师来会。而明亮出南路,阻于庚额山。阿桂令移军,冒雨破宜喜,与明亮军隔河相望。十一月,克格鲁克古丫口,金川东北之贼殆尽。

四十年正月,克康萨尔山梁。二月,克沿河斯莫思达寨。四月,克木思工噶克丫口。五月,克下巴木通及勒吉尔博山梁,进据得式梯,复克噶尔丹寺、噶郎噶等寨。进攻巴占,屡攻不下。分兵从舍图枉卡绕击,牵贼势。七月,克昆色尔及果克多山,进克拉枯寺、蔺则大海山梁,旋克章噶。八月,克隆期得寨,遂克乌勒围。捷闻,上遣阿桂子阿必达赉红宝石顶赐之。九月,克当噶克底诸寨。十月,克达噶木。十一月,克西里山雅玛朋寨。十二月,克萨尔歪诸寨,进据噶占。四十一年正月,克玛尔古当噶碉寨五百余,遂围噶拉依。索诺木母先赴河西集余众,大兵合围,与其子绝,遂降。阿桂令作书招索诺木,而其头目降者相继,索诺木乃率众降。金川平,安置降番,设副将、同知分驻其地。诏封一等诚谋英勇公,进协办大学士、吏部尚书、军机处行走。四年,班师。上幸良乡城南行郊劳礼,赐御用鞍马。还京献俘,御紫光阁,行饮至礼,赐紫缰、四开禊袍。

初，阿桂去云南，缅甸遣使议入贡，械送京师下狱。至是诛索诺木母子头人，上命释缅使令觇，译告以故，纵之归，冀以威武风动之。四十二年，署云贵总督图思德奏：“懵驳已死，子赘角牙立，输诚纳贡，愿归中国人。请开关通市。”上以事重，当有重臣相度受成，命阿桂往莅。五月，授武英殿大学士，管理户部，兼正红旗满洲都统。缅甸使不至，遣苏尔相等归。遂召阿桂还。未几，缅甸内乱。又十余年，国王孟陨具表祝上八旬圣寿，定十年一贡。南徼始安。

四十四年，河决仪封、兰阳，奉命往按。阿桂令开郭家庄引河，筑拦黄坝。又于下流王家庄，筑顺黄坝，蓄水势，逼溜直入引河。四十五年三月，堤工藏，还京。兼翰林院掌院学士。旋命勘浙江海塘，筑鱼鳞石塘、柴塘，及范公塘。四十六年，工成，命顺道勘清江陶庄河道高堰石工。

甘肃撒拉尔新教苏四十三与老教仇杀，戕官吏。总督勒尔谨捕教首马明心下狱，同教回民二千余夜济洮河犯兰州，噪索明心。布政使王廷赞诛明心，贼愈炽。上命阿桂视师，时阿桂犹在工。命和珅往督战，失利。贼据龙尾、华林诸山，道险隘。阿桂至，设围绝其水道，进攻之，贼大溃。歼苏四十三，余党奔华林寺，焚之，无一降者。甘肃冒赈事发，命按治，尽得大小官吏舞弊分赇状，谳定，疏请增设仓廒，广储粮石，以济民食。

秋，河决河南青龙冈，命自甘肃赴河南会河道总督李奉翰督塞河。故事，河决，当决处两端筑坝，渐近渐合，谓之“合龙”。十二月，两坝将合，副将李荣吉谓水势盛，宜缓，阿桂督之急。既合，属吏入贺，荣吉独不至，召之，则对使者曰：“为荣吉谢相公，坝不可恃，不敢离也。”越二日，果复决，阿桂驰视。荣吉已堕水，悬千金赏救之起，解御赐黑狐端罩覆之。因上疏自劾，请别简大臣董其役，上诏答，略曰：“近年诸臣中能胜治河任者，舍阿桂岂复有人？惟当安心静镇，别求善策。”四十七年，奏请于下游疏引河，上游筑大堤，并于北岸建坝，迫溜南趋。四十八年，工始竟，诣热河行在，复命仍赴工次，审定章程。

浙江布政使盛住疏论总督陈辉祖籍王亶望家有所私,命阿桂如浙江按治。还,又命勘江南盐河水道,又命勘河南兰阳十二堡堤工,并于戴村建闸。四十九年,甘肃盐茶厅回民张阿浑据石峰堡以叛。上遣福康安、海兰察等讨之,复命阿桂视师。两月余,破堡,戮张阿浑等,加一等轻车都尉世职。又命督河南睢州堤工。五十年,举千叟宴,阿桂领班。又命勘河南睢州河工,并察洪泽湖、清江形势。五十一年,又命勘清江堤工,并如浙江按仓库亏缺,勘海塘。又命勘江南桃源、安东河决。再如浙江按治平阳知县黄梅重征,论如律。

五十二年,又命督塞睢州十三堡河决。时台湾民林爽文叛,上命福康安讨之,谘阿桂军事。阿桂疏论师当扼要害,分道并进,先通诸罗道,廓清后康,自大甲溪进兵。谕曰:“所见与朕略同,已谕福康安奉方略。”睢州工竟,又命勘江南临湖砖石堤工。五十三年,又命按湖北荆州水灾。请疏窖金洲以导水,修万城堤以护城。五十四年,命再勘荆州堤工。嘉庆元年,高宗内禅,阿桂奉册宝。再举千叟宴,仍领班,于是阿桂年八十余矣,疏辞领兵部。二年八月,卒,仁宗临其丧。赠太保,祀贤良祠,谥文成。

阿桂屡将大军,知人善任使。诸将有战绩,奖以数语,或赉酒食,其人辄感激效死终其身。临敌,夜对酒,深念得策,辄持酒以起,且必有所号令。方温福败,受命代将。一日日欲暮,率十数骑升高阜觇贼砦。贼望见,犷骑数百环阜上。阿桂令从骑皆下马,解衣裂悬林木,乃令上马徐下阜。贼迫阜,从落日中睹旗帜,疑我师众,方遣骑出侦,阿桂已还军矣。师薄噶拉依,索诺木约以明日降,城栅尽毁。日暮,诸将谒阿桂,谓:“今日必生致索诺木,不然,虑有他。”阿桂不答,入帐卧。明旦,索诺木自缚诣帐下。阿桂谓诸将曰:“诸君昨日语,盖虑索诺木他窜,或且死。我已得险要,窜安之?且能死,岂至今日?故吾以为无虑。”诸将皆谢服。及执政,尤识大体。康熙中,诸行省提镇以次即有空名坐粮,雍正八年著为例。乾隆四十七年诏补实,额别给养廉。阿桂疏言:“国家经费骤加不觉其多,岁支则难为继。此新增之饷,岁近三百万,二十余年即需七千万,请除边省外,无庸概增。”上不从。是时帑藏盈溢,其后渐至虚匮。此其一端也。乾隆末,和珅势渐张,阿桂遇之不稍假借。不与同直庐,朝夕入直,必离立数十武。和珅就与语,漫应之,终不移一步。阿桂内念位将相,受恩遇无与比,乃坐视其乱政,徒以高宗春秋高,不敢遽言,遂未竟其志。

高宗图功臣于紫光阁,前后凡四举,列于前者亲为之赞。

定伊犁回部五十人:大学士傅恒,将军兆惠、班第、纳木扎尔,副将军策布登扎布、富德、萨拉尔,大学士总督黄廷桂,参赞大臣亲王色布腾巴尔珠尔,贝子扎拉丰阿,郡王罗卡藏多尔济、额敏和卓,尚书舒赫德、阿里衮,总督鄂容安,侍郎明瑞、阿桂、三泰、鄂实,领队大臣内大臣博尔奔察,提督豆斌、高天喜,副都统瑞济布,护军统领爱隆阿,前锋统领玛瑺,副都统巴图济尔噶尔,散秩大臣齐凌扎布、噶布舒,郡王霍集斯,贝子鄂对,内大臣鄂齐尔,散秩大臣阿玉锡、达什策凌,副都统鄂博什、温布、由屯、三格,侍卫奇彻布、老格、达克、塔纳、萨穆坦、璊绰尔图、塔玛鼐、富锡尔、海兰察、富绍、扎奇图、阿尔丹察、五十保。

定金川五十人:将军阿桂,副将军丰升额、明亮,大学士舒赫德、于敏中,尚书福隆安,参赞大臣亲王色布腾巴尔珠尔,都统海兰察,护军统领额森特、舒常,领队大臣都统奎林、和隆武、福康安,副都统普尔普,荆州将军兴兆,参赞大臣提督哈国兴,领队大臣提督马彪、马全、书麟,副都统三保、乌什哈达、瑚尼尔图、珠尔格德、阿尔都、阿尔萨朗、舒亮、科玛、伊兰保、佛伦泰、富兴、德赫布、莽喀察,总兵海禄、敖成、官达色、成德、钦保、曹顺、保宁、特成额、乌尔纳,总兵敦柱,侍卫额尔特、托尔托保、泰斐英阿、柏凌、达兰泰、萨尔吉岱,佐领特尔惇澈,副将兴奎。

定台湾二十人:大学士阿桂、和珅、王杰,协办大学士福康安,领侍卫内大臣海兰察,尚书福长安、董诰,总督李侍尧、孙士毅,巡抚徐嗣曾,成都将军鄂辉,护军统领舒亮、普尔普,提督蔡攀龙、梁朝柱、许世亨，总兵穆克登阿、张芝元、普吉保，散秩大臣穆塔尔。

定廓尔喀十五人：大学士福康安、阿桂、和珅、王杰、孙士毅，领侍卫内大臣海兰察，尚书福长安、董诰、庆桂、和琳，总督惠龄，护军统领台斐英阿、额勒登保，副都统阿满泰、成德。

功稍次者列于后，儒臣为之赞，惟阿桂与海兰察四次皆前列。阿桂定金川元功，定台湾首辅，皆第一，定廓尔喀以爵复第一，让于福康安。道光三年二月，宣宗命配飨太庙。子阿迪斯、阿必达。

阿迪斯，初以三等侍卫坐阿桂征缅甸无功，夺职，发遣广西右江镇。逾年赦复官。累迁兵部侍郎，袭一等公。复累迁成都将军。以川西盗发，逮问，发遣伊犁。赦归。卒。

阿必达，初名阿弥达，高宗命更名。阿桂得罪，夺蓝翎侍卫，发遣广东雷琼镇。赦归，复官。擢二等侍卫，命赴西宁祭告河神，探黄河真源，上命辑入《河源纪略》。累迁工部侍郎。卒。阿必达子那彦宝，官至成都将军。那彦成，自有传。

论曰：将者国之辅，智信仁勇，合群策群力冶而用之，是之谓大将。由是道也，佐天子辨章国政，岂有二术哉？乾隆间，国军屡出，熊罴之士，因事而有功，然开诚布公，谋定而后动，负士民司命之重，固无如阿桂者。还领枢密，决疑定计，瞻言百里，非同时诸大臣所能及，岂不伟欤？

清史稿卷三一九
列传第一〇六

于敏中　　和珅　弟和琳　苏凌阿

于敏中，字叔子，江苏金坛人。乾隆三年一甲一名进士，授翰林院修撰。以文翰受高宗知，直懋勤殿，敕书《华严》、《楞严》两经。累迁侍进，典山西乡试。督山东、浙江学政。十五年，直上书房。累迁内阁学士。十八年，复督山东学政，擢兵部侍郎。二十一年，丁本生父忧，归宗持服。逾年，起署刑部侍郎。二十三年，嗣父枋殁，回籍治丧。未几，丁本生母忧，未以上闻。御史朱嵇疏劾敏中"两次亲丧，蒙混为一，恝然赴官"。并言："部臣与疆臣异，不宜夺情任事。"诏原之。寻实授。调户部，管钱法堂事。二十五年，命为军机大臣。敏中敏捷过人，承旨得上意。三十年，擢户部尚书。子齐贤，乡试未中式。诏以敏中久直内廷，仅一子年已及壮，恩依尚书品级予荫生。又以敏中正室前卒，特封其妾张为淑人。三十三年，加太子太保。三十六年，协办大学士。

三十八年，晋文华殿大学士。兼户部尚书如故。时下诏征遗书，安徽学政朱筠请开局搜辑《永乐大典》中古书。大学士刘统勋谓非政要，欲寝其议。敏中善筠奏，与统勋力争，于是特开四库全书馆。命敏中为正总裁，主其事。又充国史馆、三通馆正总裁。屡典会试，命为上书房总师傅，兼翰林院掌院学士。

敏中为军机大臣久，颇接外吏，通声气。三十九年，内监高云从漏泄朱批道府记载，下廷臣鞫治。云从言敏中尝向询问记载，及云从买地涉讼，尝乞敏中属托府尹蒋赐棨。上面诘，敏中引罪，诏切责之曰：“内廷诸臣与内监交涉，一言及私，即当据实奏闻。朕方嘉其持正，重治若辈之罪，岂肯转咎奏参者？于敏中侍朕左右有年，岂尚不知朕而为此隐忍耶？于敏中日蒙召对，朕何所不言？何至转向内监探询消息？自川省用兵以来，敏中承旨有劳，大功告竣，朕欲如张廷玉例，领以世职。今事垂成，敏中乃有此事，是其福泽有限，不能受朕深恩，宁不痛自愧悔？免其治罪，严加议处。”部议革职，诏从宽留任。四十一年，金川平，诏嘉其劳勚，过失可原，仍列功臣，给一等轻车都尉，世袭罔替。四十四年，病喘，遣医视，赐人参。卒，优诏赐恤，祭葬如例，祀贤良祠，谥文襄。

子齐贤，前卒。孙德裕，袭世职，以主事用。敏中从侄时和，拥其赀回籍，德裕讼之。江苏巡抚吴坛察治，罪时和，戍伊犁。所侵夺者，还德裕三万两，余充金坛开河用。

苏松粮道章攀桂为敏中营造花园，事觉，褫攀桂职。敏中受地方官逢迎，以已卒置不论。既而浙江巡抚王亶望以贪败，上追咎敏中。五十一年，诏曰：“朕几余咏物，有嘉靖年间器皿，念及严嵩专权炀蔽，以致国是日非，朝多秕政。取阅《严嵩传》，见其贿赂公行，生死予夺，洸窃威柄，实为前明奸佞之尤。本朝家法相承，纪纲整肃，太阿从不下移，本无大臣专权之事。原任大学士于敏中因任用日久，恩眷稍优。无识之徒，心存依附，敏中亦遂时相招引，潜受苞苴。其时军机大臣中无老成更事之人，福康安年轻，未能历练，以致敏中声势略张。究之亦止侍直承旨，不特非前朝严嵩可比，并不能如康熙年间明珠、徐乾学、高士奇等。即宠眷亦尚不及鄂尔泰、张廷玉，安能于朕前窃弄威福、淆乱是非耶？朕因其宣力年久，身故仍加恩饰终，准入贤良祠。迨四十二年甘肃捐监折收之事败露，王亶望等侵欺贪黩，罪不容诛。因忆此事前经舒赫德奏请停止。于敏中于朕前力言甘肃捐监应开，部中免拨解之烦，闾阎有枭贩之利，一举两得，是以准行。讵知勒尔谨为王亶望所愚，通同一气，肥橐殃民。非于敏中为之主持，勒尔谨岂敢遽行奏请？王亶望岂敢肆无忌惮？

于敏中拥有厚赀,必出王亶望等贿求酬。谢使于敏中尚在,朕必严加惩治。今不将其子孙治罪,已为从宽。贤良祠为国家风励有位盛典,岂可以不慎廉隅之人滥行列入?朕久之此心,因览《严嵩传》,触动鉴戒。恐无知之人,将以明世宗比朕,朕不受也。于敏中著撤出贤良祠,以昭儆戒。”六十年,国史馆进呈《敏中列传》,诏曰:“于敏中简任纶扉,不自检束,既向宦寺交接,复与外省官吏贪缘舞弊。即此二节,实属辜恩,非大臣所应有。若仍令滥邀世职,何以示惩?其孙于德裕见官直隶知府,已属格外恩施,所袭轻车都尉世职即撤革,以为大臣营私玷职者戒。”

　　和珅,字致斋,钮祜禄氏,满洲正红旗人。少贫无籍,为文生员。乾隆三十四年,承袭三等轻车都尉。寻授三等侍卫,挑补黏竿处。四十年,直乾清门,擢御前侍卫,兼副都统。次年,遂授户部侍郎,命为军机大臣,兼内务府大臣,驳驳向用。又兼步军统领,充崇文门税务监督,总理行营事务。四十五年,命偕侍郎喀凝阿往云南按总督李侍尧贪私事。侍尧号才臣,帝所倚任。和珅至,鞫其仆,得侍尧婪索状,论重辟,奏云南吏治废弛,府州县多亏帑,亟宜清厘。上欲用和珅为总督,嫌于事出所按,劾,乃以福康安代之。命回京,未至,擢户部尚书、议政大臣。及复命,面陈云南盐务、钱法、边事,多称上意,并允行。授御前大臣兼都统。赐婚其子丰绅殷德为和孝公主额驸,待年行婚礼。又授领侍卫内大臣,充四库全书馆正总裁,兼理藩院尚书事,宠任冠朝列矣。

　　四十六年,甘肃撒拉尔番回苏四十三等叛,逼兰州,额驸拉尔旺济、领侍卫内大臣海兰察、护军额森特等率兵讨之。命和珅为钦差大臣,偕大学士阿桂往督师。阿桂有疾,促和珅兼程先进。至则海兰察等已击贼胜之,即督诸将分四路进兵,海兰察逼贼山梁,歼其伏。贼掘沟坎深数丈,并断小道,不能度。总兵图钦保阵亡。后数日,阿桂至,和珅委过诸将不听调遣。阿桂曰:“是宜诛!”明日,同部署战事,阿桂所指挥,辄应如响。乃曰:“诸将殊不见其慢,当谁诛?"和珅恚甚。上微察之,诏斥和珅匿图钦保死事不上闻,赴师迟延,而劾海兰察、额森特先战颠倒是非。又谓自阿桂至军,措置始有条理,一人足办贼,和珅在军事不归一,海兰察等久随阿桂,易节制,命和桂速回京。和珅用是衔阿桂,终身与之龃龉。寻兼署兵部尚书,管理户部三库。

四十七年,御史钱沣劾山东巡抚国泰、布政使于易简贪纵营私,命和珅偕都御史刘墉按鞫,沣从往。和珅阴袒国泰,既至,盘库,令抽视银数十封无缺,即起还行馆。沣请封库,明日尽发视库银,得借市银充抵状,国泰等罪皆鞫实。会加恩中外大臣,加太子太保,充经筵讲官。四十八年,赐双眼花翎,充国史馆正总裁、文渊阁提举阁事、清字经馆总裁。甘肃石峰堡回匪平,以承旨论功,再予轻车都尉世职,并前职授一等男爵。调吏部尚书、协办大学士,管理户部如故。

五十一年,御史曹锡宝劾和珅家奴刘全奢僭,造屋逾制,帝察其欲劾和珅,不敢明言,故以家人为由。命王大臣会同都察院传问锡宝,使直陈和珅私弊,卒不能指实。和珅亦预使刘全毁屋更造,察勘不得直,锡宝因获谴。逾月,授和珅文华殿大学士。诏以其管崇文门监督已阅八年,大学士不宜兼权务,且锡宝劾其家人,未必不因此,遂罢其监督。部员湛露擢广信州府,上见其年幼,不胜方面,斥和珅滥保。又两广总督富勒浑纵容家人婪索,和珅请调回富勒浑,不兴大狱。京师米贵,和珅请禁囤积,逾五十石者交厂减粜,商民以为不便。廷臣迁就原议,上并切责之。五十三年,以台湾逆匪林爽文平,晋封三等忠襄伯,赐紫缰。五十五年,赐黄带、四开襟袍。上八旬万寿,命和珅偕尚书金简专司庆典事。内阁学士尹壮图疏论各省库藏空虚,上为动色,和珅请即命壮图往勘各省库,以侍郎庆成监之。庆成每至一省辄掣肘,待挪移既足,然后启榷,迄无亏绌,壮图以妄言坐黜。

五十六年,刻石经于辟雍,命为正总裁。时总裁八人,尚书彭元瑞独任校勘,敕编《石经考文提要》,事竣,元瑞被优赉。和珅嫉之,毁元瑞所编不善,且言非天子不考文。上曰:"书为御定,何得目为私书耶?"和珅乃使人撰《考文提要举正》以攻之,冒为己作进上,訾《提要》不便士子,请销毁,上不许。馆臣疏请颁行,为和珅所阻,中止,复私使人磨碑字,凡从古者尽改之。

五十七年,廓尔喀平,予议叙,兼翰林院掌院学士。六十年,充殿试读卷官,教习庶吉士。时朝审停勾,情重者请旨裁定。和珅管理藩院,于蒙古重狱置未奏,镌级留任。又廷试武举发策,上命检实录。故事,实录不载武试策问,和珅率对不以实,诏斥护过饰非,革职留任。先是京察屡邀议叙,是年特停罢之。嘉庆二年,调管刑部。寻以军需报销,仍兼管户部。三年,教匪王三槐就擒,以襄赞功晋公爵。

和珅柄政久,善伺高宗意,因以弄窃作威福,不附己者,伺隙激上怒陷之。纳贿者则为周旋,或故缓其事,以俟上怒之霁。大僚恃为奥援,剥削其下以供所欲。盐政、河工素利薮,以征求无厌日益敝。川、楚匪乱,因激变而起,将师多倚和珅,糜饷奢侈,久无功。阿桂以勋臣为首辅,素不相能,被其梗轧。入直治事,不与同止直庐。阿桂卒,益无顾忌,于军机寄谕独署己衔。同列嵇璜年老,以诿数被斥责。王杰持正,恒与忤,亦不能制。朱珪旧为仁宗傅,在两广总督任,高宗欲召为大学士,和珅忌其进用,密取仁宗贺诗白高宗,指为市恩。高宗大怒,赖董诰谏免。寻以他事降珪安徽巡抚,屏不得内召。言安惟钱沣劾其党国泰得直,后论和珅与阿桂入直不同止直庐,奉命监察,以劳瘁死。曹锡宝、尹壮图皆获谴,无敢昌言其罪者。高宗虽遇事裁抑,和珅巧弥缝,不悛益恣。仁宗自在潜邸知其奸,及即位,以高宗春秋高,不欲遽发,仍优容之。

四年正月,高宗崩,给事中王念孙首劾其不法日,仁宗即以宣遗诏日传旨逮治,命王大臣会鞫,俱得实。诏宣布和珅罪状,略状:"朕于乾隆六十年九月初三日,蒙皇考册封皇太子,尚未宣布,和珅于初二日在朕前先递如意,以拥戴自居,大罪一。骑马直进圆明园左门,过正大光明殿,至寿山口,大罪二。乘椅桥入大内,肩舆直入神武门,大罪三。取出宫女子为次妻,大罪四。于各路军报任意压搁,有心欺蔽,大罪五。皇考圣躬不豫,和珅毫无忧戚,谈笑如常,大罪六。皇考力疾批答章奏,字迹间有未真,和珅辄谓不如撕去别拟,大罪七。兼管户部报销,竟将户部事务一人把持,变更成例,不许部臣参议,大罪八。上年奎舒奏循化、贵德二厅贼番肆劫青海,和珅驳回原折,隐匿不办,大罪九。皇考升遐后,朕谕蒙古王公未出痘者不必来京,和珅擅令已、未出痘者俱不必来,大罪十。大学士苏凌阿重听衰迈,因与其弟和琳姻亲,隐匿不奏。侍郎吴省兰、李潢,太仆寺卿李光云在其家教读,保列卿阶,兼任学政,大罪十一。军机处记名人员任意撤去,大罪十二。所钞家产,楠木房屋僭侈逾制,仿照宁寿宫制度,园寓点缀与圆明园蓬岛、瑶台无异,大罪十三。蓟州坟茔设享殿,置隧道,居民称和陵,大罪十四。所藏珍珠手串二百余,多于大内数倍,大珠大于御用冠顶,大罪十五。宝石顶非所应用,乃有数十,整块大宝石不计其数,胜于大内,大罪十六。藏银、衣服数逾千万,大罪十七。夹墙藏金二万六千余两,私库藏金六千余两,地窖埋银三百余万两,大罪十八。通州、蓟州当铺、钱店资本十余万,与民争利,大罪十九。家奴刘全家产至二十余万,并有大珍珠手串,大罪二十。"内外诸臣疏言和珅罪当以大逆论,上犹以和珅尝任首辅,不忍令肆市,赐自尽。

诸劾和珅者比于操、莽,直隶布政使吴熊光旧直军机,上因其入觐,问曰:"人言和珅有异志,有诸?"熊光曰:"凡怀不轨者,必收人心,和珅则满、汉几无归附者,即使中怀不轨,谁肯从之?"上曰:"然则治之得无太急?"熊光曰:"不速治其罪,无识之徒观望黄缘,别滋事端。发之速,是义之尽。收之速,是仁之至。"上既诛和珅,宣谕廷臣:"凡为和珅荐举及奔走其门者,悉不深究,勉其悛改,咸与自新。"有言和珅家产尚有隐匿者,亦斥不问。和珅在位时,令奏事者具副本送军机处。呈进方物,必先关白,擅有准驳,遇不全纳者悉入私家。步军统领巡捕营在和珅私宅供役者千余人,又令各部以年老平庸之员保送御史。至是,悉革其弊。吏户、两部成例为和珅所变更者，诸臣奏请次第修正。初，乾隆中命和珅改入正黄旗，及得罪，仍隶正红旗。

子丰绅殷德，尚固伦和孝公主，累擢都统兼护军统领、内务府大臣。和珅伏法，廷臣议夺爵职。诏以公主故，留袭伯爵。寻以籍没家产，正珠朝珠非臣下所应有，鞫家人，言和珅时于灯下悬挂，临镜自语。仁宗怒，褫丰绅殷德伯爵，仍袭旧职三等轻车都尉。嘉庆七年，川、楚、陕教匪平，推恩给民公品级，授散秩大臣。未几，公主府长史奎福讦丰绅殷德演习武艺，谋为不轨，欲害公主。廷臣会鞫，得诬告状。诏以丰绅殷德与公主素和睦，所作《青蝇赋》，忧谗畏讥，无怨望违悖。惟坐国服内侍妾生女罪，褫公衔，罢职在家圈禁。十一年，授头等侍卫，擢副都统，赐伯爵衔。十五年，病，乞解任，赐公爵衔。寻卒。无子，以和琳子丰绅伊绵袭轻车都尉。

和珅伏法后越十五年，国史馆以列传上。仁宗以事迹疏略，高宗数加谴责，缺而未载，无以信今传后，褫编修席煜职，特诏申戒焉。

弟和琳，自笔帖式累迁湖广道御史。劾湖北按察使李天培私交粮艘带运木植，鞫得两广总督福康安寄书索购状，帝嘉和琳伉直，下部议叙，由是遂见擢用。自吏部给事中超擢内阁学士兼礼部侍郎衔。寻授兵部侍郎、正蓝旗汉军副都统。廓尔喀扰后藏，将军福康安往剿，帝命和琳督办前藏以东台站乌拉等事。寻命与鄂辉更番照料粮饷，擢工部尚书。疏陈贼酋拉特纳巴都尔悔罪状，诏令福康安受降，偕和琳妥筹善后。未几，授镶白旗汉军都统。命偕孙士毅、惠龄核办察木多以西销算事，仍事藏务。五十八年，予云骑尉世职。五十九年，授四川总督。六十年，贵州苗石柳邓叛，扰正大、嗅脑、松桃，湖南苗吴半生、石三保应之，围永绥，帝命云贵总督福康安往剿。和琳时方入京，至邛州，松桃匪已阑入秀山境。和琳闻警驰往，督步将张志林、都司马瑜击走之。后复败贼晏农，进攻炮木山黄陂，通道松桃：赏双眼花翎。时福康安已解正大、嗅脑、松桃围，攻石柳邓于大塘汛，和琳率兵会之，遂命参赞军事。克蛤蟆硐、鸟龙岩，降七十余寨,封一等宣勇伯。复攻下岩碧山,赏上服貂挂。又以降吴半生功,赏黄带。龙角硐、鸭保、天星诸寨大捷,加太子太保,赏元狐端罩。嘉庆元年,克结石冈、廖家冲、连峰均诸联合,赏用紫缰。福康安卒,命和琳督办军务。时石三保已就获,石柳邓尚据平陇。夺尖云山炮台,复乾州,赏三眼花翎。八月,进围平陇,卒于军。晋赠一等公,谥忠壮,赐祭葬,命配飨太庙,祀昭忠、贤良等祠,淮其家建专祠。四年,和珅诛,廷臣论和琳籍势邀功,上亦追咎其会剿苗匪,牵掣福康安,师无功,命撤出太庙,毁专祠,夺其子丰绅伊绵公爵,改袭三等轻车都尉。

苏凌阿,满洲正白旗人。乾隆六年翻译举人。自内阁中书累迁江西广饶九南道。嘉左迁。五十年,自吏部员外郎超擢,历兵、工、户三部侍郎。迁户部尚书。出为两江总督。嘉庆二年,授东阁大学士,兼署刑部尚书。和珅诛,休致,守护裕陵。卒。

论曰:高宗英毅,大臣有过失,不稍假借。世传敏中以高云从事失上意,有疾,令休沐,遽赐陀罗尼经被,遂以不起闻。观罢祠之诏,至引严嵩为类,传闻有无未可知矣。和珅继用事,值高宗倦勤,怙宠贪恣,卒以是败。仁宗尝论唐代宗杀李辅国,谓:"代宗为太子,不为辅国所谗者几希。及即帝位,正其罪而诛之。一狱吏已办。"盖即为和珅发也。

清史稿卷三二○
列传第一○七

三宝　　永贵　　蔡新　程景伊
梁国治　　英廉　　彭元瑞
纪昀　陆锡熊　陆费墀

　　三宝,伊尔根觉罗氏,满洲正红旗人。乾隆四年翻译进士,授内阁中书。袭世管佐领。迁内阁侍读。出为湖北驿盐道。入补户部郎中。师征准噶尔,命赴北路董达什达瓦游牧。擢直隶布政使。二十六年,上幸热河,坐跸路不修,命以道衔驻哈密。二十九年,起四川布政使,更湖北、湖南、贵州诸省。三十七年,擢山西巡抚。明年,移浙江。四十二年,擢湖广总督。阅兵,衡州协副将福海、沅州协副将洪昌运皆衰老,三宝请以福海内授旗员,昌运令休致。上以偏护满洲,显分轩轾,拒不允。四十四年,授东阁大学士,兼礼部尚书,督湖广如故。

　　旋移闽浙总督。浙江海塘自老盐仓以上皆柴塘,上南巡,谕改筑石塘。三宝疏言:“时方大汛,未宜更动。当于柴塘内下桩筑石,而以柴塘为外护。”会上亦降旨令留柴塘为重关保障,与三宝议合。旋命入阁治事。巡抚王亶望以赃败,三宝坐未举劾,部议当夺职,上命留任。寻复令在上书房总师傅上行走。四十九年,扈跸热河,以疾还京师。卒,谥文敬。

　　三宝喜读宋诸儒书,大节不苟。为直隶布政使时,高宗幸热河至密云,值大霖雨,水盛涨。上欲策骑乱流渡,三宝谏曰:"千金之子,坐不垂堂。今以万乘轻狎波涛,使御驷有失,臣等虽万段,何可追悔?"上曰:"满洲旧俗宜亲习劳勚,顾不可耶?"三宝复曰:"上方奉太后乘舆同临幸,即上渡河安便,不识奉太后何所?"上动容,为之回辔。其为上书房总师傅,辑古今储贰事曰《春华日览》,授诸皇子,论者谓其得师保之体云。

永贵,字心斋,拜都氏,满洲正白旗人。父布兰泰,自云骑尉世职授理藩院员外郎。雍正间,为江西巡抚,治严刻,世宗召还京师面诘之,对曰:"臣治事从严,待上改正,俾恩出自上。"世宗不怿,夺职。寻复起,至古北口提督。卒,谥悫僖。

永贵,自笔帖式授户部主事。乾隆初,累迁郎中。出为湖南辰沅永靖道。擢云南布政使。移浙江,署巡抚。前总督李卫领盐政,发帑收余盐,名曰:"帑盐。"令武职任缉私,其制未善。永贵条上八事,俾文武互任其责,下部议行。居三年,命真除。温、台诸县旱,永贵令知府金洪铨治赈,不称职。永贵论劾,请休致。总督喀尔吉善再劾,上为夺洪铨职。御史范廷楷因劾永贵瞻徇,上难其代,命宽之。永贵请留本省及江苏漕八十万,借拨江苏等省米五十五万,又请开事例,补仓储。上责其张皇,既又闻永贵陈灾状有所讳饰,乃命夺职,赴北路军董理粮饷。居三年,赐按察使衔,署甘肃临洮道,仍赴巴里坤主饷。

二十一年,加副都统衔,兼参赞大臣。是岁冬,厄鲁特宰桑达什策凌等为乱,定边右副将军兆惠驻伊犁办贼。永贵既抵巴里坤,具以军事上闻,上嘉其奋勉,予三等轻车都尉世职,令从兆惠自额林沁毕尔罕进兵。命署西安巡抚,未之任,令赴鲁克察克屯田。二十三年,以侍郎衔留军,因授刑部侍郎,董屯田。乌鲁木齐、辟展、托克三、哈喇沙尔、昌吉、罗克伦皆驻兵营垦,秋获得谷三万五千八百余石。是时兆惠兵次叶尔羌,命永贵驻阿克苏主馈军。

二十四年,还至库车,布政使德舒为吗哈沁所戕。永贵与护军统领努三协歼逆众，回部平。移仓场侍郎。擢左都御史。二十六年，命赴克什噶尔办事。旋授礼部尚书、镶红旗汉军都统，仍驻克什噶尔。疏请疏沟渠，兴耕稼，议自赫色勒河东南浚渠四十余里，引水入赫色勒布伊，材托庸河湍急，宜增堤坝，凿山石，弱水势。召还京师。

三十年，乌什回人为乱，复命赴哈什哈尔。事平，移驻乌什，三十三年，署伊犁将军。移吏部，再移礼部。坐厄鲁特兵盗哈萨克马转诬哈萨克，办事大臣巴尔品断狱未得其实，永贵论劾，语有所逶饰。又以凉州、庄浪满洲兵损马当偿，误扣热河兵饷，召还京师，命授左都御史，命不得用翎顶。旋移礼部尚书，得用顶带，仍不得戴翎。四十二年，命署大学士，题孝圣宪皇后神主。寻补吏部尚书，在阿哥总谙达处行走，赐花翎。初，山东民王伦为乱，给事中李漱芳陈奏饥民酿衅，坐妄言，左授礼部主事。及是，吏部请以漱芳升授员外郎。上责永贵市恩，削职夺花翎，令以三品顶带赴乌什办事。诏诘责甚至，且言："永贵回乌什，如不实心任事，必在彼处正法。"先是叶尔羌办事大臣侍郎高朴役回民采玉，并婪取金珠，为诸伯克所讼。永贵如叶尔羌，讯得实，闻上。上为诛高朴，手诏嘉永贵持正，并谓："永贵罪不至贬。今命西行，适以发高朴之奸，潜销祸萌，此天启朕衷也！"仍授吏部尚书，赐花翎。寻授参赞大臣。四十四年，召还京师，授镶蓝旗满洲都统。四十五年，协办大学士。四十八年，卒，谥文勤。

永贵端谨。初直军机处，与阿桂齐名，时称"二桂"。其抚浙江，有廉声。

子伊江河，官至山东巡抚。高宗崩，伊江河因奏事附书和珅劝节哀。和珅已下狱，仁宗得其书，诏诘责，夺职。既，又追论在山东日侫佛宽盗，命戍伊犁。寻授蓝翎侍卫、古城领队大臣。卒。

蔡新，字次明，福建漳浦人，赠尚书世远族子。乾隆元年进士，选庶吉士，授编修。入直上书房。试御史第一，辞，授侍讲。累迁工部侍郎，移刑部。十八年，以母老请归省，赐其母貂缎。旋乞终养，允之。既家命为上书房总师傅，辞，高宗谕之曰："非令汝即来供职，待后日耳。"二十五年，上五十寿，入京师祝嘏。二十六年，南巡，觐行在。母丧终，授刑部侍郎。三十二年，擢工部尚书。三十八年，移礼部。四十五年，命以吏部尚书协办大学士。四十六年，乞假修墓。四十八年，还朝，拜文华殿大学士，兼吏部尚书。五十年，与千叟宴。上临雍讲学，新以大学士领国子监，讲《易》"天行健，君子以自强不息"，赐茶并文绮。

新操履端谨，言行必衷于礼法。上眷之厚，赋《临雍诗》，注谓："今群臣孰可当三老五更？独新长朕四岁，或可居兄事。然恐其局促勿敢当，举王导对晋元帝语以谢耳。"新上疏乞致仕，语切至，上许其归，加太子太师，三赋诗以饯。既归，上每制文，屡以寄新且曰："在朝无可与言古文者。不可阿好徒称颂。"五十五年，上八十寿，诣京师祝嘏，赐宴同乐园，赐人参一斤。及归，命归途所经，有司具舟车护行。上仍以诗文寄新，谕将以验学诣，戒诗勿和韵。五十七年，重赴鹿鸣宴。六十年，上御极六十载，谕新不必入贺。新奏言上九旬万寿，冀再诣阙祝嘏。上谕之曰："览奏，字字出诚心，我君臣共勉之。若天恩得符所愿，实佳话也！"嘉庆元年，新年九十，赐额曰"绿野恒春"，侑以诸珍物。四年，高宗崩，奔赴，至福州，病不能进。巡抚汪志伊以闻，温诏止其行。是冬，卒，赠太傅，谥文端。

新学以求仁为宗，以不动心为要。尝辑先儒操心、养心、存心、求放心诸语，曰《事心录》。直上书房四十二年，培养启迪，动必称儒先。高宗以新究心根柢，守世远家法，深敬礼之。既归，福建督抚坐贪黩、亏仓库得重谴，上责"新知而不言，自比寒蝉，无体国公忠之意。"新上疏请下吏议，卒以笃老宽之。嘉庆初，海盗方肆，新子本俊官京师，御史宋树疏言新家书及海盗事，不以闻。上为诘本俊，本俊言新已具疏令誊真入奏，上亦不之责，仍谕新勿畏。新家居谦慎，遇丞尉执礼必恭。或问之，曰："欲使乡人知位至宰相，亦必敬本籍官吏，庶心有所不敢，犯法者鲜耳。"著有《缉斋诗文集》。

程景伊，字聘三江南武进人。乾隆四年进士，改庶吉士，授编修。再迁侍读学士,命在尚书房行走。复三迁兵部侍郎。景伊致人书,言:"承乏中枢,晨夕内廷多旷废。今秋未与木兰之役,稍得专心职业。"为上闻,责其耽逸,解尚书房行走。历礼、工诸部。三十四年,擢工部尚书,历刑、吏诸部。三十八年,协办大学士。四十一年,上东巡回銮,驻跸黄新庄。景伊与在京王大臣迎驾,未召见即退班,命夺职,仍留任。四十四年,授文渊阁大学士。四十五年,上南巡,命景伊留京治事。上还京师,入对,以景伊病后衰弱,命安心调理,勿勉强行走。七月,卒,谥文恭。

梁国治,字阶平,浙江会稽人。乾隆十三年一甲一名进士,授修撰。迁国子监司业。充广东乡试正考官。复命,奏对称旨,命以道员发广东待缺。旋除惠嘉潮道,移署粮驿道。卓异引见,擢署左副都御史。迁吏部侍郎。广东总督杨廷璋等追论国治署粮驿道时失察家人舞弊,谳实,夺职。起授山西冀宁道。三迁湖北巡抚。三十三年,命署湖广总督。荆州将军。时湖北频岁水旱,治赈,缺仓谷四十八万余石。国治议发司库白金二十万,俟秋获易谷,来岁春夏间出粜,石溢银一钱。行之数年,仓谷得无缺。三十六年,移湖南巡抚。师征金川,治军械,造药弹,费不给。国治请以司库储备军兴白金十余万,照一年应扣各粮通行借给,仍分三年扣还归款。国治又以出征将弁,例军中升用,本营缺出,仍系照常拨补。循资按格者,转得坐致升迁。冒敌冲锋者,专待军营缺出,无以鼓励我行。请嗣后本营缺出,与出征将弁一体论升。皆从其请。三十八年,召还京师,令在军机处行走,并直南书房,三十九年,授户部右侍郎。四十二年迁尚书。四十七年,加太子少傅。四十八年,命协办大学士。五十年,晋授东阁大学士,兼户部尚书。五十一年,卒,加太子太保。谥文定。

国治父文标,官刑部司狱,恤囚有惠政。国治笃孝友,与兄孪生,兄蚤卒,终生不称寿,事嫂如母。治事敬慎缜密。生平无疾言遽色,然不可以私干。门下士有求入按察使幕主刑名者,戒之曰:"心术不可不慎!"其人请改治钱谷则曰:"刑名不慎,不过杀一人,所杀必有数，且为人所共知。钱谷厎人，十倍刑名，当时不觉。近数十年，来远或数百年，流毒至于无穷，且未有已！"卒不许。著有《敬思堂集》。

英廉，字计六，冯氏，内务府汉军镶黄旗人。雍正十年举人。自笔帖式授内务府主事，乾隆初，命往江南河工学习，补淮安府外河同知。累迁永定河道。河决，总督方观承劾英廉淤沟镶埽，冲陷水上月堤，匿不以闻，遂误要工。夺职，逮治，英廉抗辨。逾年谳未决，观承请遣大臣莅其事。上命尚书舒赫德会鞫，言英廉申报不以实，且未将淤沟先事预防，堵筑经费当责出私财以偿。上谕言："英廉上官未及两月，淤沟失防，咎实在前政。然观承以总督劾属吏，不敢率意入罪，谳逾年未定，请遣大臣莅其事。是其心有所警畏，亦朕明慎庶政之效。仍从其请。"未几，命在高梁桥迤西稻田厂效力。寻复自笔帖式授内务府主事。累迁内务府正黄旗护军统领。外授江宁布政使兼织造。英廉以父老，乞留京师，赐二品衔，授内务府大臣、户部侍郎。

三十四年，征缅甸，师行，命与尚书托庸等董其事。迁刑部尚书，仍兼户部侍郎、正黄旗满洲都统。三十九年，侍郎高朴劾左都御史观保，侍郎申保、倪承宽、吴坛交内监高云从，泄道府记载。上问英廉，英廉谢不知。诏诘责，命夺职，从宽留任。京师商人投呈皇六子，有所陈请，事下内务府。上召内务府诸大臣，问："收呈者谁也？"英廉、金简皆谢不知。迈拉逊乃言："六阿哥收呈。"上责英廉、金简隐讳，下部议，命宽之，仍注册。

四十二年，协办大学士。移四十四年，暂署直隶总督。四十五年，大学士于敏中卒，上以英廉本汉军，协办有年，特授汉大学士。汉军授汉大学士自英廉始。寻授东阁大学士，仍领户部。四十六年，复署直隶总督，疏请清州县亏帑。四十七年，加太子太保。复署直隶总督。直隶灾，治赈，疏请以截存漕米补各仓储谷，又疏请蠲未完耗羡三万余两，皆从其请。寻以病乞罢，命以大学士还京师养疴。

卒,赐白金五千治丧,祀贤良祠,谥文肃。

　　彭元瑞,字芸楣,江西南昌人。乾隆二十二年进士,改庶吉士。散馆授编修,直懋勤殿。大考,以内直不与。迁侍讲。擢詹事府少詹事。直南书房。迁侍郎,历工、户、兵、吏诸部。高宗六十寿,次《圣教序》为赞以进,上嘉之。上制《全韵诗》,元瑞重次周兴嗣《千字文》为跋。上手诏奖谕,称为"异想逸材",赐貂裘、砚、墨。敕撰宁寿宫、皇极殿镫联,称旨,赐以诗。辟雍成,释奠讲学,又继以耕耤。上《三大礼赋》。擢尚书,历礼、兵、吏三部。五十五年,上八十寿,以岁阳在庚,进《八庚全韵诗》。上以庚韵字数奇,易首句用韵去一联,末句乃谐律,亲为裁定。寻加太子少保、协办大学士。五十六年,以从孙冒入官,御史初彭龄论劾,左授礼部侍郎,命仍直南书房。寻复授工部尚书。嘉庆四年,高宗奉安礼成,元瑞撰祝文,仁宗嘉其得体,加太子太保。元瑞子翼蒙,官江南盐巡道,坐事免,元瑞自劾,又坐误举编修缪晋,下吏议,上皆宽之。修《高宗实录》,命充总裁。八年,以疾乞罢,慰留,久之乃许。命仍领实录总裁。旋卒,赠协办大学士。谥文勤。

　　元瑞以文学被知遇。内廷著录藏书及书画、彝鼎,辑《秘殿珠林》、《石渠宝笈》、《西清古鉴》、《宁寿鉴古》、《天禄琳琅》诸书,元瑞无役不与。和章献颂,屡荷褒嘉。所著有《经进藁》、《知圣道斋跋尾》诸书。《高宗实录》成,推恩赐祭,并祀贤良祠,官翼蒙员外郎。

　　纪昀,字晓岚,直隶献县人。乾隆十九年进士,改庶吉士。散馆授编修。再迁左春坊左庶子。京察,授贵州都匀府知府。高宗以昀学问优,加四品衔,留庶子。寻擢翰林院侍读学士。前两淮盐运使卢见曾得罪,昀为姻家,漏言夺职,戍乌鲁木齐。释还,上幸热河,迎銮密云。试诗,以土尔扈特全部归顺为题,称旨,复授编修。三十八年,开四库全书馆,大学士刘统勋举昀及郎中陆锡熊为总纂。从《永乐大典》中搜辑散逸,尽读诸行省所进书,论次为《提要》上之,擢侍读。上复命辑《简明书目》。坐子汝佶积逋被讼,下吏议,上宽之。旋迁翰林院侍读学士。建文渊阁藏书,命充直阁事。累迁兵部侍郎。《四库全书》成,表上。上曰:"表必出昀手!"命加赏,迁左都御史,再迁礼部尚书,复为左都御史。畿辅灾,饥民多就食京师。故事,五城设饭厂,自十月至三月。昀疏请自六月中旬始,厂日煮米三石,十月加煮米二石,仍以三月止,从之。复迁礼部尚书,仍署左都御史。疏请乡会试《春秋》罢胡安国传,以《左传》本事为文,参用《公》、《谷》,从之。嘉庆元年,移兵部尚书。复移左都御史。二年,复迁礼部尚书。疏请妇女遇强暴,虽受污,仍量予旌表。十年,协办大学士,加太子少保。卒,赐白钱五百治丧,谥文达。

昀学问渊通。撰《四库全书提要》,进退百家,钩深摘隐,各得其要指,始终条理,蔚为巨观。惩明季讲学之习,宋五子书功令所重,不敢显立异同。而于南宋以后诸儒,深文诋谇,不无门户出入之见云。陆锡熊,字健男,江苏上海人。乾隆二十六年进士,召试,授内阁中书,累迁刑部郎中。与昀同司总纂,旋并授翰林院侍读。五迁左副都御史。旋以书有讹谬,令重为校正,写官所费,责锡熊与昀分任。又令诣奉天校正文溯阁藏书,卒于奉天。

陆费墀,字丹叔,浙江桐乡人。陆费为复姓。墀,乾隆三十一年进士,改庶吉士,授编修。充四库全书馆总校,用昀、锡熊例,擢侍读。累迁礼部侍郎。书有讹谬,上谓昀、锡熊、墀专司其事,而墀咎尤重。文渊、文汇、文宗三阁书面叶木匣,责墀出资装治。仍下吏议,夺职。旋卒。上命籍墀家,留千金赡其孥,余充三阁装治之用。

论曰:乾隆中年后,多以武功致台鼎。若三宝、永贵、国治、英廉,皆先陟外台,历著声绩。国治直枢廷十余,年先后与于敏中、和珅未尝有所阿。新、元瑞、昀起侍从,文学负时望。新谨厚承世远之教。昀校定《四库书》,成一代文治,允哉,称其位矣!

清史稿卷三二一
列传第一〇八

裘曰修　　吴绍诗　子垣　坛
阎循琦　王际华　曹秀先　周煌
子兴岱　曹文埴　杜玉林　王士棻
金简　子缊布

　　裘曰修,字叔度,江西新建人。乾隆四年进士,改庶吉士。自编
修五迁至侍郎,历兵、吏、户诸部。胡中藻以赋诗讪上罪殊死,事未
发,曰修漏言于乡人。上诘曰修,不敢承,逮所与言者质实,上谓"曰
修面欺。"二十年五月,下部议夺职,左授右中允。十二月,擢吏部侍
郎。二十一年,令在军机处行走。师讨准噶尔,命如巴里坤董军储。
二十二年,疏言:"西陲回民数十部落,厄鲁特人介其中。当策妄阿
喇布坦时恣杀掠,回民久切齿。请敕伯克额敏和卓,厄鲁特窜入境
当擒戮,予赏赉,勿被煽生疑惧。"寻还京师。河屡决山东、河南、安
徽境,积水久不去。是岁上南巡莅视,既返跸,命曰修会山东、河南、
安徽诸巡抚周行积水诸州县,画疏浚之策。曰修至安徽,偕巡抚高
晋疏言:"安徽宿、灵壁、虹三州县频年被水,上承河南虞城、夏邑、
商邱、永城四县积水,下注毕汇于宿州。宿州有睢河,虹县有潼河,
泗洲与宿迁、桃源接壤处有安河,皆境内大水,与灵壁、虹县诸支港
当次第疏浚,俾入洪泽湖。洪泽以清口为出路,上令去草坝使畅流,

江南之民，仰颂圣明，宜令每岁应期开放。"

曰修至河南，偕巡抚胡宝瑔疏陈："黄河南岸，自荥泽以下诸水，东入睢，东南入淮，皆浅阻不能宣泄。东境干河，在商丘为丰乐河，在夏邑为响河，在永城为巴河，实即一水，次则贾鲁河，又次则惠济河、涡河，皆当疏浚。自永城至汝宁府支河施工者凡十二，导积水自支河入于干河。其不能达者，或多作沟渠，或停为薮泽，潢污野潦，有所约束而不为民害。"

曰修至山东，偕巡抚鹤年疏请培馆陶、临清滨运河诸州县民埝，官给夫米，令实力修补。复偕巡抚蒋洲疏言："山东当疏浚诸水，以兖州为要，曹州次之，兖州宜治者九水，曹州西南境当浚顺堤河，东北境当于八里庙建坝，俾沙河、赵王河水入运，赖以节宣。"曰修诸议皆称上意，命及时修筑。

曰修复至安徽，议浚颍州府境与河南连界者六水，在府境者四水，加疏宿州境睢河，并宽留清口坝口门。上奖所议甚合机宜。还河南，诸干河工竟，议续浚商丘、遂平、上蔡、新蔡诸支流凡五水，并筑诸堤堰。调户部侍郎。二十三年，诸水毕治，御制诗褒之。疏言："诸行省偏灾，米豆例免税。但以免税故，稽查繁密。欲通商而商反以为累，却顾不前。请如常收税。"下九卿议行。京师平粜，曰修言粜价过减，适令商家乘机居积，请石减百钱，数日后市价稍平，以次渐减。会天津民讼盐商牛兆泰，兆泰与曰修有连，曰修尝寄书，上命不必在军机处行走。二十五年，授仓场侍郎。

二十六年，河决杨桥，命如河南勘灾赈，并议疏泄。曰修请广设粥厂，饥民便就食。量增料价，料易集，二可速葳。上皆可其奏，上遣大学士刘统勋，兆惠督塞河。曰修勘下游，疏言："黄水悉入贾鲁、惠济二河，二河倘不能容，为患滋大。宜察堤埝为河水所从入，悉堵御，俾中流不至复决。"曰修还杨桥，疏言河流逼北岸，当挽行中道。又请培补沁水堤，并赈流民：得旨嘉允。曰修子编修麟，卒于京师。上念曰修所领事将竟，有子丧，母老，召还京师。工竟，上制《中州治河碑》，褒曰修及宝瑔不惜工，不爱帑，不劳民，上源下流，以次就治。旋居母丧,归。

二十八年,上以直隶连年被水,曰修服将除,召来京督直隶水利。署吏部侍郎。河渠工毕,曰修请迎生母就养。上令会高晋筹浚睢河,曰修言当厚蓄清水以刷淤泥,秋冬水弱,南北筑坝堵截,至四月水涨,启坝分泄,上采其议。二十九年,福建提督黄仕简疏论总督、巡抚得厦门洋行岁馈,命曰修偕尚书舒赫德往按,并命曰修暂署福建巡抚。谳定,还京师,署仓场侍郎。三十年,授户部侍郎。

三十一年,上以江南淮、徐诸河堤前令曰修等经营修筑,为时已久。复命曰修及高恒往勘山东、河南毗连处,并令巡。视曰修等疏言:“诸水自二十二年大治后,岁于农隙疏浚,堤岸亦以时培补,见无淤垫残缺。”报闻。迁尚书,历礼、工、刑三部。三十三年,丁生母忧,归。三十四年,召授刑部尚书。初,江南、山东蝗起,命曰修捕治。是岁畿南蝗,复命捕治。曰修至武清,令顺天府尹窦光鼐行求蝗起处。上责曰修不亲勘,左授顺天府府尹。寻迁工部侍郎。

三十六年,命如沧州勘运河,疏请改低坝基杀水势,疏下流引河,移捷地闸,裁曲就直,疏减河使顺流达海,上从之。迁工部尚书,命南书房行走。命督浚北运河。三十七年,又命督浚永定、北运诸河,疏言:“治河不外疏筑,而筑不如疏。直省近水居民与水争地,水退即占耕,升科筑埝。有司见不及远,以为粮地自当防护,逼水为堤埝,水乃横决为灾。请敕所司,淀泊勿得报垦升科,横加堤埝,使水有所归。”上降旨严禁。

三十八年四月,曰修病噎乞归,上以“钱陈群尝病此,以老许其归。今曰修方六十,不当如陈群之引退”。赐诗慰之,屡遣存问,御医视疾。旋加太子少傅。卒,谥文达。子行简,自有传。

吴绍诗,字二南,山东海丰人,诸生。雍正二年,世宗命京官主事以上、外官知县以上,举品行才猷备任使,即亲戚子弟不必引避。时绍诗世父象宽官湖北黄梅知县,遂以绍诗应诏,引见,分刑部学习。十二年,授七品小京官。乾隆初,累迁至郎中。外擢甘肃巩昌知府,迁陕西督粮道。总督永常劾绍诗采兵米侵帑,夺职,下巡抚锺音鞫治。绍诗以市米贵贱不齐,为中价具报,非侵帑。状闻,发军台效力,以母病许赎。

二十二年,高宗南巡,绍诗迎跸,起贵州督粮道。迁云南按察使。调甘肃按察使,就迁布政使。疏言宁夏驻防军以下官禄应给粳米,请改征诸民应纳粟米石者,改交粳米七斗,上命宁夏驻防官禄如凉州、庄浪例,改折价。又疏镇番县柳林湖招垦地,请如安西瓜州屯田例,升科纳赋,较前此征租岁计有盈,且民户世业,俾可尽心耕耨,下总督杨应琚等议行。甘、凉诸县旱,绍诗复疏言张掖、永昌、镇番、碾伯、高台五县旧无城,抚彝厅、隆德、泾州城已损坏,请以时修筑,使饥民就工授食,下巡抚常钧议行。旋以忧归,三十一年,服除,擢刑部侍郎。

出为江西巡抚。以南昌、九江二卫屯田租过重,赣州、袁州、铅山三卫所租重而田缺,疏请减租,下总督高晋详勘量减。上犹产铁砂、民争取滋事,疏请募民淘采,募商设厂收镕,为之条例。九江关监督舒善、建昌府知府黄肇隆皆以不职为上闻,责绍诗不先事论劾,部议夺职,命宽之。三十四年,召为刑部尚书,未上,调礼部尚书。是岁南昌等县被水,十月,绍诗将受代,始奏请缓征。上谕曰:"灾地收薄,小民岂能复事输将?绍诗迁延不问,直至开征将及一月,始以一奏塞责。见虽传谕停缓,急公者纳粮不免拮据,疲窭者徒受催科之累。此皆绍诗全不知以民事为重有以误之也。绍诗累经部议降革,并从宽留任。此则玩视民瘼,难复曲贷。"因命夺职。

三十五年,起刑部郎中,三十六年,擢侍郎。皇太后八十万寿,列香山九老,赐以宴赉。三十七年,调吏部侍郎。三十九年,乞致仕。四十一年,上东巡,迎跸,加尚书衔。卒,年七十八,谥恭定。子垣、坛。

垣,自举人入资授兵部郎中,三十五年,特命调刑部。三十六年,绍诗为侍郎,上以坦本特调。命毋回避。三十七年,弟坛为侍郎,乃调吏部。迁监察御史,以忧归。服除,补原官。迁给事中。以弟坛为巡抚,便不为言官,署吏部郎中。坛卒,复为给事中。五迁为吏部侍郎。四十九年,外授广西巡抚。五十年,入觐,与千叟宴。调湖北巡抚。江夏等州县旱,疏请缓征平粜,募商赴四川买米。五十一年,卒,上赐恤,犹奖其实心治灾赈也。

坛,二十六年进士,授刑部主事,再迁郎中。三十一年,绍诗为侍郎,上以坛治事明敏,毋回避。三十二年,超授江苏按察使,就迁布政使。江宁、苏州两布政所属,互支官俸兵米,坛疏请更定。江苏赋重甲诸行省,每遇奏销,款目繁复,坛疏请分别总案、专案,以便察核:皆议行。三十七年,内擢刑部侍郎。三十九年,太监高云从以泄道府记载诛,京朝诸臣从问消息者皆夺职,坛亦与。上谓:"不意坛竟至于此!念其练习刑名,废弃可惜。左授刑部主事。"迁郎中。四十七年,授江南河库道,迁江苏布政使。四十五年,擢巡抚。疏言:"吴县旧有公田万二千五百亩,银漕外岁纳租息佐转漕,逋租甚巨。以非正赋,遇蠲免不得与。请并予豁除,灾歉随赋蠲缓。"又疏言:"江、河险处设救生船五十六,今裁存二十八。请增募四十,分泊京口、瓜州、金山诸处。"并从之。旋卒。

绍诗父子明习法律,为高宗所器。绍诗两为侍郎,垣、坛先后在郎署,特命勿相避。及绍诗移贰吏部,以坛继其后。父子相代,尤异数。乾隆初,重修《大清律例》,绍诗充纂修官,《纲目》二卷,实所厘定。坛复著《大清律例通考》三十九卷。

阎循琦,字景韩,山东昌乐人。乾隆七年进士,改庶吉士。散馆,授工部主事。三迁广东道御史,仍兼工部行走。疏言:"江南诸行省水灾治赈,应照户口秤定银封。主其事者每假手胥吏,不能无扣减,甚或私用轻戥。宜令督抚派专员监封,仍令道府以时抽验。贫民以银易钱买米,当禁奸民剥削。富家积钱,亦应令其散易,以平市价。"上曰:"循琦所言,颇中情弊。但若明降谕旨,不肖者未必畏惮。本无此弊者,或转因此启其舞弊,当抄循琦奏寄诸行省督抚,令加意体察。"又疏言八旗义学教习多不实心督课,请岁派大臣会礼部堂官严察,上为罢八旗义学,令董理各官学大臣尽心教育。迁转吏科掌印给事中。

三十四年,特命兼吏部文选司郎中。迁内阁侍读学士,仍兼吏部行走。京西门头沟煤窑岁久淤塞,有议他处营采者,因缘为利,命循琦会勘。谓旧窑产煤本旺,凿沟隧,疏积水,淤去而煤畅。他处有可采,当以时招商。议上,大学士傅恒覆奏如循琦言。三十六年,超擢工部侍郎。会试知贡举,事毕入封,上问:"诸臣知贡举每有条奏,汝独无,何也?"循琦对:"科场条例已甚详备,诸臣实力奉行自足,不敢毛举一二端自谓晓事也。"上曰:"汝言是。凡事皆当如此,非独知贡举而已。"三十八年,迁工部尚书。四十年,卒,赠太子太保,谥恭定。

王际华,字秋瑞,浙江钱塘人。乾隆十年一甲三名进士,授编修。十三年,大考翰詹,擢侍读学士、上书房行走。广东旧设两学政,十五年,以侍读程岩督广韶学政,际华督肇高学政,旋用岩议裁并,以优归。服除,起原官。三迁至侍郎,历工、刑、兵、户、吏诸部。在兵部,疏言:"武乡会试旧例,外场挑双好、单好、合式三类入内场,双、单好列东号,合式列西号。不肖者见列西号,知不能幸中。纷纷求出。即有归号,终日喧哗。请嗣后武乡会试,但挑双、单好,勿更挑合式。"在吏部,疏请京文武官吏议处,及各部会议外省文武官吏议处,当分别定限,皆如所议。三十四年,迁礼部尚书。三十八年,加太子少傅,调户部尚书。四十一年,卒,赠太子太保,谥文庄。官其子朝梧内阁中书,官至山东兖沂曹道。

程岩,字巨山,江西铅山人。以检讨督广东肇高学政,移督广韶学政。建议裁并,即以命岩。官至礼部侍郎。

曹秀先,字恒所,江西新建人。乾隆元年,举博学鸿词,未试,成进士,改庶吉士,授编修。十年,迁浙江道御史。十七年八月,举恩科会试,秀先从子咏祖坐关节诛,秀先当夺阶,上以秀先初不与知,但失察,命宽之。十八年,近畿蝗,秀先请御制文以察,举蜡礼。州县募捕蝗，毋藉吏胥。上曰："蝗害稼，惟实力捕治，此人事所可尽。若欲假文辞以期感格，如韩愈祭鳄鱼，鳄鱼远徙与否，究亦无稽。朕非有泰山北斗之文笔，好名无实，深所弗取。"下部议，罢蜡礼，余如所请。七迁至侍郎。历工、户、吏诸部。三十九年，迁礼部尚书，上房行走，命为总师傅。四十六年，礼部议四十七年祀祈谷坛日用次辛。上曰："朕御极来，遇正月上辛在初三日前，当隔岁斋戒，改用次辛。其有初四日上辛亦改次辛者，以为圣母皇太后祝釐，朕率王公大臣拜贺东朝，礼不可阙。至明岁正月上辛，则非向年可比矣。如谓不敢轻易朝正令典，亦当力备稽往例，具奏请旨。乃遽行题达，何昧昧至此！"礼部堂官悉下部议，秀先当夺职，复命宽之。四十七年，罢上书房总帅傅。四十九年，卒，赠太子太傅，谥文恪。

秀先少孤，事母胡孝，尝为吮疽。母卒，庶母龚为携持，事如母。学于兄茂先，事之如严师。既贵，收宗族，弭乡里水患。莅政勤慎廉俭，罡吏议数四，辄命减免。秀先颜其堂曰"知恩"。纪上眷也。

子师曾，自兵部郎中屡迁至侍郎，历礼、兵二部。嘉庆二十五年，以兵部失行在印，左授太常寺少卿。道光初，再迁太常寺卿。请修墓，归。卒。

周煌，字景垣，四川涪州人。乾隆二年进士，改庶吉士，散馆授编修，二十年，命偕侍讲全魁册封琉球国王尚穆。寻迁右中允，再迁侍讲。二十二年，使还，奏上《琉球国志略》，命以武英殿聚珍板印行。以从兵在琉球失约束，下吏议。当夺官，上以煌远使，且在姑米山遇风险，命宽之，仍留任。二十三年，大考二等。开复寻迁左庶子，命上书房行走。累迁兵部侍郎。三十八年五月，命如四川按璧山民讼武生勒派。十月，复命如四川按蓬溪诸生讼县吏勒：派俱鞫虚，罪如律。四十四年，擢工部尚书。四十五年，调兵部尚书。四十六年，上幸热河，煌诣行在入对。四川方多盗，号为固噜子。总督永绥疏报，遣将吏捕治。上以谘煌，煌入对："固噜子所在多有，县辄百十人，其渠号'朋头'。白日劫掠，将吏置不问。甚且州县胥役亦为之，大竹县役子为盗渠,号一双虎。"上为罢文绶,高福康安督四川,命防护煌所居村。四十七年,命为上书房总师傅,未逾年,以煌不胜总师傅,罢之,四十九年,调左都御史。五十年,以病乞休,诏以兵部尚书加太子少傅致仕。寻卒,进太子太傅,赐祭葬,谥文恭。

子兴岱,字冠三。乾隆三十六年年进士,改庶吉士,散馆授编修。累迁侍讲学士。超授内阁学士。擢侍郎,历礼、吏、户诸部。命在南书房行走。嘉庆四年,祭告川、陕岳渎,川、楚教匪乱方急,上命兴岱经被寇州县宣谕慰恤,并传诏招抚,复以军中诸将勇怯谘兴岱,兴岱奏:"臣行次广元,民言总兵朱射斗在高院场战败,总督魁伦未遣兵应援,又不严守潼关。贼夜掠太和镇。焚杀其酷。行次梓,潼贼下扰县境,民纷纷徙避。臣在县督率严防,驻二日乃行。途中宣上指慰谕。民言川军逐贼,德楞泰最奋勇,且能于临陈广布德意,解散协从。但贼势方张,一人不能兼顾。请敕督兵诸大臣同心协力。"上夺魁伦官,逮诣成都,命兴岱会勒保按鞫。事毕,还京师。煌尝两使四川按事,兴岱复继之,时以为荣。六年,充江西考官,坐受馈,并索取衣裳,命退出南书房,左授侍读学士。八年,大考,以老乞休,上从之。旋复授编修,迁侍讲。擢内阁学士,复再迁左都御史。十四年,卒。

曹文埴,字竹虚,安徽歙县人。乾隆二十五年二甲一名进士,改庶吉士,授编修。直懋勤殿,四迁翰林院侍读学士,命在南书房行走。再迁詹事府詹事。居父丧,归。四十二年,诣京师,谒孝圣宪皇后梓宫。丧终,仍在南书房行走。授左副都御史。迁侍郎,历刑、兵、工、户诸部,兼管顺天府府尹。军机章京、员外郎海升殴杀其妻,以自缢报,其妻弟贵宁争非是。命左都御史纪昀等验尸,仍以自缢具狱。贵宁复争言:"海升与大学士阿桂有连,验不实。"更命文埴与侍郎伊龄阿覆验,得殴杀状,以闻。上奖文埴等不徇隐,公正得大臣体。阿桂以尝奏及语祖海升,坐罚俸,昀下吏议,刑部侍郎景禄、杜玉林及郎中王士棻等皆遣戍。擢文埴户部尚书。复命与伊龄阿如通州督漕政,漕船回空较早,命议叙。

五十一年,命如浙江察仓库亏缺。旋复命阿桂会文埴董理。浙江滨海建石塘,外积柴为障,是为柴塘。外又垒土为坡以护,是为坦水。巡抚福崧疏请筹岁修、命文埴并按。文埴言:"柴塘日受潮汐,往来汕刷,势不能无蹲跄。今既为坦水,若不以时补修,不足当潮势而为石塘之保障。"得旨,如所议。文埴还京师。上以阿桂及文埴鞫平阳知县黄梅未得实,下部议,降二级,命宽之。

五十二年,文埴以母老乞归养,俞其请,加太子太保,御书赐其母。五十四年,上以明年八十万寿,命文埴母诣京师。文埴疏言:"母健在,明年当诣京师祝嘏。至时如未能远离,当自审度。上体圣意,下顺亲心,诸事皆从实。"得旨:"卿能来,朕诚喜。但毋稍勉强。"五十五年,文埴诣京师祝嘏,上赐文埴母大缎、貂皮。五十六年,御试翰詹。文埴子编修振镛列三等。上以才可造,又为文埴子,擢侍讲。寄赐文埴御制文勒石拓本。六十年,以上御极周甲子,文埴诣京师贺,上复赐文埴母御书、文绮、貂皮。嘉庆三年,卒。高宗方有疾,恤典未行。五年,仁宗命予恤,谥文敏,并赐文埴母大缎、人参。

乾隆之季,和珅专政,嫉阿桂功高位其上。海升妻之狱,辞连阿桂。和珅妄谓文埴能立异同,欲引以为重。文埴特持正,故非阿和珅,母老决引退,恩礼弗替。子振镛,自有传。

杜玉林,字凝台,江苏金匮人。乾隆十九年进士,授刑部主事。再迁郎中。外授江西南康知府,三迁四川布政使。四十四年,内擢刑部侍郎。四十五年,命如四川按会理州沙金凤诉其兄土司金龙占田狱。谳定,金凤复诣京师呈诉,覆谳如玉林议分田。惟狱情未尽,又知州徐士勋当劾,玉林以同乡置不问。吏议当左迁,上授玉林工部侍郎。仍领刑部事。旋复还刑部。迭使湖南北、江南谳狱。尚书福隆安仆笞杀役夫,赇他人自代,玉林不能察,降三品冠服。旋命复本秩。五十年,坐海升妻狱,戍伊犁。明年。召还。授刑部郎中。行至泾州,卒。玉林善治狱,尝曰:"刑一成而不变。治律例犹善医,贵不泥于方书,而察其受病之实。不如是无以临民。"

王士棻。字兰圃,陕西华州人。乾隆十九年进士,改庶吉士,授刑部主事。再迁郎中。和珅为步军统领,宠其役,役占通州车行。州民诉刑部。士棻为定谳,戍其役黑龙江。上诣碧云寺礼佛,讶池涸,问其故。僧言寺后开煤矿,引水别流。上怒。逮主其事者下刑部。则和珅奴也。诸曹惮和珅,不欲竟其狱。士棻复为定谳。上责和珅而诛其奴。五十年四月,海升妻之狱,刑部侍郎杜玉林坐验尸不以实,当谴。上欲以士棻代,而士芬亦佐验。上谕曰:“王士匹在刑部年久,前因召对,观其人尚有才,方欲量加擢用。乃覆验回护,逢迎阿桂,罪无可逭。”遂与玉林戍伊犁。明年,召还。授刑部员外郎。二十二年六月,特擢江苏按察使。五十五年,高邮州吏以伪印征赋,事发,巡抚闵鹗元以下皆坐重谴。上以按察使得奏事。士棻见巡抚以下互相徇隐,置若罔闻,士棻本起废籍,尤负恩,命夺职。总督书麟等请遣戍,上许纳赎。寻复授刑部员外郎。五十七年,以病乞归。嘉庆元年,卒。

士棻治狱,虚公周密,每有所平反。章丘民辛存义索逋于屠者,死于途,旁置屠刀。县吏坐屠杀人。士棻奉命诣谳访于村女,别得罪人,屠乃雪。旗丁有兄第异母而同居者,兄鳏,第有妇,夜为人戕,母诉长子奸杀。士棻苴视,长子伏地哭,无一语。在侧指画者,母之侄也。士棻审视良久,叱其侄曰:“杀人者汝也。”侄股栗具伏。泰安嫠颜氏富而子幼,夫第强之嫁,走诉部。或馈士棻白金五千,士棻拒之,卒论如律。邳州民有舅讼甥者,谓其发母墓,罪殊死。士棻疑之。为覆谳。盖甥为前母子。舅则后母兄。后母憎长子。舅诳之曰:“汝母墓有蛇迹。”甥与其妻往视,舅伺丛墓间,执诣县。士棻得其情,白长子枉。士棻尝曰:“刑官之弊,莫大于成见。听讼有成见,强人从我,不能尽其情,是客气也。断罪有成见,或偏于严明,因求能折狱名。或偏于宽厚,自以为阴德:皆私心也。”高宗知其才,屡坐谴,终不使废弃,仍俾为刑官。世传其再起复欲用为侍郎,和珅实尼之云。

　　金简,赐姓金佳氏,满洲正黄旗人,初隶内务府汉军,父三保,武备院卿。金简,乾隆中授内务府笔帖式,累迁奉宸院卿。三十七年,授总管内务府大臣。监武英殿刻书,充《四库全书》副总裁,专司考核督。催三十九年,授户部侍郎,管钱法堂镶黄旗汉军副都统,赐孔雀翎。四十年,奏:“京局鼓铸,每年七十五卯,钱九十二万七千三百五十千。岁余二万余千,加以节年余存,遇闰尽可抵放。请裁去闰月四卯。”从之。四十三年,命纂《四库荟要》,署工命尚书。命赴盛京察平允库项亏短,关防拉萨礼等治罪如律,奏定盛京银库章程,下部议行。四十六年,命总理工部。四十八年,擢工部尚书、镶黄旗汉军都统。四十九年,请疏浚芦沟桥中泓五孔水道,并请定三、四年疏浚一次。五十年,与千叟宴。《四库全书》成,议叙。命修葺明陵,请加筑思陵月台,并拓享殿、宫门。五十六年,故安南国王黎维祁听所属黄益晓、黎光霁等禀请归国,命金简察治,益晓、光霁等并发遣。五十七年,调吏部尚书。五十九年。卒,令皇孙绵勤奠醊,赐祭葬,谥勤恪。金简女第为高宗贵妃。嘉庆初,仁宗命族改入满洲,赐姓。

　　缊布,金简子。初授拜唐阿。擢蓝翎侍卫。乾隆四十八年,授泰宁镇总兵。六十年,召授总管内务府大臣。嘉庆三年,授镶红旗汉军副都统。四年,授工部侍郎,赐孔雀翎。奏请增设内务府养育兵,上斥其例外乞恩,意在沽名。俄以清字折误书孝圣宪皇后徽号,夺官,予四品顶带,留佐领。旋复授正红旗蒙古副都统、总管内务府大臣。五年,授兵部侍郎。六年,擢工部尚书、镶红旗汉军都统。九年,署户部尚书。十四年,卒。

　　论曰:曰修奉使治水,利泽施于生民。绍诗疏律义,尚平恕:皆有子克承厥绪。循琦、际华、秀先回翔台省,以笃谨被主知。文埴眷尤厚,不阿时相,洁其身以去:皆彬彬平世令仆才也。乾隆之季,民穷盗起,煌父子言乡里民间疾苦,高宗不以为忤。金简起戚畹,所论铸钱、葺明陵,及黎维祁乞归国。并关国故,故比而次之。

清史稿卷三二二
列传第一〇九

窦光鼐　李漱芳　范宜宾
曹锡宝　谢振定　钱沣　尹壮图

　　窦光鼐,字元调,山东诸城人。乾隆七年进士,选庶吉士,散馆
授编修。大考四等,罚俸。高宗夙知光鼐,居数月,擢左中允。累迁
内阁学士。二十年,授左副都御史。督浙江学政。上南巡,临海县
训导章知邺将献诗,光鼐以诗拙阻之。知邺欲讦光鼐,光鼐以闻。上
召知邺试以诗,诗甚拙,且言愿从军。上斥其妄,命夺职戍辟展。后
数年,上欲赦知邺还,而知邺妄为悖逆语,欲以陷光鼐,上乃诛之。
　　光鼐学政任满,还京师。秋谳,光鼐以广西囚陈父梅守田禾杀
贼,不宜入情实,贵州囚罗阿扛逞凶杀人,不宜入缓决;持异议,签
商刑部,语忿激。刑部遽以闻,上命大学士来保、史贻直,协办大学
干梁诗正覆核,请如刑部议。且言光鼐先已画题,何得又请改拟。上
诘光鼐,光鼐言:“两案异议,本属签商,并非固执。因曾议时言词过
激,刑部遽将签出未定之稿先行密奏。臣未能降心抑气,与刑部婉
言,咎实难辞,请交部严加议处。”上以“曾谳大典,光鼐意气自用,
甚至纷吷谩骂而不自知。设将来豫议者尤而效之,于国宪朝章不可
为训。”命下部严议,当左迁,仍命留任。光鼐疏言:“事主杀窃盗,律
止杖徒。近来各省多以窃盗拒捕而被杀,比罪人不拒捕而擅杀,皆
以斗论,宽窃盗而岩事主,非禁暴之意,应请遵本律。”议行。
　　二十七年,上以光鼐迁拙,不胜副都御史,命署内阁学士。授顺

天府府尹。坐属县蝗不以时捕，左迁四品京堂，仍留任。旋赴三河、怀柔督捕蝗，疏言："近京州县多旗地嗣后捕蝗民为旗地，佃当一体拨夫应用。"上从所请，以谕直隶部督杨廷璋言自方观承始设护田夫，旗、民均役。上复以诘光鼐，召还京师，令从军机大臣入见。问"民为旗地佃，不肯拨夫应用，属何人庄业？"光鼐不能对，请征东北二路同知及三河、顺义知县质证。退又疏请罢护田夫，别定派夫捕蝗事例。上以光鼐所见迁鄙纰缪，下部议，夺职。

居数月，谕光鼐但拘钝无能，无大过，左授通政司副使。再适宗人府府丞。复督浙江学政，擢吏部侍郎。浙江州县仓库多亏缺，上命察核。光鼐疏言："前总督陈辉祖、巡抚王亶望贪墨败露，总督富勒浑未严察。臣闻嘉兴、海盐、平阳诸县亏数皆逾十万，当察核分别定拟。"上嘉其持正，命尚书曹文埴、侍郎姜晟往会巡抚伊龄阿及光鼐察核。

旋疏劾永喜知县席世维借诸生谷输仓。平阳知县黄梅假弥亏苛敛，且于母死日演剧。仙居知县徐延翰毙临海诸生马寅于狱。并及布政使盛住上年诣京师，携赏过丰，召物议。总督富勒浑经嘉兴，供应浩烦，馈阍役数至千百。上命大学士阿桂如浙江按治。阿桂疏言盛住诣京师，附携应解参价银三万九千余，非私赏。平阳知县黄梅母九十生日演剧，即以其夕死。仙居诸生马寅诬寺僧博，复与斗殴，因下狱死。光鼐语皆不雠。光鼐再疏论梅事，言阿桂遣属吏诣平阳谘访，未得实，躬赴平阳覆察。伊龄阿再疏劾光鼐赴平阳刑迫求佐证诸状，上责光鼐乖张督乱，命夺职，逮下刑部。光鼐寻奏："亲赴平阳，士民呈梅派捐单票，田一亩捐大钱五十。又勒捐富户数至千百贯。每岁采买仓谷不予值。梅在县八年，所侵谷值及捐钱不下二十万。母死不欲发丧，特令演剧。"上以光鼐呈单票有据，时阿桂已还京师，令复如浙江秉公按治，并命江苏巡抚闵鹗元会谳，以光鼐质证。阿桂、鹗元疏言梅娄索事实，论如律。上以光鼐所奏非妄，命署光禄寺卿，阿桂、文埴、晟、伊龄阿皆下部议。旋擢光鼐宗人府府丞。迁礼部侍郎。复督浙江学政。再迁左都御史。

六十年，充会试正考官，榜发，首归安王以锴，次王以衔，兄第联名高第。大学士和珅素嫉光鼐，言于上，谓光鼐迭为浙江学政，事有私。上命解任听部议，及廷试，和珅为读卷官，以衔复以第一人及第，事乃解。命予四品衔休致。卒。

李漱芳，字艺圃。四川渠县人。乾隆二十二年进士，授吏部主事，再迁郎中。三十三年，授河南道监察御史。巡视中城，尚书福隆安家奴蓝大恃势纵恣，挟无赖酗酒，横行市肆间。漱芳捕治，论奏，高宗深嘉之。命戍蓝大，以福隆安下吏议。寻擢工科给事中。三十九年，寿张民王伦为乱。漱芳疏陈奸民聚众滋事，为饥寒所迫。又言近畿亦有流民扶老携幼、迁徙逃亡，有司监芦沟桥，阻不使北行。给事中范宜宾亦以为言，请增设粥厂。上命侍郎高朴、袁守侗率宜宾、漱芳往芦沟桥及近畿诸城镇省视，初无流民。伦乱定，俘其徒槛致京师廷鞫，命漱芳旁视，无言为饥寒迫者。问岁事，对秋收尚及半。上责漱芳妄言，代奸民解说，心术不可问，不宜复居言路，为世道人心害，宥罪，降礼部主事。四十三年，礼部请以漱芳升授员外郎。故事，郎中、员外郎员阙、选应升授者，拟正、陪上请。至是，独以漱芳请。上不怿，责尚书水贵擅专邀誉，涉明季党援朋比之习，夺其职。漱芳久之乃迁员外郎。卒。

范宜宾，汉军镶黄旗人，大学士文程后也。以荫生官户部郎中，历御史给事中，累迁太常寺少卿。出为安徽布政使，与巡抚胡文伯不相能，两江总督高晋以闻。上召宜宾还，授左副都御史。宜宾奏言属县蝗见，屡请捕治，文伯执不可。上为黜文伯，而宜宾亦以捕蝗不力下吏议，当左迁。上以宜宾旧为御史尚黾勉，命仍为御史。宜宾疏言藩臬有所陈奏，辄呈稿督抚，当禁饬。上以整饬吏治，要在朝廷纲纪肃清，自无扶同蒙蔽之事，不在设法峻防，置其议不行。及与漱芳同被谴，上以宜宾汉军世仆，乃敢妄言干誉，特重其罚，夺职，戍新疆。

曹锡宝，字鸿书，一字剑亭，江南上海人。乾隆初，以举人考授内阁中书，充军机处章京。资深当擢侍读，锡宝辞。大学士傅恒知其欲以甲科进，乃不为请迁。二十二年，成进士，改庶吉士。以母忧归，病疡，数年乃愈。三十一年，散馆，改刑部主事。再迁郎中。授山东粮道。卫千总宁廷言子惠以索逋杀千总张继渠，锡宝下部议。上巡山东，召见，命来京以部属用。以大学士阿桂奏，令入四库全书馆自效。书成，以国子监司业升用。

居三年，上以锡宝补司业无期，特授陕西道监察御史。时协办大学士和珅执政，其奴刘全恃势营私，衣服、马车、居室皆逾制。锡宝将论劾，侍郎南汇吴省钦与锡宝同乡里，闻其事，和珅方从上热河行，驰以告和珅，令全毁其室，衣服、车马有逾制，皆匿无迹。锡宝疏至，上诘和珅。和珅言平时戒约严，或扈从日久渐生事，乞严察重惩。乃命留京办事五大臣召锡宝问诣行在面诘，锡宝奏全恃势营私，未有实迹，第为和珅"杜渐防微"。乃有此奏。复谕军机大臣、大学士梁国治等覆询锡宝又承"杜渐防微"语失当，请治罪。下部议，当左迁。上手诏略言："平时用人行政，不肯存逆诈亿不信之见。若委用臣工不能推诚布公，而猜疑防范，据一时无根之谈，遽入人以罪，使天下重足而立、侧目而视，断无此政体。锡宝未察虚实，以书生拘迂之见，托为正言陈奏。姑宽其罚，改革职留任。"五十七年，卒。

仁宗亲政，诛和珅并籍全家，乃追思锡宝直言，谕曰："故御史曹锡宝，尝劾和珅奴刘全倚势营私，家赀丰厚。彼时和珅声势薰灼，举朝无一人敢于纠劾，而锡宝独能抗辞执奏，不愧净臣。今和珅治罪后，并籍全家，赀产至二十余万。是锡宝所劾不虚，宜加优奖，以旌直言。锡宝赠副都御史，其子江视赠官予荫。"锡宝，一士从子，再世居台省，敢言名。家有瓮，焚谏草，江尝乞诸能文者为诗歌，传一时云。

谢振定，字一斋，一字芗泉，湖南湘乡人。乾隆四十五年进士，改庶吉士，散馆授编修。五十九年，考选江南道监察御史。巡视南漕,漕艘阻瓜洲,振定祷于神,风转顺漕艘,人称"谢公风。"六十年,迁兵科给事中。巡视东城,有乘违制车骋于衢者,执而讯之,则和珅妾弟也,语不逊,振定命痛笞之,遂焚其车。曰:"此车岂复堪宰相坐耶?"居数日,给事中王钟健希和珅意,假他事劾振定,夺职。和珅败,嘉庆五年,起授礼部主事。迁员外郎,充坐粮厅,监收漕粮,裁革陋规,兑运肃然。十四年,卒。

道光中,振定子兴峣,官河南裕州。知州以卓荐引见,循例奏姓名、里贯。宣宗问:"尔湖南人,乃能为京师语,何也?"兴峣对言:"臣父振定官御史,臣生长京师。"上曰:"尔乃烧车御史子耶?"因褒勉甚至。明日,语军机大臣:"朕少闻烧车御史事,昨乃见其子。"命擢兴峣叙州知府。

钱沣,字东注,云南昆明人。乾隆三十六年进士,改庶吉士,散馆授检讨。四十六年,考选江南道监察御史。甘肃冒赈折捐事发,主其事者为甘肃布政使王亶望,时已迁浙江巡抚,坐诛,总督勒尔谨及诸府县吏死者数十人,事具《亶望传》。陕西巡抚毕沅尝两署陕甘部督,独置不问。沣疏言:"冒赈折捐,固由亶望法,但亶望为布政使时,沅两署总督,近在同城,岂无闻见?使沅早发其奸,则播恶不至如此之甚。即陷于刑辟者,亦不至如此之多。臣不敢谓其利令智昏,甘受所饵,惟是瞻徇回护,不肯举发,甚非大臣居心之道。请比捏结各员治罪。"上为诘责沅,降秩视三品,事具《沅传》。

四十七年,沣疏劾山东巡抚国泰、布政使于易简吏治废弛,贪婪无厌,各州县库皆亏阙,上命大学士和珅、左都御史刘墉率沣往按。和珅庇国泰,怵沣,沣不为挠。至山东,发历城县库验帑银。故事,帑银以五十两为一银,市银则否。国泰闻使者将至,假市银补库。沣按问得其状,召商还所假。库为之空。复按章丘、东平、益都三州县库,皆亏阙如沣言。国泰、易简罪至死,和珅不能护也。上旌沣直言,擢通政司参议。四十八,适太常寺少卿。再适通政司副使。出督湖南学政,沣持正,得士为盛。五十一年,任满,命留任。湖北荆州水坏城郭，孝感土豪杀饥民。上责沣在邻省何不以闻，下部议。诸生或匿丧赴试，又有上违禁书籍者。沣按治未竟，闻亲丧去官，以事属巡抚浦霖。霖遂并劾沣，坐夺职。上命左授六部主事。

五十八年，沣服除，诣京师，授户部主事。引见，即擢员外郎。复除湖广道监察御史。时和珅愈专政，大学士阿桂、王杰、尚书董诰、福长安与同为军机大臣，不相能，入直恒异处。沣疏言："我朝设立军机处，大臣与其职者，皆萃止其中。庸以集思广益，仰赞高深。地一则势无所分，居同则情可共见。即各司咨事画稿，亦有定所。近日惟阿桂每日入止军机处。和珅或止内右门内直庐，或止隆宗门外近造办处直庐，王杰、董诰则止于南书房，福长安则止于造办处。每日召对，联行而入，退即各还所处。虽亦有时暂至军机处，而事过辄起。各司咨事画稿，趋步多歧。皇上乾行之健，离照之明，大小臣工戴德怀刑，浃于肌髓，决不至因此遂启朋党角立之渐。然世宗宪皇帝以来，及皇上御极之久，军机大臣萃止无涣，未尝纤芥有他。由前律后，不应听其轻更。内右门内切近禁寝，向因有养心殿带领引见事，须先一两刻预备。恩加大臣，不令与各官露立，是以设庐许得暂止。不应于未办色之前，一大臣入止，而随从军机司员亦更入更出。为日既久，不能不与内监相狎。万一有无知如高云者，虽立正刑辟，而所绲已多，杜渐宜早。至南书房备几暇雇问，俟军机事毕，入直未迟。若隆宗门外直庐及造办处，则各色应差皆得觇听于外，大臣于中治事，亦属过亵。请敕诸大臣仍照旧规同止军机处，庶匪懈之忱，各申五夜。协恭之雅，共励一堂。其圆明园治事，和珅、福长安止于如意门外南顺墙东向直庐，王杰、董诰止于南书房直庐，并请敕更正。"上为申诚诸大臣，并命沣稽察军机处。

和珅素恶沣，至是尤深嗛之。上夙许其持正，度未可遽倾，凡遇劳苦事多委之。沣贫，衣裘薄，宵兴哺散，遂得疾。六十年，卒。或谓沣将劾和珅，和珅实鸩之。

尹壮图，字楚珍，云南昆明人。乾隆三十一年进士，改庶吉士，散馆，授礼部主事。再迁郎中。三十九年，考选江南道监察御史，转京畿道。三迁至内阁学士，兼礼部侍郎。

高宗季年，督抚坐谴，或令缴罚项贷罪，壮图以为非政体。五十五年，上疏言："督抚自蹈愆尤，圣恩不即罢斥，罚银若干万充公，亦有督抚自请认罚若干万者。在桀骜者藉口以快其饕餮之私，即清廉者亦不得不望属员之资助。日后遇有亏空营私重案，不容不曲为庇护。是罚银虽严，不惟无以动其愧惧之心，且潜生其玩易之念，请永停此例。如才具平常者，或即罢斥，或用京职，勿许再膺外任。"上谕曰："壮图请停罚银例，不为无见。朕以督抚一时不能得人，弃瑕录用，酌示薄惩。但督抚等或有昧良负恩，以措办官项为辞，需索属员。而属员亦藉此敛派逢迎此亦不能保其必无。壮图既为此奏，自必确有见闻，令指实覆奏。"壮图覆奏："各督抚声名狼藉，吏治废弛。臣经过地方，体察官吏贤否，商民半皆蹙额兴叹。各省风气，大抵皆然。请旨简派满洲大臣同臣往各省密查亏空。"上复谕曰："壮图覆奏，并未指实。"至称经过诸省商民蹙额兴叹，竟似居今之世，民不堪命。此闻自何人，见于何处，仍令指实覆奏。"壮图再覆奏，自承措语过当，请治罪。上命户部侍郎庆成偕壮图赴山西察仓库，始大同府库，次山西布政使库，皆无亏。壮图请还京治罪。上命庆成偕壮图再赴直隶、山东、江南诸省。庆成所至，辄游宴数日，乃发仓库校核，历直隶布政使及正定、兰山、山阳诸府县，皆无亏。上寄谕壮图，问途中见商民蹙额兴叹状否。壮图覆奏，言目见商民乐业，绝无蹙额兴叹情事。上又令庆成传旨，令其指实二三人毋更含糊支饰，壮图自承虚诳，奏请治罪。寻复察苏州布政使库，亦无亏。还京，下刑部治罪，比挟诈欺公、妄生异议律，坐斩决，上谓壮图逞臆妄言，亦不防以谤为规，不必遽加重罪，命左授内阁侍读。继又以侍读缺少，改礼部主事。

壮图以母老乞时，嘉庆四年，仁宗亲政，召诣京师。壮图仍以母老乞归，上赐其母大缎两端，加壮图给事中衔，赐奏事折匣，命得上章言事。壮图未行，复上疏请清核各省陋规，明定科条，上以为不可行。既归，疏请拔真才，储实用，大要谓："保举未定处分，当下吏部严立科条。科场或通关节，当将房考落巷送主司搜阅。其尤要者，谓六部满洲司员稿案，文义多未晓畅，当严督令习经书通文理。乡曾试加广名额，员先尽科甲挑补。"下军机大臣议，奏谓惟房考落卷送主司搜阅，事近可行，补入科场条例。

云南巡抚初彭龄乞养归，壮图疏请留，上不允。别疏复申前议，谓满洲子弟十五六岁前专责习经书通文理，再习骑射翻译。上谓："壮图以前尝驳饬之事复行渎陈，更张本朝成法。下云南巡抚伊桑阿传旨申饬。"八年，疏言："天下万几，皆皇上独理。内外诸臣不过浮沈旅进旅退之中，无能匡扶弼亮。请于内之卿贰、翰詹、科道，外之藩、臬、道、府，慎选二十人，轮直内廷。每日奏章谕旨，尽心检校，有疏忽偏倚之处，许就近详辨可否。"上责："壮图言皆迂阔纰缪，断不可行。若如所奏，直于军机大臣外复设内军机，成何政体？"因及云南布政使陈孝升、道员萨荣安方以冒销军需被罪。令巡抚那彦宝诘壮图，何无一言奏及。壮图言以不得孝升等确据，未敢入告，仍请议处，上命宽之。十三年，卒。

论曰：高宗中年后，遇有言事者，遣大臣按治，辄命其参与。光鼐既将坐谴，卒得自白，阿桂之贤也。沣劾国泰发库藏掩覆，论者谓刘墉密与沣商榷，盖亦有力焉。漱芳、锡宝、壮图皆不能实其言，大臣怙宠乱政，民迫于饥寒，卒成祸乳。呜呼，古昔圣王兢兢，重畏民碞，良有以也。

清史稿卷三二三
列传第一一〇

黄廷桂　鄂弥达　杨廷璋
庄有恭　李侍尧 弟奉尧
伍弥泰

　　黄廷桂,字丹崖,汉军镶红旗人。父秉中。官福建巡抚。廷桂,初袭曾祖宪章拖沙喇哈番世职。康熙五十二年,授三等侍卫,迁参领。圣祖幸热河,屡扈从。世宗在潜邸,知其才,雍正三年,授直隶宣化总兵。五年,擢四川提督。疏言:"四川三面环夷。军械多敝缺,现饬修补。川马本不高大,又日系槽,多羸毙。令在丰乐场后荒山督牧。士卒骄奢,饬服用毋僭官制。岁十月,番入内地佣工,名曰'下坝',次年夏初始归,以禁携妇女,致成群肆恶,饬携家属方许就雇。成都属德阳、仁寿二县,南北距数百里,驻一把总。永宁协驻贵州永宁城,中隔河,东隶黔,西隶蜀,兵民歧视,应更定汛守。"命会总督岳锺琪议行。又奏请严捕窃贼及博奕之具,上谕曰:"禁令弗行,咎在不公不明,不在不严。法犹药也,取攻疾而已。过峻厉则伤元气,徒猛不足贵也。"又奏严治建昌降番劫掠,又奏省城设防火堆棚,营置救火兵二十,上并嘉之。六年,请于提标及城守等营各设义塾,上谕曰:"文武不可偏重。少年聪颖,稍通文墨,势必流为怯懦,不愿为兵。则营伍所余,皆鲁钝一流。是非兴文,实乃废武。邀虚名而无实益,将焉用之。"

乌蒙米贴苗寻陆氏为乱，发永宁、遵义兵援剿。四川雷波土司杨明义阴助陆氏，诱附近结觉、阿路、陈照、不底诸苗劫粮。陆氏既擒，请剿明义，令廷桂率总兵张耀祖率兵往。军至拉密，擒明义，并获造谋人卑租及结觉酋双尺、阿路酋鲁佩及阿不罗酋觉过，斩馘近万。上谕曰："览奏，斩馘何啻猎人弋兽！倘兵退仍复如故，岂有尽行杀戮之理？当详思善于措置之道。"师复进攻确里密、阿都、阿驴诸苗，炮殪确里密酋利耶。阿都苗擒其酋阿必以献，阿驴苗降。七年，奏军事竟，上以效忠奋勇嘉之。寻疏陈苗疆地方诸事，上命筹善后。复奏湖北容美土司田旻如在四川界征花丝银，咨湖北察究。上谕曰："楚蜀诸土司容美最富强，越分僭礼。应晓以大义，渐令革除。"又奏筹剿瞻对土司，上谕曰："瞻对虽微，亦不可轻视。凡事概以敬慎出之。"奏请开采黄螂等处铜铅，以资鼓铸。上谕曰："黄螂、雷波与新抚凉山诸夷错壤，第宜示以静镇，胡可兴起利端？若听民开采，流亡无籍之徒必群相趋赴，酿生事故。速会同巡抚宪德将金竹坪、白蜡山诸地铜矿厂概行封禁。脱至纷纭，黄廷桂、宪德之身家性命不足赎其辜也？"廷桂奏引罪，复以详慎申戒之。

寻奏捕得妖言罪人杨大铭等，言其渠杨七匿酋阳土司所，已檄令擒献。上谕曰："此事万宜详慎！朕料酉阳土司未必为此事。"八年，奏于杨隘嘴获杨七，非酋阳境内。上谕曰："朕非有过人技，但较汝等克诚克公耳。人有利害是非之心，遇事接物，非过即不及，惟公与诚为对证之药。"十二月，奏猓乱，发兵攻克金锁关、黑铁关、黄草坪诸地，恢复永善。得旨奖许。上尝谕宪德，令密陈廷桂为人，奏称"多疑偏听，好胜矜人，是其病痛"。上终以实心任事嘉之。

九年，师讨噶尔丹策零，分设四川总督，即以命廷桂，仍兼领提督。奏请将四川常平仓捐谷改银，上谕曰："四川产米地，积贮尚易，遽请开捐，误矣。且欲改谷作银，又将银买谷，更转辗滋弊，当另议增贮。"十年六年，奏建昌镇辖竹核，当凉山之中，为苗疆腹心要地，请于附近各险隘增兵设镇。上命大学士鄂尔泰详议。寻议兵力宜合不宜分，蛮巢宜远不宜近，但使我势聊络，不必随处设防。请于竹核设兵三千,分驻牛姑、格落、鱼红、大赤口、阿都、沙马、普雄诸地。敕下廷桂行之。

八月,儿斯番为乱,奏遣总兵赵儒剿捕。上责廷桂从前未料理妥协。十月,廷桂奏言:"雍正五年儿斯番为乱,臣檄副将王刚按治。时臣甫到川,地利夷情尚未谙习。今凶锋既肆,由臣抚驭无方,已遵旨密谕赵儒凛遵料理。"十二月,擒儿斯酋,并剿定河东各寨勾结诸番,复奏言:"王刚前所惩创,不过儿斯一堡。今仰蒙指示,赵儒督励将士,一切险巢重地,深林石穴,悉行荡平。"上深奖之。

十三年,奏:"贵州古州苗乱。四川建昌、永宁俱与连界,已饬将吏加意抚辑。"上谕以"不动声色,静镇慎密。"乾隆元年,裁总督缺,廷桂仍为提督。十二月,召诣京师。二年,授銮仪使。寻授天津总兵。五年,迁古北口提督。六年,上幸热河,道古北口,阅兵,营伍整肃,赐廷桂马,并上用缎。寻授甘肃巡抚。十二年,署陕甘总督。

十三年,授两江总督。疏言:"江西俗悍,有司因循姑息。动辄喧阋,饬严捕究治。"又言:"南方晴少雨多,多各营操练闲旷,令于阴雨时择公所或宽敞寺宇操练。"上谕曰:"汝至江南,整饬振作,但不可欲速,要之以久可也。"十五年,加太子少保。疏劾"江苏巡抚雅尔哈善以奏销钱粮,奉旨训饬。知县许惟枚等经征未完,不及一分,例止罚俸。忽奏请夺官。人必以为出自上意,居心巧诈"。雅尔哈善下吏议。

十六年,调陕甘总督。时四川复分设总督,十八年,仍以命廷桂。奏四川岁丰谷贱,上命转输二十万石振淮、扬被水州县,御制诗纪其事。进吏部尚书,留总督任。四川滨江诸县引江水溉田。余多山田,每苦旱。廷桂奏饬通省勘修塘堰,新都、芦山等十州县及青神莲花坝、乐山平江乡、三台南明镇次第修举,悉成腴壤。二十年,奏请增炉铸钱,为通省修城。上谕曰:"有益地方之事,详妥为之。"授武英殿大学士,仍领总督事。打箭炉徼外孔撒、麻书两土司构衅,金川。绰斯甲布祖麻书,革布什咱、德尔格忒祖孔撒,互攻杀。廷桂偕提督岳钟琪饬谕解散。

六月，复调陕甘总督。师讨阿睦尔撒纳。陕甘当转输孔道。廷桂途次以军中调取营马，并令州县采买马驼，即饬各驿马十调五六，得马数千匹佐军。寻奏军中文报，责成沿边提镇料理，诏如所请。二十一年四月，命太平肃州督办军需。奏言："各处调解军马，口外严寒，自安西至哈密，经戈壁十余站，饲饮不时，每致疲毙。现派专官分站料理，将积贮草豆、经过匹数、住歇时刻、行走胙分，按日呈报。"又奏："山西解驼，先留安西牧放。陕西解马。亦先调甘肃饲养。陆续前运，以济实用。"先后送军前驼马七万余。又言："西北两路军营向通商贩，后因撤兵禁止。巴里坤军营应用牛羊诸物，专自肃州贩往，路远价昂，难资接济，请照旧通商。"上命筹济库车、阿克苏粮运。廷桂奏："夹山一路，可自哈密直趋辟展、吐鲁番，其间骡驼通行，水草饶裕，较绕行巴里坤为近。拟即运粮贮吐鲁番。转运军营，往返更加迅速。"又发银二十万，解阿克苏买回城米，运粮十万储巴里坤。凡所经画，屡合上指。十二月，上谕曰："廷桂于西陲用兵。虽未身历行陈，而筹办军需，每有朕旨未到，旋即奏至，与所规画不约而同。体国奉公，精详妥协，而又毫不累民，内地若无兵事，其功最大。"积功自太子太保进少保，自骑都尉进三等忠勤伯，先后赐双眼孔雀翎、红宝石帽、四团龙补服、白金二万。二十四年正月，驻凉州，以病剧闻。命额驸福隆安率御医诊视，甫行，廷桂卒。上即命福隆安奠醊，御制诗挽之，赐祭葬，谥文襄。丧还，上复亲临奠醊。二十五年，凯宴成功将士，追念廷桂，复赋诗惜之。寻命图形紫光阁，御制《怀旧诗》，列廷桂五督臣首。

孙检，官副都统。乾隆四十九年，以刻廷桂奏疏，载两朝批答，被严旨申饬。曾孙文煜，自侍卫累擢副都统，调马兰镇总兵。

鄂弥达，鄂济氏，满洲正白旗人。初授户部笔帖式。雍正元年，授吏部主事。累迁郎中。五年，命同广东巡抚杨文乾等如福建察仓库。六年，擢贵州布政使。八年，迁广东巡抚。疏言："鸟枪例有禁，琼州民恃枪御盗，请户得藏一，多者罪之。"梧州民陈美伦等谋乱。

捕治如法。十年,署广东总督。疏言:"总督旧驻肇庆,所以控制两粤。令专督广东。应请移驻广州。"饶平武举余猊等谋乱,捕治如法。寻实授总督。安南民邓文武等遇风入铜鼓角海面,鄂弥达畀以资,送归国,国王以伽南、沈香诸物为谢,却之,疏闻,上奖其得体,先后疏请移设将吏。又疏请于三水西南镇建仓贮谷,并以米贵,会城设局平粜。又请升程乡县为直隶州,名曰嘉应。皆报可。十三年,命兼辖广西,仍驻肇庆。贵州台拱苗乱,鄂弥达发兵令左江总兵无党率以赴授,复发兵驻黔、粤界,上谕奖之。

乾隆元年,高宗命近盐场贫民贩盐毋禁。鄂弥达疏言:"广东按察使白映棠未遵旨分别,老幼男妇发票,称四十斤以下不许缉捕,致奸徒借口,成群贩私。"上奖鄂弥达洞悉政体,解映棠任。寻奏:"广东盐由场配运省河及潮州广济桥转兑各埠,请令到埠先完饷银,开仓后缴盐价。"下部议行。御史薛𬭩条奏广西团练乡勇,并设瑶童义学,下鄂弥达议。二年,奏言:"团练乡勇,不若训练土司兵,于边疆有益。瑶童义学,韶、连等属已有成效,应𬭩如所奏。"寻又疏言:"惠、潮、嘉应三府州民多请州县给票,移家入川。臣饬州县不得滥给,并遣吏于界上察验。"又疏言:"贵州新辟苗疆。总督张广泗奏设屯军垦田。臣以今苗威安贴,将来生齿渐繁,地少人多,必致生怨。又恐屯军虐苗激变,请撤屯军于附近防守,其田仍给苗民。"上谕曰:"所见甚正。广泗道尾承办此事,持之甚力,朕则以为终非长策也。"

四年,调川陕总督。疏言:"榆林边民岁往鄂尔多斯种地,牛籽、具种、日用皆贷于鄂尔多斯。秋收余粮,易牛羊皮入内地变价,重息还债。请于出口时视种地多寡,借以官银,秋收以粮抵,俾免借贷折耗之苦,仓储亦可渐充。"上从之。又请发司库银十万买谷分贮沿边,又请修甯夏渠道,并加筑沿河长堤。又奏:"安西镇远兵驻防哈密,承种屯田,在城兵仅数百。年来同民日增,请视凉州柳林湖例,募流民及营兵子弟垦田,撤兵回城差操。"均如议行。

五年,两广总督马尔泰劾知府袁安煜放债病民,并及鄂弥达纵

仆占煤山事。上解鄂弥达任,召诣京师。寻授兵部侍郎。六年,授
宁古塔将军,调荆州。九年,授湖广总督。疏言:"武,汉滨江城部民
田,赖有堤以障,请于武昌桥麦湾增筑大堤,安陆沙洋大堤增筑月
堤,襄阳老龙石堤加备岁修银。"十一年,上以鄂弥世不称封疆,召
诣京师。十五年,授吏部侍郎。十六年,授镶蓝旗汉军都统。二十
年,授刑部尚书,署直隶总督。二十一年,兼管吏部尚书、协办大学
士。二十二年,加太子太保。二十六年,卒,予白金二千治丧,赐祭
葬,谥文恭。

　　杨廷璋,字奉峨,汉军镶黄旗人。世袭佐领。雍正七年,自笔帖
式授工部主事。再迁郎中。授广西桂林知府。乾隆二年,擢左江道。
十五年,擢按察使。二十年,迁湖南布政使。二十一年,授浙江巡抚。
上南巡,谕曰:"西湖水民间藉以溉田。今闻沿湖多占垦,湖身渐壅,
田亩虞涸竭。已开垦成熟者,免其清出,不许再侵占。"廷璋因奏:
"此类田地多碍水道,请概令开浚归湖。沿岸栽柳,俾根株盘结,亦
可固堤。"又请悉疏浚湖州七十二溇泄水入太湖,免田地被淹。又
奏:"仁和、钱塘、萧山三县江塘视海塘例,以二十丈为准,按段编号
立石。仁、钱二县江塘民房,堤岸外余二十余里,视海塘例,每里设
堡夫一,建堡分防。"均从之。又请开台州黄岩场沿海地,近场归灶,
近且归民。户以百亩为率,分限起科,得腴产十万亩。奏嘉许。
　　二十四年,授闽浙总督。请改设螺洲、大头崎、乌龙江诸地塘
汛。又奏内地商舶出洋,核给船照。又奏台湾谷贱,内地欠收,民每
偷渡就食。请酌宽米禁,往来台、厦横泽船准运米二百,石塘船六十
石。自鹿耳门出至厦门入,皆给照察验。台湾与生番接壤,前督督
杨应琚饬属勘界,挑沟筑土牛以杜私垦。至是,廷璋议彰化、淡水与
生番接壤,依山傍溪,挑沟筑土牛为界。并于沿边设隘寮,分兵驻
守。二十六年,同福建巡抚吴士功奏劾提督马龙图借用公使钱,并
以龙图已归款,请用自首例减等。上责其错谬,下吏议夺官,士功戍
巴里坤,廷璋留任。二十八年,加太子太保。旋授体仁阁大学士,留

总督任。二十九年,廷璋入觐。福建水师提督黄仕简奏厦门商舶出入,官署受陋规。上命尚书舒赫德、侍郎裘曰修往按。具得廷璋令历任厦门同知代市人参、珊瑚、珍珠未发价状,命解任。下吏议夺官,上以廷璋平时尚能任事,授散秩大臣。未几,授正红旗汉军都统、工部尚书。

三十年,命署两广总督。三十一年,安南捕盗,窜入小镇安土司怕怀隘,官兵捕得。廷璋照会安南遣头人视行诛。安南复报其国隘口盗发,请遣兵堵截。廷璋遣兵守隘。事上闻,具言防边宜镇静。上戒"边地夷情,当审度事理,因时制宜。若专务持重,养痈贻害,弊不可胜言也"。夏,崖州安岐黎为乱,扰客民,廷璋檄镇道捕治。并奏:"客民编保甲,禁放债。黎民市易设墟场,熟黎令薙发。民出入黎峒必讥,以杜后患。"上从之。又奏:"小镇安改设通判。南界接安南,于那波、者赖、者欣三村,建卡设兵。怕怀隘为小镇安门户,设兵巡缉。打面梁与云南接界,建卡防守。"下部议行。师征缅甸,云贵总督杨应琚以疾闻,上令廷璋赴永昌佐应琚治军。三十二年,疏报应琚病愈,仍回广东任。寻召授刑部尚书。

三十三年,授直隶总督,加太子少保。秋,滹沱水盛涨。廷璋请于正定西南筑堤,藁城西北筑埽,并以护城。又奏勘任丘滨淀诸地,以杨各庄诸地最低,请改种稻田,文安洼修筑堤埝,并于龙潭湾诸地开堤泄水,并从之。

三十四年,请拨通仓米十二万运各灾区平粜。又奏:"乾隆二十四年滹沱南徙,旧河淤垫。上年大涨,河行故道。束鹿木丘、倾井诸村遂成巨浸。请裁湾取直,并修筑护城堤埝。"报闻。三十六年,复召授刑部尚书。预香山九老会。十二月,卒,年八十四,赠太子太保赐祭葬,谥勤慤。

庄有恭,字容可,广东番禺人。乾隆四年一甲一名进士,授修撰,直上书房。后三年,弟有信成进士,引见,有恭以起居注侍直,上问及之,有恭选庶吉士、兄弟同请告省亲。有恭累迁侍讲学士,擢光禄寺卿。以父优归,服除,擢内阁学士,迁户部侍郎。督江苏学政。充江南乡试考官,复督江苏学政。十六年,授江苏巡抚。十七年,署两江总督。疏言:"太仓、镇洋沿海田庐,赖海塘保障。前巡抚高其倬议自宝山湖口港至昭文福山港筑土塘三万四千七百余丈,仅筑湖口港至刘河南岸土、石塘。今年秋令风潮,刘河南赖以无恙。其北颇致损伤,士民自请挑筑。惟恐一时难集。工不速竟。应筑土塘九千丈有奇,请借库银一万六千两,令自募夫役,于伏汛前毕工。按亩扣输,二年清款。"如所请行。有恭督学政时,浙人丁文彬献所著《文武记》、《太公望传》等。有恭以为病狂,置不问。至是,文彬以书上衍圣公孔昭焕,昭焕告巡抚杨应琚以闻。有恭疏请罪,坐罚学政养廉银十倍。

十九年,御史杨开鼎条奏江南收漕诸弊,敕有恭覆奏。寻疏言:"江南收漕诸弊,以苏、常、松、镇、太五属为尤甚。已酌定条例,勒石漕仓,遇收漕,饬粮道以下官周巡察访。开鼎言需索不遂,借词米不如式,勒令晒晾筛扬。漕粮上供天庾,自应乾圆洁净。倘不如式,不堪久贮,必致贻误仓储。粮户良顽不等,每次青腰、白脐、潮嫩、杂碎诸米强交。如令更易,即造作浮言挟制。自应分别察究,不得但责官吏,取悦刁民。"上奖其言公正。

二十一年,丁母忧,命予假百日回籍治丧,于伏汛前至淮安,署江南河道总督。泰兴县有朱聘者,坐主使杀人罪至绞,乞赎罪,有恭许之,临行疏闻。上责其专擅,令家居侍罪。衷心督尹继善又言有恭监临乡试,察出有贿谋联号者,复有以斗蟋蟀致讼者,皆令罚锾,以罚。上命夺有恭官,逮诣京师,下大学士九卿论罪,当绞。上以赃不入已,贳之,令讲母丧回籍后赴军台效力。方诣谪所,命戴罪署湖北巡抚。

二十四年,调浙江。二十五年,劾杭州将军伊领阿、副都统刘扬达违例乘轿。上夺伊领阿等官,奖有恭,命议叙。三月,疏言:"绍兴南塘、嘉兴乍浦塘并属要工。臣赴山阴勘得宋家楼为三江、曹娥二水交会,又适当潮汐之冲,为南塘首险,已改建石塘巩固。复至萧山、凫长等山,越南大亹至海甯中小亹、登文堂、葛奥诸山,勘海甯南门外,西过戴家石桥,东至陈文港,工长五千丈有奇,根址坚实,不须重建。其父当修筑者千六百余丈,内七百七十余丈残缺过甚,作为要工,余次第兴修。自陈文港东至尖山,下有韩家池柴塘四百丈有奇,亦应重筑。复循海而北,自海盐至平湖,偏历乍浦塘。海盐东临大海,南有台驻,北有乍浦诸山,山趾角张。县城以一面当潮汐,城外石塘,最为险要,间有冲损,已令随时修补。”六月又疏言:“西塘、胡家兜至海甯南门外,潮退沙涨,长十八里。前请办戴家石桥要工既有新沙外护,应先就迤东工段趱办。再审量沙势。分别缓急。”九月,又疏言:“缓修各工,陈文港十丈,今用鱼鳞式逐层整砌。圆通庵前十丈,仍如式坚筑。廿里亭西二十五丈,修整坦面,加用排椿,令紧贴塘身。”二十六年十二月,又奏言:“海甯西塘、老盐仓诸地。经霉、伏两汛,老水汕刷,宜先事预防,先后拆镶二百丈。自霜降后,臣往来察勘,见柴、工两塘交接处水已临塘,自此迤西,老沙仍多坍卸。请将接连前工七十丈,从速镶办。”均从之。

二十七年,上南巡,监视老盐仓、尖山诸地,令修筑柴塘,并设竹篓、坦水诸工。九月,疏报海宁塘工竟,上嘉有恭能尽心,命议叙。是秋多雨水涨,有恭以嘉、湖两府水归太湖,河道多淤,下流尤壅阏。因请浚乌程、长兴境内七十二溇,并遣吏至江南按行三江故道。九月,调江苏巡抚。上命浙江海塘工程仍责成有恭专司其事,并免学政任内应罚银。二十九年,擢刑部尚书,留巡抚任。

有恭疏请大修三江水利,略言:“太湖北受荆溪百渎,南受天目诸山之水,为吴中巨浸,而分疏之大干,以三江为要。三江者,吴淞江、娄江、东江也。东江自宋已湮,明永乐间,别开黄浦、宽广足当三江之一,今京谓之东江。三江分流,经吴江、震泽、吴、元和、昆山、新阳、青浦、华亭、上海、太仓、镇洋、嘉定十二州县境,其间港浦纵横,湖荡参错。大概观之,无处不可分泄。然百节之通,不敌一节之塞。太湖出水口,不特宝带桥一处,如吴江十八港、十七桥,吴县鲇鱼口、大缺口,为湖水穿运河入江要道,今不无浅阻。又如入吴淞之庞山湖、大斜港、九里湖、澱山湖、淀浦、向来宽深,近以小民贪利,偏植葭芦,圈筑鱼荡,亦多侵占。刘河,古娄江也。今河形大非昔比,舟楫来往,必舣舟待潮,昆山外濠为娄江正道,浅狭特甚。苏洲娄门外江面仅宽四五丈,偶遇秋霖,众水汇集。江身浅窄,先为潦水所占,俟其稍退,然后湖水得出,为之传送,而上游已漫淹矣,东南财赋重地,水利民生大计,若及早为之,事半功倍。今筹治法,当于运河西凡太湖出水之口,皆为清厘占塞,俾分流无阻。其运河东三江故道,惟黄浦现在深通,但于泖口挑去新涨芦墩,足资宣泄。吴淞江自庞山湖以下,娄江自娄门以下,凡有浅狭阻滞之处,宜浚治宽深,令上流所泄之数,足相容纳。其江身所有植芦插篰及冒占之区,尽数铲除,嗣后仍严为之禁。则水之停蓄有所,传送以时,并即以挑河之土加培圩岸。见在插座去海太近,难于启闭者,酌量改移,庶浑潮不入,清水盛强,而海口之淤,亦将不挑而自去。总计所需虽觉浩繁,然散在十二州县,通力合作,实亦无多民。间闻有此举,咸乐趋事,原以民力为之。但分段督修,仍须官董其成。且工费繁多,若待鸠财而后兴工,稍稽时日。恳发帑兴工,仍于各州县分年按亩征还,则民力既纾,工可速集。"奏入,报可。于是选绅耆,赋工役,先疏桥港,次及河身。葭芦鱼荡之圈占者,除之。城市民居之不可毁者,别开月河以导之。工始于二十八年十二月,至二十九年三月告竣,用公帑二十二万有奇。

　　三十年正月,命协办大学士,仍暂留巡抚任。南巡,复赐诗褒勉。八月,召诣京师。有恭劾苏州同知段成功纵役累民,夺官,谳未定。巡抚明德察成功实受贿,诈称病。按察使朱硅扬、知府孔传柯皆知之,不以言。上命夺硅扬等官,逮讯。三十一年正月,罢有恭协办大学士。又遣侍郎四达按治,得有恭授意硅扬等有意从宽状,并夺有恭官,下刑部狱。军机大臣会鞫,并追缴学政任内应罚银。二月,军机大臣等谳,上有恭罪应斩,谕改监候。八月,命原之。授福建巡抚。三十二年,卒。仍免追缴学政任内应罚银。

　　李侍尧,字钦斋,汉军镶黄旗人,二等伯李永芳四世孙也。父元亮,官户部尚书,谥勤恪。侍尧,乾隆初以荫生授印务章京,见知高宗。累迁至正蓝旗汉军副都统。十七年,调热河副都都。二十一年,擢工部侍郎,调户部。署广州将军。劾前将军锡特库废弛马政,锡特库下吏议。奏定广州满洲、汉军驻防官制兵额。二十一年,署两广总督。奏:“广东各属买补仓谷,兼杂上、中、下三等,而报以上价。应碾米,用上谷。应借粜,用中、下谷。”上谕以所言洞悉情弊,谕各省督抚严饬州县买补当碾试,务得上谷。又请禁广东制钱搀和古钱,并吴三桂伪号钱事。上谕以“前代钱仍听行用。吴三桂利用伪号钱,令民间检出,官为收换,供鼓铸之用”。又奏广州驻防出旗汉军官兵旷米,平粜便民,上从之。二十三年,守备张彬佐禁村兵演剧被殴,奏请饬潮。上谓:“未得惩创恶习之意。应先治刁民,后议劣弁,庶刁悍之徒知畏惧。”二十四年,实授总督。奏:“广东各国商舶所集。请饬销货后依期回国,不得住冬。商馆毋许私行交易,毋许贷与内地行商资本,毋许雇内地厮役。”二十五年,又奏:“粤海关各国商舶出入,例干正税船钞外有备种规礼,应请删除名色,并为归公银若干。各口仆役饭食、舟车诸费,于此核销。”并下部议行。广西巡抚鄂宝以贵县僮民韦志刚不法,知县石崇光察报,避重就轻,请夺官。上以事由崇光察报,命毋夺官。侍尧先经面谕崇光体勘,始行察报,上令逮崇光按鞫。又奏志刚实无不法事,崇光猿疑妄报,仍夺崇光官。上以侍尧与鄂宝各怀意见,饬以“秉虚公,除习气”。

　　二十六年,召授户部尚书、正红旗汉军都统,袭勋旧佐领。二十八,授湖广总督。奏:“湖广行销盐,抬价病民,请酌中定价。”命两淮盐政高恒赴湖广会议,奏请按淮商成本,酌加余息,明定限制,从之。加太子太保。

　　二十九年,调两广总督。右江镇总兵李星垣坐婪贿得罪。命侍尧按鞫,拟绞。上以传尧尝荐星垣,今拟罪轻纵,责侍尧回护,坐降调。以忧还京帅。署工部尚书。三十一年,调授刑部。三十二年,回两广总督任。袭二等昭信伯。三十四年,帅征缅甸,命侍尧传檄暹罗。时暹罗方为甘恩敕所据,侍尧以为不宜传檄,以已意宣谕暹罗各夷目,密侦缅甸,苟入境。令擒以献,上韪之。丰顺民朱阿姜谋为乱,督吏捕治。

三十八年,授武英殿大学士,仍留总督任。安南内乱,令广西镇、道严防。入觐。赐黑狐端罩。四十年,兵部以广东民纠党结盟,不数月至五起,当追论武职弛纵罪。侍尧奏言:“武职既协缉,复追论弛纵罪,则规免处分,必致暗为消弭,凶徒转得漏网,请宽之。”上从其请并谕曰:“侍尧此奏,意在挽回积习。然亦惟侍尧向不姑息属僚,朕所深信,始可为此言。若他人,未可轻为仿效也。”

四十二年,云贵总督图思德奏缅甸投诚,吁请纳贡。上命大学士阿桂往莅其事,并调侍尧云贵总督。缅甸头人孟干谒侍尧,请缓贡。侍尧偕阿桂奏:“孟干等语反覆,遵旨断接济,绝侦探,示以威德,不予迁就。”上召阿桂还。缅甸归所留守备苏尔相,侍尧遣诣京师。缅甸乞遣孟干等还,侍尧谕令归所留按察使衔杨重英,上嘉其合机宜。四十三年,奏获缅甸遣越州民入关为谍。送京师。寻奏:“永昌、普洱界连缅甸,拟每岁派兵五千五百,在张凤街、三台山、九龙口诸地防守。”上谕以“揆度边情,不值如此办理”。侍尧复请于杉木陇设大汛,拨腾越兵五百。千崖设小汛,拨南甸兵二百,轮驻巡防,并分守虎踞、铜壁等关。从之。四十五年,云南粮储道海宁诉侍尧贪纵营私状,命尚书和珅、侍郎喀宁阿按治。侍尧自承得道府以下馈赂,不讳,上震怒,谕曰:“侍尧身为大学士,历任总督,负恩婪索,朕梦想所不到!”夺官,逮诣京师。和珅等奏拟斩监候,夺爵以授其弟奉尧。又下大学士九卿议,改斩决,上心欲宽之,复下各直省督抚议。各督抚多请照初议定罪,独江苏巡持闵鹗元迎上意,奏:“侍尧历任封疆,干力有为。请用议勤议能之例,宽其一线。”上乃下诏,谓:“罪疑惟轻,朕不为已甚。”改斩监候。

四十六年,甘肃撒拉尔回苏四十三为乱,上遣大学士阿桂视师。特旨予侍尧三品顶戴、孔雀翎,赴甘肃治军事,甘肃冒赈事发,总督勒尔谨罪,命侍尧领总督事,会阿桂按治。勒尔谨及前布政使王亶望、布政使王廷赞、兰州知府蒋全迪皆坐斩。上命诸州县侵冒二万以上拟斩决，一万以下斩候，于是皋兰知县程栋等二十人皆坐斩。四十七年，奏："皋兰等三十四厅、州、县亏库帑八十八万有奇、仓粮七十四万有奇，请于现任总督以下各官养廉扣抵归补。"上命宽免。又请豁免节年欠三十万两。旋命预见任品级顶带，加太子太保。四十九年，广东盐商谭达元诉侍尧任两广时，总商沈冀州敛派公费馈送，上命尚书福康安按鞫，请罪传尧。上责侍尧偿缴公费，免其罪。

苏四十三乱既定，上屡谕侍尧密察新教回民。至是，监茶厅回田五等复为乱，侍尧会固原提督刚塔捕田五。田王自戕，得其孥诛之。无何，田五之徒复攻靖远。侍尧驻靖远，令刚塔督兵往，乱久未定。上命大学士阿桂、尚书福康安视师。渭城陷，西安副都统明善战死，贼据石峰堡。上责侍尧玩延怯懦，夺官，仍在军效力督饷。侍尧旋督兵赴伏羌。福康安至军，发侍尧玩愒贻误诸罪状。逮热河行在，王大臣按鞫，拟斩决。上仍令从宽改监候。五十年，谕释之。署正黄旗汉军都统。署户部尚书。

湖北江陵民诉知县孔毓檀侵赈，命侍尧往按。奏言毓檀未侵赈，但治赈迟缓，坐夺官。命署湖广总督。奏上年孝感被灾饥民刘金立等掠谷，生员梅调元纠众殴杀金立，并生瘗二十三人。上逮前总督特成额及知县秦横等治其罪。未几，实授。

五十二年，入觐。台湾民林爽文为乱。调侍尧闽浙总督，驻蚶江。时前总督常青督兵渡台湾，侍尧以兵力不足，调广东、浙江兵济师。又虑贼据笨港劫粮械，拨缯船分防鹿耳门、鹿仔港。上奖在筹济有方。乱久未定，上以常青非将才，命福康安为将军督师。并寄谕常青全师以归，待福康安至，再筹进取。侍尧恐常青宣露上旨，人心惶惑，节录发寄，并具疏请罪。上大悦，奖以"深合机宜，得大臣体"。赐双眼孔雀翎。福康安劾提督柴大纪，上责侍尧徇隐。五十三年，侍尧亦奏大纪贪劣诸状，自请治罪，上宽之。台湾平，命仍袭伯爵。建福康安等生祠于台湾，命侍尧居福康安、海兰察之次。复命图形紫光阁,列前二十功臣。

侍尧短小精敏,过目成诵。见属僚,数语即辨其才否。拥几高坐,语所治肥瘠利害,或及其阴事,若亲见。人皆悚惧。屡以贪黩坐法,上终怜其才,为之曲赦。五十三年,疾闻,命其子侍卫毓秀往省。旋卒,谥恭毅。

弟奉尧,自官学生袭勋旧佐领,授蓝翎侍卫。累迁江南提督。四十五年,袭伯爵。四十六年,调福建陆路提督,以漳、泉累有械斗,左授马兰镇总兵。五十二年,署直隶提督。山东学政刘权之移家,舟经静海被盗,下吏议。上以署事未久,且随扈热河宽之。五十三年,侍尧还袭伯爵,加奉尧提督衔。五十四年,卒,谥慎简。子毓文,乾隆六十年,侍尧督云、贵与局员通同偷减钱法事发,夺毓秀伯爵,命毓文承袭。

伍弥泰,伍弥氏,蒙古正黄旗人,副将军三等伯阿喇纳子。伍弥泰以雍正二年袭爵。授公中佐领,擢散秩大臣,迁镶白旗蒙古副都统。十五年,赐伯号曰诚毅。二十年,授凉州将军。旋命以将军衔驻西藏办事,二十中年,代还,授正蓝旗蒙古都统。出为江宁将军。二十七年,上以伍弥泰不胜任,召还,仍为散秩大臣。命协办伊犁事务。哈萨克越境游牧,师逐之出塞。上以伍弥泰不谙军务,令随行学习。二十八年,命往乌鲁木齐办事。筑精河屯堡,上赐名曰绥来。三十一年,代还,署镶黄蒙古、正白汉军两旗都统。授内大臣。三十五年,命往西宁办事。郭罗克土番劫洞库尔种人行李,伍弥泰遣兵逐,得行李以还。奏闻,上以未痛剿,伍弥泰怠忽。三十八年,改驻藏办事,四十一年,代还,擢理藩院尚书,兼镶白旗汉军都统。出为绥远城将军,调西安。四十三年,伊犁将军伊勒图请以屯田无眷属之兵次第撤回,下伍弥泰议。选陕甘、绿营兵三千携眷属以往。四十五年,班禅额尔德尼诣京师,命伍弥泰护行,仍还西安。

四十六年,撒拉尔回苏四十三年等为乱,陷河州。上命伍弥泰选兵千人备征发。伍弥泰奏提督马彪已率兵赴河州,拟选满洲兵千继往。上以所奏与谕旨合,深嘉之。上命大学士阿桂视师,督军攻华林山梁,命伍弥泰驻龙尾山为声援。回乱旋定,捕得阿浑五。有海潮宗者,尝出降,彪遣往开谕,遂留从乱。上责伍弥泰等不先奏闻,下吏议夺官,上宽之。

四十八年,授吏部尚书、协办大学士、镶白旗蒙古都统,充上书房总谙达。四十九年,上巡江、浙,命留京办事,授东阁大学士。上以伍弥泰年逾七十,命与大学士嵇璜、蔡新俱日出后入朝,风雪沍寒,免其入直。五十年,预千叟宴。五十一年,卒,赠太子太保,赐祭葬谥文端。

伍弥治事知大体,班禅额尔德尼至京师,王大臣多和南称弟子。伍弥泰护行,与抗礼。

官保,乌雅氏,满洲正黄旗人。初授刑部笔帖式,擢堂主事。累迁郎中。乾隆七年,授江南江宁知府。十一年,总督尹继善奏官保不宜外任,复授刑部员外郎。转郎中。改御史。擢刑科给事中,巡视台湾。二十二年,擢镶黄旗汉军副都统,往西藏办事。二十六年,授刑部侍郎。三十年,调工部。三十二年,复往西藏办事,察知粮务通判吴元澄以库银贸易。上以官保初至藏即察奏,嘉其急公,谳实,论斩。历正红旗蒙古、满洲都统,理藩院、刑、礼、户诸部尚书。三十四年,协办大学士。上幸热河,命留京办事。三十八年,调吏部。四十一年,以年逾八十乞休,命致仕。卒。赐祭葬,谥文勤。

论曰:廷桂尝言:“事英主有法。若先有市惠、好名、党援诸病,上所知,便一事不可行。”其言深中高之隐,被眷遇宜矣。侍尧眷遇尤厚,屡坐赃败,屡屈法贷之。“盖特怜其才”,非以其工进献也。阿弥达、廷璋皆以不谨闻,亦未竟其罪。有恭抚江、浙,治海塘,重水利,有惠于民。其被遣尚非有所私,视侍尧辈故当胜。伍弥泰虽未尝领疆寄,久于边徼,恩被延登,在当时亦劳臣也,因附著之。

清史稿卷三二四
列传第一一一

方观承　富明安　周元理
李湖　李瀚　李世杰　袁守侗
郑大进　刘峨　陆耀　管干贞
蒋兆奎　胡季堂

　　方观承,字遐谷,安徽桐城人。祖登峰,官工部主事。父世济,康熙四十八年进士,官内阁中书。侨居江宁,坐戴名世《南山集》狱,并戍黑龙江。观承尚少,寄食清凉山寺。岁与兄观永徒步至塞外营养,往来南北,枵腹重跰。数年,祖与父皆没,益困。然因是具知南北阨塞及民情土俗所宜,厉志勤学,为平郡王福彭所知。雍正十年,福彭以定边大将军率师讨准噶尔奏为记室。世宗召入封,赐中书衔。师还,授内阁中书。乾隆二年,充军械处章京。累迁吏部郎中。七年,授直隶清河道。署总督史贻直奏勘永定河工,上谕之曰:"方观承不穿凿而有条理,可与详酌。"八年,迁按察使。九年,命大学士讷亲勘浙江海塘及山东、江南河道,以观承从。寻擢布政使。十一年,署山东巡抚。十二年,回布政使任。十三年,迁浙江巡抚。十四年,擢直隶总督,兼理河道。十五年,加太子少保。二十年,加太子太保。署陕甘总督。二十一年,回直隶任。

　　观承抚山东时,议以安山湖界民承垦升科,奏言:"湖中尚有积水,但二麦布种于水已涸之后,收获于水未发之先。故虽有水患,民愿承垦升科。升科后官征民纳。例重秋禾。秋禾被水,请蠲、请赈、请豁,徒致纷繁。即如南旺湖,亦经台臣条奏畀民垦。臣从讷亲履勘,见卑处水涸,高处如屋如岩,意谓水不能及。臣至山东,方知夏秋间运河及汶水暴溅,赖以分减,运道得保无虞,凡大川所经,众水所注,其宣泄潴蓄之区,恒阅数年,数十年,有若闲旷,一旦实得其用,未可以目前玄久远。安山湖亦运河泄水地,应视南旺湖例,夏麦秋禾,分季收租。除去升科名目,应征、应免,悉从其宜。国利而民亦不病。又奏:"义仓与社仓同为积贮,但社仓例惟借种,义仓则借与赈兼行,而尤重在赈。设仓宜在乡不宜在城,积谷宜在民不宜在官。秋获告丰,劝导输纳,岁终将古数奏明,不必闻具管收除在。则其数不在官,法可行久。"

抚浙江,海塘引河出中小亹安流,北大亹沙涨成陆。观承履勘,丈出地三十五万余亩畀民承垦。又以引河既出中小亹民间失地,以附近村地二万余亩拨补。复察各地碱气未除。民不能即耕,令灶户以未种地义民承佃,使灶户得租,贫民得地。分疏以闻,上嘉之。

督直隶二十年,治绩彰显。以兼理河道,治水尤著劳勘。直隶五大河,永定河浑流最难治。观承初上官,即疏言:"永定河自六工以下,河形高仰,请就旧有北大堤改移下口,庶水行地中,畅下无阻。"上谕以"改移下口不可轻言"。明年春,上临视永定堤,御制诗示观承,大指谓河堤但可培厚,不可加高。略移下口,取易于趋下,亦补偏救弊之策。是夏,永定河南岸三工污沟夺溜。上以江南河道总督高斌《豆瓣集谩口图》示观承,观承奏:"豆瓣集为中河余水漫溢,故可于水缓处施工。永定河若但堵月堤,溢水无归路。仍塞漫口,逼溜入引河,复故道。"上韪之。又明年夫,疏言:"永定河下口掣溜出冰窖坝口。请即于坦坡埝尾东北斜穿三角淀,开引河入叶淀,自凤河转入大清河。"廷议以时初过凌汛,虑盛涨挟沙淤淀,令观承覆奏。奏言:"冰窖坝口掣溜,在上七工尾,低于正河丈二三尺。南距南坦坡,北距北大堤,有漫衍而无冲溢,此地势之顺也。水由坝出，非冲决亦非开放，民情不怨，此人事之顺也。凌汛改移，经理有暇，此天时之顺也。今日必应改移，不复稍存歧见。至虑盛涨挟沙淤淀，浑水至三十里外，水涣沙停，当无此臣。且臣亦尝计及，故不使东循龙尾直入凤河，而引入叶淀，迂其途而广其地，更可经久无患。"上命尚书舒赫德、河东总督顾琮会勘，如观承议。自是永定河下口出冰窖。

居二年，复书言："永定河下口渐淤。请于北岸六工尾开堤放水，至五道口，导归沙家淀，仍自凤河。"入大清河廷议以甫改冰窖下口，何以又请于北岸六工开堤放水，令观承覆奏。奏言："冰窖改口后，水势畅顺。上年盛涨，下口十里内淤阻。今请于北岸六工放水，循南埝而行。仍以凤河为尾闾，实于见在情形为便。"自是永定河下口又改自北岸六工入凤河。旋请以凤河东堤及韩家埝隶永定河道，又请于下口北埝外更作遥埝，为匀沙散水之用，并加筑凤河东堤，与遥埝相接。观承治永定河凡再改下口，相时决机，从之辄利。

河决长垣、东明，命观承往勘。疏言："二县以太行堤为卫，其地南高北下。河南阳武诸县水北注，赖此堤捍之。康熙六十年后，屡被冲决。请于堤西开新引河，导水入旧引河东注，即以所起土别筑新堤。"命如所议。观承疏请治子牙河，自杨家口至阎儿庄，改支河为正河。复于阎儿庄北循堤浚新引河，接黑港旧引河俱于子牙桥北入正河。疏请治滹沱河，自晋州张岔山口改流，南出宁晋入滏阳河，当顺新道，疏请治漳河，自临漳东南改流趋大名，分支：一出城北，一流入河间。当于河口筑坝，断水南流。疏浚浚河，引水归故道。皆如议行。又疏浚易州安国河，开渠灌田，赐名曰安国。上以河南巡抚胡宝瑔督民间缮治道路沟洫，观承仿行。观承方令诸州县以工代赈，修堤埝，浚减河，筑叠道，凡三十二州县。既奉命，奏言："正定、顺德、广平、大名等地民力易集，近年漳、漆、滏、洺诸水疏通。他处亦先后开工。要使沥水有归，农田杜患。"逾年，疏报自大兴、宛平东至抚宁，西至易、涿，西南至望都，东南至阜城。复循运河自武清至吴桥,凡二十二州县,筑叠道,开沟渠,诸工皆竟。

　　直隶北境东自热河,西至宣化,皆接蒙古界,流民出塞耕蒙古地。永定河改道冰窖之岁,土默特贝子哈木噶巴和斯呼郎图议驱民收地。观承疏言:"贫民无家可归,即甘受驱逐,而数万男妇,内地亦难于安置,请简大臣按治。"上遣侍郎刘纶等往勘,议仍用原定年限,语详《纶传》。是岁,理藩院尚书纳延泰议撤多伦诺尔铺司。毋占蒙古游牧。观承奏:"多伦诺尔自设铺司,文移资送邮,解饷得栖止,行旅亦堪投宿,并无碍于游牧。今于南茶棚、上渡、转山子、水泉子诸地量留屋宇,如或藏匿匪类,责所司究治。"

　　观承复请热河编立烟户,令有司稽察。附近敖汉、奈曼、翁牛特、土默特诸部,副都统岁周巡。理藩院议商人领票赴恰克图、库伦贸易,不得往喀尔喀各旗私与为市,并禁张家口设肆。观承疏言:"禁张家口设肆,商人赴恰克图、库伦者日少。内地资蒙古马羊皮革。蒙古亦需内地茶布,有无不能相通,未见其益。请令商人领票赴恰克图、库伦,仍许经过喀尔喀各旗相为交易,但不得久居放债,碍蒙古生计。"御史七十五请于多伦诺尔收税,观承奏:"内地茶布自张家口往,毋庸重征。惟恰克图、库伦等地互市,及克什克腾木植,当于多伦诺尔征税。"

　　右卫兵移驻张家口,观承疏言:"岁支米粟不敷一万四千余石。请以宣化、怀来、怀安、蔚、西宁五州县征豆改粟米出粜,至张家口粜米,可得八千余石。又以领催、前锋、马兵岁米五之一改折加给,俾兵食有资,而转输可省。"兵部议以张家口副将隶察哈尔都统,观承疏请将边外七汛隶都统,左卫、怀安仍隶宣化镇。

　　漕船自请江至通州,天津为南北运河枢键。二十二年,漕运迟至,上令观承督民船起剥。观承于北仓设席囤贮米,令交兑船泊北仓南,起剥船泊北仓北,皆傍东岸。一帮限二里,同时起米不相妨。西岸行空船,计日毕事。疏请发库帑给脚价,明岁新漕归款。二十四年,上以北运河水浅,截先到漕艘留米四十万石贮北仓。观承疏言:"前帮截留,后帮继进,为日无多。请以剥为截,令先到各帮每船剥若干,使行轻便。余米仍抵通州交兑。应截五六百船全米,匀为千船半米。俟河水涨发,继进之船,浮送无阻。"谕奖其妥协。上以各省钱贵,用山东布政使李渭议,禁富民积钱,家限五十串。观承奏:"富民积钱,势不能按户而察之。与其限所积不能稽所入,请令交易在三十两以下者许用钱。过是即用银,违者收以官价。富民积钱,谕令易银,违者以十之二入官。至寻常出入,应各从其便。"上问:"成效若何?"观承言:"富户钱渐出,市值亦平减。"廷议各省粜米,商人往往藉口昂值,下观承核议。观承疏:"请需米省分具款交产米省分,令有司代购。则牙侩不敢抗地方官教令,操纵自如。"疏并下部议行。

观承督陕、甘,董理储糈,送驼马,运粮茶,上敕以妥速为要。方冬,疏言哈密至巴里坤大坂积雪。遣兵铲除,请日加面四两。在陕、甘四阅月,即返直隶。观承莅政精密,畿辅事繁重,乘舆岁临幸,往来供张。值西征师行,具营幕刍粮,未尝少乏,军兴而于民无扰。尤勤于民事,尝请以永定河淤滩,堤内外留十丈,备栽柳取土,余畀守堤贫民领耕输租。又请以永定河苇地改耘秋禾,又以麦田牧羊,奏请申禁。又举木棉事十六则,为《图说》以进,上为题诗。沟渠叠道工竟,又请将栾城、柏乡、内丘定兴、安肃、望都诸县改筑砖城。涿州拒马河桥圮,令改建石桥。又重建衡水县西桥,请赐名安济。政无巨细,皆殚心力赴之。

二十八年,上命勘天津等处积水,责观玩误,下部议夺官。命宽之。御史吉梦熊、朱续经交章劾观承,上谕曰:"观承在直久,存息事宁人之见。前以天津等处积水未消,予以惩儆,而言者动以为归过之地。直隶事务殷繁,又值灾歉,措置不无竭蹶。言易行难,持论者易地以处,恐未必能如观承之勉力支持义。"三十年,上南巡,赐诗。三十三年,病疟,遣医诊视。八月,卒,赐祭葬,谥恪敏。御制《怀旧诗》,入五督臣中。子维甸,自有传。

富明安,富察氏,满洲镶红旗人,初授笔帖式,累迁户部郎中。

乾隆十一年,授广东惠潮嘉道,历广东高廉、粮驿,广西苍梧诸道,福建、广西按察使。二十六年,迁江西布政使。请以南昌同知、通判二员定一员为满缺,专司翻译清文。上以江西无驻防满洲兵,不允。二十八年,命往巴里坤办事。三十二年,广东巡抚明山劾富明安官粮驿道浮收仓米,夺官,逮京帅鞫治。事白,复官。命署山西布政使。三十三年,护巡抚。劾雁平道时廷蔼纵仆扰民,坐夺官。

擢山东巡抚。疏言:“高密百脉湖受五龙河、胶河诸水,夏秋常苦泛溢。请浚引河,引胶河北入胶、莱运河,涸出新地得四百余顷。”上嘉之。太仆寺少卿范宜宾奏请裁减东省闭坝后驿夫工食,富明安疏言:“水驿夫役终岁在驿,闭坝多在十一月,开坝有早至正月者,中间相距两月余,而铜、铅诸船守冻,尚须守护。节省无多,窒碍转甚,非政体所宜。”从之。

三十五年,疏言:“小清河行章丘、邹平、长山、新城、高苑、博兴、乐安七县六百余里。源出章丘,东至新城、高苑间分支,北为支脉沟。又东至博兴分支,南为豫备河。至乐安入淄水归海。比年湖泊淤塞,春夏水涨,民田常被其害。现就乐安境内挑淤培堤,并疏浚南、北支渠,使支干通流,建瓴而下。博兴、乐安可复膏腴。章丘、邹平、长山、新城,高苑诸县附近湖泊涸出,有益于民。民咸愿出力兴工,毋庸动帑。”谕曰:“有利于民,事在应为,但不可滋弊耳。”

三十六年,又奏:“济宁西北当运河西岸,受上游曹州境内诸水。以运河势高,不能泄水入运,遂至间段停积。饬浚旧有五渠,使南汇昭阳湖,并同时修治沂水、涑水、墨河、响水诸渠二十余处,及运河东岸徒骇、马颊诸河,泄涨水入海。”上以“知勤民之本”嘉之。三十六年,授闽浙总督,调湖广。三十七年,京山民严金龙父子为乱,捕得置诸法。卒,赠太子太保。谥恭恪。

周元理,字秉中,浙江仁和人。乾隆三年举人。十一年,以知县拣发直隶,补蠡县。调清苑。以总督方观承荐,擢广东万州知州,改霸州。以修城未竣,留清苑。会有部胥持伪札驰传者,察其奸,诘问具服,事上闻,上才之。调易州,擢宣化知府。母忧归。上屡出巡幸,畿辅当其冲,宫馆、驿传、车马、刍牧诸役,主办非其人,往往为民厉,奏起元理董其事。服阕,补广平,调天津,又调保定。擢清河道,迁按察使,再迁布政使。三十六年,从尚书裘曰修、总督杨廷璋勘青县、沧州减河。用元理议,请撤闸改用滚水坝,并定每岁测量疏浚,从之。旋授山东巡抚。奏:"小清河发源章丘长白山,至乐安溜河门入海。章丘至博兴,有浒山、清河诸泊为纳水之区。请先将二泊浚深开广,遇水发时,有所停蓄,然后听其入河分注归海。并于每年农隙,疏浚下游各河。"未半载,擢直录总督。

三十七年,疏言:"直隶雨多河涨,行潦无归,行旅多滞。民间堤埝冲决,田庐受患。请用以工作赈例,勘修冲途诸州县叠道,并浚良乡茨尾雅河,新城、雄县卢僧河。修新城、清河、雄、任丘、献诸县堤埝。"上遣尚书裘曰修按行直隶河工,元理与合疏言:"直隶诸水,千丈万派。总由三岔河为入海之道,全资西岸叠道,置桥穿运,而东汇入海河。出口西岸旧有桥十一,今拟添建桥九,俾无壅遏,上游不至受害。格淀堤自当城以下改为叠道。酌添涵洞,使行水畅顺。子牙河下游澄清,不使清河受淤。"诏如所请。雄县民诉知县胡锡瑛私鬻仓谷,上遣曰修及侍郎英廉按治得实,论罪。上谕曰:"直隶治赈,周元理奏言有司料理妥实。今有雄县事,所称妥实者安在。"下吏议,夺官,命留任。三十八年,加太子少保。

三十九年八月,山东寿张民王伦为乱,破寿张、堂邑、阳谷、犯东昌及临清,夺粮艘为浮桥,欲渡运河。上以畿南地相接,敕守要害。元理驰至故城,令布政使杨景素、总兵万朝兴、副将玛尔清阿以兵千二百驻临清西岸遏其冲。大学士舒赫德率禁旅讨贼,贼渡西岸犯我师,玛尔清阿击败之。贼溃复合,又为我师所败,进夺浮桥。贼退保临清旧城,元理令朝兴督兵助攻,伦自焚死,乱旋定。寻与侍郎兼顺天府尹蒋赐棻勘八旗在官荒地,请招佃承垦,八年后起租。沮洳庳下之区,并为开沟泄水:下部议行。四十年,元理年七十,召至京,御书榜易之。四十一年,与学政罗源汉请热河增建学校。四十三年，上命改热河为承德府，令元理筹画。疏请改设州一县五，增置官吏如制。并请开附近潘家口汛煤窑。四十四年，坐井陉知县周尚亲勒派累民，民上诉，元理请罪民。上命尚书福隆安按治，责元理袒护，夺官，予三品衔，令修正定隆兴寺自赎。寻授左副都御史，仍署直隶总督。四十五年，迁兵部左侍郎，擢工部尚书。四十六年，引疾归。四十七年，卒。令江苏布政使致祭。

元理为治举大体，泛爱兼容。时以有长者行重之，为方观承所识拔。时同入荐剡者曰李湖，亦有名。

湖，字又川，江西南昌人。乾隆四年进士。初授山东武城知县，调郯城。累迁直隶通永道，调清河道。迁直隶按察使，再迁江苏布政使。三十六年，擢贵州巡抚。三十七年，调云南。四十年总督彰宝，以贪婪得罪，责湖忍缄默不先劾奏，夺官，予布政使衔，往四川军营会办军需奏销。四十三年，授湖南巡抚。四十五年，调广东。湖敏于当官，在贵州规画铅运，在云南厘剔铜政，均如议行。所至以清严为政。其莅广东，以广东凤多盗，番禺沙湾、茭塘近海为盗薮。密诇姓名、居址及出入径途。知群盗以七月望归设祀，饬文武吏围捕。旬日间诛为首者二百有奇，而释其胁从，盗风以息。旋条奏申明员弁，责成编船移汛，设施甚备，令行法立，民咸颂之。赠尚书衔，谥恭毅，祀贤良祠。

李瀚，字文澜，汉军镶黄旗人。少孤，母苦节食贫，抚以成立，瀚选入咸安宫肄业。雍正十年举人。充景山官学教习。乾隆十三年，授山东荣城知县。二十三年，迁胶州知州。在官八年，民颂其惠，筑堤曰李堤，立石纪焉。三十一年，擢武定知府。大水，乘小舟勘赈，几溺，卒竟其事。徒骇河久塞，请发帑浚治，自是连岁无水患。三十四年，擢兖沂曹道。核防河诸费，岁节以万计，而堤益坚。三十六年，擢江西布政使。奏请停编审，上谕曰："丁银既摊入地粮，滋生人丁，遵康熙五十二年圣祖恩旨，永不加赋。各省民谷细数，督抚年终奏报。五年编审，不过沿袭虚文，应永行停止。"护巡抚，户部用湖南布政使吴虎炳议，禁小钱并及古钱，瀚奏收买小钱二千四百余斤，古钱仅四十余斤，前代流传销靡殆尽，应援两江总督高晋奏准例，听民间行使。如有私铸古钱，仍与小钱一例查禁。”从之。又奏言："《时宪书》按省刊载太阳出入、昼夜、节气时刻。今江南分江苏、安微，湖广分湖北、湖南，陕西分甘肃，请添注省名，分晰开载。”如所请行。四十年，授云南巡抚。行至贵州，道卒。

李世杰，字汉三，贵州黔西人。少倜傥，喜骑射。年二十余，折节改行。乾隆九年，入赀为江苏常熟黄泗浦巡检。知县李永书引与同堂听讼，县人称其平。总督尹继善、巡抚庄有恭荐卓异，迁金匮主簿。有恭檄充巡捕官，为入赀以知县留江苏。二十二年，除泰州知州。如至，讼未结者四百余案，昼夜据案视事，不五月报结。巡抚陈宏谋荐堪胜知府。二十七年，擢镇江知府。上命裁京口驻防汉军，世杰捐廉集资，人予饷三月，衣一袭，裁者三千人，皆分畀职役。三十年擢安徽宁池太广道。丁父忧，服阕，三十六年，授四川监驿道。未几擢按察使。

师征金川，总督桂林檄世杰驻打箭炉，督约咱路军需。木果木之败，副将军阿桂全师暂退，军中饷银数万巨锭，募运还，无应者。世杰令曰："委于贼，宁散于民！"从军贸易者数万人，争取立尽。世杰督队讲其后，密檄关吏，见持饷银入口者皆令还官，铤酬以给银五两，帑获全。师复进，铸炮缺炭，檄世杰营办。世杰令伐树札木城卡卫，掘地为大窑数十，复伐树而薪焉。不旬月，炭足供铸。守御僧格宗发敌伏，俘十六人以还。阿桂以闻，赐孔雀翎。四十年，擢湖北布政使，仍留军督饷。四十二年，金州平，乃上官。四十四年，擢广西巡抚。丁母忧。四十六年，命署湖南巡抚，服阕擢除。四十七年，调河南。大学士阿桂督塞青龙冈决口，疏引河，上命占用民田当安顿调济。世杰寻奏请以北岸涸出地亩，划给南岸占用民田。四十八年，奏引河新筑南堤，捐廉种柳，别疏厘定防护新河将吏官制。

迁四川总督。四川自军兴后，征调赋敛无艺，仓库如洗。世杰洁己率属,休养生息,俾渐复旧观,上尝举世杰功风厉诸省。世杰疏劾酉阳知州吴申,州民入湖广界为盗,不即捕治。上谕曰:"四川盗匪,前此大加惩创,地方安静,乃复有焚杀抢劫之事,皆世杰因循玩愒所酿成。"传旨申饬。甘肃回复乱,世杰奏遣川北总兵富禄率兵赴援,建昌总兵魁麟防昭化、广元。上以回乱渐定,谕世杰镇静。

五十年,世杰年七十,入觐,与千叟宴。州县捕金川逃兵不力,例夺官,仍留任,准调不准升。世杰奏请准令捐复,上严斥之,下吏议。旋又允陕西巡抚何裕城请,命世杰免议。湖广饥,告籴于四川。世杰请以近水次诸州县常平仓谷碾米三十万石。既浙江亦告籴,世杰以浙江视湖广远,运米济赈,缓且不及。又请以备应湖广籴米,拨十万石先济浙江。上嘉世杰得封疆大臣体,命议叙。

五十一年,调江南总督。世杰构疾,乞解任,上不许。秋大雨,河决司家庄。偕安徽巡抚书麟、河道总督李奉翰筹工费,请开捐例。上谕之曰:"户部库银尚存七千余万,帑藏充盈,足敷供亿。世杰何必为此鳃鳃言利之举?捐纳未尝无人才,而庸流因之并进博朊仕。一二年后,得廉俸过于所出,国家并无实祭,铨政官方,两无裨益。此奏不可行。"寻复命大学士阿桂莅工,及冬,工乃竟。五十二年,狼山镇陈杰疏言各营火药短少,上命察核。世杰奏:"镇属盐城等五营硝磺缺额,磺产山西,例二年一次采运。近因运使岁需烟盒,磺银催解不前,不能如例,以致支绌。"上谕曰:"硝磺军火要需,向俱采办足额。以两江而论,安徽据奏足额,何独江苏短缺?两淮年例,岁不过烟盒七架、大小爆竹一万所需能几?有司采运迟延,以此卸罪。世杰以此率涉支饰,令两淮盐政徵瑞会同料理。"世杰寻劾江宁布政使袁鉴于各属磺价尚未解齐,误将运使烟盒价牵叙,下吏议。又以河叔题报苇荡营新淤滩地产柴数与案不符,责世杰未察核。世杰复偕徵瑞奏言硝磺缺额,由采运稽迟,请将历任布政命名议处。上谕曰:"世杰等本当治罪,但以事涉上供,从宽降鉴江宁知府,停世杰养廉三年。"并罢两淮例进烟盒、爆竹。

复调四川总督。五十三年,巴勒布夷为乱,据西藏属聂拉木、济咙。上命世杰拨驻防绿营及明正、巴塘、里塘、德尔革尔诸土司兵赴西藏。而世杰得驻藏大臣庆林牒，已发马防缘营兵及屯练降番合三千人，令提督成德军率以行。奏入，上令毋发明正、巴塘、里塘、德尔革尔诸土司兵。世杰奏：“奉谕已令诸土司发兵，诸土司近尚安静。既调复停，恐番性生疑，仍令备调。”上嘉世杰相机妥办，不拘泥遵旨，解御佩大小荷包赐之。世杰又奏发米万三千三百石运西藏，足敷兵食。上褒世杰尽心，命移驻打箭炉。迭疏报成都将军鄂辉率兵千二百入藏，副将那苏图率率屯练五百驻打箭炉。寻以巴勒布夷远遁，谕世杰还成都。五十四年，秋审，四川原定缓决、刑部改情实者凡七案。上责世杰宽纵，以其老，且平日治事核实，免议。世杰荐川北道明安，引见，上以其年衰，改主事，世杰下吏议。世杰以病请解任，上令侍卫庆成偕医诊视，赐人参，并令自审病轻则来京，重则回籍。五十五年三月，入观，授兵部尚书，赐紫禁城乘肩舆。江苏句容吏侵蚀钱粮漕米，上责世杰在两江未觉察，命以原品休致回籍。五十九年，卒，年七十九，赐祭葬，谥恭勤。

世杰仕而后学，摘发钩巨，必得要领。上每言其不通文理，然屡褒其能事，礼遇优厚。世杰长子漳州知府华国早卒，上降诏慰勉。其孙举人再瀛，会试未中式，令一体殿试，授礼部主事。及世杰入为尚书，再瀛病卒，召其次子知州华封授员外郎，俾奉侍。华封官至两广盐运使。

袁守侗，字执冲，山东长山人。乾隆九年举人，入资授内阁中书，充军机处章京。迁侍读。再迁吏部郎中。考选江西道御史，授浙江盐驿道。二十八年，迁广西按察使。奏言：“烟瘴充军人皆凶悍，请分拨泗城、镇安、宁明、东兰诸地。解役疏脱斩绞重囚。短解问徒，长解问流。各署书役贴写帮差，滥收滋弊，请量定多寡，分别汰留。”又言：“卓异官，藩、臬、道、府甫到任未三月，停止出结。”部议均从之。三十四年，丁父忧，服阕，命以三品京堂仍充军机章京，补太仆寺卿。迁吏部侍郎，调刑部。命如云南按布政使钱度贪婪状，论如律。三十八年，兼署礼部。命在军机大臣上学习行走，兼管顺天府尹。复命如云南按保山知县王锡供给总督彰宝亏空兵粮，论如律。调吏部，又命如贵州按总督图思德劾镇远知府苏垿贪婪状，罪至死。暂署贵州巡抚。又如四川按松冈站员冀谷锡侵蚀军米，论如律。四十一年，迁户部尚书。复命如四川按富德滥用犒军银，即监诣京师，赐黑狐端罩。

四十二年，调刑部。命如甘肃勘验捐收监粮。复命偕两江总督高晋筹堵仪封漫口。四十四年，奏言遵兜袖法筑两坝，以期回溜分入引河，又与高晋会奏引河。头去口门稍远，开引沟三百余丈，直达引河，绘图奏闻。上以所拟引河向南，恐纡回不能得势，于图内朱笔标识，令向北改直。寻奏坝工蛰陷，两坝镶筑兜收。遵谕将引河头西首淤滩切去，俾沟口向西北，开宽，引溜下注。四十四年，授河东河道总督。调直隶总督。四十五年，疏请修筑北运河筐儿港减水石坝。四十六年，甘肃监粮舞弊成大狱，上以守侗勘验不实，下吏议，夺官，命留任。丁母忧，去官。

四十七年谕勘浚伊家河，疏山东积水。守侗诣勘。奏请自善桥以北抵杨家楼，长七千余丈，展宽浚深，堵筑缺口，拆改碍水桥座，谕速行办理，寻复授直隶总督。四十八年，卒，赠太子太保，赐祭葬，谥清悫。

郑大进，字退谷，广东揭阳人。乾隆元年，进士。授直隶肥乡知县。累迁山东济东道。二十九年，山东淫雨，高唐、茌平诸县水涨阻道。大进相度宣泄，水不为患。巡抚崔应阶荐其能，迁两淮盐运使。三十六年丁父忧，去官。服除，上召至热河，命署浙江按察使。寻授湖南按察使。四十年，迁贵州布政使。四十三年，授河南巡抚。四十四年，调湖北。旋署湖广总督。奏："安陆、荆州二府滨临江、汉，以堤为卫。今夏涨发，钟祥、潜江、荆门、江陵堤决，已一律修复，惟潜江长一垞地洼沙积，筑堤难固，应择地势较高处筑月堤。钟祥、永兴、保安诸垞地当冲，亦应筑月堤，俾水发江宽，不致出险。又有刘家巷堤应并修筑。"四十五年，奏："武昌滨江上游，诸水汇流，绕城而东。江涨冲刷，堤根虚悬。见修武昌城毕，请并修堤，毋使水啮城。"均从之。又奏言："湖广邪教为害，总督班第奏请枷责发落，俾免株连。牧令遂视为自理词讼，率不通详。请自今以后，据实呈院司核办，讳匿徇纵者劾之。"上题其言。

四十六年，授直隶总督。命勘永定河工。奏言："六工以下河身内旧有民居，乾隆十五年给价迁移。又以下口改流，奏令暂回缴原给房价，减粮田亩，依旧征收。今勘南、北两岸，自头工至六工，村落已尽迁移。六工以下，水势迁徙靡常，累将北埝改筑展宽。南、北两堤遥隔五十余里。其中居民五十余村，水涨以船为家，应令迁移。永清柳坨诸村、东安孙家坨诸村旗、民二百八户，已勘定地址，令陆续移居。河身较远之村，仍准暂住。禁筑坝修房，以杜占居。"报闻。四十七年二月，赐孔雀翎、黄马褂。五月，奏保定九龙河经清苑、安州至任邱入淀，年久积淤。请旧有望都响闸、殷家营、高岭村三闸外，于望都樊村建石闸一，清苑冉村、邓村、营头建石闸三。并修整诸旧闸，开浚安州、新安、任丘诸县河。皆称旨，加太子少傅。卒，赐祭葬，谥勤恪。

刘峨，字先资，山东单县人。入资授知县。乾隆二十三年，选直隶曲阳知县。调宛平。卢沟桥有逆旅，多阴戕过客没其财，峨发其奸。西山煤矿多藏匿亡命，峨散其党与，先后捕治置诸法。三迁通永道，以母忧归。起天津道，仍调通永道，以父忧归。未一年，上命署清河道，服阕真除。四十五年，迁湖北按察使。石首有寡妇，兄公谋其产，诬之，死于狱。峨治官书发其枉，逮其兄公至，亲鞫，论如律。四十六年，迁安徽布政使，调山西。四十八年，擢广西巡抚。甫两月，迁直隶总督。辅国公弘旿遣仆至静海冒占入官地，事闻，上谕峨："遇王公以下私遣人干有司，无问是非曲直，即据实奏闻。"长芦盐政徵瑞奏漕艘至杨村，以民船剥运，盐运迟误。上谓非特盐运迟误，且恐商货壅滞，令峨赴天津与徵瑞议民船编号轮雇，照例发价，并定赴通回空限期，下部议行。分疏劾中仓监督赵元擢唆殴民至死，三河知县王治岐那用旗租，并论如律。谒避署山庄祝嘏，赐孔雀翎、黄马褂。南宫民魏玉凯诉县人李存仁习邪教，上遣侍郎姜晟会鞫。存仁坐诛，玉凯妄及无辜，论戍。四十九年，上遣尚书金简曾勘芦沟桥下游沙淤，请于中泓五孔抽沟三道。上以力求沟水缓，命中泓五孔全行疏浚。徵瑞请捐银三十万造剥船济运，上以直隶木材少，命湖广、江西二省分造。峨奏言："北仓存漕四十余万，俟新造剥船到齐，先行运通。"上许之。

五十一年七月，广平民段文经、元城民徐克展为乱，夜入大名，戕大名道熊恩绂。峨奏闻，即督兵驰往捕治，得从乱者王国柱等，自列向习八卦教，及文经、克展蓄谋为乱状。上令峨捕文经、克展、久之未获，累降旨诘责。十月，河南巡抚毕沅奏于亳州获克展，槛送京师，而文经终未能得。五十二年，命停峨本年廉俸。山东学政刘权之迎眷属赴官，途遇盗，峨坐夺官，命留任。

五十三年，命偕山东巡抚长麟等勘议粮艘在德州剥运。五十五年，巡城御史穆克登额等获建昌盗，自列尝劫建昌钱铺，有同为盗者，系清苑狱二年未决。上责峨废弛，遣侍卫庆成逮清苑知且米复松诣京师，下刑部论罪夺。夺峨孔雀翎、黄马褂，降调兵部侍郎。未几，擢尚书。五十六年，命如河南按虞城民诉县役事，又如江西按广丰武弁包漕、崇义民发冢弃骸事，并讯明，论如律。峨至崇义，入深山中勘冢地，江西民称之。五十七年，从上幸热河，赐还孔雀翎、黄马褂。六十年，以疾乞解任，加太子少保。原品休致。卒，赐祭葬，谥恪简。

陆耀，字青来，江南吴江人。乾隆十二年举人。十九年，考授内阁中书，充军机处章京。奉职勤慎，有急务立办，大学士傅恒深器之。上出巡幸，俱令扈从。累迁户部郎中。三十五年出为云南大理知府，以亲老请改补近省，调山东登州府。三十六年，调济南。上书巡抚徐绩，请留南漕广积贮。三十七年，授甘肃西宁道。耀乞绩代奏，乞假送母居京师，上命改授运河道。上书河道总督姚立德，言：

"兖州、泰安二府泉四百七十八,当浚渠寻泉,俾由高趋下,其流不绝。"又言:"运河例岁冬闭坝,春挑浚,天寒晷短,民役俱惫。宜修复南旺、济宁、临清月河,并于彭口南岸亦开月河。岁九、十月漕艘商舶皆从此行,以其时疏浚运河。"皆用其议。又请修《河渠志》,成《运河备考》。

三十九年,寿张民王伦为乱,去济宁二百里,有欲闭城者,耀不可,曰:"寇未至闭城,示之怯也。且何忍拒吾民使散逸被贼害且胁诱耶?"乃募乡兵助守,坐城闉任稽察,事旋定。四十年,擢按察使,耀议以流犯罪轻,请免其解司。四十三年,擢布政使,耀议流外壅积,请停分发:皆从之。耀母老,病狂疾,奏乞解任终养,上许之。四十六年,丁母忧。运河筑堤,上以耀习河务,命往山东曾运河道沈启震董其役。四十八年,命署布政使,服阕真除。

四十九年,擢湖南巡抚。湖南监商例有馈,峻却之,命平盐价如其数。疏请增岳麓、城南二书院膏火。又疏请申亲老告养例,请敕各督抚不论现任、试用,通饬呈明终养。又奏:"湖南社仓前巡抚刘墉令湘阴等四十五县劝捐,得谷十二万。勒限严催,仅耒阳等十五县交齐,余未足数者十七县。全未交者十三县。如湘阴、巴陵、武陵诸县滨临江湖,地多硗瘠。桂阳、泸溪、辰溪诸县介在山僻,民鲜盖藏。若执前捐数目,责令全完,民间未沾借贷之益,转受追呼之扰。请凡现在未收者停止催缴。"上允其奏。耀以病请解任,旋卒。

耀自幼立志以古人自期,学兼体用。居官廉俭。入觐,门吏留装物索资。耀乃置衣被城外而假于友。觐已还之。初至长沙,总督特升额以阅兵至,见耀方午食,惟菽乱蔬菜瓜,讶之。耀曰:"天不雨,方斋,故所食止此。"特升额怒其奴曰:"吾馆舍酒肉臭,何不以祈雨告。"还馆舍,命悉撤去。

管干贞,字松崖,江南阳湖人。乾隆三十一年进士,改庶吉士,授编修。考选贵州道御史。巡视西城,讼牒皆亲判。周行郊内外,捕治诸不法者。先后命巡漕天津、瓜、仪、凡十二年。累迁至光禄寺卿。干贞以漕船回空，多守冻打冰，令先通下游，免上游冰下注，益守坚厚，后遂增其法。疏言："运河以诸湖为水柜，诚使节节疏通，虽遇旱涝，可以节宣。否则雨少无筹济之方，雨多无容水之地。至引黄入运。系一时权宜。苟疏浚得宜，黄河全力下注，运河自不致停沙。"又奏请治骆马湖，命名运河水有所蓄泄，并得旨议行。迁内阁学士。五十三年，擢工部侍郎。

五十四年，授漕运总督。粮艘至天津杨村，每以水浅须起拨，运丁不能给舟值，例由长芦盐运使以鬻盐钱贷运丁，借直隶藩库银归款，运丁分年缴纳。其后议停，运丁多不便，干贞请如旧例。又疏陈江西军丁疲敝，请筹款增补，行、月二粮折价。借官银代赏积逋，令分年输纳。宽限清厘屯田。俾藉以调剂，并从之。五十五年，赐孔雀翎、黄马褂。疏言："漕艘百余帮，役夫数万人，最易藏奸生事。上年新漕，饬严立规条，行必按伍，止则支更。亲行督察，乃知别有奸人随运潜行。督饬捕治数十人，交州县确拟严惩。"得旨嘉奖。五十八年，疏言："苏州太仓押运官，例抵淮后改委赴通。中途分更，互相推诿。请自水次抵通，始终其事，庶官有专司。"又请河南豁免缓征，停运减存船只，就近赴山东受雇拨运。又请各帮水手短纤，责成头舵工丁以素识诚实之人充补，免聚众窃盗诸累。皆报可。各省开兑，多至春初，又在在逗遛，遇水浅或河溢，有在河北度岁者。斡贞严饬弁丁修舱受兑，复冬兑春开旧制。粮艘起运，每策马督催，风雨不避。或不归所乘舟，支帐露宿。微弁出力，必亲慰劳。运丁舟人不用命，立予惩罚。当时或苦其苛急，及回空省费，无丝毫派累，咸大悦服。高宗尝召见褒其能，谓可亚杨锡绂。五十九年，以疾乞假，命两江总督书麟摄其事。疾愈，任事如故。

干贞成进士时，礼部改"贞"为"珍，"六十年，命仍原名。嘉庆元年，户部议江、浙白粮全运京仓，以羡米为耗，浙江运丁如议交运。贞以江南余米较少，执议不行，交部严议，夺官。三年，卒。子通群，浙江巡抚。

蒋兆奎，字聚五，陕西渭南人。自副贡生补甘肃张掖县教谕。乾隆三十一年，成进士。三十三年，教谕俸满，授四川合江知县，调灌县丁忧。师征小金川，攻热耳，总督富勒浑奏留兆奎从军，驻达乌围治饷。既破热耳，移饷往。俄，大金川助乱，兆奎知热耳不足守，复移粮达乌围。已而，他所粮悉被焚。将军阿桂才兆奎，使驻日隆治饷，兼司令炮局。旋调署华阳，加知州衔。四川盗号咕噜子，扰尤溪。兆奎捕得盗渠，获首犯，服阕，迁山西泽州同知。擢太原知府。以巡抚农起荐，擢河东监运使。五十四年，迁按察使，仍兼理盐务。寻迁甘肃布政使。越五十六年，高宗八旬万寿兆奎入祝嘏。时河东商困，兆奎议改盐课归地丁，上命如山西同巡抚冯光熊勘议。旋议山西、陕西、河南三省应纳正杂课四十八万余两，均入三省行盐完课纳税百七十二厅州县地丁，两加九分有奇，下部议行。五十七年，上以河东盐价减，销畅，两三月内，发贩盐数倍于往年，商民交便。褒兆奎始终承办，收效甚速，赐孔雀翎。

旋授山西巡抚。五十九年，迎跸，赐黄马褂。六十年，以山西钱贱，请停宝晋局铸钱，从之。嘉庆元年，诏与千叟宴。寻命毋诣京帅，仍加恩赉。奏劾汾州知府张力行挟讼事婪索，冀宁道邓希曾军回护同官，夺力行官，命兆奎鞫治。又发力行侵帑状，坐斩。二年，以病乞解任，归。

四年，高宗崩，兆奎入临，即授漕运总督。固辞，不许。旋奏言："整顿漕运，要在邮丁。今陋规尽革，旗丁自可节费。而生齿日繁，诸物昂贵，旗丁应得之项，实不敷用，急须调剂。前读上谕：'有漕州县，无不浮收，江浙尤甚，每石加至七八斗'，历来交纳，视为固然。今若划出一斗津贴旗丁，余悉革除。所出有限，所省已多。不特千万旗丁藉资济运，即交粮亿万花户皆沾恩无穷。"疏入，上嫌事近加赋，饬与有漕省分各督抚另议调剂。兆奎疏言："各督抚所议调剂，有名无实。两江费淳所奏，不敷运费。江苏拟四升七合，安徽拟二升，焉能有济？"因力请罢斥。上责兆奎粗率，并谕："加赋断不可行。此外如何设策善后，令再核议。"兆奎奏请："每船借给银百两，于各粮道库支领，分三年，以旗丁应领之项扣还。山东、河南两省路途较近，减借五十两。有漕各省本有轻赍，原应征米，斗折银五分。请仍征本色，按照旗丁米数，分给白粮。无轻赍，请通融匀给。"上以"所拟损民益丁，巧避加赋之名，仍存加赋之实"，遣侍郎铁保会淳详察。兆奎又奏："旗丁运费本有应得之项，惟定在数十百年之前。今物价数倍，费用不敷。近年旗丁尚可支持者，以州县浮收，向索兑费，并折收行月等米，以之贴补一切经费。今革除漕弊，浮费可省，兑费不能减。臣才识短浅，惟恐贻误，求上别简贤员，原从小心敬畏而来，不敢气质用事。"上即命铁保代兆奎，召授工部侍郎。

寻授山东巡抚。御前侍卫明安泰山进香，还京师，奏山东有司私馈银八百，并及途中营汛墩房坍塌。上以诘兆奎，兆奎复奏辩，且称老病，求去。上怒其忿激，念廉名素著，降三品卿衔休致。七年，卒。

胡季堂，河南光山人，侍郎煦子。初以荫生授顺天府通判，改刑部员外郎，迁郎中。出为甘肃庆阳知府，再迁甘肃按察使，调江苏。江苏按察使移驻苏州，而狱犹在江宁，季堂请更置，报可，乾隆三十九年，擢刑部侍郎。四十四年，迁尚书。季堂屡奉命谳诸省谳狱，直隶、吉林、江苏皆一至，山东四至，河南再至。察得唆讼者严治之，有诬诉，论如律，不稍贷。初使河南按商丘狱，上谕之曰："季堂河南人，按本省事尤当秉公持正。勿以事涉大吏，虑将来报复，稍为瞻顾。"商丘民汤秉五迫孀妇刘为妻，刘绝食死。其狱已题旌，刘父犹陈诉，并及顺刀神拳会民事，察得唆讼者罪之。使山东按平度狱，州民罗有良与人斗，误踢其母死。莱州知府徐大榕原勘无误，乃坐是夺官，当平反，得旨嘉奖。再使山东，暂署巡抚。山东灾，请截本省漕米治赈。还京师，加太子少保再兼署兵部尚书。

嘉庆三年，授直隶总督，赐孔雀翎。四年，仁宗亲政，季堂疏发和珅罪状。寻请以籍没其仆呼什图米麦万余石。分借文安、大城被水村民。长新店盗发，上责季堂废弛，削太子太保，夺孔雀翎，下吏部议，夺官，去顶带留任。河南内黄知县陶象柄获长新店首盗，季堂奏闻。上嘉季堂不邀功，还顶带，又获从犯，还孔雀翎。是时川、楚、陕教匪为乱。五年，季堂奏："教匪稽诛，臣闻经略额勒登保、参赞德楞泰等由川而楚、而陕而甘，数千百里穷追，接战辄胜。是教匪所恃，不在势众而在得间能逃也。川、楚、陕运界，崇山峻岭，断涧深沟，在在险阻。教匪窜匿其间，劫掠而食，不烦裹粮，迫民前驱，不烦招集。官兵至，辄翻山越涧而逃。官兵必先运粮，又须探路，诸费周章。即道路可通，饷粮可继，而日夜追蹑奔走，其势必疲。是教匪逸而兵劳也。臣愚以为当先严守要隘，俾教匪无路又奔，乃宣上德意，散其胁从，然后临之以兵，分道进剿。教匪途穷食尽，计日可平。闻陕省有团练乡勇，或一二村，或数村，联合筑堡为声援。川、楚可推而行之，令各守本境，俾自护其田卢妇子。则教匪虽多，骤难肆扰。官兵剿抚兼施，无顾此失彼之虑。"上谕曰："所论极是。总之能堵方能剿，能剿方能抚，大端不外乎此。"

寻以病乞解任，还太子太保。卒，赠太子太傅，遣御前侍卫丰伸济伦奠醊，谥庄敏。子钰，进士，直隶清河道；铃，湖南盐法道。

论曰：牧民于平世，自庶而求富，修水利，饬农功，其先务也。观承殚心力于是，政行畿甸。富明安、元理、瀚皆以此为急，各著绩效。干贞筹运道，尤重行水。世杰起下僚，介而能恕。耀以学为政，所施未尽其蕴。季堂论治教匪，后来坚壁清野之议，已发其端。我有先正，言明且清，诸臣所论列，足当之矣。

清史稿卷三二五
列传第一一二

李清时 姚立德 李宏 子李奉翰 孙李亨特 何煟 子裕城 吴嗣爵 萨载 兰第锡 韩鑅

李清时，字授侯，福建安溪人，大学士光地从孙。乾隆七年进士，选庶吉士，授编修。十四年，授浙江嘉兴知府。上南巡，或议自嘉兴至杭州别辟道行民舟，清时于官塘外求得水道相属，上通吴江平望，下达杭州坝子门，号为副河。丁父忧，去官。服除，授山东兖州知府。二十二年，擢运河道。

二十六年，河决孙家集，运河由夏镇至南阳两堤俱溃，清时督修筑。议者或拟用桩埽，费以六十万计。或拟建石堤，费以三百万计。清时少时行濒海间，见筑堤捍海为田者，掷碎石积水中，潮退则以木拦之，填土其上，坚筑成堤。因参用其法，以河东、西两岸皆水，得土难，令以石垒两旁，积葑其中，水涸，募夫起土置积葑上，费帑十四万有奇，而两堤成。曹县溢，水泻入微山湖，出韩庄湖口，闸溢，水不得泄，令于闸北毁石堤，掘地深之以泄水。事上闻，上命于其地建滚水坝，高一丈二尺余。清时请减低为一丈，令湖水落至丈，乃闭闸蓄水。泗水经兖州西流入府河，济宁城东旧有杨家坝，遏水使入马场湖，蓄以济运，遇伏秋水涨不能泄，淹民田，令改坝为闸，视水盛衰为启闭。汶水分流入蜀山、马踏两湖，旧制引水使南行少北行多,后乃反之,漕船经衰口、靳口,浅涩不能进。清时规分水口,令南坝加长,北坝收短,以为节宣,并减低何家坝,使汶水南弱而北增。蜀山湖出口为利运、金线二闸,旧制开金线资南运。清时令移金线在利运北,使蜀山湖水先济北运。寿张境有沙、赵二水,阻运河不得入海。旧于运河东岸建三空五孔桥,又于八里庙建平水三牐,使二水盛涨有所泄。清时议减低三空五孔桥,又于八里庙增建滚水坝,使涨未盛即泄,不为范、濮、寿张、东阿诸县民田害。总督方观承行河,用其议,二水始宣畅。卫水自馆陶至临清与汶会,旧有闸,盛涨不能御。清时令于闸南当汶、卫交流处筑坝,仍岁加高厚。又议拓四女寺滚水坝。尚书裘曰修行河,用其议,卫河得安流。

二十九年,调江南淮徐道。三十年,擢河东河道总督,赐其母大缎、貂皮。清时以河堤岁修,司其事者每不度形势,过高糜帑,而卑薄者不能大有增益,乃饬所司当水涨各具堤高水面尺寸呈报择,堤最薄者培之。迨伏秋水发,耿家寨称十四堡,水及旧堤上,赖豫增新筑以免。清厘河工征料诸弊,岁减派料至千余万斤。三十一年,运河东岸漫口,自请议处,原之。三十二年七月,授山东巡抚。高苑、博兴、乐安三县被水,清时谓小清河下流隘,故上游溢,檄所司勘验。遽疾作,乞解任,不许。三十三年,卒。

清时治水善相度情形,穷源竟委。每乘小舟出入荒陂丛泽、支流断港中,或徒步按行谘访,必得要领,乃见诸建置。

姚立德,字次功,浙江仁和人。祖三辰,官吏部侍郎。立德以荫生授主事。乾隆十二年,外授江宁通判,迁知直隶景州。州俗,有人市鬻奴婢,牵就牙侩估其值,如牲畜然。亲死三日,祭城隍庙狱曰“哭庙”,立德谕禁之,陋俗以革。累迁山东按察使,署河东道总督。按行工次,见阳武汛十七堡诸地上松浮,疏请筑半戗,培堤使坚。山东运河两岸蜀山、南旺、马场、昭阳、微山诸湖,每伏秋盛涨,水不能容,为豫筹蓄泄,坝开塞、闸启闭惟其时。三十九年,实授,加兵部尚书衔。高云龙者,内监高云从弟也,立德入云从言,荐之临清州为傔从,坐逮,依结交近侍律论斩,命夺官,仍留任。阳谷民王伦为乱,立德分守东昌,城圮难守,引运河水绕城壕,恃以为固。檄发伦先墓,磔其尸。四十四年,仪封河决屡筑屡冲,命夺官,仍留工效力自赎。四十五年,责令回籍。旋发往南河,补淮安里河同知。四十八年,卒。

李宏,字济夫,汉军正蓝旗人。监生,入资授州同。效力河工,授山阳县外河县丞。累迁宿虹同知,乾隆十六年,授河库道。尚书刘统勋劾河员亏帑,事连宏,解职。事白,留工。二十二年,发直隶以河务同知用,总督尹继善疏请留南河。侍郎梦麟勘治六塘河以下,以宏从。寻复补河库道,丁父忧,命在任守制。二十七年,调淮徐道。二十九年,擢河东河道总督。奏言:“山东运河资湖水接济。今秋雨少,饬早闭临运各闸。”又言:“微山湖蓄水济运,韩庄湖口闸水深,与滚水坝脊相平,空船足敷浮送,即应堵闭。泗河会合诸泉,收入独山湖,仅济南运。应请于兖州府金口坝截筑土堰,俾达马场湖,俾济宁上、下河道并资其益。蜀山、马蹋二湖专济北运,亦须筑坝收蓄。”又请增募夫役挑浚沙、赵、漳、卫、汶、泗、韩、马诸水,均报闻。又奏:“黄河北岸耿家寨埽工为豫东第一险要,自乾隆九年下埽修防,岁费帑料。去冬于对岸引渠,冀分溜势。今秋全河畅分入渠,险工淤闭。”得旨嘉奖。

三十年,调江南河道总督。上以宏初自监司擢用,道厅以下多同官,虑有瞻徇,命高晋统理南河,留宏协理河东总河。奏言:“黄河至河南武陟、荥泽始有堤防,丹沁二水自武陟木栾店汇入,伊、洛、瀍、涧四水自巩县洛口汇入,设诸水并涨,两岸节节均须防守。臣咨饬陕州于黄河出口处,巩县于伊、洛、瀍、涧入河处,黄沁同知于沁水入河处,各立水志,自桃汛迄霜降,长落尺寸,逐日登记具报。如遇陡涨,飞报江南总河,严督修防。大丹河至河内县丹谷口,旧筑拦河石坝,令由小丹河归卫济运,请不时察验疏令畅达卫河。辉县百泉为卫河之源,苏门山下汇为巨浸。南建三斗门,中为官渠济运,东西为民渠灌田。向例重运抵临清,闭民渠,使泉流入官渠。五月后插秧,一日济运,一日灌田。惟民渠石坝失修,泉水旁泄,应令修砌坚实。"均如议行。上以清口节宣未畅,下河田庐易湮,特定高堰五坝水志水高一尺,清口坝拆展十丈。三十一年三月,宏奏言:"清口水门因上年霜降后湖水大消,只留十四丈。桃汛将届,应预将东坝拆展,使口门宽二十丈,俾洪湖及早腾空,预留容纳之地。"上嘉之。夏秋间湖水盛涨,续展至五十三丈。八月,河溢徐州韩家堂。宏与高晋分驻两坝堵筑,逾月工竟。奏言:"平时大展清口,腾空湖面,乃得蒇工迅速。"冬,以湖水渐落,请接筑东、西坝,仍留口门二十丈,酌量收束,蓄清抵黄。三十三年,河溢王家田头,下吏议降调。宽之。三十四年,奏言:"洪泽湖水大,将清口东、西坝递展宣泄。适黄水骤长,灌入清口。随闭惠济、通济、福兴三闸,俾并力敌黄,黄水消退。"报闻。三十六年,卒。

宏尝以明汶上老人白英立祠戴村,子孙向有荫袭,请旨仍给八品世职,上从之。

李奉翰,宏子。入资授县丞,补沂水。累迁江苏苏松太道,坐事罢。复入资还原官,发江南河工效力,奏署河库道。上以奉翰宏子,习河事,命真除。四十四年,署江南河道总督。四十五年二月,授河东河道总督。河溢考城芝麻庄、张家油房,奉翰督吏塞芝麻庄,工竟。上谕曰:"勉为之,莫以水弱而弛其敬谨!"旋命仍署江南河道总督。奉翰奏:"张家油房工未竟,较南河睢宁工为要。请留河东,俾蒇其役。"报可。九月,张家油房工亦竟,上为欣慰。四十六年正月,调江南河道总督。二月,奏请重定南河汛员额阙,酌增河兵。移改运河闸官、运河汛员,视缺简要,更定品秩,下大学士九卿议行。七月,河决青龙冈,命偕大学士阿桂赴河南会河东河道总督韩镳督办东、西两坝下埽。甫合龙,坝蛰陷,乃与阿桂等议宽浚青龙冈迤下至孔家庄、荣华寺、杨家堂诸地引河,并于黄河下游北岸疏潘家屯、张家庄二引河、苏家山水线河、宿迁十字河、桃源顾家庄引河,五道泄水。四十八年春,青龙冈工竟。方坝陷,奉翰督吏抢护,堕入金门,格于缆,伤焉,河工谓两坝间为金门,缆所以引埽者。事闻上。四十九年,上南巡,奉翰觐行在,上奖其勤劳,赐骑都尉世职。五十年,坐清口东、西两坝不早收束,致运道浅阻,降三品顶带。寻命复之,秋,河水大至,奉翰督吏昼夜填筑,塞李家庄、烟墩头、司家庄、汤家庄诸漫口。五十四年,调河东道总督。五十八年,命赴浙江会巡抚吉庆会勘海塘。奏请以范公塘及海宁石坝改筑柴盘头,并于石塘前修补坦水,三官塘柴工后加培土戗,从之。五十九年,漳水溢,临漳三台涨发。命驰往勘察。奏:"漳河两岸沙土浮松,水势骤长骤落,向无堤堰。上年大雨漫溢,应将下游淤垫处疏浚深通,再将三台坝基填筑,俾归故道。"上从其议。嘉庆二年正月,加太子太保,授两江总督,兼领南河事。三年,河决睢宁。四年正月,与河道总督康基田督塞睢州决口,工竟。二月,卒。

李亨特,奉翰次子。入资授布政司理问,发河东委用,补兖州通判。累迁云南迤西道。嘉庆初,佐平苗、猓,赐孔雀翎,加按察使衔。累迁调授江苏按察使。九年,擢河东河道总督。十一年,河南巡抚马慧裕劾亨特索属吏赇不得,迫令告养诸状,上命侍郎托津等往按,夺官,发伊犁。十三年,释还,令至南河候差委。十四年,以河决荷花塘,追咎亨特不善料理,复发热河效力。未几,复释还,授主事。十五年,选户部主事,擢直隶永定河道。未几,复授河东河道总督。十六年,奏南粮到通州剥运不能迅速,请在杨村全数起剥,下仓场侍郎玉宁、戴均元等议驳。上责亨特冒昧,下吏议降调,命留任。十八年秋,河溢睢宁。坐夺官,命留工效力。十九年,河道总督吴璥奏微山湖存水仅一二尺,南阳、昭阳、独山诸湖淤成平陆,无水可导。上责亨特在官不能预筹,又闻亨特既夺官居济宁,仍用总河仪制,斥亨特玩误纵恣,命逮下刑部治罪,籍其家,刑部议发新疆。上命在部荷校半年,发黑龙江效力。二十年,卒于戍所。

何煟,字谦之,浙江山阴人,先世籍湖南靖州。雍正中,入资授州同,效力江南河工。从大学士河道总督嵇曾筠修浙江尖山海塘,请补杭州东塘同知,避本籍,仍发江南河工。乾隆初,权丰砀通判,授桃源同知。十五年,擢河库道。十六年,迁两淮盐运使,特敕兼管河务,以母忧去官。十九年,尚书刘统勋等奏论河库帑项不清,夺煟官,拟徒,追偿,拘留工次,久仍缴完免罪。二十二年,仍发南河以同知用。从侍郎梦麟疏浚荆山桥河工。从副总河嵇璜治淮、扬河务,超擢淮扬道。二十三年,丁父忧,总督尹继善奏留在任守制,许之。

二十六年,以郎中内调。会河决中牟杨桥,上命大学士刘统勋等莅工,以煟从。工竟,留煟驻工防护。旋授开归陈许道,调山东运河道。三十年,调河南河北道,擢按察使。上以煟习河事,命兼领河工。煟信浮屠说,瀔狱辄从轻比,睢州民刘玉树谋杀人,鞫实,拟斩候,刑部改立决。上责煟宽纵,谘巡抚阿思哈,阿思哈称其能胜任。其冬,擢布政使,仍兼理河务。两权巡抚。三十六年,授巡抚,兼河务如故。寻又命兼领山东河道。三十七年,淅川、内乡被水,正阳、确山风灾,疏请抚恤缓征,上赐诗,褒以"爱民知政"。

三十八年,上巡天津,阅永定河工,煟迎驾,赐孔雀翎、黄马褂,寻命与工部尚书裴曰修、直隶总督周元理勘永定河上游,疏言:"永定河挟沙而行,散漫无定。水性就下,本无不同。而地有高卑,沙有通塞,情因时而或异。永定河迁徙不定,其情也,非其性也。察其情,导其性,先宣后防,千古极则,虽起神禹,无以易之。永定河下口,蒙皇上指示疏导,既不阻下达之势,更可免浸润之虞,其法固当常守。所虑数十年后,妄生异论,别骋新奇,势且变乱旧章,贻河防巨患。请将圣谕并议言条款勒碑垂久远。"报闻。

三十九年,疏请各州县常平仓溢额以四千石为限,余循例变价。又奏河南漕谷七十九万、蓟米二十九万,分存各州县界。邻省安阳等五州县限二万石、近水次祥符等三十五州县限一万石。均如所拟。加总督衔,领河南巡抚,又进兵部尚书衔。其秋,会剿王伦,事平,道内黄,病作。遣医往视,未至,卒,煟赠太子太保,祀贤良祠,赐祭葬,谥恭惠。

裕城,煟子,字福天。自贡生入资授道员。乾隆四十二年,除山东督粮道。调河南河北道。河溢仪封,大学士高晋莅工,以裕城从。仪封埽工蛰陷,坐夺官,命留任。四十六年,调江南河库道。裕城侍熠治河，常著《全河指要》，谓："治河当节宣并用，不当泥河不两行之说，偏于节束。"并上书当事，指陈南北岸诸险工。未几，河决青龙冈，注微山湖，冲运河。四十七年七月，河东河道总督韩𫇭丁忧，青龙冈工未竟，上特命裕城署理。大学士阿桂视工曲家楼，请自兰阳至商丘别筑新堤。裕城奏："兰阳新开引河，其上游素称险要，必须内有重障，外有挑护。大堤后旧有越堤，相去还，恐不足恃。请向东添格堤，临河近溜处加筑挑水坝。"上从之。又奏兖州伊家河在运河八闸之西，以分泄运河及濒湖诸水，应挑展宽深，上命速兴工。又奏伊家河兴工后，即往河南勘验引水子沟。仍往来山东、河南督察。上嘉之，并谕曰："汝若能不自满而加以勤学，或可继汝父也。"伊家河工竟，四十八年，赐孔雀翎。四十八年，青龙冈工竟，请修筑运河堤岸，诣济宁勘估，奏需帑六十四万有奇，得旨允行，授河南巡抚。以秋审多失出，降三品顶带，停支养廉。四十九年，运河堤岸工竟，命议叙。师讨石峰堡乱回，道河南，裕城佐军兴，复顶带、养廉。五十年，调陕西巡抚。朝邑被水，上谕裕城就被水处将淤积泥沙建筑河堤。寻奏创建护城堤，下部议行。调江西巡抚，五十二年，奏江西河路二千四百余里，请以所获盗舟改设巡船，上嘉之。又奏丰城镇平堤中段水势冲激，不足捍御，请改建石堤，从之。五十五年，调安徽巡抚。命来京祝八旬万寿，行次合肥，卒。

吴嗣爵，字树屏，浙江钱塘人。八岁而孤，母钱督之严，雍正八年成进士。授礼部主事，大学士张廷玉奏改吏部。再迁郎中。嗣爵强识，娴故事。乾隆六年，授常州知府，再授保宁，皆奏留部。旋命视学湖北，调福建。十三年，授淮安知府，迁淮扬道。洪泽湖盛涨，例当开天然坝。嗣爵曰："开坝减暴涨，如下河州县生灵何？"持之力，卒无恙。十六年，调两淮盐运使。十八年，复授淮阳道。遭母忧，上谕曰："防河官吏丛弊，故特由运使调用。河工与地方官吏不同，畀假两月治丧，毕，在任守制。"

擢江苏按察使。迁布政使，调湖南，未行，奏江宁等三十五州县积欠应征口粮请特旨缓征。上谕巡抚托恩多,托恩多奏江宁等州县年丰,不当再请缓征。上责嗣爵藉缓征御过,并为有司催征不力地,命发江南河工,以同知用。二十五年,补宿虹同知,仍授淮阳道,移淮徐道。黄河盛涨,逼徐家庄缕堤,嗣爵督吏抢护,命署理河东河道总督。旋坐官运使时商人侵蚀提引公费,坐降调,命改夺官,仍留任。三十四年,奏请修补丁庙、六口、南旺、荆门、戴村诸闸坝,并言:"运河两岸土工,临清以北为民堰,南旺以南为官堤,自临清至南旺,官堤、民堰交错。请凡民堰卑薄残缺处,督令修筑,官堤酌缓急次第培修。"上嘉之。署河南巡抚。三十五年,奏:"南旺湖北高南下,在运河西岸,值分水口之冲。伏秋汶水发,自关家、常鸣等斗门灌入,只能收水入湖,不能出水济运。请于南旺下游土地庙前增建石闸一,以时启闭。"

三十六年,迁江南河道总督。四十年,奏:"丁家集黄河自北趋南,北岸新滩插入河心,致冲漫南岸民堰五百余丈。毛城铺过水较大,下流亦不能容。今收正河头,测量河唇,浚引渠,筑子坝,于北岸旁黄河故道浚引河,来春相机开放,俾河改由北岸东下,不使旁注丁家集诸地。"又奏:"里河厅运口本设惠济、通济、福兴三闸,惠济尤为淮水入运关键,诸俟春融修筑。"四十一年,又奏清口通湖引河凡五,为洪泽湖尾闾,并分别筹浚,运道以济。寻奏五引河中张家庄、裴家场二河水泄,应浚使宽深,从之。四十一年,上东巡,嗣爵觐行在,入对,不能兴,左右掖以出。改吏部侍郎,四十二年,乞罢,归。四十四年,卒,年七十有三。子璇,自有传。

萨载,伊尔根觉罗氏,满洲正黄旗人。父萨哈岱,官镶蓝旗满洲副都统。萨载,翻译举人,授理藩院笔帖式。累迁江苏苏松太道,管苏州织造。果亲王弘瞻短价令制绣缎朝衣,事发,夺官。召还京,予主事衔。寻授萨哈岱苏州织造,命萨载侍行为佐。逾年,改授普福,命交两江总督差委。旋授松江知府。三十年,加道衔,复署苏州织造。三十四年,擢江苏布政使,仍兼织造。三十五年,署巡抚。巡抚永德请以华亭、宝山土塘改建条石,萨载言条石易倾圮。按察使吴坛请裁巡检弓兵,增州县捕役,萨载言不便,皆寝其议。三十六年,与总督高晋奏浚海州河道,又奏江苏社谷积至三十七万六千石,请察验,报闻。

三十七年,真除江苏巡抚。上命察屯田,萨载奏江安粮道属江淮、兴武等六卫,苏州粮道属苏州、太仓等四卫,令清厘册报,循新例四年一编审。加给江淮、兴武二卫屯丁垦田,运丁快丁终岁挽输,请加给津贴。太仓、镇海二卫田不随船,私相售典,循旧例借项赎回。从之。三十九年,河溢外河厅老坝口,偕河道总督吴嗣爵董工事,未两旬工竟,议叙。

四十一年,上东巡,觐行在,授江南河道总督。命与高晋察黄河海口淤沙。萨载先至,奏:“海口前在王家港,自雍正时接涌淤滩,长四十余里。南岸为新淤尖、为尖头洋,北岸为二泓、三泓、四泓。二泓、四泓宽二十余丈,潮至深二三丈。三泓宽四十余丈,潮至深三四丈。河底有高低,河唇又渐远,淤积已久,难以旋工。”上谕曰:“此海口自然之势,难以人力胜之。”寻与高晋奏请以清口东、西坝移建平城台,于陶庄迤上别开引河。是夏,运河及骆马湖水涨,萨载督吏防护。上嘉其妥协。寻开陶庄引河,四十二年二月,工竟。上谕曰:“朕屡次南巡,临阅清、黄交汇处,虑其倒灌,思引向陶庄北流。历任河臣未有能任此者。昨岁萨载奏请施工,与朕意合。据奏工竟,自此黄河离清口较远,既免黄河倒灌之虞,并收清水刷沙之益,实为全河一大关键。视齐苏勒例,予骑都尉世职。”入觐,上命于拦黄坝迤上加筑坝为重门保障,并于旧有木龙三架迤上增设木龙。萨载回任,奏遵上指料理,上嘉之。冬,复奏:“新河河面首尾宽窄不同,请于北滩顺水势抽槽,酌留土格,俟来年水涨放溜冲刷,使河面首尾宽阔相若。”绘图以进,上览图中北岸有新淤,因虑北淤则溜必南趋,识以朱笔,命萨载疏治。四十三年,奏:“高家马头新淤已刷动宽深,彭家马头新淤前作柴枕土坝。兹于滩面抽槽,候水涨冲刷。”旋署两江总督。四十四年,奏拦黄坝外旧河淤滩,请于滩面筑束水堤为新河保障。寻实授两江总督。先是,高晋奏中河口门淤阻,议移下游李家庄,上命萨载勘奏:萨载请将清口东、西坝移筑惠济祠前,上从之。

四十五年,大学士阿桂奏:"陶庄引河首尾宽而中窄,河身虽已刷深,水势尚嫌束缚。伏秋汛涨,恐宣泄不及。"命偕萨载勘覆。寻奏请河宽六十余丈处展十余丈,河宽不及六十丈处展二十余丈。又奏。云梯关外二套以下河流现行之道,道远而水浅,请于四泓以下增设闸坝。二套上迤西马港河旧堤残缺,应行修复。并于旧无堤处补筑新堤,下接北潮河西堰。"上从之。

夏,河溢郭家渡,命萨载与河道总督陈辉祖督护。是岁河水盛涨,初开毛城铺、苏家山、峰山头诸闸,次将清口东西坝全行拆展。萨载奏诸州县被水,睢宁、泗州为重,邳州、宿迁、灵璧、五河次之,见在抚恤宁贴。上谕曰:"实在无善策,只可尽力抚恤,以期补过。"复命引河水入陶庄新河。寻奏丰、砀、铜、沛险工俱次第抢护,下游洪泽、高宝诸湖亦俱平定,俟水落堵筑。得旨:"览奏深慰。"先是,上临高堰阅洪泽湖砖石诸工,谕萨载石工卑者增高,砖工悉改用石。萨载奏请酌量缓急,分三年修筑。八月,丁父忧,命百日满后仍署两江总督。四十六年,奏请自李家庄至临河集北浚引河,上命速为之。

六月,河溢魏家庄,水大至。萨载奏:"全河奔注,归入洪泽湖。清口展宽至八十丈,山盱五坝已开智、义二坝。而高堰诸地水势未消,盈堤拍岸。未开三坝及车逻、昭关二坝,或坚守,或酌开,俟察勘后续奏。"上命坚守。寻续奏洪泽湖浪涌山盱五坝,所存仁、礼二坝,掣通过水,续开车逻、昭关二坝。上以各闸坝俱开,下河民田被淹,令察灾状速奏。八月,魏家庄工竟。山东巡抚国泰奏运河积淤,水不能畅行,议于刘老涧坝旁开水口分泄,上命萨载往勘。萨载奏:"运河泄水宣畅,已开驼车头竹篓坝泄水入骆马湖,刘老涧九孔石闸亦过水。若议别开水口,不便使无水之区再受水患。"上韪其言。又奏:"微山湖东南两面水色澄清,沂河及骆马湖水不使涓滴入运。为运河腾空去路。永济桥孔亦无横坝拦截,水势畅消。"上称为有条理,命国泰听其指授,毋持己见。

十二月,兼署安徽巡抚。四十七年,奏请浚泗州谢家沟,泄睢河及杨疃诸河水入洪泽湖。又承上命浚铜山潘家屯引河。四月,河南青龙冈漫口既堵复蛰,大溜下注。上命宽浚潘家屯、刘老涧诸河,泄水归海。萨载请开张家庄引河与潘家屯引河分流,使湖泄入黄又多一路。上谕曰:"筹泄水之路,为今日急务,宜妥为之。"加太子少保。江苏巡抚吴坛议开金坛漕河,自丹徒穿句容境分水脊达江宁。萨载奏:"分水脊即茅山之麓,地峻土坚,势不能开凿。请浚七里桥至港口桥河道,与上、下河道宽深一律。"又请自镇江钱家港至江宁龙潭浚辟新河,及修浚金山对渡瓜洲城河,上嘉之。又奏请浚涟河,展骆马湖六塘河、盐河口门,均如议行。

四十八年正月,服阕,实授两江总督。河南青龙冈工竟,萨载奏黄河归故道,入江南境流行迅速,得旨:"欣慰览之!"上命移建沛县城。萨载奏请移旧城西南戚山,并修夏镇文武官署,丰、沛二县漕仓。四十九年,江西巡抚郝硕坐婪贿得罪,责萨载未奏劾,下吏议,夺官,命留任罚养廉三年。五十年,漕艘北行,以运中河浅阻,至天津误期。上责萨载开运中河不知建闸,水势一泄无余。又清口东、西坝不能及早收束预为蓄水,致运道浅阻。降三品顶带。五十一年,足疾,请解任。遣医往视,命复原品。寻卒,赠太子太保,赐祭葬,谥诚恪,祀贤良祠。

子萨腾安,袭骑都尉,官至广西按察使。萨云安,官云南迤西道,坐事戍军台。

兰第锡,山西吉州人。乾隆十五年举人,授凤台教谕。擢顺天大兴知县。三十四年,总督杨廷璋请以第锡升补永定河北岸同知,吏部以大兴非沿河州县,议驳,再请,上特许之。再迁永定河道。四十八年,署河东河道总督。奏请河堤分界栽柳,并禁近堤取土。又奏仪封六堡、三堡滩面浅狭,水力较悍,请于新堤南筑月堤为障。皆从之。四十九年,奏:"河工绸缪防护,全在平时。堤有深浅,水有变迁，及车马践蹋，獾鼠洞穴，必朝夕在堤，始能目睹亲切。至冬末凌汛，春初桃汛，尤应昼夜巡逻。应令驻工各员移至堤顶，禁勿私下。如有旷误，文武得互举。令以堤为家，庶不至疏防。"均如所请行。五十年，奏："北岸黄沁等厅、南岸上南等厅旧堤，及兰仪等厅新堤，各增卑培薄。并加筑旧坝，添作挑水。"上命速行。五十二年，上以第锡署任三年，勤奋妥协，命实授。旋兼兵部侍郎。

河溢睢州十三堡，疏请罪，上以其地原无埽工，原之。工竟议叙。五十四年，调江南河道总督。河溢睢宁周家楼，疏请罪，上以河水异涨，原之。工竟，议叙。五十六年，奏勘毛城铺滚水坝、王平庄新挑引河，上奖第锡察验各工不草率。五十七年，请自淮安移驻清江浦，改建衙署，允之。五十九年，奏丰北汛接筑土坝过多，上游水势不能畅达，有碍曹、单河流去路，自请下吏议夺官，上命留任。嘉庆元年，河溢丰北汛，疏请罪，谕俟工竣核功过。工竟，赐黄辫荷包，仍以不能先事预防停甄叙。二年，卒。

三年，第锡以河溢当偿帑二十万余两。上以第锡尚廉洁，虑不能胜，谘山西巡抚伯麟，伯麟奏第锡遗田舍仅值一百四十余两。上奖第锡清慎，谕道、厅以上及曾任总河各员分别代偿。

韩鑅，顺天大兴人，原籍贵州毕节。入资授通判，拣发山东，授上河通判。累擢江南淮徐道。四十六年，授河东河道总督。奏言："山东运河，赖汶、泗来源及各湖接济。汶河上游东平戴村等处民堰，对岸沙淤，应凿滩抽沟，以展河势。泗河下游即为府河，自安居、十里二斗门入运，河浅堰卑，亦当疏治。蜀山、马踏、马场、南旺诸湖，现当济运泄水，堰根显露，正可取土培堤。"七月，河决祥符焦桥，疏请罪。上原之。工竟，命优叙。未几，河又决仪封曲家楼、青龙冈、大李家庄、孔家庄，凡溢四口。上令江南河道总督李奉翰赴工会督。水全出青龙冈，而孔家庄等三口皆塞。又命大学士阿桂履勘，又令山东巡抚国泰赴工会督。工垂竟，坝蛰复溃。大学士嵇璜议引河北流复故道，上以谘阿桂、李奉翰及鑅。鑅疏言："青龙冈始漫，势甚汹涌,是以倒漾北行,分入沙、赵二河,穿运归海。未久旋即断流,仍行南注。地势北高南下,若于南岸建堤堵截,欲回狂澜使之北注,诚如圣谕必不能行。水性就下,未便轻议更张。"阿桂等所奏亦略同,乃寝璜议,惟以河水北行既已断流,责镁何不即时具奏。

四十七年正月,坝复蛰。上闻运道河以南深通,河以北多淤垫,命镁往微山湖北运河察勘。二月,赴济宁,会国泰及巡漕御史毓奇察勘,请自济宁在城闸至峄县黄林庄,筑土堰、柴坝、桩埽、桥梁,设水站,置绞关。镁请察勘毕,还青龙冈工次上命镁往来督察,复勘伊家河、荆山桥诸地水势,请浚铜山潘家屯引河益使宽深,并浚骆马湖、六塘河及济宁南北徒骇、马颊、伊家等河。时青龙冈坝屡筑屡蛰,镁遵上指迅筹宣泄,使黄水渐消。复还青龙冈工次,会阿桂等于兰阳三堡改筑大堤,浚渠导水出商邱七堡入正河故道。镁旋以父忧去。四十八年三月,青龙冈工始竟。四十九年,服阕,授工部侍郎。部议镁任河督时应偿帑十四万余两,诏免十之七。五十四年,命会勘通惠、温榆二河,及朝阳门外护城河。调户部。五十五年,命往江南会同江南河道总督兰第锡督防汛。嘉庆三年,调兵部。四年三月,命守护裕陵。六年,以年老休致。九年,卒。

论曰:世业尚矣,于河事尤可征。前乎此者,嵇曾筠有子璜,高斌有从子高晋。若李氏、何氏、吴氏皆继之而起,宏及子奉翰、煟及子裕城并有名乾隆朝,嗣爵子敿则下逮嘉庆,奉翰子亨特,贪侈陨绩,忝祖父矣。清时以诚笃名,第锡以廉洁著。青龙冈塞河决,历两载工始竟,阿桂主之,萨载、韩镁佐之。详具其始末,见成功之难也。

清史稿卷三二六
列传第一一三

开泰　阿尔泰　桂林　温福

　　开泰,乌雅氏,满洲正黄旗人。雍正二年进士,改庶吉士,授编修。九年,迁侍讲。上御门,开泰未入侍班,黜令乾清门行走。十三年,复编修。乾隆元年,迁国子监司业。八年,迁祭酒。督江苏学政。再迁内阁学士。三迁兵部侍郎,仍留学政任。十年,授湖北巡抚。疏言:"社仓较常平尤近于民,而弊亦易滋。湖北社仓谷麦五十二万石有奇,散在诸乡,恐多亏缺。应饬道府按部所至,便宜抽验。"调江西。十三年,又调湖南。疏言:"户部咨各省常平仓谷,以雍正旧额为准。湖南溢额谷五十五万余石,令粜价储库。臣维雍正旧额七十余万石。湖南夙称产米,乾隆二年至八年,诸省赴湖南购米,先后计百七十五万有奇。中间又拨运福建、江苏。若尽粜溢额之谷,遇本省需用或邻疆告籴,必致仓储缺额,买补不易。"疏上,以留心积贮嘉之。十五年,有寿抡元者,自言南河同知,赴湖南采木,布政使孙灏谕永州府为料理。寻得其诈伪状,开泰以闻,但言灏殊为未谙。上以灏瞻徇,何得但言未谙,知为开泰门生,斥其徇庇,下吏部严议,议夺官,命留任。寻调贵州。十八年,疏言:"古州募军屯田,户上田六亩,中田八亩,下田十亩。今食指日多,生计艰难,请准屯户入伍充兵。"许之。擢湖广总督,加太子少傅。
　　二十年,调四川。金川土司莎罗奔与革布什咱土司色楞敦多布初为婚媾,继乃相怨挑兵。旁近绰斯甲布、鄂克什、杂谷、巴旺、丹坝、明正、章谷、小金川诸土司皆不直莎罗奔。二十三年，莎罗奔攻吉地。吉地，色楞敦多布所居寨也。开泰与提督岳钟琪檄游击杨青、都司夏尚德等率兵分屯章谷、泰宁，令鄂克什、杂谷援革布什咱，攻金川，莎罗奔引退。寻复攻破吉地，色楞敦多布走泰宁求援，开泰复檄诸土司出兵助之，调杂谷土练千人分屯丹坝、章谷、泰宁，发黎、雅、峨边兵屯打箭炉，谕郎卡撤兵。郎卡、莎罗奔从子，为副酋，主兵事者也。事闻，上谓："番目相攻，于打箭炉何与？"疑郎卡扰边，命开泰具实覆奏。开泰寻疏报章谷、巴旺土兵击败金川，莎罗奔焚吉地走，尽复命革布什咱境，留绰斯甲布、明正两土司兵分守之，使色楞敦多布归寨。上谕曰："番民挟仇攻击，不必绳以内地官法。宜以番攻番，处以静镇。"旋加太子太保。二十四年，松潘镇总兵杨朝栋入觐，开泰与钟琪奏朝栋衰老，难期胜任。上责开泰何以不先奏，下吏部议，夺官，命仍留任。

二十七年，莎罗奔死，郎卡应袭。例，土司承袭，邻封诸土司具结。开泰以郎卡与诸土司皆不协，令毋取结，疏闻，上许之，命严谕郎卡知恩守法。未几，郎卡侵丹坝，取所属玛让，开泰檄绰斯甲布往援，使守备温钦等赴金川诘责。上谕曰："郎卡狼子野心，即使诘责伏罪，岂肯永守约束？诸土司援兵既集，能协力剿除，分据其地，转可相安，若诸部不能并力剿除，而郎卡怙恶不悛，亦非开泰、岳钟琪，四川绿营兵能任其事，应临时奏请进止。"二十八年六月，开泰奏九土司大举击破金川。上闻郎卡使人诣成都，开泰许进谒，抚慰之，而阴令九土司进兵，谕曰："郎卡于绰斯甲布等屡肆欺凌，众土司合力报复。开泰既闻其事，惟应明白宣示，谕令悉锐往攻。而于郎卡来人严为拒绝，且谕以尔结怨邻境，谁肯甘心？断不能曲为庇护。如此，则郎卡既不敢逞强，绰斯甲布等亦可泄仇。乃既用谲以笼络郎卡，又隐为各土司援助，郎卡素狡黠，岂能掩其耳目？殊非驾驭边夷之道。"命夺官，以头等侍卫赴伊犁办事。寻卒。

阿尔泰，伊尔根觉罗氏，满洲正黄旗人。雍正间，以副榜贡生授宗人府笔帖式。乾隆中，屡迁至山东巡抚。以山东产山绸，疏请令民间就山坡隙地广植柞椴，免其升科。岁大水，阿尔泰先后浚兖州、沂州支渠三十有九，曹州、单县顺堤河二百余里。培南旺、蜀山湖民埝。导章丘珍珠、麻塘二泉，新城五龙河溉民田。并及高苑、博兴、惠民诸县近水地，皆令蓺稻。筑洸河堤至于马场湖，以卫济宁州城，析白马湖引入独山湖以疏泗水，开汶上稻田数百顷。济东诸州县濒徒骇、马颊两河，支流相贯注，及哨马营、四女寺支河，皆次第疏治。浚卫河自德州至于馆陶凡三百余里。泄寿张积水自沙、赵二河入运，泄东平积水入会泉、大清诸河，泄济南、东昌诸州县积水。开支河三十余，循官道为濠，引水自濠入支河，自支河入徒骇、大清诸河。漳、汶合流，开引河，增子埝，以防盛涨。阿尔泰抚山东七年，治水利有绩，擢四川总督，加太子太保。

　　阿尔泰至四川，议平治道路：陆道北讫广元，西达松潘，东抵夔州，护其倾敧，补其缺落，兼葺大渡河泸定桥。水道自万县入湖广境，凿治险滩凡一百有奇。议以牧厂余地招佃为田。议置义仓，捐谷千余石以倡。议开南川金佛山磺矿。议筑都江大堰。议松潘、杂谷、打箭炉三厅置仓储麦稞，备边储。上皆从其请。

　　初，征金川，以头人郎卡出降，罢兵。三十一年，复为乱，掠丹坝、巴旺。阿尔泰策以番攻番，令旁近绰斯甲布诸土司攻之。秋出行边，至杂谷脑。郎卡使请还所侵丹坝碉卡。复与提督董天弼进至康巴达，郎卡出谒，阿尔泰许如所请，并畀以新印。疏闻，上戒毋迁就苟安。三十五年，小金川头人僧格桑掠鄂克什，阿尔泰赴达木巴宗，僧格桑出谒，还侵地。寻授武英殿大学士，仍领总督。三十六年，召还京，入阁治事。既，复令出领总督。金川头人索诺木攻革布什咱，僧格桑亦围达木巴宗，侵明正土司。阿尔泰疏言："两金川相比，如议出师，需兵既多，糜饷亦巨。兹令董天弼临之以兵，仍使游击宋元俊宣谕索诺木。"上责阿尔泰议非是，决策用兵，令定边右副将军温福视师，佐以侍郎桂林，谕斥阿尔泰掩饰偷安，夺大学士、总督，留军治饷，以桂林代为总督。师克约咱，上以阿尔泰铸大炮利军行，予散秩大臣衔。

三十七年，与总兵宋元俊劾桂林覆军讳败，上为罢桂林，即命阿尔泰摄总督。俄移督湖广。阿尔泰疏言："各路转饷，当招商承运。西路去内地近，南路山险途长，商不肯应募，当增运值。火药已运罄，当令云南、陕西协助。"上谓："阿尔泰专领转饷，何不早筹画？今福隆安、阿桂皆至南路，始以一奏塞责。"命毋往湖广，仍以散秩大臣留军督饷。未几，阿桂疏言军至卡丫，无五日之粮。又言绰斯甲布转饷将一月犹未至。阿尔泰亦自陈请夺职从军。上责其倚老负恩，始终不肯以国事为念，命逮问。

阿尔泰初至四川，上以天坛立灯竿，下四川求楠木。阿尔泰附运木材以进，言出养廉采献。既乃私语人，谓他日且以此负累。语闻上，上心慊之。至是，诏罪状阿尔泰，犹及此事，斥为昧良饰诈。川东道托隆入见，发阿尔泰藏私，下继任总督富勒浑严鞫。三十八年，狱具，拟斩，上命赐自尽。

桂林，伊尔根觉罗氏，满洲镶蓝旗人，两广总督鹤年子。桂林自廪生入赀为工部主事。累迁山西按察使。三十六年三月，擢户部侍郎、军机处行走。九月，命佐定边右副将军温福讨金川。十一月，授四川总督。小金川头人在卡外投文馈土宜，桂林却不受，檄罪状其酋僧格桑。旋督兵收约咱，进克其东山梁大小碉五、石卡二十余，疏请添调黔、陕兵五千益师，上许益陕、甘兵三千。桂林旋督总兵宋元俊攻卡丫，进据墨尔多山梁。上嘉其措置合宜，手诏谓："无意中用汝，竟能得力。亦赖在军机处半年，日聆朕训也。"

三十七年，克卡丫，复破克郭松、甲木、噶尔金。进克噶尔金后山梁，分兵攻东山梁，袭阿仰，自墨垄沟进取达乌围。是时大金川酋索诺木攻陷革布什咱，屯兵其地。桂林议乘索诺木兵力未备、革布什咱人心未定，与元俊分兵五道并进，并约将军温福合击，密令革布什咱降酋旺勒丹等约其戚加珲尔为内应，遂收革布什咱寨落七十余里。旋令元俊及守备陈定国率绰斯甲木土兵屯甲尔垄坝，进攻默资沟、吉地,断其水道,进攻丹东。上奖桂林甚合机宜,促元俊乘胜深入取索诺木。

桂林遣裨将自东山梁墨垒沟越岭进攻,别遣兵出间道,自札哇窠山梁缒崖伏师。既度东山梁墨垒沟,札哇窠伏兵亦起,贼败窜,克大碉一、石卡二十一。别遣参将常泰环攻党哩,都司李天贵等攻沙冲,革布什咱头人为内应,贼尽歼。党哩、沙冲地并复。总兵英泰等复攻克达乌官寨。上嘉其功,赐御用玉镖。再进攻克格乌巴桑及那隆山岭。元俊别攻克丹东及觉拉喇嘛寺,诛贼渠三百、番众百三十余。革布什咱地尽复,桂林檄定国将所调绰斯甲布兵驻界上听调。上以革布什咱既复,正当乘胜进剿金川,攻其无备,责桂林失算。

桂林复督兵攻达乌东岸山梁,参将薛琼战没,琼骁将,深入粮尽。桂林既失期不会师,又不以时遣援,军尽覆,疏请治罪,述战状不敢尽。元俊与散秩大臣阿尔泰刻其虚诳,并言桂林在卡丫建屋宇以居,迫属僚供应,与副都统铁保、提督汪腾龙等终日酣饮,诸将罕得见。密令腾龙界总兵王万邦白金五百,赎被掠官兵,希图掩饰。上夺桂林职,命额驸、尚书、公福隆安驰往按治,寻奏所劾皆虚,惟官兵伤损不即察奏属实。至赎被掠官兵,乃在军户部郎中汪承霈闻巴旺、布拉克底土兵归失道,官兵告桂林,发白金五百交腾龙备赏,事为元俊挑陷,请分别治罪。上以桂林在军日亲曲蘗,止图安逸,不能与士卒同甘苦,致北山梁伤损多兵,不得为无罪,命戍伊犁。三十八年七月,予三等侍卫衔,仍诣军前督粮运。四十年,授头等侍卫。寻授四川提督,迁两广总督。卒,加太子太保衔,谥庄敏。

温福,字履绥,费莫氏,满洲镶红旗人,文华殿大学士温达孙也。自翻译举人授兵部笔帖式。乾隆初,累迁户部郎中。外擢湖南布政使,历四年。移贵州布政使,亦四年。坐平远民哄讼庭、按治草率,夺职,戍乌里雅苏台。二十三年,起内阁侍读学士。从定边将军兆惠讨霍集占,战叶尔羌,枪伤颧。擢内阁学士,迁仓场侍郎,予云骑尉世职。外授福建巡抚,内迁吏部侍郎、军机处行走,进理藩院尚书。

三十六年，师征金川，授定边右副将军，以侍郎桂林佐之。共讨贼。温福自汶川出西路，桂林自打箭炉出南路。时小金川头人泽旺子僧格桑割地乞援于大金川头人索诺木，索诺木潜遣兵助之。上命先剿小金川，且勿声大金川罪。温福至打箭炉，分兵三道入：温福出巴朗拉，提督董天弼自甲金达援达木巴宗，总督阿尔泰自约咱攻僧格桑。十一月，擢武英殿大学士。十二月，至巴朗拉，战三昼夜，贼败去。三十七年正月，取达木巴宗。进攻斯库叶安，而分军出别斯满、玛尔瓦尔济，两路夹击，进克资哩。再进克东玛，再进克路顶宗及喀木色尔，取诸碉寨。再进得博尔根山梁，并攻克得玛觉乌寨落，攻公雅山。十二月，授定边将军，以阿桂、丰升额副之。进克明郭宗，再进克底木达。底木达者，僧格桑父泽旺所居寨也。师至，俘泽旺，槛致京师，诛于市，而僧格桑奔大金。川温福檄索诺木令缚献僧格桑，不应。

上将进讨大金川，温福等疏言："前此张广泗征金川，十路、七路分合不常，实只有六路，皆以抵勒乌围、噶尔依为主。一为卡撒正路，自美诺至噶尔依，约五程，为傅恒进兵路。一为丹坝，自维州桥红番地抵勒乌围，约二十余程，中有穆津冈天险，为岳钟琪进兵路。一地名僧格桑，自美诺抵噶尔依，六七程，即总兵马良柱所行路。一为革布什咱，一为马尔邦，皆距噶尔依六七程，险狭难行。一为绰斯甲寨至勒乌围三程，至噶尔依亦三程，均隔大河，碉寨林立，难攻。此外又有俄坡一路，从绰斯甲寨至勒乌围，仅二程路较平。今当由卡撒正路进兵，其俄坡一路，既有绰斯申土司愿出兵复其侵地，可为犄角其余各路，分兵牵制，使不能兼顾。"于是温福自功噶尔拉入，阿桂自当噶尔拉入，丰升额自绰斯甲布人。温福性刚愎，不广咨方略，惟袭讷亲张广泗故事，以碉卡攻碉卡，修筑千计。所将兵二万余，强半散在各碉卡。每逾数日当奏事，即督兵攻碉。士卒多伤亡，咨怨无斗志。温福日置酒高会，参赞伍岱叹曰："焉有为帅若此而能制胜者？"因密疏闻上，温福亦疏劾伍岱。上命丰升额及额驸色布腾巴勒珠尔按治。温福又言色布腾巴勒珠尔朋比倾陷,上为夺伍岱职,令色布腾巴勒珠尔逮诣热河行在,狱成,戍伍岱伊犁。

三十八年春,温福师至功噶尔拉,贼阻险,不得进,别取道攻黄岭,驻军木果木。令提督董天弼分军屯底木达。木果木、底木达皆故小金川地,索诺木阴使小金川头人煽诸降番使复叛。诸降番以师久顿不进,遂蜂起应之。先攻底木达,天弼死之,次劫粮台,潜袭木果木。温福不严备山后要隘,贼突薄大营,夺炮局,断汲道。时大营兵尚万余,运粮役数千,争避入大营,温福坚闭垒门不纳,轰而溃,声如坏堤,于是军心益震。贼四面蹂入,温福中枪死,各卡兵望风溃散。参赞海兰察闻警赴援,殿余兵自间道出。小金川地尽陷。上初闻温福死,诏予一等伯爵,世袭罔替,祀昭忠祠。既,刘秉恬、海兰察、富勒浑各疏言温福偾事状,命夺伯爵,予三等轻车都尉世职。四十一年,命并罢之。子勒保、永保,皆有传。

论曰:金川再乱,开泰、阿尔泰皆主以番攻番,迟回坐误。桂林有宋元俊不能用,反龁龁之,拥兵不进。阿尔泰与元俊劾桂林,此其意以军国为重,不屑阿贵近、疏卑远,宜若可成功,乃坐蜚语败。温福锐进,似胜开泰辈,乃又刚愎,有董天弼不能用,予兵至少,令僻处军后,卒致偾溃,徒以身殉,岂不惜哉?

清史稿卷三二七
列传第一一四

刘藻　杨应琚 子重英　苏尔相
明瑞

　　刘藻,字素存,山东菏泽人。初名玉麟,以举人授观城教谕,乾隆元年,荐举博学鸿词,试一等,授检讨,更名。累迁左佥都御史。圆明园工兴,疏言:"园工不过少加补葺,视前代饰台榭之观者度越何啻万万?臣愚以为奢靡之渐,不可稍开。乞皇上慎始虑终,为天地惜物力,为国家培元气,来岁诸工酌量停减。"上嘉纳。迁通政使。六年,擢内阁学士。督江苏学政。寻以高邮诸生求赈而哄,左授宗人府府丞。藻居扬州候代,有吴之黼者,以文求教,藻行,馈糟鱼,受之,中途发视,得白金四百,藻畀两淮运使朱续晫还之黼。上闻,谕曰:"如此方不愧四知!"旋乞养归。孝贤皇后及长皇子定安亲王丧,藻诣阙入见。会大学士张廷玉乞归失上指,因奖藻,谓其知君臣休戚相关大义,以愧廷玉,加藻内阁学士衔。赐人参二斤,命归养母。母丧终,二十一年,授陕西布政使。

　　二十二年,擢云南巡抚。加太子少保,兼领贵州巡抚。二十九年,例行大计,巡抚图尔炳阿未至,藻疏请先期举行,上嘉之,旋授云贵总督。三十年,疏言:"年来木梳野匪与缅甸所属木邦构衅,又与耿马土司毗连。自木邦至滚弄江,应设卡防守,请于各土司就近派拨。"诏如所请。

　　三十一年,移湖广总督,未行,寻奏:"副将越宏榜等赴孟连、耿

马剿逐莽匪,镇臣乌尔登额赴滚弄江口。臣于普洱、思茅各隘调
度。"又奏言:"由小猛仑进攻九龙江、橄榄坝诸寨,多斩获。惟参将
何琼诏、游击明浩派赴整控江防御,冒昧渡江,遇贼败没。"寻奏琼
诏等未死,请治贪功轻进之罪,上以"琼诏、明浩等遇贼败逃,又复
妄言败没。此法所难宥,藻反称冒昧贪功轻进,何愦愦乃尔?"诏言:
"藻本书生,军行机宜,非其所习,朕不责以所不能。至调度赏罚,并
可力为筹办,乃舛谬若此,岂堪复胜总督之任?"因左授湖北巡抚,
命杨应琚代往。复谕:"应琚未至,藻当实力经理。若自以为五日京
兆,致误事机,必重治其罪!"部议夺职,留云南效力。藻闻上怒,惶
迫自杀,巡抚常均疏报。上令应琚至普洱,为求医治疗,伤平,传旨
逮问。常均旅奏藻死,上复诏责其张皇畏葸,旅榇归葬,不得听其家
立碑书历官事实。三十二年,巡抚鄂宁奏言:"缅甸本莽瑞体之后。
乾隆十八年,木梳头目瓮籍牙逐其酋莽打喇而自立。夷人遂呼缅甸
为木梳,或呼缅,或呼莽,非二种也。"

　　杨应琚,字佩之,汉军正白旗人,广东巡抚文乾子。应琚起家任
子。乾隆初,自员外郎出为河东道,调西宁道。巡抚黄廷桂荐其才,
高宗曰:"若能进于诚而扩充之,正未可量也。"累迁至两广总督。先
后疏请练水师,筹军食,修滩水、陡河堤坝,贮柳、桂、庆、梧余盐皆
如所请行。暹罗贡使殴伤通事,其国王鞫实,拟罚锾,遣使牒礼部。
应琚曰:"属国陪臣无上交。"好语谕遣之,称旨。二十二年,移闽浙
总督。二十三年,加太子太保。

　　二十四年,移陕甘总督。疏言伊犁底定,宜先屯田,留兵五千垦
特诺果尔、长吉、罗克伦。复以陕、甘非一督能治,请更西安总督,为
川陕总督,四川总督为巡抚,甘肃巡抚为总督,上遂命应琚督甘肃,
陕西提镇受节制,进太子太师。尝募巴尔楚克回户治多兰沟渠,垦
喀喇沙尔以西各台,又增置兵备道、总兵,分驻阿克苏、叶尔羌二
城,遂为重镇。应琚奏办屯垦,遣兵购畜,部署纷烦。至是,疏自言
其非,请因利乘便规久远。帝嘉纳,下其疏示中外。二十九年,移驻

肃州,拜东阁大学士。

三十一年,缅甸大入边,滇事棘。缅酋莽达拉自为木梳长所篡,击败贵家木邦,贵酋宫里雁奔孟连。时应琚子重谷为永昌知府,诱杀之,木酋亦走。缅益横,入犯思茅。上移应琚云贵总督视师。应琚至楚雄,缅人渐退,师乘间收复。应琚往孟艮、整卖正经界,集流亡,厘户口,定赋税,而令召丙、八先俸分据之,请赏给三品指挥使。上以为能,赐珍物,官其孙茂龄蓝翎侍卫。又使人诱致孟密、孟养、蛮暮令献地,实则地悬缅境,内附特空言。诸将希应琚指,争谓缅势孤,易攻取。应琚初犹弗听,曰:"吾官至一品,年逾七十,复何所求,而以贪功开边衅乎?"副将赵宏榜怂恿之,遂下道、镇、府、州合议,亦谓寇势大,边衅不可开,总兵乌尔登额阻尤力,应琚滋不怿。

永昌知府陈大吕惧更初议,应琚乃往永昌受降,并为文檄缅,移言水陆军五十万陈境上,不降即进讨。缅遂大发兵溯金沙江而上。其时宏榜顿新街,却走。应琚闻警即遘疾,上命杨廷璋往代,遣侍卫傅灵安携御医往诊。并谕其子江苏按察使重英、宝庆知府重谷省视。比廷璋至而疾已愈,乃令诸军进击,总兵朱仑出铁壁关,攻楞木,不克,寇势益张。提督李时升告急,应琚不报。缅阳议款,遂以楞木大捷入告,而缅已渐入户撒。

时总兵刘德成拥兵干崖,饮酒高会,时升屡趣罔应。应琚遣缅宁通判富森持令箭督战,德成始抵盏达。缅惧击其后,潜引去,应琚仍以捷闻。缅甸复入猛卯,参将哈国兴等引还,炮械多遗失,应琚又报捷。并传令朱仑兼剿抚,阴示以和喊事。缅果累乞和。逾岁,奏言:"缅甸酋弟卜坑率聂渺遮乞款附,恳予蛮暮、新街互市。"上察其伪,数诃责,嗣木邦告警,国兴军抵蛮幕,寇欻退,应琚又以复新街奏。上视所进地图,疑寇既屡败,何以尚据内地土司境,降旨驳诘。会福灵安先被命廉军事,具言宏榜诸人失守状,应琚亦劾德成等迟留不进,于是俱逮问,而以杨宁为提督,且以应琚不胜任,召明瑞代统其军。明瑞至,首发其欺罔罪,谓误木缅别为一事尤妄诞,鄂宁亦纠其掩败为胜。应琚恐,乃上言大举征缅,调湖广、川、滇军五万,五路并进，请敕暹罗夹攻，朝论皆斥之。未几，诏逮问，赐死。重谷亦坐笞杀人，弃市。

重英初至云南，隐以监军自居，嗣为鄂宁所劾，命以知府从军。明年，军士患饥，缅嗛诈媾和，参赞珠鲁讷遣重英往报，被执。上以重英且降缅，下其子长龄狱。已，缅归俘卒，赍贝叶书，附重英书乞罢兵，拒弗纳。四十一年，缅出都司苏尔相议和，仍弗许。五十三年，缅闻暹罗受封，乃款关求贡，并还重英。重英陷缅后，独成佛寺逾二十年，未改中国衣冠。上大悦，进道员，释长龄出狱，比以苏武之节，御制苏杨论旌之。俄，病卒。

苏尔相，甘肃灵州人。自行伍从征缅甸、金川有劳，累迁云南奇兵营都司。三十五年，云贵总督彰宝以缅甸表贡久不至，遣尔相赍檄往谕，被留，迫使上书阿桂申表贡之议。上谓尔相且降缅，命甘肃疆吏执尔相妻孥致京师，子一、女二死于狱，妻死于道。四十一年，缅始送尔相还。上命阿桂传谕，令其诣京师，引见，授游击，赐诗亦比以苏武。累迁腾越镇总兵，兼署云南提督。卒。

明瑞，字筠亭，富察氏，满洲镶黄旗人，承恩公富文子。自官学生袭爵。乾隆二十一年，师征阿睦尔撒纳，明瑞以副都统衔授领队大臣，有功，擢户部侍郎，授参赞大臣，于公爵加"毅勇"字，号承恩毅勇公。二十四年，师征霍集占，复有功，赐双眼花翎，加云骑尉世职。师还，图形紫光阁，擢正白旗汉军都统。二十七年，出为伊黎将军，进加骑都尉世职。

三十年二月，乌什回为乱，驻乌什副都统素诚自戕，乱回推小伯克赖黑木图拉为渠，拒守。明瑞遣副都统观音保往讨，而帅师继其后。乌什回二千余出御，明瑞与观音保力战破之，夺炮台七。贼入城，师合围。明瑞疏陈素诚狂纵激变，及参赞纳世通虐回民，阻援师，副都统弁塔哈掩败妄奏诸状，上令尚书阿桂至军，按诛纳世通、弁塔哈。贼夜袭我军，我军诇知之，预为备，射赖黑木图拉殪，贼拥其父额色木图拉为渠。明瑞以兵六百余夜携云梯薄其城，不克，则毁其堞，且断汲道。贼待阿富汗援不至，乃缚献额色木图拉等四十二人降，明瑞悉斩之，其胁从及妇稚万余送伊犁。乌什平。上以明瑞得渠魁，未详鞫为乱状，乱回至围急始缚献首恶，不可轻宥，所措置皆不当，与阿桂同下部议，夺职，命留任。旋条上善后事，如所请。

是时缅甸为乱犯边，总督刘藻战屡败，自杀。大学士杨应琚代为总督，师久无功，赐死。三十二年二月，命明瑞以云贵总督兼兵部尚书，经略军务。明瑞议大军出永昌、腾越攻宛顶、木邦为正兵，遣参赞额尔登额出北路，自孟密攻老官屯，会于阿瓦。十一月，至宛顶，进攻木邦，贼遁，留参赞珠鲁纳、按察使杨重英守之，率兵万余渡锡箔江攻蛮结。寇二万，立十六寨，寨外浚沟，沟外又环以木栅，列象阵为伏兵。明瑞统兵居中，领队大臣札拉丰阿、李全据东山梁，观音保、长青据西山梁。贼突阵西出，观音保、长青力战，明瑞督中军进，杀贼二百余，贼退保栅。明瑞令分兵为十二队，身先陷阵，目伤，犹指挥不少挫。贼阵中群象反奔，我兵毁栅进，无不一当百。有贵州兵王连者，舞藤牌跃入阵，众从之。纵横击杀，馘二十余，俘三十有四，贼遁走。捷闻，上大悦，封一等诚嘉毅勇公，赐黄带、宝石顶、四团龙补服，原袭承恩公畀其弟奎林。札拉丰阿、观音保劝明瑞乘胜罢兵，明瑞不可。

师复进，十二月，次革龙，地逼天生桥渡口，贼踞山巅立栅。明瑞令别军出大道，若将夺渡口，而督军从间道绕至天生桥上游，乘雾径渡，进掳山梁。贼惊溃，俘馘二千余。复进至象孔，粮垂罄，欲退，虑额尔登额师已入，闻猛笼土司粮富，且地近猛密，冀通北路军消息，乃移军猛笼。贼尾我军后，至章子坝，我军且战且行。明瑞及观音保等殿，日行不三十里至猛笼已岁除，土司避匿，发窖粟二万余石。驻三日，复引军趋猛密，人持数升粟，焚其余积。贼蹑我军行，至夕驻营，初相距十余里。贼诇我军饥疲，经蛮化，我军屯山巅，贼即营山半。明瑞谓诸将曰："贼轻我甚，不一死战，无噍类矣！贼识我军号。明旦我军传号，若将起行，则尽出营伏箐待之。"明旦贼闻声，蚁附上山。我军突出发枪炮，贼反走，乘之，斩四千有奇。自此每夜遥屯二十里外,明瑞令休兵六日。贼栅于要道,我军攻之不能拔,得波龙人引自桂家银厂旧址出。上闻明瑞深入,命全师速出。诏未达,三十三年正月,贼攻木邦,副都统珠鲁讷师溃自戕,执重英以去。额尔登额出猛密,阻于老官屯,月余引还。绕从小陇川缓行,巡抚鄂宁檄援,不应,于是明瑞军援绝,而贼自木邦、老官屯两道并集。二月,至小猛育,贼麇聚五万余。我军食罄,杀马骡以食。火药亦竭,枪炮不能发。明瑞令诸将达兴阿、本进忠分队溃围出,而自为殿,血战万寇中。札拉丰阿、观音保皆死。明瑞负创行二十余里,手截辫发授其仆归报,而缢于树下,其仆以木叶掩尸去。

事闻,上震悼,赐祭葬,谥果烈。建旌勇祠京师,诸将死事者札拉丰阿、观音保、李全、王廷玉命并祀,珠鲁讷以自戕不与。额尔登额及提督谭五格坐失机陷帅,逮诣京师,上廷鞫,用大逆律磔额尔登额,囚其父及女,并族属戍新疆。谭五格亦弃市,而以其明日祭明瑞及扎拉丰阿、观音保,上亲临奠。

明瑞无子,以奎林子惠伦为嗣,袭爵。自侍卫累迁奉宸院卿。嘉庆初剿教匪湖北,自荆门、宜城逐贼入南漳山中,赐玉搬指、荷包。复逐贼至长坪,射贼渠,殪,余贼鬶集,中枪死,赐白金三千。

论曰:藻起词科,以廉被主知,陟历中外。应琚持节临边,著声绩。要皆不习军旅,措注失条理,事败身殉。明瑞深入,度敌不可胜,遣诸军徐出,而躬自血战,誓死不反顾,功虽不成,忠义凛烈,足以詟敌矣!

清史稿卷三二八
列传第一一五

常青　蓝元枚　蔡攀龙　梁朝桂
普吉保　丁朝雄　鄂辉　舒亮

常青，佟佳氏，满洲正蓝旗人。父安国，官至江西巡抚。常青自宁郡王府长史累迁察哈尔都统，杭州、福州将军。五十一年，署闽浙总督。诸罗县民杨光勋与其弟争家业，纠众立会，县吏捕治不服，常青令按察使李永祺往按。上以台湾在海外，不可轻纵，谕勿使蔓延疏脱。寻实授闽浙总督。十二月，林爽文乱起，陷彰化，知县俞峻死之。常青檄水师提督黄仕简、自鹿耳门进，副将丁朝雄从海坛镇总兵郝壮猷自淡水进，都司马元勋屯鹿仔港，分道部署。复如泉州会陆路提督任承恩调度，令金门镇总兵罗英笈诣厦门弹压。寻复令承恩自鹿耳门继进。五十二年，奏贼陷诸罗。台湾镇总兵柴大纪堵剿，贼势稍沮。爽文漳州人，其徒率漳籍。移会两广督臣防范，上责其张皇。授李侍尧闽浙总督，而移常青湖广。

既又命常青渡台视师，四月，至台湾。劾仕简承恩迁延观望，拥兵自卫。壮猷守凤山，贼至，弃城走。谕逮承恩，罢仕简候命，而诛壮猷，遂授常青为将军。贼攻府城，常青督诸军御战，有所俘馘。贼攻桶盘栈，令游击蔡攀龙等分驻力御。奏入，上以常青年逾七十，能如此勇往督战，手诏嘉奖，授其子刑部笔帖式喜明三等侍卫，驰驿往省，并赐御用搬指。旋奏爽文还大里杙，其徒庄大田等万余人分扰南路，拟先南剿大田，乃北取爽文。上韪之，下部优叙。旋奏剿贼南潭，歼贼六百余。爽文之徒庄锡舍出降，擒伪军师番妇金娘，请槛军送京师，上命授锡舍守备。又奏进剿凤山，出城未十里，贼三面并进，官兵奋勇击退。贼势蔓延，请厚集兵力，遣大臣督战。上命陕甘总督福康安往视师。旋奏："贼犯府城，为丁朝雄击退。官军攻庄大田于南潭，杀贼二百余。大营距府城未还，势相犄角，无后顾之虞。"得旨嘉奖，赐双眼孔雀翎。旋迭奏盐水港、笨港均为贼据，粮道既断，诸罗势甚危。令总兵魏大斌赴援，战贼失利，又令游击田蓝玉援大斌。上以兵分力薄，饬常青调度失当。又谕："常青驻军桶盘栈，距南潭不过五里，不将贼目庄大田先行剿除，乃结自守。肘腋之间，任其逼处。"

八月，命福康安为将军，督诸将海兰察、普尔普等大出师讨爽文。谕常青，谓："非责其师无功，特以年已七十，军旅非所习练。福康安未至，仍当相机进剿。"旋奏："贼自南潭来攻，侍卫乌什哈达等击败之。因雨后路滑，收兵。又进攻南潭，焚草寮数百间，以天晚，山径逼仄，不便深入。"寮谓贼所居草屋也。上以其屡称遇雨路仄收兵，传旨严饬。上又闻贼诇知军中暑湿多病，常青机事不密，又不督兵深入，屡诘责。旋奏总兵梁朝桂剿贼多斩获，提督柴大纪报诸罗围急，令副将蔡攀龙赴援。上谕令亲援大纪，待福康安至，合军进攻。旋奏同江宁将军永庆等在竹篱厝等处歼贼甚众。山猪毛社义民尤趫捷，获炮一，生擒贼目张招。又奏总兵普吉保克月眉庄，距诸罗五里，令与大纪并力固守。又令诸生刘宗荣等给番社土目札谕防贼窜匿。屡得旨嘉许。

福康安渡台湾。上授常青福州将军，留办善后，令从将军职戴单眼孔雀翎。福康安劾大纪贪劣状，上责常青徇隐，夺职，交福康安严鞫。福康安旋以常青自承徇隐，请交部治罪，上特宥之。召诣京师，署镶红旗蒙古都统。五十四年，授礼部尚书、镶蓝旗汉军都统。五十八年，卒，谥恭简。子明喜，官至徐州镇总兵。

常青初视师，福州将军恒瑞，水陆二提督任承恩、黄仕简皆在行，战无功。承恩、仕简以误军机坐斩，台湾平，赦出狱。仕简至狼山镇总兵,承恩亦至副将,恒瑞自有传。

蓝元枚,字简候,福建漳浦人,提督廷珍孙。父日宠,官福建铜山营水师参将。元枚袭三等轻车都尉世职。乾隆三十一年,命发广东,以外海水师参将用,补海门营参将。累迁总兵,历台湾、金门、苏松三镇。四十九年,授江南提督。五十二年正月,台湾民林爽文为乱,命元枚驰驿往泉州,署福建陆路提督。驻蚶江策应。至福州,奏言:“师渡台湾,乱民溃散,虑入内山与生番勾结。”上谕令速捕治,俾尽根株。水师提督黄仕简率兵讨爽文,坐逗留夺官,以命元枚,并赐孔雀翎,授参赞,趣率兵渡鹿仔港,会总督常青进讨。六月,元枚率兵次鹿仔港,与总兵普吉保师会,即夜,师分道自柴坑仔、大武陇入,杀贼甚众。上嘉之,赐双眼孔雀翎。

元枚所将止浙江兵二千,奏请益师,上命总兵李侍尧发福建兵二千、广东兵三千益元枚。时总兵柴大纪坚守诸罗,元枚使告大纪,期会兵攻斗六门。战阿栋社、战埤头庄、大肚溪,屡杀贼。复进攻西螺,焚条圳塘、中蒲厝诸地贼庄。元枚族人启能等七十九人自贼中出,使为导。元枚奏闻,并言如察出启能等已从贼,当立诛。上嘉其公当,赐缂丝蟒袍、上佩荷包,并谕:“启能等既来归,前此已否从贼,不须追诘。”诸罗被围已两月,大纪屡就告急,上屡趣元枚赴援,谕:“廷珍平朱一贵,七日而事定。元枚当效法其祖,毋负委任。”七月,元枚病作。八月,贼自竹子脚、大肚溪、柴坑仔三道来攻。元枚力疾出战,病益剧,越十日,卒于军,赠太子太保,发白金千两治丧赐祭葬,谥襄毅。元枚谥同廷珍,时称小襄毅以别之。

蔡攀龙,福建同安人。自行伍屡迁至福建澎湖右营游击。乾隆五十一年,林爽文为乱,巡抚徐嗣曾檄诣军。五十二年,贼破凤山,总兵柴大纪令督兵捕治。贼攻台湾府城,攀龙出战,屡破贼。贼屯西园庄,攀龙率诸将瑚图里、丁朝雄分道攻之,杀贼三百。贼复攻府城,总督常青令攀龙率诸将孙全谋、黄象新等御战。贼乘东、南二门,攀龙等力战,杀贼数百,夺九节炮。论功,擢北路协副将,赐孔雀翎。贼复至,攀龙督战,复杀贼三百余,予强胜巴图鲁名号。七月,常青令攀龙援柴大纪诸罗,上命授海坛镇总兵。攀龙师至盐水港,分八队以进。雨大至,贼乘雨合围,诸将贵林、杨起麟、杭富皆战死。会大纪以师来迎,攀龙及全谋兵不及千人,偕运饷民三千人入诸罗、复出城杀贼。总督李侍尧闻攀龙兵达诸罗,未知贵林等战死状,谓诸罗围已解,入告。上擢攀龙陆路提督,参赞军务,贵林、起麟、全谋并迁官。俄,侍尧复疏陈,上命恤战死诸将。

福康安既解嘉义围,疏劾大纪,因言攀龙军嘉义西门外,并无出城杀贼事,自请夺职,拟请令还海坛本任。上谓攀龙屡战有功,其过尚可宽。五十三年,逮大纪治罪,移攀龙水师提督。师攻大武陇,令攀龙驻湾里溪。爽文既擒,其弟勇及贼渠庄大田犹窥伺府城,攻湾里溪,图断府城道。福康安遣攀龙分道进攻,颇有斩获。事平,图形紫光阁,列前二十功臣,上自为赞,许为台湾战将中巨擘。师还,诸将言攀龙平庸,福康安亦言未能胜任,左迁江南狼山镇总兵。嘉庆三年,卒。

梁朝桂,甘肃中卫人。乾隆三十七年,以中卫营外委从征金川,先后攻克路顶宗、布朗郭宗及功噶尔拉、丫口、昔岭、阿喀木雅。三十九年,克溯普,进攻喇穆喇穆山梁,夺日丫口。四十年,剿勒吉尔博寨,先登被创。四月,攻木思工噶克山,潜师入,尽克其城碉,掳康萨尔至丫口山。十月克西里山。录功,赐孔雀翎。累迁陕西潼关协副将。金川平,列五十功臣,图形紫光阁。累迁甘肃肃州镇总兵。坐事罢。复起,自福建福宁镇移广东高廉镇。

五十二年,台湾林爽文为乱,庄大田应之,别为南路贼。朝桂率兵败大田于茑松,斩馘二百余。贼众数千犯大营,击却之,毙贼三百。将军常青虑南路贼北扰诸罗,檄朝桂堵御,连败之南潭、中州、十三里庄,歼数百人。九月,常青移师北路剿爽文,以朝桂守台湾府城,贼来犯,击走之。其冬,援参赞恒瑞于盐水港,毁贼寮,赐号奋勇巴图鲁。复同恒瑞自鹿仔草进剿镇平庄,受创,力战败贼。时提督柴大纪被围诸罗急,朝桂欲驰援,恒瑞不听。大纪以闻,帝令将军福康安察奏。会福康安抵鹿仔港,檄朝桂仍驻守盐水港及鹿仔草。

五十三年春,就擢福建陆路提督。檄剿麻豆庄、大武陇屯贼,通郡城要道。大田时据大武陇拒守,朝桂自茅港尾绕至阿里港迎截。复赴打狗、竹仔各港口截其走路。大田力不支,自牛庄窜极南之郎峤,负山阻海。福康安自风港进至柴城,分六队直逼海岸,与朝桂环攻之,大田及他贼目四十余悉就擒。台湾平,再图形紫光阁。金门巡洋舰被劫,以朝桂不能戢盗,移广西。再移湖广。卒。

普吉保,札库塔氏,满洲正黄旗人。乾隆三十年,以蓝翎侍卫从军征乌什,有功,补三等侍卫。三十七年,从参赞大臣舒常攻日旁,有功。三十九年,从副将军丰升额攻凯立叶山,进抵迪噶拉穆札山。贼分三队,普吉保偕侍卫玛尔占等夹攻,毙贼无算,赐冲捷巴图鲁名号。四十年,攻噶尔丹寺诸地,连破木城、石碉。上奖普吉保勇往,累擢福建汀州镇总兵。林爽文为乱,总督常青檄普吉保会剿,五十二年,率水师渡台湾,迭破贼鹿仔港、八卦山,上嘉其奋勉。爽文见师至,退守斗六门、大里杙。普吉保以师进,爽文攻诸罗,赴援,抵笨港,率游击海亮等歼贼数百,毁贼庄七,得旨嘉奖,赐玉搬指、荷包、蟒袍。笨港溃贼纠众截我兵,普吉保击斩甚众。嗣以驻兵元长庄、月眉庄不进,旨严饬。寻攻大埔林、收复斗六门。爽文窜内山,普吉保从诸将徒步陟山搜捕。五十三年,以兵扼科仔坑口,合围,俘爽文。南路庄大田亦就擒。台湾平,图形紫光阁。普吉保初克鹿仔港,以福康安疏荐,授台湾总兵。明年,上念台湾定,初虑普吉保不能胜,命解任。寻授广西左江镇,坐责把总黎振乾投水死,戍伊犁。卒。

丁朝雄,字伯宜,江苏通州人。自行伍累擢福建台湾水师副将。乾隆五十一年,以任满赴部引见,至省城,闻林爽文乱起。朝雄策东港与凤山犄角,爽文所必争,白总督常青,请兵屯东港,断其粮道。常青不能用,遣朝雄还台湾,佐海坛镇总兵郝壮猷讨爽文。

五十二年春,壮猷偕朝雄率兵二千余击贼,馘三百,俘二十五。

日将暮，贼复来攻，朝雄复杀贼百余，贼始去。攻凤山，朝雄乘东门，首诸军入，凤山遂复。黄仕简檄朝雄守安平海口。贼攻府城，朝雄偕知府杨廷桦督兵民力御。贼攻桶盘栈，朝雄为前锋，出战，台湾道永福、同知杨廷理率兵民继，复杀贼百余，贼败走。冬，朝雄偕游击倪宾率兵千二百、义民二千余攻东港。东港贼数万，其渠吴豹以海岸浅，度舟不能至，不为备。朝雄遣谍以水注贼炮，乘雨至水涨，遣兵民分道登岸，杀贼俘豹。以兵寡不能克，报常青请益兵。常青令驻港口护镶道。既，令攻竹仔港，毁贼舟。

五十三年春，复攻东港，仍遣谍以水注贼炮，督兵攻渡口，贼惊窜，逐三十余里，乃倚山而军。贼夜来犯，朝雄戒勿动。及晓，贼倦，掩击，大破之。爽文遣其徒来援，朝雄筑垒困之。贼溃围出，设伏断其归路，而自将追之，大破贼，遂复东港。福康安上其功，授海坛镇总兵。既，福康安劾柴大纪受陋规，言朝雄为安平协副将时亦有此，当夺职戍军台，上以朝雄攻东港战有功，命留任。林𩖞舵、林明灼者，海盗渠也。五十四年，朝雄巡洋至泛澳，破盗巢，得泛舵等。而明港拒杀参将张殿魁。上责总督伍拉纳，伍拉纳以属朝雄，督舟师出海，遇诸大麦洋，俟其近，发大炮，毙数酋，明港穷蹙，跃入海，官军钩致，俘以归。

五十五年，追论朝雄在台湾失察天地会邪教，当夺职。上谘伍拉纳朝雄在官状，伍拉纳言朝雄督水师捕盗有劳，命还任。五十八年，摄水师提督。五十九年，入觐，至清江浦，病笃。乞罢归，卒于上海舟中。

鄂辉，碧鲁氏，满洲正白旗人。自前锋分发四川试用守备。七迁建昌镇总兵。从大学士阿桂定兰州回乱，予法什尚阿巴图鲁名号。再迁成都将军。五十二年，署四川总督。将军福康安讨台湾乱民林爽文，上命鄂辉率四川屯练降番济师。寻授参赞，从渡海援嘉义。鄂辉屯东庄溪桥，攻克牛稠山竹栅，嘉义围解。逐贼至大排竹，歼之。师攻斗六门，贼自山下扑，鄂辉督兵冲截，贼奔逸，攻克大埔林、大埔尾二庄，贼溃。爽文自所居大里杙奔内山番界，鄂辉逐之至集埔。五十三年春，诇知爽文所匿地曰东势角，福康安督鄂辉及舒亮追捕，自归仔头至麻薯社，分军，鄂辉自扑仔离东山路进，舒亮直取东势角。是役遂俘爽文，乱乃定。上命台湾嘉义立诸将帅生祠，鄂辉与焉。师还，图形紫光阁，赐双眼孔雀翎、云骑尉世职。鄂辉朝热河行在。

廓尔喀侵西藏，据济咙、聂拉木诸地。上促鄂辉还四川，与提督成德帅师赴援，又命侍郎巴忠往按。巴忠先尝为驻藏大臣，习藏事，示意噶布伦，令赂廓尔喀返侵地。鄂辉等遂与议和，疏陈善后事。寻授四川总督。五十六年，廓尔喀渝盟，复侵济咙、聂拉木诸地。上命将军福康安督师讨廓尔喀，责鄂辉误用巴忠议致复生事，夺官，予副都统衔驻藏，听福康安指挥，福康安令督饷。工部尚书和琳劾鄂辉得廓尔喀贡表不以上闻，命夺副都统衔，逮赴前藏荷校示罚。五十八年，命还京师，授拜唐阿。加员外郎衔，迁热河总管。

嘉庆初，命以侍卫诣荆州从剿教匪，战有功，以都统衔加太子少保，授湖南提督。屡破贼，与额勒登保等攻克石隆山，斩贼渠石柳邓，封三等男。二年，擢云贵总督。三年，卒，谥恪靖，祀贤良祠。四年，追论在湖北军中受馈白金四千，罢祀。

舒亮，苏佳氏，满洲正白旗人。自前锋累迁参领。师征金川，舒亮从副都统齐里克齐率健锐营为裨将。攻穆谷，舒亮伏山下待贼，杀贼甚众。攻卡角，贼匿山沟，舒亮于密箐中望见火光，以火器就击之，贼惊溃。以功，累迁镶黄旗满洲副都统。从克噶拉依，赐穆腾额巴图鲁名号。师还，图形紫光阁。四十六年，大学士阿桂讨撒拉尔乱回苏四十三，舒亮从。初至，破贼华林山。贼掘濠设卡以自固。阿桂令海兰察自山西攻贼卡，舒亮自南山进，当贼锋，贼况竞出，射舒亮，伤左股，舒亮拔箭裹创，复战，夺贼卡四，杀贼百余。又与海兰察诇贼不备，以土囊填濠度军，歼守濠贼，复夺十余卡。苏四十三既诛，复剿华林寺余匪。事平，还京师。

　　林爽文之乱,福康安出视师,舒亮以正黄旗护军统领为领队大臣。至台湾,福康安军道笨港救嘉义,令舒亮出别道分贼势。贼方据北大肚山拒我,舒亮迎击,败之。迤破南大肚、王田、濑酒、半山、坑子诸庄,遂克乌口庄。会福康安军夹击,解嘉义围。五十三年,爽文窜匿东势角。福康安督舒亮等追逮,令舒亮直取东势角,山径峻险,将卒皆步上,杀贼二千余。爽文复走老衢崎,舒亮督诸军急进,获之,乱遂定。

　　上以台湾远在海外,主客民杂处,风俗素悍,命于府城及嘉义立诸将帅生祠,示威德。祠成,命并及在疆吏,首福康安,次海兰察、李侍尧、普尔普、鄂辉、徐嗣曾,而以舒亮殿焉。寻授镶红旗蒙古都统。师还,命监爽文及其徒赖大等生致京师。赖大道病,舒亮令诛之,不称上意,命仍为护军统领。叙功,予云骑尉世职,再图形紫光阁。出为荆州、黑龙江将军。在黑龙江坐私市貂皮,夺官,削世职。

　　川、陕、楚教匪起,命以三等侍卫从军。嘉庆元年,战襄阳,再战刘家集,屡俘斩贼渠。攻当阳,先登,额中枪,奋进,杀贼千余,获其酋,遂克当阳,赐孔雀翎,授镶蓝旗汉军副都统。自钟祥分窜唐、登,设伏吕堰驿,西窜贼殄焉。乃合兵逐东窜贼,战草店,复中枪,赉银丝合、荷包。旋以纵贼渡滚河,夺孔雀翎、巴图鲁。二年,坐贼渡汉江,降三品顶戴。三年,复以总督勒保劾剿贼不力,夺官,以兵丁留军。寻卒。

　　论曰:林爽文乱起,常青及福州将军恒瑞并水陆二提督,躬率师东渡,徘徊坐误。高宗爵柴大纪,诛郝壮猷,欲以激励诸将。继以元枚代,功未竟而卒,终烦禁旅,始克底定。承平久,水陆诸军不足用,不得独为大纪罪也。鄂辉、舒亮从福康安出师,与攀龙、朝雄皆有战绩。然大纪力保危城,当时声誉远出诸将上。功名之际。有幸有不幸,固如是夫!

清史稿卷三二九
列传第一一六

宋元俊 薛琮 张芝元　董天弼
柴大纪

宋元俊，字甸芳，江南怀远人。以武进士授四川成都营守备，迁怀远营都司。乾隆二十年，孔撒、麻书两土司构衅，金川、绰斯甲布两土司乘隙为乱，元俊为抚定，集孔撒、麻书、金川、绰斯甲布、革布什咱、绰沃、白立、章谷、瞻对诸土司断曲直，使顶经立誓。累迁阜和营游击。

二十九年，金川土司郎卡侵丹坝、绰斯甲布两土司，诸土司请兵，署总督阿桂、提督岳钟琪奏令元俊偕署副将长清谕各土司合兵进剿。移漳腊营参将，坐事左迁。三十五年，小金川土司泽旺之子僧格桑掠鄂克什，阿桂檄元俊宣谕僧格桑还侵地及所掠番民。复补阜和营游击。三十六年，革布什咱头人结郎卡子索诺木据革布什咱官寨，戕土司策楞多布丹，总督阿尔泰复令元俊往宣谕。小金川围鄂克什、达木巴宗，侵明正土司，据纳顶寨，元俊与参将薛琮、都司李天佑率兵讨之，收纳顶寨，进攻索布大寨。琮率兵自山梁潜度，元俊与天佑渡河夹击，获石卡十八，屡战皆捷，明正土司碉寨七百余尽复。

师入小金川境，取噶中拉、莫如纳、扎功拉等地。进克纳咱。阿尔泰及侍郎桂林以闻，擢松潘镇总兵。师攻甲木，贼据喇嘛寺为固。元俊及守备陈定国攻破之，尽收所属城、卡、碉、寨据墨尔多山梁。

师复进，天佑、定国攻西山梁，元俊同侍卫六十一、参将巴克坦布等自喇嘛寺绕攻郭松、参领普宁自西山麓沿河入甲木，侍卫哈青阿及琼自东山麓攻卡丫。师行以夜半，战自卯至巳，卡丫、郭松、甲木皆克，赐元俊孔雀翎。

三十七年，师攻革布什咱，元俊请于桂林，分兵为五道：一自郭宗济野宗攻木巴拉博租；一自章谷渡河夹攻，俾贼前后受敌，两军既合，先据默资沟，截金川来路，进取吉地官寨；一自巴旺之高石、嘉举诸山，分道攻萨玛多监藏布觉，取吉地；一自茂纽攻沙冲；一自喀勒塔尔攻党哩，会兵取丹东。策定，元俊及游击吴锦江等自章谷渡河据格藏桥，哈青阿、天佑出郭宵济野宗，两队军夹攻，贼惊溃，遂克木巴拉博租、萨玛多监藏布觉诸地。进克吉地官寨及默资沟。参将常泰等克党哩，都司李天贵等克沙冲，元俊复克丹东。复革布什咱地三百余里，民户二千余。

桂林遣陈定国调绰斯甲布兵驻军界上，备调遣。上责桂林不令元俊乘胜取金川。元俊旋与散秩大臣阿尔泰劾桂林欺诳及诸罪状，上为夺桂林职，令阿尔泰署四川总督，命额驸、尚书、公福隆安按治。未至，诏元俊督兵赴绰斯甲布率土兵进攻金川。元俊奏："自战失利，士气消沮，见在兵力不足并按两金川。请敕调湖南、湖北、山西、甘肃兵二万，分三道进军，计两月可竟事。"上以元俊请益师，未免张皇，令福隆安会阿尔泰、阿桂与元俊详悉核计。上谕军机大臣，谓："元俊能治事，熟番情。但其人似狡猾好事，当留意驾驭。"

寻，福隆安疏陈所劾桂林状不实，上以方进兵，元俊熟番情，诸事不必穷究。惟言："桂林以白金界金川赎被掠官兵罪最重，今汪承霈自承出其意。承霈以曹司从军，不当与其事。当诘汪腾龙。成信谳。"福隆安复疏言："腾龙以金属王万邦待巴旺、布拉底克归迷道官兵予金为赏，元俊诱万邦令具札言桂林使赎被掠官兵。事为为元俊陷。"上乃怒，责元俊奸狡负恩，命夺职逮问，籍其家。参赞阿桂疏言："元俊在川日久，熟番情，为近边土司所信服，诸将能驭番无出其右。臣遇事多与询商，冀收指臂之效。乞恩仍留军中，倘奋勉出力,使诈使贪,原所不废。如刚愎逞私,即据实严劾。"上命留总兵,还所籍财产。元俊同副都统永平、博灵阿等潜赴墨垄沟,进至群峥。乘月督军登山薄贼卡,正大雾,我师腾跃入卡,克山梁三道、碉卡二十有四,进克格鲁克古。金川酋图占丹坝官寨,绰斯甲布土司发兵往助,阿桂奏令元俊增兵往剿,未行,卒。

于军元俊在边久,善驭诸土司。往时赍诸土司缯帛辄窳敝,元俊必以善者,诸土司皆喜。元俊出行边,诸土司率妻子出谒,畀以茶、烟、簪珥,视若家人。稍不循法度,即诃谴,皆悚息听命。打箭炉徼外夹坝出没,元俊至,无敢犯行李者。诸番小有动静,争来告,以故元俊诸所措置皆中窾要。其得罪,上亦知其枉。既卒,其子犹戍边。四十一年,金川平。元俊部将张芝元请于阿桂,谓元俊有功无罪,徒以忤专阃被罗织,语甚切。阿桂为疏请,赦其子还。

薛琮,陕西咸宁人。父翼凤,河南阳镇总兵。琮以荫生入巡捕营。累迁四川漳腊营参将。阿尔泰讨金川,以琮从。克纳项、边谷诸碉寨。温福代阿尔泰视师,攻巴朗拉,琮战最力。又克卡了,取通甲木。攻阿仰东山,总督桂林与都统铁保、提督汪腾龙将兵取墨垄沟,令琮将三千人自甲木、噶尔金后绕山道应大军夹击。桂林中道引还卡了,又檄铁保、腾龙令退。琮深入,粮尽待桂林不至。桂林令都司广著赴援。贼据高峰曰博六古通,险阻,广著师不得度。琮督兵直进,毁栅十余,夺碉七十余。贼力拒,琮督兵仰攻,中枪,没于阵,军尽覆。同死者都司张清士、陈定国等二十五人。阿桂破翁古尔垄,立祠战地祀琮等。

琮在诸将中号能战,元俊与最厚。尝与期旦日会师,执后至当斩。琮至后二刻,元俊遣骑持刀呼取薛参将头。琮望见笑曰:"琮头当与贼,不与公也!"奋前夺数碉反。元俊犹为琮请罪,以功论赎乃已。及桂林误琮战没,元俊愤激论劾,卒以是得罪。

张芝元,四川清溪人。以千总从副将军明亮征金川有功,积官至越嶲营参将。金川酋以番僧诇军事,芝元言于明亮曰:"军事每为贼知,非去其谍,灭贼无日矣。"会大风雪,明亮命芝元率数十人伪若以他事出者,宿番僧寺中。芝元故通番语,与僧饮甚欢,僧醉眠,芝元出寺爇柴焚之,僧皆死。贼谍断,因招降其众。寻从成都将军特成额驻兵江卡,捕夹坝,围肯本贼寨,焚其碉,毙贼甚众,擢懋功协副将。台湾林爽文为乱,芝元率屯练降番佐军。参赞海兰察等分攻大埔林、中林、大埔尾三庄,芝元为策应。贼据小半天山,将军福康安等自前山进,芝元与领队大臣普尔普领兵别为一队,夜半先发,绕大山夹攻贼后。黎明,诸军抵山麓,攀援上,贼力拒,芝元先登,拔其栅,斩获无算,并堵贼去路。未几,爽文就擒。台湾平,擢建昌镇总兵,图形紫光阁,列前二十功臣。寻调松潘镇总兵。廓尔喀掠西藏济咙、聂拉木,上命芝元率屯练降番往讨之。芝元至,值大雪,山谷皆满。芝元手大刀指挥,士卒皆感激用命,贼败走。廓尔喀再叛,芝元偕提督成德督兵攻聂拉木,守拍甲岭隘口断贼援,聂拉木遂下。乘胜攻济咙,复克之,贼惧,乞降。未几,卒。五十八年,论平定廓尔喀功,再图形紫光阁,列后十五功臣。

芝元少以小校事元俊,后乃雪元俊枉。人以是多芝元,亦益贤元俊能知人也。

董天弼,字霖苍,顺天大兴人。自武进士授四川提标前营守备。乾隆初,师征金川,天弼在军有功。累迁维州协副将。金川酋郎卡攻丹坝土司,天弼偕游击宋元俊谕郎卡归所掠,毁所筑碉,兵罢,迁松潘镇总兵。旋擢四川提督,郭罗克部劫西藏入贡喇嘛,上命天弼按治,未得其渠,诏责其苟且。三十五年,小金川土司泽旺子僧格桑为乱,攻鄂克什土司色达克拉,围其寨。天弼督兵驻达木巴宗,檄曾格桑敛兵退色达克拉,以其寨粮尽,乞徙达木巴宗。天弼与总督阿尔泰议留兵戍焉。

三十六年,僧格桑复围达木巴宗,并略木耳宗、巴朗拉诸地,天弼自打箭炉出边,征省标及松潘维州诸镇协兵,行至眠龙冈,贼已得巴朗拉,筑抗卡为久守计,且断我兵路。天弼议袭山神沟以解达木巴宗围,寻将四百人自山神沟至德尔密,克碉七,贼窜走。再进取毕旺拉，贼乘雾来犯，士兵惊溃，德尔密、毕旺拉皆陷。天弼疏请罪，上以天弼所将兵本少，总督阿尔泰不预策应援，宥其罪，谕以“当奋勉。再不努力，获罪滋重矣。”天弼复将五百人自木坪陟尧磧，顺山攻甲金达对面山梁，取碉二。天弼以鄂克什牛厂当要道，分兵歼守厂贼，驻军其地。乘胜上下截击，木坪、鄂克什诸土司错壤，要隘皆为我军有。未几，贼复袭据牛厂。上以阿尔泰师久无功，夺官。因责：“天弼始终贻误，与阿尔泰同罪，夺官，留军中充伍。如更退缩，正军法。”寻命下成都狱。诏未至，天弼以甲金达山峻不可上，求间道，得沟在两崖间。会大风雪，天弼率兵自沟中潜度，遂至达木巴宗，击僧格桑色达克拉。溃围出，并克木耳宗，迎温福师与会。上闻，命贷死，留军中。阿桂令天弼监火药军械。三十七年，师克资哩，阿桂令天弼将五百人驻焉。寻予副将衔，授重庆镇总兵。命督兵赴曾头沟，进至梭磨梭磨，土妇请以千人从。事闻，赐花翎。天弼督兵攻堪卓沟，自间道出纳云达，深入贼境五十余里，克山梁三，破碉卡三十余、木城三。迎温福师会于布朗郭宗，克大板昭、木了寨，得碉三十六、卡十六。上以温福已得布朗郭宗进克底木达，天弼所克不过空寨，疏语颇铺张，手敕戒之。寻授领队大臣。

三十八年，复为四川提督。时小金川已定，温福督师进讨大金川，令天弼以五百人守底木达。温福进驻木果木，号大营。底木达当贼来路，为要隘。温福檄三百人益大营，又去其后援。时温福以军屡胜，不以贼为意。金川头人七图葛拉尔思甲布等以千余人诈降，温福使与厮养杂处因诱诸降人为变，谍底木达兵弱无后援，六月乙丑朔，潜自山后拥众攻底木达，天弼率所部二百人抽刀力战，至夜半，贼以鸟枪数百环击，杀之。越九日，劫大营，温福亦死焉。上先命天弼驻丹坝，旋命移驻布郎郭宗，军中传贼来犯。时天弼方屯美诺，上命夺官逮治。总督刘秉恬疏言：“天弼自美诺驰赴底木达，途遇贼，右胁中枪死。”仍以贻误军事籍其家，戍其子举人联珏伊犁。

金川既平，获七图葛拉尔思甲布，传送热河行在，廷讯，具言天弥死事时力战状，乃赦联珏还，授内阁中书。

柴大纪，浙江江山人。自武进士授福建守备。累擢至海坛镇总兵，移台湾镇。乾隆五十一年十一月，林爽文乱起。爽文漳州人，徙彰化，所居村曰大里杙。时奸民相聚，号天地会，漳州人庄烟为之魁，爽文与相结，谋为变。台湾知府孙景燧驰诣彰化，督知县俞峻、副将赫生额、游击耿世文捕治，焚数小村以怵之。爽文因民怨，夜纠其徒来袭，赫生额等皆战死。明日，遂破彰化，景燧亦殉焉。傍攻诸罗、凤山，皆陷。大纪时以总兵守府城，贼分道来攻，大纪出驻盐埕桥御之，击沈贼舟数十，馘千余。

五十二年春，水师提督黄仕简、陆路提督任承恩先后赴援。大纪出攻诸罗，克之，即移军守诸罗。旋以守府城功，赐花翎。上以仕简、承恩师久无功，授总督常青将军，渡台湾视师。爽文攻诸罗，自二月至四月凡十至，大纪督游击杨起麟、守备邱能成等出战，杀贼数千。爽文之徒张慎徽伪降，大纪察其诈置诸法。台湾诸府县皆编竹为城，不耐攻，大纪以忠义率兵民誓坚守。上嘉大纪劳，赐荷包、奶饼，下部议叙。六月，授福建陆路提督，仍兼领台湾总兵。盐水港者，诸罗通府城粮道也，贼来攻，大纪力御之。上促常青赴援，予大纪壮健巴图鲁名号，参赞军务。八月，上以常青衰老不能办贼，命福康安为将军，仍令大纪参赞。而常青令总兵魏大斌援诸罗，贼邀诸途，退驻鹿仔草。复令总兵蔡攀龙援诸罗，大纪出战，迎入城共守。上移大纪水师提督，而以陆路提督授攀龙。十一月，加大纪太子少保。上以诸罗被围久，县民困守，奋力向义，更县名为嘉义。贼攻城益急，上密谕大纪："不必坚执与城存亡，如遇事急，可率兵力战，出城再图进取。"大纪疏言："诸罗居台湾南北之中，县城四周积土植竹，环以深濠，濠上为短垣，置炮，防卫坚固。一旦弃之而去，为贼所得，虑贼势益张，盐水港运道亦不能守。且城厢内外居民及各庄避难入城者共四万余人，助饷协守，以至于今。不忍将此数万生灵付逆贼毒手！惟有竭力保守，以待援兵。"上手诏谓："所奏忠肝义胆，披览为之堕泪！大纪被围日久，心志益坚，勉励兵民，忍饥固守，惟知以国事民生为重。古之名将，何以加之？”因封为一等义勇伯，世袭罔替，并命浙江巡抚琅玕予其家白金万，促福康安赴援。

十二月，福康安师至，嘉义围解，大纪出迎，自以功高拜爵赏，双在围城中，倥偬不具橐鞬礼，福康安衔之，遂劾大纪诡诈，深染绿营习气，不可倚任。上谕谓：“大纪驻守嘉义，贼百计攻围，督率兵民，力为捍卫。朕谕以力不能支，不妨全师而出。大纪坚持定见，竭力固守，不忍以数万生灵委之于贼。朕阅其疏，为之堕泪。福康安乃不能以朕之心为心乎？大纪尝奏贼以车载枪炮攻城，今福康安言得贼攻城大车，又委弃枪炮，为我军所得，足见大纪前奏不虚。大纪又奏县城食尽，地瓜、花生俱罄，以油糁充食。当时义民助饷，未必遽至于此。但大纪望援心急，以食油糁为词。普吉保、恒瑞两军尚复观望不进，若云犹有余粟，则两路赴援更缓。此时县城存亡未可知。安怪大纪过甚其词耶？大纪屡荷褒嘉，在福康安前礼节或有不谨，致为所憎，直揭其短。福康安当体朕心，略短取长，方得公忠体国之道。”侍郎德成自浙江奉使还，受福康安指，讦大纪。上命福康安、李侍尧、徐嗣曾、琅玕按治，福康安临致书军机大臣，言：“大纪纵兵激民为变，其守嘉义，皆义民之力。大纪闻命，欲引兵以退，义民不令出城，乃罢。”事闻，上谕谓：“守诸罗一事，朕不忍以为大纪罪，至其他声名狼藉、纵兵激变诸状，自当按治。”命夺大纪职，逮问。福康安寻以大纪纵弛贪黩、贻误军机，议斩，送京师。上命军机大臣覆谳，大纪诉冤苦，并言德成有意周内，迫嘉义民证其罪，下廷讯，大纪犹力辨。五十三年七月辛巳，命如福康安议弃市，其子发伊犁为奴。

论曰：元俊、天弼在边久，熟情伪，习形势，诸番仰其威惠。元俊厄于桂林，激而欲自白，不得直。微阿桂右之，罪且不测。天弼又见嫉于温福，驱至寡之兵以投方张之寇，既死犹尚以为罪。若大纪有功无罪，为福康安所不容。高宗手诏，可谓曲折而详尽矣，乃终不能

贷其死。军旅之际，捐肝脑，冒锋刃，求尺寸之效，困于媚嫉，功不成
而死于敌，若功成矣，而又死于法。呜呼，可哀也已！

清史稿卷三三〇
列传第一一七

福康安　孙士毅　明亮

福康安，字瑶林，富察氏，满洲镶黄旗人，大学士傅恒子也。初以云骑尉世职授三等侍卫。再迁头等侍卫。擢户部侍郎、镶黄旗满洲副都统。

师征金川，以温福为定边将军，阿桂、丰升额为副将军，高宗命福康安赍印往授之，即授领队大臣。三十八年夏，至军，阿桂方攻当噶尔拉山，留福康安自佐。木果木师败，温福死事，复命阿桂为定西将军，分道再举。攻喇穆喇穆，福康安督兵克其西各碉，与海兰察合军，克罗博瓦山。北攻，克得斯东寨。贼夜乘雪陟山，袭副将常禄保营，福康安闻枪声，督兵赴援，击之退。贼屯山麓，乘雨筑两碉，福康安夜率兵八百冒雨逾碉入，杀贼，毁其碉，上手诏嘉其勇。进克色淜普山，破坚碉数十，歼贼数百。又与额森特、海兰察合军，攻下色淜普山南贼碉，遂尽破喇穆喇穆诸碉卡，并取日则丫口。再进克嘉德古碉，攻逊尔克宗西北寨。贼潜袭我军后，福康安击之退。贼以距勒乌围近，屡夜出击我师，福康安与战屡胜。

阿桂虑贼守隘不时下，改道自日尔巴当噶路入。檄福康安攻下达尔扎克山诸碉。再进，攻格鲁克古，率兵裹粮，夜逾沟攀崖，自山隙入当噶海寨，克陡乌当噶大碉、桑噶斯玛特木城石卡。再进，克勒吉尔博寨。阿桂令福康安将千人从海兰察赴宜喜，自甲索进攻得楞山，焚萨克萨古大小寨数百，渡河取斯年木咱尔、斯聂二寨。再进，次荣噶尔博山。擢内大臣,赐号嘉勇巴图鲁。再进,至章噶。福康安偕额森特攻巴木图,登直古脑山,拔木城、碉寨五十,焚冷角寺,遂克勒乌围。

阿桂令取道达乌围进攻噶拉依,分其军为七队,福康安率第一队,夺达沙布碉、当噶克底、绰尔丹诸寨为木栅,断科思果木走雅玛朋道。进克达噶木碉二,阿穣曲前峰碉木城各二十。焚奔布鲁木获起寨。取舍勒图租鲁傍碉一、寨二,格什格章寨一,萨尔歪碉寨三,阿结占寨二。陟科布曲山梁,尽得科布曲诸寨。四十一年春,再进,克舍齐、雍中二寺。自拉古尔河出噶拉依之右,移炮击其寨。噶拉依既下,金川平。论功,封福康安三等嘉勇男。师还,郊劳,赐御用鞍辔马一。饮至,赐缎十二端、白金五百。图形紫光阁,赐双眼花翎。授正白旗满洲都统,出为吉林、盛京将军。

授云贵总督。南掌贡象,自陈为交阯所侵,乞以余象易炮。福康安谕以国家法制有定,还其象,不予炮。疏入,上深韪之。移四川总督,兼署成都将军。四川莠民为寇盗,号啯匪,命福康安捕治。逾年,福康安疏言盗已徐戢,陈善后诸事。擢御前大臣,加太子太保。召还京,署工部尚书。授兵部尚书、总管内务府大臣。

四十九年,甘肃回田五等立新教,纠众为乱。授参赞大臣,从将军阿桂讨贼。旋授陕甘总督。师至隆德,田五之徒马文熹出降。攻双岘贼卡,贼拒战,阿桂令海兰察设伏,福康安往来督战,歼贼数千,遂破石峰堡,擒其渠。以功,进封嘉勇侯,转户、吏二部尚书,协办大学士。

五十二年,台湾林爽文为乱,命福康安为将军,而以海兰察为参赞大臣,督师讨之。时诸罗被围久,福建水师提督柴大纪坚守。上褒大纪,改诸罗为嘉义,以旌其功。陆路提督蔡攀龙督兵赴援,围未解。福康安师至,道新埤,援嘉义,与贼战仔仔顶,克俾长等十余庄。会日暮,雨大至,福康安令驻师土山巅,贼经山下,昏黑无所见,发铳仰击。福康安戒诸军士毋动。既曙,雨霁,海兰察已自他道入,师与会,围解。进一等嘉勇公,赐红宝石帽顶、四团龙补服。

　　大纪以方在围中,谒福康安未具囊鞬礼,福康安衔之,疏论大纪觖法、牟利诸罪状,并及攀龙陈战状不实。上以大纪困危城久,攀龙亦有劳,意右之,诏谓"二人或稍涉自满,在福康安前礼节不谨,为所憎,遂直揭其短",戒福康安宜存大臣体。然大纪卒以是坐死。时论冤大纪,亦深非福康安嫉能,不若傅恒远也。福康安复劾攀龙,左迁。而福州将军恒瑞师逗遛不进,福康安与有连,力庇之,诏亦斥其私。

　　福康安既解嘉义围,令海兰察督兵追捕爽文,槛致京师。复得副贼庄大田。台湾平,赐黄带、紫缰、金黄辫珊瑚朝珠。命台湾、嘉义皆建生祠塑像,再图形紫光阁。疏请募熟番补屯丁,并陈善后诸事,要在习戎事,除奸民,清吏治,肃邮政,上悉从之。旋授闽浙总督。

　　五十四年,安南阮惠攻黎城,孙士毅师退。上移福康安两广总督,诏未至,福康安疏请往莅其事。上奖福康安忠,谓:"大臣视国如家,休戚相关,当若此也。"惠更名光平,乞输款,福康安为疏陈,请罢兵,上允之。御史和琳劾湖北按察使李天培为福康安致木材,令湖广粮船运京师,福康安疏请罪。上手诏谓阮光平方入朝,特宽之。命夺职留任,仍罚总督俸三年、公俸十年。五十五年,福康安率光平朝京师,以获盗免罚总督俸。

　　五十六年,廓尔喀侵后藏,命福康安为将军,仍以海兰察为参赞大臣,督师讨之,免罚公俸。

　　五十七年三月,福康安师出青海,初春草未盛,马瘠,粮不给,督诸军速进。行四十日,至前藏,自第理浪古如绒辖、聂拉木,察地势,疾行向宗喀,至辖布基。诸道兵未集,督所部分六队,趋擦木,潜登山,贼前后二碉,歼贼渠三、贼二百余,擒十余。进次玛噶尔辖尔甲山梁,贼渠手红旗,拥众登,令设伏诱贼进,至山半,伏起横击,搴旗贼尽殱。进攻济陇,当贼要隘,大碉负险,旁列诸碉卡,相与为犄角。乃分兵先剿其旁诸碉卡,拼力攻大碉,缚大木为梯,督兵附碉登,毁垒。战自辰至亥,克其寨,斩六百,擒二百。捷闻,上为赋志喜诗书扇,并解御用佩囊以赐。

六月,自济陇入廓尔喀境,进克索勒拉山。度热索桥,东越峨绿山,自上游潜渡。越密里山,攻旺噶尔,克作木古拉载山梁。攻噶勒拉、堆补木诸山、破甲尔古拉、集木集两要寨,转战深入七百余里,六战皆捷。上诏褒福康安劳,授武英殿大学士。福康安恃胜,军稍息,督兵冒雨进。贼为伏以待,台斐英阿战死。廓尔喀使请和,福康安允之。廓尔喀归所掠后藏金瓦宝器,令大头人噶木第马达特塔巴等赍表进象、马及乐工一部,上许受其降。师还,加赐福康安一等轻车都统畀其子德麟,授领侍卫内大臣,视王公亲军校例,置六品顶戴蓝翎三缺,官其傔从。复图形紫光阁,大学士阿桂让福康安居首。

福康安初征金川,与海兰察合军讨乱回,同为参赞。及征台湾、定廓尔喀、皆主将,海兰察为参赞,师有功,受殊赏。上手诏谓:“福康安能克阳布,俘拉特纳巴都尔、巴都尔萨,当酬以王爵。今以受降班师,不克副初愿。然福康安孝贤皇后侄,大学士傅恒子,进封为王,天下或议朕厚于后族,富察氏亦虑过盛无益。今如此蒇事,较荡平廓尔喀倍为欣慰。”阳布,廓尔喀都城,拉特纳巴尔等,其渠名也。五十八年,疏陈西藏善后十八事,诏从之。

安南国阮光平卒,上虑其国且乱,命福康安如广西。福康安母卒于京师,令在任守制。福康安途中病,命御医往视。福康安疏言:“安南无事,乞还京师,冀得庐墓数日。”诏许之,加封嘉勇忠锐公。移四川总督。旋又率金川土司入觐。恒秀时为吉林将军,以采参亏库帑累民,命福康安莅谳,拟罪轻,上责福康安祖戚谊。复移云贵总督。方寒,赐御服黑狐大腿袴。

六十年,贵州苗石柳邓,湖南苗吴半生、石三保等为乱,命福康安讨之。柳邓围正大营、嗅脑营、松桃厅三城,福康安师至,力战,次第解三城围,赐三眼花翎。福康安率贵州兵破老虎岩贼寨,诇得柳邓踪迹。和琳时为四川总督,将四川兵来会,攻满华寨,焚贼寨四十。柳邓入湖北,投三保,三保方围永绥厅,福康安督兵赴援。师当渡,贼筑卡拒守。分兵出上流,缚筏,纵民牧牛,设伏。待贼至掠牛,伏起,夺贼船,所缚筏亦顺流至,师尽济。攻石花寨,越得山拉战,杀贼甚众,令总兵花连布间道援永绥,师从之,战三日,围解。

进次竹子山,贼屯兰草坪西北崖,以板为寨,树旗东南山阙。乃设伏对山,仍督兵若将自山阙入。贼来战,伏兵发炮,贼溃,退保琅木陀山。再进,克之。山西为登高坡,与黄瓜山对,分兵出五道,冒风雨克黄瓜山,焚寨五十六。攻苴麻寨,夺大小喇耳山,焚寨四十。半生、三保悉众拒战,分兵攻雷公山,阻其援兵,击破西梁山中下三寨。再进至大乌草河,循河克沙兜寨、盘基坳山。战于板登塞,再战于雷公滩,贼屡败。取右哨营,渡河,于群山中越险,进克马蝗冲等大小寨五十。至狗脑坡,山益险,兵皆附葛藤,冒矢石,行陟其岭,破贼寨。再进,克虾蟆峒、乌龙岩。攻茶它,降者七十余寨。上移福康安闽浙总督,进封贝子。

再进,克岩碧山,焚巴沟等二十余寨。再进攻麾手寨山,总兵花连布将广西兵克苗寨四十,赐貂尾褂。围高多寨,吴半生穷蹙出降。上官福康安子德麟副都统,在御前侍卫上行走。再进攻鸭保寨,鸭保右天星寨,为贼中奇险处,督兵自雪中求道,进取木城七、石卡五,克垂藤、董罗诸寨,赐御服黄里元狐端罩。旋克大小天星寨。进攻爆木营,乘风雪夜进,拔地良、八荆、桃花诸寨。自平陇复乾州,尽克擒头坡、骡马峒诸隘,焚其寨三百。嘉庆元年,再进,克吉吉寨,大陇峒等寨。战于高吉陀,再战于两岔溪,屡败贼。贼袭爆木营,攻擒头坡,皆以有备败走。克结石冈,焚牧牛坪等大小寨七十。进克官道溪,再进攻大麻营石城,至廖家冲,夺山巅石卡。夜间,道出连峰坳,夺山梁七。上褒福康安,命赠傅恒贝子。

福康安染瘴病作,犹督兵进,五月,卒于军。仁宗制诗以诔,命加郡王衔,从傅恒配大庙,谥文襄。子德麟,袭贝勒,递降至未入八分公,世袭罔替。

福康安受高宗殊宠,师有功。在军中习奢侈,犒军金币辄巨万,治饷吏承意指,糜滥滋甚。仁宗既亲政,屡下诏戒诸将帅毋滥赏,必斥福康安。德麟迎丧归,将吏具赗四万有奇,责令输八万。德麟旋坐雩坛视牲误班,降贝子。

孙士毅,字智冶,一字补山,浙江仁和人。少颖异,力学。乾隆二十六年进士,以知县归班待铨。二十七年,高宗南巡。召试,授内阁中书,充军机章京。迁侍读。大学士傅恒督师讨缅甸,以士毅典章奏。叙劳,迁户部郎中。擢大理寺少卿。出为广西布政使。擢云南巡抚。总督李侍尧以赃败,士毅坐不先举劾,夺职,遣戍伊犁,录其家,不名一钱。上嘉其廉,命纂校《四库全书》,授翰林院编修。书成,擢太常寺少卿。复出为山东布政使。擢广西巡抚,移广东。初上官,疏言:"广东海洋交错,奸宄易藏。惟有洁以持身,严以察吏,不敢因循讳饰。"上谕以勉效李湖,湖为广东巡抚,以风厉有声为上所深赏也。

寻署两广总督。陕甘总督福康安议练兵,诏下云、贵、四川、两广、福建诸行省令仿行。士毅疏请广东练水陆兵二万八千五百三十二人,广西练兵一万一千二百九十六人,选人材精壮,技艺娴习,责督、抚、提、镇实心训练。请严立科条,以惩积习。上谕曰:"此可徐徐为之,而必以实。"寻还巡抚任。广东民悍,多逋赋。州县吏当上计,或以私财应,冀课最,民益延抗为得计。士毅详核积逋,遣干按治逋赋最多诸州县,自乾隆四十年后,具册督追。州县吏以私财应计政者,察无他私弊,以督追所得偿之。上奖其能,惟谓:"州县吏职催科,乃以不能振作,民多逋赋。以私财应计政,不罪其诳已为宽典。若以督追所得偿之,将何复嘉其能,赐花翎。"两广总督富勒浑纵其仆受赇,事闻,下士毅按治得实,富勒浑坐遣。上以士毅持正,即迁两广总督。富勒浑疏论广东醝政,请增运艘,按季征饷价,复三十九埠运商清积逋。士毅受事,疏言:"增运艘,当去封押之扰,定经久之规,俾新旧船户皆各乐从。按李征饷价,当复旧例,岁终奏销。三十九埠运商以逋课黜,中铅山、南康、上犹、英德四埠当先复,清积逋当自三十九埠始。"皆下部议行。

五十二年,台湾林爽文为乱,士毅诣潮州戒备。师行,遣兵助剿,刍茭、器械皆立办,加太子太保,赐双眼花翎、一等轻车都尉世职。五十三年,台湾平,图形紫光阁。会安南国王黎维祁为其臣阮惠所逐,其母、妻叩关告变。士毅以闻,督兵诣龙州防镇南关,帝嘉其识轻重、知大体,命自广西入安南,别遣云南提督乌大经自蒙自进。阮惠遣将拒于寿昌江又分兵屯嘉观。士毅师至,击破惠所遣将,渡寿昌江,再进至市球江,惠守备甚设。士毅令阳于下游为浮桥,若将渡。密遣总兵张朝龙自上游渡,出贼后,贼怔扰。士毅勒兵乘筏渡,贼弃寨走。纵击,贼自投江中死,尸蔽江。游击张纯等亦击破惠屯嘉观军,副将庆成等设伏擒惠将。师再进至富良江,江南即黎城,惠令尽收战舰泊南岸拒守。士毅缚筏载兵,令提督许世亨将二百人夜过江,掠小舟数十,更番渡兵,黎明,兵渡者二千余。惠军以舟遁,张纯追及之,分焚其舟,尽歼之,遂复黎城,阮惠走富春。维祁至军中,士毅承旨封为安南国王。捷闻,封一等谋勇公,赐红宝石顶。士毅辞,不许。命班师,士毅犹豫未即行。

五十四年春正月,阮惠率其徒攻黎城,维祁亦挈其孥潜遁。士毅引兵退,渡市球江,驻江北。惠军追至,总兵李化龙殿,度浮桥,坠水死。浮桥断,提督许世亨等皆战死。士毅还入镇南关,维祁与母子偕至,置诸南宁。上以士毅不遵诏班师,有此挫折,罢封爵,并撤红宝石顶、双眼花翎,解总督任,以福康安代之。方惠追我师至富良江,士毅欲复渡江与决战,世亨力谏,谓捐大臣、伤国体,令千总薛忠挽其缰而退。至是具疏自劾,令驻镇南关治事。惠寻遣使求内附,福康安至,与士毅严斥之。既,以黎氏眷乱,不堪复立国,遂偕奏安南不必用兵状,帝从其议。寻召士毅还京师,授兵部尚书,授军机大臣,直南书房。是年冬,命署四川总督,逾岁真除。未几,两江总督书麟坐高邮书吏伪印冒征被谴,以士毅代之,谕以江南吏治废弛久,当黾勉整饬,毋徇隐。徐州王平庄河决,筑毛城铺堤堰,赈被水诸州县,俱称旨。五十六年,召授吏部尚书、协办大学士。

廓尔喀用兵,命摄四川总督,督饷。士毅自打箭炉出驻察木多,师已入后藏,复驰诣前藏,馈运无匮。以劳,复赐双眼花翎。五十七年,廓尔喀平,再图形紫光阁。旋授文渊阁大学士,兼礼部尚书。偕福康安、和琳驻前藏谋善后。福康安率金川土司入觐,命士毅再权四川总督。福康安移云贵总督,以和琳代之。上令士毅留四川董理讨廓尔喀之役军需奏销,士毅乞留福康安、和琳会核,上不许。

六十年,湖南苗为乱,入四川秀山境,士毅督兵驻守击贼。嘉庆元年,湖北教匪为乱,侵四川酉阳境。士毅移军来凤,战屡胜,封三等男。贼屯茶园溪。大雨旬日,诇无备。夜击贼,人持短兵垒涌入,千总张超执长矛先登,斩其魁,追奔四十余里。贼退据旗鼓寨,士毅长移军从之。六月,卒于军中,赠公爵,谥文靖。以其孙均袭伯爵。

士毅故善和珅,病笃,遗书请入旗。高宗特许之,命均入汉军正白旗,授散秩大臣。寻以幼罢。十一年,自陈废疾,请以同祖弟玉墀袭爵,仁宗谕曰:“士毅克黎城,皇考命班师。士毅意在贪功,迟延失事,兵溃入关。所奏多有虚饰。朕体皇考遗意,未予追求。今均既病废,士毅原授伯爵当裁撤,并令均出旗归原籍。”

明亮,当察氏,满洲镶黄旗人,都统广成子,亦孝贤高皇后侄也。初以诸生尚履亲王允祹女,为多罗额驸,授整仪尉。累迁銮仪卫銮仪使。乾隆三十年,授伊犁领队大臣从征乌什乱回。再移宁西塔副都统。从征缅甸,有功。

三十六年,两金川为乱,命以护军统领佐四川总督桂林出师明年桂林师。出黑垄沟,败绩,明亮未以闻,上责其隐,夺职。旋授头等侍卫衔,令从军自效。时阿桂以参赞大臣代将,令明亮仍出黑垄沟,潜袭甲尔木,夺第一山梁。地高寒不俟令引还,阿桂奏劾,降二等侍卫衔。复攻甲尔木,乘雪陟其中峰,克所筑碉卡,授二等侍卫。寻攻真登梅列,断贼粮道,迁头等侍卫,加副都统衔。复自都恭进破噶察、丹嘉诸寨,与阿桂会于僧格宗。阿桂授副将军,命明亮为领队大臣。再进,自僧格宗渡河。东攻美诺,令侍卫德赫布等为前队,明亮继,逐贼至美都喇嘛寺,围美诺,战一昼夜,克之。小金川悉定。

进讨大金川,温福出西路,丰升额出北路,而阿桂出南路,明亮

为参赞。三十八年正月，师次当噶尔拉山，亘二十余里，贼筑十四碉
拒守。明亮攻克第五、第四两碉。居数月，温福师败，僧格宗、美诺
皆陷。从阿桂敛师退驻翁古尔垄，擢广州将军。十月，师再举，阿桂
出西路，授明亮定边右副将军，出南路，当一面。自思纽顺河取得
里、得木甲诸寨，袭破宅垄，复取僧格宗，与阿桂会美诺。小金川复
定，赐御用黑狐冠。三十九年正月，与阿桂策定进军道，明亮自巴
旺、布拉克底土司进次马奈。马奈山峻险，河南有地曰斯第，为贼寨
障。明亮夜攻马奈，遣参赞大臣富德自骆驼沟出寨后夹攻，战二日，
克之。再进，次绒布寨。分兵授领队大臣奎林，以皮船渡河，取斯第
山梁木城二。再进攻卡卡角，其前地曰庚额特，山负河而立，危峰护
其右，势绝险，山腰径隘，贼夹以巨碉。屡攻不能下，于其右筑五碉
卫饷道。攻穆谷诸寨，贼拒守益力，而奎林军以乏水移驻深嘉卜。明
亮调得泉，使富德、奎林移军就之。分道攻斯第，贼前后并至，断我
军为数部，战甚力，侍卫阿尔都陟险焚贼卡，乃破围出。明亮策攻正
地，深入不遇贼，卢阻险设伏，未即进，阿桂令改出北路，与参赞大
臣舒常合军攻宜喜，进克达尔图山梁。贼筑十八碉，迭战克其十五，
复自木克什进次带，石东取谷尔提，西攻沙坝山，焚碉卡二百余。贼
据隘断我军道，别得道出。

　　四十年四月，阿桂令参赞大臣海兰察助攻宜喜，分兵十余道攻
贼碉。明亮与海兰察、舒常巡行督战，克萨克萨谷山梁，达尔图、得
楞、沙坝山诸贼皆溃，并得日旁诸寨，授内大臣。再进克基木斯丹当
噶山，海兰察还佐阿桂。明亮军进次扎乌古，攻碉未即下，令奎林以
炮击贼，破石真噶，北取琅谷，移师驻其地。阿桂已克勒乌围，进攻
噶拉依，令明亮攻碾占。未即下，明亮疏请简精锐佐阿桂拼力出西
路。上不谓然，诏切责，乃自琅谷进攻纳木迪。阿桂遣驻美诺兵千
余助明亮。明亮策贼守纳木迪，扎乌古备必疏，遣奎林出间道袭破
之。自日斯满至阿尔古山梁，上下二十余里，诸碉卡尽下，纳木迪贼
焚寨走。再进攻日斯满先取得耳谷，断贼后路。令和隆武等夹击，
大破贼，还攻碾占。碾占为乃当山巅，其北曰阿尔占，其南曰甲杂，

明亮袭破阿尔占,夜督兵缒下峭壁,陟山梁,尽破诸碉寨,遂攻乃当,贼溃遁。围甲杂,缺一面当水,贼走,师乘之,皆落水死。阿桂军临噶拉依,明亮取独松趋正地,降马尔邦,令奎林等军于巴布朗谷,督兵与阿桂军会,偕阿桂疏报噶拉依围合。四十一年春,命封一等襄勇伯,赐双眼花翎。师克噶拉依,金川平。时议以成都将军驻雅州总边政,以授明亮。明亮以雅州地隘,请还驻成都,陈善后诸事,皆从之。夏,师还,上郊劳,赐银币、鞍马。冬,复率诸土司入觐,命在军机处行走。四十三年,改授四川提督。四十五年,复率诸土司入觐。

四十六年,甘肃撒拉尔回乱,攻兰州。明亮将四川兵自巩昌入甘肃,合军讨贼。上幸木兰,觐行在,改授乌鲁木齐都统。员外郎开泰罪遣,命永远枷号。明亮徇协领富通请释之,未以闻。四十八年,移伊犁将军,而富通当引见,开泰惧失庇,投水死。事闻,上逮明亮诣京师,狱成,罪绞待决。四十九年,甘肃固原回复乱,大学士阿桂出视师,命释明亮,赐蓝翎侍卫从军。乱定,授头等侍卫。累迁镶红旗蒙古都统。五十五年,授刑部尚书。五十六年,出为黑龙江将军。五十八年,移伊犁将军。六十年,复入为正红旗汉军都统。坐在黑龙江令兵输貂予贱值,夺职,留乌鲁木齐,自效。

贵州苗石柳邓,湖北苗石三保等为乱,嘉庆元年,命明亮出佐湖南军,授头等侍卫,旋以副都统衔署广州将军。贼久据孝感,署湖广总督永保讨之未克,明亮将三千五百人以往,至潼川铺,贼出战,分兵伏黄金庙,攻贼垒,伏起。贼炮裂,敛入城。明亮令积柴城门外纵火,贼突出,皆堕濠,三日火始烬,城遂破,赐轻车都尉世职。攻钟祥,得贼渠张家瑞等。战于双沟,屯吕堰,贼至,击败之。再进攻平陇,破养牛塘、刚息冲诸隘。围石隆,奋战,斩石柳邓,获其孥,封二等襄勇伯,赐双眼花翎。

是时教匪起,延及四川、陕西、湖北三省,命明亮督兵赴四川,与总督宜绵合军讨贼。二年,明亮自永绥入四川,与宜绵军合。转战,焚金峨寺,破重石子、香炉坪,克分水岭、火石岭诸卡。贼渠王三槐出战，大破之，三槐中枪逸，贼死者万余人。复战精忠寺，俘三槐母。襄阳贼渠姚之富、齐王氏等窜四川，与三槐及达州贼渠徐添德合。势复张。之富等据开县南天洞，明亮击破之，逐贼，战于大凉山。云阳贼渠高名贵应贼，明亮与宜绵策禽名贵，歼其从，贼攻白帝城，明亮循江下宜昌，贼来犯，击破之。逐贼至独树，会湖广总督景安师至，合击，逼贼入南漳山中。度贼且渡汉北入河南境，令总兵长春屯谷城为备。督兵出隆中，贼北走，击之溃，赐紫缰。

贼屡败，不能北渡，乃自房县入陕西境。明亮逐贼，屡战皆捷，先后杀六千余人。贼走紫阳，明亮师次白泛峡，之富等与诸贼渠张汉潮、高均德分道窜走，明亮逐汉潮、均德入汉中。上责明亮不当置群盗而但逐汉潮、均德，夺爵及双眼花翎、紫缰。之富等亦渡江与均德合走汉阴，其徒入城固、南郑，乃夺职，逮诣京师。旋以军事急，命留军自效。督兵逐之富、齐王氏自山阳至郧西，急击之，之富、齐王氏皆投崖死，赐副都统衔、花翎。命捕治均德。

师进次西乡，汉潮与诸贼渠詹世爵、李槐合万余人，自竹溪至平利、太平，明亮追及于池子山，战，臧世爵、槐，而汉潮还走南乡，复攻陷西乡、石泉，命夺花翎。汉潮入河南境，攻卢氏，明亮赴援，汉潮复走陕西，攻五郎厅。四年，上授勒保经略大臣，授明亮副都统、参赞大臣，逐汉潮入汉中。勒保弟永保先以孝感、钟祥剿贼无功坐谴，嫉明亮。至是起署陕西巡抚，与明亮不相能，汉潮往来奔窜，不以师应，上征勒保还，命明亮代将，迁正红旗汉军都统。明亮劾永保军久驻不进，永保言明亮有手扎尼其移军。上为夺明亮职，逮诣京师，明亮方追贼入子午谷，战于张家坪，歼汉潮。师还，就逮，罪斩待决。

五年，上追录前功，以领催诣湖北从陕甘总督松筠讨贼，旋授蓝翎侍卫、领队大臣。败贼石花街，迁二等侍卫。再败贼斑竹园、远安镇，命以五品衔授宜昌镇总兵。贼窥荆、襄，明亮与战败之。贼欲西走陕，明亮守七星关，贼复折而东，战于朱家嘴，大破贼，进秩视三品。贼复入陕西境，明亮与巡抚倭什布合击之，贼还南窜。上命赴四川讨贼，明亮以陕西贼渠高二、马五等将至竹溪，驰赴迎击。上责明亮不即赴四川，复左授蓝翎侍卫。明亮已击破高二、马五，复擢三等侍卫、领队大臣。还师湖北，战于寿阳坪，破贼渠徐添德，战于狮子岩、佘家河，破贼渠苟文明，复授宜昌镇总兵。时湖北贼渐定，上念明亮老，召还，授二等侍卫。

七年，自副都统外授乌鲁木齐都统。三省教匪平，行赏，封一等男。九年，内授都统，迁兵部尚书。十年，进一等子。十四年，加太子少保，进三等伯。十五年，赐双眼花翎，命协办大学士。十六年，以舆夫聚博，上闻，不以实奏，左授副都统。十七年，出为西安将军。十八年，内授都统、左都御史。十九年，复授兵部尚书、协办大学士。二十二年，授武英殿大学士，进太子太保。二十四年，进三等侯。道光元年，致仕，食全俸。二年，卒，年八十七。宣宗亲临奠，赐陀罗经被。谥文襄，祀贤良祠。

论曰：福康安起戚里，然亦自知兵。征廓尔喀，贼守隘，命前军更番与战，而设伏隘侧，前军败退，贼逐出隘，伏起，贼骇走，我军蹙之入隘。福康安策骑督战，诸军悉度隘，遂夷贼屯。其才略多类此。士毅入安南，度重险，寀入其庭。是时诸将多骄侈，士毅独廉，盖亦有不可没者。明亮知兵过福康安，廉侔士毅，师屡有功，辄有齮之者，未能竟其绩。立朝既久，躬享上寿，进受封拜，非幸致也！

清史稿卷三三一
列传第一一八

海兰察 子安禄　　奎林 珠勒格德
和隆武　　额森特　　普尔普

　　海兰察，多拉尔氏，满洲镶黄旗人，世居黑龙江。乾隆二十年，以索伦马甲从征准噶尔。辉特台吉巴雅尔即降，复从阿睦尔撒纳叛，师索之急，遁入塔尔巴哈台山中，海兰察力追，及之，射坠马，生获以归，叙功，赐号额尔克巴图鲁。累擢头等侍卫，予骑都尉兼云骑尉世职，图形紫光阁。三十二年，以记名副都统从征缅甸，师出虎踞关，海兰察，率轻骑先驱，至罕塔，遇贼，殪三人，俘七人，遂攻老官屯，馘二百，设伏，歼贼四百，贼自猛密出袭我师，援击却之。三十三年，再出师，度万仞关，败贼戛鸠江，毁江岸贼居，授镶黄旗蒙古副都统。师薄老官屯，攻贼于锡箔，毁其木栅，贼来攻，急击之，追戮其强半，缚二人以归。既还师，命留军防边。移镶白旗蒙古副都统。

　　三十六年，师征金川，命自云南赴四川与师会。三十七年六月，参赞大臣丰升额方攻美美寨，贼御战甚力。海兰察师至，合力奋击，克之。乘胜毁贼寨十三，克木城，师屯其旁山冈，筑卡以守。七月，败贼策卜丹。八月，贼出贡噶山左，谋截粮，海兰察设四伏，斩级百余。十月，进攻路顶宗及喀木色尔，破碉卡三百余，歼贼数百，诏嘉奖，擢正红旗蒙古都统。十一月，进至格实迪，自色木僧格山后取玛觉乌大寨，仰攻布喇克及扎喀尔寨，得碉卡九十。十二月，进攻明郭宗，突入寨门，焚转经楼，直捣美诺。

小金川既定，进讨大金川，授参赞大臣，从将军温福出西路，自功噶尔拉入。三十八年二月，趋昔岭，道经苏克奈，夺卡二，据木果木后山，与领队大臣额森特军合战，得碉卡五，凿冰开道，一日而至固木卜尔山。山接昔岭麓，昔岭多贼碉，当道碉凡十，我师遇贼碉，若山峰纵横并列，往往为之次第，便指目。海兰察与额森特计分兵为六队，力攻第九、第十二碉，先下，进取第七、第八两碉，力战冰雪中。及暮，阳撤兵，贼下追，伏起，殪二百人。第五碉尤坚厚，海兰察运炮轰击，昼夜无稍休，碉乃破。移军攻达扎克角山梁，夺获得斯东寨。上按地图示诸将形势，海兰察复移军攻功噶尔拉山口。五月，还攻昔岭，造炮台高与山齐，痛歼守贼。六月，后路贼攻陷底木达，进据登春。海兰察还御，战正力，俄闻木果木大营有警，疾驰。次日大营陷，将军温福殁于阵。海兰察令领队大臣富兴整兵出，而为之殿。夜半，军至功噶尔拉总兵牛天畀营，度功噶尔拉亦不可守，合军引退，令额森特等为前导，与富兴、普尔普及天畀殿。是日暮，屯崇德。次日至美诺，与领队博清额、五岱、和隆武合军，驰奏请罪。上谕以"镇静，鼓士气，图恢复"。与五岱共守美诺，贼屡来攻，均战退。

时当新败，绿营兵多溃散。海兰察请遣回怯卒，毋使摇乱新兵，上从其请。寻诇知阿桂方驻军当噶尔拉，乃分兵千人，令额森特自南山往迎。又令普尔普将三百人巡鄂克什诸隘口。七月，贼大至，美诺、明郭宗俱失守，海兰察退保日隆。上责其不能御贼，命阿桂按治。阿桂至日隆，奏："海兰察当兵溃时，前后拦截，未与懦卒同溃。惟平日不能申明军律，咎不能辞。"命左授领队大臣，停俸。十月，命以阿桂为定西将军，谋再举，海兰察偕领队常清等将八千人自达木巴宗北山取道分三路进，夺别斯满大小十余寨。复与富兴等攻取帛噶尔角克、底木达、布朗郭宗诸寨，师复克美诺。上嘉海兰察奋勉，命支俸。

三十九年正月，阿桂令海兰察将五千人自明郭宗进谷噶山击贼，又令与保宁将二千人自喇穆喇穆横梁绕八十余里，攻登古山。登古山在诸山最峻，罗博瓦山与对峙，亦贼中奇险处。二月，令普尔普顺山梁进,海兰察出山后,自石罅跃登,搏贼酣战,额森特、保宁至,合力击贼,贼少却。复分队冒死冲突,射之,殪数十人,余贼负矢遁。乃还取罗博瓦前山,攻第三、第四峰,而额森特攻第二峰,普尔普攻第一峰,俱克之。上谕罗博瓦为贼险要门户,海兰察力攻功最,授内大臣。

三月,从第四峰下,进攻得斯东寨,克之。四月,贼乘雾雨于山坡立两碉,海兰察率兵毁之。五月,于喇穆喇穆山后筑栅,贼屡自林中来犯,与额森特合击,贼披靡走。六月,攻色溯普冈,贼设大碉六,互相应。额森特克左两碉,乌什哈达克右一碉,海兰察独克中三碉及附近卡寨。七月,抵色溯普,南崖石壁陡滑,督兵手足攀援上,歼东西峰守碉贼殆尽。又自喇穆喇穆山麓乘胜攻日则丫口,取碉卡百余,贼坚守该布达什诺木城。师循山沟,海兰察出其左,额森特出其右,官达色出中路,三道并进,遂逼逊克尔宗。上嘉海兰察为诸将倡,屡克险要,赐号绰尔和罗科巴图鲁,并赉白金三百。

八月,偕额森特自逊克尔宗峰脊分左右翼仰攻,登碉顶,纵火毁碉卡二百余。又旁出逊克尔宗西,逼贼寨,督兵踊跃进。贼穴地匿,不敢出。九月,取逊克尔宗水碉,断贼汲道。乘胜攻官寨,贼枪石如雨,督兵奋进,额森特取其右第一寨。海兰察左颊伤,裹创力战,克第二寨。军中目贼渠所居大寨为"官寨",亦曰"正寨",示与他碉卡别也。上以海兰察伤甫平,即督兵攻夺坚碉,手敕嘉奖。十月,克默格尔山梁及密拉噶拉木,得大寨一、石碉四,山后凯立叶官寨亦下,复授参赞大臣。又自默格尔西进攻布拉克森及格思巴尔,焚寨落数百,于是凯立叶附近碉卡皆尽。命在御前侍卫上行走。

十一月,夜度山沟,进格鲁克古丫口,崖礀壁立,督兵猱登,天明,登者六百人,贼并力拒,夺二碉,循山梁下攻桑噶斯玛特。别遣兵自陡乌当噶山进克沙木拉渠什尔德诸寨,复督兵攻克革什戎冈及作固顶。贼寨横越诸山,下沟上梁,鼓勇径度,尽克诸碉寨,与丹坝军合。十二月,抵桑噶斯玛特山,贼于碉外设木城为护。师自栅隙发矢,或拔栅木撞之,城立毁。四十年正月,自康萨尔分路进剿,据山沟碉寨。二月，克甲尔纳沿河诸寨。进攻勒尔吉博寨，海兰察克山麓碉二。贼自噶尔丹寺来援，击败之。四月，将军阿桂令往宜喜，会明亮调兵入道，约期合攻。上赐缎二端。

寻分兵千人偕福康安赴宜喜，先取甲索贼碉，进攻得楞山冈，皆下，焚萨克萨谷大小寨落数百，西北两路兵合。五月，攻上、下巴木通大碉，并克色尔外、安吉、达佳布诸寨，焚噶尔丹寺。六月，自荣噶尔博山梁攻巴古寨落，贼恃险拒攻，未下。纡道绕舍图柱卡以入。海兰察督兵进据昆色尔山梁，克果克多碉，进至拉枯喇嘛寺。再进经畜则大海，又攻章噶上下十余寨，尽克之。合诸路兵逼勒乌围，海兰察自托古鲁逾沟直上山梁。八月，取隆斯得寨三，分地设伏，遂克勒乌围。

九月，整军进攻噶拉依。初自达思里正路入，虑贼防密，改自达乌达围进。海兰察绕至莫鲁古上，连夺噶克底、绰尔丹诸寨，又克西里山梁并科布曲诸碉。十月，攻达噶，自中路入，分兵张两翼出旁径，克两坚碉，下攻雅玛朋寨。闰十月，据黄草坪，筑栅断贼援。贼起木城，海兰察督兵陟山，自上压下，克之。十一月，分道攻奔布鲁木，夜迫山下，焚贼木城，遂据西里正寨。又克舍勒固租鲁寨四。进攻雅玛朋正寨，从中路设伏，偕普尔普等尽克附近寨落。十二月，克勒隈勒木通石碉，筑栅至科布曲。海兰察冒枪石进，乘胜克索隆古、得木巴尔们都斯诸寨。贼又于布哈尔下积木设伏拒师，海兰察分兵三道并进，立时攻破，遂取奇石矶。又遣兵悉收库尔纳、额木里多诸寨，及巴斯科官寨。四十一年正月，克舍齐、雍中两寺。海兰察屯兵噶拉依河岸，扼要隘。寻偕福康安、普尔普等截噶拉依右路，克大石卡，移炮进击扎木什克寨。二月，大金川酋索诺木就缚，金川平，封海兰察一等超勇侯，赐双眼花翎。师还，郊劳，赐御用鞍辔马一。饮至，赐缎二十端、白金千。图形紫光阁，列前五十功臣。授领侍卫内大臣。补公中佐领。

四十六年三月，甘肃撒拉尔回苏四十五争立新教为乱，破河州，据华林山。命大学士阿桂视师，疏请以海兰察自佐。上已命为领队，驰驿诣军前。四月，抵兰州，督兵攻龙尾山，贼伏穴中守。阿桂至，令海兰察尽护诸军。五月，偕明亮、额森特等分左右翼陟山杀贼。复逾水磨沟，猝上华林山，贼骇，倾穴出。师阳退，贼来逐，还兵击之，歼贼甚众。贼被创巨，望见海兰察乘马出阵，辄先惊詟。闰五月，将阿拉山马兵绕出华林山江南潜伏，候贼至，突出濠杀贼。又督屯练兵取贼卡四，步战中枪伤。上闵其劳，谕阿桂抚慰。贼据大卡负隅，海兰察单骑至五泉山审度，还向华林山暂伏濠中，诇贼还，急起猛攻，遂克之。入贼营，焚所居板屋。贼退保华林寺，督兵逼寺立栅，歼贼众，缄渠传示各回民。贼平，上谕奖海兰察功，官其子安禄三等侍卫。四十九年四月，甘肃回复私起新教，聚众滋事。命尚书福康安视师，授海兰察参赞大臣。贼屯静宁底店，海兰察督巴图鲁侍卫等进逼贼巢，设伏痛歼之，遂破石峰堡，禽贼渠张文庆等。擢安禄二等侍卫，予骑都尉世职。

五十二年，台湾林爽文为乱，命将军福康安视师，仍授海兰察参赞大臣。十月，渡鹿仔港，登岸后三日，率巴图鲁二十人至彰化八卦山察地势。贼方于山上筑卡，海兰察跃马登，贼拥至，发箭殪数贼，余惊遁。上能其用少击众，谕奖之。十一月，自笨港开道，同福康安援嘉义，分队五，沿途搜剿，自仑仔顶、仑仔尾逼至牛稠山，贼万余阻溪守。海兰察越溪径上山梁，攻克贼栅，贼遁，追至大排竹，尽焚贼寮，嘉义围解。上嘉海兰察身先士卒，勇略过人，进二等超勇公，赐红宝石顶、四团龙补褂。

十二月，剿城西大仑庄海岸贼，又焚城东兴化店、员林贼庄，督兵直剿北路。时贼屯中林，尤剽悍，海兰察冒枪石驰剿，克之。大埔林、大埔尾诸庄贼俱溃。收斗六门，抵水沙连，贼已遁。寻踪搜捕，见贼渠方乘马执帜，射坠马，获以归。进攻大里杙，林爽文起事地也，歼贼目数十、贼党二百。林爽文逃入番社，即自内山平砦仔逐贼至集集埔。贼砦前阻大溪，海兰察策马辵渡，尽歼砦中贼，追十余里，至浩淮角，焚草蓁千。进剿小半天山寨，海兰察遍历东势角山峰狮子头、打铁寮、虾骨、合欢诸社，至极北炭窑，捕治余贼。五十三年正月，得爽文于老衢崎，槛送京师。上念海兰察功，解佩囊赐之。二月，还兵至南路，自弯里社至极南琅峤，执贼渠庄大田，磔于市。台湾平，赐紫缰、金黄辫珊瑚朝珠，再图形紫光阁。

五十六年，廓尔喀侵后藏，仍以福康安为将军，海兰察为参赞大臣，率巴图鲁侍卫及索伦兵千人往讨。出西宁，明年三月，抵后藏。闰四月，抵第哩浪古。与福康安分往绒辖、聂拉木察地势，定策自济咙进兵。海兰察偕阿满泰出中路，贼两碉前后相辅，师夺前碉，贼守后碉不出。督兵毁旁垣入，短兵接，杀贼目三、贼兵二百，进屯擦木。乘胜克玛噶尔辖尔甲山梁，贼渠率众陟山，我兵暂伏，贼至山半，横击之，贼且战且退，海兰察疾驰下击贼，斩贼渠七、贼二百余，俘三十。海兰察马足中枪，上闻，戒以"接仗时宜持重，毋轻冒险"。

师进攻济咙官寨，海兰察与台斐英阿督索伦兵往来冲击，自丑至亥，克之，斩贼六百，俘二百。自济咙进至索喇拉山，山下有石卡。师直攻之，贼弃卡奔。逐至热索桥，贼撤桥，攻之不及。海兰察密令阿满泰等东越峨绿山，自上流潜渡，贼骇奔，坠河者甚众。师悉渡，遂据热索桥，进至密哩顶，越崇山数重，抵旺噶尔，深入八百七十里，不见贼。旺噶尔西南有大川横亘，北曰旺堆，南曰协布鲁，迤东为克堆寨，贼各筑卡以守。师至旺堆，贼扼河抵御，不得渡，乃留兵牵贼。密从上游缚木以济，出贼不意，直薄克堆寨，大败之。六月，督兵自协布鲁进，由噶多东南越雅尔赛拉山，昼夜行，至博尔东拉前山。贼筑木城三、石卡七，据要隘，乃转从山巅下临贼卡，与阿满泰上下夹击，诸城卡尽下。乘胜逐贼至玛木拉，杀伏贼百余人。师屯雍雅山，廓尔喀乞降，拒不许。七月，进攻噶勒拉山，三道皆胜。逐贼至堆补木山，夺其卡。山下为帕朗古横河，贼扼桥以拒。官兵夺桥渡，驰上甲尔古拉山。别兵从上游潜渡，抵集木集山，合军。贼来侵，往来迎击，战两日夜，越大山二，克木城四、大小石卡十一，戮贼目十三，毙贼六百，俘十七。廓尔喀渠畏惧，力请降，诏许之，进海兰察一等公。

五十八年三月，卒，谥武壮。复图形紫光阁，甫成，上制赞嗟惜，谕曰："海兰察以病卒，例不入昭忠祠。念其在军奋勉，尝受多伤，加恩入祀。"

子安禄，袭公爵，授头等侍卫。嘉庆四年，佐经略勒保征四川教匪，战屡有功。贼渠苟文明等窥开县，安禄与总兵朱射斗合军逐剿，贼不敢东窜。十一月，与射斗逐贼枯草坪，乘雨登汪家山杀贼，贼多坠崖死。安禄望见数十贼匿山沟，率数骑逐之，贼溃散，独策马从其后，数贼自林中出，安禄仓卒，中矛死。谥壮毅，赐白金千治丧，加骑都尉世职，合前赐骑都尉为三等轻车骑尉。是时奎林子惠伦亦战没。上以二人皆名将子，与乌合乱民战，没于行阵，深致惜焉。

奎林，字直方，富察氏，满洲镶黄旗人，承恩公傅文子也。自拜唐阿袭云骑尉，擢云麾使，袭承恩公爵，授御前侍卫。累迁镶白旗护军统领，管理健锐营。

三十七年，授领队大臣，从副将军阿桂征金川，与侍卫和隆武攻纳围山梁，攻当噶尔拉。木果木师溃，命阿桂为定西将军，召奎林入咨军事。旋命佐副将军明亮出南路，自墨垄沟进攻得里。贼筑碉山岭，奎林率兵昼伏夜行，至其侧，突击破之。攻拉约，夜渡河，鼓噪，克贼垒，遂抵僧格宗，连破石碉，获军粮火药。时阿桂复美诺，明亮遣奎林往会师。复从明亮攻斯第，奎林率第一队兵先占班得古水泉，与贼持两昼夜，涉险鏖战，飞石伤脊。两贼握利刃突前，侍卫珠勒格德射之，殪，余贼惊逸。上谕嘉奎林勇猛。攻达尔图，贼碉绵亘数里，奎林冒雨先登，立拔第一碉。官军乘势疾击，克碉十五，俘贼目八，获粮械无算。复自木克什山梁进克贼碉一，中枪伤顶，上谕曰："奎林平日战甚力，今顶伤中要害。"时富德军于马尔那，令奎林代防，即以富德佐明亮击贼。旋授镶红旗汉军都统。

伤愈，复从明亮攻宜喜。阿桂领侍卫内大臣海兰察会奎林度地势，约两军隔河夹击，直捣勒乌围。勒乌围、噶拉依，两金川渠所居地也。奎林分攻甲索，又自萨克萨谷攻得楞，贼弃碉窜，乘胜追蹑，落崖死者相枕藉。攻基木斯丹当噶，夺碉二、卡九，又夺茹寨麦田十余里,赐绷武巴图鲁名号。复趋噶西喇嘛寺,拔沙尔尼沟碉卡。阿桂破勒乌围,奎林偕明亮、和隆武等攻扎乌古山,未克,请益兵。上谕奎林、和隆武:"毋以勇往好胜,愧激轻进。虽云'不入虎穴,焉得虎子',亦当审度机要,权利害而行,不可冒昧。"自旋什扎古进兵,偕和隆武自山沟潜行,登其巅,碉内贼无一脱者。上谕明亮、奎林、和隆武:"宜黾勉立勋,毋让西路专美! 但当度利害,不可但知轻进。"进克扎乌古山梁。再进据纳木迪、斯底叶安,夺三十余寨。又自耳得谷下击碉贼卡,毙贼百余。复自碾占进攻,达撒谷,拔碉卡三十,毙贼百。趋独古木思得,贼溃,平山上下八十余寨。师经乃当,降其渠。攻甲杂,俘贼酋,降其众千余。克卡拉尔,抵舍斯满,贼出降。奎林绕山巅行三百里,至底角河沿,抚定寨落数百,遂与阿桂军合围噶拉依。上加奎林一等男,命其子崇伦承袭,并赐双眼花翎。遂俘金川酋索诺木。师还,凯旋,上郊劳,赐文绮十二、银五百、御用鞍辔马一。图形紫光阁,列前五十功臣。授右翼前锋统领,擢理藩院尚书。

四十五年,出为乌鲁木齐都统。骁骑校常福杖毙披甲多罗,奎林论劾,上以多罗不孝,罪当死,责奎林误劾。改授乌里雅苏台将军。坐在乌鲁木齐失察各州县浮报粮值,命以公爵畀其叔傅玉承袭。复授乌鲁木齐都统。迁伊犁将军。

奎林贵戚有军功,嗜酒躁急。五十二年,参赞海禄疏劾。上命乌鲁木齐都统永铎勘奏。逮至京师,命诸皇子、军机大臣会刑部按治,狱成,奎林坐擅杀罪人,拟杖。海禄所劾不尽实,亦有罪,坐诬告,死罪,未次,拟流。帝以奎林孝贤皇后侄,而海禄所劾不尽虚,拟罪乃反重,失平,命俱夺职,在上虞备用处拜唐阿上效力。旋授奎林蓝翎侍卫,再迁台湾镇总兵。时林爽文乱甫平,多盗,为民害。上欲严惩之,谕奎林:"勿拘泥,勿姑息,有犯必惩。"奎林屡捕治剧盗,复论诛裨将坐赃及营兵之为盗者,称上旨,加提督衔。五十六年,擢福建水师提督。师征廓尔喀,改授成都将军、参赞大臣,帅师入藏。五十七年,行至江卡,疽发于顶,遂卒,谥武毅。

珠勒格德，钮祜禄氏，满洲正白旗人。以三等侍卫从军。其救奎林也。上命擢一等侍卫，赐号扎克博巴图鲁。战于木克什，据水卡，断贼汲道，设伏以待。贼乘雾分道来犯，守碉兵御之，伏起。贼复自山下援，珠勒格德突入阵，刃三人，大败之，遂克木克什山下碉。复与都统和隆武等袭取日旁山后碉十余，日旁近勒乌围，贼碉寨相望，后路必争地也。授正红旗蒙古副都统。奎林攻什扎古，珠勒格德与和隆武设伏琅谷，奎林兵至，夹击，破木城。进攻扎乌古，克贼碉四、卡八。自日新满至巴扎木，贼碉林立，珠勒格德与和隆武分兵进，连克贼碉十七。金川平，图形紫光阁，御制赞犹及救奎林事。寻卒。

和隆武，马佳氏，满洲正黄旗人，宁夏将军和起子也。初隶镶蓝旗，以和隆武功，高宗命以本佐领抬入正黄旗。凡抬旗，或以功，或以恩，或以佐领，或以族，或以支，皆出特命。和隆武袭一等子爵，授三等侍卫。

三十七年，从护军统领明亮征金川，自墨垄沟攻甲尔木山梁。师分道而进，和隆武为领队侍卫，明亮攻美诺喇嘛寺，和隆武傍水夹攻，贼溃而复聚，尽歼之，夜克美诺诸碉寨，复分攻纳围正面山梁，败贼于鸠寨，夺碉五十余，迁镶蓝旗蒙古副都统。旋收僧克宗。从富德攻克绒布寨北沃什山、摩格、孟格、里格、穆图德宗，进攻卡角。从奎林第取斯第，贼迎战，和隆武麾众荡决，矢尽，以矛斗，被创，赐玉搬指、荷包。进攻克木什克第一碉，赐黄马褂。师攻日旁，和隆武自周叟绕出其后，突入碉，贼惊溃，枪石不及施，短刀相搏，循山逐贼碉十余，堕二百余，日旁贼歼。焉复偕珠勒格德攻谷尔堤诸地碉寨，尽克之。上屡诏嘉奖，授正蓝旗蒙古都统。进攻得楞以南碉卡，又进攻勒尔替山梁，杀贼甚众。石据头真噶，和隆武与奎林乘胜运炮，军甚嚣，分队突出攻据之，贼奔溃。四十年七月，阿桂师逼勒乌围，而和隆武与明亮、奎林合军出北路，自扎乌古山进。语已具《奎林传》。

四十一年，金川平，进和隆武三等果勇侯，赐双眼花翎。师还，赐御用鞍辔马一，并赉银币。图形紫光阁，列前五十功臣。出为宁夏将军，移吉林将军。卒，谥壮毅。

额森特，台褚勒氏，满洲正白旗人。以前锋马甲从征伊犁。右部哈萨克与塔什罕相攻，参赞大臣富德使额森特谕哈萨克内附，使入觐，额森特护至京师。擢蓝翎侍卫，迁二等侍卫。乾隆三十四年，从经略大学士傅恒征缅甸，攻老官屯，贼出战，额森特率索伦兵击败之。

三十六年，从定边右副将军温福征小金川，攻巴朗拉，夺其东山峰，毁碉，赐号丹巴巴图鲁。师取达木巴宗，额森特由别道出山北，连破碉卡。至资哩，合师，夺北山。贼乘夜筑卡，将兵邀击，贼数百踵至，三却三进，额森特中枪，力击败之，遂克资哩。复策取普尔玛寨。攻东玛，连战败贼，擢头等侍卫。贼分两道出战，伏兵逆击，贼大败。薄其碉，身被创，大呼杀贼，遂克东玛。进克美美卡，拔路顶宗山碉，授镶黄旗蒙古副都统。至博尔根，夺山巅大寨。夜渡水，仰攻纳拉觉山，克碉十二、卡十五。击格实迪，破公雅山。逾木尔古山麓，取沟内寨卡，据嘉巴山，授领队大臣。

小金川平，复从将军温福至功噶尔拉山。功噶尔拉者两金川接壤要隘也，峰陡绝，积雪封径，贼碉厄险。额森特督兵直上，副都统乌什哈达继之，渐克旁碉，战于固木卜尔山，败贼。从温福移营木果木，会攻昔岭，贼碉密布，与海兰察合攻，冰雪中相持数十日，木果木军溃。副将军阿桂在当噶尔拉，全师撤驻翁古尔垄。上命阿桂为定边将军，再进，额森特与总兵海禄夺北山桥卡。总兵成德至，三路合攻阿喀木雅山，乘胜取木兰坝，平鄂克什官寨。师至路顶宗，额森特越山攀堞跃入，刃贼数十，落崖死。进攻明郭宗，遂复美诺，授正红旗护军统领，赐御用黑狐冠。

偕海兰察至谷噶山下，有横梁曰喇穆，峰势峻险。海兰察与侍卫公保宁从旁进，额森特当其前，夜乘雪影穿箐越险，直前奋击，转战至黎明,已二十余里,始见高峰列大碉九,缭石墙。俄雪又作,乘晦抵碉趾,贼不敢出,乃攻取其左、右山梁及附近傥巴拉克山峰,夜击梁东色依谷山,与海兰察兵合。海兰察据登古山,与罗博瓦山相对,险特甚。共率兵由石罅跃登,林中炮石如雨,及第三峰麓,贼数百分队迎击,卒败之,攻克第二峰碉。上奖其奋勉,授散秩大臣。进剿得斯东寨,斫寨门,纵火,贼出,杀之。雪夜贼劫副将常禄保营,额森特闻枪声赴援,贼败走。贼乘雨雾建二碉于罗博瓦山,额森特与海兰察率兵八百,夜雨中薄碉,毁墙入,贼惊窜,平其碉。贼夜劫乌什哈达营,追击败之。

贼于罗博瓦峰下色溯普大冈置大碉六,左右相应援。海兰察克其中三碉,额森特克其左二,乌什哈达克其右一,山砦皆平,上嘉之,制诗纪事。额森特于大雨中攻色溯普左偏,砍栅进,克二木城,遥见该布达什诺各砦烟起,知海兰察兵至,遂乘机夺笔郎纳克、该笔达乌诸砦,改墨尔根巴图鲁,赐白金二百。

师围逊克尔宗,额森特与海兰察毁平房、碉卡二百余。克水碉,攻官寨,自丛木中骤逼寨墙,贼死战,额森特伤鼻及足。扑第三寨,贼举枪折其弓弰,伤指,易弓,连毙数贼。上以额森特被伤能易弓射贼,手诏嘉奖,赐貂冠、猞猁狲褂。攻默格尔山,与海兰察共攻克密拉噶拉木碉及凯立叶官寨。败勒乌围援贼,馘百余,授参赞大臣。乘胜取布拉克森及格斯巴尔二山,毁山下罗卜克鄂博沟口七碉,于是凯立叶上下及附近寨落皆平。上奖其奋勉超群,命在乾清门行走。

复与海兰察分队乘月黑度山沟,入格普古丫口,得碉卡十二。抵桑噶斯玛特,破石城、木栅,夺擦庸、群尼二寨。攻上下巴木通,克之。下寨落百余,贼不敢复拒。至直古脑山顶,与福康安兵合,直趋勒乌围贼巢,贼负高阻深,力战克之。额森特负伤不能乘马,上命驻守勒乌围。额森特隔河见明亮兵攻阿尔古,发炮助之。上闻,曰:"额森特不分畛域,无愧为参赞!"额森特望见攻西里官兵得捷,率保宁、常禄保等攻西里山麓,克其木城。勒乌围前山曰克尔古什拉斯者,取噶拉依正道也。贼于山上城碉密布,额森特攻克之。乘胜取格隆古。师将逼贼巢，贼恃布哈尔、则朗噶克为门户，斫木塞道。额森特率诸将乌尔纳、那木扎、彰霭等进攻，贼伏积木中，发枪如雨。额森特乘栅以登，设伏兵夹击，贼遂惊溃。进克喀尔巴山后，毁附近寨落，遂薄噶拉依。上嘉额森特勇，封一等娴勇男，世袭。金川平，赐御用鞍马、缎二十端、白金千。图形紫光阁，列前五十功臣。

四十六年，循化回苏四十三因争立新教为乱，破河州，命从大学士阿桂讨之，额森特与海兰察、明亮等分攻华林山，力战被伤。贼平，进三等子。四十七年，卒。

普尔普，额尔特肯氏，蒙古正黄旗人。父巴图济尔噶尔，本额鲁特杜尔伯特部宰桑。来降，隶蒙古正黄旗。从征准噶尔，讨霍集占，皆有功。官至内大臣，赐骑都尉世职，图形紫光阁。

普尔普自闲散再迁三等侍卫。从征缅甸，擢御前侍卫，授公中佐领。乾隆三十七年，命率额鲁特兵诣金川，从定边右将军温福进讨。师攻达克苏，普尔普夺贼卡，断贼来路。从参赞大臣丰升额攻明郭宗，命为领队侍卫，偕巴雅尔取明郭宗南寨，加副都统衔。进攻噶尔拉、经丫口，尽得贼卡寨。偕副都统海兰察攻昔岭，克要路碉二。普尔普与海兰察、额森特、巴雅尔、乌什哈达、马全、阿尔纳素战尤力。复与诸将攻斯达克拉、阿噶尔布里、硕藏噶尔山梁，克之。进攻色布色尔山梁，得贼碉十余。罗博瓦者，金川渠所恃为门户者也，师进悉据其诸峰，授散秩大臣。贼劫副将常禄保，援击败之。与海兰察合攻喇穆喇穆，射杀红衣贼渠。又拔该布达什诺木城二，赐御用黑狐冠。贼劫我军所置卡，与乌什哈达赴援，贼溃。攻逊克尔宗，中创，复攻舍图旺，断逊克尔宗去路。偕台斐英阿等攻章噶，得贼寨二十余。又克隆斯得寨，贼贮铅丸火药处也，遂偕台斐英阿等克勒乌围，赐什勒玛咳巴图鲁名号。进攻阿穰曲强达巴，克大碉三、木城四。仰攻西里山峰，贼越碉窜，普尔普逐捕，所杀伤过当。攻舍勒固租鲁，得碉一；攻开布智章，得寨一。又克萨尔歪，阿结占贼寨，据勒限勒木通、科布曲山梁，斩获甚众。四十一年正月，合诸军围噶拉

依,普尔普出其右,与海兰察筑垒逼贼巢,遂克之。金川平,封三等
奋勇男,世袭。图形紫光阁,列前五十功臣。

师还,上郊劳,赐御用鞍辔马一。授正红旗护军统领,正白旗满
洲副都统,赐双眼花翎。四十三年,扈跸谒泰东陵。离营住宿,坐夺
双眼花翎。林爽文之乱,授领队大臣,命从将军福康安赴台湾援嘉
义,解围,克大里杙。爽文逃小半天山顶,同海兰察进攻,贼拒战,山
路险恶,普尔普率广东兵及屯练降番攀木栅先登,贼溃,遂擒爽文。
进军琅峤,追剿贼目庄大田,贼来劫营,普尔普于大武垅隘口冲杀,
败之。谕于台湾嘉义建生祠。事见《福康安传》。大田就擒,台湾平,
再图形紫光阁,晋封二等男,袭一次,以三等男世袭。五十五年,卒。

论曰:海兰察勇而有智略。每战,微服策马观敌,察其瑕,集兵
攻之,辄胜。平生惟服阿桂知兵,福康安礼先焉,乃为尽力,师所向
有功。奎林亦孝贤皇后诸侄,刚而不挠,勋名与群从并。和隆武、额
森特、普尔普皆以克敌功最受封爵。乾隆中多将材,此尤其魁杰也。

清史稿卷三三二
列传第一一九

富勒浑 文绶　　刘秉恬 查礼
鄂宝 颜布深　　徐绩
觉罗图思德 彰宝　　陈步瀛
徐嗣曾　孙永清　郭世勋
毕沅

　　富勒浑，章佳氏。初自举人授内阁中书。累迁户部郎中。乾隆二十八年，授山西冀宁道。迁山东按察使。以在冀宁道失察阳曲知县段成功亏帑，左授山西雁平道。再迁浙江布政使。三十五年，署巡抚。奏劾总督崔应阶仆诬指钱塘民为贼，擅刑致毙，论罪如律。三十七年，调陕西。寻擢湖广总督，入觐，赐孔雀翎。四川总督阿尔泰坐贪黩玩纵得罪，上命富勒浑如四川，会总督文绶按治。阿尔泰纵子明德布与布政使刘益相结受赇，明德布在京师，上令军机大臣传讯，自承，富勒浑奏论益立斩。上以为过重，改监候，狱连署布政使李本，富勒浑奏本罪当夺职，枷示不足蔽辜，请留军效力。上责其名重实宽，意存取巧，命枷示期满，留军效力。

　　三十八年，师征金川，四川总督刘秉恬出驻美诺，命富勒浑留署四川总督，总理各路军需。秉恬奏："拣发往川省各员视军营为畏途，惟恐出口办差不通闻问。"上以责富勒浑，富勒浑奏陈："司道公议,新到各员出口办差,未免竭蹶。请以现任各员调赴,而令新到者分别署理。”上责富勒浑玩公沽誉,令劾倡议者,富勒浑奏司道公议,并无倡始,上益不怿,谓:“富勒浑竟敢以罚不及众吓朕!”下吏部,夺官,命宽之。

木果木师溃,底木达被陷。富勒浑率新至贵州兵驰赴蒙固桥防守,事闻,上嘉之。旋夺秉恬官,即以富勒浑实授,令驻美诺,以钦差大臣关防督饷。时美诺亦被陷,富勒浑屯明郭宗河口,据山梁设卡防守,复发兵分驻路顶宗、巴朗拉。将军阿桂进攻小金川,上命富勒浑与提督王进泰统兵策应。师克美诺,上令富勒浑、进泰严守美诺,并分兵驻僧格宗、明郭宗。阿桂奏富勒浑、王进泰过慎而葸,于山川形势、行军机要均未能悉,请令副都统成果、云南提督常青驻守后路,上从之,谕戒富勒浑等勿存畛域。奏新开楸底至色利沟运道,军粮归此路运送。玛尔当、明郭宗诸地存米,借防兵一月粮,余俱运军前,请撤前设台站。又奏分兵驻防大板昭及梭格泊古诸地。四十年,奏阿桂等督兵进捣贼巢,应用粮饷、军火、铜片、炮料,储备充裕,并造皮船济师。又奏调梭格泊古、玛尔当兵分防沙坝、三松坪,以护运道:皆称旨。上命富勒浑驻布朗郭宗,富勒浑奏阿桂、明亮合攻甲索山梁,布朗郭宗距军五百余里,虑难于策应。上谕曰:“阿桂进攻勒乌围,自应随军督饷。兵事移步换形,不必泥前旨也。”师克勒乌围,奏请撤前设卓克采一路台站。四十一年,复授湖广总督,命师还上官。金川平,议叙。

四十二年,授礼部尚书。四十三年,调工部。授镶蓝旗蒙古都统。四十四年,复授湖广总督。四十五年,调闽浙,上南巡,迎谒。时李侍尧以贪纵得罪,富勒浑入对,上谕及之。富勒浑对:“侍尧实心体国,为督抚中所罕见。”及上命各督抚议罪,又请行诛,上责其前后歧异。浙江巡抚王亶望丁忧,留办塘工,携家居杭州。亶望得罪,上又责富勒浑未劾。大学士阿桂赴浙江阅海塘,疏劾杭嘉湖道王燧,又责富勒浑徇庇。夺孔雀翎,降三品顶带,授河南巡抚。河溢万锦滩,富勒浑亲赴防护。又溢青龙冈,四十七年,工竟,还现任顶带。

复授闽浙总督。台湾漳、泉民械斗，劾总兵金蟾桂、知府苏泰等，并夺官。五十年三月，入京，与千叟宴。调两广。奥海关监督穆腾额入觐，上询富勒浑操守，对："未敢深信。"及命军机大臣诘之，又发富勒浑纵仆殷士俊纳赇状，下巡抚孙士毅按治。士俊常熟人，并令江苏织造四德等籍其家资累万。士毅奏亦发富勒浑与士俊等关通纳贿事实，上夺富勒浑官，遣尚书舒常如广东会讯。大学士阿桂方按事浙江，又命士毅逮富勒浑监送阿桂鞠治，论斩，下刑部狱。五十二年，诏释之。五十三年，坐在闽浙失察总兵柴大纪贪劣，复下刑部论绞，仍释之。五十四年，罗源盗发，上追论富勒浑废弛玩误，戍伊犁。五十五年，释回。六十一年，又发热河，是年即释回。卒。

文绶，富察氏，满洲镶白旗人。雍正十三年，自监生授内阁中书。再迁礼部员外郎，改内阁侍读。乾隆十一年，授甘肃凉州知府。累迁转山西布政使。三十一年，坐迎合巡抚和其衷徇阳曲知县段成功亏帑，夺官，戍军台。旋授道衔，往哈密办事。三十三年，授河南巡抚，未上官，调陕西。三十六年，署陕西总督。土尔扈特内附，命赴齐齐哈尔犒劳。授四川总督，未行，仍调授陕甘。

师征金川，奏陕、甘发兵三千，延绥镇总兵书明阿以千人赴维州，兴汉总兵张大经以二千人入四川从征，文绶如巩昌、安定视师行。三十七年，疏言："巴里坤、乌鲁木齐年来日繁盛。招民垦地，户给三十亩，并农具籽种，视新疆例，六年升科。玛纳斯城南可二万余亩，瑚图壁城西北可六千余亩，巴里坤城外及傍近诸地五千九百余亩，玉门、酒泉、敦煌三县可五千余亩。往时嘉峪关恒闭，过者候讥察，今关外已同内地，请令辰开酉闭。兼开乌鲁木齐城南七达色巴山梁以利行旅。"又酌定收捐监粮，筹备巴里坤移驻满洲兵粮料。并于巴里坤山湾设厂牧羊，令满洲兵子弟取乳剪毛，以广生计。均如所请行。

三十七年，调四川总督。前政阿尔泰坐误军兴，又纵其子明德布婪索，得罪，上命文绶察明德布婪索状。文绶言："明德布侍阿尔泰日久，与属吏往还，尚无婪索事。"而明德布在京师，上命军机大臣按鞫，具服，乃责文绶袒护，夺官，往伊犁效力。三十八年，木果木师溃，总督富勒浑奏报金川酋攻明郭宗河口，上授文绶头等侍卫，佐富勒浑治军。未几，授湖广总督，仍署四川总督。偕富勒浑奏言：“增兵需饷，请令商民愿自湖广运粮入四川者，视乾隆十三年范毓馪助饷加衔例，谷一石当银九钱，授以贡监职衔。”并议行。四十一年，实授。四十四年，入觐。子国泰，官山东巡抚，召诣京师相见。四十五年，疏言：“云南昭通、东川诸属改食川盐，应于川、滇交界隘口设稽察。”上可其奏，并谕云贵总督福康安一律严防。四十六年，诏停打箭炉收税部员，由总督委员管理，因条奏裁改诸事，从之。四川多盗，民间号啯噜子，阑入邻近诸省。湖广总督舒常、湖南巡抚刘墉、贵州巡抚李本先后疏言盗自四川入境，遣将吏捕治。文绶奏后入，上责其玩纵，降三品顶带。尚书周煌复陈盗为民害，将吏置不问，甚或州县吏胥身为盗扰民，上以文绶因循贻患，夺官，往伊犁效力。四十八年，释回。四十九年，卒。子国泰，自有传。

刘秉恬，字德引，山西洪洞人。乾隆二十一年举人。二十六年，明通榜，授内阁中书，充军机处章京。再迁郎中。三十二年，考选福建道御史，转吏科给事中。大学士傅恒督师讨缅甸，以秉恬从，擢鸿胪寺少卿。师还，超擢左副都御史。迁刑部侍郎，调工部，再调仓场。

三十七年，师征金川，大学士温福出西路，总督桂林出南路，授秉恬钦差大臣，督西路粮运。寻以南路径僻站长，挽运尤艰，命改赴南路。秉恬以西路需饷急，请暂留料理，上韪之。又奏：“南路运粮，人俱畏其难。臣非敢言易，然天下无必不可办之事。”上谕令勉为之。寻奏：“师自甲尔木进攻小金川，道路险阻，唯羊可陟。乃招蛮民贩羊至军，以六羊当米一石。”又奏：“师攻克僧格宗，距达乌图六十余里。臣往勘，拟于策尔丹色木设站。其地有喇嘛寺，粮至即贮寺，以蔽风雨。”旋赴美诺督运。上嘉秉恬不辞劳瘁，赐孔雀翎，授四川总督，仍留美诺督运。

三十八年，师克小金川，温福督兵进攻昔岭。上命秉恬将美以沟、曾头沟两路酌量形势,分别驻守,赴木果木及功噶尔拉两地察勘。秉恬奏至,与上谕正合,深嘉之,谕谓:"勤劳军务,与统兵督战无异。命交部照军功议叙。"秉恬途中得绰斯甲布土司遣头人投禀,讦绰斯甲布与金川亲昵,虽从征未尝尽力,并请归金川所侵噶尔玛六宗诸地。秉恬谕:"师讨金川,断不中止。噶尔玛六宗诸地,事平后当有公断。尔土司从征未得一地,且纵金川人在境内为盗,所谓尽力者安在?"头人语塞,奉檄而去。疏闻,上嘉秉恬甚合机宜。秉恬至木果木,复奏:"臣自崇德抵功噶尔拉,地气极寒,四山皆雪,甫经设站,以篾席支棚,使人畜暂有栖止。至簇拉角克为布朗郭宗运粮要道,两口东西相距六十七里,开修土路,通至木波,即合帛噶尔角克碉及布朗郭宗大道。又自功噶尔拉至木果木,路陡雪滑,已饬修路凿冰,不致少误粮道。"报闻,加太子少保。木果木师溃,以提督董天弼失守底木达、布朗郭宗责秉恬不先奏劾,夺官,予按察使衔留军。旋并削衔,命佐按察使郝硕督西路运粮。

三十九年,奏面视米易取携,已由四川采办十数万斤。又奏修整楸垇至司尔拉萨馆驿道,并与总督富勒浑议以北路军饷归西路递运:上并嘉纳。四十年,以督运无误,授兵部郎中,仍赐孔雀翎,以钦差关防督饷。未几,擢吏部侍郎。以母病召还京师,旋丁忧。未几,起署陕西巡抚。四十五年,召入觐,调署云南巡抚。

四十六年,署云贵总督。安南国王以内地人民出边居住,胁制土民欠税,且动称内地差委,征索租赋,大为民扰,咨请防禁。秉恬拟照会,略谓:"内地百姓缘尔国需用货物,特准开关通市,为尔国利赖。本非在外垦田种地,无应纳租赋,焉有胁制土民欠税之理?如滋生事端,惟有责令尔国察出送回内地究治。"奏闻,上嘉其得体,仍令军机大臣删改,寄秉恬具答。累年以运铜妥速,议叙。五十一年,召授兵部侍郎。五十二年,调仓场。嘉庆四年,复调兵部。五年,卒。

查礼,字恂叔,顺天宛平人。少勤学。乾隆元年,应博学鸿词科,报罢。入资授户部主事,拣发广西,补庆远同知。举卓异,上命督抚举堪任知府者。巡抚定长、李锡秦先后以礼荐。十八年，擢太平知府，母忧去。服阕，补四川宁远。三十三年，擢川北道。三十四年，调松茂道。

小金川用兵，总督阿尔泰檄礼治饷。将军温福师进巴朗阿，大营以礼从，令修建汶川桃关索桥，逾月工竟，上嘉之，命专司督运西路粮饷。三杂谷土司为小金川煽惑，颇怀疑惧。礼谕以利害，众感服。时温福出杂谷脑，遣提督董天弼分兵自间道出曾头沟。军需局以储米半运杂谷脑，曾头沟军粮不足，礼坐夺官，仍留军效力。师克美诺，温福令礼与天弼清察户口地粮，总兵五福自美诺移军丹坝。总督刘秉恬奏礼虽文员，颇强干，谙番情，命署松茂道，代五福驻美诺抚降番。

三十八年，木果木师溃，礼偕游击穆克登阿赴援，至蒙固桥，闻喇嘛寺粮站陷，士卒狼顾，会松茂总兵福昌至，遂复进，遇伏，礼率督兵击之，擒砦首，余寇惊遁。美诺已陷贼，阿桂驰援，以达围垂陷，檄礼驻守，寻命真除。三十九年，阿桂师再进，令礼专任卧龙关路粮饷。阿桂秉上旨，以南路阴翳，设疑兵牵缀，奇兵自北山入。礼请自楸坻至萨拉站开日尔拉山，山高五十里，冰雪六七尺，故无行径。礼登高相度，以火融积冻，凿石为磴，不匝月通路二百余里。自楸坻达西北两路军营，视故道皆近十余站，省运费月以巨万计，特旨嘉奖。

郭罗克掠蒙古军牲畜，杀青海公里塔尔，富勒浑令礼及游击龚学圣捕治，得盗二，还牛马五百余，盗渠未获。富勒浑以礼行后粮运渐迟误，奏促礼还。十一年，金川平，礼留办兵屯，拊循降番，叙功，赐孔雀翎。上遣理藩院郎中阿林、知府倭什布、参将李天贵出黄胜关捕郭罗克盗渠，不得，皆坐夺官。仍令礼往捕，礼调三杂谷土兵四千，先令裹粮疾进。礼至，宣布上意，郭罗克酋玛克苏尔衮布来谒，问盗渠所在，诿不知。礼执送内地，责其弟索朗勒尔务捕盗。四十三年，玛克苏尔衮布病死，上责礼失抚驭番夷之道。四十国年，擢按察使。瞻对番劫里塘热砦麻塘寺，礼往按，得盗，置于法。

四十五年，迁布政使。寻擢湖南巡抚。入觐。四十六年，卒于京师。子淳,大理寺少卿。

鄂宝,谟托氏,满洲镶黄旗人。父西柱,官西安将军。鄂宝自官学生授内阁中书。再迁户部员外郎。乾隆十六年,授奉天府尹。二十年,署广西巡抚。二十六年,总督李侍尧劾陆川知县应斯鸣等纵贼害民,鄂宝奏前后相歧,夺官,以三品衔往库车办事。三十一年,召还,署左副都御史。仍授巡抚,历湖北、贵州、福建、广西、山西诸省。内迁刑部侍郎。

金川用兵,三十七年七月,命侍郎刘秉恬及鄂宝督饷,秉恬主西路,鄂宝及散秩大臣阿尔泰主南路,寻令改主西路。鄂宝议人负米五斗,日行一站,骡负米石,日行可二三站,改以骡运,军糈得无缺,赐孔雀翎。三十八年,仍授山西巡抚,督饷如故。温福师自功噶尔拉入,阿桂自当噶尔拉入,丰升额自绰斯甲布入。鄂宝驻大板昭主馈温福军,秉恬驻底木达主馈阿桂军。而丰升额军出绰斯甲布,南路自打箭炉往,秉恬兼任之,西路自三杂谷、丹坝往,鄂宝兼任之。木果木师溃,底木达、大板昭皆陷贼。上命阿桂整兵复进,鄂宝仍驻觉木交督饷。旋进翁古尔垄,疏调副将董果护后路。上又命原任江西布政使颜希深驰驿往佐之。副将军明亮等又请令鄂宝驻丹东,上念鄂宝兵少,命以湖广续调兵千人属鄂宝。阿桂又疏请桂林率李世杰主南路,令鄂宝主西路。丹坝至绰斯甲布粮运,鄂宝请以丹东属桂林兼领。旋诣丹坝置台站,副将军丰升额自凯立叶进兵。鄂宝请自三杂谷、梭磨、卓克采转输凯立叶,较丹坝道为近。丰升额进攻谷噶,鄂宝请自梭落柏古转输色木多,凯立叶留少兵,即裁站夫,省糜费。会明亮自宜喜进兵,即克达尔图,两路军合师沙坝,克勒乌围。鄂宝请将西路台站以次裁撤。

四十一年,金川平,军功加一级。七月,调湖南巡抚,仍留办军需奏销。十月,授漕运总督。四十四年,大学士于敏中等议报销四川军需不符,请令鄂宝等分偿,得旨豁免。四十八年,授盛京户部侍郎,兼奉天府府尹。五十二年,卒。子文通,官内阁侍读学士,兼公中佐领。

颜希深，字若愚，广东连平州人。入资授山西太原同知。累迁山东泰安知府。建考棚、书院，清察征漕浮收诸弊。高宗东巡，召对，褒以"他时可大用。"二十七年，授四川按察使，入觐，上以希深母老，尚欲随任，希深亦不敢奏请改补近地，母子知大义，命调希深江西。二十八年，迁福建布政使。三十二年，调江西，丁母忧去。三十四年，仍授江西布政使，又丁父忧去。三十八年，诣京师，命赴金川军佐鄂宝治饷，授河南布政使，仍留军。疏言："粮台设木池，因限于山，与军营相隔，将山地开平安营。臣与黄岩总兵李时扩督兵防护，时令将弁操演，不但技艺熟练，崦枪声远近相闻，亦可牵缀贼势。"又言："觉木交深林密箐，贼易以藏身。臣督兵斩伐林木，使附近贼碉有径可通处，绝无庶蔽，藉免窃发。"皆称旨，赐孔雀翎。木池站焚毁火药，希深请与时扩分偿。师深入，山重雪积，希深催督拊循，恒终夜露宿。四十二年，擢湖南巡抚。旋入为兵部侍郎。四十五年，复出署贵州巡抚，调云南。卒。

徐绩，汉军正蓝旗人。乾隆十二年举人。入资授山东兖州泉河通判。累迁山东济东泰武道。三十四年，擢按察使，丁父忧，命以按察使衔往哈密办事，赐孔雀翎。三十五年，擢工部侍郎、乌鲁木齐办事大臣。三十六年，奏："玛纳斯在伊犁、塔尔巴哈台之间，请驻兵，使声势联络。"从之。授山东巡抚。三十八年，上幸天津，迎谒，赐黄马褂。

三十九年，寿张民王伦为乱，绩率兵捕治，次临清城南，为伦所围，总兵惟一赴援，战败。上遣左都御史阿思哈率兵援绩，并令大学士舒赫德视师。谕曰："绩为巡抚，地方有此奸民，不早觉察，不为无罪。但以民乱将巡抚治罪，适足长春刁顽，事定，功过自不能掩。"寻事定，命解任，责捕伦余党，捕得伦弟柱、林等二十余人。上嘉绩黾勉，授河南巡抚，仍缴进孔雀翎示儆。四十二年，奏按察使赵铨健忘，上责绩于铨应否去留不置一辞，下吏议，夺官，命宽之。召授礼部侍郎。四十七年，坐雩祭礼器误，夺官，以三品顶带往和阗办事。召授正黄旗汉军副都统，迁正红旗汉军都统。六十年，上询前政弘旰在官事绩，奏不实，夺官，以六品顶带往和阗办事。

嘉庆元年，授三等侍卫、乌什办事大臣。召授大理寺少卿，还孔雀翎。再迁宗人府府丞。十年，以病乞休。十二年，重与鹿鸣宴，赐二品衔。十六年，绩子锟，授建宁总兵，入觐，上以绩年逾八十，调锟直隶正定总兵，俾就养。卒，锟官至直隶提督。

觉罗图思德，满洲镶黄旗人。初自诸生授光禄寺笔帖式。累迁户部员外郎。外授江南常镇道。再迁贵州布政使。乾隆三十七年，擢巡抚。疏言：“贵州威宁玛姑柞子厂，水城福集厂产黑、白铅，岁供京局及各省鼓铸。厂员营私滞运，请立条款，严处分。”并下部议行。三十九年，署云贵总督。上令出驻永昌，并谕以防边事重，视前政彰宝旧日章程益加奋勉。抵任后，疏言：“清厘彰宝移交文牍，永昌军需造销牵混，应请各归各款，以清眉目。造解京箭，各镇协称现多损坏，与彰宝原奏不符。又有批准保山等厅县添买仓谷，亦滋疑义。”寻劾保山知县王锡、永平知县沈文亨侵亏仓谷，请夺官鞫治。上命侍郎袁守侗驰驿往按，锡言彰宝勒索供应四万余，致亏短兵粮，上震怒，逮彰宝治罪。图思德以箭二十解四川军营，上嘉之。十一月，兼署云南巡抚。

自傅恒征缅甸还师，缅甸贡使久不至，闭关绝市年久。图思德奏言：“侦知缅民亟盼开关，缅酋亦窘迫有投诚意。惟风闻难信，但当简练军实，使闻风生畏。”上韪之。及兼署巡抚，自永昌还会城，令提督锦山等董理边防，疏报，怫上意，严旨促仍赴永昌督办边防。四十一年，复奏：“侦知缅酋懵驳已死，子赘角牙嗣立，方幼，头人得鲁蕴将遣使叩关纳贡。”上以缅甸初无悔罪输诚之幪，谕勿轻听。寻奏：“得鲁蕴遣使投禀，愿送还内地官人，贡象，乞开关。已饬龙州将吏与以回文。”上以图思德示缅甸有迁就结案之意，斥为大谬。四十二年，又奏得鲁蕴欲将所留杨重英、苏尔相、多朝相等送还，并叩关纳贡。上念受降事重,图思德不能胜其任,命大学士阿桂赴云南主持。调李侍尧云贵总督,图忠德回贵州巡抚任。四十四年,擢湖广总督。卒,赐祭葬,谥恭愨。

彰宝,鄂谟托氏,满洲镶黄旗人。乾隆十三年,自翻译举人授内阁中书。十八年,授江苏淮安海防同知。累迁江宁布政使。三十年,授山西巡抚。阳曲知县段成功亏帑事发,具得巡抚和其衷界银五百为弥补及布政使文绶等知情状,奏闻。上遣侍郎四达会鞫得实,其衷、成功论斩,文绶等戍军台。安邑知县冯兆观揭河东盐政达色累商及受贽礼、门包,又遣四达会鞫,并得河东运使吴云从因被四达纠参,嗾兆观揭发状,达色论死,云从、兆观治罪如律。三十二年,调江苏。两淮盐政尤拔世奏缴本年提引征银,上以此项历年均未奏明,自乾隆十一年起,应有千余万,命彰宝会同详察。前任盐政高恒、普福、运使卢见曾均坐是得罪。又发前任监掣同知杨守英诈取商银:并论如律。

三十四年,命驰驿往云南署巡抚。师征缅甸,署云贵总督,命出驻老官屯督饷,加太子太保。

三十五年,奏:“永昌沿边千余里,山深径僻,应于曩宋关、缅箐山、陇川、龙陵、姚关及顺宁篾笆桥设卡驻兵。”上令实力督率。又奏:“贵州调至兵间有老弱、现加甄汰。”上责:“彰宝现为总督,两省皆所辖,何不劾奏。”三十七年,劾云南巡抚诺木亲才识不能胜任,召还。又奏车里宣慰土司刀维屏逃匿,请裁土缺设专营,上从其议,定营名曰普安。寻实授云贵总督。三十九年,以病请解任。王锡事发,夺官,逮京师论斩。四十二年,卒于狱。

徐嗣曾,字宛东,实杨氏,出为徐氏后,浙江海宁人。乾隆二十八年进士,授户部主事。再迁郎中。四十年,授云南迤东道。累迁福建布政使。五十年,擢巡抚。五十二年,台湾民林爽文为乱,调浙江兵,经延平吉溪塘,兵有溺者,嗣曾坐不能督察,下吏议。乱既定,五十三年,命赴台湾勘建城垣,因命偕福康安、李侍尧按柴大纪贪劣状。上责嗣曾平日缄默不言。寻疏言大纪废弛行伍,贪婪营私,事迹昭著。又奏:"抚恤被难流民,给银折米,福建旧例,石准银二两。今以米贵,请改为三两。"上以福康安奏晴雨及时,岁可丰收,仍令视旧例。偕福康安等奏清察积弊,筹酌善后诸事,均得经允行。尝以台湾吏治废弛,不能早行觉察,自劾,上原之。命台湾建福康安、海兰察生祠,以嗣曾并列。寻奏台湾海疆刁悍,治乱用严,民为盗及杀人者,役殃民兵,冒粮,及助战守义民或挟嫌害良,皆立置典刑,以是称上旨,嘉嗣曾不负任使。事粗定,命内渡,寻又命俟总兵奎林至乃行。庄大田者,与爽文同乱,坐诛,嗣曾捕得其子天畏及用事者黄天养送京师,又得海盗,立诛之。五十四年,赐孔雀翎、大小荷包。图像紫光阁。

请入觐,未行,安南阮光平据黎城,福康安督兵赴广西,嗣曾署总督。福康安濒行,奏福建文武废弛,宜大加惩创,上谕嗣曾振刷整顿。嗣曾奏许琉球市大黄,限三五百斤,谕不可因噎废食。又奏:"福建民多聚族而居,有为盗,责族正举首,教约有方,给顶带。盗但附从行劫未杀人拒捕,自首,拟斩监候,三年发遣,免死。"上谕曰:"捕盗责在将吏。令族正举首,设将吏何用?族正皆土豪,假以事权,将何所不为?福建多盗,当严治。若行劫后尚许自首免死,何以示儆?二条俱属错谬。"

五十五年,高宗八旬万寿,台湾生番头人请赴京祝嘏,嗣曾以闻,命率诣热河行在瞻觐。十一月,回任,次山东台庄,病作,遂卒。

陈步瀛,字麟洲,江南江宁人。乾隆二十六年会试第一,选庶吉士,改兵部主事。累擢郎中,外授河南陈州知府。再迁山西按察使。寻以山西狱讼繁多,改命长麟,仍留步瀛兰州道。旋授甘肃按察使。

萨拉尔回苏四十三乱既定,四十九年,盐茶厅回田五复据石峰堡为乱,总督李侍尧率兵讨之,以步瀛从,捕治诸乱回家属。旋奏令赴安定、会宁督饷,行次隆德,闻副都统明善战死高庙山,步瀛以静宁、隆德、平凉诸州县当下陇要冲,静宁驻兵三百,请益兵。步瀛调固原兵五百赴平凉、隆德守,为犄角。复往静宁收明善余善兵守隘,上奖许之,寻谕曰:"步瀛兵事经行陈奏,不必拘体制。"步瀛奏:"臣收明善余兵,尚存九百有奇。石峰堡回越隆德犯静宁,平凉知府王立柱督兵民击之,回退据翠屏山。静宁距省五百余里,中间会宁、安定为粮运要道。虑回自静宁南窜袭我师之后,已禀督臣发重兵防护。"旋疏报静宁围解,并筹济南、西二路官军粮饷药弹,称上旨。上命大学士阿桂视师,以福康安代侍尧为总督。上谕以军事谘步瀛,擢布政使。福康安奏:"步瀛明白诚实,督饷甚力,但才具不如浦霖。"命调安徽布政使,事定论功,赐孔雀翎。

江、淮大饥,民胁众劫夺。步瀛行县,督吏赈恤,而捕治其不法者,自夏迄秋,事渐定。步瀛以劳瘁致疾,五十四年,擢贵州巡抚,疾大作,卒。

孙永清,字宏度,江南金匮人。乾隆三十三年举人,授内阁中书。永清未入官,尝佐广东布政使胡文伯幕。土司以争袭相讦,验文牒皆明印,大吏欲以私造符信罪之。永清具稿请文伯力陈,得免者二百余人。旋充军机处章京,撰拟精当,事至辄倚以办。迁侍读。四十二年,云南总督图思德奏缅甸将遣使入贡,上遣大学士阿桂往莅,以永清从。缅甸使不至,阿桂令永清撰檄谕之,送所留守备苏尔相还。四十四年,授刑部郎中。考选江西道监察御史。四十五年,超授左副都御史。授贵州布政使。奏言柞子厂产黑铅,课余三十余万斤,请以十万斤运广。四十九年,署巡抚。又奏:"柞子厂黑铅,例于四川永宁设局收发,课余三百万斤,请岁以五十万运存永宁。"

五十年,擢广西巡抚。劾新宁知州金垍等遁税,按察使杜琮、盐道周延俊等并坐夺官。五十二年,台湾民林爽文为乱,征广西兵,永清奏:"兵出征,在例马兵赏、借银各十两,步兵赏、借银各六两,请于借银留三两为制衣。"命议叙。五十三年,滕县狱系盗梁美焕谋穴墙逃,捕得,永清令立诛之,奏闻,上谕曰:"狱囚反狱劫狱当立诛,若钻穴越墙,只求苟免,不得与此同科。今之督抚皆好杀弄权,永清失之太过。"

安南阮惠为乱,国王黎维祁出亡,其臣阮辉宿护维祁母、妻、宗族至龙州,永清及总督孙士毅疏闻。士毅寻发兵讨惠,永清出驻湖宁,奏太平设军需局,以福建延建邵道陆有仁、桂林知府查淳董其事。五十四年,维祁复国,使迎其母、妻、宗族,永清为具行李,并传上旨赍锦缎、绸、布及白金四百。谕奖永清自驻南宁,弹压边关,筹办饷糈,措置得宜,赐孔雀翎。

士毅师败还,福康安代为总督。永清与福康安奏:"安南用兵,关内外支放银百万、米八万余,逐款详核,例可用而未用,或用不及数者,以实用之数具报。如有军行紧急,略有变通。与例不符者,仍如例核减。"上谕令以实为之。秋,之广西秋审册自缓决改情实凡三案,谕责永清宽纵。东兰州安置台湾降人郑管、陈廷乘舟走,追捕,以溺水报。上命夺知州黄图等官逮讯,永清坐降调,命留任。

是时阮惠更名光平,上封为安南国王,请以来年诣京师祝万寿,使阮宏匡等叩关入贡。永清令在太平候旨,疏闻。上令光平使臣于来年灯节前至京师,与外藩蒙古等一体入宴,责永清拘泥。永清旋奏光平使臣自桂林北行。上察广西学政潘曾起不称职,以谙永清,永清言曾起性情褊急,未惬士心。上责永清不先奏劾,以方料理安南内附,光平将入觐,不遽易人,罚养廉二年。五十五年春,光平又以新赐印并御制诗使叩关入贡,永清疏以应否令光平使诣京师请旨。上谕曰:"光平遣使陈贡,自应令诣京师,何必奏请?"永清又奏太平、南宁、镇安三府与安南接壤,请屯兵防隘,立栅开濠,分隶龙凭、馗纍二营管辖,报闻。四月,光平入关,以其子光垂、臣吴文楚从,奏闻,上嘉之。寻卒。

弟藩,监生。以四库馆议叙,授中书科中书。官至安徽布政使。子尔准,自有传。

郭世勋,汉军正红旗人。初自笔帖式擢吏部主事。选福建龙岩知州。五迁湖南布政使。乾隆五十四年，擢贵州巡抚，调广东。上谕曰："广东有洋商盐务，为膻之地。世勋操守廉洁，治事勤实，务慎持素履。"监临乡试，奏额送科举多取数百名，经费由督抚捐赏备办，谕国家无此政体，不允。奏禁大黄出洋，西洋各国岁不过五百斤，琼州、台湾亦如之。暹罗、安南贡船至，亦五百斤。五十五年，总督福康安入觐命，世勋署两广总督。劾雷琼镇总兵叶至刚误民为匪，左江镇总兵普吉保滥刑毙命，皆论罪如律。参将钱邦彦巡洋崖州，遇盗被戕，上以福康安诣京师后，世勋不能整饬，严斥之。

暹罗国王郑华咨："乾隆三十一年被乌图构兵围城，国君被陷。其父昭克复旧基，十仅五六。旧有丹著氏、麻叨、涂坯三城，仍被占据。请代奏令乌图割还三城。"乌图即缅甸。世勋以其非礼妄干，留其使广东，奏闻。上命军机大臣拟檄，略谓："故缅甸酋懵驳与暹罗诏氏构兵，非今国，王孟陨事。暹罗又系异姓继立，不宜追问诏氏已失疆土。天朝抚驭万国，缅甸固新封，暹罗亦至华嗣掌国始加封爵，宜释嫌修好，共沐宠荣，不得以非分干求，妄行琐渎。"命世勋与福康安联衔照会，并告来使，但云："札商福康安，未经代奏。"

五十六年，世勋奏洋船准携炮，内地商船不准携炮。上谕之曰："商船出洋携炮御盗。不特各国来船未便禁止，即内地商船遇盗不能御，岂有束手待毙之理？只令海口将吏察验，不可因噎废食。"上以广东多械斗，谕世勋稽察化导。有步文斌者，以罪配德庆州，传习邪教，世勋捕得四十余人送京师。上谕以其渠送京师，余令世勋系狱，候刑部拟罪。

五十七年，安南国王阮光平咨言："国境嵩陵等七州毗连云南开化，莫氏旧人黄公瓒父子据守，夤缘内附，吁恳代奏详察。"使至龙州，龙州通判王抚棠以所请非分，发书驳还。世勋奏闻，上嘉抚棠，赐大缎奖之。光平又以黎维祗弟维祗结土酋农福缙为乱，遣兵剿灭，具表献捷。表内并言："维祗为乱，因维祗从人丁迓衡等为维祗通消息，请按治维祗罪。"世勋以光平所言臆度无凭，对扬失体，照会令将表文删节，缮正奏闻。上已先得巡抚陈用敷奏，令谕光平具确据，并通消息者何人，送京师按治，命世勋遵前旨照会光平。五十八年，逻罗、安南贡使至，世勋遣吏伴送诣京师。上以所派职卑才庸，虑为外藩所轻，降旨申饬。潮州总兵托尔欢请觐，例具清字摺，朱批令来见。世勋奏委署总兵，译汉文为俚语，上赐荷包馈之。

英吉利遣使入贡，请遣人留京居住，上不许，虑英吉利贡使还经广东复多所陈乞，时已授长麟两广总督，命与世勋和衷商榷。寻奏英吉利使请在黄埔盖房居住，已严行拒绝，并禁内地奸民指引勾结，上赐荷包奖之。五十九年，入觐，途次病作，至京师卒。赐祭葬。

毕沅，字纕蘅，江南镇洋人。乾隆十八年举人，授内阁中书，充军机处章京。二十五年一甲一名进士，授修撰，再迁庶子。三十一年，授甘肃巩秦阶道。从总督明山出关勘屯田，调安肃道。擢陕西按察使。上东巡，觐行在，备言甘肃旱。谕治赈，并免逋赋四百万。擢布政使，屡护巡抚。师征金川，遣沅督饷，军无匮，授巡抚。河、洛、渭并涨，朝邑被水。治赈，全活甚众。募民垦兴平、周至、扶风、武功荒地，得田八十余顷。浚泾阳龙洞渠，溉民田。嘉峪关外镇西、迪化士子赴乡会试者，奏请给驿马。置姬氏经五博士，奉祀文、武、成、康四王及周公陵墓。修华岳庙暨汉、唐以来名迹，收碑碣储学宫。屡署总督。四十一年，赐孔雀翎。四十四年，丁母忧，去官。四十五年，陕西巡抚缺员，谕：“沅在西安久，守制将一年。命往署理，非开在任守制例也。”

四十六年，甘肃撒拉尔回苏四十中为乱，沅会西安将军伍尔泰、提督马彪发兵讨之。事平论功，赐一品顶带。甘肃冒赈事发，御史钱澧劾沅瞻，降三品顶戴。四十八年，复还原品，寻实授巡抚。四十九年，甘肃盐茶厅回田五复乱，沅遣兵分道搜剿。上命大学士阿桂视师，沅治军需及驿传供亿，屡得旨奖励。

沅先后抚陕西十年，尝奏：“足民之要，农田为上。关右大川，如泾、渭、灞、浐、沣、滈、潦、潏、河、洛、漆、沮、汧、汭诸水，流长源远。

若能就近疏引,筑堰开渠,以时蓄泄,自无水旱之虞。古来云中、北地、五原、上郡诸处畜牧,为天下饶,若酌筹闲款,市牛羊驼马,为畀民试牧。俟有孳生,交还官项,余则畀其人以为资本。耕作与畜牧相兼,实为边土无穷之利。"议未行。

五十年,调河南巡抚。奏:"河北诸府患旱,各属仓储,蠲缓赈恤,所存无多,请留漕粮二十万备赈。"既又请缓征民欠钱粮,并展赈,上温谕嘉之。命诣胎簪山求淮水真源,御制《淮源记》以赐。五十一年,赐黄马褂。授湖广总督。伊阳盗秦国栋戕官,上责沅捕治未得,命仍回巡抚。五十三年,复授湖广总督。江决荆州,发帑百万治工。沅奏:"江自松滋下至荆州万城堤,折而东北流,南逼窖金,荆水至无所宣泄。请筑对岸杨林洲土坝、鸡觜石坝,逼溜南趋,刷洲沙无致壅遏。"又请修襄阳老龙堤、常德石柜堤、潜江仙人堤,凿四川、湖北大江险滩,便云南铜运。

五十九年,陕西安康、四川大宁邪教并起,称传自湖北,沅赴襄阳、郧阳按治,降授山东巡抚。上以明年归政,令督抚察民欠钱粮豁免,奏蠲山东积逋四百八十七万、常平社仓米谷五十万四千余石。六十年,仍授湖广总督。

湖南苗石三保等为乱,命赴荆州、常德督饷,以运输周妥,赐孔雀翎。嘉庆元年,枝江民聂人杰等挟邪教为乱,破保康、来凤、竹山,围襄阳,沅自辰洲至枝江捕治。当阳又陷,复移驻荆州,上命解沅总督。旋克当阳,获乱渠张正谟等,复命沅为总督如故,予二等轻车都尉世职。寻奏乱渠石三保、吴半生、吴八月等皆就获,惟石柳邓未获。请撤各省兵,留二三万分驻苗疆要隘。上谕曰:"撤兵朕所愿,但平陇未克,石柳邓未获,岂能遽议及此?"寻获石柳邓。上命沅驰赴湖南镇抚。疏言:"樊城为汉南一都会,请建砖城,以工代赈。"二年,请以提督移辰州,增设总兵驻花园汛。寻报疾作,手足不仁,赐活络丸。旋卒,赠太子太保,四年,追论沅教匪初起失察贻误,滥用军需帑项,夺世职,籍其家。

沅以文学起,爱才下士,职事修举,然不长于治军,又易为属吏所蔽,功名遂不终。

论曰:富勒浑、秉恬、鄂宝铧金川之军,绩当临清之乱,图思德招缅甸之使,步瀛御石峰堡之变,嗣曾肃台湾之政,永清受安南之降,世勋屡却暹罗、安南干请。若英吉利入贡,中外交涉,于此萌牙。川楚教匪,沅当其始,久而后定。诸人者皆身膺疆寄,与兵事相表里,功罪不同,赏罚或异。欲求其事始末,固不可略焉,故类而录之。

清史稿卷三三三
列传第一二〇

五岱　　五福　　海禄　　成德
马彪　　常青　　官达色　　乌什哈达
瑚尼勒图　　敖成　　图钦保
木塔尔　　岱森保　　翁果尔海
珠尔杭阿　　哲森保

　　五岱,瓜尔佳氏,黑龙江人。乾隆十八年,命隶满洲正黄旗。初以前锋从征准噶尔,授三等侍卫,赐墨尔根巴图鲁名号。战叶尔羌,复迁二等侍卫。霍罕使者至,命往宣谕,授正黄旗汉军副都统,赐骑都尉世职。三十六年,从将军温福讨金川,授参赞大臣。攻巴朗拉,克之。授正黄旗蒙古都统。

　　京旗目吉林、黑龙江诸部人为乌拉齐,鄙之不与为伍,温福以是轻五岱。五岱密疏言:“温福在军好安逸,不亲督战,自以为是,寒将士之心。”温福亦劾:“五岱刚愎自用,自成都至军,途中夺驿马骚扰。方攻巴朗拉,绿营兵惊退,五岱不能禁,诈言被创昏晕。”上命丰升额、色布腾巴勒珠尔诣军中按治。色布腾巴勒珠尔等疏言鞫五岱俱不承,请夺其职,留军前自效,上责色布腾巴勒珠尔等所论列不得要领。复疏言温福轻五岱,致起衅。温福疏辨,谓五岱与色布腾巴勒珠尔朋比谋倾陷,上命色布腾巴勒珠尔等逮五岱诣热河行在。

是时尚书福隆安奉使如四川,疏言五岱无夺驿马及攻巴朗拉诈言被创事,色布腾巴勒珠尔亦未尝袒五岱。五岱至热河,军机大臣廷鞫,戍伊犁。居数月,授蓝翎侍卫,命从阿桂出南路听差遣。阿桂令率土兵赴美诺、明郭宗诸地,相机夹击。寻授头等侍卫。

木果木师溃,阿桂驻宜喜。命五岱为领队侍卫,率贵州兵防后路。阿桂为定西将军,授五岱正蓝旗蒙古副都统,复为参赞大臣。从副将军丰升额自丹坝进攻凯立叶,山峻,未深入。上命丰升额佐阿桂合军进,而以五岱驻凯立叶牵贼势,贼屡来攻,屡击败之。五岱疏言军中护军校等缺,当择应升人员,请上命。上以参赞佐将军治军事,不得自专,责五岱非是。阿桂、丰升额自日尔巴当噶进攻,五岱自凯立叶督兵夹击,进逼勒乌围。阿桂令五岱移驻日则了口。寻率兵协攻珠寨及噶朗噶各寨。师攻勒乌围,五岱率所部自东北入,合攻克之。金川平,图形紫光阁,列后五十功臣。

出为塔尔巴哈台领队大臣。四十九年,自塔尔巴哈台诣京师,至兰州,闻石峰堡回为乱,请从军。上谕陕甘总督李侍尧,以五岱尝从征金川,知军事,令率兵进攻。侍尧令偕副都统永安、提督刚塔讨贼,自马家堡逐贼至鹿鹿山,大雾,驻军数日,诇贼出后山,分军捕治,命署固原提督。战伏羌城外,杀贼三百余,贼遁入山,遣兵搜捕,俘二百三十余。复逐贼至秦安县,拟进攻底店。上令尚书福康安视师,五岱从,克底店。进攻石峰堡,率兵搜捕黑矻塔、白杨岭余匪,毁床子滩礼拜寺,回乱平。上以五岱自塔尔巴哈台班满还京,道闻回乱,自请从军。福康安未至,转战击贼,奋勉,予骑都尉世职。寻擢镶蓝旗蒙古都统,充上书房总谙达,授领侍卫内大臣。卒。

五福,富察氏,满洲镶白旗人。自世袭佐领累迁四川维州协副将。乾隆三十五年,小金川土司泽旺与鄂克什土司色达克拉构兵,五福请于总督阿尔泰,檄泽旺责使服罪。泽旺子僧格桑尤桀骜,渐侵明正土司,乃令五福将五百人屯梭磨界朴头,擢松潘镇总兵,如美诺护粮道。小金川平,偕松茂道查礼按行边徼屯练,及新附汗牛十四寨。

时僧格桑窜大金川，大金川土司索诺木与同为乱。上虑两酋逃往鄂罗克，命五福驻丹坝。丹玛，往鄂罗克道所必经也。贼袭攻底木达及大板昭，师自登春入，五福自后路会攻。寻请以副将西德布率兵还丹坝，而躬巡梭磨，土妇卓尔玛初附，加以驾驭。上命五福事毕仍还屯丹玛。五福旋自丹玛进攻穆尔津山，再战陟其冈，毁贼碉，败援贼。师进攻，五福以三百六十人为应，令官兵作攻扑状绎戒，土兵伏作固顶水卡旁。贼至，伏发，殪其头人，遂进攻山半贼碉，五福督兵斫碉门杀贼。将军阿桂等师克格鲁克古了口，将达丹坝，五福隔山见师至，却督兵攻普笼、笼玛让诸碉，同时尽毁，于作固顶以下傍水设营卡。

师进攻勒乌围，五福自陡乌当噶夹攻，毙贼甚众，进攻荣噶尔博，毁贼碉一。师屯巴克图仰木山巅，五福克萨木卡尔山下诸碉卡，与大军会。自达乌达围进攻，五福同总兵常禄保等为应。既克黄草坪，贼自山后出，五福夹击败之。师自奔布鲁木进攻，为三队，五福与副都统乌什哈达率第三队，围贼碉。贼越碉窜，与第一、二队合，至西里正寨，贼溃遁。分攻瓦尔占、舍勒固租鲁，夜移炮轰毁之。进攻萨尔歪贼寨，复为三队，五福与都统海兰察自中路进，贼弃寨窜。复绕出寨后，歼贼甚众，贼寨皆下。金川平，图形紫光阁，列后五十功臣。师既还，以两金川地势寥阔，命五福将三千人屯美诺。寻擢广西提督。卒。

海禄，齐普齐特氏，蒙古正蓝旗人。以前锋从征伊犁，定边右副将军兆惠屯济尔哈朗，副将军富德攻叶尔羌，攻伊西洱库尔淖尔，海禄皆在军中，赐花翎，并号噶卜什海巴图鲁。又以边功，擢二等侍卫。温福讨金川，海禄将四百人攻斑斓山及斯当安，攻日耳、东玛、美美诸寨，及固卜济山梁，又克路顶宗、喀木色尔诸寨，破明郭宗沟内碉卡。自前锋参领摄陕西固原镇总兵。温福师败绩，海禄自美诺退巴朗拉，定西将军阿桂论劾，当夺职，命宽之。师自资哩南山入，得阿喀木雅山上碉一。至路顶宗，山陡峻，夜半潜入贼垒，歼贼三十余，坠崖死者相枕藉，遂拔路顶宗，即督兵进攻明郭宗，克之。直抵美诺，贼惊溃，获大炮十余、米粮百余石，擢固原镇总兵。

　　从阿桂自萨尔赤鄂罗山攻克登古碉卡。复自喇穆喇穆迤西进，得石卡一。攻得斯东寨、色溯普、喇穆喇穆山梁，屯日则丫口要路。又攻该布达什诺木城，连克碉寨。攻逊克尔宗，贼出伏兵，击之溃。旋偕副都统富兴进至沙尔达朗，克大碉五，并克伊格尔玛迪等碉卡。再进，偕副都统乌什哈达夺罗卜克鄂博沟内碉寨，攻克格鲁克古山梁。再进攻康萨尔，督兵跃濠入，贼窜。再进，攻克勒吉尔博山梁，乘胜沿河击贼，大破之。师攻木思工噶克丫口，海禄以兵应，歼贼甚众。攻克迈过尔山梁，复偕乌什哈达攻丫口左木城、石碉，拔之。又自舍图枉卡分攻巴占，攀藤扶石，自山腰斜上，遂夺据昆色尔，进攻章噶大碉，克之，并夺木城一。偕襄阳镇总兵官达色攻黄草坪，占其地，移直隶天津镇总兵。旋率土兵夺兜窝碉卡，复夺取莎罗奔甲尔瓦沃杂尔所居之拉布咱占。又偕副都统书麟等攻则朗噶克，焚噶尔噶木、勒乌、果木得克、聂乌诸贼寨。金川平，图形紫光阁，赐骑都尉世职，擢云南提督。

　　四十六年，入觐。至湖南，闻萨拉尔回苏四十三叛，请从军。贼占华林山，海禄从海兰察攻之，多所斩获。旋进至华林寺，毁贼巢，歼焉。授乌鲁木齐都统。

　　海禄刻核吏事。在边，禁古城迤北瑚图斯金厂。重定新疆屯田征租功过，视旧例为苛。追论文武吏士剥下营私状，领队大臣图思义、提督彭廷栋以下皆坐遣。又请裁汰经费，视内地编保甲。台湾民坐械斗戍边，入乌鲁木齐铁厂输作，予巴里坤诸地戍兵为奴：皆议行。复疏请自哈密至精河设台车三百五十，乌鲁木齐设台车一百五十，定值视雇商车减三之二。乌什办事大臣绰克托、塔尔巴哈台办事大臣惠龄、陕甘总督福康安皆言车值过薄，福康安并力陈设台车不若雇商车便。上为罢海禄议，造台车糜帑，令责偿。伊犁将军伊勒图又疏请罢海禄所议屯田征租功过及戍边入铁厂例，左授伊犁额鲁特领队大臣。

五十三年，劾将军奎林毁佛像，辱职官，折罪人手足掷水中，得遣戍罪人赃，又于哈萨克以羊易布，私其羡金。上夺奎林职，令海禄并诣京师，命诸皇子、军机大臣会刑部廷鞫。奎林承毁佛像、杀罪人，余事皆无据。上命并夺海禄职，在上虞备用处拜唐阿上效力行走。寻授蓝翎侍卫，累迁至福建陆路提督。卒。

成德，钮祜禄氏，满洲正红旗人。初入健锐营充前锋。从征准噶尔、叶尔羌，俱有功。征缅甸，从将军明瑞自锡箔进兵，攻贼旧小蒲坡，中枪伤，战猛拜、天生桥、猛城诸地。从副将军阿里衮攻顿拐，毁其寨。从经略大学士傅恒渡戛鸠江，自猛拱、猛养进兵，败贼于新街。定边右副将军温福征小金川，成德从攻斯当安，裹创力战，进攻巴郎拉。再进，克资哩、古布济、八角寨诸地，复被创。自空卡、昔岭进兵，屡捷，累迁四川川北镇总兵。木果木大营陷，温福死之，成德时将别军驻美诺，亦陷于贼，命夺官，仍留任。将军阿桂令自南山攻取阿喀木雅，会领队大臣额森特、总兵海禄三道并进，击东沟贼碉，歼贼甚众。路顶宗、明郭宗诸营卡皆下，复美诺，赐黑狐冠。小金川平，复官。

师自谷噶入大金川，抵罗博瓦山，成德偕总兵特成额等分兵缀贼。复会克色溰普山，夺坚碉数十。进攻喇穆喇穆东面山碉，贼分两路袭师后，击败之。偕散秩大臣普尔普等夺石碉四，又偕总兵官达色攻克该布达什诺木城，会内大臣海兰察进围逊克尔宗，赐号赛尚阿巴图鲁。进攻甲尔纳寨，围急，贼潜以皮船渡，成德击破之。贼据赤布寨，其北为得思古寨，循沟下有噶朗噶，噶尔噶诸寺，碉寨繁密。师循沟进，破最东水碉。成德乘胜夺大碉五、木城二，直抵濒河噶尔丹寺，贼奔溃，师克舍图枉卡。成德潜师至日则丫口，与游击普吉保上下合击，破石碉八、木城四，遂克孙克尔宗，贼退勒乌围，复进，会师破之。进克甘都瓦尔、黄草坪等处，遂克噶拉依。金川平，图形紫光阁，列前五十功臣。署四川提督。三暗巴番渠安错煽乱，督兵捕治,命真除。

五十三年,廓尔喀侵后藏,命成德为参赞大臣,督兵偕总督鄂辉、驻藏大臣侍郎巴忠会剿。巴忠授意噶布伦丹津旺珠尔与廓尔喀议岁费、还侵地,成德争不获,即以此议入奏。师还兵定藏自赎。复以濡滞失机,夺将军,予副都统衔,以领队大臣属将军福康安调遣。攻聂拉木,与穆克登阿夜督兵进。成德攻寨西北,穆克登阿出西南,掷火弹杀贼,破寨,尽歼守寨贼,无一得脱者。福康安自济咙进兵,令成德等分道进屯德亲鼎山,克敌卡,自俄玛措山进,迭克果果萨喇嘛寺,乘夜取札木铁索桥。又自江各波迈山梁趋陇冈,与彦吉保会。逐贼至利底,与福康安师会,所向克捷。廓尔喀乞降,师还,命成德以副都统衔充驻藏帮办大臣。图形紫光阁,前十五功臣,以成德为殿。寻命署杭州将军。

仁宗即位,移署荆州将军。教匪起,成德偕总督惠龄攻贼宜都灌湾脑山,擒贼首张正谟。寻以纵贼窜逸,夺勇号。四年,致仕,卒。以曾孙女配宣宗为孝全皇后,追封三等承恩公,谥威恪。子穆克登布,自有传。

马彪,甘肃西宁人。以行伍从军,累迁至四川川北镇总兵。高台县丞邱天宠私伐巴彦济鲁萨林木,贝勒罗卜藏达尔札诉于上,词连彪,夺职。寻赐游击衔,驻雅尔。复起,除云南昭通镇总兵。

乾隆三十六年,师征金川,将军温福以彪屡出师勇往,令将贵州兵三千以从,克巴郎拉碉卡,赐花翎。师自达木巴宗分三道趋资哩,彪偕侍卫额森特等自北山进,夺贼碉卡,斩馘百余,与师会。彪以贵州兵二千驻资哩北山梁,东西距三十余里。贼夜犯都司黄壮略、守备王廷玉营,彪与侍卫巴三泰驰援,败贼,失炮三。上以彪战甚力,不之罪。嗣都司徐大勇等守色布巴尔,贼屯十里外高峰。参赞五岱檄彪赴援,未至,副将色伦泰战没。五岱劾彪逗留,当夺职,上命留任。寻自硕藏噶尔进驻色布色尔,阿桂军次喇卜楚克山麓,逼木兰坝。令彪伏兵东崖下,克其水碉。进攻色尔渠,彪从参赞丰

升额等击东玛砦,克之。乘胜攻哲木克郭罗郭罗美罗喇嘛寺诸寨,
皆下,夺碉五,俘馘数十。克美美卡,彪率二百人,自山梁山径入。贼
来援,力战破之。美美卡至日喀尔桥,有小径曰兜乌。贼毁桥筑卡
以拒,彪伐木为桥济兵,贼弃卡走。又与提督哈国兴合克喀木色尔
穆拉斯郭寨,遂据兜乌。寻自达克苏山后攻明郭宗,彪将千人自格
实迪下攻,贼弃碉窜,授西安提督。复偕侍卫乌尔图纳逊攻达尔图
大碉,毙窜贼甚多。遂偕领队大臣华善等以六千人驻宜喜,贼来犯,
击之,斩贼三十余人。以三千五百人攻达尔图碉,未下。贼自沙坝
三道袭宜喜军,又别遣贼夜扑达尔图军,击走之。师克乃当,至独
松,彪与贼战中巴布里、下巴布里及玛雅冈角木,贼皆弃寨遁。旋与
副将钦保克尔玛及扎乌古山梁,与总兵敖成克甲索。

金川平,赴西安任。图形紫光阁,列前五十功臣。移湖广提督。
卒,赠太子太保,谥勤襄,予云骑尉世职。

常青,苏木克氏,满洲镶白旗人。自前锋累迁护军参领。外擢
云南曲寻镇总兵。从将军明瑞讨缅甸,战于蛮结。明瑞将中军,常
青与领队大臣观音保踞西山梁。贼突至,常青等奋击,馘二百余,贼
败窜,又馘二千余,俘三十四。再战天生桥、宋寨、黄土冈诸地,屡败
贼。明瑞军败绩,上召常青入对,命仍还云南,从副将军阿里衮出万
仞关。经略大学士傅恒令诣野牛坝督造战船,率兵赴新街,杀贼夺
寨,获敌舟及粮械。旋自新街进攻老官屯,克毛西寨,师还,授云南
提督。

乾隆三十八年,师征金川,令率云南兵二千赴打箭炉佐将军阿
桂出西路。偕都统海兰察攻斯达克拉、阿噶尔布里、硕藏噶尔诸山
梁,克之,留屯美诺。师攻布朗郭宗,阿桂奏请常青策应。常青遣游
击福敏泰驻木波,游击保宁驻噶鲁什呢,宁备张启贵驻美卧沟,而
与副都统富兴率兵为布朗郭宗声援。西藏语谓为盗曰“放夹坝”,常
青与富兴督绿营兵捕盗,焚其林。阿桂师进攻勒乌围,常青与富勒
浑护饷道,自明郭宗至大板昭,兵卒巡视,分守小沙坝、沙坝、三松

坪诸地。自间道出功噶尔拉击贼。上嘉之,谕以此路官军久未进攻,
今自间道出奇,足以缀贼。惟地势险峻仍戒其轻举。金川平,图形
紫光阁,列后五十功臣。

移古北口提督,而以海禄代之。疏言缅甸方议抚,请暂留张凤
衔,与海禄相机筹办。上以夷性多疑,文檄仍用常青旧衔,俟事定赴
新任。历浙江、江南、直隶、福建陆路提督,又继海禄为乌鲁木齐都
统,移西安将军。卒,谥庄毅。

官达色,瓜尔佳氏,满洲正黄旗人。以前锋从征准噶尔。将军
兆惠自鄂垒扎拉图转战至特讷格尔,上方南巡,遣官达色及副护军
校兆坦赍疏诣行在,召对,授蓝翎侍卫。准噶尔平,予云骑尉世职。
迭迁副参领,外擢云南顺云营参将。自陈不通汉文,乞还京师,经略
大学士傅恒讨缅甸,以官达色监铸炮,令从军。旋授健锐营前锋参
领。

乾隆三十六年,将军温福征金川,令将成都驻防兵四百人从攻
巴朗拉山梁,与乌什哈达督兵自山右登,夺卡六。再战,官达色发炮
毁贼碉,战三昼夜,克之,赐号巴尔丹巴图鲁,畀白金百。师逾达木
巴宗至斯底叶安,贼力拒,官达色发炮堕其碉楼,命署四川松潘镇
总兵。师乘雪击贼,贼引退。官达色逐贼,贼乱流渡,窜阿哈木雅。
移军逼贼寨,官达色发炮击之,寨垂破,贼夜遁。温福督师攻南山,
官达色与总兵牛天畀合军,天畀取第二碉,官达色取第三碉,复命
署湖北襄阳镇总兵。

师攻达尔图,贼蔽碉为固,官达色发炮击之,日毙贼数十。师
进,破碉二,拔栅,歼贼甚众。副将军丰升额攻谷噶,官达色与侍卫
普济保等以四千人往会。旋以将军阿桂檄,从参赞海兰察攻喇穆喇
穆,夺卡三,逼碉下掷火弹,以雨不然,暂引退。复以六百人直陟高
峰,峰有大碉二,夜半,援石壁蚁附登,伏碉旁,黎明突起,遂破二
碉。进攻该布达什诺,贼为大碉倚濠,辅以木城。官达色督兵冒枪
石跃濠以度,铲碉址成,遂援以上。贼退保木城,阿桂令海兰察出城

后,官达色当其前,力战克之。再进,攻默格尔山梁,官达色与额森特等合军取碉三。旋与海兰察、额森特分道裹粮深入,攻格鲁克丫口,克当噶海寨及陡乌当噶大碉,焚沙木拉渠寨。循格鲁格克古山梁以下,贼傍箐置卡,督兵攻之下。真除襄阳镇总兵。

再进,攻勒吉尔博,战于山麓,破贼碉。再进,攻荣克尔博,克其麓木城。督兵陟山巅,与普尔普逾沟拔木栅二十六。自舍图拉卡循混色尔山梁,攻据雅木则碉。取果克山诸碉寨,图拉枯喇嘛寺,尽歼之。再进,与海兰察等同攻章噶,贼缘碉凿深沟,设栅其上,官达色督兵拔栅,以覆沟援附至碉巅下攻,贼惊窜,遂克之。与海兰察合军向勒乌围,分攻隆斯得,其地有三寨,克其二。遂潜破后寨,寨内蓄铅子,积地二尺许,火药百余篓,悉收以佐军,设炮台,逼转经楼,与保宁、彰霭合军克之,勒乌围亦下。与海兰察等攻达乌,连破诸碉寨。进攻西里,贼四出力御,官达色逾沟与战,贼穿林逃。攻黄草坪,海兰察当其前,官达色与海禄拔沟北栅为应。攻奔布鲁木峰木城,亦与海兰察偕。攻瓦喇占,发炮破其碉。循瓦喇占而下曰萨尔歪,有寨三,海兰察当其前,官达色与乌什哈达左右合击,贼弃寨走,邀殪之。攻科布曲木城,又与海兰察偕,官达色冒枪石先登。攻朗阿古,海兰察自山腰险径度兵,官达色与乌什哈达出其左。攻雍中喇嘛寺,官达色与普尔普等自右入,皆力战杀贼。遂破噶拉依。金川平,图形紫光阁,列前五十功臣,予一等轻车都尉世职。移山西大同镇总兵,再移直隶宣化总镇兵。卒。

乌什哈达,吉林满洲正黄旗人。师征缅甸,以前锋校从,有功,赐号法福哩巴图鲁。师征金川,以三等侍卫从,其与官达色同克巴朗拉也,贼攻据所驻山,复力战破贼,夺其山还。事闻,上以功过足相当,宥之。战屡有功,累擢正蓝旗蒙古副都统。师还,图形紫光阁,列前五十功臣,予骑都尉兼云骑尉世职。外授和阗领队大臣,讦办事大臣德风受赂,按治不尽实,夺职。师征台湾,以头等侍卫从,与普尔普自茅港转战,通嘉义道。寻将水师至琅峤,获庄大田,还前所赐勇号。再图形紫光阁,列后三十功臣。师征廓尔喀,以镶红旗蒙古副都统从，先行治道，蹶而伤。师还，赏不及，入觐，以为言。上责其巧佞，夺职，戍伊犁。嘉庆初，赦还，师征川、楚教匪，以头等侍卫从，贼渠王三槐拥众渡江，乌什哈达与战，死之，予轻车都尉世职。

瑚尼勒图，鄂讷氏，黑龙江人。以护军入满洲镶黄旗。累迁护军参领。从征金川，亦与巴朗拉之役，赐号多卜丹巴图鲁。攻资哩南山，战自喇卜楚克山梁，绕登高峰，夺贼卡二，遂陟其巅，又夺贼卡二。复从海兰察等攻罗博瓦前山，贼二百余自其右缘山梁斜上，瑚尼勒图击杀十余人，贼遁走，进攻布达什诺，克之，加副都统衔。复进攻逊克尔宗，焚贼寨十余，贼来援，却之。师攻勒乌围，遣瑚尼勒图夺据默格尔山，进占日尔巴当噶尔之西。危峰突起，海兰察等更出其西，自密拉噶拉木山巅下击，遂克凯立叶，谕嘉奖。乘胜攻克日尔巴当噶山阳左右五碉。又从海兰察等攻取桑噶斯玛特山寨。与福康安督兵将出箐，见贼碉二，奋勇跃入杀贼，贼溃，擢镶蓝旗蒙古副都统。师攻达佳布、安吉诸碉，督兵自山腰贼碉间攀越而过，先入碉，皆克之。进攻木思工噶克，令瑚尼勒图攻丫口。潜师而入，游击梁朝桂等为继，丫口峰左右碉十有四，同时皆破。师次荣噶尔博，有山梁曰巴占，为勒乌围门户，贼守御甚力。诸将议自舍图枉卡间道入，而使瑚尼勒图屯巴占分贼势。师克章噶，瑚尼勒图亦取巴占。分攻隆斯得寨，以斧破寨门，获所储铅药，遂攻下勒乌围。复攻西里山梁，瑚尼勒图与乌什哈达督兵径陟，克大碉三、木城四。师攻西里正寨，与福康安以火攻破寨。又与海兰察取朗阿古，攻克得拉古碉卡。复自巴萨沙进，取奇什矶官寨，与福康安等克雍中喇嘛寺。金川平，图形紫光阁，列前五十功臣，转镶红旗蒙古副都统。寻授散秩大臣，管理健锐营。卒。

敖成，字丹九，陕西长安人。入伍，从征瞻对、金川、库车，战喀喇乌苏河，攻叶尔羌，俱有功。乾隆三十八年，师再征金川，成以广西右江镇总兵入觐，上询知成尝出师瞻对、金川，赐花翎，并畀白金百。给驿诣军前。旋移甘肃宁夏镇，以将军阿桂请，复移贵州镇远镇。师三道进,副将军明亮出南路,请以成驻僧格宗防后路。上虑成未足当一面,命从明亮军进讨。桂林疏言:"南路当自塔克撒至宜喜诸地设防。成自萨穆果穆渡河,经美诺至塔克撒驻军。"明亮移军宜喜,攻达尔图山梁,使成偕副都统舒景安率师攻日旁,夺贼卡二,破碉寨四百余,歼贼甚众。诸军攻宜喜,围合,诇甲索守贼皆老弱,当攻其瑕。成偕副将常泰等率土、汉兵二千五百分三道进,破其要隘,先后夺碉十一。上嘉其勇,赐号僧格巴图鲁。复自达尔图山梁进攻噶尔丹,直薄巴布里山脊。值夜大雪,潜师出碉后奋击,连克防隘贼卡四。守碉贼惊溃,追斩无算。复偕常泰攻克碾占,偕提督马彪率师至甲杂官砦,贼弃寨溃窜。师三路毕会,遂克噶喇依。金川平,图形紫平阁,列前五十功臣。御制赞,以乘雪取巴布里比诸李愬之入蔡州。擢贵州提督,入觐,赐黄马褂。卒。赠太子太保,谥勇悫,予云骑尉世职。

图钦保,瓜勒佳氏,满洲镶黄旗人。以前锋校从将军明瑞征缅甸,有功,授三等侍卫,赐号法福礼巴图鲁。迁健锐营副前锋参领。乾隆三十七年,从将军阿桂征金川,以皮船济师,袭乌达西山碉卡。图钦保与总兵王万邦自其左进,攻克其碉。复与侍卫三宝等合兵,至邦申山梁,缘沟以登,尽取诸碉卡,自山下夹攻,贼溃。师至纳围纳札木,副将军明亮等分兵三道并进,图钦保与游击谷生炎攻山坡碉卡,贼力拒。复与侍卫德赫布三面合围,垒石卡逼贼,贼弃碉夜遁。师进至僧格宗,图钦保自河西科多渡桥攻河东,至喀咱木笼山梁,抵奢垄,贼奔美诺。复与参领拉布栋阿以五百人取马奈。擢湖南长沙协副将。师复进,至萨克萨谷,其北曰茹寨,麦方熟,贼设碉以卫,图钦保力攻克之,焚沿河各寨,贼窜出,中矢被枪及坠河死者无算,麦田十余里,皆为我兵所据。事闻,上手诏奖勉。复攻石真噶山下木城,毁贼寨,再进,攻扎乌古山梁,功最,擢陕西固原镇总兵。事定,图形紫光阁,与德赫布并列前五十功臣。四十六年,撒拉尔回叛,图钦保将五百人助战。贼退踞八蜡庙、水磨沟诸地,图钦保从都统海兰察率兵越水磨沟自山梁进逼贼巢。贼自山坡逆上,图钦保持刀奋战,马蹶,坠山下,被创,卒,赐白金七百。

　　木塔尔,小金川人。乾隆三十七年,小金川头人僧格桑为乱,拒我师,木塔尔率亲属及所部降。将军温福令从军,即率土兵夺八角碉,降千余人,复官寨。攻木果木,而中石伤。克达响谷山梁,枪伤额。累擢三等侍卫,赐孔雀翎。僧格桑窜大金川,大金川头人索诺木匿之,与同乱。将军阿桂令木塔尔侦路,约内应,遂克阿不里,招其叔朗纳降。金川山径歧互,阿桂令木塔尔指画,绘图呈览。又以功噶尔拉贼守坚,诒木塔尔。木塔尔言:"谷噶山路崎岖,树木深密。若密遣精兵昼伏夜行,出贼不意,亦一策也。"从之。战有功。官兵护台站,遇贼稍却。阿桂令木塔尔偕降人赓噶率土兵截击,禽头人木穆工阿。攻库鲁什尼后山及登春诸地,禽头人拉尔甲,创僧格尔尔结,以功赐缎。贼遣别斯满尼僧布薄伪降,私询木塔尔军事,木塔尔密以闻。上嘉其诚,累擢头等侍卫。师攻噶拉衣,索诺木等出降,赐号赞巴巴图鲁。图形紫光阁,列后五十功臣。授八角碉屯守备,督帛噶尔角克乃萨纳木雅诸地降人屯田。

　　四十六年,甘肃撒拉尔回苏四十三攻陷兰州,上命从领侍卫内大臣海兰察军讨之,木塔尔从,中枪伤,赐银缎。复攻华林寺,再受伤,赐二品衔,以四川管理降番副将题补。四十九年,甘肃固原回田五等余党踞石峰堡,上命成都将军保宁讨之,木塔尔从,力疾赴调,赐散秩大臣衔。至石峰堡,屡有斩获,被石伤。

　　五十三年,从征台湾,偕侍卫博斌等生擒首逆庄大田于琅峤。台湾平,复图形紫光阁,列前二十功臣。

　　五十六年,廓尔喀为乱,攻陷聂拉木。木塔尔从成德守木萨桥,获头人格唎达喀叽哈等,加副都统衔,师攻济咙,木塔尔偕侍卫哲森保先攻克东南山梁,移兵逐贼,复济咙,歼贼数百,殪贼目七。师攻雅尔赛拉、博尔东拉,木塔尔率兵自噶多普纡道渡河,夺石卡、木城。廓尔喀平,再图形紫光阁,列后十五功臣。上特召慰劳,赐酒,赍银缎。

六十年,从征苗匪。贼居下石花、土空等处。循沿河山坡筑城卡,阻我师。总督福康安遣木塔尔于下游河岸设伏,贼出卡抢掠,突出击之,夺其渡船。师进迫之,贼不能御,连克城卡。进攻土空,偕总兵花连布等连战三昼夜,破之,赐荷包。以病还师,至资阳,道卒,赐白金百。

岱森保,库雅拉阔绰里氏,满洲正红旗人。以黏竿处拜唐阿从征缅甸。移师征金川,与攻路顶宗、喀木色尔,授蓝翎侍卫。战于昔岭,贼乘高而下,以火器奋击,贼溃,授三等侍卫。战于博罗瓦,歼贼数十,复夺取喀木喇玛山碉,擢二等侍卫,赐号布隆巴图鲁。攻勒吉尔博山梁,拔鹿角,跃濠,以火弹掷碉巅,破之。从将军阿桂攻勒乌围,发炮断其桥隧以入栅,克木城,与诸军合攻,勒乌围遂下,授头等侍卫。师还,图形紫光阁,列后五十功臣。

四十四年,以护军参领从征台湾。与侍卫乌什哈达等击贼沙嵌,进至莿松,歼贼二百余。击贼中州,发巨炮杀贼,进击贼南潭,贼溃,焚贼寮数百。再进,击贼三坎店,夺贼中炮械。寻从闽浙总督常青等援诸罗,出盐水港,战贼屡胜,赐副都统衔。福康安视师,岱森保攻贼牛庄,贼阻溪为固。督兵逾溪击之,俘斩甚众,乘锐抵南潭,遂俘庄大田等。师旋,再图形紫光阁,列后三十功臣。擢正黄旗蒙古副都统。出为伊犁领队大臣。

廓尔喀为乱,上命岱森保将索伦、达呼尔兵千人,偕参赞大臣海兰察自京师道青海入西藏,佐福康安等讨之。既至,福康安令偕成都将军成德将三千人向聂拉木缀贼。分兵自措克沙木间道入,自率兵趋亲鼎山,破贼卡,贼败窜。旋偕侍卫永德道哈那滚木山,克扎木。复偕成德败贼多洛卡,追蹑至俄赖巴,分兵两路深入,廓尔喀酋降。复图形紫光阁,列后十五功臣。

嘉庆初,教匪起,命岱森保讨贼陕、甘。张汉潮侵五郎,自周至出大建沟扰洵阳,偕总兵长春、副都统纶布春随所在御之。上责肃清甘肃境,与西安巡抚台布选能战兵四千有奇,逐贼转战,屡有克捷。五年秋,击贼沔县,以兵寡未获穷追,还军驻长寨。疾作,行至汉中,卒。

翁果尔海,噶巴喀氏,满洲镶黄旗人。初充亲军,迁蓝翎侍卫。乾隆五十二年,从福康安征台湾,击贼八卦山,斩馘无算,赐号额腾额巴图鲁。累迁二等侍卫。林爽文遁老衢崎,义民高振以告。翁果尔海与追击,获之。台湾平,予骑都尉世职。

五十六年,廓尔喀侵后藏,从将军福康安、参赞海兰察往讨之。贼据擦木,其地两山夹峙,惟一径可通。夜雨,翁果尔海分兵潜进,越山直上山梁,与师会,薄贼寨,逾墙入,歼贼数百,克其碉。贼夺据济咙官寨,师围之。翁果尔海直攻东南山梁,贼恃碉拒师。督兵缘碉上,歼贼六百余,擢头等侍卫。贼据热索桥,师自摆马奈撤入,与夹河相持。翁果尔海自峨绿山纡道出上游,斫木编筏潜济,自间道疾驰攻贼寨,师悉渡,赐副都统衔。贼审协布鲁,负水筑卡为守,师不得即渡,暮雨,伏兵林中,夜将半,援木涉水进击。师绕出对山,并力下攻,贼溃走,追斩三百余,焚寨五。遂进攻东觉,道噶多。翁果尔海从海兰察为前锋,纡道出雅尔赛拉、博尔东拉,穿林越箐,潜师步行。贼为木城三、石卡七,守甚坚。翁果尔海督兵逾险攻之,右臂创甚剧,援兵至,奋勇转战,殪头人二、余贼二百有奇,贼乃遁,悉堕其城卡,赐白金五十。廓尔喀平,图形紫光阁,列后十五功臣。授镶黄旗蒙古副都统。嘉庆初,卒。

珠尔杭阿,颜扎氏,满洲正黄旗人。自前锋累擢二等侍卫。从征甘肃石峰堡乱回,赐号锡利巴图鲁。五十六年,廓尔喀侵后藏。上命鄂辉、成德讨之,命珠尔杭阿佐军,鄂辉以第理浪、窝浪卡两地当冲要,令珠尔杭阿察形势,督兵屯守。寻偕侍卫永德攻克聂木哲木寨,赐大缎。复偕将军福康安自宗喀攻擦木,与参赞大臣海兰察合军,自正路攻贼寨,克之,赐大小荷包。复同头等侍卫阿满泰等克济咙,迁头等侍卫。复从海兰察攻雅尔寨拉、博尔东拉,毁木城、石卡,歼贼甚众。又破贼于玛木拉,加副都统衔。进攻噶勒拉推补木大山,分兵三路,珠尔杭阿偕三等侍卫阿哈保等自右路夹击,焚贼卡。复自横河上游修桥渡,攻集木集,克之,寻命为领队。廓尔喀头人拉特纳巴都尔降。福康安令珠尔杭阿护贡使诣京师。图形紫光阁,列后十五功臣。累迁御前侍卫、正白旗护军统领。神武门获为逆者陈德,赐骑都尉世职。授镶蓝旗满洲副都统。卒。

哲森保,萨克达氏,满洲镶蓝旗人。初充吉林乌拉马甲。征缅甸,偕侍卫阿尔苏拉击贼新街,从副都统明亮击贼老官屯。从讨王伦,侍卫音济图擒贼,将就缚,突有贼持械出拒,哲森保射杀之。从讨苏四十三,攻华林山,枪毙贼渠,哲森保亦被创,赐号法福里巴图鲁。累擢二等侍卫、乾清门行走。再出讨石峰堡乱回,中石伤,擢头等侍卫,授公中佐领。从征廓尔喀,攻擦木。哲森保与翁果尔海各将一队,自东、西两山分进,克之。攻济咙,首夺东南山梁。师继进,遂克济咙官寨。贼断热索桥,哲森保与阿满泰出间道,越峨绿山,自上游砍树结筏潜渡,骤攻贼卡,贼骇愕奔窜,师得济,赐副都统衔。至博尔东拉,与贼力战,左膝中枪,赐白金百,令还济咙休养。至协布鲁,创发,卒。廓尔喀平,图形紫光阁,列后十五功臣,祀昭忠祠,赐骑都尉世职。

子富永,亦在军,以战功累擢三等侍卫,袭职。官至镶黄旗蒙古副都统。卒。

论曰:金川地小而险,悬崖绝壁,垒石为碉,师至不能下。高宗读《太宗实录》,知其时攻城用云梯,命敩其制,督八旗子弟习焉。师再出攻碉,赖是以济。诸将有劳者,五福将四川兵,彪将贵州兵,常青将云南兵,成将绿营,木塔尔将土兵,余皆率禁旅。而官达色督炮兵,图钦保佐健锐营,尤专主攻碉,摧坚决险,非豫不为功。成德、岱森保及木塔尔复从征廓尔喀有功。翁果尔海等未与金川之役,而屡从征伐,转战立勋名,亦裨佐之良也。

清史稿卷三三四
列传第一二一

马全　牛天界　阿尔素纳　张大经　　曹顺

敦住　乌尔纳　科玛　佛伦泰　达兰泰

萨尔吉岱　常禄保　玛尔占　库勒德　穆哈纳

国兴　巴西萨　扎拉丰阿　观音保　李全

王玉廷　珠鲁讷　许世亨　子文谟　尚维升

张朝龙　李化龙　邢敦行　台斐英阿

阿满泰　花连布　明安图

　　马全，字具堂，山西阳曲人，初名璖。乾隆十七年一甲三名进士。自二等侍卫出为福建抚标右营游击，与同官争言，夺职。更名，寄籍大兴。二十五年，会试再中式，上御紫光阁校阅，见全识之，问曰："尔马璖耶？"全叩头谢罪，遂成一甲一名进士，授头等侍卫。二十七年，扈上南巡，命署江西南昌镇总兵，赐孔雀翎。疏陈校阅各营操练，赴禁山隘口巡查，防奸民阑入。上褒其奋勉，授江苏苏松镇总兵。擢江南提督，请改归原籍。调甘肃提督，陛见，赐黑狐裘。

　　三十八年，命从征金川，为领队大臣。将军温福驻军木果木，全偕都统海兰察分攻昔岭，夺碉二，贼大至，鏖战冰雪中一昼夜，卒败

贼。会日暮撤兵，贼后尾追，为伏击败之。搜山麓逸贼，建栅数十为
声援。木果木大营溃，全殿后，战竟夜，死之，事闻，上曰："提督马全
乃国家出力有用之人，今力战死事，实堪轸惜！"谥壮节，予骑都尉
兼云骑尉世职。同时死事诸将有战绩者，牛天畀、阿尔素纳、张大
经。

　　天畀，山西太谷人。以武进士授蓝翎侍卫，累迁四川川北镇总
兵。征金川，天畀率兵赴木坪，佐提督董天弼进剿。师自达木巴宗
分三道趋资哩，天畀偕侍卫阿尔素纳击贼于玛尔瓦尔济山巅，战三
昼夜，克卡十，与大军会，赐孔雀翎。师围资哩，天畀攻南山，参赞五
岱攻北山，未下。上以阿喀木雅地当孔道，得此可破资哩，手敕谕诸
将。天畀偕侍卫乌什哈达将四百人觅路，伏箐中，诱阿喀木雅守贼
出寨，击之，贼败匿。天畀列兵山麓截贼援，贼四百余突出寨，援贼
二百自得尔苏山至，天畀击之，斩五十余级。参赞大臣阿桂代五岱
攻北山，贼不支，天畀自南山夹击，遂克资哩，阿喀木雅、得尔苏贼
皆溃。天畀捕治余贼，岩洞箐林，搜戮殆尽，自得尔苏山巅下至河岸
讫北山麓，皆属我师。攻喇卜楚克山巅，贼守甚密。副都统富勒浑
出山后，夺卡四。天畀自前登，夺卡一。贼自林中出，天畀督兵冒枪
石纵火焚贼卡。又偕章京德保等进攻布朗郭宗，取德木达碉寨三、
石卡七，与大军会，遂克之。进取底木达，俘泽旺。三十八年，师攻
功噶尔拉，天畀与副都统乌什哈达、总兵张大经冒雪陟山前二峰，
夺其碉，贼自山后至，击之走。定边将军温福疏陈天畀战功，请署贵
州提督。木果木大营溃，天畀力战死之，谥毅节，予骑都尉兼云骑尉
世职。子敬一，自陈文生不习弓马，赐举人。

　　阿尔素纳，禄叶勒氏，吉林满洲镶黄旗人。乾隆时，以前锋随征
西域、缅甸，累迁二等侍卫，赐号额腾伊巴图鲁。金川叛，从征，攻巴
朗拉，与侍卫额森特先登。攻资哩、阿喀木雅、美美卡、兜乌诸地，均
有功，擢一等侍卫，加副都统衔，授领队大臣。随大军移营木果木，
屡克碉卡，授镶白旗蒙古副都统。大营陷，率满洲兵退，行至大坝
沟，遇贼，力战死，赠都统衔，予骑都尉兼云骑尉世职。

大经,山西凤台人。乾隆时,由武进士历官陕西兴汉镇总兵。三十六年,率西宁、陕西兵各千人从征金川。师围资哩,大经出中路,进攻兜乌。大经以兵千驻阿喀木雅,旋移驻木兰坝鄂克什旧寨,从攻明郭宗,克之。复从攻底木达,俘泽旺。三十八年,温福进驻木果木,大经将五百人分驻簇拉角克。上以其地在功噶尔拉丫口之北,形势险要,谕增兵协防。四月,偕乌什哈达等攻达扎克角山,击败伏箐。贼沿山下攻得斯东寨,贼弃寨遁。木果木大营溃,参赞大臣海兰察檄大经撤兵,出遇贼于乾海子,路险不能骑,徒步力战,死,予骑都尉世职。

诸将死事皆祀昭忠祠,全、天畀、阿尔素纳并图形紫光阁:全列前五十功臣,天畀、阿尔素纳皆列后五十功臣。

曹顺,四川阆中人,入伍。从将军温福征金川。师攻固卜济山梁,贼为栅阻木兰坝路,匿栅内发枪石,其渠启栅门出,顺斩之。夺门入,焚栅,歼栅内贼,赐孔雀翎。从攻明郭宗,自木雅山至木尔古鲁山麓,夺贼寨卡,进克嘉巴,赐号扎亲巴图鲁。顺与头等侍卫乌什哈达督兵至功噶尔拉,攻昔岭。又与司辔托尔托保率瓦寺鄂克什土兵先逼卡,杀贼数十,赐缎二匹。攻昔岭第五碉,与副都统巴朗、普尔普等分兵攀登,沟内伏贼起,迎击,斩其渠,顺面中石伤。先后叙功,迁湖南衡州协副将。阿桂策督诸军攻宜喜,先攻木思工噶克及得式梯,缀贼使不相应,令书麟等攻丫口碉卡,贼赴援,顺攻峰右碉,克之。师自康萨尔进据了口山峰,悉力拒,退复进者七,顺与侍卫穆哈纳等迎击,群贼悉殱,遂克擦庸碉寨。师分道断贼后路,顺督土兵纵火,与参赞大臣丰升额为犄角,并进,贼不能支,穴寨后窜,顺奋击,迫贼坠箐死,取石碉十二,遂克逊克尔宗,擢甘肃肃州镇总兵。四十年闰十月,攻西里山麓黄草坪,顺跨木栅指麾,贼于暗中发枪,被创,没于阵。金川平,与福建建宁镇总兵敦住、陕西延绥镇总兵乌尔纳并祀昭忠祠,图形紫光阁,同列前五十功臣。

敦住,瓜尔佳氏,满洲正黄旗人,昭勋公图赖四世孙。图赖曾孙马尔萨事圣祖,自佐领擢至本旗都统。雍正初,授内大臣,佐靖边大将军傅尔丹驻和通呼尔,哈诺尔贼来克,马尔萨力战。杀千余人,大风雨,渡哈尔噶河,战没,予骑都尉兼云骑尉世职。敦住,其从子也。乾隆初袭职,累迁头等侍卫。从征金川,三十九年,令署总兵。攻宜喜,冒雨克达尔图、俄坡诸碉。十一月,攻日旁,自木克什进,短兵搏战,没于阵。

乌尔纳,纳喇氏,满洲镶蓝旗人。自护军累迁至甘肃兰州城守营参将。从征金川,克沙坝山,赐孔雀翎。攻逊克尔宗,攻甲尔纳,皆力战,中枪。攻荣噶尔,败援贼;再迁总兵。复克迈过尔,进屯凯立叶。从攻木思工噶克、勒吉尔博、得式梯诸地,累有功。师攻勒乌围,乌尔纳从攻转经楼,尽下诸城寨。师征大金川,攻西里,乌尔纳督兵造甲尔日礅浮桥,贼至,击败之。力战至科布曲,率前队渡河,克其第四碉。四十一年,从攻噶喇依。二月,噶喇依既克,喇嘛寺火起,延及火药房。乌尔纳往救,药轰石跃,中伤死。上以乌尔纳转战甚力,功成身殒,深嗟惜焉。议恤,顺予世职骑都尉兼云骑尉,敦住进世职三等轻车都尉,乌尔纳官其子都司。

科玛,敖拉氏,满洲正黄旗人。以三等侍卫从征金川。师攻克邦甲山梁,科玛自翁克尔垄力战至美诺,夺碉寨。赐号纳亲巴图鲁。攻当噶尔拉山梁,科玛督兵斧斫栅,逼碉,毁其垣以入,杀贼。从克美诺、拉约,将六百人取卡卡角,绕出山后仰攻,歼守贼。副将军明亮攻斯第,科玛将三百人陟西冈。又克达尔图第六碉。累擢头等侍卫,授领队大臣。将六百人攻谷尔提,获头人索尔甲、木达尔甲等。督兵攻沙坝,掷火弹蒸贼寨二百余,加副都统衔。四十年四月,自得楞力战至基木斯丹当噶,深入贼阵,中枪死。

佛伦泰,库雅拉氏,满洲正白旗人,亦以三等侍卫从师克巴朗拉,赐号扎勒丹巴图鲁。攻资哩,冲入石卡,杀贼四十余,俘十二,遂克之,将五百人取咱赞及沟东诸寨。攻美美卡,佛伦泰自西山下,多斩获。从攻路顶宗、底木达、达尔图、日旁、凯立叶,皆有功。攻逊克尔宗,两目受石伤。攻康萨尔,克其碉,加副都统衔,授领队大臣。四十年四月,师攻基木斯丹当噶,科玛战死,佛伦泰自萨克萨谷进至荣噶尔,力战,亦没于阵。

达兰泰,萨克达氏,满洲镶蓝旗人。以护军从征缅甸,战新街、老官屯,有劳。征金川,命选год壮得力将士,达兰泰与焉。攻明郭宗、昔岭夺据达扎克角泉水。师攻罗博瓦山,贼来援,达兰泰迎击,贼溃。督兵杀贼,上驻军山峰,赐号额依巴尔巴图鲁,累擢二等侍卫。攻甲尔纳来珠寨,贼出我军后,自山梁下。达兰泰设伏射贼,贼负创遁。四十年五月,击贼达撒谷,被数创,卒。

萨尔吉岱,博和尔氏,齐齐哈尔镶红旗人。以蓝翎侍卫从克马奈、日旁。再进攻该布达什诺、色溯普,萨尔吉岱冲入贼阵,力战,尽克其碉卡,赐号善巴巴图鲁。从克默格尔、凯立叶,授三等侍卫。攻格鲁克古丫口,贼负险据寨,枪石并发。萨尔吉岱奋登丫口,射贼殪,贼引退,我师从之,越山沟五,夺碉五十、寨卡三百余。攻达玛噶朗,陟山梁,克其碉。师临勒乌围,分道攻转经楼,贼来援,萨尔吉岱伏兵横击,贼溃。师自达乌达围向当噶克底,萨尔吉岱为前锋,冒雨拔栅以发,击守碉贼尽殪。四十年闰十月,击贼阿穰曲,麾士卒倚栅射贼,中枪死。

金川平,科玛、佛伦泰、达兰泰、萨尔吉岱并图形紫光阁,列前五十功臣。

常禄保,赫舍哩氏,满州镶蓝旗人。其先有德禄者,以军功予骑都尉世职。常禄保袭职,自三等侍卫屡迁四川提标左营游击。从征金川,擢成都城守营参将。副都统海兰察等攻得拉密色钦山梁,贼潜伏林内,常禄保往来搜击,进攻明郭宗,取旁近山梁。师进攻路顶宗所属喀木色尔寨,常禄保从海兰察自南山大涧潜越山顶,克之。复进取博尔根山,仰攻,克木城,受石伤。温福等上其功,赐孔雀翎。又从副都统阿尔素纳等分路进攻昔岭大碉,贼百余从旁冲出,常禄保督兵横击败之,进驻日龙。旋擢甘肃河州协副将。定西将军阿桂等攻克罗博瓦，常禄保驻山巅，贼九百余乘雪夜分两队劫营，四面环攻，势甚迫，常禄保督兵力战御之，被枪石伤，贼窜入卡内者皆歼焉。副都统乌什哈达等先后赴援，常禄保督兵夹攻，贼败窜，赐号西尔努恩巴图鲁、白金百。寻擢广东高廉镇总兵。分攻畜则大海诸碉，贼掘濠，排松，签鹿角，备御甚严。常禄保分兵出贼后，合攻各碉卡，同时皆下。又偕总兵官达色合攻雅木则碉，克之。三十八年十一月，师攻科布曲山梁，贼死拒，枪石交下，常禄保被创，殁于阵。

事平，录死事诸将，图形紫光阁，功稍次者为后五十功臣，常禄保及侍卫玛尔占、库勒德、穆哈纳，参将国兴，佐领巴西萨皆与焉。

玛尔占，巴尔汗氏，察哈尔正白旗人。自准噶尔来降。以三等侍卫从军，攻日旁，马踬，伤，仍请从军。擢二等侍卫，命创愈仍从军。攻凯立叶，力战，赐号拉布巴尔巴图鲁，迁头等侍卫，授领队大臣。攻克该布达什诺木城及色溷普前碉，先登，又被创，予副都统衔。三十九年，攻康萨尔大碉，战殁。

库勒德，沃埒氏，满洲正蓝旗人。以蓝翎侍卫从军，攻昔岭及达扎克角木栅，累迁二等侍卫。攻克默格尔山梁，赐号朗亲巴图鲁。攻逊克尔宗、康萨尔，被创。四十年四月，攻木思工噶，战死。

穆哈纳，瓜尔佳氏。以护军校从军，攻克默格尔山梁及凯立叶碉寨，迁三等侍卫。攻木思工噶克丫口，直前夺其碉，贼溃。攻巴木通，正浓雾，督兵分道击贼，贼伏深箐中，皆歼焉，尽克其碉卡，赐号巴尔丹巴图鲁。四十年八月，攻勒乌围，力战死。

国兴，贵州大定人。以千总从贵州威宁镇总兵王万邦征金川，攻巴朗拉。温福疏言贵州绿营将士功多。攻资北山，兴为前锋。进攻墨垄沟、甲尔木，再进攻东玛，我师为木卡，兴将三百人为守。贼夜至，兴灭火以待。贼逼卡，发枪炮，贼尽殪。又从阿桂攻勒乌围，赐孔雀翎，号图多布巴图鲁。累迁朗洞营参将。四十年四月，攻木思工噶克，兴持斧斫木城，率众拥入，克其碉。贼来攻，兴督兵射，贼贼散复聚者七，卒不能陷，兴负创，越日卒。

巴西萨，布拉穆氏，索伦正红旗人，以佐领从军，攻罗博瓦山，山甚峻，巴西萨督兵攀登，射贼殪，遂取山梁，诸碉卡皆下，赐孔雀翎，号塔尔济巴图鲁。四十年，攻康萨尔，攻碉迫悬崖，贼无路，殊死战，巴西萨死焉。

扎拉丰阿，赫舍里氏，满洲正黄旗人，前锋统领定寿孙。袭二等轻车都尉，授三等侍卫，累迁御前侍卫。从讨霍集占，师次汤阿里克，札拉丰阿将五百人，捉生俘三十余。师还，赐西朗阿巴图鲁名号，进一等轻车都尉，图形紫光阁，擢正白旗汉军副都统。出为乌里雅苏台参赞大臣，旋令赴科布多经理屯田。定边左副将军成衮札布入觐，令署将军印。召还京，以正白旗护军统领从明瑞出师，授领队大臣。次蛮结，战破贼，加都统衔。贼围小猛育，中枪死，谥昭节，进封一等男。子春宁袭爵，官至绥远城将军。

观音保，瓜尔佳氏，满洲正黄旗人。初授健锐营前锋蓝翎长，再迁前锋参领。从副将军兆惠战济尔哈朗，从参赞大臣雅尔哈善攻库车，战甚力，擢正白旗蒙古副都统，予骑都尉世职，图形紫光阁。出为伊犁领队大臣。从明瑞攻乌什，负创奋进，克其城，赐锡卓里克图巴图鲁名号。迁镶蓝旗护军统领，署云南楚雄镇总兵。从明瑞出师，为领队大臣，战于蛮结，日映大雾，贼出林中。札拉丰阿率众薄贼垒，观音保当贼冲，杀贼二百余，乘雾深入，破木砦。师至小猛育，贼围急，观音保发数矢，辄殪贼，箙仅余一矢，欲复射，骤策马向草深处，以其镞射喉死，予二等轻车都尉。

李全，山西阳曲人。自行伍拔山西抚标把总，累迁云南永昌镇总兵。从征，战蛮结，与札拉丰阿据东山梁，张掎角，破象阵。至天生桥，乘雾破贼垒。至蛮化，贼大至，中枪，数日卒。

王玉廷，甘肃武威人。自行伍累迁云南临元镇总兵。从征，攻老官屯，贼据木城拒守，玉廷亲发炮乘雾督攻。中枪伤股，战益力。贼败，匿不出。复自力督战，创发卒，谥勤义。玉廷初从讨达瓦齐，援将军兆惠黑水营之围，佐雅尔哈善围库车，又从兆惠攻喀什噶尔：皆有战功。至是，与全同予骑都尉又一云骑尉世职。

　　珠鲁讷，那尔氏，满洲镶白旗人。翻译举人，授笔帖式，充军机处章京。再迁户部颜料库员外郎。出为荆州副都统，入授礼部侍郎，调工部，兼署兵部。明瑞出师，授参赞大臣，驻雅尔。移军木邦，土司瓮团降，请于清水河招商复业，遣兵监焉。摆夷环歇等五十辈伪降，斩以徇。奏设木邦至阿瓦台站凡五，分兵防卫，上嘉之。缅甸兵自东、西二山来犯，遣裨将分御。俄，贼焚游击福珠营，夜围珠鲁讷，珠鲁讷具遗奏，遣笔帖式福禄突围出，遂自戕。上责珠鲁讷怯懦，以其情亦可悯，赐祭墓，祀昭忠祠。

　　许世亨，四川新都人，先世出回部。初为骑兵。从征金川、西藏，并有劳。旋以武举授把总，累迁守备。复从征金川，从四川总督阿尔泰攻约咱东、西山梁，进攻扎口、阿仰、格藏、达乌诸地，连拔碉寨。复攻甲尔木山梁及岳鲁、登达诸地，拔木城、石卡，又克多功山坡及日木城碉寨。进击古鲁碉，贼夜劫营，世亨率兵百余御战，至曙，度贼且去，开壁奋呼追击，杀贼无算，遂克古鲁碉寨，赐孔雀翎，加劲勤巴图鲁。寻累擢参将。从参赞大臣、副都统明亮攻当噶拉山梁，拔第五碉。又从参赞大臣富德自墨垄沟进兵，克甲尔木、日赤尔丹思、僧格宗诸寨。又从定边将军明亮自底旺至马奈、克拉窠、绒布、根扎葛木、卡卡角、思底、喀咱普诸碉寨。又从明亮自宜喜攻达尔图山梁，擒头人丹巴阿太、夺俄坡、木克什、格木勺洛诸碉卡。又从领队大臣奎林攻木克什西南山寨。又从副都统三宝攻西郭洛，进驻得尔巴克山梁。又从明亮攻得楞山梁，拔数碉，进击基木及思丹当噶萨谷诸山梁，毁其碉，俘馘无算。克额尔替第一碉，杀贼四十余，又克第二碉。又克石真噶、沙尔尼、琅谷、乌岳、斯当安诸碉寨。凡七战，皆胜。进攻扎乌古，时贼踞山巅，碉卡连亘。世亨冒石矢率兵直上，拔数碉卡。又克碾占山、阿尔古山及平坝诸寨。又克达撒谷大山梁，毁其碉寨。又克独古木上、下寨，进踞布吉鲁达那两道山梁。又克甲杂官寨独松隘口。夺获大小寨落数十，并获贼渠雍中旺尔结。遂西至噶拉依，与南路马尔邦军会。四十一年，金川平，擢云南腾越镇总兵。

四十九年，甘肃回乱，世亨奉命往安定捕逸回，获二百余。事竣，补贵州威宁镇总兵。

五十二年，台湾林爽文叛，世亨率黔兵二千余赴剿，攻克集集堡，俘斩甚众，获伪印、器械、旗帜。进攻小半天，贼奔溃，追袭至老衢崎，俘爽文，并头人何有志。又从参赞成都将军鄂辉自大陇进攻南路水底寮，手杀头人一。时庄大田等败窜琅峤，众尚数千，世亨率黔兵与诸军分队，水陆合攻，擒大田并诸贼目。台湾平，改赐坚勇巴图鲁名号，图形紫光阁，列前二十功臣。

五十三年二月，擢浙江提督，未至，调广西提督。安南有大酋曰阮惠，攻其国都，逐其君黎维祁。两广总督孙士毅主用兵，世亨谏不听。师行，将两广绿旗兵八千人，与总兵尚维升、张朝龙等从出关入安南境，至其国都。有大川三：北曰寿昌江，南曰市球江，又南曰富良江。十一月辛未，师渡寿昌江。甲戌，师次市球江。惠兵据南岸山，守甚固。朝龙兵自上游渡，世亨亦力战，杀贼数千，赐御用玉搬指、小大荷包。越三日丁丑，黎明，师次富良江，南岸即黎城，黎城者安南国都，以王姓名其城也。惠兵尽伐滨江竹木，敛舟泊对岸。循江岸得小舟，载兵百余，夜分至江心夺惠军舟，世亨等亲率二百余人先渡，复掠小舟三十余，更番渡兵，分捣惠军，惠军溃，焚其舟十余，俘其将数十。戊寅旦，师毕济，黎氏宗族及安南民出迎，世亨从士毅入城安抚。求维祁，承制立为王。捷闻，封一等子，疏辞，弗许。

阮惠有分地曰广南，去黎城二千余里。方议进讨，请益兵筹饷。上欲罢兵，世亨亦谓士毅曰：“我兵深入重地，惠未战遽退，事叵测。及时振旅入关，上计也。”士毅不纳。五十四年正月戊午朔，士毅召诸将置酒高会。己未，维祁告惠兵至，士毅仓皇夺围出，渡富良江，浮桥断，世亨与维升、朝龙率数百人战桥南，阵没。士毅初奏言：“惠兵至，臣与世亨督兵决战，贼众围合，臣与世亨不相见，乃夺围出。”上犹冀世亨全师而还，既闻其战死，命予恤。副将庆成自军中还，见上，言：“当惠兵攻黎城，士毅与世亨退据富良江拒惠。士毅欲渡江与惠战，不利，以身殉。世亨力谏，以大臣系国重轻，不可轻入，令庆成护士毅还师。又命千总薛忠挽士毅马以退。世亨督诸将渡江陷阵，力战死。"上愍世亨知大体，进封三等壮烈伯，祀昭忠祠，谥昭毅。福康安师至，惠更名光平，乞降。立祠黎城祀死事诸将，世亨居首列。

子文谟，自武举袭爵，命在头等侍卫上行走。期满，以湖广参将用，并赐孔雀翎。嘉庆元年，枝江教匪聂人杰为乱，湖北巡抚惠龄令文谟捕治，有劳，赐继勇巴图鲁名号，擢副将。贼党邓之学诈降，诇知之，俟其入垒将半，文谟突起擒斩。从总兵庆溥防贼黄柏山，又从副都统德楞泰击冉文俦等大神山，迁四川建昌镇总兵。又与总兵德龄、副将褚大荣击贼陈家场，德龄战败，文谟驰救，杀贼二百余。又战大竹、梁山、忠州，屡败贼，擒其渠陈陇光等四十余，防嘉陵江，遏贼不令渡：加提督衔。复督兵捕治川北余匪，擢广东提督。寻调福建水师提督。海盗蔡牵为乱，文谟渡海讨之，并焚毁竹园尾、太史宫庄诸贼巢，再调浙江提督。卒，谥壮勇。

尚维升，汉军镶蓝旗人，平南王可喜四世孙。自官学生授銮仪卫整仪尉，五迁广西右江镇总兵。五十三年，随两广总督孙士毅出师，十一月辛未，维升与副将庆成以兵千余至寿昌江，阮惠军保南岸，我兵乘之，浮桥断，皆超筏直上，惠军雾中自相格杀，我兵遂尽渡，大破贼，渡市球江，乘筏夺桥，奋勇直进，赐孔雀翎。渡富良江，斩获甚众，从士毅入黎城，士毅败退，维升战死，谥直烈。

张朝龙，山西大同人，寄籍贵州。以马兵从征缅甸，战老官屯，枪伤左额。又从征金川，攻阿喀尔布里、布朗郭宗。又从参赞大臣海兰察自大板昭进剿，克喇穆喇穆、色溯普，朝龙先登。攻逊克尔宗，复先登，被枪伤。攻康萨尔山，战勒吉尔博，攻达佳布唵吉，皆有功。又从攻勒乌围，克之，赐蓝翎。攻西里、阿穰曲，克木城十余。又攻雅玛朋、格隆古、索隆古诸地碉寨，克之。金川平，叙功，赐孔雀翎。累擢广东抚标中军参将。五十二年，台湾林爽文为乱，朝龙率广东兵进剿，多所斩获，赐诚勇巴图鲁名号。进攻大里杙，枪伤右

肩,爽文就擒。朝龙复与诸军合攻庄大田于琅峤,擒之。台湾平,图
形紫光阁,列后三十功臣。擢福建南澳镇总兵。五十三年,从讨安
南,师渡寿昌江。朝龙以别军破阮惠军于柱石,进临市球江,江宽,
南岸群山绵亘,惠军据险列炮,我师不能结筏。诸将督兵阳运竹木
造浮桥示且渡,而朝龙以兵二千循上游二十里,求得流缓处,小舟
宵济。诸将乘筏薄南岸,方与惠军相持,朝龙自上游绕出惠军后,乘
高下击,惠军溃。复进薄富良江,夺舰渡河,入黎城。士毅败退,朝
龙战死,谥壮果。

　　李化龙,山东齐东人。自武进士授蓝翎侍卫,擢贵州铜仁协都
司。从大学士傅恒讨缅甸,师次老官屯,化龙以大炮杀贼。又从将
军温福讨金川,克固卜济、玛尔迪克诸碉卡。嗣进攻路顶宗、明郭宗
等处,化龙皆力战有功。明年三月,师次昔岭,化龙射贼渠殪。征小
金川,克阿尔克布里、别斯满诸地。从都统海兰察克兜乌山梁,复连
克路顶宗、明郭宗诸地,旋收美诺。征大金川,从海兰察攻克喇穆喇
穆诸地,被石伤,赐绵甲。先后攻克逊克尔宗、格鲁古、群尼、木思工
噶克诸地山梁,被枪伤,赐孔雀翎。金川平,累迁广东左翼总兵。林
爽文为乱,率广东兵赴剿,至鹿仔港,总兵普吉保令化龙留守。爽文
攻诸罗急,化龙密令游拒穆腾额率兵自番仔沟至大肚溪为疑兵,而
亲率游击起裴鳌等自八卦山抵柴坑,贼聚拒,化龙督兵力战,贼溃。
五十三年,从讨安南,师渡市球江,阮惠军拒战,化龙督兵发炮击
贼,造浮桥,与张朝龙等率兵径渡,入黎城。士毅败退,至市球江,令
化龙先渡,度浮桥,落水死。

　　邢敦行,直隶安州人。乾隆四十三年一甲一名进士,自头等侍
卫累迁广东三江口协副将。阮惠攻黎城,战死。敦行事母孝,将出
战,解衣付其仆,使归告母。

　　予恤,维升、朝龙三等轻车都尉,化龙、敦行骑都尉。诸裨将同
时死者二十一人。师还,经富良江,惠军追至战死者九人。又有参
将邓永亮、都司卢文魁,以出师时战死。

台斐英阿，库雅拉氏，满洲正白旗人。自护军补司辔长，授乾清门蓝翎侍卫。乾隆三十九年，从征金川，命为领队。与内大臣海兰察等攻喇穆喇穆山梁，破碉，毁木城，复循山梁逐贼至其麓。进攻该布达什诺，夺贼碉。再进，围逊克尔宗，毁碉二百余。再进，克默格尔以西及凯立叶前山梁诸碉卡：擢三等侍卫。复自罗卜克鄂博逾沟攻格鲁克古丫口，破沙木拉渠革什式图诸寨。复从领队大臣福康安攻勒吉尔博山脊，克两碉，进攻萨克萨谷山梁及舍图柱卡，再进克觉拉喇嘛寺，及所属卦尔沙巴等寨：赐号拉布凯巴图鲁。又偕海兰察攻章噶山峰，进攻托古鲁，潜师自山岭涉险攀援而上，尽破之。再进，遂克勒乌围。师自达乌达围攻达思里，海兰察分兵七队，台斐英阿领其一，自悬崖下，夜半抵达乌达围，夺碉一。及旦，至当噶克底，乘雾薄碉，贼众皆就戮。从攻阿穰曲，克大碉、木城各二。进攻奔鲁木山峰，连克舍勒固租鲁、瓦喇占、萨尔克尔、古什拉斯等诸寨。又从福康安攻雍中喇嘛寺，尽降其喇嘛，擢二等侍卫。金川平，图形紫光阁，列前五十功臣。

四十六年，从剿撒拉尔叛回，败贼龙尾山梁。登华林山，歼贼无算。贼平，擢头等侍卫。从剿甘肃石峰堡叛回，以功加副都统衔，补公中佐领，擢御前侍卫。旋授正蓝旗满洲副都统，擢正红旗护军统领，调镶黄旗。

五十六年，征廓尔喀，从福康安分攻擦木，克之。进攻济咙，率索伦劲骑冲击，转战至东觉山，克贼寨十一，炮毙贼目二，俘七十有六。加都统衔，授散秩大臣。进逼甲尔古拉山，贼三道来犯，台斐英阿射毙红衣贼目二，突中枪，卒于阵，谥果肃，赐白金千。廓尔喀平，再图形紫光阁，列前十五功臣，予骑都尉又一云骑尉世职。

阿满泰，郭佳氏，满洲正白旗人，本黑龙江达呼尔披甲。从征回疆，攻喀什噶尔城，逐贼自阿拉楚尔至巴达克山，获其渠，令入旗充护军。三十八年，授蓝翎侍卫。从征金川，攻当噶尔拉山梁，贼自庚额特山出，阿满泰与前锋参领巴克坦布据险要毙贼。攻达尔旺山梁，克之。攻格木勺，截甲索贼来路。与侍卫阿兰保等攻科拉木达，扑磵，胜援贼。擢三等侍卫，赐号扎努恩巴图鲁。攻扎乌孤山梁、加杂肚、绒布、巴鲁担诸处，皆有功。金川平，图形紫光阁，列后五十功臣，擢副护军参领。兰州回为乱，从军攻华林山，歼贼百余，身被创，擢护军参领。攻石峰堡，侦贼底店，夺卡，擢头等侍卫。从征廓尔喀，自中路被擦木隘口，出济咙，破其官寨。进破贼热索桥，渡河至雅尔赛，登博尔东拉山巅，破木城三、石卡七：授镶红旗蒙古副都统。进至堆补木，自帕朗古攻横河大桥，我师临北岸，贼据南岸御。阿满泰先登，师从之。度桥，阿满泰中枪，落水死，水深，战方急，求其尸不可得。赐骑都尉世职，祀昭忠祠。廓尔喀平，再图形紫光阁，列前十五功臣。

花连布，额尔德特氏，蒙古镶黄旗人。性质直。少读书，习《论语》、《左传》。充健锐营前锋，累迁火器营委署鸟枪护军参领。以参将发湖广，授武昌城守营参将，累迁贵州南笼镇总兵。乾隆六十年，福康安征贵州乱苗，令将精兵三千为前驱，通松桃、铜仁两路饷道，援永绥，释正大营围：赐孔雀翎。军自哑喇塘经阿寨营、安静关转战而入，经岩板桥，收诸碉寨。又经上下麻洲、高陂塘、上下长坪，自嗅脑至松桃，平缘道苗卡，埋坑谷过大军。上以花连布奋勇，赐号刚安巴图鲁，赉白金百。又战卡落塘，击梁帽寨，且战且前。时永绥被围已八十余日，花连布军至，方战，围始解，苗皆乌合，未见大敌，相惊为神兵。花连布著豹皮战裙督战，因呼为花老虎。又击贼小排吾，攻巴茅汛、鸭酉、黄瓜诸寨。自滚牛坡循崖下攻腊夷寨，枪伤左腋。上手诏奖其勇，问创已愈未。复自葫芦坪攻克党坝、三家庙诸寨，焚上下竹排。再进破桿子坳，屯军古哨营小梁。上录花连布功，授贵州提督。

福康安军至，令结垒大营前，悉以兵事属之，日置酒高会。苗诇知福康安持重不战，一日数至，花连布力御之，昼夜徼循，苗屡败，颇畏惮。福康安益易视之，苗益掠焚无忌。头人吴半生集群苗拒战，花连布与额勒登保会总兵那丹珠等合军攻爆木林，克苗寨十余。深入,自成光寨至上下狗脑坡,山峻险,冒矢石,援藤葛,直陟山巅,苗渐却。分兵下攻,福康安焚附坡诸苗寨。花连布督兵伐竹木,熏窒大小岩洞,死者枕藉。又自猫头进克茶林碉、上下麻冲诸寨。下黄毛山坡,遇苗兵数千,额勒登保迎战,花连布出贼后夹击,大破之。再进,克马脑、猪革、杀苗坪、竹子诸寨。分兵攻岩板井、让水沱、溪头、绿树冲、关镶坪诸隘,皆下。吴半生亡匿高多寨,与诸军分道入,环攻之,生得半生。又有头人吴八月据平陇,自称吴三桂后,纠党转盛。福康安令花连布引兵攻鹅洛等二十四寨,皆下。进攻龙角峒,奋战,自辰至酉,乃克之。附近诸苗寨皆降。又克大坡脑等三十余卡。攻鸭保,去平陇七十里。时已昏,风大作,山木动摇,崖高沟窄。花连布督兵攀越,纵火痛击,破木城七、石卡五。旁收垂藤、董罗诸寨,遂禽八月。其子廷礼、廷义犹据险,乘胜克大、中、大三天星寨。再进,取黄冲口等十三寨,得盘、木营两山梁。岁暮雨雪,进围地良坡,收八荆、桃花诸寨。转战经连云山、猴子山、蛇退岭、壁多山、高吉陀,下贵道岭等四十余卡。抵长吉山,围石城,未至平陇三十里所。

诏责复乾州厅。时福康安感瘴卒,和琳代将,令花连布率兵攻全壁岭,自马鞍山入,山蔽厅城,下瞰大河。将济,惧苗涉水相袭,花连布分兵剿旁近诸寨翼,大军遂复乾州。会和琳亦卒,上谕湖南巡抚姜晟以军事咨花连布。贵州清溪民高承德以邪术纠众为乱,戕县吏,花连布督军捕治,克槐花坪四寨。进攻小竹山,破其寨,歼承德及戕县吏贼。再进攻大小鬼峀,戮余贼。嘉庆元年九月丁卯日加巳,贼攻夏家冲,花连布令副将海格、参将施缙张两翼击贼,贼数千拒战。花连布出其中逐贼,贼见攻急,据坡掷石,花连布方上坡,中石,自岩堕深涧,骂贼,贼欲钩出之。自力转入岩下,颈折死。诸将争杀贼,贼却,出花连布尸,颅骨寸寸折,失一臂。上愍其死事烈,加太子少保,赐骑都尉兼云骑尉世职,赉白金八百,谥壮节。

明安图,博尔济吉特氏,蒙古正红旗人。以云骑尉授三等侍卫,累迁湖南保靖营游击。从征金川,大小战五十有四,叙功,累迁镇箄镇总兵。贵州、湖北苗石柳邓、石三保等纠众为乱,明安图督兵御战,永绥协副将伊萨纳赴援,同战死。苗攻滚牛坡,劫我军馈运,云南鹤丽镇中军游击永舒、四川阜和协左营都司班第共击之,没于阵。

　　论曰:师再征金川,历四年,大小数百战,将士夷伤众矣。全、顺等平时力战功最,死事尤凛凛。扎拉丰阿等死缅甸,与明瑞并烈。世亨等死安南,以全孙士毅,赏尤厚。台斐英阿死廓尔喀,福康安因以受降还师。花连布善战,死,不欲为群苗得,糜躯矢节,其状视诸死事者尤惨,烈矣哉!

清史稿卷三三五
列传第一二二

富僧阿 伊勒图 胡贵
俞金鳌 尹德禧 刚塔

　　富僧阿,舒穆禄氏,满洲正黄旗人。雍正初,授拜唐阿,累迁头等侍卫。出为副都统,历成都、三姓、宁古塔诸地。擢将军,自荆州移黑龙江。黑龙江北邻俄罗斯,康熙二十九年与定界。岁久,将吏惮行边,道里不能详。富僧阿遣副都统瑚尔起等分探诸水源,皆至兴堪山还报。乃上疏言:"副都统瑚尔起探格尔毕齐河源,自黑龙江至格尔毕齐河口,水程一千六百九十七里。自河口行陆路二百四十七里,至兴堪山:其间无人迹。协领纳林布探精奇哩江源,自黑龙江入精奇哩江,北行至托克河口,水程一千五百八十七里。自河口行陆路二百四十里至兴堪山:地苦寒,无水草禽兽。协领伟保探西里木第河源,自黑龙江经精奇哩江入西里木第河口,复过英肯河,水程一千三百五里。自英肯河口行陆路一百八十里至兴堪山:地苦寒,无水草禽兽。协领阿迪木保探钮曼河源,自黑龙江入钮曼河,复经西里木第河入乌默勒河口,水程一千六百六十五里。自河口行陆路四百五十六里至兴堪山。诸地俱无俄罗斯偷越。臣按呼伦贝尔有额尔古纳河,西为俄罗斯界,东属我国。自此至珠尔特,处处设卡。今复自珠尔特至莫哩勒克河口,设卡二,索博尔罕增立鄂博,逐日巡查。俄罗斯、喟玛尔断难偷越。黑龙江与俄罗斯接壤,兴堪山延亘至海。嗣后请饬打牲总管每岁六月遣章京、骁骑校、兵丁,自水路

与捕貂人同至托克、英肯两河口,及鄂勒希、西里木第两河间,巡察
还报。三年遣副总管、佐领、骁骑校于冰解后,自水路至兴堪山巡察
还报。黑龙江官兵每岁巡察格尔毕齐河口,三年亦至兴堪山巡察还
报:岁终报部。"上从之。

富僧阿治事严,尝疏请罪人予官兵为奴,并其妻子皆令为奴。
又以遣犯脱走,出巡并将校娄索,皆请逮送刑部:上不许。移西安将
军,西安、宁夏移驻满洲兵,复分驻巴里坤,富僧阿议定规制,皆如
所请。乾隆四十年三月,卒官。

伊勒图,纳喇氏,满洲正白旗人。乾隆初,以世管佐领授三等侍
卫,累迁镶红旗蒙古副都统。出驻乌鲁木齐,移阿克苏。三十二年,
授伊犁参赞大臣。移喀什噶尔。内擢理藩院尚书,外授伊犁将军。
三十四年,师征缅甸,授副将军,从经略大学士傅恒分道进军,缅甸
人拒戛鸠江,筑寨。伊勒图偕参赞大臣阿里衮与战,夺寨三,杀贼五
千余。师还,授兵部尚书。复外授伊犁将军。土尔扈特汗渥巴锡、
台吉策伯克多尔济等率所部三万余户来归,先期使至伊犁,具书通
款。伊勒图以闻,高宗命加意抚绥,俾得所。于是土尔扈特部悉内
附,哈萨克、布鲁特两部厄鲁特降者日众。伊勒图请增置佐领,俾领
其众,从之。三十六年,左授参赞大臣,驻乌什,移塔尔巴哈台。三
十八年,复授伊犁将军。兵部议禁鸟枪,伊勒图以土尔扈特部新归
附,牧马御犲虎恃鸟枪,不当一体收禁。四十八年,加太子太保,赐
双眼花翎。五十年七月,卒,谥襄武,封一等伯,祀贤良祠。发帑金
千,遣侍卫丰伸济伦如伊犁赐奠。

伊勒图在边二十余年,诸所经画,缜密垂久远。其在塔尔巴哈
台受代去,上谕继任参赞大臣庆桂循其规制。镇伊犁尤久,伊犁屯
田,请兵得携妻子。于塔尔骑沟口外乌可尔博苏克、东察罕乌苏、霍
尔果斯、巴彦岱诸地筑城堡,水足地厚。俾得久屯。设宝伊局铸钱,
采哈尔哈图铜矿,三年得九千余斤,令加铸,于乌什铸普尔。乌什与
库车、哈喇沙尔诸城与伊犁钱并用,普尔,回钱名也。又于崆郭罗鄂

博诸地采煤,听商人充窑户,征其税。都统海禄请令遣犯皆入铁厂,与罪人畀宫兵为奴者同例。伊勒图请仍如旧制,使遣犯与为奴者有别。其卒,上称其镇静妥协,各部落皆心服,封恤特厚。

　　胡贵,字尔恒,福建同安人。少有智略。入伍,稍迁水师提标右营千总。雍正六年,赍奏入都,世宗召入见。再迁后营游击。监修战舰,出巡海,坐误工,吏议当左授,上特宥之。累迁江南苏松镇总兵。督运漕粮十万转海赈福建,道温州凤凰洋,飓作,损米五百余,请出私财以偿。高宗谕曰:"冒险已可嘉,岂有复令出私财偿米之理?"命罢勿偿。旋坐废弛当夺职,复特宥之。疏言:"本镇春、秋两哨,中营游击司粮饷,骑兵营游击职城守,例不出巡。惟既任水师,当知海道,应从众出巡。陆路将士愿改水师者,先令出海演试,如有瞻略,量为改补。"并从所请。崇明海涨,没民庐。召县吏议赈,吏言当待请。贵曰:"民死在顷刻,岂能俟报?有遣吾任之。"即发仓以赈,令所属为助,众有难色,贵曰:"设官非以卫民乎?赈不周,生它变,岂能免患?"疏请发帑金十八万、仓谷二十八万,并留漕米续赈,上深嘉之。历广东潮州、琼州诸镇,擢提督。增城民王亮臣为乱,贵勒兵驰赴,分遣所属防隘,扼贼走路。总督阿里衮军亦至,分道捕治,诸贼皆就禽。以失察自劾,贷勿问,仍叙劳。入觐,赐花翎。移福建水师提督,复自浙江还广东。二十五年,卒,谥勤愨。子振声,附李长庚传。

　　俞金敖,字厚庵,直隶天津人。乾隆七年武进士,授蓝翎侍卫。以守备发山东,累迁甘肃肃州镇总兵。命如伊犁董理屯田,岁丰,伊犁将军伊勒图奏绿营兵二千二百名,人获米二十八石有奇。得旨,叙劳。移巴里坤总兵,擢乌鲁木齐提督,仍领屯田事。奏请移沙州副将驻安西,巴里坤迤西至玛纳斯,择有水草地设墩塘,皆议行。时令移军戍乌鲁木齐及玛纳斯,得挈妻子以往,谓之"眷兵"。金敖请具一岁粮,亦从其请。历江南、福建、陆路、甘肃诸省。固原回李化玉与河州回田五纠众为乱，攻靖远，金鳌与凉州副都统图桑阿合军讨之，逐贼马营街，固原提督刚塔亦以师来会，多所斩获。土司杨金业以土兵助战，贼凭山设拒，土兵败走，金鳌击贼退。夜走石峰堡，纠会宁诸回，势复张，副都统明善战死。金鳌进次乌家坪，击贼，毙头人三，禽二十有九。转战至秦安土鼓山，贼败窜莲花城，师从之，至于双岘，从总督李侍尧自中路进攻，败之。福康安督兵剿石峰堡，令金鳌防底店护运道。

回乱定，移湖广。复移直隶，未行，凤凰厅苗石满宜纠众为乱，金鳌闻报驰赴，令镇篁镇总兵尹德禧督军破贼寨，生致其渠。上以金鳌习苗疆事，命仍留湖广。台湾林爽文为乱，命德禧将湖北兵二千以往，金鳌出驻凤凰厅镇苗疆。旋入觐，命在乾清门行走，赐紫禁城骑马。引疾乞罢，上以金残有劳，下总督毕沅察病状，乃加左都督，允解官归。旋卒。

金鳌尝预千叟宴，高宗赐之酒，命赋诗纪事，金鳌辞不能诗。上顾笑曰："汝为香树妻弟，又从受业，岂不能诗者？"香树，钱陈群字也。官湖广，和珅已柄政，欲纳交焉，金鳌谢不可。

尹德禧，镶黄旗包衣人，初名色喀通额。以领催从征伊犁，迁至防御。开户出旗，更姓名，改籍直隶密云县。从征金川，复六迁至总兵。石满宜据句捕砦为乱，德禧破砦获满宜，赐花翎。上诘德禧："当苗乱，何不专折奏？"德禧请罪，命贷之。搜捕满宜余党，苗疆悉定。其出师台湾，师至，爽文已就俘，福康安令德禧屯竹仔港防贼逸。台湾定，召入见，令署湖南提督。卒，遗言请还旗籍，复隶镶黄旗包衣。

刚塔，乌济克忒氏，满洲正蓝旗人。初充前锋，从征噶尔，授云骑尉世职。三迁直隶泰宁镇中营游击。从克临清，山东巡抚杨景素奏留山东。四迁直隶提督，兼领马兰镇总兵。移陕西固原提督。乾隆四十九年，盐茶厅小山回田五纠众为乱，攻破安西州。刚塔督兵逐贼，杀贼数十，射殪乘马贼渠，赐上用玉镖、大小荷包。复逐贼至浪山，田五战被创，自杀。其徒窜据马家堡，刚塔督兵合围，贼夜出，堡窬山遁，环垒树木杆，悬衣帽其上，绐官军，官军逼垒，乃知贼已走。刚塔督兵逐贼，战于马家湾，刚塔中矢。复进至马营街，杀贼数十，得级二十五。贼攻陷通渭，其徒分据石峰堡。西安副都统明善攻之，没于阵。上以师无功，令大学士阿桂、尚书福康安出视师。上谓马营街、石峰堡皆通渭地，刚塔方逐贼马营街，通渭陷不赴援，明善又以攻石峰堡战死，诏诘责。刚塔疏言：“获贼言将自通渭道伏羌、秦州攻潼关。”上责刚塔信贼妄语摇军心，令福康安传谕，夺刚塔职，逮送京师。上方幸热河，留京王大臣等谳当斩，上以刚塔歼贼渠田五，战马家湾身被创，贷死，戍伊犁。卒。

论曰：富僧阿镇黑龙江，察国界，定巡徼之制。伊勒图镇伊犁，徕属部，著拊循之绩。建威销萌，边帅之职举矣。贵定增城，金鳌、刚塔攻石峰堡，名位显晦殊，要不可谓无功也，故类次焉。

清史稿卷三三六
列传第一二三

叶士宽 陈梦说　　介锡周
方浩　金溶　张维寅
顾光旭　沈善富　方昂
唐侍陛 张冲之

　　叶士宽,字映庭,江苏吴县人。康熙五十九年举人,授山西定襄知县。求民隐,涤烦苛,不假胥吏,事办而民不扰。雍正八年,擢沁州知州,署潞安知府。除无名诸税,复四门集以便商民。历署平阳、太原,治行为山西最。十二年,举卓异,擢浙江绍兴知府。有惰民格杀士人,众哗,将罢试,士宽方勘三江闸,驰归,数言谕解之。风潮陷海塘,躬任堵筑,三月而工完。乾隆初,调金华。东阳饥民求赈者以万计,士宽曰:"按册施赈,是赈册非赈民也。"乃召饥者前注名于册,而斥二人,众乃定。二人者:一妇人,曾以讼至官,服华服,至是易敝衣乞赈,士宽识之,令褫其敝衣,内华服如故;一男子,容甚泽,令饮痌荬汁,呕出酒肉。众惊服,冒赈者潜散去。在金华三年,多善政,郡人为立生祠。擢杭嘉湖道,调金衢严道。衢州地高,西安、龙游诸县,素筑坝蓄水溉田。木商入山者,私开坝,水日涸,士宽严禁之,民皆称便。八年,调宁绍台道。绍兴大水,萧山、诸暨民多挟众诣县求食,巡抚恶之,不欲赈。士宽曰:"某来时,民饥几欲死。何忍坐视其悉填沟壑耶?"继以泣请,乃得上闻给赈。士宽以待饥而赈常不及,议浚绍兴之鉴湖、宁波之广惠湖,会去官,未果。著《浙东水利书》,冀后有行之者。父忧归,遂不出。

陈梦说,字晓岩,山西绛县人。乾隆十三年进士,授刑部主事。谳决执法,不阿上官。兼提牢,役不能为奸。累迁礼部郎中。出为浙江宁绍台道。台州素犷悍,宁海梅村民拒捕,提督将以兵往,旁村皆惊窜。梦说轻骑临县,县令已缧系窜者数十人,尽释之,曰:"吾来捕梅姓数人而已。"获诛拒捕者,而释其少子一人。台人感之,谣其事为《存孤记》。修鄞县钱湖闸。值上南巡,召见,素知其在刑部有能名,赐绮貂。寻以失察属吏不职罣议,仍以道员用。授督粮道,却馈金,漕政肃然。时讹言妖人剪发,萧山捕僧了凡等四人,诬服,梦说平反之。后或言事由浙见,解京讯治无验,抵妄捕者罪,以梦说轻比,降秩。修余杭南湖堤。署嘉兴、严州、处州、湖州诸府,复原官。梦说官浙十二年,所至有声。寻乞归。

介锡周,字鼎卜,山西解州人。康熙六十年进士。雍正初,授贵州毕节知县。乌蒙土司叛,督运军粮,遇逆苗,徒役欲弃粮走,锡周厉声曰:"失粮法当死,犯苗亦死。死法毋宁死贼!"策马径前,千夫拥粮而进,逆苗眙愕,鸟兽散。迁平远知州,乌蒙猓夷复叛,川、滇苗、猓应之。锡周先往抚大定苗,平远得无患。十三年,擢大定知府。古州苗乱,陷黄平、清平,驿路俱梗。塘兵妄报土酋安国贤通古州苗,克期犯贵阳。大吏发川兵将至,国贤辖地九百里,众惶骇。锡周甫莅郡,立召国贤至,谕以祸福。国贤伏地陈无交通古州状,锡周曰:"汝率众苗就抚,我以百口保汝不死,且止川兵。"时丹江亦被围,乃请以川兵往援,丹江围解而大定安堵。

南笼民王祖先素无籍,以书符惑众,播为逆词。又粤西侬人王阿耳为寨长王文甲所执,窜入苗寨,诬文甲将纠合册亨诸寨叛。二狱同时起,株连千余人,南笼狱不能容。滇、粤错壤,寨苗多逃。锡周奉檄往会鞫。蔽罪悉当,释文甲及系累者,逃亡并归,边境以靖。

摄贵东道。管粮运。时军兴，岁馈饷金二百四十余万两、米八十余万石，调马三千、夫五千，麇集镇远，漫无纪，夫糜廪食，马累里户。复于上游南笼诸府役民夫加运九站，下游铜仁诸府则增雇调二千人助役。锡周画三策：以马设台站，运凯里、丹江诸路。夫按期日运台拱诸路，楚、粤米皆由水运。分清江及古州、都江两路，挽输迅速，粮乃集。上游之加运，下游之调夫，皆止之，省帑数十万，民间亦减劳费之累。补贵西道，调粮道。兵米折色，不收余羡，兵民交颂之。乾隆中，擢按察使。

锡周在黔中久，吏治、风土、民苗疾苦皆熟习，莅之以诚，慎刑狱，兴教化。性素耿介，不谐于时，以老乞休。上念其劳勚，召入觐，授太仆寺少卿。阅三年，告归。

方浩，字孟亭，安徽桐城人。雍正八年进士，授山西太原知县。尝知隰、平定二州。隰民有茹素号为大乘教者，浩召至庭，唉以酒肉，人莫知其故。其后逮捕大乘教人连数郡，而隰民独免。平定旱，奸民煽哗呶求粜，捕渠魁一人置之法，余悉不问。迁潞安知府。会上西巡，取道泽、潞，吏平道，及道旁民田，浩以銮舆未出而民废耕作，非上爱民之意，令耕如平时。民得收获，而事亦治。擢江西广饶九南道按察副使，兼摄九江府事。岁旱，米商未至，他郡县乏食，大吏檄运仓粮往济，浩以郡民咸待食，而移粟他往，恐生事，请独输九江仓，而属县停运，违大吏意。未几，安仁以阻运成大狱，大吏以此重浩。旋调吉南赣道。奸民据险为乱，驰诣捕缉。比大吏至，谋主已就擒，其敏捷如此。坐事罢，循例复职。方需次吏部，以疾卒。

金溶，字广蕴，顺天大兴人。雍正八年进士，以刑部员外郎擢山东道监察御史。高宗即位，诏求直言，溶上疏言安民五事：一曰开垦之地缓其升科；二曰带征之项宜加豁免；三曰关税正额之外免报盈余；四曰州县殿最首重民事，不以办差为能；五曰巡狩之地崇尚朴素，不以纷华取媚。当是时，上命翰詹科道各进经史折子，溶又上疏

曰:"头会箕敛以裕囊椟者,匹夫之富也;轻徭薄税使四海咸宁者,
天子之富也。《易》卦:损下益上,上益矣而反名《损》;损上益下,上
损矣而反名《益》。盖谓百姓足君孰与不足,百姓不足君孰与足,圣
人制卦之意可深长思也。"乾隆九年,湖广总督孙嘉淦因徇巡抚许
容夺职,命修顺义城。溶上疏论曰:"赏罚者人主御世之大权。臣工
有罪,有罚锾一例,因其素非廉吏,使天下晓然知所得者终不能为
子孙计留也。孙嘉淦操守不苟,久在圣明洞鉴之中,而罚令出赏效
力,恐天下督抚闻之,谓以嘉淦之操守,尚不免于议罚,或一不得
当,而罚即相随,势必堕廉隅预为受罚之地。是罚行而贪风起,不可
不慎也。臣为嘉淦所取士,不敢避师生之嫌而隐默不言。"奏上,部
议夺职。

未几,特起为福建漳州知府。漳俗强悍,胥吏千余交结大吏家
奴,势力出长官上。有吴成者,设局诱博,擒治之,民称快。华萼村
距县治二百里,康熙时尝议设县丞,以不便于胥吏,格不行。溶复以
请,布政使文不下府而直行县,溶大怒,严讯县胥,得其交通状,乃
详请治罪而设官。其父老叹曰:"微金公,吾侪奔驰道路死矣!"乾隆
十三年春,闽省旱,斗米千钱,大府檄溶平籴。溶劝富家出籴,给印
纸令商人赴籴。又请宽台湾米入内地之禁:民情帖然。其他修文庙
乐器,增书院膏火,皆次第举行。迁台湾道。补陕西盐驿道,署布、
按两司事。调浙江粮道,与巡抚陈学鹏抵牾,学鹏论溶迂缓不任事,
原品休致。卒,年七十三。

张维寅,字子畏,直隶南皮人。乾隆元年进士,授户部江南司主
事。江南赋役甲天下,支销留解,端绪毛棼。维寅综核精密,猾吏不
能欺。迁吏部员外郎,考选监察御史,补掌贵州道。劾奏闽督诱人
受赇而坐之罪,失政体。上是之,为通行饬戒。简云南迤东道,至,
改补驿盐。滇盐无成法,维寅一一调之,使井官、煎户、运夫、铺商无
偏累,滇人称便。岁节缩归公银七千两。以前官累,左迁知府。于
时东川官设牛马,站通百色,铜往盐返,谓可省费。既奏行,而路险

阻，车摧折，牛马多死，铜盐耗失。维寅奉勘得实，以事不可已，请夷路用车，险雇夫役，资出炉息，无溢费，且不扰民，从之，获济。署鹤庆、永北，补临安，调首郡，兼楚雄。值地震为灾，躬勘鹤庆、剑川、浪穹、丽江、昌门赈，活灾氓每数万计。迁督粮道，整顿铜厂，代偿前官亏帑，待罪得脱。调浙江盐道，未数月，调福建汀漳龙道。闽俗犷悍，痛惩以法，擒巨猾，散黟党，健讼斗狠之风为息。察冤决疑，人称神明。举卓异，入觐，上奖慰甚至。复之官，病卒。

　　顾光旭，字晴沙，江苏无锡人。乾隆十八年进士，授户部主事。晋员外郎，主盐策，两淮解银，辄挂欠百之十五。光旭谓：“各省库平皆部较颁，何独两淮历久如是？是银库多索也。”白于长官除免之。擢御史。二十四年，直隶、山东大水。次年春，疏曰：“上年两省灾，截漕发帑加赈。近见流民扶老携幼入京，春来尤甚。五城米厂饭厂人倍增，询之，近京数百里，毁屋伐树，卖男鬻女，老弱踣顿，不可胜记。耳目所及如此，其外可知。伏思救荒无奇策，惟督抚及有司亲民之官实心实力方克有济。各州县未尝不施赈，或委任佐贰，或假手胥吏，或设厂远离村镇，穷民奔走待食，或得或不得，良法美意，一入俗吏之手，沾实惠者十不及五。一二贤有司抚循周至，则他境流民闻风毕集，转难措手。此督抚不能真实爱民，下亦以应付塞责，一切皆属具文。请敕下随地抚绥，无致流移失所。疏导积水，以工代赈，借给牛种，以资耕作。有流民有旷土，即重治督抚州县之罪。来京饥民，已领厂赈。一年之计，在于东作。无力自回者给资遣送，其本籍无倚赖者归大兴、宛平安辑，勿令栖流无著。又每遇水旱，司、道、府亲勘，先以供应烦州县，所委佐贰，亦滋扰累，请严参重处。”奏入，上善之，命赴京畿察勘，疏消文安、大城积水。乐亭民拥哄县门，抚定之，驰章请加赈。历宝坻、滦州、卢龙，两月竣事。迁给事中。

　　寻出为甘肃宁夏知府，调平凉。三十五年，大旱，请赈，初为上官所格。光旭亲察灾户，亟发银米，煮粥以赈，邻县饥者率就之。时灾黎鬻妻子,道殣相望,光旭巡视山僻,赋诗曰:"轮蹄乌道半肠路,沟壑鸠形鹄面人。"又曰:"产破妻孥贱,肠枯草木甘。"诵者感动。自夏至次年三月始雨。平凉、隆德、固原、静宁各设粥厂二,饥民日增。虑入夏疫作,给每口两月粮,遣使归耕。时已擢凉庄道,总督文绶任以河东赈事,一切钱粮听支取,知府以下听调遣。分八路比户清勘,刊发三连票备考核。发奸摘伏,官吏慑息。竟事无中饱,民获更生。

三十七年,金川用兵,文绶调四川总督,疏请光旭随往,司三路馈饷,署按察使。蜀民失业无赖者,多习拳勇,嗜饮博,浸至劫杀,号为啯噜子,至是益众。严捕治之,改悔者发为运丁,颇收其用。以秋审失出,罢职,留治粮饷。四十年,金川平,驻西路卧龙关经理凯旋兵十余万,帖然无扰。事竣,乞病归,年未五十。

里居遇灾,助赈一如在官时。主东林书院数十年,聚生徒讲论道义,继其乡顾宪成、高攀龙之绪。著《响泉集》。

沈善富,字既堂,江苏高邮人。乾隆十九年进士,选庶吉士,授编修。典江西、山西乡试。撰制诰,办院事。纂修《国史》、《续文献通考》,勤于其职。出为安徽太平知府,在官十有六年,尤尽心灾赈。三十四年,大水,坐浴盆经行村落,得赈者五十万口。当涂官圩决,密劝富家出粜,禁转掠,使各村自保。有告某家不粜者,笞之,曰:"汝奉何明令使富家出粟耶?"民乃定。三十六年,泗州水,大吏檄善富往赈之,厘户口之弊,民受其惠。值大疫,设局施药施瘗,绝牟祈禳。前后课属县种柳数百万株,官路成阴。埋暴露十余万棺。时传妖人割发,搜捕令下,诸郡骚然,独太平不妄捕一人。兄弟讼,察其词出一手,杖主讼者。兄弟悔悟如初。师弟互讦阴事,取案前文卷盈尺火之。曰:"尔词必有稿,可上控郡骚守焚案,不汝靳。"两造皆泣,讼乃息。贵池有争地讼于部者,视旧牍,得成化二十年闰四月官契,念愚民安知闰,检《明史七卿表》,得是年闰四月文,据以定谳。

四十六年,擢河东盐运使。盐池受淡水,歉产,商运蒙古盐多劳费。及盐产复盛,弊多商困。善富曰:"盐池自古为利,不当废革。若听民自贩,必致蒙盐内侵。商人之力,不患寡,患不均。其弊有三:奸商弃瘠据肥,一也;费浮地远,伙攫其利,二也;签代之期,贫富倒置,三也。"乃总三省引地为三等均之。复以道路远近顺配为五十六路,阄分签掣之,于是略绝弊清。后乾隆末废商运,蒙盐果内侵,至嘉庆十一年,仍复旧制,皆如所预计。所至兴学爱士,人文蔚起。以母老乞终养,居乡多善举。著《镫味齐诗文集》。

方昂,字坳堂,山东历城人。乾隆三十六年进士,授刑部主事,累晋郎中。会秋谳更新例,凡金刃杀人,概为情实。昂分别其轻重,固争不得,后高宗特旨改正。坐是为同僚所忌,淹滞十年。又数上书与长官争,长官愠之,卒重其人。以荐出为江西饶州知府。安南阮光平入觐,驿传所经,多饰供帐。昂曰:"国家以威德服四夷,非夸以靡丽。"戒所属勿与。擢江苏苏松道,已受代将行,营弁缉盐,波及良善,众汹汹不平。营弁以民变告,且征兵,昂曰:"新守与民未习,民勿信。"自出晓谕,捕倡首者置法,申请上官褫营弁职,事即定。至任,有尼之者,遂谢病去官。

病痊,复出署松太道。闽、广洋盗窜入吴淞,总督、巡抚、提督会师于宝山。昂建议曰:"衢山与大小羊山,江、浙之分界,港汊业杂,盗船随处可寄碇。一得风潮之便,倏忽出没,猝不及防。当其乘风而来,迎击之时,彼顺而我逆,及其趁潮而退,追击之,则我后而彼先:是使盗常凭胜势也。请于要隘多设伏,俟其至,则纵使过,而蹑其后。遇其退,则扼不使前,以待后队之追剿。盗虽黠,无能为也。"从其议,盗果大摧。补江宁盐巡道。缉讼师,剔衙蠹,戢强暴,弭盗贼,尤以砥砺风俗为先,屏绝酬酢。同官闻其风采,咸重之。嘉庆三年,擢贵州按察使。八阅月,迁江宁布政使。未久,以病乞归。

昂刚劲勤职。其归也,上曰:"此人可惜!"寻卒。

唐侍陛,字赞宸,江苏江都人,巡抚绥祖孙。乾隆中,以荫生授南河山盱通判。历任宿虹、铜沛、里河、外河同知。以治河绩考最,擢湖北郧阳知府,母忧去官。四十七年,服阕,会河决清龙冈,屡筑屡圮,大学士阿桂督治,以侍陞习河事,疏调赴工。阿桂方与总河议改河之策,决计于侍陞,侍陞曰:"今全河下注,非土埽所能当。欲逆挽归正道,难矣。但于南岸上游百里外开引河,则不与急流争,其全势易掣。以逸待劳,此上策也。"于是定计开兰阳引河,至商丘归正河,以侍陞总其事。工成,被诏嘉奖。

擢开归道。时新引河堤初成,溜逼甚险,复于仪封十六堡增开引河。夏汛水至,果分为二派:一由新引河,一由仪封旧城之南达所增引河。又于毛家寨增筑月堤,睢汛七堡建挑水坝,水势乃畅下,无溃决。五十三年,署彰卫怀道。测河势将有变,请于铜瓦厢大堤后增筑撑堤,总河兰锡第以无故兴大工难之,固请乃可。次年夏,铜瓦工内塌,势岌岌。总河李奉锡新至,视河,曰:"奈何?"侍陞曰:"待其塌多,必大决。今当于堤之下口新筑撑堤内掘开数丈,使水回溜而入。入必淤,淤则大堤撑堤合为一。河直注之力已杀,堤乃可保。"从之,堤合险平。锡第曰:"君之出奇制胜者,在前之预筑撑堤也。"

侍陞前官铜沛时,亦用放淤平险之法。又在宿虹时,夏家马路黄、运交逼,里河淤浅,水将没堤,效黄河清水龙法,疏其淤而堤安。于徐州城外增筑石工,石矶嘴增烂石,城乃无患。卫河水弱,漕艘不利,掘地引沁挟济以助卫。其应变弭患多类此。尝论治河之道曰:"河行挟沙,治法宜激之使怒而直以畅其势,曲以杀其威。无废工而不可逼,无争土而不可让。守此岸则虑彼岸,治上游则虑下游。"世以为名言。寻补山东运河道,调兖沂曹济道。以失察,左迁。遂乞病归。

侍陞历官皆有声,有功于河淮者为多。先是南汝光道张冲之亦以治河著。

冲之,字道渊,顺天宛平人。雍正初,以诸生举孝廉方正,授工部主事。遇事奋厉,于总理果亲王前持议无避忌。各行省奏追亏帑积数千万,牍冗无实,请分别核免之。寻以事被谪。乾隆初,复原官,改刑部。累迁户部郎中。治事平恕。二十六年,擢河南南汝光道。

是年秋，河决杨桥，大学士刘统勋、兆惠奉命往塞之，调冲之襄河事。时征稿秸，价腾至一茎两钱，既大集，河员犹以多备请，官吏在事者群附和之。冲之曰："计工需料若干万，今已赢矣。灾民搜括脂髓来供用，忍复乘以为利耶？"亟白使臣，请及时楗塞，期以某日合龙，当有余料若干万，力持其议。卒听冲之减征秋秸六千万、麻六百万，即责冲之董其役，果如期合龙，仍有余料，弹数给还，以纾民力。巡抚胡宝喜曰："吾为国家得一良总河矣！"在官三年，治罗山狱，活诬服者四人。修城工务核实，有司不得缘为蠹：民德之。以商城狱坐徇庇，夺职，效力军台。逾年放归。

论曰：诸道本以佐布政、按察二使分领郡、县。乾隆中，罢参政、参议、副使、佥事，道始为专官。士宽等皆觥觥能举其职，侍陛尤以治河著。观其所设施，益于国，泽于民，虽古循吏，不是过也。

清史稿卷三三七
列传第一二四

卢焯　图尔炳阿　阿思哈
宫兆麟　杨景素　闵鹗元

卢焯,字光植,汉军镶黄旗人。入资授直隶武邑知县。县旧有均徭钱供差费,遇差仍按里派夫,焯革除之,又归火耗于公,捕盗尤力。雍正六年,解饷诣京师,世宗特召对。迁江南亳州知州,禁械斗。再迁山东东昌知府,总督田文镜遣官弁四出访事,东昌民逮下狱甚众,焯至,悉判遣之。会有水灾,焯疏运河,筑护城长堤,动帑赈恤。上遣大臣阅视,独东昌得完。九年,迁督粮道,移河南南汝道。十年,授按察使。十一年,迁布政使。

十二年,擢福建巡抚,赐孔雀翎。十三年,高宗即位,焯疏言被水州县不成灾,上谕曰:“被水虽不成灾,仍须加意赈恤,毋使小民失所。”乾隆元年,请查丈建阳民田,上谕曰:“小民畏查丈如水火。汝初为加赋起见,今又以豁除掩非,一存观望之心,所谓无一而可也。”寻奏减邵武永安所、霞浦福宁卫屯田征米科,则豁闽、侯官诸县额缺田地。又以平和、永安、清流诸县田少丁多,请减免摊余丁银。又奏教民蚕绩,疏浚省会城河。

三年,调浙江巡抚,兼盐政。奏请停仁和、海宁二县草塘岁修银,减嘉兴属七县银米十之二。又奏陈盐政诸事:请禁商人短秤,饬州县捕私盐毋扰民,毋捕肩挑小贩,盐场征课不得刑比。上谕曰:“所奏各条皆是。汝先过刻,兹乃事事以宽沽名。过犹不及,汝其识之!"寻请裁盐场协办盐大使,改海宁草塘为石塘。既,又请浚备塘河运石。五年,上谕曰:"卢焯至浙江,沽名邀誉,举乡贤名宦,络绎不绝。海塘外已涨沙数十里,焯既请停草塘岁修,又请改建石塘。心无定见,惟事揣摩,已彰明较著矣。"六年,左都御史刘吴龙劾焯营私受贿,上解焯任,命总督德沛、副都统旺札尔按治,事皆实,请夺官刑讯。事连嘉湖道吕守曾、嘉兴知府杨景震。守曾已擢山西布政使,逮至浙江,自杀,杭州民数百为焯讼冤,毁副都统厅前鼓亭。德沛等以闻,上谕责办理不妥。七年,谳上,焯、景震皆坐不枉法赃,拟绞。八年,焯以完赃减等,戍军台。十六年,上南巡,阅海塘,念焯劳,召还。

二十年,授鸿胪寺少卿,署陕西西安巡抚。二十一年,调署湖北,以陈宏谋代焯。宏谋未至,上命发归化城米运金川馈军,急驿谕宏谋。焯发视,奏言:"归化城虽产米,路远费重。西安有贮米,先发以馈军。仍请擅行罪。"上嘉焯知大体,合机宜,实授湖北巡抚。二十二年,西安布政使刘藻入觐,言焯在西安入贡方物,但量给薄值。及调任湖北,欲借库帑,未应付。上责焯负恩,夺官,戍巴里坤。二十六年,召还。三十二年,卒。

图尔炳阿,佟佳氏,满洲正白旗人。初授吏部笔帖式,累迁郎中。乾隆三年,授陕西甘肃道。累迁云南布政使。十二年,擢巡抚。十五年,永嘉知县杨茂亏银米,图尔炳阿令后政弥补结案。总督硕色论劾,上责图尔炳阿欺隐徇庇,夺官,逮京师,下刑部治罪,坐监守自盗,拟斩监候。十七年,上以图尔炳阿赃未入己,释出狱。授吏部员外郎。未几,授河南布政使调山东,又复还河南。

二十年,擢巡抚。二十二年,上南巡,江苏布政使夏邑彭家屏以病告家居,觐徐州行在,入对,言乡县被水。上谘图尔炳阿,图尔炳阿奏收成至九分,上责图尔炳阿文过。图尔炳阿又奏"去岁被水尚未成灾",上斥为怙恶不悛。遣员外郎观音保密察灾状得实,上夺图尔炳阿官,发乌里雅苏台效力。上发徐州,夏邑民张钦、刘元德诣行在诉知县孙默讳灾及治赈不实,上亲鞫,元德言诸生段昌绪指使。上复遣侍卫成林会图尔炳阿至夏邑按治,于昌绪家得传钞吴三桂檄。上谕曰:"图尔炳阿察出逆檄缉邪之功大,讳灾之罪小。且以如此梗不知化之民,而治其司牧者以罪,是不益长浇风乎?免图尔炳阿罪,仍留巡抚任治赈。图尔炳阿若因有前此罪斥之旨,心存成见,或不释然于灾民,则是自取罪戾,亦不能逃朕洞鉴。"寻家屏亦以藏禁书罪至死,图尔炳阿仍以匿灾下吏议,夺官,命留任。逾数月,召诣京师,命往乌里雅苏台治饷。

二十八年,授贵州巡抚。二十九年,调湖南。三十年,病作,遣医往视。卒。

阿思哈,萨克达氏,满洲正黄旗人。自官学生考授内阁中书,累迁刑部郎中,充军机处章京。乾隆十年,擢甘肃布政使。十四年,擢江西巡抚。疏言:"各营操演枪炮,须实子弹。营马应令骑兵自饲。技艺以纯熟得用为要,步法、架势不必更夕改。"上嘉其言得要。旋调山西。十六年,平阳旱,未亲往抚恤,诏责之。十七年,蒲、解等处复灾,请以平阳富民捐款解河东道库加赈。上谕之曰:"赈济蠲缓,重者数百万,少亦数十万,悉动正帑,从无顾惜。富户所捐几何,贮库助赈,殊非体制。此端一开,则偏灾之地,贫民既苦艰食,富户又令出资。国家抚恤灾黎,何忍出此?"责阿思哈卑鄙错谬,不胜巡抚任,召还,夺官。寻授吏部员外郎。二十年,命以布政使衔往准噶尔军前经理粮运。擢内阁学士。

二十二年,命署江西巡抚,莅任,清理屯田,寻真除。学政谢溶生劾阿思哈婪贿派累,命尚书刘统勋、侍郎常钧等按鞫。得实,拟绞。二十六年,诏免罪,以三品顶戴发乌鲁木齐效力。二十八年,命往伊犁协同办事。

二十九年,授广东巡抚,调河南。三十年,疏言:"卫河运道浅阻,浚县三官庙、老鹳嘴诸地砂礓挺据河心,重载尤艰浮送。向于上、下游浅处建筑草坝以束水势。详考河形,夏秋水盛,无须草坝。

冬令源涩,草坝亦属无益。不如于上游先期蓄水,临时开放。饬府县督河员于九月望后起,至漕船出境止,暂闭外河以上民渠,使水归官渠,重运自可疏通。凿去砂礓,并集夫疏浚浮沙,以利漕运。"

又请借司库闲款,委员分购河工料物,以除沿河州县按亩派累,均报闻。

三十四年,擢云贵总督。师征缅甸,阿思哈出铜壁关至蛮暮军中,奏军中粮马不敷。上责其畏难,解任,以副都统衔在领队大臣上行走。旋召为吏部侍郎,入对失上指,夺官,戍伊犁。三十九年,释回,仍充军机章京。擢左都御史。大学士舒赫德师讨王伦,命阿思哈偕额驸拉旺多尔济率健锐、火器两营以往。事定,拉旺多尔济言城北搜剿王伦余党,阿思哈未同往,下吏部,夺官,命留任。四十一年,署吏部尚书,旋授漕运总督。卒,赐祭葬,谥庄恪。

阿思哈初抚江西,上眷之独厚。广西巡抚卫哲治入觐,上问各省督抚孰为最劣,哲治引罪,上谓:"姑置汝!"哲治举阿思哈对,时以为难能。

宫兆麟,字伯厚,江南怀远人。自贡生授湖北安陆通判,累迁至山东粮道。乾隆三十一年,授湖南按察使。桂阳州民侯七郎殴杀从兄岳添,赇其兄学添自承。知州张宏燧谳上,巡抚李因培疑之,令兆麟详鞫得实。因培调福建去,巡抚常钧庇宏燧,以七郎呼冤劾兆麟,兆麟亦入奏。上遣侍郎期成额会总督定长按治,如兆麟谳。兆麟又发宏燧买金行贿状,期成额等奏闻,逮讯,买金非行贿,乃迎合因培及湖北布政使赫升额意指,代武陵知县冯其柘补亏空。因培、赫升额、常钧、宏燧皆坐谴。

三十二年,兆麟调云南按察使。三十三年,迁布政使,擢广西巡抚。云南军营需硝,敕兆麟筹画,兆麟以广西旧存硝七万七千余斤运剥隘,复拨通省营贮火药二十万斤继运,得旨嘉许。调湖南。

三十五年,又调贵州。桐梓县民为乱,命速赴任,会湖广总督吴达善捕治。乱定,古州党堆寨苗香要等为乱,复偕吴达善督兵捕诛之。兆麟奏党堆寨苗老的以阻香要乱被杀，令即寨立庙以祀良苗，并将死义被旌及香要等叛逆伏诛状，译苗语榜庙门，俾令警戒。并请移驻将吏，建下江营土城，驻兵镇抚。是夏，兆麟奏请于邻省湖南、四川、广西买米运贵州粜济。至秋，丰收，复奏请停运。上斥其冒昧，勖令详慎。兆麟复奏请简发知府三员赴贵州，上以"此端一开，各省效尤，妨吏部选法。且开幸进之门"，下旨严饬。会贵州布政使观音保入觐，讦兆麟粗率喜自夸，口给便捷，人号为"铁嘴"。上曰："观音保人已粗率，今尚以兆麟为粗率，则粗率更甚可知。"谕兆麟猛省痛改。寻诏诣京师，降补甘肃按察使。三十六年，坐贵州任内失察厂员亏欠铅斤，夺官。四十一年，东巡，兆麟迎驾，诏与三品衔。四十六年，卒。

杨景素，字朴园，江南甘泉人，提督捷孙。父铸，古北口总兵。景素孱弱，不好章句，贫不能自给。入资授县丞，发直隶河工效力。乾隆三年，补蠡县县丞，累迁保定知府。十八年，授福建汀漳龙道。漳浦民蔡荣祖欲为乱，景素率营卒禽斩之。调台湾道。厘定汉民垦种地，并生熟番界址。革游民为通译而不法者，代以熟番。又禁入山采木，借修造战船材料为名，累诸番。三十三年，授河南按察使。三十五年，擢甘肃布政使，调直隶。命从尚书裘曰修勘察堤埝各工。坐失察雄县知县胡锡瑛侵蚀灾赈，下吏议，夺官，命留任，俟八年无过，方准开复。

三十九年，寿张民王伦为乱，大学士舒赫德督兵讨之。上命景素具车马济师，令分守河西。贼以粮艘结浮桥欲渡，景素与总兵万朝兴、副将玛尔当阿等督兵御之，董劝回民助师。夜焚桥，贼不得渡。事旋定，擢山东巡抚。疏请编查保甲。四十年，疏请选京师健锐、火器营裨佐兵发山东，司营伍教演。四十一年，上东巡，临视临清毁桥断道及乱民窜据所在，景素述当时战状，上嘉其劳，赐黄马褂。汶上宋家窪旧渠淤垫，潴水淹民田。四十二年，景素奏请浚旧渠，并开支河二，令仍趋南阳、昭阳二湖，下部议行。

擢两广总督。四十三年，调闽浙。疏言："浙西歉收，总督杨廷璋请拨台湾仓谷十万接济。北风盛发，未能即到。请于福州、福宁、兴化、泉州四府属拨仓谷十万，听商运赴嘉、湖出粜。仍饬台湾运归四府补仓。"得旨嘉奖。四十四年，调直隶。荐于易简为布政使，上以易简为大学士敏中弟，责景素。十二月，卒，赠太子太保，赐恤如例。

四十五年，两广总督巴延三奏景素操守不谨，并发官兵得赃纵盗状。两江总督萨载勘有河堤城垣工程，罚景素家属承修。福康安又奏景素两广婪索商捐六万余，责景素子焴限年缴还。五十四年，以福建吏治废弛，追咎景素，戍焴伊犁。五十九年，释回。

闵鹗元，字少仪，浙江归安人。乾隆十年进士，授刑部主事。再迁郎中，督山东学政。二十七年，自学政授山东按察使，调安徽。迁湖北布政使，调广西、江宁。四十一年，迁安徽巡抚。四十四年，云贵总督李侍尧以赃败，罪至斩，下大学士、九卿议，请从重立决。复下各省督抚议，咸请如大学士九卿议。鹗元窥上指欲宽侍尧，独奏言："侍尧历任封疆，勤干有为，中外推服。请用议勤、议能例，稍宽一线。"上从之，侍尧得复起。

四十五年，调江苏。四十六年，甘肃布政使王亶望坐伪灾冒赈得罪，事连鹗元弟同知鹓元。上责鹗元隐忍瞻徇，知其事而不举，降三品顶戴，停廉俸。四十八年，还原品顶戴，支廉俸如故。五十年，江南旱。五月，鹗元奏淮、徐、海三府如得雨二三寸，犹可种杂粮。上谕曰："得雨二三寸未为沾足，焉能种杂粮？地方雨水，民瘼攸关。鹗元何得含混入告？"寻奏请截漕十万石，淮、徐、海三府州被灾较重，碾米治赈，如所议行。

五十五年，高邮巡检陈倚道察知书吏伪印重征，知州吴焕置不问。牒上，鹗元亦置不问，揭报户部。上谯鹗元，鹗元犹庇焕不以实陈，乃遣尚书庆桂、侍郎王昶按治。责鹗元欺罔，夺官，逮鹗元等下刑部治罪。巡抚福崧劾鹗元得句容知县王光升牒发粮书侵挪钱粮，但令江宁府察核。上责鹗元玩视民瘼，徇情骫法，命置重典。狱具，拟斩立决,命改监候。五十六年,释还里。嘉庆二年,卒。

　　论曰:法者所以持天下之平。人君驭群臣,既知其不肖,乃以一日之爱憎喜怒,屈法以从之,此非细故也。焯、阿思哈、景素坐贪皆勘实,犹尚复起。图尔炳阿匿灾至面谩,反诛告者。兆麟口给,鹗元迎上指,至不胜疆政而始去之。高宗常谓:"朕非甚懦弱姑息之主,不能执法。"执法固难,自克其爱憎喜怒,尤不易言也。

清史稿卷三三八
列传第一二五

塞楞额 <small>周学健</small>　　鄂昌 <small>鄂乐舜</small>
彭家屏　李因培　常安
福崧

　　塞楞额,瓜尔佳氏,满洲正白旗人。康熙四十八年进士,授内阁中书,擢翰林院侍讲,四迁至侍郎。历刑、兵、礼诸部。雍正二年,出署山东巡抚,入为户部侍郎。如广东按将军李杕纵部兵毁米厂、哄巡抚署,事竟,仍署山东巡抚。疏请以东平州安山湖官地分界穷民栽柳捕鱼为业,上许之,并令发耗羡备用银为建屋制船。又疏请浚柳长河,开引河二,疏积水。复入为工部侍郎,缘事夺官。乾隆元年,赐副都统衔,如索伦、巴尔虎练兵。寻授镶蓝旗汉军副都统。出为陕西巡抚,移江西。疏请筑丰城石堤,封广信府铜塘山,均许之。再移山东。十一年,擢湖广总督。

　　十三年,孝贤皇后崩,故事,遇国恤,诸臣当于百日后剃发。锦州知府金文醇违制被劾,逮下刑部,拟斩候。上以为不当,责尚书盛安沽誉,予重谴。江苏巡抚安宁举江南河南总督周学健剃发如文醇,上并命逮治。因诏诸直省察属吏中有违制剃发者,不必治其罪,但令以名闻。是时塞楞额亦剃发,湖北巡抚彭树葵、湖南巡抚杨锡绂及诸属吏皆从之。得诏,塞楞额具疏自陈,上命还京师待罪。谕谓:"文醇已拟斩决,岂知督抚中有周学健,则无怪于文醇。岂知满洲大臣中有塞楞额，又无怪于学健。"因释文醇，宽学健，皆发直隶，以修城自赎。树葵、锡绂误从塞楞额，锡绂并劝塞楞额检举，皆贷罪。令树葵分任修城，示薄罚。塞楞额至刑部，论斩决。上谓："祖宗定制，君臣大义，而违蔑至此，万无可恕！以尚为旧臣，令宣谕赐自尽。"

学健，江西新建人。雍正元年进士，改庶吉士，散馆授编修。五迁至户部侍郎。命如山东按事，两诣上下江会督抚治灾振、水利，出署福建巡抚、浙闽总督。加太子少保，授江南河道总督，坐违制剃发，夺官，命江西巡抚开泰籍其家。开泰发其往来私书，中有丁忧兖沂曹道吴同仁赇学健，乞举以自代。上为罢陈举自代例，诏曰："朕令大臣举可以自代之人，凡以拔茅茹、显俊乂之意也。今同仁属学健许以两千，朕不解焉。问之钱陈群，始知为赇。夫考绩黜陟，何可为苞苴之门，岂朕若渴之诚尚未喻于二三大臣耶？朕甚恶焉！其罢之。"别诏又谓："学健卞急刚愎，不料其不励名检竟至于此！"下两江总督策楞覆勘，具得学健营私受赃、纵戚属奴仆骫法状，刑部引塞楞额及前步军统领鄂善例论斩决。上谓学健违制罪已贳，娄赃黩破荐举事视鄂善尤重，赐自尽。

鄂昌，西林觉罗氏，满洲镶蓝旗人，大学士鄂尔泰从子也。雍正六年，以举人授户部主事。七年，超擢陕西宁夏道。十年，迁甘肃布政使。十一年，署陕西巡抚，旋授四川巡抚。酉阳州土司冉元龄老病，子广焜袭，土民苦其贪暴，鄂昌奏请改土归流。十三年，总督黄廷桂劾鄂昌贪纵，命夺职，以杨馝代之。遣刑部侍郎申珠浑会馝按治，得鄂昌枷毙罪人及受属吏银瓶诸状，命逮下刑部，论杖徒，遇赦免。乾隆元年，令在批本处行走。二年，授直隶口北道，迁甘肃按察使。山西民梁玥等在高台遇盗死，知县伍升堂捕良民锻炼论罪，鄂昌雪其冤，得真盗置之法。巡抚黄廷桂疏陈鄂昌平反状，旨嘉奖。九年，迁广西布政使。十一年，署广西巡抚。疏请以鄂尔泰祀广西名宦，上责其私，不许。十二年，疏自陈举布政使李锡秦自代，上复责其朋庇。因命督抚不得举本省藩臬自代，著为例。迭移江苏、四川、甘肃诸省，署甘肃提督、陕甘总督。复移江西巡抚。时传播尚书孙嘉淦疏稿有讹谤语，命诸行省究所从来。鄂昌以坐广饶九南道施廷翰子奕度逮下刑部，鞫无据，雪其枉，召鄂昌诣京师待命。狱定，诛千总庐鲁生。责鄂昌误谳，下刑部，论杖徒，命贷罪，发往军台效力。十九年闰四月，命以甘肃贮官茶发北路军备用，命鄂昌董其事。旋授甘肃巡抚，理军需。

内阁学士胡中藻著《坚磨生集》，文辞险怪，上指诗中语讪上，坐悖逆诛。中藻故鄂尔泰门人，鄂昌与唱和。上命夺职，逮至京师下狱。大学士九卿会鞫，籍其家，得所著塞上吟，语怨望，又闻鄂容安从军，辄云“奈何奈何”，上责以失满洲踊跃行师旧俗。又得与大学士史贻直书稿，知贻直为其子奕簪请托，上为罢贻直。谕：“鄂昌负恩党逆，罪当肆市。但尚能知罪，又于贻直请托状直承无讳，朕得以明正官常，从宽赐自尽。”

中藻，江西新建人。乾隆元年进士，上举其诗有曰“又降一世”，曰“亦天之子”，曰“与一世争在丑夷”，无虑数十事，语悖慢。又有“西林第一门”语，斥其攀援门户，恬不知耻。因及鄂尔泰及张廷玉秉政，各有引援，朋分角立。谓：“如鄂尔泰在，当治其植党之罪。”命罢贤良祠祀。

鄂乐舜亦鄂尔泰从子，初名鄂敏。雍正八年进士，改庶吉士，授编修。秋谳侍班，刑部侍郎王国栋放纵恣仪。上命之退，鄂敏未引去。因以责鄂敏，夺官。逾年，复编修。出为江西瑞州知府，累迁湖北布政使。命更名鄂乐舜。迁甘肃巡抚，请疏茶引备安西五卫积贮。移浙江，修海塘：皆议行。寻移安徽，又移山东。未行，浙江按察使富勒浑密劾鄂乐舜在浙江时，布政使同德为婪索盐商银八千，命侍郎刘纶、浙闽总督喀尔吉善按治。纶等言鄂乐舜实假公使银。上又命两江总督尹继善会鞫，得婪索盐商状，如富勒浑言，但无与同德事，鄂乐舜论绞，富勒浑亦坐诬治罪，上以定拟失当，擢富勒浑布政使，逮鄂乐舜至京师，赐自尽。时后鄂昌死未一年也。

彭家屏，字乐君，河南夏邑人。康熙六十年进士，授刑部主事，累迁郎中。考选山西道御史，外授直隶清河道。三迁江西布政使。移云南，再移江苏。以病乞罢。乾隆二十二年春，高宗南巡，家屏迎谒。上谘岁事，家屏奏："夏邑及邻县永城上年被水灾独重。"河南巡抚图尔炳阿朝行在，上以家屏语诘之，犹言水未为灾，上命偕家屏往勘。又以问河东河道总督张师载，师载奏如家屏言，上谓师载笃实，语当不诳，饬图尔炳阿秉公勘奏，毋更回护。上幸徐州，见饥民困苦状，念夏邑、永城壤相接，被灾状亦当同，密令步军统领衙门员外郎观音保微服往视。上北还，发徐州，夏邑民张钦遮道言县吏讳灾，上申命图尔炳阿详勘。次邹县，夏邑民刘元德复诉县吏施赈不实，上不怿，诘主使，元德举诸生段昌绪，命侍卫成林监元德还夏邑按其事。而观音保还奏夏邑、永城、虞城、商丘四县灾甚重，积水久，田不可耕。灾民鬻子女，人不过钱二三百，观音保收灾民子二，以其券呈上。上为动容，诏举其事，谓："为吾赤子，而使骨肉不相顾至此，事不忍言。"因夺图尔炳阿职，戍乌里雅苏台，诸县吏皆坐罪。

成林至夏邑，与知县孙默召昌绪不至，捕诸家，于卧室得传钞吴三桂檄，以闻上。上遂怒，贷图尔炳阿遣戍及诸县吏罪，令直隶总督方观承覆按。召家屏诣京师，问其家有无三桂传钞檄及他禁书。家屏言有明季野史数种，未尝检阅，上责其辞遁，命夺职下刑部，使侍卫三泰按验。家屏子传笏虑得罪，焚其书，命逮昌绪、传笏下刑部，诛昌绪，家屏、传笏亦坐斩，籍其家，分田予贫民。图尔炳阿又以家屏族谱上，谱号大彭统记，御名皆直书不缺笔。上益怒，责家屏狂悖无君，即狱中赐自尽。秋谳，刑部入传笏情实，上以子为父隐，贷其死。上既谴家屏等，召图尔炳阿还京师，逮默下刑部，命观音保以通判知夏邑。手诏戒敕，谓："刁顽既除，良懦可悯。当善为抚绥，毋俾灾民失所也。"

李因培，云南晋宁人。乾隆十年进士，改庶吉士，散馆授编修。

十三年，特擢翰林院侍讲学士，督山东学政。十四年，再擢内阁学士。十八年，署刑部侍郎，兼顺天府尹。蝗起，因培劾通永道王楷等不力捕，皆夺职。又劾涿州知州李钟倬亏仓谷，论罪如律。衡水知县刘士玉，因培乡人也，以贿败，为直隶总督方观承论劾。冀州知州夸喀谒因培，因培称士玉冤，夸喀因为申布政、按察两司。十九年，直隶布政使玉麟以其事闻，因培坐夺职。甫三月，起光禄寺卿。复督山东学政。二十一年，移江苏。二十四年，迁内阁学士。学政任满，移浙江。二十七年，任又满，复移江苏。上三巡抚，赋诗以赐。二十八年，授礼部侍郎，寻改仓场侍郎，皆留督学。

　　二十九年，授湖北巡抚。皆上谕湖广总督吴达善曰："因培能治事，学问亦优，但未免恃才，好居人上。今初任民事，汝当留意，治事有不当，善规之。不听，即以闻。朕久未擢用，亦欲折炼其气质。今似胜于前，但恐志满易盈，负朕造就耳。"旋移湖南。三十一年，又移福建，将行，常德被水。上令速予灾民一月粮，诏未至，因培令秋后勘灾如故事。上责因培"以将受代，五日京兆，不恤民瘼"，下部议，当降调。甫两月，授四川按察使。

　　因培在湖南日，常德知府锡尔达发武陵知县冯其柘亏库帑二万余。时因培报通省仓谷无亏，虑以歧误得罪。示意布政使赫升额，令桂阳知州张宏燧代其柘偿万余，不足，仍疏劾。会宏燧谳县民侯岳添被杀，误指罪人，为按察使宫兆麟所纠。因培及继任巡抚常钧覆谳不能决，上命侍郎期成额即讯，因得宏燧营私亏帑，及承因培指代其柘偿金诸状，以闻。上命夺因培官，逮送湖北对簿，具服，谕曰："诸直省仓库亏缺，最为锢弊，昔皇考严加重戒，朱批谕旨，不啻三令五申，人亦不敢轻犯。朕御极三十余年，有犯必惩，乃近年营私骩法，屡有发觉。岂因稽查稍疏，故熊复作？朕自愧诚不能感人，若再不能执法，则朕亦非甚懦弱姑息之主也。"期成额奏至，因培下刑部论斩决，上命改监候。秋谳入情实，赐自尽。

　　常安，字履坦，纳喇氏，满洲镶红旗人。以诸生授笔帖式，自刑

部改隶山西巡抚署。雍正初，擢太原理事通判。世宗时，庶僚皆得
上章言事。常安疏请裁驿站馆夫及诸官署镫夫，省科派，从之。寻
擢冀宁道。迁广西按察使，移云南。就迁布政使，移贵州。疏言：
"苗疆多事，由于兵役扰累。嗣后有扰累事，罪该管文武官。"下云贵
广西总督议行。迁江西巡抚。十三年，以母丧去官。

乾隆元年，还京师，舟经仲家浅，其仆迫闸官非时启闸越渡，高
宗闻之，谕谓："皇考临御时所未尝有！徒以初政崇尚宽大，常安封
疆大吏，乃为此市井跋扈之举，目无功令。"下东河总督白钟山按
治，夺官，下刑部论罪，当枷号鞭责，命贷之，往北路军营董粮饷。四
年，授盛京兵部侍郎。内移刑部侍郎，外授漕运总督。内阁学士雅
尔呼达请增遣满洲兵驻防口外，直隶总督孙嘉淦疏请于独石口、张
家口外择可耕地屯兵招垦。常安以为侵蒙古游牧地，疏请寝其事。

六年，移浙江巡抚，谢上，因言："属吏贤否视上司为表率，惟有
身先砥砺，共励清操。"上谕曰："廉固人臣之本，然封疆大臣非仅廉
所能胜任。为国家计安全，为生民谋衣食，其事正多。观汝有终身
诵廉之意则非矣。"上念浙江海塘为民保障，诏询近时状，并命闽浙
总督那苏图、杭州将军傅森会常安详勘。常安等议："海宁至仁和原
有柴塘，塘外临水，仿河工络坝之法，用竹篓盛碎石，层层排筑，外
捍潮汐，内护塘基。水去沙停，渐有淤滩，再用左都御史刘统勋议，
改建石塘。"别疏又言："塘工可大可小，大则终年兴工，亦难保其无
虞。小则应兴则兴，应停则停，惟期免于冲决。是在因时损益，不宜
惜费，亦不宜糜费。乾隆四五年间所修石塘，竭力督催，明岁可望全
完。各塘不无阔狭高低，必须整齐坚固。臣谕督塘兵培补镶垫，俾
塘有坚工，兵无闲旷。海宁塘后旧有土塘以备泛溢，令民间栽柳根，
株盘结塘身，枝干藉资工用。"八年，石工乃成。

常安在浙江久，有惠政：尝用保甲法编太湖渔舟，清盗源。厘两
浙醝政诸弊，苏商困。以温、处二府贫瘠鲜盖藏，招商转江苏米自海
道至，佐民食。江苏巡抚陈大受疏论常安轻开海禁，常安疏辨，谓：
"苏视温、处彼此虽殊，两地皆皇上赤子，大受不当过分轸域。"上谕

曰："汝等以此而矛盾,皆为民耳,出于不得已。以后丰年可不须,若需谷孔亟,当视此行耳。"常安巡视宁波沿海诸地,泛海至镇海,又至定海,疏陈内外洋诸岛屿状,谓内洋宜招民广垦,外洋宜封禁。上嘉其冲冒风涛,勤于王事。嘉、湖二府奸民迷诱民间子女,常安督吏捕治,悉获诸奸民。上令视采生折割例从重定拟,饬常安宽纵。寻上疏言:"州县亲民吏,必于辖境事无繁简、地无远近莫不深知,而后有实政以及于民。应饬于斋戒停刑,暇日亲历乡村,以次而遍。引其父老,询以疾苦,于地方利弊了然胸中,且籍以周知户口。如遇灾赈,董理易为力。"上深然之。钱塘江入海处近萧山为南大亹,近海宁为北大亹,蜀山南别有中小亹。旧为江海汇流处,渐淤塞,水趋南大亹,逼海宁。九年,尚书讷亲莅视,议复中小亹故道。常安令就沙嘴为沟四,引潮刷沙,历数年,沙渐去。十一年,疏言:"春伏两汛已过,南沙坍卸殆尽,蜀山已在水中。倘秋汛不复涌沙,大溜竟行中小亹矣。"上谕曰:"此言岂可轻出?亦俟三五年后如何耳。如能全行中小亹,果可喜事也。"

十二年,闽浙总督喀尔吉善劾常安多得属吏金,婪索及于盐政承差、海关胥吏,纵仆取市肆珍贵物不予值,凡十数事。上命解任,以顾琮代之,令大学士高斌会顾琮按治。常安亦疏劾布政使唐绥祖徇私狂悖,上为下高斌等并按。高斌等按常安婪赃纳贿状皆不实,惟纵仆取赇。常安劾绥祖事尽虚,疏请夺常安官。上命大学士讷亲覆按,未至,高斌等又言常安岁易盐政承差,有婪索状。讷亲至,又言常安尝以公使钱自私,按律拟绞,下刑部,卒于狱。

常安少受业于尚书韩菼,工文辞,有所论著,多讥切时事。其坐谴多举细故,遽从重比,时论疑其中蜚语以死,非其罪也。

福崧,乌雅氏,满洲正黄旗人,湖广总督硕色孙也。乾隆中,授内阁中书,迁侍读。外授四川川北道,迁甘肃按察使。再迁福建布政使,未行,苏四十三乱作,从总督勒尔谨讨贼,即移甘肃。事定赐花翎。勒尔谨坐冒赈得罪,命福崧从总督李侍尧察通省仓库,亏银八十八万、粮七十四万有奇,立例清偿,无力者以责上官。福崧亦应分偿,上特免之。

四十七年,迁浙江巡抚。上以王亶望、陈辉祖相继抚浙江,皆贪吏,复命察通省仓库,亏银一百三十万有奇,立例清偿如甘肃。桐乡县征漕不如律,民聚哄,福崧令捕治,因疏陈严除漕弊,条四事,下部议行。四十九年,上南巡,两浙盐商输银六十万,以海宁范公塘改柴为石,福崧为请,上允之。五十一年,福崧以诸属吏清偿仓库亏银未能如期,疏请展限。并言于正岁集司道以下等官设誓,共砥廉隅。上以期已三四年,乃复请展限,非是,且设誓亦非政体,命尚书曹文埴,侍郎姜晟、伊龄阿如浙江按治。会福崧请筹柴塘修费,上疑新建石塘无益,劳民伤财,令文埴等并按,召福崧还京师待命。文埴等疏陈浙江仓库实亏数,为定善后章程。别疏言柴塘坦水为石塘保障,宜有岁修。上允其请,察福崧无败检事,失但在柔懦,命署山西巡抚。

旋以浙江学政窦光鼐劾平阳知县黄梅贪黩,论如律,责福崧未能发,左授二等侍卫,充和阗帮办大臣。五十二年,移阿克苏办事大臣。五十四年再移叶尔羌参赞大臣。五十五年,授江苏巡抚,署两江总督。还授浙江巡抚。五十七年,疏请补修海塘石工,与前巡抚琅玕改筑柴坝异议,上命江苏巡抚长麟往按,请如福崧议。浙江盐道柴槙迁两淮盐运使,亏帑,私移两淮盐课二十二万补之。两淮盐政全德疏劾,上以福崧领两浙盐政,虑有染,夺官,以长麟代之。命尚书庆桂会鞫。谓福崧尝索槙赇十一万,又侵公使钱六万有奇。狱具,论斩,逮致京师,寻命即途中行法。福崧饮鸩卒。

福崧为巡抚,治事明决,御属吏有法度,民颂其治行。其得罪死,颇谓其忤和珅,为所陷。尤虑至京师廷鞫,或发其阴私,故以蜚语激上怒,迫之死云。

论曰:居丧不沐浴,百日剃发,亦其遗意也。塞楞额坐是中危法,学健虽以他事诛,然得罪仍在初狱。鄂昌以门户生恩怨,家屏以搢绅言利病,皆足以掇祸。罗织文字,其借焉者也。因培起边远,受峻擢,屡蹶屡起,乃以欺罔傅重比。常安、福崧死于赇,然封疆有政声。论者以为冤,事或然欤?

清史稿卷三三九
列传第一二六

恒文 郭一裕 蒋洲 杨灏 高恒
子高朴 王亶望 勒尔谨 陈辉祖 郑源琦
国泰 郝硕 良卿 方世俊 钱度
觉罗伍拉纳 浦霖

恒文,乌佳氏,满洲正黄旗人。雍正初,以诸生授笔帖式,四迁兵科给事中。外授甘肃平庆道,再迁贵州布政使。乾隆初,方用兵金川,恒文奏言:"兵贵神速。臣官甘肃平庆道时,见提督以下诸营,或三之一,或四之一,择勇健者,名为援剿兵将,备预定旗帜器械,及奖赍诸项亦预存。贵州乃无此例。本年四川调兵二千,迟至六日方得起程。请仿甘肃例预为计,提督驻安顺,设重兵,请于府库贮银五千待用。"既又疏上行军诸节目。上嘉其能治事,移直隶。十六年,擢湖北巡抚。疏请采汉铜广鼓铸,请增筑武昌近城石堤,请停估变省城道仓空廒、备贮协济邻省米石均得旨允行。十八年,署湖广总督,移山西巡抚。

二十一年,擢云贵总督。二十二年三月,疏劾贵州粮道沈迁婪索属吏,鞫实论斩。恒文与云南巡抚郭一裕议制金炉上贡,恒文令属吏市金,减其值,吏民怨咨。一裕乃疏劾恒文贪污败检,列款以上。上命刑部尚书刘统勋会贵州巡抚定长即讯,得恒文令属吏市金减金值,及巡察营伍从仆婪索诸事,逮送京师。上责恒文:"为大臣,以进献为名,私饱己橐,簠簋不饬,负恩罪大。"遣侍卫三泰、扎拉丰阿乘传就恒文所至,宣谕赐自尽。

郭一裕,湖北汉阳人。雍正初,入赀为知县,除江南清河知县。稍迁山西太原知府。乾隆中,累擢云南巡抚。恒文对簿,具言贡金炉议发自一裕。统勋等察知一裕亦令属吏市金,见恒文以减值敛怨,乃先发为掩覆计。事闻,上谓:"一裕本庸鄙,前为山东巡抚,尝请进万金上供。在官惟以殖产营运为事,但上不至如恒文之狼藉。"命夺职,发军台效力。手诏谓:"恒文及一裕罪轻重一归允当,毋谓一裕以汉吏劾满洲终两败也。"一裕呈部请输金赎罪,会蒋洲、杨灏皆以婪索属吏坐诛,洲狱具,得同官朋比状。上因谓:"恒文事发自一裕,尚彼胜于此。"特许其纳赎。居数年,予三品衔,授河南按察使。以老罢,卒。

蒋洲,江南常熟人,大学士廷锡子。自主事累擢至山西布政使。二十二年,就迁巡抚,旋移山东,以塔永宁代。塔永宁劾洲贪纵,亏库帑巨万,将行,令冀宁道杨龙文、太原知府七赍扎诸属吏纳赎弥所亏。统勋自云南还,上命驰往会塔永宁按治。解洲任,逮送山西严鞫,得实,诛洲,并及龙文、七赍论绞候。诸属吏亏帑,文职知州朱廷扬等、武职守备武琏等,皆论罪如律。陕西巡抚明德,以前官山西尝取洲及诸属吏赇,亦论绞候。上命发甘肃交黄廷桂听差遣。

杨灏,直隶曲阳人。乾隆中,官湖南布政使。时以湖南仓谷济江南当籴补,灏发谷值百取一二,得金三千有奇。巡抚陈宏谋疏劾,谳实,坐斩。二十二年,秋谳,巡抚蒋炳以灏限内完赃,拟入缓决,上怒,命诛灏,夺炳官,逮京师,论罪坐斩。上以炳意在沽誉,尚未尝受贿,改戍军台。按察使夔舒亦坐是夺职。

高恒,字立斋,满洲镶黄旗人,大学士高斌子也。乾隆初,以荫生授户部主事,再迁郎中。出监山海关、淮安、张家口榷税,署长芦盐政、天津总兵。二十二年,授两淮盐政。江苏巡抚陈宏谋疏言:

“海州产盐盛，请令河东买运配引赴陕西引地行销。淮北盐贱，并令淮南商买运适中之地，作常平仓盐备缺额补配。”命高恒会两江总督尹继善覆议，寻疏陈：“海洲产盐盛衰，视天时晴雨，难定成数。距陕西三千余里，黄河逆流而上，断难挽运。自海州出场，经淮、徐、海各属，皆淮北食盐口岸。徐州以上，又系长芦引地。恐沿途挟私，淮南额引多，盐场广，有盈无绌。即淮北盐价稍贱，加以脚费折耗亦相等。若令淮南销淮北余盐，尤非商情所便。纵发官帑与之收买，亦难强其领运。”疏入，上从之。湖广总督李侍尧疏言湖北盐骤贵，请饬淮商减价。命高恒赴湖北会议。定湖北盐价，视淮商成本每包以二钱三分一厘为制。二十九年，授上驷院卿，仍领两淮盐政。三十年，以从兄高晋为两江总督，当回避，召署户部侍郎。疏陈整顿纲课，定分季运清奖励之制，命以告后政普福。寻授总管内务府大臣。三十二年，署吏部侍郎。是时上屡南巡，两淮盐商迎跸，治行宫扬州，上临幸，辄留数日乃去，费不赀，频岁上贡稍华侈。

高恒为盐政，陈请预提纲引岁二十万至四十万，得旨允行。复令诸商每引输银三两为公使钱，因以自私，事皆未报部。三十三年，两淮盐政尤拔世发其弊，上夺高恒官，命江苏巡抚彰宝会尤拔世按治。诸盐商具言频岁上贡及备南巡差共用银四百六十七万余，诸盐政虽在官久，尚无寄商生息事。上责其未详尽，下刑部鞫实，高恒尝受盐商金，坐诛。普福及盐运使卢见曾等罪有差。

子高朴，初授武备院员外郎。累迁给事中，巡山东漕政。三十七年，超擢都察院左副都御史。值月食，救护未至，上谕：谓“高朴年少奋勉，是以加恩擢用，非他人比。乃在朕前有意见长，退后辄图安逸，岂足副朕造就裁成之意？”吏议夺职，命宽之。迁兵部右侍郎。上录诸直省道府姓名，密记治行优绌，谓之《道府记载》，太监高云从偶泄于外廷。左都御史观保，侍郎蒋榮、吴坛、倪承宽尝因侍班私论其事，高朴闻，具疏劾，上怒，下刑部鞫治。寻命诛云从，贷观保等，不竟其事。诏谓：“云从以贱役无忌惮，岂可不亟为整饬以肃纪纲？但不屑因此兴大狱，故不复穷治。诸大臣岂无见闻，独高朴为之陈奏，内省应自惭。若因此图倾高朴，则是自取其死。高朴若沾沾自喜，不知谨懔，转致妄为，则高云从即其前车，朕亦不能曲贷也。"四十一年，命往叶尔羌办事。距叶尔羌四百余里，有密尔岱山，产玉，旧封禁。高朴疏请开采，岁一次。四十三年，阿奇木伯克色提巴勒底诉高朴役回民三千采玉，婪索金宝，并盗鬻官玉。乌什办事大臣永贵以闻，上命夺官严鞫，籍其家，得寄还金玉。永贵又言叶尔羌存银一万六千余、金五百余。高朴坐诛。

方上诛高恒，大学士傅恒从容言乞推慧贤皇贵妃恩贷其死，上曰："如皇后兄弟犯法，当奈何？"傅恒战栗不敢言。至是，谕曰："高朴贪婪无忌，罔顾法纪，较其父高恒尤甚，不能念为慧贤皇贵妃侄而稍矜宥也。"

王亶望，山西临汾人，江苏巡抚师子。自举人捐纳知县，发甘肃，知山丹、皋兰诸县。选授云南武定知府，引见，命仍往甘肃待缺，除宁夏知府。累迁浙江布政使，暂署巡抚。乾隆三十八年，上幸天津，亶望贡方物，范金为如意，饰以珠，上拒弗纳。三十九年，移甘肃布政使。甘肃旧例，令民输豆麦，予国子监生，得应试入官，谓之"监粮"，上令罢之。既，复令肃州、安西收捐如旧例。亶望至，申总督勒尔谨，以内地仓储未实为辞，为疏请诸州县皆得收捐。既，又请于勒尔谨，令民改输银。岁虚报旱灾，妄言以粟治赈，而私其银，自总督以下皆有分，亶望多取焉，议初行，方半载，亶望疏报收捐一万九千名，得豆麦八十二万。上谓："甘肃民贫地瘠，安得有二万人捐监？又安得有如许余粮？今半年已得八十二万，年复一年，经久陈红，又将安用？即云每岁借给民间，何如留于闾阎，听其自为流转？"因发"四不可解"诘勒尔谨，勒尔谨饰辞具覆。上谕曰："尔等既身任其事，勉力妥为之可也。"四十二年，擢浙江巡抚。四十五年，上南巡，亶望治供张甚侈。上谓："省方问俗，非为游观计。今乃添建屋宇，点缀镫彩，华缛繁费，朕实所不取。"戒毋更如是。亶望旋居母丧，疏请治丧百日后，留塘工自效，上许之。浙江巡抚李质颖入觐，奏陈海塘事，因及亶望意见不相合,遂言亶望不遣妻孥还里行丧。上降旨责其忘亲越礼,夺官,仍留塘工自效。

四十六年,命大学士阿桂如浙江勘工。阿桂疏发杭嘉湖道王燧贪纵、故嘉兴知府陈虞盛浮冒状,上谕曰:"朕上年南巡,入浙江境,即见其侈靡,诘亶望,言虞盛所为。令燧等借大差为名,贪纵浮冒,必亶望为之庇护。"命逮燧严鞫。会河州回苏四十三为乱,勒尔谨师屡败,亦被逮。大学士阿桂出视师,未即至,命尚书和珅先焉,和珅疏言入境即遇雨,阿桂报师行亦屡言雨。上因疑甘肃频岁报旱不实,谕阿桂及总督李侍尧令具实以闻。阿桂、侍尧疏发亶望等令监粮改输银及虚销赈粟自私诸状,上怒甚,遣侍郎杨魁如浙江会巡抚陈辉祖召亶望严鞫,籍其家,得金银逾百万。上幸热河,逮亶望、勒尔谨及甘肃布政使王廷赞赴行在,令诸大臣会鞫。亶望具服发议监粮改输银,令兰州知府蒋全迪示意诸州县伪报旱灾,迫所辖道府具结申转。在官尚奢侈,皋兰知县程栋为支应,诸州县馈赂率以千万计。狱定,上命斩亶望,赐勒尔谨自裁,廷赞论绞,并命即兰州斩全迪。遂令阿桂按治诸州县,冒赈至二万以上皆死,于是坐斩者栋等二十二人,余遣黜有差。上谓:"此二十二人之死,皆亶望导之使陷于法,与亶望杀之何异?"令夺亶望子裘等官,发伊犁,幼子逮下刑部狱,年至十二,即次第遣发,逃者斩。陕甘总督李侍尧续发得赇诸吏,又诛闵鹓元等十一人,罪董熙等六人。

五十九年,上将归政,国史馆进《师传》。上览其治迹,乃赦亶望子还,幼者罢勿遣,谓"勿令师绝嗣也。"

勒尔谨,宜特墨氏,满洲镶白旗人。乾隆初,以翻译进士授刑部主事,迁员外郎。外授直隶天津道。累迁陕甘总督。四十二年,河州回黄国其、王伏林为乱,驰往捕治,诛国其、伏林及其徒四百余人。四十六年,循化回苏四十三复起,勒尔谨令兰州知府杨士玑、河州协副将新柱率二百人往捕,为所戕,遂破河州。勒尔谨赴援,闻贼将自小道径攻兰州,引还城守。上责勒尔谨观望失机,夺官。下刑部论斩,上命改监候,卒坐亶望狱死。陈辉祖又以籍亶望家匿金玉器,谴诛。

辉祖,湖南祁阳人,两广总督大受子也。以荫生授户部员外郎,迁郎中。外授河南陈州知府。累迁闽浙总督,兼领浙江巡抚。亶望狱起,辉祖弟严祖为甘肃知县,狱辞连染。上以辉祖当知状,诘之,不敢言,诏严切,乃具陈平日实有所闻,惊严祖且得罪,隐忍未闻上,因请罪,降三品顶戴留任。时安徽巡抚闵鹗元,亦坐其弟鹓元与辉祖同谴。既,布政使盛住疏言检校亶望家入官物与原册有异同,命大学士阿桂按治,具得辉祖隐匿私易状,论斩。上曰:"辉祖罪固无可逭,然与亶望较,终不同。传云:'与其有聚敛之臣,宁有盗臣',辉祖盗臣耳。亦命改监候。"四十七年,浙江巡抚福崧奏桐乡民因征漕聚众哄县庭,辉祖宽其罪,次年乃复哄。浙闽总督富勒珲奏两省诸州县亏仓谷,福建水师提督黄仕简奏台湾民互斗,于是上罪辉祖牟利营私,两省庶政皆废弛贻误,罪无异亶望,赐自裁。五十三年,又以湖北吏治阘茸,弊始辉祖为巡抚时,戍其子伊犁。

乾隆季,诸贪吏首亶望,次则郑源璹。

源璹,直隶丰润人。以贡生授户部主事,累迁湖南布政使。仁宗既诛和珅,有言源璹贪黩状,下巡抚姜晟按治。源璹具服收发库项,加扣平余,数逾八万。署内眷属几三百人,自蓄优伶,服官奢侈。上宣示源璹罪状,因言:"诸直省大吏宴会酒食,率以属首县,首县复敛于诸州县。率皆朘小民之脂膏,供大吏之娱乐,展转苛派,受害仍在吾民。通谕诸直省,令悛改积习。"寻命斩源璹。

国泰,富察氏,满洲镶白旗人,四川总督文绶子也。国泰初授刑部主事,再迁郎中。外擢山东按察使,迁布政使。三十八年,文绶官陕甘总督,奉命按前四川总督阿尔泰纵子明德布蓁索属吏,徇不以实陈,戍伊犁。国泰具疏谢,请从父戍所赎父罪。上谕曰:"汝无罪,何必惶惧?"四十二年,迁巡抚。

国泰纨袴子,早贵,遇属吏不以礼,小不当意,辄呵斥。布政使于易简事之诌,至长跪白事。易简,江苏金坛人,大学士敏中弟也。

大学士阿桂等以国泰乖张,请改京朝官。四十六年,上为召易简诣京师问状,易简为国泰力辨。上降旨戒国泰驭属吏当宽严得中,令警惕改悔。会文绶复官四川总督,以喃匪为乱,再戍伊犁,国泰未具疏谢。居月余,疏谢赐鹿肉,上诘责。国泰请纳养廉为父赎,并乞治罪,上宽之。

四十七年,御史钱沣劾国泰及易简贪纵营私,征赂诸州县,诸州县仓库皆亏缺。上命尚书和珅、左都御史刘墉按治,并令沣与俱。和珅故袒国泰。墉持正,以国泰虐其乡,右沣。验历城库银银色不一,得借市充库状。语互详《沣传》。国泰具服婪索诸属吏,数辄至千万。易简诒国泰,上诘不敢以实对。狱定,皆论斩,上命改监候,逮系部狱。巡抚明兴疏言通察诸州县仓库,亏二百万有奇,皆国泰、易简在官时事。上命即狱中诘国泰等,国泰等言因王伦乱,诸州县以公使钱佐军兴,乃亏及仓库。上以“王伦乱起灭不过一月,即谓军兴事急,何多至二百万?即有之,当具疏以实闻。国泰、易简罔上行私,视诸属吏亏帑恝置不问,罪与王亶望等均。”命即狱中赐自裁。

赫硕,汉军镶黄旗人。父郝玉麟,官两江总督。郝硕袭骑都尉世职,授户部员外郎,直军机处,迁郎中。外授山东登莱青道,三迁江西巡抚。将朝京师,以行李不具,征属吏纳赂。四十九年,两江总督萨载论劾,逮京师鞫实。上谓:“郝硕罪同国泰,小有才,地方事尚知料理。郝硕尝朝行在,问以地方事,不知所对。不意复贪婪若是!且郝硕托辞求赂,正国泰事败时,乃明知故蹈,无复忌惮。即视国泰例赐自裁。”因通谕诸直省督抚,当持名节,畏宪典,以国泰、郝硕为戒。

良卿,富察氏,满洲正白旗人。乾隆七年进士,授户部主事,迁郎中。外授直隶通永道,累迁贵州布政使。三十二年,命署巡抚。

师征缅甸,良卿董台站。上谕良卿:“师行供顿有资民力者,核实奏闻。”良卿疏言:“此项多乡保措办,银数多寡参差,无从核算。”上谓:“师行供顿有资民力,亦当官为检核。若以乡保措办遂置不问,民瘼何所仰赖?且吏役因以为奸,又何所不至耶?良卿以布政使署巡抚,何得诿为不知?"下吏议,当降调,命改夺官,仍留任。既,上发帑佐军需,良卿请确查散给,上诘良卿:"既言无从核算,何能确查散给?"命留供续发官军。良卿又疏陈贵州兵极能走险耐瘴,请募五千人习枪炮、藤牌备征发。上嘉其尽心,赐孔雀翎。寻移广东,以募兵事未竟,仍留贵州。贵州产铅,岁采运供铸钱,以粮道主其事。三十四年,良卿疏劾威宁知州刘标运铅不如额,并亏工本运值,夺标职,令良卿详谳。良卿疏陈标亏项,并劾粮道永泰,请简大臣会鞫,上为遣内阁学士富察善如贵州会良卿按治。永泰揭户部陈标亏项由长官婪索,因及良卿及按察使高积贪黩状,上解良卿职,复命刑部侍郎钱维城、湖广总督吴达善即讯。故事,奏折置黄木匣,外护以黄绫袱,至御前始启。上发副将军阿桂军中,奏于袱内得普安民吴俤诉官吏、土目私派累民状,命吴达善密勘。而刘标亦遣人诣户部诉上官婪索,呈簿记,上申命吴达善严鞫。

吴达善先后疏言标积年亏帑至二十四万有奇。良卿意在弥补掩覆,见事不可掩,乃以访闻奏劾。及追缴银六千有奇,令留抵私填公项,不入查封,始终隐饰。又及高积鬻储库水银,良卿有祖庇状。良卿长支养廉,为前布政使张逢尧及积署布政使时支放。普安州民吴国治诉知州陈昶籍军兴私派累民,良卿即令昶会鞫,不竟其事,乃致俤贿驿吏附奏事达御。上乃责良卿负恩欺罔,罪不止于骩法婪赃,命即贵州省城处斩,销旗籍,以其子富多、富永发伊犁,畀厄鲁特为奴。积、逢尧、标皆坐谴。

方世俊,字毓川,安徽桐城人。乾隆四年进士授户部主事。累迁太仆寺少卿,外授陕西布政使。二十九年,擢贵州巡抚。三十二年,调湖南巡抚。刘标讦发上官婪索,言世俊得银六千有奇,上命夺官,逮送贵州,其仆承世俊得银千。狱成,械致刑部,论绞决,上命改监候。秋谳入情实,伏法。

钱度,字希裴,江南武进人。乾隆元年进士,授吏部主事,累迁广西道监察御史。外授安徽徽州知府，累擢至方面。其为江安督粮道、河库道，皆再任，历十余年，上嘉其久任奋勉。二十九年，授云南布政使。三十三年，迁广东巡抚。师方征缅甸，度主馈军，命以巡抚衔领布政使。未几，移广西巡抚，乃之官，贺县囚越狱，度请宽知县郑之翀罪。上命夺之翀职，责度宽纵。学政梅立本按试郁林，索供应，民聚哄。上命度定学政供应夫船事例，度拟从宽备，失上指，仍左授云南布政使。三十七年，监铜厂。宜良知县朱一深揭户部，告度贪婪，勒属吏市金玉，上命刑部侍郎守侗如云南会总督彰宝、巡抚李湖按治。贵州巡抚图思得奏获度仆持金玉诸器，自京师将往云南，值银五千以上。江西巡抚海明奏获度仆携银二万九千有奇，自云南将往江南，并得度寄子鄹书，令为复壁藏金，为永久计。两江总督高晋籍度家，得窖藏银二万七千，又寄顿金二千。守侗等讯得度刻扣铜本平余，及勒属吏市金玉得值，具服，逮送京师。命军机大臣会刑部覆谳，以度侵欺勒索赃私具实，罪当斩，命即行法。子鄹亦论绞，上为改缓决，寻遇赦，仍不令应试出仕。嘉庆五年，弛其禁。

觉罗伍拉纳，满洲正黄旗人。初授户部笔帖式，外除张家口理事同知。累迁福建布政使。林爽文之乱，伍拉纳主馈军，往来蚶江、厦门，事定，赐花翎，迁河南巡抚。五十四年，授闽浙总督。上以福建民情犷悍，戒伍拉纳当与巡抚徐嗣曾商榷整饬。伍拉纳督属吏捕盗，先后所诛杀百数十人。以内地民多渡海至台湾，疏请海口设官渡，便稽察。时定往台湾者出蚶江，民舟或自厦门渡，亦令至蚶江报验，疏请罢其例，俾得迳出厦门。言者以海中岛屿多，流民散处为盗薮，当毁其庐，徙其民，毋使滋蔓。下滨海诸直省议，伍拉纳疏言："福建海中诸岛屿，流民散处，凡已编甲输粮者，当不在例中。"上命诸岛屿非例当封禁，皆任其居处。浙江嘉善县民诉县吏征漕浮收，下伍拉纳按治，论如律。

伍拉纳治尚严，疏劾金门镇总兵罗英笈巡洋兵船遇盗不以实报，英笈坐谴。又论邵武营守备余朝武等侵饷，营吏黄国材等冒饷，

黄岩右营守备叶起发属兵遇盗不以实报,外委陈学明避盗伪为被
创,营兵柯大斌诬告,营官皆傅重比。五十七年,同安民陈苏老、晋
江民陈滋等为乱,设觔黥会。"觔黥"字妄造,以代"天地"。伍拉纳
率按察使戚蓼生赴泉州捕得苏老等,诛一百五十八人,戍六十九
人。五十九年,义乌民何世来,宣平民王元、楼德新等为乱,立邪教。
伍拉纳率按察使钱受椿赴金华。浙江巡抚吉庆已捕诛世来、德新,
伍拉纳覆谳诸胁从,复诛鲍茂山、吴阿成等,还福建至浦城,捕得
元,诛之。

六十年,台湾盗陈周全为乱,陷彰化。伍拉纳出驻泉州,发兵令
署陆路提督乌兰保、海坛镇总兵特克什布赴剿,彰化民杨仲舍等击
破周全,乱已定。是岁,漳、泉被水,饥。伍拉纳至,民哄集乞赈,未
以闻。上促伍拉纳赴台湾,累诏诘责,伍拉纳自泉州往。福州将军
魁伦疏言:"伍拉纳性急,按察使钱受椿等迎合,治狱多未协。漳、泉
被水,米值昂,民贫,巡抚浦霖等不为之所,多入海为盗。虎门近在
省会,亦有盗舟出没。"上为罢伍拉纳、浦霖,命两广总督觉罗长麟
署总督,魁伦署巡抚。

伍拉纳至台湾,劾鹿仔港巡检朱继功以丧去官,贼起,即携眷
内渡,请夺官戍新疆。上谕曰:"伍位纳为总督,台湾贼起,陷城戕
官,朕屡旨严饬始行。继功丁忧巡检,转责其携眷内渡,加以远戍。
伍拉纳纳畏葸迁延,乃欲以此自掩,何其不知耻也!"伍拉纳、浦霖
贪纵、婪索诸属吏,州县仓库多亏缺。伍拉纳尝疏陈清查诸州县仓
库,亏谷六十四万有奇、银三十六万有伍拉纳、浦霖及布政使伊辙
布、按察使钱受椿皆夺官,交长麟、魁伦按谳。

长麟、魁伦勘布政司库吏周经侵库帑八万有奇,具狱辞以上。
上疑长麟等意将归狱于经,斥其徇隐。长麟等疏发伍拉纳受盐商赇
十五万,霖亦受二万,别疏发受椿谳长秦械斗狱,狱毙至十人,得赇
销案。籍伍拉纳家,得银四十万有奇、如意至一百余柄,上比之元载
胡椒八百斛。籍霖家,得窖藏金七百、银二十八万,田舍值六万有
奇,他服物称是:逮京师,廷鞫服罪,命立斩。

伊辙布亦逮京师,道死。受椿监送还福建,夹二次,重笞四十,乃集在省诸官吏处斩。又以长麟主宽贷,夺官召还,以魁伦代之,遂兴大狱,诸州县亏帑一万以上皆斩,诛李堂等十人,余谴黜有差。

霖,浙江嘉善人。乾隆三十一年进士,授户部主事,再迁郎中。外授湖北安襄郧道。累迁福建巡抚,移湖南,复迁福建。及得罪,上谓:"伍拉纳未尝学问,或不知洁己奉公之义。霖以科目进,起自寒素,擢任封疆,乃贪黩无厌,罔顾廉耻,尚得谓有人心者乎?"霖及伍拉纳、伊辙布、受椿诸子皆用王亶望例戍伊犁。嘉庆四年,赦还。

论曰:高宗谴诸贪吏,身大辟,家籍没,僇及于子孙。凡所连染,穷治不稍贷,可谓严矣!乃营私骫法,前后相望,岂以执政者尚贪侈,源浊流不能清欤?抑以坐苞苴败者,亦或论才宥罪,执法未尝无挠欤? 然观其所诛殛,要可以鉴矣!

清史稿卷三四〇
列传第一二七

王杰　董诰　朱珪

　　王杰，字伟人，陕西韩城人。以拔贡考铨蓝田教谕，未任，遭父丧，贫甚，为书记以养母。两江总督尹继善、江苏巡抚陈宏谋幕，皆重之。初从武功孙景烈游，讲濂、洛、关、闽之学。及见宏谋，学益进，自谓生平行己居官得力于此。

　　乾隆二十六年，成进士，殿试进呈卷列第三。高宗熟视字体如素识，以昔为尹继善缮疏，曾邀宸赏，询知人品，即拔置第一。及引见，风度凝然，上益喜。又以陕人入本朝百余年无大魁者，时值西陲戡定，魁选适得西人，御制诗以纪其事。寻直南书房，屡司文柄。五迁至内阁学士。三十九年，授刑部侍郎，调吏部，擢左都御史。四十八年，丁母忧，即家擢兵部尚书。车驾南巡，杰赴行在谢。上曰："汝来甚好。君臣久别，应知朕念汝。然汝儒者，不欲夺汝情，归终制可也。"服阕，还朝。五十一年，命为军机大臣、上书房总师傅。次年，拜东阁大学士，管理礼部。台湾、廓尔喀先后平，两次图形紫光阁，加太子太保。

　　杰在枢廷十余年，事有可否，未尝不委曲陈奏。和珅势方赫，事多擅决，同列隐忍不言，杰遇有不可，辄力争。上知之深，和珅虽厌之而不能去。杰每议政毕，默然独坐。一日，和珅执其手戏曰："何柔荑乃尔？"杰正色曰："王杰手虽好，但不能要钱耳！"和珅赧然。嘉庆元年，以足疾乞免军机、书房及管理部事，允之。有大事，上必谘询，杰亦不时入告。

时教匪方炽，杰疏言："贼匪剿灭稽迟，由被贼灾民穷无倚赖，地方官不能劳来安辑，以致胁从日众，兵力日单而贼焰日炽。此时当安良民以解从贼之心，抚官兵以励行间之气。三年之内，川、楚、秦、豫四省杀伤不下数百万，其幸存而不从贼者，亦皆锋镝之余，男不暇耕，女不暇织。若再计亩征输，甚至分外加派，胥吏因缘勒索，艰苦情形无由上达圣主之前。祈将被贼地方钱粮蠲免，不令官吏舞弊重征，有来归者概勿穷治，贼势或可渐孤矣。至于用兵三载未即成功，实由将帅有所依恃，怠玩因循，非尽士卒之不用命也。乞颁发谕旨，曲加怜恤，有骄惰不驯者，令经略概行撤回，或就近更调召募，申明纪律，鼓行励戎，庶几人有挟纩之欢，众有成城之志。"又言："教匪之蔓延，其弊有二：一由统领之有名无实。勒保虽为统领，而统兵大员名位相等，人人得专折奏事，于是贼至则畏避不前，贼去则捏称得胜。即如前风贼窜兴安，领兵大员有'匪已渡江五日，地方官并不禀报'之奏，此其畏避情形显而易见。又如去岁贼扰西安城南，杀伤数万，官兵既不近贼，抚臣一无设施。探知贼去已远，然后虚张声势，名为追贼，实未见贼，近闻张汉潮蔓延商、洛，高均德屯据洋县，往来冲突，如入无人之境。秦省如此，川省可知。时由统领不专，赏罚不明之所致也。一由领兵大员专恃乡勇。乡勇阵亡，无庸报部，人数可以虚捏。藉乡勇为前阵，既可免官兵之伤亡，又可为异日之开销，此所以耗国帑而无可稽核也。臣以为军务紧要，莫急于去乡勇之名而为召募之实，盖有五利：一，民穷无依，多半从贼，苟延性命，募而为兵，即有口粮，多一为兵之人，即少一从贼之人；一，隔省征调，旷日持久，就近召募，则旬日可得；一，征兵远来，筋力已疲，召募之人，不须跋涉；一，隔省之兵，水土不习，路径不谙，就近之人，则不虑此；一，乡勇势不能敌，则逃散无从惩治，召募之兵退避，则有军法。具此五利，何不增募，一鼓而歼贼？如谓兵多费多，独不思一万兵食十月之粮，与十万兵食一月之粮，其费相等而功可早奏也。"疏入,并被采用。

二年,复召直军机,随扈热河。未几,因腿疾,诏毋庸入直,先行回京。三年秋,川匪王三槐就擒,封赏枢臣,诏"杰见虽未直军机,军兴曾有赞画功,并予优叙"。

洎仁宗亲政,杰为首辅,遇事持大体,竭诚进谏,上优礼之。五年,以衰病乞休,温诏慰留,许扶杖入朝。七年,固请致仕,晋太子太傅,在籍食俸。八年春,濒行上疏,略谓:"备省亏空之弊,起于乾隆四十年以后,州县营求馈送,以国帑为贪缘,上司受其挟制,弥补无期。至嘉庆四年以后,大吏知尚廉节,州县仍形拮据,由于苦乐不均,贤否不分,宜求整饬之法。又,旧制,驿丞专司驿站,无可诛求。自裁归州县,滥支苛派,官民俱病。宜先清驿站,以杜亏空。今当军务告竣,朝廷勤求治理,无大于此二者。请睿裁独断,以挽积重之势。"所言切中时弊,上嘉纳之。陛辞日,赐高宗御用玉鸠杖、御制诗二章,以宠其行,有云:"直道一身立廊庙,清风两袖返韩城。"时论谓足尽其生平。既归,岁时颁赏不绝,每有陈奏,上辄亲批答,语如家人。

九年,杰兴妻程并年八十,命巡抚维甸赍御制诗、额、珍物,于生日就赐其家。杰诣阙谢,明年正月,卒于京邸。上悼惜,赐金治丧,赠太子太师,祀贤良祠,谥文端。

杰体不逾中人,和蔼近情,而持守刚正,历事两朝,以忠直结主知。当致仕未行,会有陈德于禁城惊犯乘舆,急趋朝请对曰:"德庖厨贱役,安敢妄蓄逆谋?此必有元奸大慝主使行明张差之事,当除肘腋之患。"至十八年林清逆党之变,上思其言,特赐祭焉。

孙笃,道光二年进士,历编修、御史,出为汀州知府、广东督粮道,署盐运使。时林则徐为按察使,治海防,甚倚之。募广州游手精壮者备守御,以机敏称。擢山东布政使。署巡抚。失察家人、属官受赂,连降罢职归,襄理西安城工。卒,赠布政使衔。

董诰,字蔗林,浙江富阳人,尚书邦达子。乾隆二十八年进士,

殿试进呈卷列第三,高宗因大臣子,改二甲第一。选庶吉士,即预修
《国史》、《三通》、《皇朝礼器图》。散馆,授编修。三十二年,命入懋
勤殿写金字经为皇太后祝嘏。次年,大考翰詹,因写经未与试,特加
一级。寻擢中允,丁父忧。三十六年,服阕,入直南书房。初,邦达
善书画,受高宗知。诰承家学,继为侍从,书画亦被宸赏,龙以奉职
恪勤为上所眷注。累迁内阁学士。四十年,擢工部侍郎,调户部,历
署吏、刑两部侍郎,兼管乐部。充四库馆副总裁,接办《全书荟要》,
命辑《满洲源流考》。四十四年,命为军机大臣。五十二年,加太子
少保,擢户部尚书。台湾、廓尔喀先后底定,并列功臣,图形紫光阁。

嘉庆元年,授受礼成,诏朱珪来京,将畀以阁务,仁宗贺以诗。
属稿未竟,和珅取白高宗曰:"嗣皇帝欲市恩于师傅。"高宗色动,顾
诰曰:"汝在军机、刑部久,是于律意云何?"诰叩头曰:"圣主,无过
言。"高宗默然良久,曰:"汝大臣也,善为朕辅导之。"乃以他事罢珪
之召。时大学士悬缺久,难其人。高宗谓刘墉、纪昀、彭元瑞三人皆
资深,墉遇事模棱,元瑞以不捡获愆,昀读书多而不明理,惟诰在直
勤勉,超拜东阁大学士,明诏宣示,俾三人加愧励焉。命总理礼部,
仍兼管户部事。二年,丁生母忧,特赐陀罗经被,遣御前侍卫、额驸
丰绅殷德奠醊。

诰既以丧归,川、楚兵事方亟,高宗欲召之,每见大臣,数问:
"董诰何时来?"逾年,葬母毕,诣京师,和珅遏不上闻。会驾出,诰于
道旁谢恩,高宗见之,喜甚,命暂署刑部尚书,素服视事,不预典礼,
专办秋谳及军营纪略,且曰:"诰守制已逾小祥,,不得已用人之苦
心,众当共谅。"寻以王三槐就擒,与军机大臣同被议叙。四年春,高
宗崩,和珅伏诛,命诰复直军机,晋太子太保。既,服阕,授文华殿大
学士,兼刑部尚书如故。高宗山陵礼成,命题神主,晋太子太傅。七
年,三省教匪平,予骑都尉世职。十二年,《高宗实录》告成。诏以诰
在馆八年,始终其事,特加优奖,赐其父邦达入祀贤良祠。十四年,
万寿庆典,晋太子太师。充上书房总师傅。十七年,晋太保。

十八年,扈从秋狝。林清逆党突入禁城,时回銮,中途闻变,有

议俟调大兵成列而后进者,诰曰:"是滋乱也,献俘者行至矣!"即日扈驾进次,人心乃定。穷治邪教,诰谓:"烧香祈福,愚民无知,率所常有。惟从逆者不可贷。"凡论上,皆以是定谳。林清既诛,滑县逆匪寻平,论功,迭被优叙,赐沿子淳为郎中。二十年,因病请致政,温诏慰留,改管兵部。未几,复命管刑部。二十三年,再疏乞休,许致仕食全俸。是年十月,卒,赠太傅。上亲奠,入祀贤良祠,赐金治丧,御制诗挽之,嘉其父子历事三朝,未尝增置一亩之田、一椽之屋,命刻诗于墓,以彰忠荩。谥文恭。

诰直军机先后四十年,熟于朝章故事,有以谘者,无不悉。凡所献纳皆面陈,未尝用奏牍。当和珅用事,与王杰楮柱其间,独居深念,行处几失常度,卒赞仁宗歼除大憝。及林清之变,独持镇定,尤为时称云。

朱珪,字石君,顺天大兴人。先世居萧山,自父文炳始迁籍。文炳官周至知县,曾受经于大学士朱轼。珪少傅轼学,与兄筠同乡举,并负时誉。乾隆十三年成进士,年甫十八,选庶吉士,散馆授编修。数遇典礼,撰进文册。高宗重其学行,累迁侍读学士。二十五年。出为福建粮驿道。擢按察使,治狱平恕,以父忧去。三十二年,补湖北按察使。会缅甸用兵,以部署驿务详慎,被褒奖。

调山西,就迁布政使,署巡抚。疏请归化、绥远二城谷二万余石搭放兵粮,以省采买、免红朽。又免土默特蒙古私垦罪,以所垦牧地三千余顷,许附近兵民认耕纳租,岁六千余两,增官兵公费。又太仆寺牧地苦寒,改征折色,以便民除弊:皆下部议行。珪方正,为同寮所不便,按察使黄检奏劾读书废事。

四十年,召入觐,改授侍讲学士,直上书房,侍仁宗学。四十四年,典福建乡试。次年,督福建学政。濒行,上五箴于仁宗:曰养心,曰敬身,曰勤业,曰虚己,曰致诚。仁宗力行之,后亲政,尝置左右。五十一年,擢礼部侍郎。典江南乡试,督浙江学政。还朝,调兵部。五十五年,典会试。出为安徽巡抚。皖北水灾,驰驿往振。携仆数人，与村民同舟渡，振宿州、泗州、砀山、灵璧、五河、盱眙余灾，轻者贷以粮种。筑决堤，展春振，并躬莅其事，民无流亡。五十九年，调广东。寻署两广总督，授左都御史、兵部尚书，仍留巡抚任。嘉庆元年，授总督，兼署巡抚。珪初以文学受知。洎出任疆寄，负时望，将大用。和珅忌之，授受礼成，珪进颂册，因加指摘，高宗曰："陈善纳诲，师傅之职宜尔，非汝所知也。"会大学士缺，诏召珪，卒为和珅所沮。以广东艇匪扰劫闽、浙，责珪不能缉捕，寝前命，左迁安徽巡抚。皖北复灾，亲治赈，官吏无侵蚀。三省教匪起，安徽亦多伏莽。珪曰："疑而索之，是激之变。"亲驻界上筹防御，遍莅颍、亳所属，集乡老教诫之，民感化，境内迄无事。明年，授兵部尚书，调吏部，仍留巡抚任。

四年正月，高宗崩，仁宗即驰驿召珪，闻命奔赴。途中上疏，略曰："天子之孝，以继志述事为大。亲政伊始，远听近瞻，默运乾纲，霶施涣号。阳刚之气，如日重光，恻怛之仁，无幽不浃。修身则严诚欺之界，观人则辨义利之防。君心正而四维张，朝廷清而九牧肃。身先节俭，崇奖清廉，自然盗贼不足平，财用不足阜。惟愿皇上无忘尧、舜自任之心，臣敢不勉仁义事君之道。"至京哭临，上执珪手哭失声。命直南书房，管户部三库。加太子少保，赐第西华门外。时召独对，用人行政悉以谘之。珪造膝密陈，不关白军机大臣，不沽恩市直，上倾心一听，初政之美，多出赞助。

寻充上书房总师傅，调户部尚书，诏清漕政，禁浮收。疆吏以运丁苦累，仰给州县，州县不得不取诸民，于是安徽加赠银，江苏加耗米。珪谓小民未见清漕之益，先受其害，力争罢之，令曹司凡事近加赋者皆议驳。长芦盐政请加增监价，驳曰："芦东因钱价贱，已三加价矣，且免积欠三百六十万两，余欠展三年，商力已宽，无庸再议加价。"广东请滨海沙地升赋，驳曰："海沙淤地，坍涨靡常，故照下则减半赋之。今视上、中田增赋，是与民计微利，非政体。且民苦加赋，别有涨地，将不敢报垦，不可行。"仓场请预纳钱粮四五十倍，准作义监生，驳曰："国家正供有常经，名实关体要于名不正，实必伤，断不可行。"凡驳议每自属稿,奏上皆韪之。五年,兼署吏部尚书。

先是彭元瑞于西华门内坠马,珪呼其舆人昪之,为御史周栻所劾。寻有珪舆人殴伤禁门兵,忌者嗾护军统领讦之。诏:"珪素恪谨,造次不检,特申戒。"坐褫宫衔,解三军事,镌级留任。七年,协办大学士,复太子少保。寻兼翰林院掌院学士,晋太子少傅。九年,上幸翰林院,聊句赐宴,御书"天禄储才"额刻悬院中,以墨书赐珪家。十年,拜体仁阁大学士,管理工部。上以是命遵高宗谕,遣诣裕陵谢。逾岁,年七十六,以老乞休,温诏慰留,赐玉鸠杖。命天寒,间二三日入直。

未几,召封乾清宫,眩晕,扶归第,数日卒。上亲奠,哭之恸。赠太傅,祀贤良祠,赐金治丧。诏"珪自为师傅,凡所陈说,无非唐、虞、三代之言,稍涉时趋者不出诸口,启沃至多。揆诸谥法,足当'正'字而无愧,特谥文正。又见其门庭卑隘,清寒之况,不减儒素。"命内府备篚,遣皇子加奠。启殡日,遣广郡王永璘祖奠目送。逾年,上谒西陵,珪墓近跸路,遣官赐奠。《高宗实录》成,特赐祭,擢长子锡经为四品京堂。二十年,复因谒陵回銮,亲奠其墓,恩礼始终无与比。

珪文章奥博,取士重经策,锐意求才。嘉庆四年典会试,阮元佐之,一时名流搜拔殆尽,为士林宗仰者数十年。学无不通,亦喜道家,尝曰:"朱子注《参同契》,非空言也。"

论曰:君子小人消长之机,国运系焉。王杰、董诰、朱珪皆高宗拔擢信任之臣,和珅一再间沮,卒不屈挠。一旦共、骧伏法。众正盈朝,摅其忠诚,启沃新主,弥寇息民,苞桑永固。天留数人,弼成仁宗初政之盛,右谓大臣矣。

清史稿卷三四一
列传第一二八

庆桂　刘权之　戴衢亨
戴均元　托津　章煦
卢荫溥

　　庆桂,字树斋,章佳氏,满洲镶黄旗人,大学士尹继善子。以荫生授户部员外郎,充军机章京,超擢内阁学士。

　　乾隆三十二年,充库伦办事大臣,迁理藩院侍郎。三十六年,授军机大臣。居二载,出为伊犁参赞大臣,调塔尔巴哈台。哈萨克巴布克诡称阿布勒毕斯授为哈拉克齐,偕阿布勒毕斯之子博普来贡马。庆桂以博普未至,巴布克狡诈不可信,斥之。上嘉其有识,曰:"尹继善之子能如此,朕又得一能事大臣矣!"四十二年,授吏部侍郎。调乌里雅苏台将军,授正黄旗汉军都统,以病回京。逾年,授盛京将军,调吉林。再调福州。四十九年,入觐,授工部尚书,仍直军机,调兵部。逾年,署黑龙江将军。时陕甘总督福康安赴阿克苏安辑回众,上以庆桂练边事,命带钦差关防,驰往甘肃,暂署总督。寻授塔尔巴哈台参赞大臣。五十一年,召授兵部尚书,历署盛京、吉林、乌里雅苏台将军。五十七年,廓尔喀平,予议叙,图形紫光阁,上亲制赞。

　　两淮盐运使柴桢私挪课银弥衪浙江盐道库藏,命偕长麟赴浙按治,得巡抚福崧婪索侵蚀状,谳上,福崧、桢俱伏法。寻授荆州将军。逾年，召授正红旗蒙古都统，命勘南河高家堰石工。嘉庆四年，授刑部尚书、协办大学士，复直军机。授内大臣，监修《高宗实录》，加太子太保。拜文渊阁大学士，总理刑部。裕陵奉安礼成，晋太子太傅，管理吏部、理藩院、户部三库事。七年，三省教匪平，以赞画功，予骑都尉世职，赐双眼花翎。九年，授领侍卫内大臣。《高宗实录》成，赏紫缰，晋太子太师。十六年，扈跸热河，以腿疾免从行围，予假回京。十七年，晋太保。上念其年老，罢直军机处，仍授内大臣。

庆桂性和平，居枢廷数十年，初无过失，举趾不跬趾寸，时咸称其风度。逾年，命以原品休致，给予全俸。二十一年，卒，谥文恪。

刘权之，字云房，湖南长沙人。乾隆二十五年进士，选庶吉士，授编修，累擢司经局洗马。四十三年，督安徽学政。预修《四库全书》，在事最久，及《总目提要》告成，以劳擢侍讲。五十年，大考二等。逾年，擢大理寺卿，迁左副都御史。疏言："大挑举人多夤缘，请于事前一日简派王大臣，闻命却宿朝房，以杜弊窦。"于是命在午门莅事，御史监视，护军巡察，步军、五城一体严查，著为令。寻督山东学政。五十六年，擢礼部侍郎。六十年，典江南乡试，留学政。嘉庆二年，调吏部。

四年，擢左都御史，典会试。疏言："买补仓谷，地方官奉行不善，在本境采买，不论市价长贱，发银四五钱。花户不愿纳谷，惟求缴还原银，加倍交价。富户贿吏飞洒零户，转得少派。善良贫民深受其累。官以折价入己，仍无存米。遇协济邻省，令米商仓猝购办，发价克扣，起运勒掯。请饬遇应买补，向丰稔邻县公平采办，不得于本县苛派，严禁胥吏舞弊。"又言："社仓大半借端挪移，管理首事与胥吏从中侵盗，至歉岁颗粒无存，以致殷实之户不乐捐输，老成之士不愿承办，请一律查禁。"诏韪之，饬各直省严禁，民得免累，湖、湘间尤称颂焉。

编修洪亮吉上书王大臣言事戆直，成亲王径以上达，权之与朱珪未即呈奏，有旨诘问，自请严议。上以权之人品端正，平时陈奏不欺，宽其处分。寻迁吏部尚书。五年，典顺天乡试。六年，命为军机大臣。越一岁，会川、楚、陕教匪戡定；权之入直未久，上嘉其素日陈奏时有所见，叠予褒叙。在吏部久，疏通淹滞，铨政号平。九年，失察书吏虚选舞弊，因兼直枢廷，薄谴之，调兵部。十年，以礼部尚书、协办大学士，加太子少保。军机章京、中书袁煦者，故大学士纪昀女夫也，入直已邀恩叙，权之于昀有荐恩，至是复欲以袁煦列旧。同官英和议不合，已中止，英和密请晏见，面劾权之瞻徇。上不悦，两人同罢直，下廷议革职，念权之前劳，降编修。未几，擢侍读，迁光禄寺卿，历迁兵部尚书。

十五年，协办大学士，典顺天乡试。是年，帝以秋狝幸热河，明年，幸五台，并命留京办事，拜体仁阁大学士，管理工部，复加太子少保。十八年，目疾乞假，遣御医诊视。会逆匪林清为变，事定，朝臣衰病者多罢退，诏以原品休致回籍，给半俸。二十三年，卒于家，年八十，谥文恪。

戴衢亨，字莲士，江西大庾人。父第元，由编修官太仆寺卿。衢亨年十七，举于乡。乾隆四十一年，召试，授内阁中书，充军机章京。四十三年，成一甲一名进士，授翰林院修撰，典试湖北。叔父均元、兄心亨并居馆职，迭任文衡，称"西江四戴"。寻命仍直军机。秋狝扈跸，射狍以献，高宗赐诗美之。累典江南、湖南乡试，督山西、广东学政，历迁侍讲学士。

嘉庆元年，授受礼成。凡大典撰拟文字，皆出其手。二年，命随军机大臣学习行走，以秩卑，特加三品卿衔。累迁礼部侍郎，调户部。四年，仁宗始亲政。衢亨以病乞假；假满，兼署吏部侍郎。六年，擢兵部尚书，兼管顺天府尹、户部三库。川、楚、陕教匪以次削平，以赞画功，屡荷优褒。七年，大功戡定，诏嘉其知无不言，言无不尽，克尽忠悃，加太子少保，予云骑尉世职。九年，失察顺天府书吏盗印，罢兼尹。十年，调户部，兼直南书房，典会试。十二年，协办大学士，兼翰林院掌院学士，典顺天乡试。十三年，偕大学士长麟视南河。时河事日敝，帝锐意整顿，中外臣工议不一，特命查勘筹议。衢亨叔均方以总河谢病家居，许便道省视，遂与长麟三疏陈治河要义，斟酌缓急，停修毛城铺滚水坝，复天然闸东山䱀闸坝，以减黄济运；于王营减坝西，增筑滚坝、石坝，普培沿河大堤，以淮、扬境内为尤急。云梯关外八滩以上，接筑雁翅堤以束水势。高堰、山盱石堤加筑后戗土坡，为暂救目前之计，徐办碎石坦坡以护石工。智、礼二坝加高石基四尺，以制宣泄。疏上，帝深韪之，命嗣后考核河工以为标准。十四年，万寿庆典，晋太子少师。

衢亨性清通，无声色之好。朝退延接士大夫，言人人殊，不置可否，而朝廷设施，有见之数月数年之后者。柄政既久，仁宗推心任之。给事中花杰疏论长芦欠课，衢亨方管户部，议下盐政核办。杰乃劾衢亨与盐商查有圻姻亲，馈送往来，助营第宅，不免徇庇；又廷试阅卷，援引洪莹为一甲一名，有交通情状；荐周系英、王以衔、席煜、姚元之入南书房，与英和荫附结党。衢亨疏辨，下廷臣察询，命二阿哥监视洪莹覆写试策，无误，迭诏为衢亨湔雪；惟斥其令部员刘承澍在园寓具稿，致招物议，予薄谴，镌级留任；坐杰污蔑，承澍漏泄，降黜有差。因调衢亨工部。复以凡部臣有直军机者，遇交议，同官每向探意旨，事后辄相推诿，特谕申儆焉。十五年，拜体仁阁大学士，管理工部，兼掌翰林院如故。

十六年春，扈跸五台，至正定病，先回京。寻卒，年五十有七。温诏优恤，称其谨饬清慎，实为国家得力大臣，亲临赐奠，赠太子太师，入祀贤良祠，谥文端。子嘉端，年甫十一，赐举人，袭云骑尉。

戴均元，字修原。乾隆四十年进士，选庶吉士，授编修。迁御史，迭典江南、湖北乡试，督四川、安徽学政。嘉庆三年，由安徽任满还京，兄子衢亨先已超授军机大臣，故事，大臣亲属任科道者，对品回避，均元例改六部员外郎，特命以鸿胪寺少卿候补。累擢工部侍郎。

八年，偕侍郎贡楚克扎布察视张秋运河及衡家楼决口工程。历户部、吏部侍郎。十年，南河黄流夺运，高堰石工坏，特命驰视筹度。

明年,诏以湖、河异涨,高堰堤工赖先筑子堰,保卫无虞,清水畅注,河口积淤刷涤,已复三分入运、七分入黄旧制,为河事一大转机,嘉均元尽心宣防,特复正、副总河旧制,授南河总督,以旧督徐端副之。在任三年,堵合黄河周家堡、郭家坊、王营减坝、陈家浦,及运河二堡、壮原墩,筑高堰义字坝,拆修惠济闸,以减坝合龙,加太子少保。病,乞解任,寻愈,因事降三品京堂,授左副都御史,督顺天学政。未几,迁仓场侍郎。十八年秋,河决睢州,出为东河总督。诏以均元曾任南河,许便宜调侍工员,责速堵合。明年春,以吏部侍郎内召。途次擢左都御史。寻迁礼部尚书,调吏部。二十年,协办大学士。逾年,授军机大臣,充上书房总师傅。二十三年,拜文渊阁大学士,晋太子太保,管理刑部。二十四年,河决武陟马营坝,自秋徂冬尚未启工,奉命驰视,还报购料未集,诏严斥在事诸臣以示儆。

　　二十五年七月,扈从热河,甫驻跸,帝不豫,向夕大渐。均元与大学士托津督内侍检御箧,得小金盒,启镮,宣示御书立宣宗为皇太子,奉嗣尊位,然后发丧。洎还京,因撰拟遗诏有“高宗降生于避暑山庄”之语,误引御制诗注,检臣皆被谴镌级,均元与托津并罢直。道光二年,裕陵隆恩殿柱蠹朽,距修建甫二十年,承办工员俱狱罪。均元以在事未久,从宽罢管部务,夺宫衔,责同赔修,工毕复之。漳水北徙,命均元驰视。次年,因漳水下流溃直隶元城红花堤,塞之则元城北境水无所泄,不塞则山东馆陶受害,复命均元往视。议展宽旧有引河,俾秋水穿堤入卫水,别就堤下新刷水沟挑成河道,分流泄入馆陶境,筑堤防溢。复偕巡抚程祖洛勘上游,议:“漳水自乾隆五十一年南徙合洹水后,卫水为所格阻,频年冲决,由于合则为患。今漳水北徙,与洹水分流入卫,当因势利导,各完堤防,使漳、恒不再合。”疏上,诏从之。四年,予告回籍,食全俸。

　　先是建万年吉地于宝华峪,均元相度选定。帝敦崇俭朴,命偕庄亲王绵课、协办大学士英和监修,面戒规制一从节减。迨七年,孝穆皇后梓宫奉安,帝亲视,嘉其工程坚固,晋均元太子太师。及是,地宫有浸水,上震怒,严谴在事诸臣,褫均元职,逮京治罪,拟重辟,念其耄老，免罪释归。

均元历官五十余年，叔侄继为枢相，家门鼎盛。自在翰林，数司文柄，及跻卿贰，典顺天乡试一，典会试三。晚岁获咎家居，世犹推为耆宿。二十年，卒，年九十有五。

托津，字知亭，富察氏，满洲镶黄旗人，尚书博清额子。乾隆中，授都察院笔帖式，充军机章京，累迁银库郎中。改御史，迁给事中。嘉庆元年，命解饷银赴达州。五年，授副都统，留治四川军需，疏请军饷先一月预拨，忤旨召回。及至京，于饷数、军事无所陈告，褫职。予头等侍卫，充叶尔羌办事大臣。七年，调喀什噶尔参赞大臣，复授副都统。八年，召为仓场侍郎。

十年，调吏部，命在军机大臣上行走。偕直隶总督吴熊光往湖北，按讯盐法道失察岸商抬价，及钱局鼓铸偷减治如律。时总督百龄被讦在广东索供应、造非刑，命托津偕总督瑚图礼治其狱，请褫百龄职。十一年，调户部，偕侍郎广兴按东河总督李亨特勒派厅员，夺亨特职，遣戍。十二年，偕侍郎英和按讯热河副都统庆杰贪婪，褫职遣戍。

十三年，偕尚书吴璥勘南河。先是，云梯关外陈家浦漫决，由射阳湖旁趋海口，疆臣、河臣请改河道径由射阳湖入海。托津等疏言："马港口、张家庄漫水西漾数十里，始折归北潮河。如果地势建瓴，何以转向西流？北潮河已泄流数月，水未消涸，显见去路不畅，改道断不可行。请仍修故道，接筑云梯关外大堤，收束水势，较为得力。"又言："河口高堰各工，因运河西岸堵筑漫缺，头、二坝门口较宽，不能掣托畅注，请速补筑。"皆如所议行。

十四年，往江南谳狱。金山寺僧志学与王兆良争垦沙地械斗，毙多人，依律治罪。请以蒋家沙洲归公佃种，岁给宝晋书院及金山寺租银各千两。仓场书吏高添凤舞弊，通州中、西二仓亏缺，命偕福庆勘讯，坐以奸吏蚀法罪。既而，部鞫添凤，复得私出黑档领米状，托津亦以久任仓场，谴责分赔。浙江学政刘凤诰代办乡试监临，有联号弊，偕侍郎周光基、少卿卢荫溥往按得实，论凤诰遣戍。山西署布政使刘大观劾前任巡抚初彭龄任性乖张，偕侍郎穆克登额往按，彭龄、大观俱被严议。十五年，擢工部尚书，调户部，兼都统。偕卢荫溥往四川按事，总督勒保寝匿名揭帖，据实上闻，罢勒保大学士职。又偕府尹初彭龄往南河清查工帑。十六年春，两江总督松筠调任，命托津暂代。寻回京，加太子少保，兼内大臣。

十八年，扈跸热河，教匪林清逆党闯入禁城，命托津回京察治。林清就获，诏优奖，授协办大学士。时匪党李文成据河南滑县，山东、直隶皆震动。那彦成督师，迁延未进，托津往代。既而那彦成连战皆捷，命托津赴开州、大名督率提督马瑜巢匪。十九年，授正白旗领侍卫内大臣，拜东阁大学士，管理户部，晋太子太保。侍郎初彭龄劾两江总督百龄、江苏巡抚张师诚受馈送，布政使陈桂生册报蒙混，命偕尚书景安往按。彭龄坐劾未实，被谴。二十一年，那彦成前在陕甘总督任与布政使陈祁挪赈事觉，命托津往按，那彦成逮京，即代署直隶总督，寻回京。

仁宗综核庶政，知托津朴诚，于行省有重事大狱，率以任之，无一岁不奉使命。二十二年，管理理藩院。二十四年，万寿庆典赐双眼花翎、紫缰。二十五年，仁宗崩于热河避暑山庄，事出仓猝，托津偕大学士戴均元手启宝盒，奉宣宗即位。寻因遗诏引事舛误，诏切责，托津、均元并以年老罢军机大臣，降四级留任。道光元年，命题仁宗神主，晋太子太傅。二年，与玉润堂十五老臣宴，绘像，御制诗有"立朝正色"之褒。调管刑部。以子妇乘轿入神武门中门，坐治家不严，夺紫缰、双眼花翎，寻复之。十一年，致仕，食全俸。十五年，卒，年八十有一。帝亲奠，赐金治丧，赠太子太师，祀贤良祠，谥文定。

章煦，字曜青，浙江钱塘人。乾隆三十七年进士，授内阁中书，充军机章京，累迁刑部员外郎。屡典乡试，督陕甘学政，任满仍留刑部，改御史。嘉庆六年，擢太仆寺少卿。诏以军事方殷，煦习机务，

仍留直。七年，三省教匪平，始罢直供本职。偕侍郎那彦宝往云南
按布政使陈孝升等冒销军需，治如律。历太仆寺卿、顺晨天府尹。十
年，出为湖北布政使。逾年，擢巡抚。十三年，召为刑部侍郎。偕侍
郎穆克登额往云南按事。贡生任澍宇诬讦官吏冒销军需不实，论反
坐。授贵州巡抚，未至，调云南，署云南总督。十四年，调江苏巡抚，
署两江总督。时议行海运，下煦筹议，疏陈不便，寝之。十七年，入
觐，乞改京秩，授刑部侍郎，偕侍郎景安往直隶谳狱。十八年，河南
教匪起，直隶总督温承惠赴剿，命煦代摄。寻擢工部尚书，调吏部，
仍留署职。捕教匪冯克善械送京师，加太子少保。

　　十九年，回京，典会试。山东金乡窃贼聚众拒捕，巡抚同兴以邪
教余党闻。煦偕那彦宝往鞫，得状，依律论罪。知州袁洁诬报，褫其
职。上知山东吏治废弛，命煦等严察以闻，遂劾同兴玩泄，以致地方
凋敝，仓库空虚，及布政使朱锡爵徇私废公状，并褫职，命煦署巡
抚，清查亏空。寻以陈大文调任，同治其事，责煦议定章程。疏言：
“嘉庆十四年清查，原奏亏银一百七十九万有奇。今查十四年以前
实亏三百四十一万有奇，十四年以后又续亏三百三十四万有奇。拟
请清厘藩库，严交代，定征解分数，以杜新亏；立追缴及分赔限期，
催征民欠，以惩延宕；核减提款，估查无著之亏，以示体恤；核摊捐
案，据估变流抵产物扣抵，先尽正项仓库一律筹补，军需垫解，查明
方许列抵，以防蒙混。”凡十四条，下部议行。

　　二十年，偕侍郎熙昌往湖北、广东、江苏、安徽谳狱：襄阳人吴
焕章诬告易成元、易登朝等勾结谋逆，反坐论罪；襄阳知县查以焯
滥押毙命，遣戍。雷州府经历李棠诬讦两广总督蒋攸铦，遣戍；雷琼
道胡大成苛派属员，褫职；贵县知县吴遇坤刊书诋毁上官，遣戍；洋
商卢观恒滥祀乡贤，黜之；江苏知县王保澄诬讦上官讳匿邪书，遣
戍；阜阳捻匪纠抢杀人，论如律。

　　二十一年，调礼部尚书，授军机大臣。调刑部，管理礼部。二十
二年，病免，寻授兵部尚书、协办大学士，兼管顺天府尹事。二十三
年，拜东阁大学士，管理刑部。万寿庆典，晋太子太保。二十五年，

以足疾累疏乞休，予告致仕，食全俸。居家久之，道光四年，卒，谥文简。

煦久任枢曹，练习政事，扬历中外，数治大狱。晚始参枢务，未久病去，再起管部。以尽心刑事，京察特被奖叙焉。

卢荫溥，字南石，山东德州人。祖见曾，康熙六十年进士，官至两淮盐运使。父谦，汉黄德。

道见曾起家知县，历官有声。为两淮盐运使，以罪遣戍，复起至原官。当乾隆中叶，淮齹方盛。见曾擅吏才，爱古好事，延接文士，风流文采，世谓继王士禛。在扬州时，屡值南巡大典，历年就盐商提引，支销冒滥，官商并有侵蚀。至三十三年，事发，自盐政以下多罹大辟。见曾已去官，逮问论绞，死于狱中。籍没家产，子孙连坐，谦谪戍军台。荫溥甫九岁，贫困，随母归依妇翁，读书长山。越三年，大学士刘统勋为见曾剖雪，乞恩赦谦归。授广平府同知。荫溥刻苦励学，至是始得应科举。

乾隆四十六年，成进士，选庶吉士，授编修。阿桂为掌院，激赏其才。五十六年，大考，降礼部主事。阿桂言荫溥能事，改部可惜。帝曰："使为部曹，正以治事也。"累司文柄，典山西乡试，督河南学政。嘉庆五年，充军机章京，川、楚军事，多所赞画。八年，孝淑睿皇后奉安山陵，故事，皇后葬礼无成式，礼臣所议未当。荫溥回直仪曹，考定礼文，草撰大仪，奏上，如议行。数随大臣赴各省按事，累擢光禄寺少卿。十六年，大学士戴衢亨卒，仁宗以荫溥谙习枢务，数奉使有劳，加四品卿衔，命在军机大臣上行走。历通政司副使、光禄寺卿、内阁学士。十八年，擢兵部侍郎，调户部。扈从热河，会教匪起，滑县林清入犯禁城，夜半闻报，至行在面进机宜，越日从驾还京。事平，优叙，赐子本举人。

二十二年，擢礼部尚书，调兵部。上以荫溥实心任事，特加太子少保。寻调户部，兼署刑、吏两部尚书。二十三年，馆臣撰进《明鉴》，未合上意，命荫溥偕托津、章煦、英和、和瑛为总裁，遴择翰林才识兼长者，重加核改，书成，诏褒之。工部主事潘恭辰监督琉璃窑，不受陋规，驭吏严，吏诬讦侵冒，下狱。恭辰而贫而无援，文书证据不得直，罪且不测，舆论愤之。上微闻，命荫溥详鞫，得其状，释恭辰，置吏于法。后恭辰至云南布政使，以清操名。二十五年，典会试，会元陈继昌，故大学士宏谋元孙也，乡试、殿试皆第一。有清一代科举得三元者，惟乾隆中钱棨及纪昌两人。上制诗，命荫溥等赓和，以纪盛事。是年秋，帝崩，因撰拟遗诏不慎，降五级留任。寻调工部。

道光元年，调吏部，兼管顺天府尹，罢军机大臣。次年，犹以直军机久，调任后亦能尽心，加恩予优叙。七年，协办大学士。十年，拜体仁阁大学士，管理刑部。十三年，以疾乞休，加太子太保，食全俸。十九年，重宴鹿鸣，晋太子太傅。寻卒，年八十。赠太子太师，谥文肃。

论曰：仁宗综核名实，枢臣中戴衢亨最被信用，衢亨亦竭诚赞襄，时号贤相，晚遭弹劾，而眷注不移。均元继之，卒以顾命嫌疑，不安于位。岂盈满之不易居耶？庆桂、刘权之并以老成雍容密勿，托津、章煦、卢荫溥则奉使出入，数按事决狱，寄股肱耳目之任。因人倚畀，盖各有所专焉。

清史稿卷三四二
列传第一二九

保宁　松筠　子熙昌　富俊　窦心传
博启图

保宁,图伯特氏,蒙古正白旗人,靖逆将军纳穆札勒子。乾隆中,纳穆札勒殉节回疆,锡封三等公。

保宁由亲军袭爵,授乾清门侍卫。从征金川,力战,迭克要隘,将军阿桂荐其才,擢陕西兴汉镇总兵。金川平,绘像紫光阁,御制赞,褒其胆勇持重,少年如宿将。寻调河南南阳镇、直隶马兰镇,兼总管内务府大臣。擢江南提督。

四十九年,授成都将军。甘肃石峰堡回叛,命选屯练番兵赴巩昌、安定助剿,平之。五十一年,授四川总督。保宁谨慎有操守,尽心边事。边夷上下孟董、九子等寨生齿日繁,请增设营员,以屯练有劳绩者拔补;改修打箭炉城,扼要筑卡,驻兵捍卫;改黄梁、大定、白鸡、白鹿等八寨熟苗编入民户:并协机宜。

次年,调伊犁将军,兼内大臣,筹备仓储。疏言:"伊犁一年支粮十六万六千余石,不敷二万三千石,历就旧储五十余万石内填补。现胜三十余万石,虽尚可敷十余年之用,地处极边,若不补筹余粮,偶遇歉收,或有需粮之事,虑难接济。请拨兵丁七百名,增开七屯,自来年耕种,岁可收粮一万九千余石,永远备贮。"从之。又奏添设惠远城鸟枪步甲四百名。五十五年,入觐,途次命赴四川暂署总督事。次年,回任,加太子少保,授御前大臣。惠远城创立三十余年,户口日繁,于城东展筑,扩旧城四分之一。伊犁无通晓俄罗斯语言者,请于京师俄馆选派一人来教习官兵子弟,五年期满,试最优者充笔帖式。俄属乌梁海潜往哈屯河外汗山地方游牧,帝虑其滋事,命保宁察视,疏言:"乌梁海居住甚安戢,不必驱逐,饬边卡防范,无庸添兵。"察哈尔兵丁及土尔扈特私窃哈萨克马匹,缉获,置之法。帝嘉保宁无偏袒,得外藩心,予议叙。

六十年,召授吏部尚书,兼镶黄旗汉军都统,甫数月,复出为伊犁将军。嘉庆二年,协办大学士,寻拜武英殿大学士,加太子太保,任边事如故。土尔扈特家奴三吉污主母媢妇伯克木库为殒命,特诏予伯克木库为旌表。保宁疏陈驻防媢妇守节,未举旌表之典,请照内地一体办理。于是采访全城,请旌者凡七十人,后著为令。七年,召还京,授领侍卫内大臣,管理兵部,兼管三库。八年,因孝淑皇后山陵典礼会疏措词不经,褫衔镌级留任。

保宁两镇伊犁,历十余年,西陲无事,藩部悦服。既去任,朝廷遇边疆兴革,每谘决焉。十一年,以疾乞休,命在家食公爵全俸。逾两年,卒,赐金优恤,谥文端,祠祀伊犁。

子庆祥嗣爵,殉回疆之难,自有传。次子庆惠,由荫生授侍卫,历官侍郎,三以罪黜复起。道光中,官至热河都统,以疾归,卒,谥勤僖。

松筠,字湘浦,玛拉特氏,蒙古正蓝旗人。翻译生员,考授理藩院笔帖式,充军机章京,能任事,为高宗所知。累迁银库员外郎。乾隆四十八年,超擢内阁学士,兼副都统。

五十年,命往库伦治俄罗斯贸易事。先是,俄属布哩雅特人劫掠库伦商货,俄官不依例交犯,仅罚偿,流之远地,檄问未听命,诏停恰克图贸易。松筠至,寻充办事大臣。闭关后,边禁严而不扰,遇俄人皆开诚待之。擢户部侍郎。俄罗斯以贸易久停,有悔意,撤旧官,屡请开市,未许。卡伦兵出巡,复为布哩雅特人所杀。松筠曰:"旧事未了,又生旁支,然亦了事之机也。"檄俄官缚送三人,亲讯于界上，斩其二，流其一，请两案并结。诏斥专擅，褫职，仍留库伦效力。会西路土尔扈特喇嘛萨迈林者，迷路入哈萨克，归携书信，讹言俄人诱致土尔扈特谋乱，下松筠察状。疏言俄罗斯实恭顺，无可疑。俄人亦自陈证萨迈林书信出伪造。诏置萨迈林于法，许复开市。五十七年，召俄官会议定约，亲莅俄帐宴饮，谕以恩信，大悦服。事历八年然后定。召还京，授御前侍卫、内务府大臣、军机大臣。命护送英吉利贡使回广东，凡所要索皆严拒。

五十九年，署吉林将军。寻命往荆州察税务，道出卫辉，大水环城，率守令开仓赈恤。诏嘉奖，授工部尚书兼都统。充驻藏大臣，抚番多惠政。和珅用事，松筠不为屈，遂久留边地。在藏凡五年。

嘉庆四年春，召为户部尚书。寻授陕甘总督，加太子少保。时教匪张汉潮及蓝号、白号诸党扰陕、甘。松筠至，驻汉中，治粮饷给诸军。自军兴，给陕西饷银一千一百万两，至是续拨一百五十万，设局清厘，按旬咨部。命陈诸将优劣，密疏言："明亮知兵而罔实效；恒瑞前战湖北功最，年近六旬，精力大减；庆成有勇无谋，永保无谋无勇，不能治兵，并不能治民；惟额勒登保、德楞泰能办贼。"仁宗深嘉纳之。明亮劾永保、庆成避贼，下松筠逮治。永保亦与荆州将军兴肇讦明亮诳报军功，诏并褫职，遣尚书那彦成赴陕曾鞫。会明亮已击毙张汉潮，松筠请缓其狱，又请留撒拉尔回兵，令庆成率以协剿，帝不允。既而那彦成劾恒瑞弃蓝号垂尽之贼，折回陕西，由松筠所误。诏褫松筠宫衔、侍卫，仍留总督任。川匪犯南郑，复分犯西乡、沔县、略阳。松筠素谓匪多胁从，可谕降，欲单骑赴之。副将韩嘉业固谏曰："谕之不从而丧总督，大损国威，为天下笑。请先往。"嘉业果被害。贼窜徽县、两当。五年春，额勒登保、那彦成会剿，乃分路遁。于是命长麟代为陕甘总督，授筠伊犁将军，未之任，暂署湖广总督。自请入觐面陈军事，先在陕上疏言："贼不患不平，而患在将平之时。其平之后，请弛私盐、私铸之禁，俾余匪散勇有所谋生。"帝以其言迂阔，置之。至京，复以为请，忤旨，降副都统衔，充伊犁领队大臣。

七年，擢伊犁将军。乾隆中屡诏伊犁屯田，皆以灌溉乏水未大兴，松筠力任其事，预计安插官兵。惠远城需八万亩，惠宁城需四万亩，乃于伊犁河北引水开渠，逶迤数十里，又于城西北导水泉。凡两城有水之地皆开渠，授田为世业，给谷种、田器、马牛。然旗人多骄逸，或杀食所给牛，鬻田器弃不耕，反覆晓谕始听命。比去任，凡垦田六万四千亩。宁远叛兵蒲大芳等遣戍塔尔巴哈台，其党马友元等分戍南路诸城。十三年冬，大芳复谋逆，捕其党五十余人诛之。次年，檄调马友元等百余人赴伊犁种地，悉斩于途。诏斥未鞫而杀，失政体，降喀什噶尔参赞大臣。复授陕甘总督。

调两江总督。南河自马港口蛰陷，黄水倒漾，淤运阻漕。偕河督吴璥察勘海口，请复故道。制疏沙器具，试之河口果验。又造驳船千艘，改小运船，亲驻河干督趱，渡黄回空皆迅速。迭疏论河务，宜引沁入卫，可利漕运。又谓吴璥于黄泥嘴、俞家滩逢湾取直，以致停淤，为璥等论驳。复密陈吴璥、徐端所论不实，工程虚捏，自请调任总河察其弊，又荐蒋攸铦、孙玉庭可任。帝以松筠忠实，治河非所长，用攸铦为河督，责令相助为理。寻兼署河督事。十六年，调两广总督，协办大学士，兼内大臣。召为吏部尚书。

十七年，命往盛亦会勘陵工，兼筹移驻宗室事，疏请小东门外建屋七十所，居闲散宗室七十户，户给田三十六亩。又言：“西厂大凌河东有可耕地三千顷，可移驻二千馀户。东厂周数百里，地多积水，其水自北山柳条边来，若相地开河，可涸出沃壤。又东柳河沟亦多积水，若自北山东横开大渠，可得沃壤数千顷。”续勘彰武台边门外迤西牧厂闲地，横三四十里，纵六七十里，并可移驻。请于大凌河西厂东界先试垦种。”诏并允行。而试垦事为将军晋昌奏罢，论者惜之。回京，授军机大臣。未几罢，改授御前大臣。

十八年，复出为伊犁将军，拜东阁大学士，改武英殿大学士。以平定滑县教匪，叙功，加太子太保。诏偕参赞长龄通筹新疆南北诸城出纳，量减内地馈运。疏言：“北路塔尔巴哈台岁需内地银四万数千两，南路回疆八城岁需内地银五万数千两，地方贡赋皆入经费之内,无庸议减。伊犁岁需内地经费银六十万两,可撙节者无几。惟乌鲁木齐为新疆腹地,岁需银一百一十余万两,宜裁减。请复屯田,广垦芦滩荒地,开采铜铅各矿,抽收迪化州、土鲁番木税。"又议绿营粮饷,凡仓储充裕处,改给银米各半,并复乾隆四十六年以前捐监之例,使边地就近纳粟。所议或行或不行,于内地岁输卒未大减。

喀什噶尔阿奇木伯克玉努斯听其妻色奇纳言,多不法,私与浩罕酋爱玛尔交通。爱玛尔欲使尊为汗,遣使请自设哈子伯克,用浩罕税例征安集延商。十九年,松筠巡视回疆,诛色奇纳,械玉努斯禁锢伊犁。拒浩罕之请,斥去其使。二十年,喀什噶尔回人仔牙敦作乱,亲往治之。仔牙敦就获,与布鲁特比图尔第迈莫特并置极刑。诏斥松筠不待命,削宫衔,召还京。松筠初任时,筑四堡于伊犁河北,议移置八旗散丁,事未竟而去。再至,乃筑室堡中,堡置百户,户授田三四十亩,三时务备,冬则肄武。规画粗备,以属代者,而代者不置意,田遂荒。

二十二年,诏来年幸盛京,抗疏谏阻,罢大学士,出为察哈尔都统。署绥远城将军,逾年,子熙昌还,帝怜之,召还为正白旗汉军都统。寻授礼部尚书,调兵部,复御前兼职。未几,出为盛京将军。松筠素以忠谅见重,在朝时,凡燕游赞御之事,乘间直言无避。既屡忤旨,二十五年,以兵部遗失行印,追论,降山海关副都统。复以事,迭降为骁骑校。是年秋,仁宗崩于热河,梓宫回京,宣宗步行于班寮中见之,扶而哭,翌日授副都御史,擢左都御史。其复起也,甚负时望,然卒不安于位,未一月,出为热河都统。

道光元年,召授兵部尚书,调吏部,复为军机大臣。二年,暂署直隶总督。以代改理藩院奏稿,忤尚书禧恩,被劾,降六部员外郎。寻授光禄寺卿,迁左都御史。又出为盛京将军,调吉林。数年之中,两召还朝,为左都御史、礼部尚书。迭出署乌里雅苏台将军、热河都统、直隶总督。九年,调兵部尚书,往科布多鞫狱。十年,往山西按巡抚徐忻被控事。回疆方用兵,密疏有所论列,诏令陈善后方略,多被采纳。是年秋,自以衰病请罢,数日复请任使,诏斥进退自由,负优礼大臣之意。又以前赴科布多属道员徐寅代购什物,罢职,予三品顶戴休致。

至十二年,浩罕遣使进表,松筠曾言浩罕通商,边境可靖,帝思其言,复头品顶戴,署正黄旗汉军副都统。命赴归化城勘达尔汉、茂明安、土默特三部争地,据乾隆朝图记判定,三部皆悦服。还,授理藩院侍郎,调工部,进正蓝旗蒙古都统。十四年,以都统衔休致。逾年,卒,年八十有二,赠太子太保,依尚书例赐恤,谥文清,祀伊犁名宦祠。

松筠廉直坦易,脱略文法,不随时俯仰,屡起屡蹶。晚年益多挫折,刚果不克如前,实心为国,未尝改也。服膺宋儒,亦喜谈禅。尤施惠贫民,名满海内,要以治边功最多。

子熙昌,以荫生官至刑、工两部侍郎,署热河都统兼护军统领。数奉使赴各省按事,亦被信用。嘉庆二十三年,卒于长沙,帝深惜之,赠都统,谥敬慎。

富俊,字松岩,卓特氏,蒙古正黄旗人。翻译进士,授礼部主事,历郎中。累迁内阁蒙古侍读学士、内阁学士,兼副都统。嘉庆元年,擢兵部侍郎,充科布多参赞大臣。四年,授乌鲁木齐都统,调喀什噶尔参赞大臣。历叶尔羌办事大臣、乌里雅苏台参赞大臣。召署镶红旗汉军都统、兵部侍郎。

八年,出为吉林将军,调盛京。清治民典旗地,限年首官,不首者治罪,追典价租息入官。富俊疏言:“一年之内,一千六百余案,应追缴者不下万人,年久转典,侏连繁多,旗、民多穷苦,既获罪,又迫追呼,情实可悯,请悉宽免。”允之。十二年,考核军政,以洁己奉公,边陲安辑,特诏褒美,予议叙。十五年。因采参掺杂,受属员蔽,褫职,遣往吉林效力。既而言官论关东三省赌博风炽,仁宗念富俊在官时曾严禁,即起授盛京工部侍郎,兼管奉天府尹及六边边门事务。十八年,授黑龙江将军,疏请内外臣工三年更调,及禁奢、讲武数事,诏以更调非可限年,余并嘉纳。又以东三省官兵技艺优娴,每届五年挑送京营,著为令。

十九年,调吉林将军。先是,议筹八旗生计,诏勘吉林荒地开垦,移驻京旗,将军赛冲阿言拉林近地闲荒可垦,未有规画。富俊至,疏言:“乾隆中移驻京旗,建屋垦地,多藉吉林兵力,垦而不种,酌留数人教耕,一年后裁汰。京旗苏拉不能耕作,始而雇觅流民,久之田为民有,殊失国家爱育旗人之意。今筹试垦,莫苦先办屯田。请发吉林闲散旗人一千名为屯丁,每丁给银二十五两、籽种二石,官置牛具,人给荒地三十垧。垦种二十垧,留荒十垧,四年征粮,每垧一石。十年后移驻京旗,人给熟地十五垧,荒五垧,余十垧荒、熟各半,给原驻屯丁为恒产,免征其租。因利而利,糜帑无多,将来京旗移到,得种熟地,与本处旗屯犬牙相错,学耕伙种,实为有益。”并详列屯垦、出纳、设官、经理事宜,诏如议行。

二十年,富俊亲驻双城子,地在拉林河西北,横一百三十里,纵七十余里,沃衍宜耕。遣员履丈,分拨伐木于拉林河上游,建立屯屋。分五屯,设协领一、佐领二,分左右翼统治之,即名屯地曰双城堡,于二十一年一律开垦。是年霜早歉收,屯丁仅足糊口,又挈妻子者不敷居住,间有逃亡。乃展缓征粮一年,添盖窝棚,借给籽种,心始安。二十二年,调盛京。疏陈双城堡余荒尚多,续发盛京、吉林旗丁各千名往垦,分左、右二屯,旧屯名为中屯,遂复调富俊吉林,任其事。二十四年,先到屯丁千名。盛京旗人多有亲族偕来,自愿入屯,惟隶宁古塔者,因近地亦可耕荒,不愿轻离乡土。听其还,以空额二百名改拨盛京。二十五年,后续到千名。富俊巡历三屯,疏陈:“比屋环居,安土乐业,有井田遗风。中屯开垦在先,麦苗畅发,男耕妇馌,俱极勤劳。”仁宗大悦,报曰:“满洲故里,佃田宅宅,洵善事也。”续议三屯应增事宜,诏嘉实心任事,予议叙。道光元年,疏言:“三屯开垦九万数千晌,已著成效,可移驻京旗三千户。请自道光四年始,每岁移驻二百户,给资装车马,分起送屯,官给户屋牛具。”报可。二年,召授理藩院尚书,与玉澜堂十五老臣宴,御制诗有“勤劳三省,不凋松柏”之褒。

四年,复出为吉林将军。方双城堡之兴屯也,富俊欲推其法于伯都讷围场,以旗户往往赖帮丁助耕,不如迳招民垦。前后疏六七上,为廷议所格。至是,复言伯都讷围场荒地二十余垧,募民屯垦较,双城堡费半功倍,始允之。五年,丈地分屯,申画经界,名曰新城屯。分八旗为两翼,每翼初立二十五屯,后定为十五屯。每屯三十户,以“治本于农,务滋稼穑。”八字为号。以次拨地,同时并垦。至七年。陆续认佃三千六百户,总为一百二十屯,与双城堡相为表里。初议京旗每岁二百户移驻双城堡,至六年,仅陆续移到二百七十户;七年,续移八十五户;而地利顿兴,自此双城堡、伯都讷两地号边方繁庶之区焉。

垦事既定,复召为理藩院尚书,协办大学士,兼镶黄旗汉军都统。次年,京察,以在吉林宣劳,予议叙。疏言:“京、外竞尚浮奢,官民服饰及冠婚、丧祭,任意逾制,有关风俗人心。请依《会典》仪制,刊布规条,宣谕民间。”诏下有司议行。时富俊年逾八年,渥被优礼,遇常朝免其入直。迭谳狱盛京、吉林,俱称旨。十年,调工部,拜东阁大学士,管理理藩院。十二年,复请禁僭用服色,犯者拿捕,诏斥徒滋扰累,寝其议。寻以天时亢旱,自称奉职无状,引年乞罢,不许。授内大臣。疏言:“科举保荐,并认师生,馈遗关通,成为陋习。请严禁,以端仕进。”诏嘉纳,申诫臣工务除积习。十四年,卒。帝悼惜,称其“清慎公勤,克尽厥职”,赠太子太傅,亲临奠酹,谥文诚,入祀贤良祠。

富俊尚廉节,好礼贤士。在吉林时,请调黑龙江戍员马瑞辰掌教白山书院,且被严斥。其治屯垦,专任窦心传,卒以成功。

心传,山西人。以进士官奉天宁海知县,坐东巡治御道有误,罢职。富俊知其才,辟佐垦务,规画悉出手定,始终在事,以劳复官。世比诸陈潢之佐靳辅治河。

博启图,一等诚嘉毅勇公明瑞孙。嘉庆初袭爵,授头等侍卫。历兵部侍郎、察哈尔都统。道光七年,调吉林将军,继富俊之后,守其成规。治边有法,富俊请以屯垦专任之。时京旗以边地早寒,又助耕乏人,愿往者少。博启图疏请减户增田,许其买仆代耕,统居中屯,改建住屋,俾便御寒,虽得请,寻召授工部尚书兼领侍卫内大臣,继任者不果行其议,故移驻卒未如额。十四年,卒,赠太子太保,谥敬僖。

论曰:保宁、松筠、富俊并出自藩族,久膺边寄,晋纶扉,称名相,伊犁、吉林屯田,利在百世。然限于事势,收效未尽如所规画。矣缔造之艰也!松筠在吉林,请开小绥芬屯垦,当时以不急之务沮之;至咸、同间,其地竟划归俄界。苟早经营,奚致轻弃?实边之计,顾可忽哉!

清史稿卷三四三
列传第一三〇

书麟 <small>弟广厚</small>　**觉罗吉庆**
觉罗长麟　**费淳**　**百龄**
伯麟

　　书麟,字绂斋,高佳氏,满洲镶黄旗人,大学士高晋子。初授銮仪卫整仪尉,累迁冠军使,擢西安副都统。乾隆三十八年,大军征金川,命为领队大臣,从参赞大臣丰升额,力战辄先登,克坚碉数十,功最。金川平,加等议叙,形图紫光阁,授广西巡抚,以父忧去。起,署兵部侍郎。

　　四十九年,出为安徽巡抚,岁旱,请留漕粮五万石、关税银三十五万两赈之。阜阳有荒地六千余顷,疏请宽限清厘,民间交易用官弓丈量,以杜欺隐,期于渐复旧额。帝以书麟尽心民瘼,予优叙。黄、运两河漫溢,帝因两江总督李世杰未谙河工,命书麟佐之。与世杰及河督李奉翰议,漫口有四,惟司家庄、汤家庄两处分溜,急兴工堵筑。又奏:"桃园境内河流因顺黄坝生有淤滩,水势纡折不畅。于玉皇阁下挑引河,俾黄流东注会清,以资宣泄。"

　　五十二年,擢两江总督。书麟素行清谨,出巡属邑,轻骑减从,民不扰累,特诏嘉之。和珅柄政,书麟与之忤。未几,有高邮巡检陈倚道揭报书吏假印重征事,遣重臣鞫实,坐书麟瞻徇,下部严议。又失察句容书吏侵用钱粮,褫职,遣戍伊犁。寻起为山西巡抚。内阁学生尹壮图论州县亏空由于派累,疆臣中惟李世杰、书麟独善其身,和珅尤忌之,命壮图赴各省清查仓库,自山西始,壮图因获谴。五十六年,仍授两江总督。两淮盐政巴宁阿交结商人,坐书麟徇庇,复夺职,予三等侍卫,赴新疆效力。

嘉庆四年,和珅败,召授吏部尚书,兼正红旗汉军都统,加太子少保。寻协办大学士,授闽浙总督。弟广兴,以首发和珅奸擢官,既得官,多所弹击,书麟不善所为,尝于帝前言之。至是,广兴以掌四川军需获咎,书麟请严治,且自引罪,诏宥之。调云贵,鞫前督富纲,得其贪婪状,论如律。又按问云南巡抚江兰讳灾,得实褫江兰职。时猓夷不靖,疏陈江兰所奏不实,办理草率,帝嘉其公正。遂亲赴黄草坝督兵分路进剿,擒贼首李文明等,遣降猓入箐招谕,晓以利害,夷众五十二寨悔罪输诚。以土司苛派扰夷,立牌申禁:优诏褒赉,加太子太保。

五年,调湖广督师剿襄阳青、蓝、黄三号教匪。会长龄等已败贼瓦房口,书麟以东川、保丰为粮运要路,亲往截剿。帝念其年逾七旬,奔驰山谷间,贼情诡诈,戒毋冒险轻试。六年,由竹山、房县进剿徐天德,禽斩甚众。疏言:“剿贼之法,以固民心、培民气为要。抚辑得宜,贼即是民。任其失所,民即是贼。”帝俞之。川匪苟文明等由陕西平利越老林窜房县,偕长龄、明亮进击,遇贼狮子崖,大败之。复分兵伏余家沟、高尖山,天德等来袭,却之。疏请于襄阳添设提督,移协镇于郧阳、竹山二处。天德等屯聚茅伦山,令孙清元等分队破之。因病乞解职,遣侍卫率御医驰视。未几,卒于军,帝深惜之,赠太子太傅,封一等男爵,以子吉郎阿嗣,谥文勤。寻以倭什布治饷迟误,诏斥书麟知而不举,念其清廉公正,治军成劳,莫酹恩礼仍有加焉。

弟广厚,乾隆四十三年进士。由工部主事历御史,出为江西吉南赣宁道,迁甘肃按察使。嘉庆初,偕总兵吉兰泰击教匪张映祥、杨天柱于巩昌、秦州,进蹙诸白水江,歼焉。迁江西布政使,调甘肃。贼出没于岷州、礼县间,广厚督兵由岷州遮羊铺遏其冲,保完善之地,境内乂安。调广东，坐与总督那彦成游宴，解职，予三等侍卫，为库车办事大臣，调哈喇沙尔。官至安徽、湖南巡抚。卒。

觉罗吉庆，隶正白旗。父万福，骑都尉，官江宁将军，兼散秩大臣。吉庆由官学生补内阁中书，迁侍读，历御史。乾隆五十年，嗣世职。擢镶白旗蒙古副都统，累迁兵部侍郎。命赴山东、湖南、湖北、河南谳狱，均称旨，调户部。

五十六年。出为山东巡抚，岁祲，截留漕米三十万石，拨豫、东军船运米振饥。调浙江，闽海渔船赴浙洋剽掠，吉庆于岛岙编保甲，禁米出洋，严缉代卖盗赃。兼署提督，获海盗陈言等，及临海邪匪李鹤皋，置之法。盐政岳谦执拗病民，劾罢之，遂兼盐政。

嘉庆元年，擢两广总督，劾水师提督路超吉不胜任，贬超吉秩。二年，广西西隆亚稿寨苗匪勾结贵州仲苗，窜踞八渡，率提督彭承尧进剿，克其要隘。黔苗潜渡百药窥泗城，令副将德昌等分路攻扑，虹苗砦十有九；进攻亚稿，至戞雄遇贼，大败之。永丰、百药等苗目渡江降，给酒食，令回寨招抚。亚稿山路陡峻，选精卒由间道潜袭，克其巢，斩首千级，以功加太子太保，赐双眼花翎。亚稿之捷，投诚者千余寨，惟附近那地、小河、广平、蒙里待寨犹恃险抗拒。会云南兵至，会剿，尽克之。贼首龙连登父子乞降，粤境悉平。六年，命协办大学士、总督如故。

吉庆居官廉而察吏疏，博罗县重犯越狱，司府徇隐。又通省赃罚银按县派征，为臬司陋规。事并上闻，诏斥其因循。陈烂屐四者，于博罗山中纠众为添弟会，知府伊秉绶请发兵往捕，吉庆为提督孙全谋所蔽，未许。七年，陈烂屐四果剽掠作乱，扰及数县，遣师擒斩之。余党曾鬼六复勾结永安诸贼相继起，吉庆驰往剿捕，请调江西兵二千为助。诏斥其张皇，始疑之。寻败贼于义容墟，曾清浩率众四千余人缴械降。全谋禽贼渠薛文腾，暨匪众四百余，悉诛之。事闻，帝以吉庆奏报前后不符，措置失当，罢协办大学士，留总督任，命那彦成往按。

　　吉庆复奏永安降匪多,请留兵防范,诏斥干预结局,解任听勘。巡抚瑚图礼素与有隙,既奉密谕调察,遂疏劾其疲软不职,那彦成犹未至,独鞫之,据高坐,设囚具,隶卒故加诃辱。吉庆恚曰:"某虽不肖,曾备位政府,不可受辱伤国体!"因自戕。帝闻,命那彦成陈状,寻以吉庆素廉洁,治匪有功,无故轻生,诏免追论。

　　子寿喜,仍袭世职,坐事黜,以弟常喜嗣。

　　觉罗长麟,字牧庵,隶正蓝旗。乾隆四十年进士,授刑部主事。貌奇伟,明敏有口辩,居曹有声。历郎中,出为福建兴泉永道,累迁江苏布政使。五十一年,召授刑部侍郎。

　　二年,授山东巡抚,责所属浚河道,修四十一州县城工;捕钜野、汶上剧盗田玉堂等。置之法:诏嘉奖。劾莱州知府徐大榕治平度州民罗有良狱,误拟,大榕诉于京,刑部尚书胡季堂等往鞫,不直长麟。帝以防河有劳,特宽之。复以审拟宾州举人薛对元罪失实,褫职。留修城工。未几,授江苏巡抚。尝私行市井间访察民隐,擒治强暴,禁革奢俗,请漕政,斥贪吏,为时所称。

　　五十七年,调山西。入觐时,有市人董二诬告逆匪王伦潜匿山西某家,和珅于宫门前言,务坐以逆党。长麟至官,访悉某实董仇家,故倾陷,慨然曰:"吾发垂白,奈何灭人族以媚权相?"终反坐董二,和珅大忤。

　　调浙江,擢两广总督,加太子少保。整顿水师,禽获海盗。六十年,调署闽浙。会将军魁伦劾总督伍拉纳、巡抚浦霖贪纵,并闽省库藏亏绌事,命长麟按治,未得实,诏切责,乃奏娄索纳贿状。伍拉纳故和珅姻戚,帝疑长麟瞻徇,并斥其平日沽名取朽,夺职,予副都统衔,赴叶尔羌办事。寻授库尔喀拉乌苏领队大臣,调喀什噶尔参赞大臣。奏减回子王公年班进京行李,以恤驿站。罢回民土贡。有边警,请调兵堵剿,诏以张皇斥之。

　　嘉庆四年,授云贵总督,调闽浙。五年,调陕甘。时教匪未靖,劝民筑堡团练,令川、陕、豫、楚交界处,一体仿行,募精壮难民入伍。督师败伍金柱于唐家河，又击于傅家镇。将军富成来援，战没。复偕固原提督庆成击贼于沔阳乾沟河。六年，迭败高天德、马学礼于铁炉川、旧州铺、纲厂、武关，擒襄阳贼首马应祥，诏嘉奖。寻以副将萧福禄搜捕湃阳悄悄会匪，滥杀邀功，仁宗疑之，诇察得实，斥长麟徇庇，停其议叙。又以傅家镇之战，漫无筹措，致富成阵亡。七年，召回京，降署吏部侍郎，迁礼部尚书，兼都统。复命督两广，以母老留京。

八年，授兵部尚书，调刑部，兼管户部三库。十年，兼翰林院掌院学士。寻协办大学士，十三年，命偕尚书戴衢亨察视南河。长麟至清江浦，闻安徽诸生包世臣习河事，亲访之，同视海口，实不高仰，用其说罢改道之议。与衢亨通筹河工，具得要领，帝嘉之。复偕衢亨清查两淮盐务，责盐政每年杂费悉报部核销，以息浮议。

十五年，以目眚久在告，特诏解职。逾年，卒，谥文敏。

费淳，字筠浦，浙江钱塘人。乾隆二十八年进士，授刑部主事。历郎中，充军机章京。出为江苏常州知府，父忧去。服阕，补山西太原，擢冀宁道。累迁云南布政使，有惠政。以母老乞终养，丧除，起故官。六十年，擢安徽巡抚，调江苏。嘉庆二年，疏言："淮、徐、扬三府属被水洼地，责州县劝植苇，以收地利。应纳钱粮，即照芦课改折征。"输诏议行。调福建，复还江苏。四年，擢两江总督。

淳历官廉谨，为帝所重，两淮盐政徵瑞与淳为姻家，免其回避。时南河比岁漫溢，淳以江督事繁，自陈未谙河务，乞免兼管，允之。命淳与总河详议河务工程，应行分办事具闻，帝密询漕督蒋兆奎等优劣，谕曰："安民首在任贤，除弊必先去贪。汝操守虽优，察吏过宽。去一贪吏，万姓蒙福。进一贤臣，一方受惠。其悉心访闻，慎勿迎合朕意，颠倒是非。"淳具以实闻。有匿名讦告常州知府胡观澜者，下淳按治，疏纠观澜与江阴知县杨世绶勒派累民，得实，请严谴。诏斥不先劾，以平日廉洁，覆奏无徇隐，宽之。寻劾盐巡道彭翼蒙奢侈糜费，褫翼蒙职。复劾漕运总督富纲私受卫弁馈银，时富纲已调云贵总督，命吉庆严鞫，置淳诸法。漕运旗丁若累，屡议加征调齐，偕漕督铁保疏陈："原征随漕项下有款可拨，以裨运丁。又旗丁月米，令州县改给折色，应领运费，责粮道放给，以免层层剥削。"如所请行。

五年，邵家坝河工合龙，加太子少保。六年，以足疾乞归医治，允之，命毋解职，寻称足疾已瘳，若遵旨回籍，转涉欺蒙，诏嘉其得大臣体，赐内府药饵。七年，宿州土匪王潮名纠众戕官，檄镇将剿捕。事定，请于宿之南平集设抚民同知，裁宁国府同知，移驻其地，并调设营讯，从之。八年，召授兵部尚书。时河决河南衡家楼，横溢张秋以南。由盐河入海，有防漕运，命淳往勘治，于张秋西岸加宽裹头，东岸加高长堤，以防溜势北掣，南口趁汶水北注之势，引归河身。北口自大溜迤北，分导余流，以资挽运；并仿南河刷沙法，制混江龙铁篦船以疏淤。明年，粮运过张秋无阻，降诏褒赉。调吏部尚书、协办大学士。十一年，偕尚书长麟按问直隶藩司书吏侵冒钱粮狱，鞫实，论如律。

十二年，拜体仁阁大学士，管理工部，兼管户部三库。十四年，以库银被窃，镌秩留任。已，复坐失察工部书吏冒领三库银，诏切责，削宫衔，左迁侍郎，调兵部。逾年复授工部尚书，十六年，卒，复大学士，谥文恪，祀云南名宦。

百龄，字菊溪，张氏，汉军正黄旗人。乾隆三十七年进士，选庶吉士，授编修。掌院阿桂重之，曰："公辅器也！"督山西学政，改御史，历奉天、顺天府丞。百龄负才自守，不干进，遭回闲职十余年。

仁宗亲政后，始加拔擢。嘉庆五年，出为湖南按察使，调浙江，历贵洲、云南布政使。八年，擢广西巡抚。武缘县有冤狱，诸生黄万镠等为知县孙廷标诬拟大辟，百龄下车，劾廷标逮问，帝嘉之，赐花翎。洎定谳，特加太子少保。十年，调广东。南海、番禺两县蠹役私设班馆，羁留无辜，为民害，重惩之。劾罢纵容之知县王轼、赵兴。严申禁令：诏予优叙。

　　寻擢湖广总督。两湖多盗，下令禽捕，行以便宜，江、湖晏然。未几，王轼讦百龄在粤用非刑毙命，逼勒供应，临行用运夫二千余名。总督那彦成疏劾，并及到湖北后，截留广东会奏批折。命吴熊光等按鞫，议褫职遣戍，帝原之，命效力实录馆。寻予六品戴，赴福建治粮饷，事竣，授汀漳龙道。擢湖南按察使，调江苏，以病归。病痊，授鸿胪寺卿，历山东按察使，就擢巡抚。

　　十四年，擢两广总督。粤洋久不靖，巨寇张保挟众数万，势甚张。百龄至，撤沿海商船，改盐运由陆，禁销赃、接济水米诸弊。筹饷练水师，惩贪去懦，水师提督孙全谋失机，劾逮治罪。每一檄下，耳目震新。巡哨周严，遇盗辄击之沉海，群魁夺气，始有投诚意。张保妻郑尤黠悍，遣朱尔赓额、温承志往谕以利害，遂劝保降，要制府亲临乃听命。百龄曰："粤人苦盗久矣！不坦怀待之，海氛何由息！"遂单舸出虎门，从者十数人，保率舰数百，轰炮如雷，环船跪迓，立抚其众，许奏乞贷死。旬日解散二万余人。缴炮船四百余号，复令诱乌石二至雷州斩之，释其余党，粤洋肃清。帝愈嘉异之，复太子少保，赐双眼花翎，予轻车都尉世职。

　　十六年，再乞病，回京，授刑部尚书，改左都御史，兼都统。未几，授两江总督，时河决王家营，上游绵山拐、李家楼并漫溢，论者谓河患在云梯关海口不畅，多主改由马港新河入海。百龄新勘下游，疏言："海口无高仰形迹，亦无拦门沙堤。其受病在上年挑河二段内积淤三千余丈。又亲至马港口以下，见淤沙挑费更巨，入海路窄。二者相较，仍以修浚正河为便。并请加挑灶工尾以下河身，两岸接筑新堤，于七套增建减水坝，修复王营减坝，重建磨盘雪埽。"诏如议。百龄年逾六旬始生子，值帝万寿日，闻之，赐名扎拉芬以示宠异，勉其尽心治河。次年春，诸工先后竣，漕运渡黄较早，迭加优赉，赐其子六品荫生。洪湖连年水涨，五坝坏其四，诏责急修。百龄以礼坝之决，由于河督陈凤翔急开迟闭，以致棘手，奏劾之。凤翔被严谴，诉道厅请开礼坝时，百龄同批允。又讦淮阳道朱尔赓额为百龄所倚，司苇荡营有弊。言官吴云、马履泰并论其举劾失当，命松筠、初彭龄往按。帝意方向用，议上，专坐朱尔赓额罪，以塞众谤。十八年，命协办大学士，总督如故。

十九年，初彭龄奉命赴江苏同查亏帑，议不合。彭龄为所掣，恚甚，遂劾百龄受盐场税关馈遗，按之未得实，彭龄坐诬被谴，会盐运使廖寅捕逆犯刘第五，部鞫为伪。百龄亦坐失入，褫宫衔，罢协办大学士。江南莠民散布逆词，连及百龄，严诏责捕。二十年，获首、从方荣升等百五十人，并抵法，复宫衔，封三等男爵，兼署安徽巡抚。是年冬，病甚，命松筠往代，卒于江宁。帝闻，悼惜，诏复协办大学士，遣侍卫赐奠，许柩入城治丧。将遣皇子奠醊，既而以江北灾民未能抚恤，停其奠醊，仍赐祭葬如例，谥文敏。子扎拉芬，袭男爵。

伯麟，字玉亭，瑚锡哈哩氏，满洲正黄旗人。由翻译举人授兵部笔帖式，擢右春坊右赞善，累迁内阁学士。乾隆五十七年，授盛京兵部侍郎，寻授山西巡抚。九年，擢云贵总督。十年，缅甸与暹罗属夷戛于腊构衅，求助于孟连土司刀派功，援往受害，失其印。伯麟以刀派功祸由自取，惟责暹罗缴所得印。十一年，缅甸请豫期纳贡。伯麟知其与进罗构兵，为求助地，却之。后缅甸为戛于腊所败，果来乞援，伯麟拒勿应，戛于腊旋亦败走。缅兵次车里土司界，严兵守边，移檄训戒，缅兵遂退。迤南江外猓匪入边掠，遣普洱镇总兵那林泰剿平之。十三年，缅甸四大万头目来请十三板纳地，伯麟责其冒昧，谕以十三板纳为九江土司所辖，俱属内地，毋生觊觎，诏嘉其得体。十四年，入觐，赐花翎。

十七年，腾越边外野寨头目拉干出扰，遣兵禽之。缅宁、腾越要隘旧设土练一千六百名，久废，规复其制，给旷土耕种。僧铜金从猓夷李文明为乱，已悔罪投诚，更姓名为张辅国，充南兴土目。至是复勾结猓众侵扰。伯麟赴缅甯督土司会剿。十八年正月，进逼南兴，破其巢，辅国就戮，边境肃清。增设腾越镇马鹿塘、大坝二汛。

二十二年，临安边外夷人高罗衣自称窝泥王，伪署官职，纠众万余，攻杀土目龙定国。扰瓦渣、溪处两土司境，渡江窥伺内地。伯市亲往剿平之。议定善后条规，使各土司绥靖夷民，以安反侧。叙功，加太子少保。寻命协办大学士，仍留总督任。二十三年，罗衣从俉高老五窜藤条江外复为乱，扰及郡城。督师剿禽之，馀党悉歼。增设临安江内东、西两路要隘塘汛官兵，以江外烟瘴最盛，降夷就抚，裁撤留防兵练。二十五年，召授兵部尚书，兼都统。复疏陈滇、黔边务六事，如议行。

道光元年，拜体仁阁大学士，管理兵部。寻以年老休致，仍充实录馆总裁。三年，万寿节，与十五老臣宴。逾年，卒，谥文慎。

伯麟任边圻凡十六年，廉洁爱民，士林尤感戴之。还朝后，以旗人生计为忧，疏陈调剂事宜，深中利弊。论者谓有名臣风。

论曰：仁宗倚畀疆臣，膺重寄者，多参揆席。书麟、吉庆并勤劳军事，而尽瘁殒身。有幸不幸焉。长麟、费淳先后治吴，一严一宽，才德互有优绌。百龄号能臣之冠，机牙锋锐，凌轹一时，晚节乃招物议。如伯麟之安边坐镇，遗爱不湮，识量岂易及哉？

清史稿卷三四四
列传第一三一

勒保　额勒登保 胡时显
德楞泰

　　勒保,字宜轩,费莫氏,满洲镶红旗人,大学士温福子。由中书科笔帖式充军机章京,乾隆三十四年,出为归化城理事同知。坐事当褫职。高宗以温福方征金川,特原之,授兵部主事,仍直军机处。累迁郎中,出为江西赣南道,高安徽庐凤道,以母忧去官,命为库伦办事章京。四十五年,充办事大臣。累擢兵部侍郎,仍留库伦。五十年,内召。未几,授山西巡抚。五十二年。署陕甘总督,寻实授,五十六年,大军征廓尔喀,治西路驼马、装粮、台站,加太子太保。

　　初,安徽奸民刘松以习混元教戍甘肃,复倡白莲教,与其党湖北樊学明、齐林,陕西韩龙,四川谢添绣等谋不轨。五十九年,勒保捕刘松诛之,而松党刘之协、宁之清传教于河南、安徽。以鹿邑王氏子曰发生者,诡明裔朱姓,煽动愚民,事觉被捕。诏诛首恶,赦余党,发生以童幼免死,戍新疆。之协远飏不获,各省大索,官吏奉行不善,颇为民扰。武昌府同知常丹葵在荆州宜昌株连数千人,川、楚民方以苗事困,军兴,无赖者又因禁私盐、私铸失业,益仇官,乱机四伏矣。

　　六十年,勒保调云贵总督。湖南、贵州苗疆不靖,福康安督师进讨,勒保赴军,安抚正大、铜仁、镇远降苗,并治军需。云南威远倮匪扰边,勒保将赴剿,会倮匪即平,福康安、和琳相继卒于军,命偕明

亮、鄂辉接办军务，未至，而湖北教匪炽，蔓延川、陕。林之华、覃加
长阳黄柏山，福宁攻之不克，勒保往会剿，嘉庆二年春，连战败之。
方乘胜薄其巢，而贵州南笼仲苗王囊仙等叛，诏勒保督师讨之。王
囊仙者，洞洒寨苗妇，当丈寨韦七绺须，以囊仙有幻术，推为首。分
遣其党大王公、李阿六、王抱羊围南笼府，及府属之永丰、黄草坝、
捧鲊、新城、册亨，安顺府属之永宁、归化诸城。册亨陷，滇、黔道梗。
三月，勒保至，令总兵德英额、札郎阿、袁敏分守东、西、北三路。其
南际滇、粤，咨两广总督吉庆、云南巡抚江兰防之。自率按察使常
明、副将施缙，进克关岭。抵永宁，副将巴图什里已解其围，都司周
廷翰援归化，围亦解。会提督珠隆阿击永丰，自率总兵张玉龙、七
格，解新城围，进至南笼，围始解。诏嘉南笼固守，赐名兴义。遣常
明、施缙解黄草坝围。贼悉众围捧鲊，永丰益急，分兵援之，先解捧
鲊围，自率常明、施缙攻洞洒、当丈贼巢。贼纵火自焚，都司王宏信、
千总洪保冒烈焰入，禽王囊仙、韦七绺须，旋解永丰围。吉庆亦自广
西至，复册亨。六月，仲苗平，诏改永丰曰贞丰，锡封勒保一等侯爵，
号曰威勤。

　　九月，调湖广总督。时川、楚贼氛愈炽，立青、黄、蓝、白线等号，
又设掌柜、元帅、先锋、总兵等伪称。先命永保总统诸军，易以惠龄，
又易以宜绵，皆不办。至是宜绵荐勒保以自代，允之。三年正月，至
四川梁山，贼曾柳起石坝山，而白号王三槐、青号徐天德、蓝号林亮
工诸贼聚开县。勒保先破石坝山，斩曾柳，诏嘉为入川第一功。调
授四川总督。三槐走达州，与蓝号冉文俦合，惟亮工仍在开县之开
州坪，勒保令副都统六十七、总兵富森布剿之。亲追三槐，九战皆
捷。贼走巴州，掠阆中、苍溪而西，追之急，复东入仪陇。勒保以贼
踪靡定，所至裹胁，乃画坚壁清野策，令民依山险扎寨屯粮，围练乡
勇自卫。贼由仪陇趋孙家梁，欲与白号罗其清合。偕惠龄、恒瑞截
剿，三槐南窜渠县，文俦遁入其清寨，勒保留惠龄、恒瑞剿孙家梁，
仍亲蹑三槐。五月，三槐犯大竹，分窜梁山、垫江、新宁，东奔开县，
亮工出为犄角，击走之，斩其党林定相。天德来援，败之，禽其党张

洪钧,天德奔新宁。三槐与冷天禄踞云阳安乐坪,进围之。七月,诱三槐降,禽之,械送京师,诏晋封公爵。

天禄尽有三槐之众,负隅抗拒,围攻久不下。黄号龙绍周、龚建、樊人杰来援,击却之。十月,天禄粮尽,诡请降,夜突营,大为所挫,寻走新宁。四年正月,天德为额勒登保所败,亦窜新宁仁市坝,与黄号王光祖合。偕额勒登保夹击,天德走垫江,天禄走忠州。勒保令额勒登保截击天德,总兵百祥追天禄,自率大军策应。仁宗以前此诸军事权不一,特援勒保经略大臣,节制川、楚、陕、甘、豫五省军务,明亮、额勒登保为参赞。勒保以贼势重在四川,请暂驻梁山、大竹等处督师。寻破天德,天禄分窜邻水、长寿,复败之,天禄为额勒登保所歼。二月,移驻达州。疏言扎寨团练,行之四川有效,请通行于湖北、陕西、河南。又言安民即以散贼,请各省被贼之区,蠲免今岁应征钱粮:并如议行。四月,追剿天德、绍周、建、人杰及张子聪等,贼遁开县东乡。旋分窜竹溪关、渡口场,意图入陕。五月,子聪勾合蓝号冉天元北窜,遣额勒登保兜击,逼回川境。子聪窜通江,蓝号包正洪窜云阳,青号王登廷窜东乡,天德、绍周、建、人杰及线号龚文玉,白号张天伦窜大宁老林,勒保檄调诸军分剿。六月,总兵朱射斗歼正洪于云阳。七月,德楞泰禽文玉于大宁,八月,提督七十五禽建、人杰于开县:贼势浸衰矣。

会治饷大臣福甯劾勒保月饷十二万两,视他路为多,所办贼有增无减。而天德复由大宁阑入湖北境,总督倭什布飞章告警。诏褫职,命尚书魁伦赴川勘问,以额勒登保代为经略。勒保能得军心,而八旗兵素骄,稍裁抑之,遂腾蜚语,及就逮,所部将士为之讼冤。魁伦窥帝怒不测,未以上闻,稍为申辨糜饷纵贼罪,卒坐以明亮、恒瑞不听调度。副都统讷音布兵哗哄,不据实参奏。又贼犯楚境不即驰报,玩视军务,论大辟。帝念前功,改为斩候,解部监禁。

五年春,额勒登保等剿贼陕西,魁伦专任川事,而将士不用命。天元、子聪合黄号徐万富、青号汪瀛、线号陈得俸,渡嘉陵江,魁伦退守潼河,事闻,起勒保赴川。三月至,贼已越潼河,赴中江截剿,连败之,诏逮魁伦,授勒保四川提督,兼署总督。时德楞泰已大破贼于马蹄冈,冉天元、陈得俸、雷世旺先后殄灭。合剿汪瀛于嘉陵江口,禽之。四月,击败高天升、马学礼,贼遁甘肃番境,五月,复犯龙安,罢提督,专任总督。六月,贼北走甘肃,遣副都统阿哈保追之,自率兵剿川东、川北诸贼。七月,与德楞泰合击白号苟文明、鲜大川于岳池新场,败之,大川走死,实授总督。

八月,白号贼与青号赵麻花合,进击,歼其党汤思举。麻花复合王珊向陕境,欲迎天德入川。勒保截之于江口,毙麻花,珊亦为德楞泰所诛。十二月,蓝号李彬、白号杨开第、黄号齐开谟自巴州窜仪陇,德楞泰击毙开谟,勒保亦斩开第,独彬遁走。六年正月,移师川东,败蓝号杨步青于大宁,而樊人杰、徐万富合蓝号王士虎、冉天士扰广元、苍溪。遣阿哈保往援,贼伪向仪陇,阴沿嘉陵江南下,欲潜渡。驰至南部与阿哈保合击,歼万富。二月,蓝号张士龙窜巴州,遣七十五击斩之。自击蓝号陈朝观、白号魏学盛,败之巫山、云阳间。贼北窜入陕,楚界追至竹山。六月,贼回窜东乡,击败之,禽青号何子魁,歼蓝号苟文通、鲜俸先。七月,又禽徐天寿、王登高。八月,白号高见奇合魏学盛窜广元,邀击之,追至通江。适蓝号冉学胜自老林至与合,乘夜攻之,禽学胜。诏封三等男。九月,见奇、学盛分窜南江及陕西西乡。勒保抵南江。闻李彬方掠巴州、苍溪,恐逾嘉陵江。及往,贼已东窜通江。乃移兵大竹,剿汤思蛟、刘朝选,追至太平,禽其党萧焜。

是冬,偕额勒登保、德楞泰疏言:“剿匪大局已定,请酌撤官兵。”诏以“巨贼未尽除,遽思将就了事”严斥之。七年正月,复疏言:“川省自筑寨练团,贼势十去其九。拟分段驻兵,率团协力搜捕余匪。遣熟谙军事之道、府、正、佐各员,分专责成。兵力所不到,民力助之;民力所不支,兵力助之:庶贼无所匿。”诏如议行。是月,禽青号何赞于忠州。二月,李彬窜南江,为建昌道刘清所禽。三月,张天伦、魏学盛扰川北,遣总兵田朝贵往剿,不利。亲率罗思举等继进,大败贼于巴州,天伦、学盛并就歼。五月,遣罗声皋、达斯呼勒岱剿禽白号度向瑶。总兵张绩剿青号,禽徐天培。田朝贵剿蓝号,歼杨步青。七月,刘朝选纠青、蓝、黄号歼匪窜大宁,勒保遣将击之。罗思举禽朝选,达斯呼勒岱歼赖飞龙。诏晋一等男。十月,罗思举禽张简,而汤思蛟败窜亦就获。十一月,思举禽黄号唐明万。时川中著名逆首率就禽歼。余匪窜老林,不复成股。在陕、楚者亦多为额勒登保、德楞泰所歼。十二月,合疏驰奏葳功,晋封一等伯爵,仍以"威勤"为号。

八月,搜捕余匪,禽白号苟文富、宋国品、张顺,青号王青,招降黄号王国贤,偕额勒登保、德楞泰会奏肃清。未几,陕西南山余孽复起,到九年八月始平。十年,入觐,诏曰:"自嘉庆三年,勒保在川省令乡民分结寨落,匪始无由焚劫,且助官军击贼。其后陕、楚仿行。贼势乃促。今三省闾阎安堵,实得力此策为多。加太子太保、双眼花翎,回镇四川,与民休息。"时解散乡勇,令入伍为兵。

十一年秋,陕西宁远镇新兵倡乱,遣总兵唐文淑往援剿。叛将蒲大芳缚首逆乞降,德楞泰受之。勒保奏劾"叛兵罪重于逆匪,率以纳降。不知畏威,安能悔罪?他兵从而生心,益骄难制。"帝韪其言,命赴陕西会治善后事宜。寻闻四川绥定新兵亦叛,桂涵捕禽首逆,磔之,余党并论如律。十三年,凉山夷匪扰马边厅,剿平之。十四年,拜武英殿大学士,仍留总督任。

十五年,召来京供职。坐在四川隐匿名揭帖未奏,降授工部尚书,调刑部。十六年,出为两江总督。寻内召,复授武英殿大学士,管理吏部,改兵部,授领侍卫内大臣。十八年,充军机大臣,兼管理藩院。十九年,以病乞休,食威勤伯全俸。二十四年,卒,诏赠一等侯,谥文襄。

勒保短小精悍,多智数。知其父金川之役以刚愎败,一反所为,寄心膂于诸将帅,优礼寮属,俾各尽其长,卒成大功。晚入阁,益敛锋芒,结同朝之欢,而内分泾、渭。既罢相,帝眷注不衰,命皇四子端亲王娶其女,以恩礼终。

子九,长英惠,科布多参赞大臣,袭三等威勤侯,卒。孙文厚,嗣爵。第四子英绥,工部侍郎。孙文俊,江西巡抚。

额勒登保,字珠轩,瓜尔佳氏,满洲正黄旗人。世为吉林珠户,
隶打牲总管。乾隆中,以马甲从征缅甸大小金川,累擢三等侍卫,赐
号和隆阿巴图鲁,乾清门行走。四十九年,剿甘肃石峰堡回匪。五
十二年,平台湾。叠迁御前侍卫。五十六年,从福康安征廓尔喀,摄
驻藏大臣。攻克擦木贼寨,七战七胜,抵帕古朗河,班师殿后,加副
都统衔,论台湾、廓尔喀功,两次图形紫光阁。寻授副都统兼护军统
领,擢都统。

六十年,贵州松桃苗石柳邓、湖南永绥苗石三保相继叛,陷乾
州。福康安视师,请额勒登保偕护军统领德楞泰率巴图鲁侍卫赴
军。至则松桃围已解,石柳邓逸入石三保黄瓜寨中。额勒登保由松
桃进攻,解永绥围,克黄瓜寨。攻贼首吴半生于苏麻寨,克西梁。半
生遁高多寨,禽之:授内大臣。又获乾州贼目吴八月,余党据平陇,
进抵长吉山,败之。嘉庆元年,福康安卒,和琳代。时石三保就禽,
石柳邓在平陇,乃进兵复乾州,赐花翎,署领侍卫内大臣。秋,和琳
卒于军,统兵者惟额勒登保、德楞泰及湖南巡抚姜晟三人。诏将军
明亮、提督鄂辉往会剿。十月,克平陇,石柳邓遁踞养牛塘山梁,分
兵克之。十二月,斩石柳邓,苗缚吴八月子廷义以献。军事告竣,诏
嘉其功最,锡封威勇侯,赐双眼花翎。

二年,移师剿湖北教匪。时林之华、覃加耀踞长阳黄柏山,地险
粮足,总督福宁攻之久不下。三月,额勒登保至,克四方台。贼遁鹤
峰芭叶山,其险隘曰大堰口,六月克之。贼窜宣恩、建始,分兵三路
进。十月,毙之华于大茅田,而加耀遁施南山中,寻窜长乐朱里寨,
三百悬崖,惟东南一径。十二月,遣死士缒登,掘地窖火药轰之,贼
争走,坠崖,坑谷皆满。惟加耀偕贼二百遁,踞归州终报寨。诏斥额
勒登保纵贼,降三等伯爵。三年春,加耀始就禽,仍以藏事缓,夺爵
职、花翎,予副都统衔,命赴陕西协剿襄匪高均德、姚之富、齐王氏
等。会李全自盩厔至蓝田,欲与诸贼合,击走之。姚之富、齐王氏失

援，遂为明亮、德楞泰所歼。进剿均德于两岔河，贼分窜商州、镇安。四月，赴荆州会剿张汉潮，败之竹山，蹑追，由陕西入四川。九月，周汉潮于广元，禽其子正潍。与德楞泰等合剿川匪罗其清。其清踞营山之箕山，已为德楞泰所破，窜大鹏寨。额勒登保与德楞泰、惠龄、恒瑞四路进攻，十月合围。其清突走青观山，树栅距险。额勒登保鉴于黄柏山、芭叶山顿兵之失，议主急攻，亲逼栅前，席地坐，令杨遇春督兵襄土立营，且战且筑，诸军继之，攻击七昼夜。贼不支，窜渡巴河，踞遂风寨废堡。德楞泰同至，围之数重，势垂克，薄暮，忽传令撤围。贼倾巢夜溃，迟至黎明始驰追，贼四路逃窜，至方山坪已散尽，获其清于石穴，逸匪数日内并为民兵禽献。是役，贼趋绝地，无外援，开网纵之，饥疲就缚，士卒不损，竟全功焉，复花翎。十二月，追徐天德、冷天禄于合州。

四年春，诏以勒保为经略大臣，额勒登保与明亮同授副都统为参赞。三月，追冷天禄于大竹，闻萧占国、张长庚由阆州窜营山，回军迎击。贼踞黄土坪，临江负山，令总兵朱射斗绕出鸡猴寨，截其西。自率杨遇春由东袭攻城隍庙，贼西走，为射斗所扼，夹击，歼其半，越山窜走尚数千。乘夜围击于谭家山，陨崖死及生禽几尽，斩占国、长庚。有冒难民逃出者，投冷天禄，述兵威，天禄曰："我曾于安乐坪破经略兵数万，何惧此乎？"时踞岳池，距大军不远，天禄遣大队先行，自率悍党八百殿后。额勒登保冒雨由间道进至广安，令穆克登布据人头堰以待，杨遇春潜出贼后。自将索伦劲骑冲之，贼死斗，天禄毙于箭。次日，追其大队于石笋河，斩溺过半，先渡者追歼之。旬日间连殄三剧贼，叠诏嘉赉，先封二等男爵，晋一等。四月，追剿白号张子聪于云阳，子聪纠合黄号樊人杰、线号萧焜、卜三聘等，叠败之寒水坝，贼稍散。五月，子聪复合冉天元窥陕境，扼御之。子聪窜通江，追败之于苟家坪，又败天元于木老坝。七月，天元窜镇龙关，欲与王登廷合，登廷屯马鞍寨，击走之。究追至大竹、东乡，援贼麇至，分兵进击，禽斩甚众，仍蹑登廷。

额勒登保战绩为诸军最，湖北道员胡齐仓治饷馈送诸将，事发，独无所受，诏嘉其"忠勇公清，为东三省人杰。"八月。勒保以罪逮，命代为经略，授领侍卫内大臣，补都统。疏陈军事曰："臣前数年止领一路偏师，今任经略，当筹全局。教匪本属编氓，宜招抚以散其众，然必能剿而后可抚，必能堵而后可剿。从前湖北教匪多，胁从少。四川教匪少，胁从多。今楚贼尽逼入川，其与川东巫山、大宁接壤者，有界岭可扼，是湖北重在堵而不在剿。川、陕交界自广元至太平，千馀里随处可通，陕攻急则入川，川攻急则入陕，是汉江南北剿堵并重。川东、川北有嘉陵江以限其西南，余皆扼崇山峻岭，居民近皆扼险筑寨，团练守御。而川北形势更便于川东，若能驱各路之贼逼川北，必可聚而歼旃：是四川重在剿而不在堵。但使所至堡寨罗布，兵随其后，遇贼迎截夹击，以堵为剿，事半功倍，此则三省所同。臣已行知陕、楚，晓谕修筑，并定赏格，以期兵民同心蹙贼。至从征官兵，日行百十里。旬月尚可耐劳，若阅四五年之久，骡马尚且踣毙，何况于人？续调新募者，不习劳苦，更不如旧兵。臣一军尚能得力者，以兵士所到之处，亦臣所到之处。兵士不得食息，臣亦不得食息。自将弁以及士卒，无不一心一力，而各路不能尽然。近日不得已，将臣兵与各提镇互相更调，以期人人精锐。"又言："军中出力人员，应随时鼓励，令各路领兵大员，自行保奏，以免咨送迟延。"帝并韪之。

　　时徐天德败于湖北，折回川东，渐衰弱，而王登廷与冉天元、苟文明合阮正潢窜广元，贼势重在川北。九月，率杨遇春歼正潢于云雾山。十一月，登廷、天德、天元及樊人杰会合抗拒，叠战于巴州何家垸、东君坝，禽贼目贾正举、王国安，追至苍溪猫儿垭。额勒登保以天元善战，令杨遇春、穆克登布合左右翼力击。穆克登布轻进，为天元所乘，伤亡甚众。贼萃攻经略中营，血战竟夜贼始退，次日，登廷在南江为乡团所禽。额勒登保以实闻，诏嘉其不讳败，不攘功，不愧大臣。天元窜开县，额勒登保病留太平，遣杨遇春、穆克登布追之。将与德楞泰夹击，而杨开甲、辛聪、王廷诏、高天升、马学礼诸贼以川北守御严，无所掠，乘间由老林窜陕西城固、南郑，提督王文雄不能御,前路贼且入甘肃。额勒登保疏请以川事付魁伦、德楞泰,自力疾赴陕,而德楞泰先已西行赴援,不及回军。

五年春,天元纠胁日众。乘魁伦初受事,遂夺渡嘉陵江,朱射斗战死。未几,潼河复失守,川中震动。诏逮魁伦,起勒保与德楞泰同办川贼,责额勒登保与那彦成专剿陕贼。时那彦成破南山余贼于陇山、伏羌,德楞泰追王廷诏、杨开甲于成县。额勒登保亦至,乃令德楞泰回川西,自与那彦成分三路,遏贼入川及北窜之路。杨遇春、穆克登布破张天伦于岷州,庆成等破张世龙于洮河。廷诏、开甲合犯大营,击走之,分兵追贼。大军移剿高天升、马学礼,迭败之,贼逾渭北窜,寻要之于巩昌,又要廷诏、开甲于岷州。诸贼并逼回渭南,而张世龙等走秦州,将趋北栈。留那彦成追高马二贼,自率杨遇春、岱森保回陕,令王文雄及总兵索费英阿等分扼南北栈。张汉潮已为明亮所歼,余党留陕者纠合复众。张世龙、张天伦为大兵所驱,窜滇安,皆注汉北山中,东向商、雒,贼复蔓延。严诏诘责,召那彦成回京。闰四月,额勒登保率杨遇春连败贼于商、雒、两岔河,令遇春扼龙驹寨,使不得犯河南。贼乃回窜,留后队缀官军,连破之洵阳大、小、中溪,设伏溪口,禽斩三千余,毙蓝号刘允恭、刘开玉,于是汉潮余党略尽,晋封三等子。杨开甲、辛聪、张世龙、张天伦、伍金柱、戴仕杰等皆西窜。五月,令杨遇春等追击金柱等于汉阴手扳崖,阵毙贼目庞洪胜等。进攻杨开甲等于洋县茅坪,贼踞山巅,诱之出战,伏兵绕贼后夹击,阵斩开甲。六月,贼窜甘肃徽县、两当,蓝号陈杰偷越栈道,禽之。八月,遇春斩伍金柱于成县,毙宋麻子于两当,贼复回窜陕境。疏陈军事,略谓:“贼踪飘忽,时分时合,随杀随增,东西回窜,官军受其牵缀,稍不慎即堕术中,堵剿均无速效,自请治罪。”又言:“地广兵单,请将防兵悉为剿兵,防堵责乡勇,促筑陕、楚寨堡以绝掳掠。”温诏慰劳,以剿捕责诸将,防堵责疆吏,分专其任。会贼逼武关截击走之。

六年春,奏设宁陕镇为南山屏障,如议行。二月,杨遇春禽王廷诏于川、陕交界鞍子沟，禽高天德、马学礼于宁羌龙洞溪，三贼皆最悍。诏晋二等子，复双眼花翎。时贼之著者，陕西冉学胜、伍怀志，湖北徐天德、苟文明，四川樊人杰、冉天泗、王士虎等，尚不下十余股。四月，剿学胜于渭河南岸，又蹙之于汉南，贼遁平利。张天伦纠合五路屯洵阳高岭、刘家河，令杨遇春击走之。五月，穆克登布禽伍怀志于秦岭。七月，遇春禽冉天泗、王士虎于通江报晓垭，徐天德、冉学胜并为他师所歼。而姚之富子馨佐及白号高见奇、辛斗等方扰宁羌，督诸将进剿，逼入川北。九月，总兵杨芳等禽辛斗于通江。十月，丰绅、桑吉斯尔禽高见奇于达州。于是贼首李元受、老教首阎天明等各率众降，贼势穷蹙。条上搜捕事宜，诏嘉奖，晋封三等伯。十一月，苟文明合各路残匪窜阶州，裹胁复众，回窜广元、通江。十二月，败之于瓦山溪，文明窜开县大宁。七年正月。斩黄号辛聪于南江，文明由西乡偷渡汉江。额勒登保自请罪，降一等男，诏以川匪责德楞泰、勒保等，额勒登保兼西安将军，仍专办陕贼。二月，文明窜入南山，与宋应伏、刘永受合，督师入山搜剿。六月，歼其众于龚家湾，文明仅以身免，刘永明潜遁，为乡民所歼。七月，歼文明于宁陕花石岩，晋一等伯。疏陈军事将竣，请撤东三省及直隶、两广兵，远地乡勇分别遣留。遂穷搜南山余匪，八月，禽苟文举，毙张芳。赴平利与德楞泰会剿楚匪，五战禽斩过半。十月，毙青号熊方青于达州，尽歼竹溪股匪。十一月，穆克登布追贼通江铁镫台，禽景英、蒲添青、赖大祥，及湖北老教首崔建乐，晋三等侯。著名匪首率就歼，零匪散窜老林。十二月，疏告蒇功，诏嘉额勒登保："运筹决策，悉中机宜，躬亲行阵，与士卒同甘苦，厥功最伟。"晋封一等侯，世袭罔替，授御前大臣，加太子太保，赐用紫缰。余论封行赏有差。

八年春，留陕搜捕，禽姚馨佐、陈文海、宋应伏等于紫阳。穆克登布遇伏战殁。六月，移师入川，禽熊老八、赵金友于大宁，熊老八即戕穆克登布者。疏陈善后事宜："各省酌留本省兵勇：四川一万二千，湖北一万，陕西一万五千，分布要地。随征乡勇有业归籍，无业补兵，分驻大员统率。"七月，驰奏肃清，命暂留四川经理善后。编阅陕、楚营卡事竣，振诱还京。十二月，至，行抱见礼于养心殿，奖赉有加，命谒裕陵。

九年春，因前遭母忧不获守制，补持服。寻命赴四川偕德楞泰歼余孽。十年，回京，总理行营，充方略总裁。八月，上幸盛京。额勒登保以病不克从，谒陵礼成，特诏加恩晋三等公爵。是月，卒于京师，年五十八。上闻震悼，回銮亲奠，御制《述悲诗》一章。于地安门外建专祠，早褒忠，谥忠毅，命吉林将军修其祖墓立碑焉，

额勒登保初隶海兰察部下，海兰察谓曰："子将才，宜略知古兵法。"以清文《三国演义》授之，由是晓畅战事。天性严毅，诸将白事，莫敢仰视。然有功必拊循，战胜亲饷酒肉，赏巨万不吝，人乐为用。尝谓诸将曰："兵条条生路，惟舍命进战是一死路。贼条条死路，惟舍命进战是一生路。惟有出其不意、攻其不备之一法。追贼必穷所向，不使休息。师行整伍，仓卒遇贼，即击。每宿，四路侦探。临敌，矢石从眉耳过，勿动。"于同列不忌功，亦不伐己功，尤严操守。凯旋过芦沟桥，他将辎重累累，独行李萧然，数骑而已。殁时，子谟尔赓额生甫数月，帝临奠，抱置膝上，命袭侯爵，寻殇，以侄哈郎阿嗣。承袭一等威勇，侯自有传。

额勒登保不识汉文，军中章奏文牍，悉倚胡时显。

时显，字行楷，江苏武进人。少困科举。乾隆中，侍郎刘秉恬治金川粮饷，从司文牍独勤。荐授兵部主事，充军机章京，累迁郎中。和珅用事，数与抗，出为广东雷州知府，以亲老乞留。寻从福康安征苗有功，赐花翎。洎额勒登保剿教匪，从赞军务，刚直无所徇，额勒登保能容之。每日跨马与诸将偕，或有逗留。辄叱之。遇贼务当其冲，诸将无敢却者。回营后，凡战地曲折夷险，粮运断续，器仗敝坏，兵卒劳饥，及贼出没情状，诸将功过，一一言之。军中敬畏时显与经略等。陈奏战事必以实，上嘉经略，并嘉时显。猫儿垭之战，及禽王登廷，章奏不欺，特赐三品卿衔。在军凡五年，累擢内阁侍读学士、鸿胪寺卿。以劳卒于兴安军次，赠光禄寺卿，赐祭葬。

德楞泰，字惇堂，伍弥特氏，正黄旗蒙古人。乾隆中，以前锋、蓝翎长从征金川、石峰堡、台湾，皆有功，累迁参领，赐号继勇巴图鲁。五十七年，从福康安征廓尔喀，冒雨涉险，攻克热索桥贼寨。加副都统衔，图形紫光阁。寻授副都统，迁护军统领。

六十年，率巴图鲁侍卫从福康安征湖南苗，与额勒登保并为军锋。福康安既解松桃、永绥围，高宗悦，将待以不次之赏，于是德楞泰建议深入苗地为犁庭埽穴计。苗酋吴半生踞大乌草河以抗，大兵连克沿河诸寨，渡河抵盛华哨。苗于山半立木城，坚甚，断其汲路，火攻克之，又克古文坪，进攻摩手寨，由间道出寨后，夺据石城，遂偕额勒登保禽半生，授内大臣。进攻鸭保山，克木城、石卡三十余，又克天星寨木城七、石堡五，禽贼目吴八月。

嘉庆元年，福康安、和琳相继卒于军，先克乾州，又从将军明亮克平陇，擢御前侍卫，署领侍卫内大臣。克险临养牛塘山梁，贼首石柳邓就歼，苗疆略定，锡封二等子爵，赐双眼花翎。二年，命偕明亮移军四川剿教匪。时贼首徐天德、王三槐踞重石子、香炉坪，南曰分水岭，北曰火石岭，贼卡林立，进战，夺岭，三槐扑营受创逸。五月，破重石子，明亮亦破香炉坪，追歼教首孙士凤。会襄阳贼齐王氏、姚之富、樊人杰等窜入四川，与徐、王二匪合屯开县南天洞，击破之，贼分走云阳、万县。云阳教首高名贵欲与天德合，以计禽之，尽歼其众于陈家山。七月，齐王氏等由奉节、巫山东走湖北，与有亮绕出宜昌迎剿，贼南趋，留明亮屯宜昌。自赴荆州解远安围。八月，贼犯荆门、宜城，往援之，会总督景安以索伦劲骑至，合剿大捷，二城得全。贼欲北窜河南，扼要隘，斩贼目袁万相等，截回湖北，赐紫缰。九月，歼贼于房县、竹溪、竹山，贼走陕西平利，图入川东，败之澍河口。贼北走紫阳，又合白号高均德，西走汉中。十一月，窥渡汉江，令副都统乌尔纳图逊突击于江滨，窜入川境。

三年正月，均德复扰陕西褒城，与有亮夹击，连败之于洋县、城固、洵阳。齐王氏、姚之富方窜广元宁羌山中，乘虚由石泉渡汉，与均德合，东走汉阴。诏斥明亮战不力，褫其职。嘉德楞泰每战在前，责速剿。三月，与明亮追齐、王二匪，由山阳至郧西，日行百七十里，连破之于石河、甘沟，乡勇遏其前，贼无去路，踞三岔河左右，两山尽锐，围攻悉歼之。齐王氏、姚之富投崖死，传首三省。均德由镇安窜洛南，败之两岔河，余贼与李全、张天伦合。五月，又败之五郎关，均德走宁羌、广元，合龙绍周、冉文俦踞渠县大神山，有众二万。诏斥纵贼，夺爵职，留副都统衔。七月，偕惠龄、恒瑞攻克大神山，贼窜营山，蹙之黄渡河。均德中枪，逸入箕山坪。与罗其清合。箕山围迤百余里，三面陡绝，惟东南有路可通。徐天德、王登廷、樊人杰踞凤凰寺，阻粮道，与为犄角。八月，克凤凰寺，贼奔箕山，负固不下。十月，分三路进攻，克之。其清退踞大鹏寨，额勒登保自阆州来会剿。十一月，贼被攻急，乘夜雨扑营。德楞泰侦知之，潜伏贼寨南门，梯而登，火其寨。额勒登保等亦袭破西门，歼其清父从国。合兵穷追，禽其清于巴州方山坪，复花翎。冉文俦窜踞东乡麻坝，乘除夕大破之于通江。

四年元旦，生禽文俦，尽歼其众，予一等轻车都尉。经略勒保疏陈诸将惟额勒登保、德楞泰尤知兵，得士心，诏德楞泰专剿徐天德。天德与冷天禄窜涪州，冒难民入鹤田寨，击走之，又败之于开县。三月，天德自大宁北趋，追及于太平。又遇龙绍周、唐大信等，迭击之，贼不得犯陕境。既而天德入大宁老林，与绍周、大信及樊人杰、龚建、卜三聘、张天伦、辛聪等合，牵缀大军。天德建窜太平山箐，令赛冲阿分兵击之。自击人杰、绍周、大信、天伦于安康、紫阳，连破之，驱入川东，遂犯湖北。七月，线号龚文玉亦自夔州至，分兵追剿，禽文玉、三聘于竹溪，加予骑都尉世职。八月，命额勒登保为经略，德楞泰为参赞，赴兴山截击天德，逼回川东，蹑追天伦及聪等入陕。十月，高均德改名郝以智，率贼万，踞高家营，欲由白河窥渡汉。绍周及冉天元窜放马场，欲趋紫阳。率赛冲阿、温春回援，先破放马场，进攻高家营，禽均德，槛送京师，晋封二等男爵。十一月，进兵川北，歼白号张金魁于通江，禽其党符曰明等于广元。十二月，追鲜大川、苟文明至川东，贼睄大兵俱在川境，遂先后窜陕、甘。

　　五年正月,偕额勒登保分路抵秦州,而冉天元纠合徐万富、汪瀛、陈得俸、张子聪、雷世旺众五万,遽乘间渡嘉陵江,分扰南部、西充,魁伦不能制,诏促德楞泰回援。二月,天元踞江油新店子,乃由间道进剿。贼分四路迎战,锐甚,赛冲阿、温春深入被围。自驰援,夹击竟日,杀伤相当,禽得俸,斩冉天恒,皆悍贼也。专战连夺险隘。三月,天元屯马蹄冈,伏万人火石垭后。后德楞泰令赛冲阿攻包家沟,阿哈保攻火石垭,温春攻龙子观,自率大隧趋马蹄冈,过贼伏数重始觉。俄伏起,八路来攻,人持束竹、泾絮御箭铳,鏖斗三昼夜,贼更番迭进,数路皆挫败。德楞泰率亲兵数十,下马据山巅誓必死。天元督众登山,直取德楞泰,德楞泰单骑冲贼中坚,将士随之,大呼奋击,天元马中矢蹶,禽之,贼遂瓦解。乡勇亦自山后至,逐北二十余里,禽斩无算。天元雄黠冠川贼,专用伏以陷官军,至是五日四战,致死决胜负,血战破之,群贼夺气,诏晋三等子。是月,复大破贼于剑州,又破张子聪、雷世旺于蓬溪,斩世旺,晋二等子,授成都将军。

　　魁伦以失守潼河逮问,起勒保代为总督,与德楞泰合兵剿贼。四月,贼分扰遂宁、安岳,逼中江,欲趋成都。与勒保夹击,连破之,邀击于嘉陵江口,俘斩溺毙者数千。余贼渡江,为达州乡勇所败,禽汪瀛:潼河两岸肃清。自此德楞泰威震川中,诸将往往假其旗帜,贼望见辄走。闰四月,追贼至达州、新宁,歼刘君聘、苟文富。而白号苟文明、鲜大川、樊人杰等复由陕入川,五月,移师川北,贼走营山、渠县,六月,败之恩阳河。又与勒保合击,歼苟文礼于岳池。七月,大川为民寨诱斩,文明遁。八月,追剿白号贼于东乡,歼汤思举,余贼与赵麻花、王珊合。九月,与勒保夹击于云阳,麻花、珊先后毙。十月,湖北黄、白、蓝、线四号贼合犯夔、巫。龙绍周由太平、通江北窜,兵至贼去,兵去贼至。樊人杰、冉学胜、王士虎遂由川入陕,徐天德由陕入楚。诏斥德楞泰堵剿不力,降一等男。十二月,李彬、杨开第、李国谟合窥嘉陵江。与勒保合击,连败之于渠县安仁河、仪陇观音河,毙开第、国谟,晋三等子。

　　六年正月,白号高天升自洵阳偷渡汉江,图窜河南,追及于山阳乾沟,破之,追歼之于野猪坪,复一等子。二月,击龙绍周于兴安,逼入川境,连败之于大宁长坝、二郎坝。绍周窜湖北竹山、房县,复败之,走太平,复双眼花翎。四月,徐天德、樊人杰合曾芝秀、陈朝观窜陕西白河,分扰民寨。遣兵直攻其巢,禽朝观。五月,大破贼于西乡,天德窜紫阳。率赛冲阿、温春麟之仁和新滩。大雨水涨,天德溺毙。绍周乘虚阑入房县、竹溪,截击之,复回太平,禽其党陈文明。八月,追至巫山、巴东,禽王鹏、李天栋。九月,绍周遁平利,令赛冲阿等追歼之,晋封二等继勇伯,仍用巴图鲁旧号也。十二月,苟文明西扰宁羌,与额勒登保夹击。贼窜川北,大败之于通江,走开县,遣兵追之。自率轻骑赴大宁,断其入楚之路。

七年正月,文明复入陕北,窜老林,至秋,乃为陕军所歼。川东零匪犹四扰,诏德楞泰仍专办川贼。二月,破线号余匪于奉节,又破白号张长青于云阳,时樊人杰及崔宗和、胡明远、戴仕杰、蒲天宝等麕聚湖北境。四月,率精兵间道抵东湖,绕出贼前,夹攻鸡公山贼巢。天宝别屯当阳河,五月,冒雨进击,天宝负创走,又败之于穆家沟,分兵留剿。自移师东趋,直取人杰,冒雨入马鹿坪山中,出贼不意,痛歼之。人杰窜竹山,投水死。人伙倡乱最久,诸贼听指挥,与冉天元埒,至是伏诛,晋三等侯。七月,天宝乘间夺踞兴山、房县交界鲍家山,死守抗拒。以大军缀其前,令总兵色尔滚、蒲尚佐率精兵出深箐攻贼巢,截其去路,禽斩殆尽。天宝遁,至竹溪坠崖死。

时巴东、兴山尚有余匪,皆百战之余,悉官军号令及老林路迳,屡合围,辄乘雾溜崖突窜。分军遇之则不利,大队趋之则兔脱,所余无几,而三省不能解严。与额勒登保、吴熊光会于竹溪议搜剿,额勒登保专任陕境,德楞泰专任楚境,先后歼戴仕杰、赵鉴、崔连洛、崔宗和、陈仕学、熊翠诸贼,迨十一月,捕斩略尽,优诏,晋封一等侯,加太子太保,命其子苏冲阿赍珍赍至军宣慰。八年,驻巫山、大宁,捕逸匪曾芝秀、冉璠、张士虎、赵聪等,先后禽歼。至冬事竣,入觐热河行在,帝大悦,御制诗赐之,恩赉优渥。寻以陕西南山余孽扰及川境,命回镇成都。遣将招降,数为贼害,坐降二等侯。九年,偕额勒登保穷搜老林，斩首逆苟文润，余匪悉平，复一等侯。十年，召授领侍卫内大臣，充方略馆总裁，总理行营事务，管理兵部。

十一年，宁陕镇新兵陈达顺、东先伦等作乱，命驰往剿治。叛将蒲大芳等乞降，缚献达顺等，磔之。大芳等遣戍回疆。议以降众归伍，诏斥宽纵，夺职。寻授西安将军。十三年，剿定瓦石坪叛匪。十四年，晋三等公。寻卒，柩至京师，帝亲奠，御制诗挽之，谥壮果。诏四川建立专祠，入祀京师昭忠祠。

德楞泰英勇超伦，战必身先陷阵，名与额勒登保相亚。马蹄冈之战，转败为胜，时称奇绩。既卒，奉诏褒恤，特举是役保障川西数十万生灵，厥功最伟。在军俘获，必详讯省释，未尝妄杀良民妇女，保全甚众，蜀民尤感颂焉。

子苏冲阿，一品荫生，授侍卫。每德楞泰战胜，辄擢其官，累迁至盛京副都统，署黑龙江将军，袭一等侯。孙倭什讷，杭州将军。曾孙希元，吉林将军：并嗣爵。次孙花沙纳，官至吏部尚书，自有传。

论曰：仁宗亲政，以三省久未定，卜于宫中，繇曰："三人同心，乃奏肤功。"后事平，叙劳：额勒登保第一，德楞泰次之，勒保又次之。论战绩，勒保未足与二人比，然当德楞泰偕明亮由楚入陕，见民苦虏掠，陈坚壁清野策，廷议以筑堡重劳，未之许也；勒保至四川，始力行之，推之三省，贼竟由是破灭。三人者相得益彰，未容有所优劣：勒保宽能容众，额勒登保忠廉忘私，德楞泰仁及俘虏，识量并有过人。为国方、召、延世侯封，岂偶然哉！

清史稿卷三四五
列传第一三二

永保　惠龄　宜绵　子胡素通阿
英善　福宁　景安　秦承恩

永保，费莫氏，满洲镶红旗人，勒保之弟也。以官学生考授内阁中书，充军机章京，迁侍读。乾隆三十七年，父温福征金川，永保赍送定边将军印，遂随军。明年，温福战殁木果木，永保冒矢石夺回父尸，袭轻车都尉，迁吏部郎中。洎金川平，追论木果木之败，咎在温福，夺世职，仍留永保原官。出为直隶口北道，历霸昌、清河两道。迁布政使，调江苏。四十九年，擢贵州巡抚，历江西、陕西。五十一年，署陕甘总督。寻授塔尔巴哈台参赞大臣。五十六年，哈萨克汗斡里素勒坦遣子入觐，诏嘉永保抚绥有方，授内大臣，赏双眼花翎。五十八年，调喀什噶尔参赞大臣，授户部侍郎，留驻新疆。六十年，调乌鲁木齐都统。

嘉庆元年春，湖北教匪起，永保奉诏入京，行抵西安，命偕将军恒瑞率驻防兵二千，调陕西、广西、山东兵五千会剿。三月，至湖北，总督毕沅疏陈各路剿杀不下数万，而贼起益炽，诏分专责成：永保、恒瑞任竹山、保康一路。毕沅、舒亮任当阳、远安、东湖一路。惠龄、富志那任枝江一路。鄂辉任襄阳、谷城、均州、光化一路。孙士毅任酉阳、来凤一路。永保偕恒瑞复竹山，进房县，擒贼首祁中耀。余贼遁保康白云寺山，复败之，擒贼目曾世兴等。永保疏言："襄阳贼数万，最猖獗，贼首姚之富、齐王氏、刘之协皆在其中，为四方诸贼领

袖,破之则流贼自瓦解。宜俟诸军大集,合力分攻。"帝韪之。五月,
永保等驰赴襄阳,自樊城进取邓桃湖,会军吕堰。贼退屯双沟,分军
五路夹击,歼贼二千,余贼分窜孝感,距汉阳百余里,幸为潦阻,武
昌戒严。时毕沅围当阳数月不下,惠龄剿枝江贼亦无功,诏命永保
总统湖北诸军,先靖襄阳,而后分攻孝感、当阳两路。参将傅成明等
击孝感贼,遇伏败殁。永保令明亮驰救,复请调苗疆防兵助剿。六
月,永保渡滚河,破梁家冈、张家垱贼营二十余座,贼窜枣阳,潜踞
随州之梓山、青潭,连破之。复偕恒瑞、庆成破贼于红土山,禽贼渠
黄玉贵。于是襄阳、吕堰迤东百数十里,及枣阳、随州、宜城无贼氛。
孝感之贼,亦为明亮所歼。诏嘉永保调度协宜,加太子太保。

　　先是命署湖广总督,及毕沅复当阳,永保请寝前命,允之。八
月,移剿钟祥,明亮以师来会。贼自温峡口至千弓垱,依山结营,亘
数十里。永保率大军由西北进击,绘图陈奏。帝方以东南空虚,虑
贼逃窜,适明亮疏言:"钟祥为贼巢穴,宜四面夹攻,以防漏网。今永
保以九千余兵由西北追压,而东南要截之兵仅三千余,地阔兵单,
难杜窜逸。"帝以永保拥众自卫,切责之。明亮败贼土门冲,永保不
能夹击,贼转而北,永保偕明亮追至襄阳双沟。贼分两路窜河南:东
由枣阳趋唐县,西由吕堰趋邓州。官军蹑西路,败诸吕堰,获姚之富
母、媳及孙,而东路贼已入唐县滹沱镇。疏言:"追贼经月,兵力疲
惫,难以痛歼,请增兵助剿。"诏斥其无能,调山东、直隶兵四千,复
简健锐、火器营各军赴之。十一月,新兵既至,攻破唐县贼屯十一。
姚之富已遁,犯枣阳,复渡滚河而西,蹂吕堰,向光化、谷城。围景安
于邓州魏家集,越二日援兵始至。帝怒永保拥劲旅万余,徒尾追不
迎击,致贼东西横蹿无忌,褫职逮京,下狱,籍其家,并褫其子侍卫
甯志、甯怡职,发往热河。

　　三年,以兄勒保请禽川贼王三槐功,推恩宥释。勒保将永保发
军营效力,不许。四年,勒保为经略大臣,予永保蓝翎侍卫,赍经略
印赴军。寻擢头等侍卫,署陕西巡抚。与明亮会剿张汉潮于终南华
林山中,遇伏败绩。复与明亮不协,互攻讦。诏逮问,并坐前在湖北

动用军需受馈遗事，论大辟，诏原之，免罪，予八品领催，自备资斧赴乌里雅苏台办事。六年，充参赞大臣。

七年，授云南巡抚。八年，威远、思茅保匪扰边，永保赴普洱，偕提督乌士经进讨。肇乱士弁刁永和闻风遁，威远保匪亦退，禽思茅保酋扎安波赛闷，余匪奔逸。南兴土司张辅国屡与孟连土司争界构衅，至是勘定之。永保疏陈善后事："内地杂居夷人不法，按律惩治。土司夷境滋事，但遣兵防范，不使内审。"诏嘉得大体，耳边衅，赏花翎。

十三年，兼署贵州巡抚，调广东。寻擢两广总督，未至，卒于途。赠内大臣，诏念前劳，曾籍没，家无余资，赐银千两治丧，谥恪敏。孙文庆。咸丰中官大学士，自有传。

惠龄，字椿亭，萨尔克图氏，蒙古正白旗人。父纳延泰，乾隆中，官理藩院尚书、军机大臣，加太子少保。因喀尔喀台吉沁尔多济规避军事，不劾奏，罢职。复起用，终于理藩院侍郎。

惠龄由翻译官补户部笔帖式，充军机章京。累迁员外郎，缘事夺职。起户部主事，仍直军机。乾隆四十年，予副都统衔，充西宁办事大臣，调伊犁领队大臣。擢工部侍郎，调吏部。充塔尔巴哈台参赞大臣。五十年，回京，署正黄旗满洲副都统。授湖北巡抚，调山东。五十六年，擢四川总督。征廓尔喀，命为参赞，赴西藏会剿，督治粮运。事平，图形紫光阁，列前十五功臣中。五十八年，授山东巡抚，调湖北，再调安徽。六十年，授户部侍郎。苗疆用兵，留署北巡抚，治粮饷。

嘉庆元年正月，教匪聂杰人、张正谟等倡乱于枝江、宜都，率师往剿，总兵富志那令首逆聂杰人，而襄、郧、宜、施诸郡贼并起。命惠龄专剿枝江、宜都一路，自春徂夏无功，以大雨为解，严诏切责。八月，克灌脑湾贼寨，禽张正谟等，加太子少保，署工部尚书，予二等轻车都尉世职。进攻凉山，捣其巢，禽首逆覃士潮，宜都、枝江悉平，移军长阳黄柏山会剿。十一月,襄阳贼姚之富自黄龙垱偷渡滚河,窜河南,黜总统永保,以惠龄代之,驰赴襄阳。疏言:"襄、邓平衍,无险可扼。贼习地势,必不自趋绝地。惟有严防汉江潜渡,并堰唐河、白河,移难民于河西,守岸团练以蹙贼。"会之富折回湖北境,惠龄迎击,遏其西轶,败之茅茨畈,分兵五路兜剿。二年二月,败贼于鲍家畈,禽贼首刘起荣。复败贼于曾家店,鏖战于郑家河,歼获甚众。赏双眼花翎,擢理藩院尚书,兼镶白旗蒙古都统。惠龄偕恒瑞、庆成剿襄阳贼,屡破之。余众仅数千,势甚蹙,分路窜河南境,官军疲于尾追,不易得一战,先后并入陕西,遂复猖獗。五月,李全、王廷诏、姚之富合为一路,由紫阳白马石窜渡汉江,后五日,惠龄始至,夺官衔、世职、花翎,易宜绵总统军务,降惠龄为领队,听节制。

　　贼既分窜入川,十月,王廷诏、高均德复北犯,窥渡汉江,惠龄邀击败之,斩贼二千。诏嘉其仅兵二千当贼二万,以少击众,复双眼花翎。十一月,齐王氏、张汉潮、姚之富、高均德合入汉中南山,自黄官岭至新集,连营二十里,欲渡汉。惠龄军北岸,蹙其半济,贼走宁羌,追败之,折窜汉中。因移兵扼汉南,贼不得北窜,复分道入川,惠龄绕由西乡、太平赴大宁、夔州兜剿。时川匪王三槐、徐天德窜梁山,罗其清、冉文俦分屯营山、仪陇。三年,陕、襄诸贼在川境者俱会于文俦,而三槐、天德自太平走与合,势张甚。诏总统勒保会诸将,分路进剿,惠龄与德楞泰为一路,夹攻罗、冉二贼。五月,击文俦于仪陇,其清及阮正通先后来援,皆败之。贼屯大神山,连营数十里,六月,与德楞泰合攻,破之,斩贼甚众。文俦走箕山龙凤坪,与其清相犄角,阮正通等又与合。帝以首逆稽诛,屡诏严责,于是德泰破贼箕山,其清奔天鹏寨,惠龄分路进攻,十二月,其清就禽,槛送京师。四年正月,文俦就禽,予一等轻车都尉世职。丁母忧,会其清谳词称惠龄一军较弱,帝斥其为贼所轻,命回京守制,降兵部侍郎。寻授山东巡抚。六年,擢陕甘总督,专剿南山余匪。复以剿贼违缓,降二品顶戴。七年,教匪平,复头品顶戴、花翎。九年,卒,赠太子少保,封二等男,谥勤襄。子桂斌,官和阗帮办大臣。

宜绵,初名尚安,鄂济氏,满洲正白旗人。由兵部笔帖式充军机章京。累迁员外郎,从征金川,进郎中。乾隆四十三年,出为直隶口北道,擢陕西布政使。四十七年,擢广东巡抚,以盐商沈冀川狱瞻徇,褫职,戍新疆。寻予四品衔,充吐鲁番领队大臣。石峰堡回乱,驻守平凉。历库车、喀什噶尔办事大臣,乌鲁木齐都统。五十九年,入觐,道经固关,值水灾,饬官吏赈抚,高宗嘉之,命改名宜绵。六十年,授陕甘总督。

嘉庆元年,教匪起,湖北、陕西戒严,宜绵驻军商州,令副将百祥剿郧阳、郧西贼,克孤山大寨,贼首王全礼伏诛,汉江以北安堵,加太子太保,赏双眼花翎。甘肃岁祲,命宜绵回兰州赈抚。是年冬,四川教匪起,由太平入陕境,扰安康、平利、紫阳诸县,宜绵督军驰剿,贼逼兴安,分踞城南安岭、城北将军山,进攻克之,禽其渠王可秀、冯得士等。复歼汉江北岸大小米溪贼。偕提督柯藩、总兵索曾英阿移攻汉南洞河、汝河诸贼,贼并五云寨,乘雪夜火其寨,歼馘甚众,诏宜绵进剿达州。二年春,攻太平贼于通天观、高家寨、南津关,连败之。川匪最悍者,达州徐天德,东乡王三槐、冷天禄,巴州罗其清,通江冉文俦。天德、三槐等合陷东乡,踞张家观。其清踞方山坪,文俦窜王家寨。图据周家河,梗运道,且乘间与张家观合。宜绵遣兵攻王家寨,分袭张家观,自率队夜焚曾家山贼栅,天德分援两路,遂乘虚下张家观,复东乡。余贼奔清溪场、金峨寺,据险抗拒,四月,官军分五路进克之。天德等窜重石子、香炉坪,将与巴州贼合。宜绵潜攻王家寨,贼走方山坪,天德来援,败之。知县刘清素得民心,令招谕诸贼,三槐率众诡降,阴图袭营,宜绵觉其诈,设伏击退。五月,达州贼倾巢出犯,有备不得逞。宜绵驻军大成寨,遣将袭三槐于毛坪,三槐中枪逃免。

时襄贼由汉江北渡入陕,署总督陆有仁以罪逮,乃调英善督陕甘,黜惠龄总统,命宜绵代之,兼摄四川总督。于是令明亮攻重石子,德楞泰与乡勇罗思举夹击败之,分二路窜,追歼孙士凤于麇子坝。士凤为四川教首,三槐等皆其徒也,至是为德楞泰所诛。余贼西走徐家山,乘雾夜遁。其方山坪贼为百祥所截,舒亮围贼林亮工于巴州白崖山,观成、刘君辅破大宁贼,围之于老木园,川贼渐蹙。而襄阳贼李全、王廷诏、姚之富等由陕分道入川,与之响应,势复炽。云阳贼伏陈家山,与襄贼约犯官军,为罗思举所歼。李全等踞开县南天洞、火焰坝,旋奔云安场,开、万诸匪应之,谋犯夔州,附近贼蜂起,诏责宜绵专剿。七月,驻军窦山关,开县、东乡交界地也。

川贼分立名号:罗其清称白号,冉文俦称蓝号,踞方山坪。王三槐称白号,徐天德称青号,踞尖山坪。刘清率乡勇与百祥、朱射斗会剿方山坪、贼溃围窜通江、巴州,与天德合。既而天德等窜青杠渡,围巴州,其清、文俦谷从仪陇、南部分犯保宁,夺官军饷道,百祥扼其前,退走黄渡河,旁掠仪陇。宜绵扼之官渡口,三槐等窜渠县,其清、文俦走巴州。三槐复分攻邻水,陷长寿,东趋重庆。时齐王氏、姚之富已窜湖北,李全、高均德先后分窜陕西。宜绵疏言:“惠龄、恒瑞、明亮、德楞泰皆入陕,惟臣一人在川。诸贼齐扰川东北运道,嘉陵防孔亟,欲亲赴保宁,则川东千里无人调度。请别简总督治理地方,而己亲督师专一办贼。”帝亦以宜绵年老,十月,命勒保总统军务,宜绵以总督兼理军需,又疏言:“军兴以来,四川调兵一万九千有奇,陕、甘合调二万有奇,两湖更无余兵可调。各省募补者难备攻剿。州县团勇,各卫村庄,尤难责其长驱赴敌。目前贼势,明亮、德楞泰至襄阳,则郧贼窜兴安,宜昌贼回夔、巫,况云阳、奉节伏莽尚多,兵力日分日薄。请敕添练备战之兵,四川、陕甘、湖北各五千。至随营乡勇,费与兵等,赏过则骄,威过则散,究非纪律之师。不若选充营伍,贼平即补营额,费不虚糜,而骁悍有所约束。”诏行之。

三年春,调勒保四川总督,宜绵回任陕甘,驻陕境办贼。未几,高均德、齐王氏窜汉阴,褫明亮职,命宜绵赴军督剿。而齐王氏、姚之富已为德楞泰、明亮所歼,阮正通、张汉潮先后犯陕境,川贼刘成栋走与合。宜绵自镇安分路截剿,汉潮折向通江、巴州,正通窜城固,李全与高均德合屯五郎、镇安、山阳间。宜绵偕明亮要之洛南,鏖战两河口,均德窜秦岭,正通折入川。五月,贼分股北出凤县,掠两当,阑入甘境,诏斥宜绵疏防。既而明亮败贼于略阳,成栋、汉潮复由竹溪窜平利。命宜绵与额勒登保为一路,专剿平利之贼,寻败之于孟石岭,贼遁入川,责宜绵严遏回窜。八月,徐天德、冉文俦、高均德由仪陇窜广元,汉潮北入南江,欲还湖北,官军蹙之上游不得渡。宜绵檄兵扼宁羌、沔县、汉潮窜太平。于是川、楚匪多流入陕境,其魁樊人杰、龙绍周、李澍、阮正濲各拥众数千,迭扰安康、平利、紫阳诸县。

四年,汉潮窜五郎,诏斥宜绵畏葸避贼,命解任来京,在散秩大臣上行走。既至,复斥其辨饰,降三等侍卫,赴乌里雅苏台办事。五年,追论军需冒滥,褫职,遣戍伊犁,罚银二万两助饷,逾两年释回。及三省教匪平,以员外郎用。后帝阅方略,宜绵曾论乡勇,切中时弊,追念前劳,擢大理寺卿。病免。十七年,卒。

子瑚素通阿,初名瑚图灵阿。乾隆五十二年进士。由刑部员外郎改翰林院侍讲,累迁左副都御史。嘉庆初,疏陈关税、盐课税。又请却贡献,停损纳。居官有声,擢盛京刑部侍郎。宜绵遣戍,瑚素通阿以父老请代行,未允。在盛京,劾将军琳宁宽纵番役及私参、官吏分肥事,侍郎宝源查办不实,宝源、琳宁并黜罢。内调刑部侍郎,赴河南谳狱,漏泄密封,降笔帖式。后起用,终刑部侍郎。

英善,哈尔察氏,满洲镶蓝旗人。由亲军补侍卫处笔帖式,累迁刑部郎中。改御史,除甘肃兰州道,以亲老留京职。乾隆五十年,出为直隶按察使,迁湖南布政使,调江苏,丁母忧归。命署广西布政使,调补四川,五十六年,护理总督。寻擢贵州巡抚,调湖北,以治西藏军需,未之任。嘉庆元年,调广东。旋召授刑部侍郎,而四川教匪起,仍留摄总督。

初,四川自金川木果木之败,逃兵与失业夫役、无赖游民散匿剽掠,号为啯匪,官捕急,则入白莲教为逋逃薮。及湖北襄阳败匪窜入川,一旦揭竿,战斗如素习。至是,达州奸民徐天德等激于胥役之虐，与太平、东乡贼王三槐、冷天禄等并起。英善率兵五百驰剿，复调成都驻防兵，副都统勒礼善、佛住率以往，连破贼巢，禽贼目何三元等。贼窜横山子，据险负嵎，遣总兵袁国璜、何元卿分路进攻，战三日，国璜、元卿并殁于阵。寻克马鞍山贼寨，禽贼首徐天富。而王三槐、徐天德等合陷东乡，佛住战死，贼炽兵单，诏责英善固守母轻进，命宜绵赴达州督师，二年二月，宜绵至，英善连破贼于贯子山、罗江口，通周家河运路。偕宜绵克张家观，复东乡。五月，命赴甘肃摄总督。王三槐等由通江、巴州分犯保宁，英善赴庆元迎剿，偕总兵富尔赛、朱射斗击之于仪陇、阆中，多所斩获，贼逼苍溪，设伏败之，遂遁。

三年，命与福宁赴达州治四川粮运。四年，调兵部侍郎，充驻藏大臣，调吏部，驻藏如故。五年，帝以教匪久未平，追论始事诸臣玩寇罪，褫职，以四品顶戴仍留驻藏。七年，召授头等侍卫。擢刑部侍郎，迁左都御史，兼正黄旗汉军都统。十一年，以驻藏时于福宁私挪库款，徇隐未举，降太常寺卿。十四年，卒。

福宁，伊尔根觉罗氏。初隶贝子永固包衣。由兵部笔帖式荐擢工部郎中。乾隆三十三年，出为甘肃平庆道，累迁陕西布政使。五十五年，擢湖北巡抚，抬入镶蓝旗满洲。调山东，治卫河运务，称旨。五十九年，漳、卫二河溢，疏消积水，无恤灾黎。曹、单漫水，下流为丰、砀坝堰所阻，驰往会勘，酌开坝堰以泄水，并协机宜。调河南，寻擢湖广总督，驻襄阳，捕治教匪，获首逆宋之清等置诸法。

六十年，调两江。会黔苗石柳邓勾结楚苗石三保焚掠辰州，命留湖北会剿，福宁至镇竿防后路。嘉庆元年，湖北教匪攻来凤甚急，福宁驰抵龙山，击败之。贼屯旗鼓寨，偕四川总督孙士毅合剿，士毅卒于军，福宁代之。偕将军观成、总兵诸神保进攻，破其寨，禽贼首胡正中，余众穷促乞降，诱入龙山城，骈诛二千余人，以临阵歼戮奏，加太子少保。移军剿林之华、覃加耀于长阳、巴东，贼窜黄柏山。偕观成、惠龄会剿未下，惠龄赴襄阳，观成入川，二年，命额勒登保移师黄柏山,福宁以兵隶之。地形天险,围攻数月,贼窜鹤峰芭叶山,继窜大境口,又窜建始、宣恩。十一月,始歼之华于长阳,加耀逎归州,以剿贼不力,夺官衔。三年,禽加耀于终报寨,帝犹斥诸将迁延贻误,福宁有地方之责,咎尤重,褫职,罚银四万两充饷予副都统衔,偕英善驻达州,治四川军需。

四年,英善调驻西藏,福宁遂专任其事。时军营支用冒滥,统兵大员奢糜无度,兵勇口粮反多迟延,几致枵腹,四川饷数更多于湖北数倍,屡诏训戒,福宁不能综核,以奏报浮泛被诘。又奏贼数有增无减,勒保疏辨。命魁伦赴达州察视,覆陈贼数实减,而大股分为小股,贼名反多,得福宁理饷含混状,诏褫副都统衔,留达州候命。寻以旗鼓寨杀降事觉,帝方以剿抚责诸路,而川贼高均德被禽,言贼党恐投降仍遭诛戮,故多观望。诏斥福宁此举失人心而伤天理,逮治论罪,遣戍新疆,寻原之,命赴额勒登保军前效力。会贼窜渡嘉陵江,由于福宁裁撤乡勇所致,仍戍伊犁。五年,予三等侍卫,赴西藏办事。九年,召还,授正白旗蒙古都统。十一年,以三品衔休致。十九年,追论在西藏擅借库帑,及湖广任内滥用军需,久不完缴,下狱,寻卒。

景安,钮祜禄氏,满洲镶红旗人,和珅族孙也。由官学生授内阁中书,荐擢户部郎中。出为山西河东道,累迁甘肃、河南按察使,河南、山西、甘肃布政使。乾隆五十六年,征廓尔喀,命治西宁至藏台站,留藏督饷运。事平,以亲老归。未几,擢工部侍郎,历仓场、户部。六十年,授河南巡抚。

嘉庆元年,湖北教匪北犯,景安驻军南阳,以筹济恒瑞军饷,加太子少保。十二月,姚之富犯邓州,围景安于魏家集,恒瑞援至始解。二年,浙川教匪王佐臣谋应贼,布政使完颜岱捕斩之。景安欲攘功,蹑兵戮难民,以捷闻,赏双眼花翎,封三等伯。时襄阳贼屡为惠龄、庆成等所破,窥北面可乘,遂分三路犯河南:王廷诏出北路,窜叶县,焚保安驿,围官军于裕州,总兵王文雄兵至,乃引去,景安尾追至南召，闻桐柏有警，驰回防御。李全出西路，窜信阳、确山，罗山、淅川，趋卢氏，出武关，庆成追之。姚之富、齐王氏出中路，窜南阳，掠嵩县、山阳，惠龄追之。贼入河南后胁日众，不迎战，不走平原，忽合忽分，以牵兵势，先后并入陕西复合。景安顿兵内乡，贼入陕后二十余日，始追至卢氏，贼尤轻之，号为“迎送伯”。三年春，擢湖广总督。四月，率师次荆门州，刘成栋来犯，与布政使高杞分路击走之。六月，贼由竹溪窜入陕，诏切责。四年，张汉潮扰陕西五郎、洋县，景安屯郧阳，遣总兵王凯扼郧西。汉潮已分路自安康折窜镇安，景安疏称赴郧西迎剿，诏斥其不实。时仁宗初亲政，以景安堵剿不力，抚治失当，解职，命治四川军需。寻夺伯爵，戍伊犁。

是年冬，帝召见惠龄，论其恇怯纵寇及淅川冒功事，逮京谳，拟大辟，缓刑，禁锢。七年，教匪平，得释，发热河充披甲。逾年，宥还，以六部笔帖式用，效力河南河工。衡家楼工竣，晋秩员外郎，授直隶承德知府。擢山西按察使、陕西布政使。十一年，授江西巡抚，调湖南，召为内阁学士，累迁户部尚书，加太子少保。二十五年，授领侍卫内大臣，守护昌陵。二十七年，休致。寻卒。

景安实附和珅，憒于军事，然居官廉。当其逮京，值朱珪入见，帝曰：“景安至矣！军事久不定，欲去一人以警众，如何？”珪曰：“臣闻景安不要钱。”帝曰：“若乃知操守耶？”竟以是获免。后复用之。

秦承恩，字芝轩，江苏江宁人。乾隆二十六年进士，选庶吉士，授编修，擢侍讲。出为江西广饶九南道，累迁直隶布政使。五十四年，擢陕西巡抚。

嘉庆元年，教匪起荆、襄，承恩率师赴兴安筹防。至冬，四川达州教匪自太平入陕犯兴安，承恩偕总督宜绵迭击败之。十二月，会剿洞河、汝河诸贼。二年正月，击安康贼于光头山，首逆刘王氏伏诛，陕境略平。宜绵进剿川匪，承恩专任陕防。三月，襄匪由河南卢氏窜商南，勾结陕匪，纷起应之。承恩移军商州，偕恒瑞歼山阳西牛槽贼。洛南石板沟奸民起，总兵富尔赛捕斩之。姚之富由商州犯孝义，窥西安，承恩扼之于秦岭。惠龄等贼击，贼走镇安，与李全、王廷诏合掠洵阳、安康。时陕西兵力仅有乡勇万余人，提督柯藩守兴安府城，兵止二百，无力攻剿。惠龄、恒瑞合击贼于黄龙铺，贼分窜复合，六月，由汉阴至紫阳渡汉江。诏斥承恩疏防，夺翎顶。贼走汉南，与川匪合，八月，复入陕，窜白河石槽沟。承恩率乡勇扼安康要隘，贼分路来犯，御之于平利金堂寺。既而贼逼兴安，偕惠龄击走之，以功复翎顶。

三年春，丁母忧，军事方亟，夺情视事。二月，高均德、齐王氏合窜汉阴观音河，纠李全、王廷诏分道由城固、南郑北出宝鸡，合攻郿县，掠盩厔将犯西安，承恩恇惧，率师回防。总兵王文雄力战，败贼于焦家镇、圪子村，大创之，贼复分窜。三月，文雄复破李全余众于翔峪、沣峪。四月，李全纠阮正通折回镇安，西扰汉阴、石泉，高均德逾秦岭走老林，承恩与文雄扼子午峪。既而均德、全与徐天伦合为一路，正通由石泉、洋县西窜，均德等寻窜入川，承恩进兵汉中。八月，川匪徐天德、冉文俦、樊人杰，襄匪张汉潮先后并入陕境。

承恩师久无功，四年，命解职回籍守制。会剿张汉潮于凤翔，承恩遣游击苏维龙扼东路，战失利，汉潮突围遁。褫承恩职，逮京论大辟。诏以承恩书生，未娴军事，宥归，寻遣戍伊犁，七年，释还。起主事，纂修《会典》。出为直隶通永道，擢江西巡抚，迁左都御史，仍署巡抚事。十一年，召授工总尚书，调刑部，署直隶总督。十三年，以治宗室敏学狱瞻徇，降编修，效力文颖馆。迁司经局洗马，晋秩三品卿。十四年，卒。

论曰：方教匪之初起也，苗疆军事未葳，楚、蜀空虚，草泽幺麿燎原莫制。永保、惠龄号曰总统，局于襄阳一隅。景安、秦承恩不谙军旅，贼遂蹈瑕，蔓延豫、陕。宜绵受事，仅顾蜀疆，及劲兵移陕，束手求退矣。英善、福宁并皆庸材，三年之中，防剿无要领，如治丝而益纷。仁宗亲政，赫然震怒，诸臣相继罢谴，士气一新，事机乃转。庙堂战胜,固有其本哉!

清史稿卷三四六
列传第一三三

恒瑞 庆成 七十五
富志那 亮禄

恒瑞,宗室,隶正白旗,吉林将军萨喇善子。乾隆中,授侍卫,赴西藏办事,擢热河都统,迁福州将军。五十二年,台湾林爽文作乱,命率驻防兵往剿,参赞军务,偕总督常青赴南路。凤山贼势方炽,高宗知常青、恒瑞不可恃,命福康安督师。贼围总兵柴大纪于诸罗,恒瑞驻军盐水港,逗留不进,诏解任。福康安至,屡为疏陈战绩,帝益怒,斥其徇护,逮恒瑞论罪。事平,减死戍伊犁。寻予副都统衔,充伊犁参赞大臣。历定边左副将军、绥远城将军,调西安。

嘉庆元年,命率驻防兵三千,偕都统永保会剿湖北教匪。三月,与总兵文图破贼竹山。永保至,合师由房县进剿,文图分剿三里坪、喇叭洞,诸贼悉尽。而恒瑞追贼至保康,未大创之。贼首姚之富踞襄阳,势甚炽,命恒瑞进剿。五月,偕明亮进次吕堰,击贼岳家沟、刘家集,擒斩二千余。贼围枣阳,设伏王家冈,诱贼败之;又败之于蒋家垱、曲家湾,枣阳围解。贼伪降,潜袭官军后路;急以后队为前队,击退之。贼走丫儿山,与张家垱贼相犄角,奋击一昼夜,破贼营十余,歼贼甚众,被奖赉。七月,破贼随州龙门山,与永保会攻钟祥贼巢,连破之邓家河、黑沙河、双沟。贼乃分窜唐县、吕堰,追至滹沱镇,复窜仓台。寻,之富渡滚河,围景安于邓州。诏斥诸将玩误,逮永保,责恒瑞戴罪立功。

　　二年正月，偕惠龄等剿襄阳贼，贼首刘起荣就擒；又与庆成败贼郑家河，禽贼目李潮；进剿泰山寺、龙凤沟，禽贼目姚爽等：赐花翎。于是贼分窜，由河南入陕，恒瑞追贼至山阳，遇王廷诏、李全等，击走之。五月，追贼陕南，与惠龄夹攻于黄龙垱，歼贼三千余。廷诏、全复与贼之富合趋紫阳，渡汉江，恒瑞坐纵贼，夺花翎。贼遂分路入川，廷诏窜开县、云阳、万县，犯夔州，西与大宁贼响应，恒瑞追及，连败之，乃窜太平。八月，当阳逸匪掠白河、洵阳，命驰赴兴安扼剿，偕庆成击贼于张家滩，由牛蹄岭绕出贼前，夺贼营九。廷诏等奔紫阳，与虑龄夹击败之。恒瑞率师还汉中，败贼西乡，又败之褒城黄沙铺。十一月，之富等西奔，将渡汉北窜。偕庆成蹙诸半渡，贼西趋宁、沔。师进，遇高均德于桑树湾，乃议四面设伏，恒瑞令撒拉尔回兵假乡勇旗帜诱之，自由山梁驰下，庆成等分路夹击，俘斩甚众。捷闻，被优赉。十二月，破王廷诏于保宁，进解营山围。

　　三年，川匪罗其清犯顺庆，偕庆成往援，因贼势蔓延，请勒保、宜绵遣兵会剿。贼窜蓬州，潜结冉文俦扰仪陇，恒瑞扼磨盘寨，与惠龄等合击之，文俦败走，陕匪龙绍周与合，败之杨柳寨。六月，与德楞泰夹击高均德于石人河，复偕惠龄攻老林场贼卡，进逼大神山，均德、文俦踞险死拒，分路进攻，贼奔箕山。而徐天德、樊人杰为将军富成追击，穷蹙，亦入焉。惠龄、德楞泰攻其前，恒瑞攻其后，尽破山寨，先后斩馘近万。其清、李全、王廷诏奔大鹏山，进围，十一月，克之。命赴陕与宜绵等会剿张汉潮。未几，李全、樊人杰窜西乡。帝以恒龄未迎击，严斥之。

　　四年，署陕甘总督，赴宁羌击蓝、白两贼。张应祥等窜秦州、两当，又击走张汉潮、冉学胜股匪。五月，解署任，剿白号贼于白马关，地与川西龙安接壤，遣将冒雨掩击，贼窜西和、礼县。令布政使广厚、总兵吉兰泰截剿，自趋贾家店、黑马关抄击蓝号贼，败之于老柏树，复花翎。贼窜川北，至秋，折回陕境，击走之。乃赴城固、洋县，会明亮剿张汉潮，破之东西叉河，贼杀马埋道遁老林。要之于清水沟，复乘雾雨徐渡三渡水。帝疑诸将纵贼，又以恒瑞前剿蓝号贼垂尽，舍之回陕，下尚书那彦成察劾。那彦成，恒瑞之婿也，覆陈回师出总督松筠意，得免罪。寻明亮歼汉潮，恒瑞自五郎追击，余党李得士等由大建沟入老林，趋秦岭，与那彦成会剿冉学胜等，贼左涝谷，扼两岔河，追击于山阳东沟，败之。

五年，川匪二万余由略阳寇两当、徽县，恒瑞自襄城人入栈，贼窜陇州、清水、秦安、偕那彦成追至汪家山，大败之。总兵宁德战殁秦安，恒瑞赴援，复偕那彦成败贼于龙泉沟、深都堡，总兵多尔济、札普战殁洵阳。诏促恒瑞赴镇安、五郎剿贼，三月，抵唐藏。杨开甲、高均德方扰南星，留总兵观祥驻守，自赴商州。帝疑其趋避，累诏诘责，乃赴镇安剿冉文胜等，败之于大中溪。会额勒登保破开甲于辉峪，恒瑞自龙驹寨钞截，开甲逸走，围副将李天林于漫川关，驰援，斩贼目罗贵等，贼乃分路西窜。叙功，予云骑尉世职。六月，率总兵德忠驻守太渠、唐藏，时伍金柱、高天德、马学礼犯西乡，提督王文雄战殁，乃进兵大石川，贼奔滩口，为杨遇春所破。

恒瑞自教匪起，久在行间，以偏师数临大敌，至是老病，久无显功。帝虑其不任战，询额勒登保，上其状，命回镇西安。逾年卒。

庆成，孙氏，汉军正白旗人，提督思克曾孙，都统五福孙也。由鉴仪卫整仪尉，累迁广东督标副将。乾隆五十三年，从总督孙士毅征安南，屡擒敌有功，赐花翎、郎阿巴图鲁勇号。内擢正白旗汉军副都统、户部侍郎、御前侍卫、正红旗护军统领。五十七年，出为古北口提督。

嘉庆元年，率兵赴南阳、襄阳剿教匪，偕恒瑞迭败姚之富、刘之协于双沟、张家集。贼屯枣阳丫儿山，分踞张家垱，连营十余里，遮官军，庆成先进，袭其寨，大破之，擒宋廷贵、陈正五，追败余匪于红土山，擒黄玉贵，加太子少保。之富窜钟祥，合刘起荣、张富国等五六万，偕永保等冒雨攻克之，晋太子太少保。贼遁双沟，扰唐县溥沱镇。庆成等以久战兵疲，不能围剿，诏严斥之。贼窜枣阳太平镇，四路合攻，斩数千级，庆成受矛伤，被优赉。十一月，潜渡滚河北窜，与永保等并被严谴,尽夺宫衔、花翎、勇号、易惠龄为总统。寻偕惠龄连破贼于王家城、梓山。二年正月,大战兴隆集,斩二千余级。分路追贼,庆成射中贼首刘起荣,擒之,在诸将中战最力。高宗以庆成为五福孙,不次擢用。自纵贼滚河,虑其少年自用,不能服众,命惠龄察奏,至是诏免前罪。二月,击贼曾家店,胸中矛,裹创而战。贼败窜河南境,分数路,庆成追李全,连破之确山五里川、确氏火焰沟,四月,李全、王廷诏合陷郧西,驰复其城,贼不战分遁。未几,之富窜渡汉江,降二品顶戴,暂留提督任。襄匪窜开州,偕惠龄追败之南天峒、火焰坝,复花翎。贼趋大宁,与川匪合,庆成与川军会剿。九月,偕恒瑞截击湖北回窜之贼于洵阳,而李全、王廷诏沿汉东走,庆成登舟下汉以要其前。惠龄、恒瑞从陆蹑其后,至紫阳夹攻之,贼窜兴安,庆成一昼夜追及,大破之司渡河。

川匪王三槐扰保宁,罗其清、冉文俦分掠川东,命移兵赴川,与宜绵合剿。三年,截击其清,腿中枪,创甚,解任回旗就医。四年,创愈,仍在御前侍卫行走。寻授成都将军,命赴陕西与永保协剿张汉潮。会明亮讦奏永保、庆成失机,命那彦成、松筠按治,褫职逮问。又以在湖北受需馈遗,籍其家。汉潮既歼,宥罪戍伊犁,未行,五年正月,命仍赴陕军效力。额勒登保檄剿高天德、马学礼,连败之礼辛镇、何家衢,擒斩数千,予三等侍卫。协剿伍金柱、曾柳,授陕安镇总兵。七月,金柱与冉学胜、张天伦合犯陕,扼之渭河,贼分窜。追天伦于教场坝、麻池沟,歼其党宋麻子。又败金柱余党曾芝秀于南山:兼署固原提督。时经略赴川,陕、甘兵三万余皆归庆成节制,川匪冉天元、冉学胜、樊人杰先后渡汉江,诏斥庆成疏防,责戴罪立功。六年,徐天德、樊人杰复至江岸,欲偷渡郧西,击却之,实授提督。击杨开甲余匪于广元,获其子麟生,加头品顶戴。苟文明潜入甘肃境,击走之,复勇号。追川匪辛聪等于宁河,擒其党曾显章、张添潮。七年,败张天伦余党于凤县、两当,擒张喜、魏洪升,贼窜紫柏山老林,裹粮入捕,悉殄其众,复太子太保。

先是庆成父殁,军事方亟,不得去;至是南山匪渐少,乃许回旗守制。寻署湖北提督，服阕实授，迁成都将军。十一年，入觐，帝眷其劳，问："曾戴双眼花翎否？"庆成对："征安南蒙赐，和珅禁勿用。获刘起荣，先帝欲赐，复为和珅所阻。"命军机处检档无之，遂以欺罔褫职，戍黑龙江。逾年，授围场总管，历马兰镇总兵、湖北提督、福州将军。十七年，卒，谥襄恪。

七十五，瓜尔佳氏，满洲正黄旗人。乾隆中，以护军从征缅甸，继赴金川，战辄力，累迁护军参领，授贵州大定协副将。总督福康安荐其才，四十九年，擢宜昌镇总兵。父忧去官，坐事降秩，起为健锐营前锋统领。五十七年，从征廓尔喀，克济陇，又克热索桥，追贼东觉山、雍雅山，攻甲尔古拉，并有功，擢翼长。

嘉庆元年，赴湖北剿教匪，二年四月，追贼入陕，败之山阳周家河，授西安右翼副都统，兼领健锐营，其冬，王三槐回窜四川，追击于达州崖峰尖，伤右臂；逾日，贼复至，裹创力战，斩获甚众。三年，擢四川提督，败贼巴州。七月，战广木山，克险隘，受伤，被优赉。九月，击冷天禄于木瓜坪，右股中枪，创甚，就夔州疗治，四年，治瘳。六月，连破贼于宝塔、莲花池，扼其入楚之路，会卜三聘窜大宁，追败之。八月，擒龚建于开县火峰寨。十月，与穆克登布夹击樊人杰于通江、巴州界上，贼走太平，他贼自湖北回窜，偕朱射斗迎击于云阳，遂追贼川东。

时贼聚川北，而东路久无军报，适侍郎文兴疏言七十五驻兵夔州，仁宗疑其逗留，下经略察状，七十五方以攻糜子坪受重伤，额勒登保为疏辩，得白。五年二月，鲜大川扰蚂蝗坪，创发，不能骑，舁至军前督战。冉天元拥众渡嘉陵江，重庆戒严。魁伦檄令回守，病不能军，遣李绍祖率兵赴川西，自就医顺庆。帝疑其饰辞，诏解任，命松筠、勒保察验得实，以提督衔留营差遣。五月，高天德、马学礼由陕犯川，折入番地，偕阿哈保夹击于旧关摩天岭，克新寨，进围铁炉寨。贼乘雨宵遁，追击之，贼弃牲畜、伏械，惊窜山谷，由草泥土司地走岷州。又走秦州。七月，兵经新宁，侦马驿沟有贼，设伏，败之，仍授四川提督。贼势趋重川境，德楞泰、勒保方进剿。七十五分击之。至冬，诸贼相继窥汉江，德楞泰议击之南岸，而以七十五出广元三家坝攻其西北。七十五不听调，曰："兵深入，将逼贼入陕，非计也。"帝闻，切责之。

六年正月，率子武隆阿由广元趋南江，击张世龙于三台山、后河岭、北溪河，阵斩世龙，擒其党赵建功、李大维。又追贼至太平华尖山，擒邱天富、周一洪；被优叙。三月，攻竹园坪。五月，贼分窜陕、楚，七十五追冉天士至平利大渝河，间道据后山，逼其出隘，伏起邀击，擒斩二千余，特诏嘉赉。乘胜追贼入湖北境，六月，破汤思蛟、刘朝选于羊耳河。又败之于保康，歼贼首王镇贤，遂与德楞泰追龙绍周入川。七月，偕李祖祖败樊人杰于邻水，追至开县，复遇思蛟、朝选，连败之于马家亭、桑树坪，由通城进剿苟文怀，擒之。余贼与苟文明合，将窜陕，八月，击之于大宁山，歼擒及半，文明仅身免，俘其家属。

是年冬，留防川北，败贼于南江。又与德楞泰合击于广元、苍溪，进搜老林，贼多散匿，百十为群，时有斩获。十二月，苟文明纠各路余匪二千余人，乘间西奔。七十五与勒保不合，追贼入山，饷半载不至，兵饥疲，就粮太平，六日，贼已渡嘉陵江上游，直趋阶州，亟偕庆成驰击。额勒登保、德楞泰先后劾其顿兵纵寇，未几，贼复自广元渡江入甘肃，帝益怒，严诏褫职逮问。

七十五故宿将，勇而讷，临阵辄死斗，身被重创十五次。将弁畏其苦战，不乐相随。自领偏师当艰险，数以军报后时遭谴。至是，复失机就逮，一军皆恸哭。额勒登保等为疏陈战状，乞恩，许留营自赎。七年，剿张长庚、陈自得残匪于夔州，留防川东。旧创发，予护军校，还京。逾年，卒，赠副都统衔，赐恤如例，子武隆阿，自有传。

富志那，赫舍哩氏，满洲正红旗人。起健锐营前锋，从征叶尔羌、缅甸、金川，授副前锋参领，出为湖南永绥协副将。乾隆六十年，苗叛，驻守永绥。苗踞张坪、亚保阻粮运，悉众来犯，富志那击却之。

追至狮子山，调知有伏，预为戒备，夹攻，多所斩获。越日，苗复以数千人扑营。殊死战，简精锐迎击，大败之，赐花翎。永绥被围久，粮刍且尽，居民随官军昼夜登埤，城赖以固。大军至，围乃解，从福康安克高多寨，吴半生就擒。福康安荐其老成明干，苗民感畏，擢总兵。迭攻高斗山、獾头坡、吉吉寨，皆捷，赐蟒衣一袭。

嘉庆元年，湖北教匪聂杰人、张正谟于枝江、宜都倡乱，巡抚惠龄驻军太和山，富志那驰赴之，进击凤凰山，擒杰人。余贼乘雨扑营，击却之，又败之于杨白堰。正谟踞灌湾脑，四面环山，富志那自菜家坡进，冒雨夺卡，而伏队于深箐，贼至，左右夹击，多坠岩涧死。山前设疑兵，别由径道深入，出不意击之，大捷，赐号法福礼巴图鲁。迭克鸡公山、王母洞，进攻箐箕垱，正谟势蹙，四出求救，富志那与副都统成德分路设伏，伪树白帜为援兵，诱贼出，大破之，遂克箐箕垱，乘胜取灌湾脑，擒正谟。枝江、宜都悉平。

命回苗疆治善后。二年，议辟永绥北路，留兵二万分防黔、楚，授富志那为总兵，驻镇箪，与提督分领其军。苗疆自同知傅鼐筑碉屯田，边备渐严，而苗未遽服，构众抗阻，大吏诿过于鼐，将劾之，富志那力争乃止。移军需助其建设，后屯田利兴，苗患逐息。人称鼐功，兼颂富志那不置云。五年，镇箪晒金塘黑苗出掠，与鼐并力御击。又要击苗党于狗琵岩，焚其寨，苗惧，乞降。八年，永绥苗龙六生扰动，擒之。署湖南提督，调授贵州提督，军政肃然，时称名将。十五年，卒于官。

亮禄，伊尔根觉罗氏，满洲正红旗人。袭轻车都世职，授密云协领。嘉庆初，以参将发河南，署游击。五年，教匪窥河南，巡抚吴熊光驻防卢氏。兵多他调。宝丰、郏县贼起，掠汝州。布政使马慧裕不娴军事，亮禄曰："兵贵神速。今贼初起，乌合易灭，请兼程往剿。"贼屯宝丰翟家集，东阻大沟，恃险不退，亮禄声言京兵且至，树八旗大纛，鞭马腹，俾腾踔嘶号，声震数里，贼惧。夜吹角而进，跃马逾壕，火其寨，一鼓歼之，擒其渠李岳等。奏入，仁宗大悦，立擢副将。累迁云南开化镇总兵。七年，卒，帝甚惜之。

　　论曰：恒瑞、庆成戮力襄阳，剿匪最久，后皆独当一面，功过不掩，故仁宗始终保全。七十五孤军苦战，徒以失欢群帅，未奏显功，论者惜之。富志那独平枝江、宜都一路，移镇苗疆，与傅鼐和衷弭乱，有足称焉。

清史稿卷三四七
列传第一三四

杨遇春　子国桢　吴廷刚　祝廷彪　游栋云
罗思举　桂涵　包相卿

　　杨遇春，字时斋，四川崇庆人。以武举效用督标，为福康安所识拔。从征甘肃石峰堡、台湾、廓尔喀，咸有功，累擢守备。

　　六十年，调赴苗疆，力战解嗅脑围，进援松桃，独取道樟桂溪，山险寨密，率敢死四十人为前锋，由间道纵马入贼屯，呼曰："大兵至矣！降者免死。"贼相顾错愕；复呼曰："降者跪！"于是跪者数千人。直抵城下，围遂解，赐花翎。复解永绥围，赐号劲勇巴图鲁。首逆吴半生就禽，擢游击。额勒登保攻茶山，为贼所围；遇春率壮士冲击，夺据对山，纵横决荡，当者辄靡。福康安望之惊叹，立擢参将。复乾州，擢广东罗定协副将。

　　苗平而教匪起，嘉庆二年，从额勒登保赴湖北剿覃加耀、林之华，破芭叶山，连败之长阳、宣恩、建始、恩施。加耀窜终报寨，峭岩陡绝，夜缒而登，禽加耀及其党张正潮。三年，从额勒登保赴陕，败李全于蓝田，又败高均德于紫溪岭。五月，还湖北。张汉潮窜谷城，兜击，大败之，又败之竹山菩提河，追蹑入陕，败之于平利孟石岭。九月，败高均德、李全于广元吴家河。丁父忧，赐金治丧，命墨绖随征。迭破罗其清于观音坪、大鹏寨、青观山，其清就擒，擢甘肃西宁镇总兵。四年，从额勒登保斩萧占国、张长庚，获王光祖，毙冷天禄，功皆最，威震川、陕，妇孺皆知其名。追剿张子聪，自夏徂秋，迭败之于渠山、云阳、太平、开县、通江间。子聪被追急，数与樊人杰、龚建、冉天元合，最后欲合王登廷。登廷踞马鞍沟，进攻克之，蹑追迭击，擒其党靳有年于土丫子，斩阮正漋于广元云雾山。

至冬，登廷由陕入川，与冉天元合。额勒登保率遇春与穆克登布会击之于苍溪猫儿垭。穆克登布违约，先期进，挫败，遇春据废垒力拒，燃草炬掷山下，战彻夜，幸得全师，迭击皆获胜。登廷孑身至南江，为乡团擒献，斩之。五年，擢甘州提督，偕穆克登布破张天伦于两当，又从额勒登保追杨开甲于商、雒，扼龙驹寨，歼张汉潮余党刘允恭、刘开玉，予云骑尉世职。

遇春与穆克登布为经略左、右翼长，议每不合，自苍溪战后，益不相能。额勒登保等疏言："诸将中惟遇春谋勇兼优，可当一面。请益所部兵，与经略、参赞分路剿贼。"遂以提督别领偏师，沿渭西上，剿湃、陇之贼。五月，击伍金柱于汉阴手扳岩及铜钱窖，战方酣，杨开甲从间道突至，腹背受敌，自午至酉。围愈急，有白袍贼手大旗，直犯遇春，相去咫尺，忽坠马，则为后队护枪所毙，乃金柱悍党庞洪胜也，贼惊溃，额勒登保兵亦会，追贼至洋县茅坪，斩开甲，又擒陈杰于大石坂。八月，斩金柱于成县峡沟。斩宋麻子于凤县潘家沟。六年，破冉学胜于石泉石子寺。高天德、马学礼、王廷诏为大军所驱，窜五郎坝。遇春方追学胜，侦知之，乘夜掩击，天德等分窜，乃由斜峪关蹑击，阻其入甘肃之路，复破贼于钢铺厂，一昼夜驰四百里，追及廷诏于川、陕界鞍子沟擒之，天德、学礼窜禅家岩。遇春料贼由宁羌奔逸，急由斜谷趋二郎坝，设伏龙洞溪，贼果至，俘斩殆尽，二贼就擒，晋骑都尉世职。是役，释降众健者八百人，编为一队，皆愿效死。会经略檄合剿冉学胜，获谍，得贼虚实，谓降众曰："汝等立功赎罪，此其时矣！"至紫阳天池山，贼于伏莽中突起，八百人力战，冲贼为数段，遂大捷。张天伦纠五路贼聚洵阳，学胜复与合，大破之于孙家坡。追贼入川，擒冉天泗、王士虎于通江报晓垭。士虎故剧盗，专劫寨峒避大军。遇春夜往捕，适贼由他路袭营，遇春不回救，伏巢外候贼归，擒斩无遗。贼中有名号者剿除几尽，余匪以老林为薮。遇春专任搜剿，以迟缓，严诏切责。七年秋，歼苟文明，调固原提督。寻以大功戡定，诏遇春功尤著，歼首逆独多，晋二等轻车都尉。

八年，丁母忧，赐金，给假四十日。苟文明余党苟文润集千余人，皆犷悍，蹂躏汉江左右，诸军久役不振，遇春至，乃奋，连战红山寺、平溪河，歼之，贼氛渐清。十年，凯撤，诏许回籍补持母服百日，假满入觐。会宁陕镇兵变。镇兵新设，入伍者多乡勇、降贼，不易制。总兵杨芳赴固原摄提督，因停给盐米银，发包谷充粮，遂戕副将、游击，劫库狱以叛。遇春行至西安，闻变，偕巡抚方维甸驰往。诏德楞泰赴陕治其事，命遇春扼方柴关，贼锐甚，兵交数失利。贼首蒲大芳望见遇春，下马遥跪，哭诉营官蚀饷状，遇春晓以顺逆，知可以义动，与杨芳谋，同主抚。诸师尚犹豫，遇春按兵缓攻，令芳单骑入贼营谕之。越数日，大芳竟缚倡逆之陈达顺、陈先伦诣遇春降，遂率大芳邀击余贼于江口。斩其渠朱先贵。德楞泰疏陈叛兵穷蹙乞命，请释归伍，诏斥纵叛废法，降遇春宁陕镇总兵，大芳等二百余人皆戍新疆。十三年，入觐，命兼乾清门侍卫，仍授固原提督。

十八年，天理教匪李文成踞滑县，命陕甘总督那彦成讨之，以遇春为参赞。贼萃精锐道口镇，遇春率亲兵八十人，沿运河西进觇之，遇贼数千，即突击，贼辟易，追渡河，擒斩二百，收队少二人，复冲入贼阵，夺二尸还，贼为丧气，遂断浮桥，焚渡船，进攻，贼望见辄靡。寻克道口，复击走桃源、辉县援贼，合围滑城，用地隧轰破之，文成自焚死。十二月，滑县平，封二等男爵，赐黄马褂。

陕西南山贼万五倡乱，十九年正月，移师往讨。斩万五及其党，凡两越月蒇事，晋一等男。陛见，仁宗慰劳有加，命至膝前，执其手曰："朕与卿同岁，年力尚强，将来如有军务，卿须为朕独当一面。"手赐珍物，见遇春长髯，称美者再。时遇春弟逢春为曹州镇总兵，命绕道视所练兵。宣宗即位，加太子少保，赐双眼花翎。道光五年，署陕甘总督。

六年，回酋张格尔叛，诏遇春率陕、甘兵五千驰赴哈密。寻命大学士长龄为扬威将军，遇春为参赞，会兵阿克苏进剿。七年二月，连败贼于洋阿巴特、沙布都尔、阿瓦巴特,擒斩数万,追至浑河,距喀什噶尔十余里,贼悉众抗拒,列阵二十余里。会大风霾,前队迷道,未即至,将军欲退屯十余里,须齐而进,遇春不可,曰:"天赞我也,贼不知我兵多少,又虞我即渡,时不中失!且客军利速战,难持久。"乃遣千骑绕趋下游牵贼势,自率大兵乘晦雾骤渡上游,炮声与风沙相并,乘势冲入贼阵,贼大奔。三月朔,遂复喀什噶尔,甫旬日,英吉沙尔、叶尔羌、和阗以次复,加太子太保。张格尔远遁,诏遇春先入关。八年正月,杨芳擒张格尔于铁盖山,遇春入觐,捷音适至,帝大悦,赐紫缰,实授陕甘总督,图形紫光阁,遇春坐镇陕甘凡十年,务持大体,不轻更张,讨搜军实,镇驭边疆,皆有法。十五年,以老予告归,诏至京,陛辞,晋封一等昭勇侯,食全俸,御制诗书扇赐之。十七年,卒于家,赠太子太傅、兵部尚书,赐金治丧,入祀贤良祠、乡贤祠,谥忠武。

遇春结发从戎,大小数百战,皆陷阵冒矢石,未尝受毫发伤。仁宗询及,叹为"福将"。治军善于训练,疲卒归部下即胆壮,或精锐改隶他人,仍不用命。将战,步伐从容,虽猝遇伏,不至失措。俘虏必入贼三月以外始诛,老稚皆赦免。驭降众有恩,尤得其死力。操守廉洁,治家严整,子弟皆谨守其家风。

弟逢春,久随军中,积功授重庆镇标游击。后从赛冲阿平陕西洋县匪,累擢山东曹州镇总兵,调兖州镇。

子国佐,四川茂州营都司,加副将衔。

国桢,字海梁。以举人入赀为户部郎中,出任颍州知府,累擢河南布政使。洎回疆底定,宣宗推恩。就擢巡抚。疏请留其父部将训练河南兵。武臣父子同时膺疆寄,与赵良栋、岳钟琪两家比盛焉。遇春殁,袭侯爵,服阕,授山西巡抚,历官皆有声。道光二十一年,擢闽浙总督。寻以腿疾乞归,在籍食俸,数年卒。

遇春尤知人,奖拔如不及。识杨芳于卒伍中,力荐之,卒为大将,勋名与之埒,天下称"二杨",自有传。部曲多荐至专阃,著者曰吴廷刚、祝廷彪、游栋云。

廷刚、四川成都人。由行伍征苗，擢守备，从遇春剿教匪，善侦敌。嘉庆四年，破王登廷于青龙坪，擢都司。五年，剿杨开甲、辛聪于龙驹寨，倍道掩袭，败贼辉峪、峒。伍金柱踞手扳岩，轻骑往探，获贼谍，驰报，得大捷。追张天伦至马桑坝，高天升、戴仕杰由箭杆山突出，迎击，大败之，擢游击。六年，孙家坡之战，分追余贼至关垭，夺据山顶，贼多坠崖死，擢参将。追高见奇、姚馨佐至通江，山径纡险，弃马行，见贼数十人，夺路走，擒其酋，乃辛斗也。通江贼李彬夜窜熊家湾，廷刚先至，横冲贼为二，后贼回窜，与大军夹击，大破之，擒魏中均、苟朝万、王士元。七年，迭击辛聪、刘永受于老君岭、菜子坪、太平峒、燕子岩，贼四窜。偕祝廷彪从步入山，追贼田峪，将归队。过桃川沙坝，见山树红旗，疑之，侦知贼首苟文明冒官军，奋击败之，分路要截，擒斩数百。文明将入川，追至花石岩，见山上炊烟起，麾兵仰攻，文明知不能脱，掷跳岩下，就斩之；又擒歼苟七麻子、吴廷诏、张芳等。八年，搜剿南山余匪，往来老林。九年，贼聚川、陕边界，廷刚至桃木坪，贼乘雾冲扑，受矛伤，穷追越楚境，迭败之石渣河、元喜坡。进攻马鞍山，贼伏陡崖，径驰上，离贾烂华、苟文华、王振、谢尚玉等。贼遁老山，偕祝廷彪选健卒持干粮轻骑蹑剿，遍历险僻。至十年，擒斩殆尽，擢甘肃凉州镇总兵，调汉中镇。十八年，剿三才峡匪万五，别贼起古子沟，分兵克之。万五乘间连踞硐寨，败之于袁家庄、平木山梁，分兵钞袭，设伏沙坝，擒其党周在庭、周之顺。万五穷蹙，窜蛰屋山中，为他军所擒。进剿余党，擒尹朝贵、刘功。十九年，事平，诏廷刚首先进剿，功最，加提督衔。寻擢广东陆路提督，未至，卒。诏念前劳，予优恤，谥壮勤。

廷彪，四川双流人。由行伍征苗，擢守备。嘉庆五年，从遇春歼刘元恭、刘开玉，擢都司。六年。擒王廷诏，擢游击。七年，剿贼平安寨，设伏长沟，乘夜掩击，中矛伤，裹创力战，毙苟文清于阵。偕吴廷刚歼苟文明于花石岩，擒苟文于于鳖锅山；擢参将。又破张世云于北沟口。八年，迭击贼于老林、小岔沟、白果园，擒冉璠。九年，偕罗思举追贼入界岭老林，攻望都观贼巢。从遇春击贼凤凰寨、坝口、马鞍山,并多斩获。十一年,擢汉中协副将。值宁陕兵变,赴南山截剿。甫定,瓦石坪周士贵复起,偕罗思举合击擒之,赐号迅勇巴图鲁。十四年,擢甘肃宁夏镇总兵,调陕西西安镇。十九年,剿三才峡匪五余党,偕吴廷刚擒尹朝贵于木瓜园。分路剿贼黄草坪,毁其巢,追入手扳岩老林,贼诡降,设伏,擒其渠陈四,擢湖南提督。道光三年,内召,授头等侍卫,仍兼提督衔。以熟悉南山情形,未几,复授西安镇总兵。在任凡十年,擢贵州提督,调浙江提督。二十年,英吉利兵陷定海,守招宝山,吏议褫职,诏留任。寻以年老休致,归,卒于家。

廷彪果敢力战,善抚士卒,当时降众多生事,所部帖然,世称之。

栋云,四川巫山人,寄籍华阳,以武举补把总,从征廓尔喀、苗疆,积功累擢宁羌营游击。从额勒登保剿教匪,与遇春偕,后乃为其部将。攻终报寨先登,功最。嘉庆三年,从遇春追张汉潮、詹世爵、李槐等,由汉中入川境。诸军合剿于隘口,栋云据高俯击,断槐手,箭贯世爵胸,皆毙。汉潮窜梅子关,迎击,败之。又连败之巴东及陕境两河关。设伏王家河,贼至,痛歼之,穷追至河南卢氏,汉潮遁。四年春,败贼凉沁河,兵仅五百。斩获三百余级。贼走龙驹寨,屯康家河,栋云蹑之,忽山坳突出悍贼,中矛伤,战愈力,射殪执旗者,贼乃却。事闻,特诏嘉奖。四月,汉潮踞红门寺,冒雨出间道击走之,扼之黑龙口,与明亮、兴肇为犄角。溪水涨,潜涉上游袭击,贼大溃,又冒雨克栾家河。八月,败贼犁泽坪,窜石峡子,栋云设伏野鸡沟,与大兵夹击,汉潮穷蹙入老林。分路追剿,擒李潮于张家坪,而汉潮已为明亮击毙,至是获其尸;擢甘肃提标参将。五年,擢安庆协副将。败学胜于沔阳,连击高天德、马学礼于狮子梁、樱桃垭。六年春,复破之于五郎坪、凤凰山。天德、学礼为遇春所擒。余党踞八斗坪,栋云分队袭之,擒罗凤友。又破伍金柱余党于三岔坪,至七年春,所部凯撤,擢狼山镇总兵,父忧去官。十一年,授河州镇。西宁番族出扰,栋云专剿贵德一路,破贼甘坝山,连败之六哈图河、什尖里、斡汪科合山,遂克沙卜浪贼巢,进至红露井。番僧昂贤率十二族降,焚其巢,番境悉平,以母忧去,起补陕安镇,调宁夏镇。十八年,从遇春剿南山匪,数战于陇州、沔阳,擒贼渠。二十三年,标弁江芝诬讦栋云侵饷,下总督察治,得白,抵芝罪。栋云坐私役兵丁,褫职,诏赴遇春军委用,道光初,署盐茶都司,乞病归,卒。

罗思举,字天鹏,四川东乡人。少有胆略,矫捷,逾屋如飞。贫困,为盗秦、豫、川、楚间。结客报仇,数杀不义者。遭厄,幸不死,久之自悔。教匪起,充乡勇,誓杀贼立功名。

王三槐踞东乡丰城为巢,众数万,官军莫敢击,出掠罗家坝,团勇不习战。思举见贼前锋数百,诡呼曰:“数十人耳!”众气倍,击走之。游击罗定国使侦丰城,还报:“请率死士夜捣之,官兵外应,可一举灭。”定国以为狂。思举愤,独携火药往,乘烈风燔之。贼黑夜相蹂杀,走巅岩,踣死无算,遂奔南坝场。是役,一夫走贼数万,声震川东,总督英善给七品军功,隶副都统佛住。川贼以罗其清、冉文俦、徐天德、王三槐为最强,徐、王二贼合窥东乡。思举请佛住严备,勿听。乃为知县刘清说其清降,知其诈,驰归,则贼已陷东乡,戕佛住,清亦拔营去。时嘉庆二年正月也。调苗疆凯旋兵犹未至,总兵索费音阿率甘肃兵来援,用思举策,扎营大团堡,开壕树栅,埋火药,诱贼入,轰之,遂夺金峨寺贼巢,复东乡。贼窜重石子、香炉坪,德楞泰、明亮并以兵会,思举请仍如破丰城事,德楞泰壮之。只身夜入贼营。会大雨,火药不燃,贼觉,惧而遁。自是常将乡勇,分路为奇兵,与官军犄角,或为前锋,歼孙士凤于净土庵,又败贼于峨城山,皆以火攻劫营获捷。

时川贼与襄阳贼齐王氏等合,云阳教党亦起应。获谍,知王三槐将赴陈家山,即假所获贼旗,夜驰往,声言白号贼至,贼下山迎,悉诱歼之,擒贼首高名贵,其党张长庚觉而奔,追斩甚众,擢千总。三年,总督勒保诱擒三槐,其党冷天禄踞安乐坪,环攻不下。召思举往,夜率死士焚其巢。将明,殿旅出,大呼曰:“我丰城劫寨罗思举也!"贼胆落,溃围走。思举战绩至是始上闻,擢守备。

德楞泰围罗其清等于箕山,复召思举问计。思举相地势,曰:"贼各隘皆垒石守,惟山后悬削数十丈,必恃险乏备。若官军攻于前,便不暇他顾。我率勇敢者梯而上,可捣也。"如其言,夹击,大破之,余贼四逸。思举料其必走方山坪,率勇先往,伏坪后,越数日,贼为官军追击,果至,擒斩几尽,遂获其清。四年,其清余党踞东乡四季坪,从提督七十五破之。秋,败贼巴州豆真坡,又援田朝贵于铁炉山。五年春,德楞泰剿冉天元于川西,檄思举率乡勇三千赴军。战青龙口,贼踞山险,选精锐九十人夜薄贼巢,破之。贼分趋农安,将入陕,思举献计,请致书额勒登保,约守阳平关,易装潜入贼卡,杀二贼,众追捕,乃弃所赍书逸出。贼果不敢前,回窜江油。思举先驱深入,伏起,奋斗,而贼以矢牌御挡铳,困德楞泰于马蹄冈。急趋救,使乡勇人取石乱击,毁挡牌。会天元马蹶就擒,贼瓦解。假贼旗追逐余匪,斩雷士旺。攻鲜大川于天寨子,山险不能上,德楞泰遣箭手五百助之,令伏岩下,先以乡勇诱贼,俟擂石且尽,仰射,箭落如雨,贼退避,遂克之,思举手擒贼六十余人。德楞泰诃其轻生,声色俱厉。思举跪谢,良久出,则冠上已换花翎,由是深感德楞泰,乐为尽力。

寻从勒保防嘉陵江,七十五以桂涵新败,调思举代领所部乡勇,擢都司。六年,歼张士龙于铁溪河,击援贼陈天奇,阵斩之,赐号苏勒芳巴图鲁,擢游击。自是转战老林,饷不时至,煮马鞯,啖贼肉以追贼。七十五卞急,屡为贼所窘,辄赖思举援救得捷。既而七十五坐事逮,德楞泰攻苟文明于瓦山溪,贼踞楠木坪,三战不克。召思举率乡勇至,皆衣狗皮,蹑草履,人笑为丐兵,夜越后山伏,一战破之,歼苟朝献、苟文举。众诧曰:"丐兵破贼矣!"始补给饷,制衣履,擢参将。七年,迭败度向瑶于风峒子、万古楼,破齐国点于通江,歼张天伦、魏学盛于巴州。秋,击刘朝选于仙女溪,遁鞋底山,擒之。又偕罗声皋擒张简、罗道荣于巴州。冬,唐明万窜大宁,追至石柱坪,贼方食,奋击,大溃,擒明万。仁宗以明万剧贼久稽诛,特诏嘉赉。诸贼渐就歼除，搜捕南山余孽，两年始清，擢太平协副将。十年，德楞泰剿宁陕叛兵，檄思举赴军，寻就抚，尽释归伍。思举曰："兵变，杀将陷城破官军，乱无大于此者。反赏，是劝叛也！何以惩后？请诛首逆，以申国法。"诸将不可。后川、陕兵果数叛。十一年，思举政西乡叛兵，斩首逆于阵，风稍息。署川北镇，擢凉州镇总兵，未之任，高重庆镇。

二十年，中瞻对番酋洛布七力叛，夹河筑碉。总兵罗声皋不能克，许其降，以专擅遣戍。命思举进剿，克四砦，洛布七力就歼，请分其地以赏上下瞻对诸出力头目，事乃定。道光元年，擢贵州提督，历四川、云南、湖北提督。

十二年，湖南江华锦田寨瑶赵金龙为乱，与长宁赵福才纠合九冲瑶肆掠，提督海凌阿战死，势益炽。诏总督卢坤偕思举讨之，至永州，议遏贼南窜，断其西道州、零陵、祁阳山径，进兵兜击。于是驱诸瑶出山，皆东窜常宁洋泉镇，檄各路进逼合围，四月，大破之，金龙中枪死，擒其妻子及死党数十，赐双眼花翎，予一等轻车都尉世职。时命尚禧恩督师，未至军，先三日奏捷。禧恩方贵宠用事，怒其不待，盛气凌之。思举曰："诸公贵人多顾忌。思举一无赖，受国厚恩至提督，惟以死报，不知其他！"禧恩无如何，则诘金龙死状虚实，思举获其尸及所佩印、剑、木偶为证，乃止。二十年，卒于官，赐太子太保，谥壮勇。子本镇，袭世职。

思举既贵，尝与人言少时事，不少讳。檄川、陕、湖北各州县云："所捕盗罗思举，今为国宣劳，可销案矣。"再入觐，仁宗问："何省兵精？"曰："将良兵自精。"宣宗问："赏罚何由明？"曰："进一步，赏；退一步，罚。"皆称旨。晚年自述年谱。川中殄诸剧寇，多赖其力，功为人掩，军中与二杨并称。杨芳于诸将少许可，独至思举，以为"烈丈夫"。尝酒酣袒身示人，战创斑斑。为父母刲股痕凡七，其忠孝盖出天性云。

同时起乡勇者，桂涵名与之亚，包相卿较后出，亦至专阃。

涵，亦东乡人。少恃勇，横行乡里，亡命出走。继归，与思举同应募为乡勇。父天聪，聚族党屯罐子山。贼数为涵所窘，欲报之，万众来攻。涵率壮士伏隘，诱贼入空寨，痛歼之。嘉庆二年，从朱射斗攻金峨寺，贼突出，围涵于山峒，火熏水灌皆不伤，反多毙贼，贼乃走。寻战净土庵，偕思举陷阵，大破之，徐天德党众几尽歼。同里闻其屡捷，争来投效，德楞泰、明亮特编涵字营，使涵领之，擢千总，由是知名。

三年，大军围安乐坪，冷天禄诈降出走，涵侦知之，伏兵于方家坝、鱼鳞口，贼至伏发，擒斩甚众，擢守备。四年，从德楞泰追贼入陕，每由间道出贼前，与官军夹击，数捷。又从朱射斗歼包正洪于云阳卢花岭。从七十五破龚建于开县火峰寨，手擒建以献，擢都司。五年，复从射斗破贼云阳，擒其渠李甲，纵归，招出党众数百人，自是降者日至。

既而改隶勒保军，始与思举分路，转战川东西，所至有功，累擢游击。六年，从阿哈保追汤思蛟于垫江，贼夜走，涵谓："穷寇且死斗，请先伏魏家沟。"俟其至，突击，大破之。又从薛大烈追李彬、冉天士于通江，至小中河，大雪，贼不为备，涵率乡勇夜半薄贼垒，与官军四面乘之，贼奔旷野，劲骑冲踏，尽歼焉。彬遁，未几，为刘清所获。自七年后，复偕思举遍历老林，搜剿匿匪，累迁夔州协副将。九年秋，从经略、参赞围余匪于太平火烧梁山，峻无路。涵议："守此相持，虽数月无如贼何。山下小溪通民峒，贼久困，必出劫峒粮，请以步卒伏山后。"贼果以骁锐千余潜出，诸将皆死战，半日歼之，前山自溃。遂殄灭净尽，川、陕肃清。

十一年冬，绥定兵叛，涵在山闻变，虑本部兵与通，单骑驰入郡城，声言越两日出兵。密令弟吉出募乡勇旧部为一队，约其合攻。时贼踞景市庙，将往麻柳场。涵至，令急赴景市庙，中途改趋麻柳场，距贼数里止队，入深箐，谍报贼逾千，且至，叱曰："安得有此众？"戒毋轻进，毋漏言涵至。既而贼自山冲下，三进三退，乃突起击贼。而弟吉已率五百人据山顶，贼大溃，擒首逆王德先。叛兵起事甫五日，一鼓平之，赐号健勇巴图鲁。十三年，署重庆镇，寻授川北镇总兵。

十九年,击三才峡匪党吴抓抓等于沔县,走之。川北获安。道光二年,擢四川提督。果洛克番匪劫西藏堪布贡物,命剿擒首逆曲俊父子,被优赍。在任十载,遇番、夷蠢动,兵至辄定。十三年,讨越嶲夷匪,连战皆捷。忽遘疾,卒于军。优恤,赠太子太保,谥壮勇。子三人,并晋官秩。

相卿,邻水人。嘉庆六年,以乡勇隶松潘镇标。常从思举击陈朝观于通江龙凤垭,追贼受矛伤,裹创力战。七年,破张天伦于巴州金子寺,相卿斩天伦子山下,给蓝翎、八品顶戴。又歼张简、唐明万,功皆最。十年,思举侦襄贼王世贵、谢应洪匿太平老林,檄相卿蹑捕,歼之,授千总。十二年,剿瓦石坪叛兵,擢守备。累迁广元营游击。十三年,调征台湾。会峨边越嶲猓夷叛,命回川从提督杨芳赴剿,攻克咽噜崖。夷踞曲曲乌乌斯坡,相卿梯绝壁,牵挽负炮而上,破之,进毁巴姑贼寨,擢参将。十五年,猓夷复叛,攻克峨边十三支夷巢,破越嶲沈喳夷,抵滥田坝,两厅叛夷悉降,累迁懋功协副将。剿马边夷,擒其渠,加总兵衔。再署建昌镇总兵,总督鄂山、宝兴皆以边事倚之。十九年,病归,卒。

论曰:川、楚之役,竭宇内之兵力而后定之。材武骁猛,萃于行间,然攻无不胜,攻无不取者,厥惟二杨及罗思举为之冠。遇春谋勇俱绝,剧寇半为所歼,思举习于贼情、地势、险厄,强梁非其莫克。至于忠诚忘私,身名俱泰,遇春际遇之隆,固为稀觏。而思举以薮泽枭杰,终保令名,焕于旗常矣。乡兵出平钜寇,亦自其为始云。

清史稿卷三四八
列传第一三五

赛冲阿 温春　色尔滚　苏尔慎　阿哈保
札克塔尔 桑吉斯塔尔　纶布春
格布舍　马瑜　蒲尚佐　薛大烈　罗声皋
薛升

赛冲阿,赫舍里氏,满洲正黄旗人。袭云骑尉世职,充十五善射,授健锋营参领。征台湾力战,赐号斐云额巴图鲁,图形紫光阁。历吉林、三姓副都统。

嘉庆二年,率吉林兵赴四川,始终隶德楞泰麾下。张汉潮等窜平利,败之漵河口,又败之大宁黑虎庙。追齐王氏、姚之富入宁羌山中,要之罗村坝,以劲骑横冲贼阵,往来击射,大破之。三年春,破高均德于洋县金水铺,蹑追至安子沟。贼夜突营,偕总兵达音泰跃垒而出,斩贼千余。齐、姚二贼复与均德合扰安康。师次判官岭,贼隐深林,遣数百人诱战,赛冲阿鼓勇先入,败之。贼走山阳,截击于坝店,遂与明亮、德楞泰三路进逼,大破之于郧西三岔河,齐、姚二贼投崖死,叙功,被珍赉。四月,分剿均德于华州,连败之洋县茅坪、关西沟。均德合诸贼奔渠县大神山,会诸军克之,自秋徂冬,迭克箕山、大鹏寨、青观山,遂擒罗其清、冉文俦,功皆最。

四年夏,败徐天德于开县旗杆山,败张天伦于太平修溪坝。秋,龚文玉踞夔州八石坪。从德楞泰进攻,破贼寨,追败之竹溪大禾田,擒文玉。冬，击高均德于大市川。遂破高家营，擒均德。进兵川北，歼张金魁于通江空水河，擒符曰明等于广元野人村。复移军川北，迭败苟文明、鲜大川于猫儿梁、马家营。

五年春，从德楞泰由陕回川西，击冉天元于江油新店子，又大战马蹄冈，并深入遇伏，先挫后胜，天元就擒，详《德楞泰传》。乘胜破贼剑州李家坪、石门寨，俄而张子聪、雷世旺犯蓬溪，围成谷、太和、仁和、仁义四寨。偕温春往援，斩世旺。破冉天泗、王士虎于南江长池坝，破鲜大川、苟文明于岳池新场，擢固原提督。命赴陕专剿高天德、马学礼诸贼，德楞泰素倚吉林马队，赛冲阿尤得众心，士卒闻其将去，环跪乞留，累疏陈状，请权缓急，暂留川，允之。秋，从德楞泰击赵麻花、王珊于云阳寒池坝、滥泥沟，并歼之。冬，败杨开第、李彬、齐国谟于观音河。

六年春，破高天升于镇安野鸡坪，歼之。又破唐明万等于和冈溪，进至黄花庙，贼夜犯营，奋击，溃走。夏，从德楞泰击徐天德、樊人杰等于白河黄石坡，擒陈朝观，偕温春破天德于宁陕两河口，蹙之于紫阳仁和、新滩，天德赴水死，授西安将军。

谍报龙绍周由川入楚，率劲骑蹑击，先俘其妻子，复歼其兄绍华、弟绍海。至平利岳家坪，冒雨雪纵兵冲踏，阵斩绍周，并萧四余匪尽歼之，予骑都尉世职。冬，迭破刘朝选于东乡土黄坝、奉节、大宁边境。七年春，又大破之潘家槽，擒斩殆尽，朝选仅以千余人逸。败宋国品于梁山柏林槽，擒席尚文于东乡袁家坝。与勒保部将夹击陈自得于大竹、邻山，大破之。调宁夏将军。

夏，从德楞泰赴楚剿樊人杰，人杰与蒲天宝相犄角，迭败人杰于鸡公山、谭家庙，又克天宝于大垭口。人杰窜平口河脑，自黄茅垭进逼之，无去路，人杰投河死。额勒登保檄赴陕，驻太平河，截剿川、楚窜匪。是冬，大功戡定，诏论诸将战绩，以赛冲阿与杨遇春居最，予轻车都尉世职。九年，调西安将军，命偕德楞泰检捕南山残匪，随同奏事。寻以迟延降骑都尉。贼平，还旧职，调广州将军。

十一年春，海盗蔡牵犯台湾，命副德楞泰往讨，会牵为李长庚击走,乃专任赛冲阿为钦差大臣,提督以下受节制。寻责专办陆路,至则凤山已复,南北两路仅余零匪,请停调两粤、福州驻防兵,水师责成李长庚,陆路责成许文谟。诏嘉其晓事,调福州将军。秋,牵复入鹿耳门,橄镇将击沈贼舰十一,获船十,擒贼目林略等。十二年,蔡牵、朱渍皆穷蹙,乃赴本官。

十四年,调西安,寻调吉林。十六年,入觐,途见岫岩、复州流民,奏下副都统松筅安抚。会松筅疏请驱逐流民出境,诏斥其误,命如赛冲阿所议行。十七年,调成都将军。二十年,剿陕西南山匪,连破之木竹坝、太阳滩,进薄汉北,凡两月肃清,封二等男爵,赐双眼花翎。二十一年,廓尔喀与披楞构兵,互请援,命赛冲阿行边防之而已。误会上旨,驰橄谕诘,复请越境胁以兵威,诏斥贪功构衅,夺双眼花翎,降二品顶戴。寻以两国言和,复之。二十二年,召为正白旗汉军都统、御前大臣、领侍卫内大臣。寻授盛京将军。二十四年,复召为理藩院尚书。兼御前诸职如故。宣宗即位,加太子太保,赐紫缰,管理咸安宫蒙古、唐古忒、托忒诸学。

道光元年,出为西安将军。三年,入祝万寿,赐宴玉澜堂,列十五老臣,绘像,御制诗褒之。四年,召授内大臣、镶蓝旗蒙古都统,充总谙达。六年,以疾乞休。寻卒,赠太子太师,命皇子赐奠,谥襄勤。子额图浑,三等侍卫。孙特克慎,袭男爵,坐事除名。曾孙清福,袭官四等侍卫。

温春,默尔丹氏,满州正黄旗人。由拜唐阿累擢三等侍卫,从征廓尔喀。乾隆五十九年,高宗幸南苑行围,以杀虎超擢头等侍卫。明年,从征苗疆,连克苏麻寨、大乌草河,赐号克酬巴图鲁。大战尖云山,与总管达音泰分将左右军,昼夜鏖斗,遂复乾州。苗平,从德楞泰赴四川。嘉庆二年,败贼东乡马耳沟,又败齐王氏、姚之富于夔州白帝城,加副都统衔,充领队大臣,驻守竹溪、平利,贼来犯,并却之。李潮、张世虎余党走渡汉,率索伦骑兵蹴之于中流,歼贼千。

三年,破高均德,歼齐王氏、姚之富,破罗其清、冉文俦。四年,破张天伦,擒龚文玉,擒高均德,诸役皆与赛冲阿同为军锋,名绩相埒。方高家营之未破也，贼扼大市川，倚险抗拒，鼓勇先登，马蹶，易骑而上，杀贼独多，诏特嘉之。五年，授正红旗蒙古副都统。江油新店子及马蹄冈之战，并分当一路，濒危，克捷。冉天元余党与张子聪、庹向瑶等合窜潼河西岸，追及渡口，歼其后队千余，迭败贼于蓬溪、中江。秋，偕赛冲阿击鲜大川于新场，偕薛大烈击汤思蛟于倒流水，从勒保击庹向瑶于长坝，皆捷。六年，偕赛冲阿歼徐天德。其秋，击龙绍周于湖北境，绍周合众万余，已进和冈溪，后队攻天平寨诱战，而伏千贼截官军后，赛冲阿击攻寨者，温春扼溪口以要伏贼，遂入峡攻其中坚，大败之，追斩绍周于岳家坪，予云骑尉世职。七年，偕赛冲阿败刘朝选于土黄坝，分兵破庹文正于潘家槽，擒之。又偕赛冲阿破樊人杰于平河口脑，阵斩其弟人礼及二子，人杰走死。是年功蒇，被优赉。凯旋，授虎枪长、正红旗护军统领。

十一年，宁陕兵变，赴陕协剿。十五年，充乌里雅苏台参赞大臣，行抵乌兰博木图，病卒，帝悯之，命其子护丧归，予祭葬。子乌凝袭世职，官至护军参领。

色尔滚，莫尔丹氏，黑龙江正黄旗人，由打牲兵袭佐领。从征廓尔喀，以功赐号托默欢巴图鲁，迁副总管。嘉庆二年，从德楞泰剿教匪。三年，歼齐王氏、姚之富于郧西，受枪伤，擢协领。合攻箕山，破贼于顺水寺、郭家庙、廖家碥，及贼由青观山败窜。要击于濛子滩，擒罗其清，又败冉文俦于麻坝寨。四年春，擢总管。从德楞泰入陕，破高均德于大市川，擒之，色尔滚战功居最。五年，从战马蹄冈，冉天元负创逸，追至包家沟，天元就擒，又败贼于石门寨、风如井，铁山关，加副都统衔。夏，截击刘朝选于东乡茨竹林，蹑击张子聪等于九亭场，进捣通江长池坝冉天士贼巢，皆败之。秋，剿鲜大川、苟文明于巴州元口镇，沿江兜截，与大军合击，斩贼渠吴耀国、鲜文炳，擒苟文礼。又击汤思蛟、赵麻花于茅坪、倒流水。冬，歼麻花于大禾田，被奖叙。

六年，从德楞泰入陕，擒龚如一、高天升。合击龙绍周、徐天德，先后擒歼。冬，击苟文明于槽子沟，陷阵被创。七年，从德楞泰追樊人杰入楚，驰三百里绕其前。又偕蒲尚佐破蒲天宝于鲍家山，徒步入贼巢，天宝走死。诏嘉其奋勇，命在乾清门侍卫行走，又歼戴仕杰于兴山施家沟。八年，搜剿余匪，肃清，被优叙。历阿勒楚克副都统、伊犁领队大臣。

十四年，叛兵蒲大芳等在戍所煽乱，将军松筠令色尔滚往诛之，诏嘉所使得人，召京，授镶蓝旗蒙古副都统。历伯都讷、阿勒楚克副都统。十八年，命协剿滑县教匪李文成，遁，设伏白土冈败之。贼固守司寨，毁垣入，登楼杀贼，文成自焚死，加都统衔，予云骑尉世职。历黑龙江副都统、呼伦贝尔办事大臣。道光七年，乞病，给全俸。十三年，卒，赐金治丧，谥壮勇。子明晋，孙济克扎布，袭佐领兼云骑尉。

苏尔慎，苏都里氏，满洲正黄旗人，黑龙江马甲。从征廓尔喀。嘉庆初，从德楞泰剿教匪，积功授三等侍卫，改隶京旗。五年，马蹄冈之战，初不利。德楞泰憩山上，贼至，驰下奋击，苏尔慎射冉天元马，应弦倒，天元就擒，贼遂大溃。论功最，擢二等侍卫、乾清门行走。其冬，攻大垭口，陷阵被创，赐号西林巴图鲁。六年，战红药垛、鲫鱼垭，追贼至陕境黄石坂，首先跃马冲入贼阵，擒贼渠庞士应、方文魁，寻歼徐天德、樊人杰、苟朝献，战皆力。七年，破凤皇山、鸡公梁、桂林坪，先登夺隘，军中号为勇敢。凯旋，擢头等侍卫。

十八年，林清党犯禁城。闻警入，首先杀贼，加副都统衔，命为领队大臣，率巴图鲁侍卫赴山东剿教匪。诏称其材武出众，可当百人，爱惜之，戒勿步战。破曹州、武定贼巢十一，复偕提督马瑜破贼于滑县潘章村，擒贼目郭明山。事定回京，授镶红旗蒙古副都统，充上书房谙达。二十四年，上幸热河，乘马蹶，苏尔慎控止之，擢镶蓝旗蒙古都统。道光元年，随扈昌陵，马逸，突乘舆，降蓝翎侍卫。逾年，以二等侍卫休致，未几，卒，赠副都统衔。

阿哈保，鄂拉氏，满洲正黄旗人。由司匼护军授侍卫。从征台湾，解诸罗围，擒林爽文，赐号锡特洪阿巴图鲁，图形紫光阁。继从征廓尔喀，擢二等侍卫。苗疆事起，转战最力，论功居上等，迭擢头等侍卫、正黄旗蒙古副都统。嘉庆二年,命率吉林兵赴襄阳,偕景安剿教匪,击贼于独树塘、枫树垭,擒斩甚众。三年,追贼入川,合攻大神山,分克插旗山卡贼,尽歼之。四年,合击徐天德于渠河,又破之于谭家坝,贼大溃。冬,设伏白水碉,歼贼千余,被奖叙。

五年,冉天元等犯川西,御之场院,失利,责领新到贵州兵戴罪立功。从德楞泰击天元,独当火石垭一路,先败后胜。冬,偕薛大烈击杨开第于安仁溪山梁,追越大山数重,至两台山,所过贼寨皆下,开第伏诛,被优赉,擢御前侍卫。六年秋,复偕大烈击青、黄、蓝三号贼于巴州石婆山,分路设伏,夜袭之,歼戮二千余,授正红旗护军统领,并赐其子阿颜托克托为蓝翎侍卫。搜剿老林,擒老教首邓金祥,予云骑尉世职。寻合击高见奇等于大茅坪,因病赴达州医疗。七年,召回京。逾岁,以扈驾神武门,陈德突御舆,失于防护,褫职,予副都统衔,在乾清门行走。历正白旗蒙古副都统、正红旗护军统领。十年,病,加都统衔,遂卒,依都统例赐恤。子阿颜托克托袭世职,兼三等侍卫。

纶布春,罗佳氏,满洲镶白旗人。以黑龙江学团驻京,授司磐。从征廓尔喀、苗疆,赐号色默尔亨巴图鲁。累擢二等侍卫。嘉庆元年,裹创克骡马冈险隘,加副都统衔。平陇贼寨尤固,纶布春从狮子坡入,裹土填壕,毁墙栅,出间道抚其背,大军进薄石隆,遂擒石柳邓。

二年,苗平,从额勒登保剿湖北教匪,破林之华于芭叶山,追贼红土溪、铁矿坡、罗锡圈,迭败之,授镶蓝旗蒙古副都统。三年,擒覃加耀于终报寨,移军入川,败高均德于野猪坪,击李全等于紫溪岭。贼走湖北,额勒登保自汉江下襄阳,令纶布春将骑兵由陆出平利。遇张汉潮于南漳,败之于菩提河、孟石岭,歼贼数千。寻,汉潮与詹世爵、李槐合,众可二万,偕明亮扼之清池子山口,汉潮先遁,世爵、槐于隘口抗拒,纶布春以劲骑截击,木石并发,贼窘,多触崖死,世爵、槐并歼焉。秋,从额勒登保击高均德于吴家河口,贼自林中出,矛伤左肋,力战败之。进攻张公桥,擒汉潮子正澍及刘朝佐等。

四年春,械送诸贼至京,命偕侍卫十八人解饷回川,坐报侍卫等患病失实,降黜。未几,败汉潮于黄牛铺,诸军合击之张家坪,汉潮就歼,纶布春获其尸,擢乾清门侍卫。迭破余贼于教场坝、药坝、茨沟、板房子,那彦成疏陈战绩超众。屡诏褒赉。

五年,随那彦成出宝鸡,遏白号贼北犯,破之于龙山镇,授镶黄旗蒙古副都统。黄号贼分屯,连营十余里,纶布春潜师先破八里湾,回击牛蹄岭,贼傍秀金山列队以拒,径冲入阵,手刃数贼,遽却。进援狼卡寨,扼石峡口夹击,大败之。夏,偕穆克登布击杨开甲于七盘沟,而高天德、马学礼犯汉中,提督王文雄战死,诏责纶布春专剿,败之于白溪。俄,冉学胜渡汉北,将与伍怀志合,偕总兵汪启邀击于留坝,又会诸军败之于太吉河、鱼洞河。

六年春,以追剿学胜久无功,被劾褫职,以马甲留营效力,从穆克登布击伍怀志于五郎铁桥,率三十人先驱冲敌,杀贼数十。贼据山拒斗,跃登横击,贼众披靡,追击于红水河,徒步奋战,夺山梁。诏嘉其愧奋,授蓝翎侍卫。复偕穆克登布躏贼,侦知潜匿老林一层窑,地险绝,督兵猱升而上,怀志与党六七人惶急投崖下,为纶布春所获,授二等侍卫,复巴图鲁。其冬,病卒于汉中,依头等侍卫议恤。

格布舍,钮祜禄氏,满州正白旗人。父萨克丹布,以吉林新满洲留京为前锋。乾隆中,从海兰察征石峰堡、台湾有功,累擢三等侍卫,赐号伯奇巴图鲁,图形紫光阁。又从额勒登保征苗疆,擢二等侍卫,遂从剿教匪,破芭叶山,其大金坪、抱窝山两战尤力。以病解军事,久之始卒。临殁,仁宗念前劳,加副都统衔。

格布舍亦起前锋,累迁三等侍卫。随父赴苗疆,平陇之役,从额勒登保克岩人坡、大坝角诸寨,赐号库奇特巴图鲁。及赴湖北黄柏山,战频有功,又歼逃贼于巫山。嘉庆四年,歼冷天禄。奏诸将功,格布舍第一。上夙知其将门子,善用鸟枪,特嘉经略所列公允,加副都统衔。五年,偕杨芳夹击杨开甲于两岔河,陷阵,被创坠马,跃上再战,追斩甚众,予恩骑尉世职。又偕杨遇春歼伍金柱、宋帼富,六年,擒王廷诏及高天德、马学礼,功皆最,晋云骑尉世职。其冬,击辛斗于黑龙洞。七年,从额勒登保追剿苟文明,冒雨深入老林,文明就歼。留川、陕边界检捕残匪。凯旋,授正黄旗汉军副都统、乾清门行走。十二年,出为伊犁领队大臣,寻授宁夏副都统。召还,授镶红旗汉军副都统。

十八年,命往河南剿教匪,将行,值匪犯禁城,急入捕贼,被优奖,命充领队大臣,率火器营赴军。迭败贼于道口,进围滑县,败援贼于城北,掘东门隧道,为贼觉,复据四南隅,穴成火发,格布舍仍攻东门,以云梯先登,获贼目徐安国于地窖,擢御前侍卫,予骑都尉世职,迁正蓝旗护军统领。坐失察部下私携俘获子女,议褫职,帝曰:“格布舍出兵时,闻警,由德胜门奔赴大内,朕不忍负之。”改留任,予副都统衔、头等侍卫,在大门行走。既而直乾清门,帝阅步射,中三矢,赏黄马褂,擢宁夏将军。道光初,回疆军事起,命驻哈密为声援,调乌里雅苏台将军,移师守吐鲁番。八年,召为正白旗蒙古都统,复出为宁夏将军。十年,卒,谥昭武。子秀伦,袭骑都尉。

札克塔尔,张氏,满洲正黄旗人,初金川土番也。父为索诺木所杀。年未二十,密献入番路径于将军阿桂,随征,荐擢守备。高宗怜之,命隶内务府旗籍,擢二等侍卫、乾清门行走,兼正白旗蒙古副都统。

嘉庆四年,从尚书那彦成赴陕军,击高天德、马学礼于灰峪林,又击川匪于龙草坪。五年,偕纶布春夹击白号贼于秦安龙山镇,擒贼渠余礼等,赐号瑚尔察巴图鲁。又偕击王廷诏、杨开甲于牛蹄镇,由山梁驰下,马蹶,复起力战,大破之,迁镶白旗护军统领。那彦成破张天伦于岷州林家铺,转战巩昌、文县,贼据河岸,且击且济,逼贼郭家山,自中路仰攻,擒高天德子狗儿。又偕纶布春破伍金柱、杨开甲于分水岭。

是年夏,召那彦成还京,札克塔尔留听额勒登保节制。每战猛锐无前,军中号曰“苗张”。杨开甲等窜湖北,间道邀击于郧西黄莺铺，擒斩千余，予恩骑尉世职。偕杨遇春破伍金柱于手扳崖铜钱窨，歼杨开甲于茅坪。诏以是役得其分击之力，优予赉叙。诸贼循渭东窜，札克塔尔邀击于宽滩，乃折趋栈道。帝虑陕事急，趣其还军，乃偕广成驻褒城、西乡，兼顾川、楚。窜匪高天德、马学礼窥渡汉，从额勒登保钞截，屡败之。

六年元旦，破贼五郎坪，蹑伍怀志余党于瓦子沟，擒教首彭九皋，遇贼南郑狼渡碛，跃马冲贼为二，擒其渠王凌高。夏，追冉学胜于栈东，夜袭黄安坝贼营，破之。偕杨遇春夹击于天池山，突占山梁，擒其党陈学文，追败之竹溪、草鞋峡贼窜陕。又偕遇春夹击姚馨佐、曾芝秀于南唐岭、刘家河口。诸贼寻与学胜合，又败之孙家坡、渭子池，与遇春同被褒赉。

七年，从额勒登保追剿苟文明，贼匿太白山老林，瞭于山巅，军至即遁。札克塔尔以围捕非计，撤辛峪口兵诱之，果出，昼夜追奔，扼其三面，偕杨遇春夹击于镇安石门沟，贼复窜老林，屡出屡入，诏斥旷日持久，褫职留任。历数月，获文明妻子，始复之。

八年，凯旋，充奏事处领班。扈驾回宫，入神武门，有男子陈德突犯御舆，札克塔尔手擒之，封三等男爵。十一年，宁陕兵变，从德楞泰往剿，战于方柴关，不利。既，叛兵就抚，德楞泰以震慑乞降奏。上召札克塔尔询状，斥其隐饰，褫职留男爵，回四川，以副将用。寻予副都统衔，充科布多参赞大臣。十三年，召还，授护军统领，兼武备院卿。十七年，卒，赐金治丧。子常安，袭爵。

桑吉斯塔尔，满洲正黄旗人，亦四川土番。应募征金川，历石峰堡、廓尔喀之役，赐号察尔丹巴图鲁。累擢头等侍卫，改隶内务府满洲。嘉庆四年，与札克塔尔同赴陕军，迭败张汉潮于黄牛铺、二郎坝、洵阳坝。迨汉潮就歼，加副都统衔，连击教场坝、大坝、韭菜坪，并下之。五年，陇山镇、林江铺、郭家山诸战，皆与札克塔尔俱，又歼刘允恭于陕境大中溪，败伍金柱于镇安手扳崖，被优叙。寻，金柱为杨遇春所歼，其余党西走，要其去路，蹑追，自文县、宁羌至龙安击之，贼窜打箭炉寨，山径险狭，弃马徒步，及于窄口子，痛歼之。分兵击木兰沟伏贼,仅存二百余人,遁三岔河,与冉学胜合。诏斥迟留,额勒登保为疏辩,得白。六年,偕札克塔尔迭败贼于狼渡礊,天池山、孙家坡。贼自孙家坡败窜,桑吉斯塔尔设伏杨柏坡以待,擒斩几尽,高见奇就诛,被奖叙。是冬,召回京。

八年,偕札克塔尔捕陈德,予骑都尉世职,十一年,率巴图鲁侍卫赴宁陕剿叛兵。及还,坐召对迟到,降头等侍卫。寻授正蓝旗汉军副都统。十八年,率火器营赴滑县剿贼,以火攻,克城先登,复在御前行走。坐军中携俘童当黜,原之。又坐侍事褫副都统,仍以头等侍卫乾清门行走。二十三年,卒,赐金优恤。子策楞讷尔,三等侍卫,袭骑都尉,请葬父于近京,允之,赐葬资焉。

马瑜,甘肃张掖人。祖良柱,官四川松潘镇总兵,遂寄籍华阳。瑜少以武生入伍,从征廓尔喀、苗疆,累迁游击。嘉庆元年,赴达州剿教匪,战大园堡、安子坪,数有功,赐号达春巴图鲁。三年,从德楞泰歼齐王氏、姚之富于郧西,瑜间谍功居多,擢参将。击高均德于雒南铁钉垭,贼奔就冉文俦,合踞大神山,诸军合击,瑜攻其东,克之。及攻大鹏寨,瑜冒雨毁其南门。四年春,文俦就擒,授四川督标副将。从德楞泰入楚,擒高均德,寻赴援陕、甘。

五年春,复从德楞泰回川西,击冉天元,战江油新店子,进攻重华堰,深入火石垭,瑜分路助击有功,追贼石门寨、开封庙,至嘉陵江岸,迭败之。又设伏败蓝号匪于七孔溪,克长池坝贼巢,擢贵州安义镇总兵,调重庆镇。瑜祖故温福部将,勒保与有旧,甚倚之,又,久从德楞泰为翼长,军事多所赞画。八月,白号庹向瑶窜长坝,将渡河,瑜率步骑掩至,蹙之,向瑶赴水逸。

六年春,徐天德自洵阳北窜,留后队于峪河口,前队夺渡汉江,追及乾沟,擒斩千余,贼奔镇安,雪夜间道出野猪坪要之。时龙绍周分党入太平老林,自率大队赴楚,欲与天德合,蹙之竹山官渡河,夜闻追骑声,争赴水,漂溺泰半。夏,从德楞泰追天德,破之黄石坂,进逼毗河铺,贼势瓦解,天德窜死河滩。遂偕赛冲阿等追绍周入川,战菜子垭、云雾溪，皆捷，贼西趋陕。冬，歼绍周于平利岳家坪，于是黄号略尽。又败贼于通江刘家坝，俘获甚众。

七年春，师次巫山十二峰，检捕线号残匪。夏，击樊人杰等于东湖鸡公山梁，又败蒲景于大垭口，人杰走死。冬，追贼老山施家沟，山径险狭，徒步而入，擒其渠赵鉴，歼余匪于中子洋。侦巴、巫界上有匿匪，月夜捣其巢，悉歼之，被奖赉。时贼势穷蹙，瑜自巫山向北搜剿。八年，擒王三魁于马家坝，三槐之弟也。会楚匪复逼入川，偕色尔滚破之镫盏窝，余匪殆尽。三省设防，瑜驻川界徐家坝，击陕境逸匪，歼之。九年，擢江南提督，调云南，皆未之任，留办善后。歼湖北窜匪苟文华等，被优赉。寻坐添紫城疏防，夺巴图鲁、花翎。率兵二千入老林追贼，攻克凤凰寨，擒斩数百。既而苟文润就歼，复花翎、勇号。

十年，赴本官，历江南、直隶提督。十八年，从车驾幸热河，校射，中三矢，赐黄马褂。其秋，滑县贼起，命偕总督温承惠进剿，破南湖、北湖贼，进击道口。寻赴开州搜捕，毁潘章、李家庄、袁家庄诸贼巢。事平，优叙。十九年，调江南。坐事左迁徐州镇总兵，调兖州镇。二十四年，复任江南提督。未几，卒，以前劳优恤，谥壮勤。

蒲尚佐，四川松潘人。由行伍拔补千总，从征苗疆，累擢游击。嘉庆三年，从德楞泰歼齐王氏、姚之富于郧西，赐号劲勇巴图鲁。克箕山有功，擢参将。五年，偕马瑜合击蓝号贼于陡坎子山，大破之，擢四川维州协副将。围赵麻花于石虎林，贼夜突围者三，皆击却，次日尽歼焉，被奖叙。

六年，从德楞泰破高天升于洵阳江岸，追至二峪河，雪夜出山径进攻，天升就诛，擢云南鹤丽镇总兵。败龙绍周于茅坝，迭败徐天德于庙坪、黄石坂，又追击于川、陕境上。每战辄毙数百，遂蹑入楚，沿路搜剿，及绍周为赛冲阿等所歼，其余党窜竹山，围剿歼戮无遗。

七年，从德楞泰转战川、楚，谍知樊人杰屯杉木岭，蒲天宝屯代峰，别有贼屯鸡公山为声援，先破之。人杰走雾露河，尚佐迎击，转战七昼夜，斩获无算。天宝走当阳，偕色尔滚侦踪追击，贼收残众屯兴山桂连坪,袭破之。贼走踞鲍家山,德楞泰冲其前,尚佐等攀危崖,绕出贼巢上,痛歼之,余贼狂奔出山,仅数百人,窜入老林。天宝被追急,坠崖死,被优赉,兼乾清门侍卫。又偕副都统富僧德歼戴仕杰于兴山,擒崔连乐、崔宗和于房县,斩陈仕学于巴东。

八年,青号刘渣胡子与黄号陈大贵踞老鸦寨,尚佐乘雾雨袭击,贼弃寨循当阳河走,遇富僧德伏兵,争赴水死,擒大贵。驻巫山,搜捕余匪,贼氛遂净。十三年,擢湖南提督,调甘肃。二十年,以病解职,归,卒。

薛大烈,甘肃皋兰人。由行伍从征台湾、廓尔喀,累迁都司。嘉庆二年,从总督宜绵剿教匪,由陕入川,数有功,擢游击。三年,迭克贼于白沙河、兰场。时王三槐踞东乡安乐坪,勒保令刘清招降。清遣刘星渠偕二武员往,留为质。三槐偕至大营,星渠密请擒之,大烈争曰:“舍守备、千总二员易一贼,褒国体,失军心。”乃止。越数日,三槐复自来,遂羁留,而以阵擒上闻,勒保受上赏,大烈亦赐号健勇巴图鲁,擢参将。未几,擢四川提标副将,充翼长。善伺勒保意,预诸将黜陟,军中属目焉。

五年,擢川北镇总兵。勒保以罪逮,魁伦代之。诸将不用命,贼益猖,遂连渡嘉陵江、潼河,大烈偕阿哈保等御之。寻复起勒保督师,从剿贼于保宁。别贼自开封庙截大军后路,大烈击却之。偕阿哈保扼嘉陵江,贼不得渡,被奖叙。夏,连败白号贼于龙安铁笼堡、竹子山,遂从勒保击苟文明,解高寺寨围。追贼循嘉陵江至石扳索,德楞泰蹑其后,勒保绕其前,贼分遁。大烈掩击余匪于飞龙场,尽歼之。九月,败贼下八庙,进扼倒流水,会赛冲阿、温春兵至,夹击,大破之,歼汤思举。冬,偕阿哈保破杨开第于渠县安仁,追奔百余里,至巴州两台山,擒斩二千余。开第逸入营山柏林场,乱矛毙之。

六年春,剿杨步青于大宁金竹坪,乘雪进击,连败之白马庙、大盖顶。樊人杰、徐万富屯仪陇碑寺寨,偕阿哈保夜袭之,歼万富,贼奔川东,追及之,人杰跳崖遁,散窜老林。大烈进剿杨开第、张汉潮余党，拔九杵寨，追击于沙箕湾，擒贼目李尊贤。蓝号曹世伦窜南江九岭子，偕田朝贵合击歼之。夏，青、蓝两号贼窜东乡，犯仁和、永兴二寨，师分三路入，大烈由右，蹙之华尖坝河滨，歼苟文通、鲜俸先，又击贼巴州石婆山，遣兵伏龙凤垭，自与阿哈保奋击，擒贼渠徐天寿、王登高等，诏奖赉，授其子千总。白号高见奇、魏学盛合窜栈道，大烈要之于大茅坪山半，偕阿哈保夹击，勒保督诸将自山顶下压，贼大溃。见奇窜空山坝，与冉学胜合，屯南江卢家湾，乘不备击之，擒学胜，予云骑尉世职。冬，败白号贼于达州卢硐寺，又追败之开县，擒黎朝顺，贼窜西乡渔渡坝。大烈裹粮追蹑，由陕入川，败之于通江罗村，复偕罗声皋等尾击之。师次八台山，别贼围赵家寨峒，掩击败之。又歼黄号余贼于太平邀仙崖，乘胜破八卦山，殪贼李显林。

七年，搜剿老林，连败苟文明于双河口、圆岭山，擒其党姚青云。额勒登保檄回剿川贼，大烈乞病，解职回籍。九年，病痊，命在乾清门行走。扈从坠马，遣蒙古医疗治，给头等侍卫岁俸。寻授天津镇总兵，擢直隶提督，赏黄马褂。十一年，从德楞泰赴宁陕剿抚叛兵，调固原提督，明年，偕杨遇春平瓦石坪之乱，予优叙。调江南，复调直隶。坐为子娶所属守备女，降天津镇总兵。寻授广东提督。复坐动用马乾银，再降汉中镇总兵，调河北镇。二十年，以睢工出力，加提督衔。卒于官，录前劳，依提督例赐恤，谥襄恪。

罗声皋，四川双流人。由行伍授把总。从孙士毅赴湖北剿匪，克旗鼓寨、芭叶山，擢守备。嘉庆三年，勒保调回四川。四年，从额勒登保破徐天德、冷天禄，累擢游击。五年，授提标中军参将。破冉天士于南江长池坝，赐花翎。六年，偕薛大烈歼曹世伦，追汤思蛟、刘朝选入楚，败之于竹山柳林店。青、蓝号贼扰东乡，偕大烈败之，又偕击贼石婆山，徐天寿就擒，赐号济特库勒特依巴图鲁。遂合击高见奇，擒冉学胜。冬，偕张绩擒萧焜于太平。黄号余贼屯茨竹沟，声皋自花角园进攻，大军继之，擒葛士宽等。

七年，迁督标中军副将，充翼长。张简与汤思蛟合扰东乡，败之于老生园、杨家坝，偕田朝贵兵合击，蹙之河滨，贼争赴水，擒思蛟弟思武,追擒汪贵于太平梧桐坪。庹向瑶窜东乡凤皇山,偕达思呼勒岱合围,歼其众,擒向瑶。川匪渐清。楚匪被剿急,多窜川境。偕达思呼勒岱合击,歼赖飞龙于云阳阎王碥。又偕罗思举追贼巴州,分两路遁,思举擒简,声皋获思蛟于东乡村店。八年,搜剿余匪,擒青号张朝陇、李明学。军事大定,赴达州办理凯撤兵勇事宜。十三年,从勒保剿马边凉山夷匪,克曲曲乌夷寨,擢重庆镇总兵,调松潘镇。二十年,剿中瞻对叛番,克沧龙沟。番酋洛布七力守险,未大创,乞降,受之,以专擅褫职,戍伊犁。逾三年赦归,卒于家。

薛升,贵州毕节人。以乡勇剿仲苗,授把总。嘉庆三年,从勒保赴四川军,偕罗思举攻乐坪,攀援绝壁入贼营,斩馘多,进攻祖师观,夜伏手把岩下,拔栅而登,又从薛大烈设伏,破扑营贼,常为军锋,擢守备。四年,歼龚文玉、包正洪,升皆从战有功,赐花翎。五年,兜剿川东窜匪,升率兵分驻黄草坝,寻击贼八石坪,追至东乡南坝场,败之。军驻芦花岭,贼夜扑营,先伏兵山洞伺击,贼大溃,擢都司。偕桂涵破猴儿岩贼巢,擒唐大魁。六年,从薛大烈击贼巴州石婆山,分路要截,多有斩获,擒徐天寿于王家坪,擢游击。七年,从勒保歼张天伦,遂从田朝贵防川、陕边界,擒徐天培于徐罗坝,歼杨吕清于白岩峒。八年,入山搜捕,击走苟朝九股匪于八百溪,擢云南新嶍营参将。军事葳,赴本官,历东川、寻沾参将。十八年,调剿滑县教匪,攻克南门,擢副将,寻回云南。二十三年,从剿临安夷匪,授永昌协副将。道光元年,剿大姚夷匪,擢鹤丽镇总兵。历陕西河州镇、直隶大名镇。擢直隶提督,调湖南。十六年,新宁瑶生蓝正樽习教拒捕,犯武冈城,镇篁兵滋事戕官,事皆旋定,吏议镌级留任。升年已七十,总督林则徐疏论其老于军事而无振作。未几,以杨芳代之,调升广西提督。二十二年,英吉利犯广东,赴浔梧治防。因病乞假归,寻休致,以旧劳予食全俸,咸丰元年,卒,谥勤勇。

论曰:额勒登保以杨遇春、穆克登布为翼长,德楞泰以赛冲阿、马瑜为翼长,勒保以薛大烈、罗声皋为翼长,观偏裨之人材,其成功可知矣。是诸人者,其后多膺军寄。二杨而外,亦无赫赫功,岂非材器有所限哉?勒保部将差弱,盖赖罗思举、桂涵等乡勇之力为多焉。

清史稿卷三四九
列传第一三六

王文雄　朱射斗 子树
穆克登布　富成 穆维　施缙
李绍祖　宋延清　# 袁国璜 何元卿　诸神保德龄

保兴　凝德　多尔济札布　王凯　王懋赏　达三泰
惠伦 安禄　佛住　西津泰　丰伸布　阿尔萨朗
乌什哈达　和兴额

　　王文雄,字叔师,贵州玉屏人。由行伍从征缅甸、金川,擢至游击,荐升直隶通州协副将。嘉庆元年,调剿襄阳教匪,从庆成战刘家集、梁家冈、张家垱,赐号法佛礼巴图鲁。秋,贼围钟祥,进击破之,擢南阳镇总兵。冬,贼分窜河南,命率兵二千回境防御。二年春,败贼禹山,又败之郑家河。追剿至裕州四里店,值他军与贼战,夹击败之。夏,息县奸民张云路倡乱,驰剿即平。秋仍赴襄阳。时姚之富等逼南漳,文雄驻军五盘山,扼其冲,击贼于白虎头峡口。闻贼窜陆坪,分兵击之,追至羊角山,斩其渠。贼乃以数百人缀官军,潜趋南漳城,文雄伏兵百步梯,火之,贼多坠崖死,遂赴陕西、河南界御贼,且防兴安江岸。
　　三年春,高均德自宁羌渡汉,齐王氏、姚之富乘官军往剿,偕李全自西乡、洋县分道踵渡,掠郿县、盩厔,西安戒严。文雄驰援,败贼

焦家镇，追至屹子村，猝遇贼万余。文雄兵不满二千，张两翼待。贼
亦分左右来犯，为火器击退，复分四路至，又败之，遂悉马步围官军
数重，文雄为圆阵外向，贼以千余骑猛扑，令藤牌兵大呼跃出，贼马
惊，返奔，追杀数千人，毙其党王士奇。自是贼不敢北犯，省城获安。
诏以文雄当数倍之贼，五战，所杀过当，深嘉之，立擢固原提督。追
败贼于尹家冲，其分窜翔峪、澧峪者尽歼焉。夏，败高均德于盩厔，
又败阮正通于南郑。秋，张汉潮由南郑东南窜，文雄冒雨疾驰两昼
夜，追及于廉水埝，贼踞山，以炮仰击之，乃分马步队潜来钞截，三
路迎击，毙贼千余。正通窜西乡西流河，而设伏于铜厂山梁，文雄分
兵破其伏，自攻中坚，擒张金等。

　　四年，命与恒瑞分领总督宜绵所部兵，专剿陕境窜匪。秋，败苟
文明于倒水洞，连败冉天元于沙田坝、景山坪、皮货铺，川贼龙绍周
窜黛池坝，欲应天元，扼之贯子山。别贼冒齐家营者来犯，悉歼之。
黄号伍义兰、蓝号曾六儿踞老鹰崖，分兵进击，擒其党李智花等，余
贼遁入川。冬，樊人杰、唐大信窜西乡。文雄积劳呕血，力疾督战，
温诏慰劳。寻，黄号诸贼复自川入陕，令游击梁涣击之，遇伏几殆，
驰救，解其围。疾复作，而贼之匿老林者，潜出犯南郑、沔县、略阳，
欲渡嘉陵江，诏斥疏防，当治罪，以病原之。

　　五年夏，败杨开甲于土门关。唐大信踞西乡节草坝、大祥坝，夜
袭克之。龙绍周与大信合，败之魏家寨，又连败之黑山万曲湾、大石
垭、山王庙，贼遁入川。未几，高天德、马学礼及戴家营贼窜西乡堰
口，窥县城，迎击败之。侦贼众潜屯法宝山，夜偕副将鲍贵等分三路
进，贼掷石以拒，文雄督众仰攻，突有骑贼从沟中出，截其后，山上
贼出间道扑鲍贵队，急趋救，贼乘势悉众下山，鏖战至午，围益急，
文雄被创十余，犹力斗，左臂断，坠马，伏地北向呼曰："不能仰报君
恩矣！"遂卒。仁宗震悼，封三等子爵，祀昭忠祠，谥壮节，谕慰其母，
赐银千两。逾年，获戕文雄之贼马应祥，命传首就其家致祭。子开
云，袭子爵，官至山东盐运使。

朱射斗，字文光，贵州贵筑人。幼读书。入伍，从征缅甸、金川，功多，累擢至都司。果毅善战，为将军阿桂所激赏，荐升贵州平远协副将。乾隆五十年，擢湖南镇筸镇总兵，调云南普洱镇，民、苗杂处，绥抚得宜，边氓翕服。从征廓尔喀，历福建福宁镇、四川川北镇。苗疆事起，率本镇兵赴剿，迭克险隘。平陇之战，潜师袭后山贯鱼坡，贼乃溃。偕额勒登保攻石隆寨，伏沟下蓦入，断其要路，贼来争，奋击尽歼，遂斩贼魁石柳邓，赐干勇巴图鲁。

嘉庆二年春，凯撤回川北，王三槐踞金峨寺，合攻克之，连破王家寨、茨菇梁、富成寨，要击于黄家山，三槐中枪，坠马跳免。合攻重石子、香炉坪贼巢，击秋波梁窜匪，歼之。偕总兵百祥攻罗其清、冉文俦于方山坪，败走巴州。射斗驻保宁，诏以本镇辖地，责严守。三槐扑天华山营，力战却之。又合徐天德分扑风门铺、角山、茶店，驰击，贼遁走。三年，其清窜仪陇双路场，偕穆克登布追剿，斩七百余级。其清等踞大鹏寨，诸军合攻，射斗与恒瑞当其北，贼冒雨突营。出其后夹击，贼窜伏深沟，悉擒之。及贼由青观山逸出，追至方山坪，奋击大溃，其清旋就擒。

四年春，从德楞泰破贼麻坝寨，获文俦。既而萧占国、张长庚窜营山，额勒登保迎击黄土坪，令射斗扼其西，占国、长庚就歼。夏，包洪潜匿邻水，连败之唐家坪、赵家场，追至开县九龙山，痛歼之。穷追及毛坪，贼踞山，以火枪仰击，毙正洪，予骑都尉世职。秋，破卜三聘于八石坪，又截击高天德、马学礼，擒其党潘受荣。

五年春，张世龙窜南江，迭败之竹坝、草庙。会额勒登保、德楞泰先后赴陕，冉天元纠群贼乘虚入川。总督魁伦初任军事，诸将中惟射斗忠勇可恃，所部兵仅二千，至达州，贼已渡嘉陵江，乃自顺庆渡河，迎击于西充文井场，歼贼后队。乘胜至蓬溪高院场，贼踞山下扑，众数倍官军，遂被围。魁伦初约自率兵继进而不至，射斗力战，队伍冲断，手刃十余人，遇坎坠马，殁于阵。仁宗悼惜，晋二等轻车都尉世职，依提督例赐恤，谥勇烈，入祀昭忠祠。后获贼李自刚戕射斗者，诏磔之，设射斗灵致祭，复传首祭墓。

射斗从军三十四年,受高宗知,仁宗尤以宿将重之。额勒登保入川数大捷,皆倚射斗及杨遇春如左右手,贼畏之,号曰"朱虎"。在军得士心,尤恤难民,前后拯济不下万人,殁后兵民胥流涕。贼既退,收遗骸,遗左足,川民于战处得之,瘗于潼川凤皇山仙人掌,建祠以祀。

子树,袭世职,授户部主事。道光中,累官漕运总督,休致归。咸丰中,命治本籍图练捐输事宜。同治初,卒。

穆克登布,钮祜禄氏,满洲正红旗人,将军成德子。乾隆中,成德驻西藏,入觐,高宗询知穆克登布曾从征金川,授蓝翎侍卫。累擢直隶提标游击。嘉庆元年,从剿湖北教匪,以功赏花翎。迁山东参将,遂转战川、陕。四年春,从惠龄克麻坝寨,加总兵衔,擢贵州清江协副将。从额勒登保歼阆中贼萧占国、张长庚,乘胜进剿冷天禄于岳池。令穆克登布先据人头堰,与杨遇春夹击,大破贼众,歼天禄,赐号济特库勒特依巴图鲁。于是额勒登保军威大振,遂任经略,穆克登布与杨遇春为左右翼长,常为军锋。冬,与七十五夹击樊人杰于通江,败之,擢山西太原镇总兵。

时川贼徐天德、王登廷、冉天元合挠官军,阻饷道。额勒登保以贼皆劲悍,集师合击于苍溪猫儿垭,议与穆克登布、杨遇春分三路进攻。穆克登布恃勇,先期往,为贼所乘,腹背受敌,伤亡副将以下二十四人,士卒数百。及遇春至,据险与贼相持,经略中军亦被攻,血战竟夜,黎明贼始却,登廷旋就擒。偕遇春追天元至开县,与德楞泰会师夹击,贼势乃蹙。

五年,从经略入陕。夏与杨遇春合击伍金柱于手扳崖、铜钱窨,追歼杨开甲于茅坪。秋,要击张天伦于两当剪子岩,追杀数十里。贼折奔阶州,遇于佛堂寺,击败之,斩其渠曾印。六年春,冉学胜将入陕,雪夜率劲骑冲之,贼溃,又败伍怀志于五郎江口,擢乾清门侍卫。夏,伍怀志纠党由汉北东窜,分兵昼夜穷追,及之于秦岭,擒怀志,余党尽歼,予云骑尉世职。七年,调湖南永州镇,擢甘肃提督。驰剿川东、湖北窜匪,破王国贤于平利,追入川,迭败贼于青冈坪、太平坡,擒景英。是年,军事将蒇,录诸将功,擢御前侍卫,晋骑都尉世职。

八年春,搜捕余匪,由巴峪关深入,擒宋应伏,又擒姚馨佐等于南江。应伏最悍,馨佐乃之富子,皆贼之著名者。应伏党尚存冯天保、余佐斌、熊老八,并百战猾贼。熊老八年二十余,死党百余,皆壮悍矫捷,所用矛长数丈,出没老林,伤将士甚众。至是,诱官军入林,设伏狙伺。穆克登布卞急轻敌,劲卒又为他将分调,仓猝中矛,殁于阵,加予轻车都尉世职,并为二等男爵,谥刚烈。严诏捕熊老八,期必获。武弁陈弼贿降俘取贼尸,伪冒以献,立擢弼参将,传首祭穆克登布墓。逾年,罗思举始捕得老八,磔之,军中不敢上闻。

子颐龄,袭爵,二等侍卫,孝全成皇后之父也。道光十四年,册立皇后礼成,追封一等承恩侯,抬入镶黄旗,谥荣僖,以孙瑚图哩兼袭两爵。三十年,文宗即位,晋封三等承恩公,以长子文寿袭,次子文瑞袭男爵。

富成,石莫勒氏,满洲镶黄旗人。起健锐营前锋,从征乌什、大小金川,积劳至参领,历火器营营总。出为广西、直隶副将,擢山西太原镇总兵。坐失察盗马贼入边,降京营游击。复擢山东兖州镇总兵。嘉庆元年,教匪起,率本镇兵赴河南协剿。先清邓州贼巢,进剿吕堰驿、随州红土山,黄玉书就擒,叙功,以提督升用。又连败贼于钟祥邓家冈、香花园、南线畈。命兼领直隶、吉林新调兵。

二年,进攻梁家集,总统惠龄与贼战槐树冈,宣成闻炮声,驰往夹击,大败之。偕庆成合击刘起荣,又败贼于温峡口。襄匪由河南窜入陕境,总督宜绵疏调富成赴西安,率甘肃兵二千、回兵二千助剿。夏,分兵五路围贼于大凉山下,歼贼千余,擒其渠李天德等,又连败贼于双河口、青庄坪、放牛坡、大石川,擢江南提督。赴汉中宁羌,扼川贼入窜之路,循汉南而西,与明亮夹攻,贼距江近,佯引兵入山,图潜渡,富成绕出贼后兜击之,斩获甚众,被奖赍。

三年春,赴达州击退犯城贼,通新宁运道,又连败贼于宝山关、木竹坪、白山寺,擢成都将军。命剿徐天德,屡诏责战甚急。冬,战清凉寺,歼贼数百。四年,张映祥审广元、宁羌,击之毛家山,又与恒瑞夹击于略阳、阶州。经略勒保疏言其兵力不足,未能制贼,褫职逮问。会富成连败贼于黄家坪、大水沟、党家坪、蒋家坪,诏免治罪,以披甲留营效力,驻镇安防剿。五年夏,总督长麟追剿冉学胜、伍金柱等,而高天德、马学礼亦来犯,富成驰援徽县。贼袭长麟营,官军败绩于架子山,富成力战被重创,遂殁于阵。上初以剿张映祥久无功,故加重谴,至是惜之,命入祀昭忠祠,予云骑尉世职,子三等侍卫普亮袭。

时军事久不定,兵多,或事剽掠,乡勇尤甚,人目为“红莲教”。富成与总兵穆维驭下较严,为时所称云。

维,直隶清苑人。隶督标,乾隆中,山东王伦倡乱,以阵斩贼渠杨垒功,擢千总。贼闻京兵南下,掠粮艘造浮桥,图西窜,维直搏获贼炮二,焚其桥,赐号奋勇巴图鲁。累擢胶州协副将。嘉庆元年,偕富成赴襄阳。恒瑞攻刘家集,维率骑兵横贯贼营,大军蹑其后,获大捷。师次滚河,贼屯对岸董家冈、梁家坳,维偕王文雄选精兵夜潜渡,破贼营。二年,擢登州镇总兵。冬,高均德、王廷诏分扰斑鸠关,窥渡汉江,偕副都统六十七连败之双河塘、土门垭,被优奖。三年春,赴四川,从勒保败王三槐、徐天德于石坝山,偕富成要贼竹峪关、洪口诸隘,又败冉文俦于黑马山。夏,贼出李家山西逸,要之大完山,以炮俯击,贼退,他将乘势追击。维直捣李华寺,破贼巢,劳甚致疾,卒于军,诏视阵亡例赐恤。

施缙,陕西定边人。由行伍从征缅甸,累擢云贵督标都司。苗疆事起,应调随征,屡有功,赐号毅勇巴图鲁。累擢湖南参将。嘉庆二年,从总督勒保剿贵州仲苗。三月,连克关岭、巴陇诸要隘,进逼永宁,克下山塘贼寨,解新城围。五月,与总兵张玉龙分两翼,进克望城坡、碧峰山贼寨,攻羊肠山,追贼至新店,擒其渠梁阿站等,擢副将。六月，从勒保攻克水烟坪，偕按察使常明设伏八角洞坡，进攻阿捧，毁寨十一。大军进卡子河，缙分克纳赖坡、鸡湾寨，攻普坪，渡河解南笼围。进攻九头山，擒贼渠陆宝贵，焚其巢，克马鞭田山寨。七月，破韦七绺须于普磨，擒其孥，围阿召山梁李景寨，设伏破援贼，擢临元镇总兵。偕常明攻安有大寨，率勇士攀藤上，克之，擒贼渠贺阿豆，吴阿降。九月，从勒保洞克洒贼巢，擒首逆韦七绺须。十一月，搜剿上下罗障，直达关岭，前后克寨二十。调贵州安义镇。十二月，偕总兵七格等搜剿各路，乘胜击坝郁、嶰峒诸寨，自捧鲊至黄草坝，贼皆净尽。松林、红岩、石门坎、香炉箐诸苗，尚负固抗拒，要击破之，焚寨十九，特诏嘉奖，予优叙。三年，复从总督鄂辉进剿两薛岩、师赵屯诸苗，克寨五十，苗境遂平。

五年春，四川教匪复炽，起用勒保，会贵州巡抚常明荐缙率贵州兵往协剿，仁宗知缙剿仲苗奋勇冠军，为勒保旧部，兵将相习，命所领自为一军，又虑地利贼情未悉，听德楞泰节制。三月，至潼川，连破贼于大双墩、潼河岸。四月，高天德、马学礼由甘肃窜农安，从勒保迎击盘龙驿、漩河口，败之，偕阿哈保迎击于黄连垭。白号、蓝号众贼窜合江口，夺渡嘉陵江，偕阿哈保分四路进击，大败之。诏以嘉陵江西肃清，贵州兵新到屡捷，特予褒叙。时高、马二贼欲与蓝、白诸号合屯竹子山，勒保以龙安西北两面俱通番地，议分三路兜剿，自率一军出东北，一军出西北，而以缙军由南进。甫抵山南，贼乘高下压，缙挥军迎击，奋力急战。贼来益众，猝受矛伤，殒于阵。缙最为勒保所倚，至川以不习地势致败，优诏依提督例赐恤，称为骁将，予骑都尉兼云骑尉世职。子登科，袭骑都尉。占科，袭云骑尉。

李绍祖，顺天大兴人，以武进士授三等侍卫。出为山东武定营游击，累迁临清协副将。嘉庆元年，赴襄阳，数击贼有功，赏花翎。二年，从恒瑞赴四川，迭败贼于田家坝、大宁山梁、金子梁。三年，擢甘肃巴里坤总兵。秋，合攻打石城、插旗山、古战坪，皆捷。冬，从惠龄克马鞍山贼巢。四年夏，从德楞泰击贼于王家坝、川垭子。秋偕七十五破樊人杰于开县，又败之临江市。五年春，冉天元等渡嘉陵江，总督魁伦调七十五往援，会其病，以兵付绍祖，率赴川西，进击盐亭、南部。德楞泰击贼于江油白家坝，檄绍祖驰赴，贼踞箐林口，宵犯绍祖营，击却之。贼谍诡称难民，诣营献计，诱官军往，德楞泰知其诈，率绍祖掩击之，大捷，追败之于包家沟，进战火石垭。以功被优叙。诏以川西略定，命绍祖率贵州兵赴陕，额勒登保疏请仍留川，遂从德楞泰击张子聪于中江黄鹿山、朱家坪，擒斩甚众。调四川松潘镇，旋调广东高廉镇，仍留军。夏，败张子聪、庹向瑶于达州土主河，又击刘朝选于七孔溪山，大破之。追余匪至大竹，遇苟文明屡夜来扑营，击却之。八月，徐万富窜房县，追败之两河口。贼窜木瓜铺，逼近远安县城，绍祖扼之牛鹿坡。贼分二队，一犯县城，一薄绍祖营。绍祖力拒，贼佯败走，匹马追之，遇伏被害。依提督例赐恤，谥果壮，予骑都尉兼云骑尉世职，子霖袭。

宋延清，山东招远人。乾隆四十六年武进士，授蓝翎侍卫。出为贵州都司，迁游击。从征苗疆，迭克峒寨。从额勒登保攻鸭保山，率健卒夺贼卡，夜大风，攀崖纵火，克之，赐号骁勇巴图鲁，擢参将。仲苗之役，勒保调回贵州，率兵为左翼，克关岭、碧峰山诸隘，破洞洒、当丈贼巢。论功居最，擢大定协副将。嘉庆三年，从勒保赴四川，击贼董溪口、大元山，皆力战，斩馘多。乘胜追贼至杨家坝，中枪殁于阵。延清骁勇出众，勒保常置左右。剿仲苗时，每战归，持刀负首级累累，衣尽赤，勒保辄手酌酒慰劳。至川未逾月即战殁，深惜之，加等赐恤，予骑都尉世职。

袁国璜，四川成都人。由行伍从征金川，屡克坚碉，擢守备。复草布什咱全境及达尔图，功皆最，荐升游击。金川平，擢江南狼山镇总兵。五十三年，从征台湾，克大埔尾、斗六门、水沙连、大里杙，赐号博齐巴图鲁。及林爽文窜匿东势角，山径深隘，徒步搜捕，生擒于老道崎，被优叙。病归，起署四川建昌镇，寻授重庆镇总兵。从征廓尔喀，克象巴宗山、甲尔古拉卡。台湾、廓尔喀两次论功，再图像紫光阁。六十年，从总督孙士毅由川境进剿苗疆，数有功，被褒赏。

　　嘉庆元年,四川教匪蜂起,蔓延数县。川兵多赴苗疆,署总督英善仓猝偕副都统勒礼善、佛住驰往,兵仅数千,檄国璜及总兵何元卿进剿达州。贼屯天星桥,国璜奋击,斩戮千余。贼窜横山子,偕元卿焚其卡,夺据山梁。贼自东乡纠党数千来犯,炮击之退,次日复聚,迎击,毙贼数百,而来者愈众。国璜苦战三日,力竭阵亡,依提督例赐恤,予骑都尉兼云骑尉世职,子起袭。

　　何元卿,四川华阳人。从征金川、廓尔喀、苗疆,积劳擢副将。嘉庆元年,从福宁克旗鼓寨,擢陕西兴汉镇总兵。达州横山子之战,与国璜同遇害,予骑都尉兼云骑尉世职。孙胜先袭,官至湖南沅州协副将。

　　诸神保,马佳氏,满洲正红旗人。起护军校,出为四川游击,驻西藏,累擢重庆镇总兵。廓尔喀之役,守绒辖要隘,赏花翎。调建昌镇,从征苗疆。嘉庆元年,赴湖北剿教匪,从福宁破贼来凤,克旗鼓寨,赐号喀勒春巴图鲁。二年,从额勒登保围攻芭叶山,贼夜突营,由诸神保汛地逸出,坐褫职,留营自赎,寻击贼红土溪,被创坠马阵亡,依参将例赐恤,予云骑尉世职。

　　达三泰,原名达音泰,呢玛奇氏,满洲镶黄旗人。由鸟枪蓝翎长累迁副护军参领。从征石峰堡,授陕西循化营参将。历甘肃永固协副将,署西宁镇。从征廓尔喀有功,赐号常勇巴图鲁,授四川松潘镇总兵。乾隆六十年,湖南苗犯酉阳,率屯土兵击之,克炮木山、石花诸寨。偕提督花连布进解永绥围,又偕阿哈保、塞灵额攻纳共山,攀缒而上,斩获甚众。克贵道岭、马鞍山,追贼黄土坡,被创力战,大捷,特赐蟒服。又破贯鱼坡,苗疆平。嘉庆二年,移军湖北剿教匪,遂赴四川。齐王氏、姚之富趋达州,欲与王三槐等合,达三泰先据白帝城,连战却之,进援巫山、巴东,要击之小河口,又追败之均州、竹溪。贼复由陕入川,与明亮合击于黄坝驿。三年,从大军逼贼三岔河,齐、王二贼就歼,被优赍。寻击高均德于山阳,合围大神山,设伏诱贼,败之略静边寺,擒斩甚众,会诸军克箕山,擢甘肃提督。勒保调赴川东助剿冷天禄,攻手把岩,夺鱼鳞口贼卡,遇伏被害。优恤,谥壮节，予骑都尉兼云骑尉世职，子呢玛善袭。

呢玛善从父军中，以战功授蓝翎侍卫。父殁，转战三省，累擢头等侍卫，授河北镇总兵，历郧、衢州、南阳诸镇。道光初，擢成都将军，平果洛克番匪。卒，谥勤襄。

德龄，纳喇氏，满州镶白旗人。由拜唐阿累擢銮舆卫冠军使，出为直隶副将，擢山西太原镇总兵。调赴襄阳剿教匪，从庆成等转战，以功赐花翎。嘉庆二年，驻防夔州。三年，偕观成合攻老木园。贼既歼，剿铁瓦寺余匪。四年秋，击张金魁于岳池场、安家山，败之。追至万县陈家坡，后队为贼所袭，驰马回战，殁于阵，予骑都尉世职。

保兴，承吉氏，满洲镶白旗人。鸟枪护军队长。从征缅甸、金川，累迁参领。出为陕西神木协副将，丁忧回旗。甘肃撒拉尔回叛，起署河州协。兵事初定，抚绥有法，军民安之。调督标中军，擢直隶宣化镇总兵，历陕西兴汉镇、甘肃河州镇。嘉庆二年，赴川、陕剿教匪。偕朱射斗击贼营山，又败之小垭口。王三槐扰大竹、广安，要击之。邻水被围，知县杨为龙坚守，驰援，贼始退，被优赉。偕朱射斗破贼天华山，乘胜连夺要隘。三年，攻弹子坝，歼贼渠。时王三槐犯开县，罗其清、冉文俦合踞东乡后河，将窥陕，保兴绕出贼前，与杨秀夹击，败贼于固军坝，赏花翎。贼自陕回扰达州，保兴要击于龙凤垭。又战石梯坎，径路纷歧，会大风雨，贼压而阵，遂遇害。予骑都尉世职，河州民为立祠。

凝德，乌雅氏，满洲正黄旗人，尚书官保子。授蓝翎侍卫，历銮舆卫治仪正、冠军使。出为直隶独石口副将，调督标中军。嘉庆元年，赴湖北军，从破黄玉贵于红土山，赏花翎。二年，赴孤山冲防剿，寻入川。王三槐扰渠县，扼守红春坝。四年，擢甘肃巴里坤总兵。从恒瑞剿贼甘肃，驻守三曹河。贼北走，追败之老柏树、牟家坝、两河口。五年，辛聪余党窜秦安，讹言伏羌被围，凝德率兵四百赴援，未至四十里遇贼，众寡不敌，拒战被害。予骑都尉世职。

多尔济扎布，巴鲁特氏，蒙古镶黄旗人。由蓝翎侍卫累擢湖北郧阳参将。从剿镇篁苗，迁副将。嘉庆元年，檄防竹山、竹溪。三年，署宜昌镇总兵。从击张汉潮于山中,蹑踪穷追,被嘉奖。五年,授广东碣石镇总兵。二月,剿陕匪于洵阳三岔山,乘胜深入,贼分队绕袭后路,四面受敌。挥军杀贼百余,日暮力尽,被害。予骑都尉世职。

王凯,贵州贵筑人。从征金川,积劳至游击,累擢浙江定海镇总兵,嘉庆二年,以不谙水师降副将,命赴贵州从勒保剿仲苗,补都匀协。三年,授宜昌镇总兵,驻守郧县,败贼于黄龙滩,率兵二千,分守郧西、巴州,防张汉潮。四年,贼窜房县,击走之。五年,复来犯,大败其众,又破贼于东湖。夏,徐天德窥襄、郧兵单,犯当阳、远安,踞马鞍山,合诸军环攻,凯傍左麓进,贼走马家营。师分三路入,贼张左右翼拒战,别遣步队钞截后路,凯奋击,贼稍却,兵进遇伏,贼自林中出,猝被害。优恤,谥壮勇,予骑都尉世职。

王懋赏,山东福山人。乾隆四十一年一甲一名武进士,授头等侍卫。出为云南景蒙营游击,累迁广西浔州协副将。从征苗疆,克结石冈,破尖云山,复乾州,皆有功。嘉庆二年,以剿西隆匪,回广西。五年,调赴湖北军。六年,败贼佘家河、茅伦山,赏花翎。攻鹅坪坡、秦家坪,擢湖南永州镇总兵,驻守兴州、房县、大竹,防川、陕窜贼。七年,曾家秀等窜保康,倍道穷追,贼踞马鬃岭拒战,懋赏先登,中矛,殁于阵,予骑都尉世职。

惠伦,富察氏,满洲镶黄旗人,一等承恩公奎林子。出嗣伯父一等诚嘉毅勇公明瑞,袭爵,擢头等侍卫、尚茶正、镶蓝旗护军统领,授奉宸苑卿。嘉庆二年,命偕副都统阿哈保率东三省兵赴湖北剿教匪,时贼氛方炽,诏惠伦迅往襄阳,如明亮、德楞泰犹在贼后,即会同王文雄攻剿,听景安调度。惠伦至襄阳,击贼小河口,偕阿哈保追杀二十余里。大兵适自荆州至,乘机夹击,贼大败,窜入南漳山中,优诏奖赉。又偕德楞泰击贼耗子沟,贼众猛扑,达三泰连射贼,惠伦挥军突进,冲入贼阵,会明亮自枫树垭夹攻,斩获甚多。贼窜花石岭,总兵长春诱之下山,达三泰设伏山半,惠伦以劲骑横击。贼败窜黄龙滩,欲分走郧阳斗河,无船可渡。追及草甸,贼五路迎拒,官军

亦分五队,明亮等据山梁,贼上扑,击败之。别贼突出援,惠伦等又
败之。乃奔陈家山梁,乘雾图遁。惠伦渡涧追击,见一贼执旗指挥,
知为渠魁,追至长坪,射之,应弦倒。余贼竞集,连射毙数贼,猝中
枪,殁于阵。高宗震悼,诏惠伦父子效命疆场,实为可悯,从优议恤,
赐内帑三千两治丧,以子博启图袭公爵,在御前侍卫行走。博启图
自有传。

　　安禄,多拉尔氏,满洲镶黄旗人,一等超勇公海兰察子。以海兰
察平石峰堡功,推恩授二等侍卫、乾清门行走,并予骑都尉世职。从
征廓尔喀,赐号哈什巴巴图鲁。五十八年,承袭公爵,擢头等侍卫。
嘉庆四年,命解饷赴四川,遂从额勒登保军。时徐天德败窜鸡公梁,
额勒登保乘夜追之,黎明,贼复拒战,安禄偕格布舍以左翼冲贼阵,
贼窜城隍庙,右翼杨遇春伏起,前后夹击,歼戮无算。又败王登廷,
追至西乡鱼渡坝。王登明与齐家营股匪合踞青冈岭,安禄等三路竞
进,贼大溃。鲜大川、苟文明窥开县,偕朱射斗败之于枯草坡,乘雾
夺汪家山,余贼数千奔下山沟,安禄率五六骑大呼驰击,贼众披靡,
突林中数矛攒刺,遂殁于阵,事闻,优恤,赐内帑一千两,谥壮毅,加
予骑都尉世职。仁宗深惜之,诏以惠伦、安禄皆名将子,膺五等之
封,为莠民所戕,国威大损,戒统兵大臣以满洲、东三省兵自为一
队,及锋而用,勿致疏虞。子恩特贺莫札拉芬,袭公爵,兼骑都尉。寻
议又加骑都尉,并为三等轻车都尉,以安禄弟安成袭。

　　佛住,瓜尔佳氏,满洲正白旗人,侍郎三泰子。三泰殉难叶尔
羌,封三等伯,佛住袭爵,为散秩大臣、世管佐领,充阿克苏领队大
臣,授成都副都统。嘉庆元年,充哈密办事大臣,行抵西安,闻达州
教匪起,自请偕英善往剿,允之。时贼扑东山庙,与丰城贼合,佛住
与副都统勒礼善分路进攻,冒雪由山路破贼卡,扼东山隘口。贼自
大东林潜渡河,率协领塔克慎、知县刘清隔岸炮击之。又偕英善、勒
礼善擒徐天富,被优赉。二年正月,丰城贼倾巢出,游击范槑、守备
杨成阵亡,贼遂逼东乡,别贼复自张家观来犯,佛住率众力战,殁于
阵。诏:"佛住已调哈密,自请回川剿贼,今在东乡捐躯,其父三泰亦

系阵亡,尤为可悯,从优议恤,应给世职,并为一等子爵,加一云骑尉。"子瑞龄袭。

西津泰,和色里氏,满洲镶黄旗人。前锋侍卫。从征台湾,累战皆捷,赐号法尔沙台巴图鲁,图像紫光阁,擢护军参领。从征苗疆,克槲木陀山、大坪山、雷公滩、木乌草河,围高多寨,复连破贼于大坡脑,得胜山,克垂藤、董罗诸寨,焚大小天星寨,进克马鞍山,擢头等侍卫,加副都统衔。从额勒登保克石隆贼巢,石柳邓就歼,予优叙。嘉庆二年,赴四川,破王三槐于冉家垭、金峨寺,从宜绵击贼于花潭子,又克香炉坪贼巢,迭被优赍。进击安子坪,贼退精忠寺,围之,倾巢出犯,西津泰冲入贼阵,手刃十余贼,身受重创,阵亡。予骑都尉兼云骑尉世职。

丰伸布,唐古忒氏,蒙古镶红旗人,福州驻防。由马甲累擢协领。从征台湾,擢西安右翼副都统。嘉庆元年,率军驻兴安,防湖北教匪。二年,移防商、雒要隘,贼犯双树卡,又间道攻县城,连却之,赏花翎。进驻竹溪,遏贼入陕。贼掠近地,屡击走。高天升大股踞石槽沟,率兵千自竹山进剿。关庙河,要隘也,冒雨进扼之,贼来争,丰伸布先据山梁,贼分两路猛扑,杀伤相当,而贼益垒集,短兵相接,丰伸布受创甚,至暮大雨,息军山巅,以伤殒,优恤,谥壮勇,予骑都尉兼云骑尉世职。六年,高天升就擒,传首祭墓,无子,以侄阿克当阿袭职。

阿尔萨朗,赖奇忒氏,蒙古镶白旗人。以副前锋参领从征金川,迭克山寨坚碉,破札古功尤著。战达撒谷受创特诏慰问。累擢正红旗蒙古副都统,赐号阿尔杭巴图鲁。金川平,图像紫光阁。历喀什噶尔、伊犁领队大臣,召回京,会甘肃石峰堡回叛,自请从剿,连破贼于云雾山、田家山,进围石峰堡,攻其西北,以火攻克之,斩馘特多,授护军统领,调正蓝旗满洲副都统。嘉庆元年,率健锐、火器营从永保剿教匪,转战河南、湖北,屡破贼。二年五月,驻兵王家坪,营垒未定,贼自山沟出袭,阿尔萨朗力战,猝中枪,殁于阵。赐恤,予骑都尉世职。及高天升传首京师,命祭其墓。

　　乌什哈达，伊尔根觉罗氏，满洲正黄旗人。以前锋从征缅甸有功，赐号法福哩巴图鲁，授三等侍卫。从征金川，屡克坚碉，擢二等侍卫、正白旗蒙古副都统，予骑都尉加一云骑尉世职。充和阗领队大臣，坐与办事大臣德凤互讦，褫职，效力乌什边卡。寻复起授头等侍卫、虎枪营营长、健锐营翼长。从征台湾，率水师擒贼渠庄大田于琅峤，复勇号、世职。授吉林副都统，调镶红旗蒙古副都统。从征廓尔喀，乌什哈达临阵勇敢，论功辄最，三次图像紫光阁。召对，自伐战绩，高宗恶之，褫职戍伊犁。嘉庆元年，赦归，请赴湖北军剿匪自效，偕副都统鄂辉败贼襄阳，进战钟祥。二年，驻守宜城西岸，贼窥古河口，击走之。移防四川石砫，攻白岩山，克贼卡。三年，王三槐由梁山、垫江窜渠口，与白岩山贼潜结，引之渡江。乌什哈达兵少不敌，力战遇害。子轻车都尉世职，子图尔弼善袭。

　　和兴额，葛济勒氏，满州镶白旗人，以鸟枪护军从征缅甸、金川、撒拉尔、石峰堡，赐号佛尔钦巴图鲁，累擢广州右翼副都统。坐事降调，授头等侍卫，充巴里坤领队大臣，复授广州左翼副都统。嘉庆二年，仲苗扰及广西西隆，从总督吉庆赴剿，败贼于戞雄。苗屯亚稿，设伏山径，由深箐绕出夹击，歼之。进攻那地，西隆肃清。围岩场寨，连败之红水江、板蚌、板阶，解册亨围。仲苗平，调甘肃凉州副都统。五年，赴陕西防剿。冉学胜等由辛峪窜出，和兴额不能御，夺勇号、花翎，降为防御，随营效力。寻破贼沔县乾沟河，授佐领。六年，樊人杰由黑河西窜，和兴额扼之于五丁关，擒斩甚众，擢协领。冉学胜屯大坝，偕总兵杨奎猷击之，和兴额先进，遇伏，殁于阵，依副都统例赐恤，予骑都尉兼云骑尉世职，子福格袭。

　　论曰：教匪之役，首尾十年，《国史·忠义传》所载副参以下战殁至四百余员，其专阃提镇及羽林宿卫阶列一二品者，且二十余人。王文雄、朱射斗，一时名将。穆克登布、施缙，亦号骁勇。惠伦、安禄，并贵胄隽才，仓猝摧仆，三军气熸，当宁为之震恻，旌恤特示优异，余虽功过相参，要皆竭忠行间，陨身不顾，呜呼，烈已！当日岩疆悍寇，军事艰难，盖可见云。

清史稿卷三五〇
列传第一三七

李长庚 子廷钰　胡振声　王得禄
邱良功 陈步云　许松年　黄标
林国良　许廷桂

　　李长庚,字西岩,福建同安人。乾隆三十六年武进士,授蓝翎侍卫。出为浙江衢州营都司,累迁乐清协副将。五十二年,署福建海坛镇总兵。邻海有盗,误指所辖界,坐褫职。罄家财募乡勇,捕获巨盗,起用,补海坛游击,迁铜山参将。自乾隆季年,安南内乱,招濒海亡命劫内洋,以济饷为患,粤东土盗凤尾、水澳两帮附之,遂益肆扰。五十九年,夷艇始犯福建三澎,长庚击走之。

　　嘉庆二年,迁澎湖协副将,擢浙江定海镇总兵。三年,迭击洋匪于衢港及普陀。四年,凤尾帮引夷艇入温州洋,败之,赐花翎。五年夏,夷艇合水澳、凤尾百余艘萃于浙洋,逼台州。巡抚阮元奏以长庚总统三镇水师击之,会师海门。贼泊松门山下相持,飓风大作,覆溺几尽,其泊岸及附败舟者皆就俘,获安南伪侯伦贵利等四总兵,磔之,以敕印掷还其国。是年,擢福建水师提督,寻调浙江。安南乌艚船百余号,总兵十二人,分前中后三队,所获四总兵,其后队也。

　　未几,安南新阮内附,受封守约束,艇匪无所巢穴。其在闽者,皆为漳盗蔡牵所并,有艇百余,粤盗朱渍亦得数十艘。牵同安人,奸猾善用众,既得夷艇,凡水澳、凤尾诸党悉归之,遂猖獗。阮元与长庚议夷艇高大,水师战舰不能制,乃集捐十余万金付长庚,赴闽造大舰三十,名曰霆船,铸大炮四百余配之。连败牵等于海上,军威大振。

八年,牵窜定海,进香普陀山,长庚掩至,牵仅以身免,穷追至闽洋,贼船粮尽帆坏,伪乞降于总督玉德,遣兴泉永道庆徕赴三沙招抚,玉德遽檄浙师收港,牵得以其间修船扬帆去。浙师追击于三沙及温州,毁其船六。牵畏霆船,赇闽商造大艇,高于霆船,出洋以被劫报,牵得之,渡横洋,劫台湾米以饷朱渍,遂与之合。

九年夏,连艨八十余入闽,戕总兵胡振声,诏治闽将不援罪,长庚总统两省水师。秋,牵、渍共犯浙,长庚合诸镇兵击之于定海北洋,冲贼为二,自当牵,急击,逐至尽山。牵以大艇得通,委败朱渍,渍怒,于是复分。十年夏,调福建提督。牵闻长庚至,遂窜浙。追败之青龙港,又败之于台州斗米洋。复调浙江提督。

十一年正月,牵合百余艘犯台湾,结土匪万余攻府城,自号镇海王,沈舟鹿耳门阻援兵。长庚至,不得入,谍知南汕、北汕、大港门可通小舟,遣总兵许松年、副将王得禄绕道入,攻洲仔尾,连败之。二月,松年登洲仔尾,焚其寮。牵反救,长庚遣兵出南汕,与松年夹击,大败之。牵无去路,困守北汕。会风潮骤涨,沉舟漂起,乃夺鹿耳门逸去,诏夺花翎、顶戴。四月,蔡牵、朱渍同犯福宁外洋,击败之,追至台州斗米洋,擒其党李按等。

长庚疏言:"蔡逆未能歼擒者,实由兵船不得力,接济未断绝所致。臣所乘之船,较各镇为最大,及逼近牵船,尚低五六尺。曾与三镇总兵愿预支养廉,捐造大船十五号,而督臣以造船需数月之久,借帑四五万之多,不肯具奏。且海贼无两年不修之船,亦无一年不坏之杠料。桅舵折则船为虚器,风篷烂则寸步难行。乃逆贼在鹿耳门窜出,仅余船三十,篷杇硝缺;一回闽地,装篷燂洗,焕然一新,粮药充足,贼何日可灭?"诏逮治玉德,以阿林保代。既至福建,诸文武吏以未协剿、未断岸奸接济,惧得罪,交谮长庚。阿林保密劾其逗留,章三上,诏密询浙江巡抚清安泰。清安泰疏言:"长庚熟海岛形势、风云沙线,每战自持舵,老于操舟者不及。两年在军,过门不入。

以捐造船械,倾其家资。所俘获尽以赏功,士争效死。八月中战渔山,围攻蔡逆,火器瓦石雨下,身受多创,将士伤百四十人,鏖战不退。贼中语:‘不畏千万兵,只畏李长庚。’实水师诸将之冠。”且备陈海战之难,非两省合力不能成功状。时同战诸镇,亦交章言长庚实非逗留。仁宗震怒,切责阿林保,谓:“朕若轻信其言,岂不自失良将?嗣后剿贼专倚长庚,倘阿林保从中掣肘,玉德即前车之鉴!”并饬造大同安梭船三十,未成以前,先雇商船备剿。长庚闻之,益感奋。是年秋,击贼于渔山,受伤,事闻,复还翎顶。

十二年春,击败牵于粤洋大星屿。十一月,又击败于闽洋浮鹰山。十二月,遂偕福建提督张见升追牵入澳,穷其所向,至黑水洋。牵仅存三艇,皆百战之寇,以死拒。长庚自以火攻船挂其艇尾,欲跃登,忽炮中喉,移时而殒。时战舰数十倍于贼,见升庸懦,遥见总统船乱,遽退,牵乃遁入安南外洋。上震悼,褒恤,初拟俟寇平锡以伯爵,乃追封三等壮烈伯,谥忠毅,于原籍建专祠。

长庚治军严,信赏必罚,自偏裨下至队长水手,耳目心志如一,人人皆可用。与阮元同心整厉水师,数建功,为玉德所忌。及阿林保之至闽也,置酒款长庚,谓曰:“大海捕鱼,何时入网?海外事无左证,公但斩一酋,以牵首报,我飞章告捷,以余贼归善后办理。公受上赏,我亦邀次功,孰与穷年冒风涛侥幸万一或?”长庚谢曰:“吾何能为此?久视海船如庐舍,誓与贼同死,不与同生!”阿林保不怿。既屡劾不得逞,则飞檄趣战。长庚缄所落齿寄其妻,志以身殉国。既殁,诏部将王得禄、邱良功嗣任,勉以同心敌忾,为长庚雪雠,二人遵其部勒,卒灭蔡牵,竟全功焉。

长庚无子,养同姓子廷钰为嗣,袭伯爵,授二等侍卫。道光中,出为南昌副将,累擢浙江提督。因病不能巡洋,夺职家居。咸丰初,治本籍团练,迭克厦门、金岛、仙游,授福建提督。寻以误报军情解任,仍会办团练。十一年,卒,孙经宝袭爵。

胡振声,亦同安人,提督贵子。起行伍,累擢至温州镇总兵。从长庚大破夷艇于台州松门洋,自是屡从长庚击贼海上。九年六月,率二十六艘运舟材赴福建，至浮鹰洋，遇贼，与总兵孙大刚夹攻，歼贼甚众，而舟为炮焚，闽师不能救，遂被害。优恤，谥武壮，予骑都尉兼云骑尉世职。

王得禄，字玉峰，福建嘉义人。林爽文倡乱，陷县城。得禄家素丰，捐资募乡勇，助官军复之，授把总。明年，贼复围城，从总兵柴大纪固守。及围解，率乡勇搜捕大坪顶等处余匪，焚琅峤贼巢，贼渠庄大田就擒。台湾平，赐花翎、五品顶戴，迁千总。嘉庆元年，巡洋至獭窟，遇贼，得禄先登，擒吴兴信等。历年出洋捕海盗，号勇敢，累擢金门营游击。七年，从李长庚击蔡牵于东沪洋，擒贼目徐业等百余人，又擒吕送于崇武洋，被奖叙。九年，从总兵罗仁太击贼于虎头山洋面，获船械甚多。十年，击蔡牵于虎井洋，败之，署澎湖协副将。九月，遇牵于水澳，焚其舟，擒歼朱列等百余人。十一年春，牵入台湾，围府城。李长庚令得禄与许松年驾小舟自安平港入侦之，帆樯弥望，夜纵火焚贼舟，遂入屯柴头港。明日，贼自洲仔尾攻府城北门，得禄率兵蹑其后，大呼以前，贼惊却。城内军出夹攻，大败之，乘胜至洲仔尾，破其营，贼乃遁。五月，牵复窜鹿耳门，得禄首先冲击，获船十，沈船十一。叙功，加总兵衔。寻擢福宁镇总兵。

十二年，调南澳镇。七月，败朱渍于鸡笼洋，获船十四。十一月，又败其党于古雷洋，射殪贼目朱金，擒张祈，被奖叙。未几李长庚战殁，命得禄与邱良功继任军事。十三年，擢浙江提督。既而调福建，邱良功代之。时阮元再任浙江巡抚，张师诚为福建巡抚，两省合力，得禄与良功同心灭贼。十四年八月，同击蔡牵于定海渔山，败之。牵东南走，追至黑水洋，合击累日，良功以浙舟骈列贼舟东，得禄率闽舟列浙舟东，战酣，良功舟伤暂退，得禄舟进，附牵舟，诸贼党隔不得援。牵铅丸尽，以番银代，得禄额腕皆伤，掷火焚牵舟尾楼，复冲断其舵。牵知不免，举炮自裂其舟沈于海。诏以牵肆逆十有四年，渠魁就歼，厥功甚伟，锡封得禄二等子爵，赐双眼花翎。余党千二百人，后皆降，海盗遂息。

　　得禄为福建提督历十载,屡疏陈缉捕事宜,改定水师船制,皆
如议行。二十五年,调浙江提督。道光元年,乞病归。十二年,台湾
张丙作乱,得禄率家属擒贼目张红头等,加太子少保。十八年,台匪
沈和肆掠,输粮助守,晋太子太保。二十一年,英吉利犯厦门,命驻
守澎湖。次年,卒,赐伯爵,谥果毅。次子朝纶袭子爵,官户部员外
郎。

　　邱良功,福建同安人,起行伍。屡以获盗功,荐擢闽安协副将。
嘉庆十年,偕许松年会剿蔡牵,追至小琉球,见台湾师船二为贼围,
赴援,松年举旗招之,未至。以违调遣被劾,褫职逮讯。得白,复原
官,署台湾副将。十一年春,从李长庚击蔡牵,破洲仔尾贼巢,牵乘
间逸,夺顶戴。五月,破牵于鹿耳门,赐花翎。十二年,朱渍犯淡水,
偕王得禄追至鸡笼洋,连败之,擒歼甚众,被优叙。十三年,擢浙江
定海镇总兵。十四年,擢浙江提督。偕王德禄合击蔡牵于渔山外洋,
乘上风逼之,夜半浪急,不得进。明日,复要截环攻,牵且战且走,傍
午逾黑水洋,见绿水。良功恐日暮贼遁,大呼突进,以己舟逼牵舟,
两篷相结,贼以碇冲船,陷入死斗。良功腓被矛伤,毁贼碇,得脱出。
闽师继之,牵遂裂舟自沉。论功,锡封三等男爵,次于王得禄。或为
之不平,良功曰:"海疆肃清,已为快事,名位轩轾何足计?"二十二
年,入觐,卒于途,赐恤,谥刚勇。子联恩袭男爵,官直隶河间协副
将。

　　陈步云,浙江瑞安人。入伍隶水师,数获盗,以勇力称,授温州
营把总。从良功追蔡牵,步云以四十人驾舟径逼牵舰鏖斗,舟小不
相当,见两提督至,亟投火罐焚贼舰,以长戟钩舷,率数卒跃登,短
兵相搏,歼牵妻及其党。贼舰已坏,牵犹持利刃踞舵楼,顾欲取之。
良功隔船疾呼,船与水平,速去,放长绳水中援之起,俺牵船没矣。
步云身被十数创,两提督皆临慰视。事闻,赐奖武银牌,擢千总。累
迁闽安副将。总督孙尔准欲裁减师船,步云言李提督所造船高大坚
致,其利远胜同安夹板、快驹诸船,裁之缉匪无具,有事不能制敌,

议乃寝。尔准荐其才可胜专阃，入觐，宣宗曰："汝即随邱、王两提督攻沈蔡牵之陈步云耶？"询战功甚悉。遂擢定海镇总兵，历琼州、福宁、金门、海坛诸镇。道光十九年，以伤发，乞解职。三十年，卒。

许松年，字蓉隽，浙江瑞安人，以武举效力水师，从李长庚积功至提标参将。嘉庆十年，护理金门镇总兵。击蔡牵于小琉球；又击朱濆、乌石二于宫仔洋，从李长庚追败之于闽、粤交界甲子洋。又迭击牵于青龙港、斗米洋。十一年，偕王得禄败牵于台湾洲仔尾，跐海水而登，焚溺无算。是年夏，李长庚攻牵于鹿耳门，松年扼张坑、返埕洋面，获贼船一，沈船三，又于水澳擒蔡三来等。李长庚论水师将材，举松年可独当一面，总督阿林保以疏闻。十二年，从长庚击蔡牵于大星屿、浮鹰洋，松年跃入贼船击之，被优叙。十三年，朱濆潜匿东涌外洋，命松年蹚剿，遂移师入粤。追至长山尾，瞭见贼船四十余，知其最巨者为濆所乘，并力围攻，濆受炮伤，未几毙，诏嘉松年奋勇，克歼渠魁，赐花翎，予云骑尉世职。粤匪张保仔窜闽洋金门、厦门，松年遣渔船诱之，以舟师围击，获船七，沉船六，被优叙。十五年，伤发回籍，寻丁母忧。十九年，授甘肃西宁镇总兵，历延绥、漳州、天津、碣石诸镇。道光元年，擢广东陆路提督，调福建水师提督。六年，台湾械斗，松年方阅兵，弹压解散，总督孙尔准与之不协，寻以治理轻纵，被议褫职，留台效力。乞病归，卒于家。子锡麟，袭世职。

黄标，字殿豪，广江潮州人。由行伍拔补千总，擢守备。乾隆五十五年，艇匪肆掠，总督福康安议练水师，募奇才异能者领之。标技勇过人，生长海壖，习知水道险易，能久伏水底，视物历历可数，特被识拔。以捕获龙门洋盗及狗头山匪功，擢都司，署游击。

嘉庆元年，剿匪于南澎外洋，获李超胜等三十余名。仁宗素知其名，诏嘉缉捕勤能，擢参将。二年，俘洋盗胡三胪等，复击毙安南匪首，尽获其众，被优叙。三年，迁澄海副将。未几，擢广东左翼镇总兵,命总统巡洋水师,责以肃清海盗。四年,剿匪大放鸡山及双鱼榄、夹门外洋,歼获甚众,赐花翎,命绘像以进。寻以盗劫盐艘被劾,诏原之。六年,复击贼于南澎外洋,获田亚猛等。七年,偕提督孙全谋剿博罗会匪,连破羊矢坑、罗溪营要隘,捣其巢。事平优叙,并被珍赉。自将水师,饮食寝处与士卒共,先后获匪六百余名,粤海倚为保障。八年,偕孙全谋出海捕贼,贼遁广州湾。标议合兵守隘,俟贼粮尽可尽歼。全谋虑持久有风涛患,乃分兵,贼得突围逸出。标叹曰:"此机一失,海警未已!"愤懑成疾。寻坐师久无功,史议夺职留任。未几,卒。

自安南夷艇散后,余党留粤者分五帮:曰林阿发、曰总兵保、曰郭学显、曰乌石二、曰郑乙。提督钱梦虎、孙全谋皆庸材,不能办贼。标殁后,益无良将,惟林国良、许廷桂以死事闻。

国良,福建澄海人,世袭骑都尉,授广东碣石镇标游击,累迁澄海副将,继标为左翼镇总兵。十三年,追剿乌石二于丫洲洋,击沉数艘,贼舰续至益多。国良以伤殒,优恤,谥果壮。

廷桂,广东归善人。由行伍擢千总。乾隆中,从征台湾,累迁海门营参将。国良殁,护理左翼镇总兵。十四年,击歼匪首总兵保于外洋,围其余党。张保仔率大队来援,众寡不敌,廷桂死之。赐恤,予云骑尉世职。

洎蔡牵既灭,惟粤匪存,于是百龄为两广总督,乃断接济,整军纪,越一年,剿抚以次定。东南海氛始靖。

论曰:东南海寇之扰,始末十有余年。惟浙师李长庚一人能办贼,以闽帅牵掣而阻成功,然长庚忠诚勇略闻于海内,上结主知,庙算既孚,乃专倚畀。洎闽、浙合力,贼势浸衰,不幸长庚中殒,而王得禄、良功等以部将承其遗志,卒歼渠魁。粤将惟黄标可用,而未尽其才。百龄乘闽、浙殄贼之后,剿抚兼施,遂如摧枯拉朽。要之海战惟恃船坚炮利,与断接济而已,循之则胜,违之则败,得失之林,故无幸哉!

清史稿卷三五一
列传第一三八

沈初　金士松　邹炳泰
戴联奎　王懿修 子宗诚　黄钺

沈初,字景初,浙江平湖人。少有异禀,读书目数行下,同郡钱陈群称为异才。乾隆二十七年,南巡,召试,赐举人,授内阁中书。明年,成一甲第二名进士,授编修。三十二年,直懋勤殿,命写经为皇太后祝釐。逾年,大考翰詹,以直内廷未与试,诏褒初学问优美,特晋一秩,擢侍讲。三十六年,直南书房,督河南学政,未赴任,丁祖母承重忧。服阕,迁右庶子。累擢礼部侍郎,督福建学政。遭本生父忧,服阕,起兵部侍郎。寻以母病乞归终养。后起故官,督顺天学政,调江苏。任满回京,调吏部,又督江西学政。

初以文学受知,历充四库全书馆、三通馆副总裁,续编《石渠宝笈》,《秘殿珠林》,校勘太学《石经》。嘉庆元年,与千叟宴,充会试知贡举。擢左都御史,授军机大臣,迁兵部尚书,历吏、户二部,四年以老罢枢务,免直内廷,充实录馆副总裁。未几卒,谥文恪,祀贤良祠。

金士松,字亭立,江苏吴江人,寄籍宛平。举顺天乡试,改归原籍。乾隆二十五年,成进士,选庶吉士,授编修。迁侍读,直懋勤殿写经。典福建乡试,督广东学政。直南书房,累迁詹事,以生母忧归。服阕,会高宗南巡,迎銮道左,回京督顺天学政。以寄籍辞,诏免回避,联任凡七年。累擢礼部侍郎,调兵部。五十年,帝御乾清宫,赐千叟宴。士松年五十七,未得与,特命试诗,赏赉同一品。调吏部,直讲经筵,校勘《石经》,还左都御史。嘉庆元年,再与千叟宴,迁礼部尚书。二年,调兵部,罢直书房。五年,扈跸谒裕陵,途次婴疾,遣御医诊视。还京,卒,谥文简,祀贤良祠。

邹炳泰,字仲文,江苏无锡人。乾隆三十七年进士,选庶吉士,授编修,纂修《四库全书》,迁国子监司业。国学因元、明旧,未立辟雍,炳泰援古制疏请。四十八年,高宗释奠礼成,因下诏增建辟雍。逾两年,始举临雍礼,称盛典焉。寻超擢炳泰为祭酒。累迁内阁学士,历山东、江西学政。嘉庆四年,授礼部侍郎,调仓场,剔除积弊。坐粮厅颜培天不职,劾去之。六年,京察,特予议叙。军船交粮挂欠,已许抵补,后至者复然。炳泰虑年年积欠,与同官达庆意不合,自具疏奏,诏斥其偏执使气,镌级留任。又奏监督轮值宿仓,仓役出入滋弊,宜令于仓外官房居住,从之。十年,擢左都御史,迁兵部尚书,兼署工部,管理户部三库。十一年,兼管顺天府尹事。十二年,调吏部。十四年,加太子少保。仓吏高添凤盗米事觉,坐久在仓场无所觉察,褫宫衔,降二品顶戴,革职留任,久乃复之。十六年,署户部尚书。寻以吏部尚书协办大学士。

炳泰在吏部久,尤慎铨政。十八年,铨选兵部主事有误,同官瑚图礼徇司员议,回护坚执。炳泰力争曰:"吾年已衰,何恋恋禄位?不可使朝廷法自我坏!"自具疏白其故,上韪其言,卒罢瑚图礼。既而有降革官复捐者二人,准驳不当,侍郎初彭龄论与不合,疏闻,上斥炳泰无定见,镌级留任。又盗劫兵部主事姚坤于昌平八仙庄,诏以地近京畿,官吏阘茸,不能治盗,罢炳泰兼管府尹事。及教匪林清变起,逆党多居固安及黄村,追论炳泰在官不能觉察,以中允、赞善降补。寻休致,归。二十五年,卒。

炳泰自初登第,不登权要之门,浮沉馆职,久之始跻卿贰。屡掌文衡,称得士。立朝不苟,仁宗重之,而终黜。

　　戴联奎，字紫垣，江苏如皋人。乾隆四十年进士，选庶吉士，授编修。联奎少从邵晋涵受经学，既通籍，以清节自厉，在翰林久不迁。大学士嵇璜掌院事，将保送御史，列联奎名，满掌院学士曰："吾未识其人，何以论其才否？"璜以语联奎，使往见，联奎漫应之，不往。及京察举一等，又列联奎名，复言如前，终不得与，璜乃益重之。和珅为掌院，访时望傅其子丰绅殷德，或荐晋涵及联奎，晋涵移病归，联奎亦坚辞。循资累迁至内阁学士。嘉庆九年，迁兵部侍郎，历礼部、兵部、吏部。二十一年，擢左都御史。逾年，擢礼部尚书，调兵部。二十五年，失行印，坐降三品京堂，补太常寺卿，督浙江学政。道光元年，擢礼部侍郎，又擢兵部尚书。召还京，未至，卒。

　　王懿修，字仲美，安徽青阳人。乾隆三十一年进士，选庶吉士，授编修。入直上书房，授庆郡王永璘读。典陕西、广东、江西乡试，督广西、湖北学政，荐擢少詹事。五十四年，引病归，终父母丧始出，复乞病在告。嘉庆元年，举行千叟宴，懿修与焉，被御制诗刻、玉鸠杖、文绮之赐。七年，起授通政司副使，历光禄寺卿、内阁学士。八年，擢礼部侍郎，督顺天学政。十年，擢左都御史，回京供职。寻擢礼部尚书，管户部三库事。十二年，充上书房总师傅。十四年，万寿庆典，加太子少保，典会试。

　　懿修持躬端谨，制作雅正，甚被仁宗眷遇。十八年，以老致仕。逾二年，年八十，赐寿，谒宫门谢，逢上出御经筵，亲解佩囊赐之。二十一年，卒。谥文僖。

　　子宗诚，字廉甫。乾隆五十年一甲三名进士，授编修。嘉庆中，历典云南、四川、陕西乡试，督河南、山东、江西学政，荐擢礼部侍郎，历工部、兵部、典会试。道光二年，擢兵部尚书，历署礼部、工部尚书，兼管顺天府尹。当懿修为侍郎时，宗诚已官学士，寻随父扈跸东巡，侍宴翰林院，父子同席。《高宗实录》成，赐宴礼部，懿修以尚书主席。懿修致仕后，宗诚继直上书房，海内推为荣遇。上亦以其两世官禁近，皆能清慎，特优睐焉。道光十七年，卒。

　　黄钺,字左田,安徽当涂人。乾隆五十五年进士,授户部主事。时和珅管部务,钺不欲趋附,乞假归,不出。嘉庆四年,仁宗亲政,朱珪荐之,召来京。入见,上曰:"朕居藩邸时,知汝名久矣,何以假归不出?"钺以实对,荷温谕,寻直懋勤殿。九年,改赞善,入直南书房,未补官,命与考试差,典山东乡试,十年,督山西学政,累迁庶子。十五年,差满,仍直南书房,迁侍讲学士。十八年,复典山东乡试。留学政,擢内阁学士。是年,滑县教匪起,蔓延山东,劾罢失察武生习教之菏泽训导宋璇,请恤击匪阵殁之曹州学录孔毓俊、生员孔毓仲,奖励手擒贼渠之金乡生员李九标。十九年,召回京,仍内直,擢户部侍郎,寻调礼部。充《秘殿珠林》、《石渠宝笈续编》总阅、全唐文馆总裁,书成,并邀赏赉。复调户部。二十四年,擢礼部尚书,加太子少保。二十五年,命为军机大臣,寻调户部尚书。

　　钺受仁宗特达之知,久直内廷,书画并被宸赏。习于掌故,持议详慎。宣宗即位,始畀枢务,甚优礼之。四年,以年老罢直军机。累疏乞休,六年,始许致仕,在籍食半俸。二十一年,卒,年九十二,赠太子太保,谥勤敏。

　　论曰:国家优礼词臣,回翔禁近,坐致公卿。沈初、金士松,高宗旧臣,获恩礼终。王懿修父子同朝,尤称盛事。黄钺以不附和珅,特邀殊遇,改授馆职,驯参机务。邹炳泰、戴联奎皆有耿介之操,晚节枯菀乃殊,要不失为端人焉。

清史稿卷三五二
列传第一三九

姜晟　金光悌　祖之望
韩崶

姜晟,字光宇,江苏元和人。乾隆三十一年进士,授刑部主事,累迁郎中。擢光禄寺少卿,转太仆寺,仍兼刑部行走。四十四年,出为江西按察使。逾年,超擢刑部侍郎,屡命赴各省按事谳狱。五十二年,授湖北巡抚。时大军征台湾,晟运米十万石济饷需,上嘉之,予议叙。五十三年,荆州江堤溃,命大学士阿桂等往勘,以晟未能疏浚上游涨沙,并坐属吏婪索淮盐匣费,褫顶带。寻召授刑部侍郎。

五十六年,复出为湖南巡抚,芷江境失饷鞘久不获,晟捕首犯置之法。洞庭湖盗董舒友等积年为商旅害,逻获之,传首湖干,盗风以靖。六十年,黔苗石柳邓叛,永绥苗石三保应之,晟偕总督毕沅往剿。寻云贵总督福康安来督师,晟驻辰州治军需,分兵屯诸要隘,缉获奸匪百户杨国安父子解京,诏嘉其治军镇静,下部议叙。三月,赴镇筸查缉边备,并抚难民,上以辰州要冲,命仍回驻。首逆吴半生就获,予优叙。

嘉庆元年,湖北枝江、来凤邪匪起,遣副将庆溥击贼于龙山,走之,湖南境内获安。是年,福康安、和琳先后卒于军,晟偕额勒登保、德楞泰等剿抚,加总督衔。苗疆渐平,驻辰州治善后事宜。二年,兼署总督。三年,京察,予议叙。布政使郑源琦附和珅,以贪著,需索属吏,必多金始得赴任。属吏藉胥役为干办,纵令吓诈浮收,苦累百姓。四年,和珅败,为言官论劾。诏"晟平日居官犹能自守,因畏和珅不敢参劾,尚非通同舞弊",命逮讯源琦,籍其资财,彻底根究,具得源琦加扣平余、蓄养优伶、眷属多至三百人诸罪状,论大辟。晟坐失察,当革职留任,上特宽之。冬,镇筸苗吴陈受倡乱,晟督师守隘,同知傅鼐以计禽斩之,加太子少保。五年,实授总督,寻调直隶。六年,畿辅久雨,永定河决。坐奏报迟延,褫职逮问,发河工效力。工竣,予主事衔,刑部行走。七年,授刑部侍郎。

晟自为曹郎,以治狱明慎受知高宗,敭历中外,至是凡三入佐刑部。仁宗尤重刑事,晟谳鞫务得其平,多平反者。江西巡抚张诚基剿义宁州匪,饰称自率兵临阵,为属吏所讦。命晟往按,得实,逮诚基,遂暂署巡抚。寻回京。九年,兼署户部侍郎,命赴南河查勘清口运道,疏言河身淤垫,黄水增高,致清水不能畅注,宜启祥符五瑞等闸以减黄,增运口盖坝以蓄清,如议行。擢刑部尚书。十一年,以老疾乞休,温诏慰留,以刑部事繁,特调工部。章再上,乃命解职在京养疴。寻以前在直隶失察藩库虚收事,降四品京堂。归,卒于家。

金光悌,字兰畦,安徽英山人,由举人授内阁中书。乾隆四十五年,成进士,转宗人府主事。迁刑部员外郎,历郎中。截取京察,并当外任,仍留部。五十五年,部臣奏请以四品京堂用,允之。江西举人彭良弼为子贿买吏员执照,光悌与为姻亲,御史初彭龄劾光悌瞻徇,坐降调,仍补刑部员外郎,留部核办秋审。御史张鹏展复劾之,诏:"光悌在部久,平日毁多誉少,停其兼部。"寻兼内阁侍读学士。

嘉庆七年,授山东按察使,晋布政使。十年,召授刑部侍郎,数奉使赴山东、直隶、天津、热河勘狱,并得实以报。十一年,授江西巡抚。疏言江西积案繁多,请设局清厘。十四年,擢刑部尚书。

光悌自居郎曹,为长官所倚,至是益自力。以当时谳狱多以宽厚为福,往往稍减罪状上之,部臣悬千里推鞫,苟引律当毋更议。故遇事必持律,不得减比。人咸以光悌用法严,然亦有从宽者。旧例,监守自盗限内完赃者减等,乾隆二十六年改重不减等,光悌奏复旧例。后阿克苏钱局章京盗官钱,计赃五百两以上,主者引平人窃盗律,当绞情实。光悌曰:"盗官钱当拟斩监追,不决,绞情实则决矣。不得引窃盗律。"奏平之,仁宗览奏曰:"官盗较私盗反薄耶?"对曰:"与其有聚敛之臣,宁有盗臣。律意如是。"卒如其议。光悌练习律例,议必坚执,同列无以夺之。然屡被弹劾,时论亦不尽以为平允。十七年,卒于官,诏依尚书例赐恤。

祖之望,字舫斋,福建浦城人,乾隆四十三年进士,选庶吉士,散馆授刑部主事,荐升郎中。俸满当截取外任,以谙悉部务留之。京察一等,以四五品京堂用。历通政司参议、太常寺少卿,仍兼部务。五十八年,出为山西按察使。摘律例民间易犯罪名条列之,曰《三尺须知录》,刊布于众,俾民无误罹法。六十年,迁云南布政使。上以之望亲老,调湖北,俾便迎养。

嘉庆元年,教匪起荆、襄,蔓延郧、宜、施南诸郡。总督巡抚皆统师出,之望一人留武昌治事,讹言数作,时获贼谍,伪檄遍通衢。之望静定不惊,防御要隘,城乡市镇设保甲互稽,民心帖然。贼犯孝感,调师蒇灭,下游五郡皆安堵。诏以之望虽未与贼战,坐镇根本,武、汉无虞,嘉其功,赐花翎。二年,丁父忧,命留素服治事。四年,安襄郧道胡齐仑侵饷事发,命之望察治,齐仑侵蚀馈送,辘轳猝不易究,上切责之,命解任来京。及谳定,之望坐徇庇降调。上知之望无染指,居官有声,素谙刑名,以按察使降补。逾月,授刑部侍郎,予假葬父省母。

五年,授湖南巡抚。镇筸黑苗出峒焚掠,蔓延三厅,遣兵击平之。亲勘常德堤围私垦洲地百数十处,造册立案,永息争端。寻复召为刑部侍郎。至京,面陈永绥厅孤悬苗境,不足资控制,请移厅治花园,移协营茶洞,沿边遍设碉卡,以永绥旧城为汛地,使苗弁驻扎,约束诸苗寨,下所司议行。六年,偕侍郎那彦宝勘近畿水灾,又偕侍郎高杞监疏长辛店河道。

七年,命赴山东按皂役之孙冒考,巡抚和瑛诬断事,和瑛遣罢,即授之望巡抚。寻调陕西。大军剿南山余孽,之望筹备军食,安插乡勇,抚恤灾黎,偕总督惠龄奏筹善后事宜甚悉。调广东,乞假省亲。九年,仍授刑部侍郎。逾一年,以母老乞养归。十四年,仁宗五旬万寿,之望入都祝嘏。其母年八十有三,上垂问褒嘉,赍予有加。寻丁母忧,服阕,擢刑部尚书。十八年,以病解职,寻卒。

韩崶,字桂舲,江苏元和人。父是升,客游京师,授经诸王邸,以名德称。崶少慧能文,由拔贡授刑部七品小京官,累擢郎中。乾隆五十四年,出为河南彰德知府,迁广东高廉道。坐失察吴川知县庇纵私盐事,降刑部主事,复荐迁郎中。

嘉庆六年,授湖南岳常澧道,迁按察使,调福建,署布政使。蔡牵方扰台湾,海疆多事,崶筹军备杜接济甚力,迁湖南布政使。十一年,召为刑部侍郎。十二年,命赴荆州按将军积拉堪与知府交结事,又命勘南河。十三年,宗室敏学恃势不法,谳拟轻比,诏斥部臣屈法纵奸,谴责有差。崶方奉使河间谳狱,未与画诺,上以崶先于召对面陈,意存开脱,且部事素由崶先核定,迹近专擅,降授广东按察使。未几,擢巡抚。

时英吉利兵船占澳门炮台,入黄埔,久之始退。总督吴熊光不即遣兵驱逐,以罪罢,命崶兼署总督。十四年,崶查阅澳门夷民安堵,因疏陈:"西洋人于其地旧设炮台六,请自伽思兰炮台迤南,加筑女墙二百余丈,于前山寨驻专营,莲花茎增关闸石垣,新涌山口筑炮台,填蕉门海口,以资控制。"如议行。又密陈粤海形势:"沿海村落,处处可通,外洋盗匪,易生窥伺。必先固内而后可御外。凡属扼要炮台,宜简练精锐,严密防守。并令沿海绅衿耆董,督率丁壮,互相护,自卫身家,较为得力。"百龄继为总督,会奏:"华、洋交易章程,外国兵船停泊外洋,澳内华、洋人分别稽核。各国商贾,止许暂留司事之人,经理债务,余俱饬依期回国,不得在澳逗留。洋船引水人,责令澳门同知给发牌照。买办等华人,责成地方有司慎选承充,随时稽察。洋船起货时,不许洋商私自分拨。"下军机大臣采择议行。

逾年，海盗张保仔就抚，乌石二、东海霸以次诛降，赐花翎。十六年，复署总督。疏请免米税，以通商贩、裕民食。又疏陈："潮州多械斗，而营员无协缉之责，请令文武会拿。距省远，请军流以下就近由巡道覆核。"又言："惩治悍匪，请如四川例：初犯械系，限一年改行。积两限如故，即治以棍徒屡次滋扰律。"皆允行。十八年，入觐，授刑部书尚。崶父是升年八十，给假三月归为寿。二十一年，丁父忧，服阕，以一品衔署刑部侍郎，寻补刑部尚书。

道光四年，平反山西榆次县民阎思虎狱，被议叙。初，思虎强奸赵二姑，知县吕锡龄受贿，逼认和奸，赵二姑忿而自尽，亲属京控。命巡抚亲提，仍以和奸拟结。御史梁中靖疏劾，提解刑部，审得实情是强非和，并原审各官贿属、徇纵、回护诸弊状，思虎论斩，赵二姑旌表，巡抚邱树棠、按察使卢元伟及府县各官，降革遣戍有差。诏嘉刑部堂司各官秉公申雪，并予议叙。梁中靖参奏得实，亦加四品衔。会有官犯侯际清拟流，呈请赎罪，部议因际清犯罪情重，仍以可否并请。诏斥含混取巧，命大学士托津等查讯，侍郎恩铭、常英、司员恩德等皆有贿属情事，崶亦解任就质，坐失察司员得贿，嗣子知情，亲属撞骗，议夺职遣戍，因年老，从宽，命效力万年地吉地工程处。逾岁，召署刑部侍郎。六年，以病乞归。十四年，卒。

论曰：有清一代，于刑部用人最慎。凡总办秋审，必择司员明慎习故事者为之。或出为监司数年，稍回翔疆圻，入掌邦宪，辄终其身，故多能尽职。仁宗尤留意刑狱，往往亲裁，所用部臣，斯其选也。姜晟、祖之望，歷中外，并有政绩。金光悌、韩崶，皆管部务最久，光悌治事尤厉锋锷，号刻深云。

清史稿卷三五三
列传第一四〇

达椿 子萨彬图　铁保 弟玉保　和瑛
觉罗桂芳

达椿，字香圃，乌苏氏，满洲镶白旗人。乾隆二十五年进士，选庶吉士，散馆授户部主事，迁员外郎。历翰林院侍讲、侍读、国子监祭酒、詹事府詹事、大理寺卿。二十九年，入直上书房，充《四库全书》总阅，累擢礼部侍郎，兼副都统。四十五年，坐会同四译馆屋坏，毙朝鲜使臣，革职留任。五十四年，左迁内阁学士。达椿直内廷，不附和珅，数媒蘖其短，以旷直褫职，仍留上书房效力行走。寻授翰林院侍讲学士。复选以大考降黜授检讨。仁宗知其屈抑，至嘉庆四年，诏："达椿因旷班被谴，其过轻，当时刘墉亦缘此降官。今刘墉已为大学士，达椿尚未迁擢，加恩补授内阁学士兼副都统。"子萨彬图，时亦同官，命达椿班次列萨彬图之前。历礼部、吏部侍郎，兼翰林院掌院学士，擢左都御史兼都统，迁礼部尚书。六年，典会试。七年，卒。

萨彬图，乾隆四十五年进士，授户部主事，迁员外郎。典贵州乡试，改历翰詹，累迁内阁学士兼副都统。和珅既伏法，仁宗不欲株连兴狱，而萨彬图屡疏言和珅财产多寄顿隐匿，有尝管金银使女四名，请独至慎刑司讯鞫。诏严斥之，命从王大臣讯，不得实，议革职，予七品笔帖式，效力万年吉地。寻以其父年老，召还京，授户部主事，累擢仓场侍郎。十二年，出为漕运总督。逾三岁，京仓亏缺事觉，

降光禄寺卿。迁盛京户部侍郎。十六年,坐奉天灾民流徙出边,褫
职。寻卒。

　　铁保,字冶亭,栋鄂氏,满洲正黄旗人。先世姓觉罗,称为赵宋
之裔,后改今氏。父诚泰,泰宁镇总兵,世为将家。铁保折节读书,
年二十一,成乾隆三十七年进士,授吏部主事,袭恩骑尉世职。于曹
司中介然孤立,意有不可,争辩勿挠,大学士阿桂屡荐之,迁郎中,
擢少詹事,因事罢。寻补户部员外郎,调吏部。擢翰林院侍讲学士,
仍兼吏部行走,历侍读学士、内阁学士。五十四年,迁礼部侍郎,兼
副都统。校射中的,赐花翎。调吏部。
　　嘉庆四年,奏劾司员,帝责其过当,左迁内阁学士,转盛京兵
部、刑部侍郎,兼奉天府尹。寻复召为吏部侍郎,出为漕运总督。五
年,值车驾将幸盛京,疏请御道因旧址,勿辟新道,裁革馈送扈从官
员土仪,禁从官安拿车马。上嘉纳之。七年,迁广东巡抚,调山东。
河决衡家楼,诏预筹道运。九年三月,漕运迅速,加太子少保。寻以
水浅船迟,革职留任。十年,擢两江总督,命覆鞫安徽寿州武举张大
有妒奸毒毙族侄狱,苏州知府周锷受贿轻纵,及初彭龄为安徽巡
抚,勘实置法。铁保坐失察,褫宫衔,降二品顶戴,寻复之。
　　十二年,疏请八旗兵米酌给二成折色,诏斥妄改旧章,革职留
任。先后疏论治河,请改建王营减坝,培筑高堰、山盱堤后土坡及河
岸大堤,修复云梯关外海口,遣大臣勘议,并采其说施行。十四年,
运河屡坏堤,荷花塘决口合而复溃,镌级留任。山阳知县王伸汉冒
赈,鸩杀委员李毓昌,至是事觉,诏斥铁保偏听固执,河工日坏,吏
治日弛,酿成重狱,褫职,遣戍乌鲁木齐。逾年,给三等侍卫,充叶尔
羌办事大臣。寻授翰林院侍讲学士,调喀什噶尔参赞大臣。授浙江
巡抚,未之任,改吏部侍郎。擢礼部尚书,调吏部。请芟吏、兵两部
苛例,条陈时政,多见施行。林清之变,召对,极言内监通贼有据,因
穷治逆党,内监多衔恨遍腾谤言,会伊犁将军松筠劾铁保前在喀什
噶尔治叛裔玉素普之狱误听人言,枉杀回民毛拉素皮艾四人,上

怒,追念江南李毓昌之狱,斥其屡蹈重咎,褫职,发往吉林效力。二十三年,召为司经局洗马。道光初,以疾乞休,赐三品卿衔。四年,卒。

铁保慷慨论事,高宗谓其有大臣风。及居外任,自欲有所表见,倨傲,意为爱憎,屡以措施失当被黜。然优于文学,词翰并美。两典礼闱及山东、顺天乡试,皆得人。留心文献,为《八旗通志》总裁。多得开国以来满洲、蒙古、汉军遗集,先成《白山诗介》五十卷,复增辑改编,得一百三十四卷,进御,仁宗制序,赐名《熙朝雅颂集》。自著曰《怀清斋集》。

弟玉保,字阆峰。乾隆四十六年进士,入翰林,有才名。高宗亲试八旗翰詹,与兄铁保并被擢,时比以郊、祁、轼、辙。官至兵部侍郎,究心兵家言。川、楚教匪起,尝愿自效行间,会上欲用为巡抚,为和珅所阻,郁郁卒,年甫四十。

和瑛,原名和宁,避宣宗讳改,字太菴,额勒德特氏,蒙古镶黄旗人。乾隆三十六年进士,授户部主事,历员外郎。出为安徽太平知府,调颍州。五十二年,擢庐凤道,历四川按察使,安徽、四川、陕西布政使。五十八年,予副都统衔,充西藏办事大臣。寻授内阁学士,仍留藏办事。和瑛在藏八年,著《西藏赋》,博采地形、民俗、物产,自为之注。

嘉庆五年,召为理藩院侍郎,历工部、户部,出为山东巡抚。七年,金乡皂役之孙张敬礼冒考被控,知县汪廷楷置不问,学政刘凤诰以闻,下和瑛提鞫,误听济南知府德生言诬断,为给事中汪镛所纠。上以和瑛日事文墨,废弛政务,即解职,命镛从侍郎祖之望往按,得实,褫和瑛职,又以匿蝗灾事觉,遣戍乌鲁木齐。寻予蓝翎侍卫,充叶尔羌帮办大臣,调喀什噶尔参赞大臣。

九年,授理藩院侍郎,仍留边任。疏言:"喀什噶尔、英吉沙尔仓储足供军食,请减运伊犁布匹,改征杂粮四千石,减价出粜,且请嗣后折收制钱,以免运费。"允之。劾喀喇沙尔历任办事大臣私以库款贷与军民，及土尔扈特回子取息钱入己，降革治罪有差。十一年，召还京为吏部侍郎，调仓场。未几，复出为乌鲁木齐都统。十三年，塔尔巴哈台参赞大臣爱星阿欲调玛纳斯戍兵四百人番上屯田，和瑛谓玛纳斯处极边，戍兵专事操防，不谙耕作，咨驳以闻，上韪之。

十四年，授陕甘总督。坐前在仓场失察盗米，降大理寺少卿。十六年，迁盛京刑部侍郎。复州、宁海、岫岩饥，将军观明以匿灾罢免，授和瑛为将军，廉得边门章京塔清阿等承观明意，讳灾不报，降革有差。寻以误捕屯民张建谟为盗锻炼成狱，刑部覆讯雪其冤，议革和瑛职，诏宽之，留任。调热河都统，未上，召为礼部尚书，调兵部。坐失察盛京宗室裕瑞强娶有夫民妇为妾，降盛京副都统，迁热河都统。二十一年，授工部尚书。命赴甘肃按仓库亏缺，得总督先福徇庇及贪纵状，治如律。二十二年，调兵部，加太子少保，历礼部、兵部。二十三年，授军机大臣、领侍卫内大臣，充上书房总谙达、文颖馆总裁。逾一岁，调刑部，罢内直。道光元年，卒，赠太子太保，谥简勤。

和瑛娴习掌故，优于文学，著书多不传。久任边职，有惠政。后其子璧昌治回疆，回部犹归心焉。璧昌自有传。

觉罗桂芳，字香东，隶镶蓝旗，总督图思德孙。嘉庆四年进士，选庶吉士，授检讨。尝召对，仁宗曰："奇才也！"不数年，累擢内阁学士。十一年，入直上书房，迁礼部侍郎，历吏部、户部侍郎，兼副都统、总管内务府大臣、翰林院掌院学士。迭典顺天、江南乡试，兼直南书房。桂芳家素贫，有门生馈纳曰："执贽礼甚古。某忝佐司农，俸入粗给，无藉乎此。"封还之，大学士禄康舆夫聚博，命偕侍郎英和按治，无所徇。上嘉其不避嫌怨。

十八年，教匪林清逆党阑入禁城，桂芳方直内廷，偕诸王大臣率兵歼捕，叙劳，加二级。上遇变修省，训诫臣工，颁御制文七篇，示内廷诸臣，命各抒所见，书以进御。桂芳书《罪己诏》后曰："皇上临御以来，承列圣深仁厚泽，日以爱民为政，四海之内，莫不闻睹，今兹事变，岂不怪异？而臣窃以为此未足为圣德之累。昔孔子论仁至于济众，论敬至于安百姓，皆曰：'尧舜其犹病诸。'岂真以尧、舜之圣为未至哉？夫天下之大，万民之众，而决其无一夫之梗者，盖自古其难之。然而揆之人事，则实有未尽者。夫林清先以习教被系，既释归，转益煽乱。数年之间，往来纠结于曹、卫、齐、鲁之间，其党至数千人。阉寺职官，竟有与其谋者，而未事之先，曾无一人抉发，是吏无政也。藏利刃，怀白帜，度越门关，饮于都市，无诇而知者，是逻者、门者无禁也。禁兵千计，贼不及百，阖门而击之，俄顷可尽，乃两日一夜始悉禽戮，是军无律也。夫吏惰卒骄，文武并弛，而法制禁令为虚器，则事之可忧，岂独在贼？我皇上观微知著，洞悉天下之故，诏曰：'方今大弊正因循怠玩。'至哉言乎！臣敬绎之，盖因循怠玩，亦有所由。无才与识，则有因循而已。无志与气，则有怠玩而已。是故得人而任之，则因循怠玩之习不患不除。倘非其人，微独不能除其习而已。就令除之，不因循而且为烦苛，不怠玩而且为躁竞，其无裨于治则均耳。是在皇上询事考言，循名责实，器使之以奏其能，专任之以收其效，因小失而崇丕业，在陛下一旋转间耳。"

　　书《行实政论》后曰："实心者何？忠是也。忠者一于为国，而不亟亟于求上之知，其所以急于公者如急于己，一政而便于民。其行之而恐不及也。一政而不便于民，其去之恐不速也。不以避疑谤而易其是非之公，不以处疏逖而违其夙夜之志。故其于政也，筹之至审，而不为旦夕之谋。行之务当，而不揣诏旨之合。惟力是视，不必其事之谅于人，惟善之从，不必其谋之出于己。若是者谓之实政。夫为臣之道，畴不当忠，然而忠之实盖如此。非然者，初无寸劳，而已为见功之地。未必加谴，而已存巧避之心。取容于唯诺，而不以国事为忧。快意于爱憎，而不以人才为惜。如斯人者，虽我皇上日讨而训之，尚望其能行实政乎？夫政者，上所以治天下之具。然而行之以实，乃能有功，不则文具而已。官无实政，民乃不治，非细故也。皇上震动恪恭，求贤纳谏，敕中外诸臣，改虑易志。稍有人心者，畴敢不勉。而臣所欲言者，则又在陛下之心矣。臣昨岁恭录乾隆朝臣孙嘉淦《三习一弊疏》于《御制养心殿记》册末，伏愿万几之暇，时赐观览。用其说以考诸臣之政，因以识诸臣之心，则贤才不患其不思奋，庶绩不患其不咸熙。较臣管蠡之见，似更有助于高深焉。"

又论致变之源，由于民穷，民穷由于币轻，币轻则国与民交病。论刑用重典而不得其平，则不能格奸定乱。论民惑邪教，由士大夫好言因果利益有以导之。因事纳规，所言多切中时弊。于是复条陈时事，或见之，谓其未必尽合上意。桂芳慨然曰："此何时，尚以迎合为言耶？"及上嘉纳之，命暂在军机处学习行走。未几，授军机大臣。

十九年，军事竣，以赞画功赐桂芳子炳奎七品小京官。寻命往广西按事，授漕运总督。未至广西，于武昌途次病疫，卒。上以桂芳明慎直爽，方向用，至是优诏褒恤，叹为"良才难得"，赠太子少保，加尚书衔。复以曾授三阿哥读书，丧至京师，命三阿哥往奠，御制诗悼之，谥文敏。著有《经进稿》、《敬仪堂诗存》，才华丰赡，为时所称。

论曰：承平既久，八旗人士起甲科、列侍从者，亦多以文字被恩眷。达椿忭权相，晚乃见用，其守正有足称。铁保、和瑛并器识渊雅，述作斐然。桂芳通达政体，建言谔谔。最为一时隽才，年命不永，未竟其用，惜哉！

清史稿卷三五四
列传第一四一

万承风　周系英　钱樾
秦瀛　李宗瀚　韩鼎晋
朱方增

万承风,字和圃,江西义宁人。乾隆四十六年进士,选庶吉士,授检讨。直上书房,侍宣宗读。六十年,典试云南。时仁宗在潜邸,赐诗宠行。累迁翰林院侍读。嘉庆三年,大考,降检讨。四年,督广东学政。琼州海寇猝发,承风以闻,命总督吉庆按治,总兵西密扬阿等以恇怯置吏议。累迁侍讲学士,任满还京,直上书房,擢詹事。督山东学政,整厉士习,扶持善类。荐擢礼部侍郎,命还京。

十二年,督学江苏。以清江浦、荷花塘河工取势太直,屡筑屡圮,奏请复旧,诏如议行。调兵部。十四年,上五旬万寿,陈请解任还京祝嘏,诏严斥,左迁内阁学士。调安徽学政。定远士子与凤阳胥役有隙,至试期辄修怨,当事者庇胥役,士益愤,承风疏请下巡抚严治胥役,置诸法。擢兵部侍郎,还京。仍直上书房,充经筵讲官。十七年,引疾归,寻卒,入祀乡贤祠。宣宗即位,追念旧学,赠礼部尚书衔,谥文恪。道光十二年,晋赠太傅,子方楙等加恩有差。

周系英,字孟才,湖南湘潭人。乾隆五十八年进士,选庶吉士,授编修,累迁侍讲。嘉庆十年,督四川学政。十四年,入直南书房,擢太常寺卿。寻改直上书房，授三阿哥读。上谕："不但授读讲习诗文，当教阿哥为人居心以忠厚为本。"系英请加授《资治通鉴》，以知古今治乱兴衰之故，悉民间疾苦，上韪之。转光禄寺卿，督山西学政。任满回京，仍直上书房。十九年，擢兵部右侍郎，母忧去，服阕，补吏部侍郎。

二十四年，湘潭民与江西客民哄，相杀伤，巡抚吴邦庆亦籍江西，陈奏偏袒。系英询赍奏人，得事始末，于召对时面陈，乃调邦庆福建，诏以狱事畀总督察治。系英素以朴直被眷遇，邦庆初与善，约地方事有见闻必告，至是手书言其曲直。系英子汝桢亦致书在籍给事中石承藻询狱事：书并为邦庆得，先后以两书上闻。上怒系英庇乡人，部议革职，犹命以编修用。继以汝桢致书事，褫职回籍。

道光初，以四品京堂召用，历翰林院侍读学士、内阁学士。二年，迁工部侍郎，督江西学政，寻调江苏，许密折言地方利病，人才臧否。会濒江大水，学政驻江阴，系英目击灾状，贻书督抚，留官吏素得民者治赈务，假库帑三万两购米平粜，民感之。四年，调户部左侍郎，卒于任。

钱樾，字黼棠，浙江嘉善人。乾隆三十七年进士，选庶吉士，授编修。典陕西乡试，督四川学政。直上书房，两典江西乡试，督广西学政，累擢少詹事。嘉庆四年，还京，仍入直。骤迁内阁学士、礼部侍郎，督江苏学政。时吴县令甄辅廷治诸生纠控罪过当，学政平恕曲徇所请，斥革生员二十五人。上闻之，解平恕任，以樾代，至则先复诸生名，仅坐事者三人，士民称庆。方其赴任，途中见行船有大书"内廷南府"者，因上疏劾奸吏诡托，上累圣明，诏饬关津禁绝，严罪所司。

时南河邵坝决口，瓜、仪私枭充斥，为闾阎害，命樾密访以闻。疏陈："黄河自豫东界至桃、宿以上，水缓沙停，致河高堤浅，所在防溃。请于霜降后鸠工疏正河，并增筑堤防，先务所急。又以私枭为患，皆由官盐价贵，民利食私，若稍平盐价，则私枭自绝。"疏入，俱报可。寻调吏部，任满回京，调户部，兼管钱法堂事务。奏请申禁改漕折色，以清弊端。复调吏部，九年会失察书吏舞弊，以告病治中赵曰濂虚选运同，降内阁学士，槭上疏置辩，议革职，加恩赐编修。十年，擢鸿胪寺少卿，督山东学政。累迁大理寺少卿、内阁学士。母忧归，服阕，引疾不出。二十年，卒。

秦瀛，字凌沧，江苏无锡人，谕德松龄元孙也。乾隆四十一年，以举人召试山东行在，授内阁中书，充军机章京，荐迁郎中。五十八年，出为浙江温处道，有惠政。嘉庆五年，擢按察使。宁、绍、台三府水灾，有司匿不报，瀛力言于巡抚，乃得赈。调湖南，衡州岁歉，有司匿不报，方议派济陕西兵米，瀛复力言于巡抚，留米平粜。七年，以病归。逾两年，起授广东按察使，督郡县治盗，禽著盗梁修平、吴虾喜置诸法。抚琼州黎匪，严禁赌博白鸽票。

十年，迁浙江布政使，入觐，乞内用，授光禄寺卿，转太常寺卿。疏陈广东治盗事宜，略曰：“海盗始在高、廉，近则阑入广州。大股如郑一、乌石二、总兵宝、朱渍等，声势甚张。内地顺德、香山、新会三县，连有肆劫，以马观、李英芳为之魁，与海盗勾结，捕急则遁入海中。统将出海，藉词迁延，不能尽力。黜提督孙全谋，而魏大斌即为之续。臣愚以为剿捕之法：一曰讨军实。水师废弛，则帑饷虚糜。洋商、盐商捐输宽裕，经手之员尚有侵渔，遣委之将仍复骄惰。非立法痛惩，徒资耗费。一曰树声威。盗善侦探，非先声詟人，盗已轻我。兵行之日，督抚宜举觞欢饮；有功而归，开辕行赏，不用命者，杀无赦。一曰戒虚饰。擒盗岂能皆真，一念邀功，辄多失实，偶有平反，不复深咎。嗣后总期弋获真盗，毋纵毋枉。至守御之法，尤宜急讲。炮台防守口岸，口岸多而汛兵少，盗船乘间直入；巡船复少，不能御盗，且为盗资。保甲仅属虚名，纵役讹索，反成厉政。欲行保甲团练，先须百姓服从。臣以为严防守必先澄清吏治，澄吏治必先固民心。一曰清狱讼。粤民好讼，大小案件，谕旨严饬，尚多沈搁。殆由案之初起，迟延不办，土棍讼师，从而把持，遂至供情屡易，莫可穷究。惟有督饬州县，有一案即清一案，务洗惰偷偏私之习。一曰抑冗滥。六计尚廉，近海州县有缉捕解犯之责，尤宜撙节，庶不亏仓库而累闾阎。一令到任，幕友长随，多人坐食，势不能复为廉吏。杂职武弁，惟利是图，稍授以权，即挟制文吏。杂职差委过多，亦滋扰累。一曰惩蠹役。胥役熟习地方情形，串同官亲家属，肆为民害。广东胥役，每有暗通盗匪，收受陋规，此尤不可不严行惩创也。三者既举而吏治澄，吏治澄而民心固，于以举行保甲团练，无不可使之民，即无不可行之法矣。"疏上，诏下疆吏采行。迁顺天府尹。

十二年，擢刑部侍郎，以宗室敏学狱会拟轻纵，议褫职，诏原之，左迁光禄寺卿。历左副都御史、仓场侍郎。诏整顿仓场，虑瀛齿衰，以二品顶戴调左副都御史。寻授兵部侍郎，复调刑部。瀛治狱平慎，在浙辨定海难民十二人非盗。及海盗诬攀族人，已入告，卒更正省释。在部治运丁盗米，讦者谓以药置米中立溢，试之不验，仁宗亲试明其枉，尤为时称。十五年，以病解任，道光元年，卒。

瀛工文章，与姚鼐相推重，体亦相近云。

李宗瀚，字春湖，江西临川人，乾隆五十八年进士，选庶吉士，授编修。嘉庆三年，大考二等，擢左赞善。累迁侍讲学士，充日讲起居注官。五年，典福建乡试，母忧归，服阕，补原官，转侍读学士。九年，督湖南学政，历太仆寺卿、宗人府丞、左副都御史。二十年，丁本生母忧，服阕，在籍奏请终生祖母养，允之。道光三年，遭祖母丧。先是礼臣建议，为父后者为生祖母终三年丧，宗瀚幸奉功令，既而部议仍改期服，宗瀚本生父秉礼已老，而有子四人，以出继不得终养。五年，入都，召见，询家世官资甚悉。宗瀚具陈终养始末，宣宗为之嗟叹，遂补原官。八年，擢工部侍郎，典浙江乡试，留学政。十一年，丁本生父忧，哀毁，扶病奔丧，卒于衢州，以衰服殓，年六十三。

宗瀚孝谨恬退，中岁以养亲居林下十年，书法尤为世重。

韩鼎晋，字树屏，四川长寿人。乾隆六十年进士，选庶吉士，授检讨。嘉庆九年，改御史。疏言天主教流传之害，请申禁以绝根株，从之。以母老请终养，十六年，服阕，补原官。疏陈四川积弊六事，曰：禁科派以安闾阎，除咽匪以防积渐，查卡房以全民命，禁拐骗以警贪顽，严摊捐以养廉洁，核戎政以归实效。又言京师赌风大炽，多属王公大臣舆夫设局，倚势委法，帝命指实，下诏严治。逾日，获赌案三，大学士、步军统领禄康舆夫为之魁。亲贵近臣，莫不悚息。

巡视山东漕务，转工科给事中、光禄寺少卿，督陕甘学政。疏言："榆、绥诸州县仓贮空虚，宜设法筹补，其地资蒙古粮食接济。今腹里边外俱荒，当分别安置抚恤。"又言："南山善后事宜，宜行坚壁清野之法。山内流民杂处，最为奸薮，当严行保甲，使奸宄无所匿。军中掳胁难民子女，请严禁。南山附近及豫东并经兵燹，宜慎选牧令，以苏民气。川北荒歉，与陕、甘毗连，盐枭幅匪多出其中，请先事豫防。"并下疆吏如所请行。历鸿胪寺卿、通政司副使、太常寺卿、左副都御史。

二十四年，命察视近畿水灾，督黄村赈务。督福建学政，疏言："闽中吏治久窳，请不限资格，用廉干吏补汀、漳、泉三郡望紧要缺，久其任以专责成。漳、泉营伍通盗，请责提镇立予重典，勿稍袒庇。"道光六年，迁仓场侍郎，以病罢。起补工部侍郎，京察，原品休致。卒于家，祀乡贤祠。

朱方增，字虹舫，浙江海盐人。嘉庆六年进士，选庶吉士，授编修。典云南乡试。迁国子监司业。十八年，教匪之变，方增劾直隶总督温承惠贻误地方，黜之。

应诏陈言，论用人理财，略曰："近今大臣中，罕有以进贤为务者。盖荐举之事，易于循私，党援交结，不得不防，而大臣亦遂引嫌自避，夫大臣避徇私之名，而忘以人事君之责，所谓因噎废食，非公忠体国者所宜有也。至于任用之方，则无过于考言询事。皇上博访周谘，徐为印证。于召对时，各就所长，谕使面陈，果能洞悉原委，又当试之以事，以观其能践与否，如或敷奏并无条理，则其人固不足用,而大臣之识见优绌,心地公私,亦可见矣。抑臣思臣工居职,苟非阘茸齷齪者流,孰不思自效?况蒙皇上训饬至再至三,而犹故习相仍,骤难振拔者,良有数端:条例过繁,文案琐屑,虽有强敏之吏,而精神疲于具文,其实关于政治民生,转致不能详核。一也。差务络绎,公私赔累,身家之恤不遑,民物之怀渐愬。二也。讦告之风,至今益甚。尝有以田土、斗殴细故而叩阍京控者,有司畏其挟制,不得不姑息委蛇。虽有急公自好者,其寻常琐屑之事,岂皆一一可达圣聪?甚至匿名揭帖,无主名之可指。蠹吏猾胥,奸民恶仆,求谋不遂,惩治过严,皆可造作飞语,讦及阴私。足使任事之心,不寒而栗,委曲隐忍。奸宄横行,大都由此。三也。今皇上欲整饬因循积习,臣愚以为必先除此三者之弊,庶廓然无所疑畏,而得专精实政矣。经国之方,理财尤要。古者以三十年之通制国用,斟酌盈虚,量入为出,用能经常不匮。今户部岁入岁出,年一汇奏。惟中外未合为一,条绪繁赜,极难厘剔。且凡拨解即谓之出,并未实计所用。新旧牵溷,凌杂益甚,而出纳诸款,又因有无定之款,盈朒参差。以故一岁之中,所出几何,核之所入,赢余若干,不能得其实数。请旨敕下户部,岁入岁出,宜合中外为一。核计赢余总数,仍取前一二岁所赢余,确实比较,然后审其轻重缓急,举一切例内例外诸用款,有可裁省停缓者,酌加撙节。庶合于古人通年制用之法,而度支充裕矣。"

二十年,入直懋勤殿,编纂《石渠宝笈》、《秘殿珠林》。寻督广西学政,累迁翰林院侍读学士。道光四年,大考第一,擢内阁学士。典山东乡试。七年,督江苏学政。十年,卒。

方增熟谙朝章典故,辑国史名臣事迹,为《从政观法录》,行于世。

论曰:万承风、周系英、钱樾以侍从之臣,轺车所至,建白卓然。秦瀛之治绩,李宗瀚之孝行,非仅以文藻称。韩鼎晋、朱方增侃侃献纳,言有体要,皆风采著于朝列矣。

清史稿卷三五五
列传第一四二

魁伦　广兴　初彭龄

　　魁伦，完颜氏，满洲正黄旗人，副将军查弼纳孙也。袭世管佐领，兼轻车都尉，授四川漳腊营参将，累擢建昌镇总兵。尝入觐，高宗询家世，魁伦陈战功甚悉。乾隆五十三年，擢福州将军。喜声伎，制行不谨，总督伍拉纳欲劾之。伍拉纳故贪，逼勒属吏财贿，复纵洋盗，盗艇集五虎门外不问。魁伦遂叠疏劾闽省吏治废弛，伍拉纳及巡抚浦霖溺职，按察使钱受椿等迎合助虐。上怒，褫伍拉纳等职逮问，命长麟署总督，偕魁伦鞫讯，得伍拉纳等贪婪及库藏亏绌状，俱伏法。伍拉纳为和珅姻戚，当按治时，上切责长麟瞻徇，罢去，以事由魁伦举发，特宽之，代署总督，严捕海盗，屡获其魁。

　　嘉庆元年，实授总督。三年，巨盗林发枝投首，海患稍戢。以母忧归。自治闽狱，以伉直闻于时，仁宗尤眷之。四年，起署吏部尚书。魁伦屡于上前自称昔治四川啯匪功，谓贼不难办，请赴军前，时上督责诸将平贼甚急，经略勒保未称帝意，命魁伦赴四川，逮勒保治罪，即代署总督，驻达州治军饷，勒保获谴由蜜语，既就逮，所部诉其冤，乞代奏，魁伦稍为置辩，终以玩误军务谳拟重辟，军心因之涣散，不为用。额勒登保继为经略，与德楞泰先后赴甘肃剿窜匪，魁伦专任四川军事。

　　五年春，冉天元纠数路残匪潜匿大竹，魁伦逡巡未发，贼胁众数万由定远渡嘉陵江，图扰川西，魁伦绕道邻水，自顺庆追剿，檄总兵七十五还守重庆。上以数年来贼氛皆在川东北，惟川西完善，地为军饷所出，斥魁伦疏防，革职留任。贼寻渡江掠蓬溪，诸将独总兵朱射斗力战而兵少，魁伦约为接应复不至，射斗战死。魁伦退屯潼川，降三品顶戴，诏责严守潼河，曰："此尔生死关头也！"复起勒保为四川提督，偕德楞泰进剿川西、川北。四月，贼伺川西备严，乘间窜渡潼河，焚太和，逼成都。上怒魁伦屡失机纵贼，褫职逮问，命勒保代署总督。侍郎周兴岱往会鞫，寻逮京赐死，子扎拉芬戍伊犁。

魁伦居官廉，自为尚书时，诏宽减闽关赔缴银六千两，至是罄家产不足偿，上益怜之，给还宅一区，俾其妻有所栖止。又因其孙幼稚，命扎拉芬到戍三年释归，宣谕廷臣，使知法戒焉。

广兴，字赓虞，满州镶黄旗人，大学士高晋第十二子。入资为主事，补官礼部，敏于任事，背诵案牍如泻水，大学士王杰器其才。累迁给事中。嘉庆四年，首劾和珅罪状，擢副都御史。命赴四川治军需，综核精严，月节糜费数十万金，为时所忌，以骚扰驿传被劾，上优容之。复屡与总督魁伦互劾，召还，左迁通政副使。九年，擢兵部侍郎，兼副都统、总管内务府大臣，署刑部侍郎。同寮轻其于刑名非素习，广兴引证律例，屡正误谳，众乃服。十一年，奏劾御前大臣定亲王绵恩拣选官缺专擅违例，廷臣察询，不直所言，降三品京堂，罢兼职。寻补奉宸苑卿，擢刑部侍郎，复兼内务府大臣。上方倚任，广兴亦慷慨直言，召对每逾晷刻。上曰："汝与彭彭龄皆朕信任之人，何外廷怨恨乃尔？"广兴俯首谢。数奉使赴山东、河南按事，益作威福，中外侧目。

内监鄂罗哩者，自乾隆中充近侍，年七十余，尝至朝廊与广兴坐语，以长者自居。广兴艴然曰："汝辈阉人，当敬谨侍立，安得与大臣论世谊乎？"鄂罗哩恨次骨，思以中之。十三年冬，内库给宫中䌷段不如数，且窳败，鄂罗哩言由广兴剋减，上即命传谕，出而漫言之，广兴不知为上旨，坐而与辩。鄂罗哩入奏其坐听谕旨，上怒，一日，面诘广兴，广兴言总管太监孙进忠与库官勾通，欲交外省织造，藉遂需索规费之计。上以其不能指实库官何人，挟诈面欺，下廷臣议罪，寻宽之。罢职家居，于是与广兴不协者，蜂起媒孽其短。上密谕山东、河南两省巡抚察奏，遂交章劾其奉使时任意作威，苛求供顿，收纳馈遗诸罪状，下狱议绞。上亲廷讯，尚欲缓其狱，广兴未省上意，抗辩无引罪语，而赃私有实据，上益怒，遂置之法，籍其家，子蕴秀戍吉林，并罪两省官吏及山东言官各有差。

广兴伉爽无城府，疾恶严，喜讦人阴私。既得志，骄奢日甚，纵情声色，不能约束奴仆，终及于祸。

初彭龄，字颐园，山东莱阳人。乾隆三十六年，巡幸山东，召试，赐举人。四十五年，成进士，选庶吉士，授编修。五十四年，迁江南道御史。劾协办大学士彭元瑞徇私为婿侄营事，元瑞被黜。又江西巡抚陈淮以贪著，劾罢之，风采振一时。累迁兵部侍郎。

嘉庆四年，出为云南巡抚。时总督富纲请罢官盐，改归民运民销，诏下彭龄议。疏上略曰：“滇盐向例官督灶煎，分井定额，按月完纳省仓。行销之法，按州县户口多寡定额，地方官备价运销交课。其始灶户所领官给薪本敷裕，交足额盐之外，尚有余盐，官售额盐，扣还脚价之外，尚有余课，行之日久，不肖州县勾通井官，私买额外余盐，行销肥己。灶户利于卖私，益滋偷漏。前巡抚刘秉恬遂令州县额销十万斤者加销一二万，以资办公。灶户薪本不敷，无力加煎，搀和灰土，州县滞销，因有派累之事。乾隆五十六年，盐道蒋继勋以官银尽买安宁等井私煎之盐，并发州县销售，欲以弥缝亏空。额盐积压愈多，于是州县又有计口授盐、短秤加课之弊。烟户无论男女老幼，皆应交课，穷困已极。迤西一带，遂至聚众抗官，毙差焚屋。前年威远保夷滋扰，即有此等奸民，禄丰一案，亦由盐务起衅，江兰并匿情不奏。富纲到滇，实见有不得不改章以苏民困者。窃思滇盐官运官销，积弊难返，应如督臣所奏，改为就井收课，听民自便。”于是损益原奏，令灶户自煎自卖，商贩领照，听其所之，试行二三年，再定各井岁额，下部议行。又筹置堡田，免徭役加派，滇民感之。劾前抚江兰匿抱母、恩耕二井水灾不奏,兰因黜罢。

六年,自陈亲老,乞改京职,允之,以贵州巡抚伊桑阿代。途次劾伊桑阿骄奢乖戾,苛派属员,剿石岘苗饰词冒功。遣使勘实,置伊桑阿于法。回京,授刑部侍郎。七年,偕副都统富尼善往贵州按事,劾巡抚常明铅厂之弊,褫职治罪,即代署巡抚。寻调署云南巡抚劾布政使陈孝升、迤西道萨荣安以维西军务冒帑,治如律。八年,偕侍郎额勒布清查陕西军需,自巡抚秦承恩以下,黜罚有差。调工部侍郎,又调户部。

九年,误听湖北巡抚高杞言,劾湖广总督吴熊光受贿,不得实,后复以独对时密谕私告杞,事觉,下廷臣议罪,以大辟上。仁宗知彭龄无他,不欲因言事加重遣,诏斥诸臣所拟过当,有意杜言事者之口。又念彭龄亲老,免远谪,罢职家居。逾年,起授右庶子,骤迁内阁学士。

十一年,偕侍郎英和往陕西谳狱,途经山西,命察议河东盐务。寻授安徽巡抚。寿州武举张大有因妒奸毒毙族侄张伦及雇工人,总督铁保徇苏州知府周锷以自中蛇毒定谳,彭龄推鞫得实,诏嘉之,特予议叙,铁保等降黜有差。父忧归。

十四年,夺情授贵州巡抚,固辞不起。服阕,署山西巡抚,遂实授。劾前巡抚成龄需索供应,又劾布政使刘清、署按察使张曾献及府州县多人,寻调陕西。河东道刘大观揭劾初彭龄任性乖张,命回山西听勘,以怒斥前抚金应琦及瞻徇知府朱锡庚,部议革职,诏宽之,降补鸿胪寺卿。迁顺天府尹。

十六年,偕尚书托津清查南河工帑,劾罢厅营四十八员。复偕尚书崇禄往福建谳狱。迁工部侍郎,署浙江巡抚。寻命往两湖按讯湖北按察使周季堂及湖南学政徐松,季堂无贪迹,惟祖庇属员,褫职,免治罪。松需索陋规,出题割裂圣经,褫职遣戍。

十七年,调户部侍郎。时两江总督百龄劾南河总督陈凤翔误启智、礼两坝,凤翔已被遣,自诉辩,又讦百龄信任盐巡道朱尔赓额督办苇荡失当,命彭龄、松筠往按。百龄于启坝时实同画诺,遂请薄惩百龄,而朱尔赓额被重谴,语详百龄等传。署南河总督,寻调仓场侍郎。

十九年,命往广西按讯巡抚成林,以恣意声色,用度多靡,褫成林职,籍其家。擢兵部尚书,特命署江苏巡抚,清查亏空,疏言:"亏空应立时惩办,而各省督抚往往密奏,仅使分限完缴。始则属官玩法,任意侵欺。继则上司市恩,设法掩盖。是以清查为续亏出路,密奏为缓办良图,请饬禁。"帝韪之。劾江宁布政使陈桂生、江苏布政使常格催征不力,并褫职。寻巡抚张师诚回任,仍命彭龄会同清查。彭龄与百龄、师诚意不合,各拟章程,上诏斥其不能和衷。既而疏劾百龄、师诚受关道盐员馈银,又劾陈桂生弊混,命大学士托津、尚书景安往按,至则百龄、师诚嗾属员多方沮格,所劾并不得实。上以彭龄性褊急,嫉恶过严,斥其轻躁,降内阁学士,召回京。茅豫者,以部员随赴广西,因留江苏佐理,改知府。至是彭龄疏陈豫两耳重听,代为乞假,诏斥越职专擅,再降,以翰林院侍读、侍讲候补,百龄复劾彭龄沈湎于酒,事一委茅豫,文致陈桂生之罪,私拆批折,挟怨诬参。且豫实非耳聋,亦徇欺。上怒,褫彭龄职,停其母九旬恩赉,令闭门思过。

二十一年,起为工部主事,丁母忧,未归,请改注籍顺天,服阕,以员外郎用。道光元年,授礼部侍郎,寻擢兵部尚书。三年,万寿节,与十五老臣宴,绘图于万寿山玉澜堂,御制诗称其耿介,优赉珍物。四年,以年老休致,食半俸。五年,卒,诏优恤。

论曰:甚矣直臣之不易为也!赤心为国,犯颜批鳞,而人主谅之。苟有排异己市盛名之心,偕径梯荣,众矢集焉。况身罹负乘,或加之贪婪乎?魁伦、广兴之所以不得其死也。初彭龄虽亦褊躁,然实政清操,蹶而复起,克保令名,宜哉!

清史稿卷三五六
列传第一四三

洪亮吉 管世铭　谷际岐
李仲昭　石承藻

　　洪亮吉,字稚存,江苏阳湖人。少孤贫,力学,孝事寡母。初佐安徽学政朱筠校文,继入陕西巡抚毕沅幕,为校刊古书。词章考据,著于一时,尤精研舆地。乾隆五十五年,成一甲第二名进士,授翰林院编修,年已四十有五。长身火色,性豪迈,喜论当世事。未散馆,分校顺天乡试,督贵州学政,以古学教士,地僻无书籍,购经、史、《通典》、《文选》置各府书院,黔士始治经史。为诗古文有法。任满还京,入直上书房,授皇曾孙奕纯读。嘉庆三年,大考翰詹,试《征邪教疏》,亮吉力陈内外弊政数千言,为时所忌。以弟丧陈情归。

　　四年,高宗崩,仁宗始亲政。大学士朱珪书起之,供职,与修《高宗实录》,第一次稿本成,意有不乐。将告归,上书军机王大臣言事,略曰:“今天子求治之心急矣,天下望治之心孔迫矣,而机局未转者,推原其故,盖有数端。亮吉以为励精图治,当一法祖宗初政之勤,而尚未尽法也。用人行政,当一改权臣当国之时,而尚未尽改也。风俗则日趋卑下,赏罚则仍不严明,言路则似通未通,吏治则欲肃而未肃。何以言励精图治尚未尽法也?自三四月以来,视朝稍晏,窃恐退朝之后,俳优近习之人,荧惑圣听者不少。此亲臣大臣启沃君心者之过也。盖犯颜极谏,虽非亲臣大臣之事,然不可使国家无严惮之人。乾隆初年,纯皇帝宵旰不遑,勤求至治,其时如鄂文端、朱文端、张文和、孙文定等，皆侃侃以老成师傅自居。亮吉恭修实录，见一日中朱笔细书，折成方寸，或询张、鄂，或询孙、朱，曰某人贤否，某事当否，日或十余次。诸臣亦皆随时随事奏片，质语直陈，是上下无隐情。纯皇帝固圣不可及，而亦众正盈朝，前后左右皆严惮之人故也。今一则处事太缓，自乾隆五十五年以后，权私蒙蔽，事事不得其平者，不知凡几矣。千百中无有一二能上达者，即能上达，未必即能见之施行也。如江南洋盗一案，参将杨天相有功骈戮，洋盗某漏网安居，皆由署总督苏凌阿昏愦糊涂，贪赃玩法，举世知其冤，而洋盗公然上岸无所顾忌，皆此一事酿成。况苏凌阿权相私人，朝廷必无所顾惜，而至今尚拥巨资，厚自颐养，江南查办此案，始则有心为承审官开释，继则并闻以不冤覆奏。夫以圣天子赫然独断，欲平反一事而尚如此，则此外沈冤何自而雪乎？一则集思广益之法未备。尧、舜之主，亦必询四岳，询群牧，盖恐一人之聪明有限，必博收众采，庶无失事。请自今凡召见大小臣工，必询问人材，询问利弊，所言可采，则存档册以记之，倘所举非人，所言失实，则治其失言之罪。然寄耳目于左右近习，不可也。询人之功过于其党类，亦不可也。盖人材至今日，销磨殆尽矣。以模棱为晓事，以软弱为良图，以钻营为取进之阶，以苟且为服官之计。由此道者，无不各得其所欲而去，衣钵相承，牢结而不可解。夫此模棱、软弱、钻营、苟且之人，国家无事，以之备班列可也；适有缓急，而欲望其奋身为国，不顾利害，不计夷险，不瞻徇情面，不顾惜身家，不可得也。至于利弊之不讲，又非一日。在内部院诸臣，事本不多，而常若猝猝不暇，汲汲顾影，皆云多一事不如少一事。在外督抚诸臣，其贤者斤斤自守，不肖者亟亟营私。国计民生，非所计也，救目前而已。官方吏治，非所急也，保本任而已。虑久远者，以为过忧。事兴革者，以为生事。此又岂国家求治之本意乎？二则进贤退不肖似尚游移。夫邪教之起，由于激变。原任达州知州戴如煌，罪不容逭矣。幸有一众口交誉之刘清，百姓服之，教匪亦服之。此时正当用明效大验之人。闻刘清尚为州牧，仅从司道之后办事，似不足尽其长矣。某以为川省多事，经略纵极严明，剿贼匪用之，抚难民用之，整饬官方办理地方之事又用之，此不能分身者也。何如择此方贤吏如刘清者，崇其官爵，假以事权，使之一意招徕抚绥，以分督抚之权，以蕆国家之事。有明中叶以来，郧阳多事，则别设郧阳巡抚。偏沅多事，则别设偏沅巡抚。事竣则撤之，此不可拘拘于成例者也。夫设官以待贤能，人果贤能，似不必过循资格。如刘清者，进而尚未进也。戴如煌虽以别案解任，然尚安处川中。闻教匪甘心欲食其肉，知其所在，即极力焚劫。是以数月必移一处，教匪亦必随而迹之。近在川东与一道员联姻，恃以无恐。是救一有罪之人，反杀千百无罪之人，其理尚可恕乎？纯皇帝大事之时，即明发谕旨数和珅之罪，并一一指其私人，天下快心。乃未几而又起吴省兰矣。召见之时，又闻其为吴省钦辨冤矣。夫二吴之为和珅私人，与之交通货贿，人人所知。故曹锡宝之纠和珅家人刘全也，以同乡素好，先以折稿示二吴，二吴即袖其稿走权门，藉为进身之地。今二吴可雪，不几与褒赠曹锡宝之明旨相戾乎？夫吴省钦之倾险，秉文衡，尹京兆，无不声名狼藉，则革职不足蔽辜矣。吴省兰先为和珅教习师，后反称和珅为老师，大考则第一矣，视学典试不绝矣，非和珅之力而谁力乎？则降官亦不足蔽辜矣。是退而尚未退也。何以言用人行政未尽改也？盖其人虽已致法，而十余年来，其更变祖宗成例，汲引一己私人，犹未尝平心讨论。内阁、六部各衙门，何为国家之成法，何为和珅所更张，谁为国家自用之人，谁为和珅所引进，以及随同受贿舞弊之人，皇上纵极仁慈，纵欲宽胁从，又因人数甚广，不能一切屏除。然窃以为实有真知灼见者，自不究其从前，亦当籍其姓名，于升迁调补之时，微示以善恶劝惩之法，使人人知圣天子虽不为已甚，而是非邪正之辨，未尝不洞悉，未尝不区别。如是而夙昔之为私人者，尚可革面革心而为国家之人。否则，朝廷常若今日清明可也，万一他日复有效权臣所为者，而诸臣又群起而集其门矣。何以言风俗日趋卑下也？士大夫渐不顾廉耻，百姓则不顾纲常。然此不当责之百姓，仍当责之士大夫也。以亮吉所见，十余年来，有尚书、侍郎甘为宰相屈膝者矣。

有大学士、七卿之长,且年长以倍,而求拜门生,求为私人者矣。有
交宰相之僮隶,并与乐抗礼者矣。太学三馆,风气之所由出也。今
则有昏夜乞怜,以求署祭酒者矣。有人前长跪,以求讲官者矣。翰
林大考,国家所据以升黜词臣者也。今则有先走军机章京之门,求
忽师生,以探取御制诗韵者矣。行贿于门阃侍卫,以求传递代倩,藏
卷而去,制就而入者矣。及人人各得所欲,则居然自以为得计。夫
大考如此,何以责乡会试之怀挟替代?士大夫之行如此,何以责小
民之夸诈贪缘?辇毂之下如此,何以责四海九州之营私舞弊?纯皇
帝因内阁学士许玉猷为同姓石工护丧,谕廷臣曰:'诸臣纵不自爱,
如国体何?'是知国体之尊,在诸臣各知廉耻。夫下之化上,犹影响
也。士气必待在上者振作之,风节必待在上者奖成之。举一廉朴之
吏,则贪欺者庶可自愧矣。进一恬退之流,则奔竞者庶可稍改矣。拔
一特立独行、敦品励节之士,则如脂如韦、依附朋比之风或可渐革
矣。而亮吉更有所虑者,前之所言,皆士大夫之不务名节者耳。幸
有矫矫自好者,类皆惑于因果,遁入虚无,以蔬食为家规,以谈禅为
国政。一二人倡于前,千百人和于后。甚有出则官服,入则僧衣。惑
智惊愚,骇人观听。亮吉前在内廷,执事曾告之曰:'某等亲王十人,
施斋戒杀者已十居六七,羊豕鹅鸭皆不入门。'及此回入都,而士大
夫持斋戒杀又十居六七矣。深恐西晋祖尚元虚之习复见于今,则所
关世道人心非小也。何以言赏罚仍不严明也?自征苗匪、教匪以来,
福康安、和琳、孙士毅则蒙蔽欺妄于前,宜绵、惠龄、福宁则丧师失
律于后,又益以景安、秦承恩之因循畏葸,而川、陕、楚、豫之民,遭
劫者不知几百万矣。已死诸臣姑置勿论,其现在者未尝不议罪也。
然重者不过新疆换班,轻者不过大营转饷。甚至拿解来京之秦承
恩,则又给还家产,有意复用矣。屡奉严旨之惠龄,则又起补侍郎。
夫蒙蔽欺妄之杀人,与丧师失律以及因循畏葸之杀人无异也,而犹
邀宽典异数,亦从前所未有也。故近日经略以下、领队以上,类皆不
以贼匪之多寡、地方之蹂躏挂怀。彼其心未始不自计曰:'即使万不
可解,而新疆换班,大营转饷,亦尚有成例可援,退步可守。'国法之

宽,及诸臣之不畏国法,未有如今日之甚者。纯皇帝之用兵金川、缅
甸,讷亲偾事,则杀讷亲。额尔登额偾事,则杀额尔登额。将军、提、
镇之类,伏失律之诛者,不知凡几。是以万里之外,得一廷寄,皆震
惧失色,则驭军之道得也。今自乙卯以迄己未,首尾五年,偾事者屡
矣。提、镇、副都统、偏裨之将,有一膺失律之诛者乎? 而欲诸臣之
不玩寇、不殃民得乎? 夫以纯皇帝之圣武,又岂见不及此? 盖以归
政在即,欲留待皇上莅政之初,神武独断,一新天下之耳目之耳也。倘荡平
尚无期日,而国帑日见销磨,万一支绌偶形,司农告匮。言念及此,
可为寒心,此尤宜急加之意者也。何以言言路似通而未通也? 九卿
台谏之臣,类皆毛举细故,不切政要。否则发人之阴私,快己之恩
怨。十件之中,幸有一二可行者,发部议矣,而部臣,与建言诸臣又
各存意见,无不议驳,并无不通驳,则又岂国家询及刍荛、询及瞽史
之初意乎?然或因其所言琐碎,或轻重失伦,或虚实不审,而一概留
中,则又不可。其法莫如随阅随发,面谕廷臣,或特颁谕旨,皆随其
事之可行、不可行明白晓示之。即或弹劾不避权贵,在诸臣一心为
国,本不必避嫌怨。以近事论,钱沣、初彭龄皆常弹及大僚矣,未闻
大僚敢与之为仇也。若其不知国体,不识政要,冒昧立言,或攻发人
之阴私,则亦不妨使众共知之,以著其非而惩其后。盖诸臣既敢挟
私而不为国,更可无烦君上之回护矣。何以言吏治欲肃而未肃也?
夫欲吏治之肃,则督、抚、藩、臬其标准矣。十余年来,督、抚、蕃、臬
之贪欺害政,比比皆是。幸而皇上亲政以来,李奉翰已自毙,郑元琦
已被纠,富纲已遭忧,江兰已内改。此外,官大省、据方面者如故也,
出巡则有站规、有门包,常时则有节礼、生日礼,按年则又有帮费。
升迁调补之私相馈谢者,尚未有此数也。以上诸项,无不取之于州
县,州县则无不取之于民。钱粮漕米,前数年尚不过加倍,近则加倍
不止。督、抚、蕃、臬以及所属之道、府,无不明知故纵,否则门包、站
规、节礼、生日礼、帮费无所出也。州县明言于人曰:'我之所以加倍
加数倍者,实层层衙门用度,日甚一日,年甚一年。'究之州县,亦恃
督、抚、藩、臬、道、府之威势以取于民,上司得其半,州县之入己者

亦半。初行尚有畏忌，至一年二年，则成为旧例。牢不可破矣。诉
之督、抚、藩、臬、道、府，皆不问也。千万人中，或有不甘冤抑，赴京
控告者，不过发督抚审究而已，派钦差就讯而已。试思百姓告官之
案，千百中有一二得直者乎？即钦差上司稍有良心者，不过设为调
停之法，使两无所大损而已。若钦差一出，则又必派及通省，派及百
姓，必使之满载而归而心始安，而可以无后患。是以州县亦熟知百
姓之技俩不过如此，百姓亦习知上控必不能自直，是以往往至于激
变。湖北之当阳，四川之达州，其明效大验也。亮吉以为今日皇上
当法宪皇帝之严明，使吏治肃而民乐生。然后法仁皇帝之宽仁，以
转移风俗，则文武一张一弛之道也。”

　　书达成亲王，以上闻，上怒其语戆，落职下廷臣会鞫，面谕勿加
刑，亮吉感泣引罪，拟大辟，免死遣戍伊犁。明年，京师旱，上祷雨未
应，命清狱囚，释久戍。未及期，诏曰：“罪亮吉后，言事者日少。即
有，亦论官吏常事，于君德民隐休戚相关之实，绝无言者。岂非因亮
吉获罪，钳口不复敢言？朕不闻过，下情复壅，为害甚巨。亮吉所论，
实足启活朕心，故铭诸座右，时常观览，勤政远佞，警省朕躬。今特
宣示亮吉原书，使内外诸臣，知朕非拒谏饰非之主，实为可与言之
君。诸臣遇可与言之君而不与言，负朕求治苦心。”即传谕伊犁将
军，释亮吉回籍。诏下而雨，御制诗纪事，注谓：“本日亲书谕旨，夜
子时甘霖大沛。天鉴捷于呼吸，益可感畏。”亮吉至戍甫百日而赦
还，自号更生居士。后十年，卒于家。所著书多行世。

　　管世铭，字缄若，与亮吉同里。乾隆四十三年进士，授户部主
事。累迁郎中，充军机章京。深通律令，凡谳牍多世铭主奏。屡从
大臣赴浙江、湖北、吉林、山东按事，大学士阿桂尤善之，倚如左右
手。时和珅用事，世铭忧愤，与同官论前代辅臣贤否，语讦切无所
避。会迁御史，则大喜，夜起彷徨，草疏将劾之，诏仍留军机处。故
事，御史留直者，仪注仍视郎官，不得专达封事。世铭自言愧负此
官，阿桂慰之曰：“报称有日，何必急以言自见。”盖留直阿桂所请，
隐全之，使有待。嘉庆三年，卒。

　　谷际岐，字西阿，云南赵州人。乾隆四十年进士，选庶吉士，授编修，与校《四库全书》。充会试同考官所拔多知名士。乞养归，主讲五华书院，教士有法。连丁父母忧，服阕，起原官。

　　嘉庆三年，迁御史。时教匪扰数省，师久无功，际岐遍访人士来京者，具得其状。四年春，上疏，略曰："窃见三年以来，先帝颁师征讨邪教，川、陕责之总督宜绵，巡抚惠龄、秦承恩。楚北责之总督毕沅、巡抚汪新。诸臣酿衅于先，藏身于后，止以重兵自卫，裨弁奋勇者，无调度接应，由是兵无斗志。川、楚传言云：'贼来不见官兵面，贼去官兵才出现。'又云：'贼去兵无影，贼来贼没踪。可怜兵与贼，何日得相逢？'前年总督勒保至川，大张告示，痛责前任之失，是其明证。毕沅、汪新相继殂逝，景安继为总督。今宜绵、惠龄、秦承恩纵慢于左，景安怯玩于右，勒保纵能实力剿捕，陕、楚贼多，起灭无时，则勒保终将掣肘。钦惟先帝昔征缅甸，见杨应琚挑拨掩覆之罪，立予拿问。今宜绵等旷玩三年之久，幸荷宽典，而转益怀安，任贼越入河南卢氏、鲁山等县。景安虽无吞饷声名，而罔昧自甘，近亦有贼焚掠襄、光各境，均为法所不容。况今军营副封私札，商同军机大臣改压军报。供据已破，虽由内臣声势，而彼等掩覆偾事，情更显然。请旨惩究，另选能臣，与勒保会同各清本境，则军令风行，贼必授首。比年发饷至数千万，军中子女玉帛奇宝错陈，而兵食反致有亏。载赃而归，风盈道路，嘲之者有'与其请饷，不如书会票'之语。先帝严究军需局，察出四川汉州知州与德楞泰互争报销，及湖北道员胡齐仑侵饷数十万，一则追赔，一则拿究。他属类此者必多，尤宜急易新手清厘。则侵盗之迹，必能破露，不但兵饷与善后事宜均得充裕，销算亦不敢牵混矣。"

　　间又上疏曰："教匪滋扰，始于湖北宜都聂杰人，实自武昌府同知常丹葵苛虐逼迫而起。当教匪齐麟等正法于襄阳，匪徒各皆敛辑，常丹葵素以虐民喜事为能，乾隆六十年，委查宜都县境，吓诈富家无算，赤贫者按名取结，纳钱释放。少得供据，立与惨刑，至以铁钉钉人壁上，或铁锤排击多人。情介疑似，则解省城，每船载一二百人，饥寒就毙，浮尸于江。殁狱中者，亦无棺敛，聂杰人号首富，屡索不厌，村党结连拒捕。宜昌镇总兵突入遇害，由是宜都、枝江两县同变。襄阳之齐王氏、姚之富，长阳之覃加耀、张正谟等，闻风并起，遂延及河南、陕西。此臣所闻官逼民反之最先最甚者也。臣思教匪之在今日，自应尽党枭磔。而其始犹是百数十年安居乐业人民，何求何憾，甘心弃身家、捐性命，铤而走险耶？臣闻贼当流窜时，犹哭念皇帝天恩，殊无一言怨及朝廷。向使地方官仰体皇仁，察教于平日，抚弭于临时，何至如此？臣为此奏，固为官吏指事声罪，亦欲使万祀子孙知我朝无叛民，而后见恩德入人，天道人心，协应长久，昭昭不爽也。常丹葵逞虐一时，上壅圣仁，下殃良善，罪岂容诛？应请饬经略勒保严察奏办。又现奉恩旨，凡受抚来归者，令勒保传唤同知刘清，同川省素有清名之州县，妥议安插。楚地曾经滋扰者，亦应安集。臣闻被抚州县。逃故各户之田庐妇女，多归官吏压卖分肥。是始不顾其反，终不顾其归。不知民何负于官，而效尤胭忍至于此极？若得惩一儆众，自可群知洗濯。宣奉德意，所关于国家苞桑之计匪细也。"两疏上，仁宗并嘉纳施行。寻迁给事中，稽察南新仓，巡视中城。

云南盐法，官运官销，日久因缘为奸，按口比销，民不堪命。又威远调取民夫，按名折银，折后又征实夫，迤西道属数十州县，同时哄变，解散后不以实闻，官吏委法如故。际岐上疏痛陈其害，下云南督抚察治。总督富纲请改盐法以便民，巡抚江兰方内召，欲沮其事，际岐复疏争。初彭龄继为巡抚，际岐门下士也，熟闻其事，始疏请盐由灶煎灶卖，民运民销，一祛积弊，民大便。语详《盐法志》。

蔡永清者，总督陈辉祖家奴，拥厚赀居京师，以助赈叙五品职衔，出入舆马，揖让公卿间。际岐疏劾，自大学士庆桂、朱珪以下，多所指斥，下刑部鞫讯，褫永清职衔，际岐坐论奏未尽实，降授刑部主事。累迁郎中。以老乞休，贫不能归，主讲扬州廉堂垂十年，卒。

自乾隆末，云南之官于朝以直言著者，尹壮图、钱沣，时以际岐并称焉。

李仲昭，字次卿，广东嘉应人。嘉庆七年进士，选庶吉士，授编修，迁御史。长芦盐商伪造加重法马，每引浮百斤，损课滞销。商人查有圻家巨富，交通朝贵。自给事中花杰劾芦盐加价，连及大学士戴衢亨，不得直，且被谴，遂无敢言者。仲昭疏劾之，户部犹袒商，或腾蜚语，谓仲昭索贿不遂。仁宗方幸热河，命留京王大臣同鞫，得舞弊状，有圻论如律，在事降革有差，人咸侧目。仲昭又劾吏部京察不公，亦鞫实。既而赴户部点卯，杖责书吏，户部摭其事奏劾，下吏部议。群欲以倾仲昭，侍郎初彭龄号刚正，以妻丧在告，语人曰：“诸人欲报怨，加以莫须有之罪。李御史有言胆，台中何可无此人？”部员闻彭龄言，遽议降四级，甫两日而奏上，仲昭竟黜。

石承藻，字黼庭，湖南湘潭人。嘉庆十三年一甲三名进士，授编修。迁御史、给事中，敢言有声。王树勋者，江都人，乾隆末入京应试不售，乃于广惠寺为僧，名曰明心。开堂说法，假扶乩卜筮，探刺士大夫阴私，扬言于外，人益崇信。达官显宦，每有皈依受戒为弟子者。朱珪正人负重望，亦与交接。时和珅为步军统领，访捕治罪，以贿末减，勒令还俗，遂游荡江湖。值川、楚匪乱，投效松筠军中，以谈禅投所好，使易装入贼寨说降，奖予七品官衔，荐擢襄阳知府。数年，入觐京师，不改故态。刑部尚书金光悌延医子病，怵以祸福，光悌长跪请命，为时所嗤。嘉庆三十年承藻疏请澄清流品，劾树勋，下刑部鞫实，褫职，枷号两月，发黑龙江充当苦差。仁宗奖承藻曰：“真御史也！”诏斥被惑诸臣，有玷官箴。其已故者免议，侍郎蒋予蒲、宋熔以下，黜降有差。

二十四年，湘潭有土、客械斗之狱，侍郎周系英与巡抚吴邦庆互劾。承藻适在籍，系英子汝桢致书承藻询其事，为邦庆所发，承藻牵连降秩。久之不复迁，终光禄寺署正。

　　论曰:仁宗诏求直言,下至末吏平民,皆得封章上达,言路大开。科道中竭诚献纳,如卫谋论福康安贪婪,不宜配享太庙。马履泰论景安畏缩偷安,老师糜饷,及教匪宜除,难民宜抚。又论百龄举劾失当。张鹏展论金光悌专擅刑部,恋司职不去。周栻论疆臣参劾属员,不举劣迹,恐恓恓无华者以失欢被劾。又论朱珪以肩舆擅入禁门,无无君之心,而有无君之迹。沈琨论宜兴庇护属员,致兴株系诸生大狱,又谏阻东巡。萧芝论端正风俗,宜崇醇朴。王宁炜论用人宜习其素,不可因保举遽加升用。又论督抚壅蔽之习,及士民捐输之累,州县折收之患。游光绎论大臣未尽和衷,武备未尽整饬,愿效魏元成《十思疏》以裨治化。诸人所言,虽有用有不用,当时皆推说直。又龚镗当松筠因谏东巡获罪,密疏复陈,自庇身后事而后上,卒蒙宽宥。其章疏多不传,稽之史牒,旁见纪载,謇谔盈廷,称盛事焉。洪亮吉诸人身虽遭黜,言多见采,可以无憾。或犹以时方清明,目亮吉之效痛哭流涕者为多事,过矣。

清史稿卷三五七
列传第一四四

吴熊光　汪志伊　陈大文
熊枚　裘行简　方维甸
董教增

　　吴熊光，字槐江，江苏昭文人。举顺天乡试，乾隆三十七年，登中正榜，授内阁中书，充军机章京。累迁刑部郎中，改御史。当罢直，大学士阿桂素倚之，请留直如故。阿桂屡奉使出剿匪、治河、阅海塘、谳狱，熊光辄从。累迁通政司参议。

　　嘉庆二年，高宗幸热河，夜宣军机大臣，未至，命召章京，熊光入对称旨，欲擢任军机大臣。和珅称熊光官五品，不符体制，因荐学士戴衢亨，官四品，在军机久，用熊光不如用衢亨，诏同加三品卿衔入直。居政府六阅月，和珅忌之，出为直隶布政使。四年，高宗崩，仁宗亲政，和珅伏诛。熊光言和珅管理各部日久，多变旧章以营私，大憝虽除，猾吏仍可因缘为奸，亟宜更正，上韪之。

　　擢河南巡抚。教匪逼境，熊光驻防卢氏，张汉潮窜商州。分掠蓝田，疏请截留山东兵赴明亮军协剿。复以张天伦窜近郧阳江岸，谋犯豫南，调直隶正定标兵备剿。上以所见与合，诏嘉奖。寻汉潮趋雒南，遣总兵张文奇、田永桐击走之。令南汝光道陈钟琛扼襄河要隘，粮道完颜岱率满营兵协防，拨寿春镇兵五百驻樊城。请召募练兵五千，并以开封练勇千名改为抚标新兵，从之。

五年,楚匪自均州、郧县窥渡襄河,赖预防击退。上念河南兵单,命直隶、山西遣兵赴援,又命添募乡勇,熊光疏言:"河南卢、淅一带,原有乡勇万余,而贼窜自如。凡游民应募,贼至先逃,反摇兵心,是以上年撤勇添兵,贼未敢肆,此兵胜于勇之明验。今有直隶等省官兵,择要驻守,已足策应,无庸募勇。"七月,歼宝丰、郏县溃匪于彭山,教首刘之协遁叶县就禽,予议叙。

六年,擢湖广总督。途遇协防陕西兵二百余人,逃回本营,廉得其缺饷状,杖首谋者二人,余释不问。房县乡勇纠抢民寨,缚送三十余人,立诛之。提督长龄、巡抚全保率师防剿,迭败汤思蛟、刘朝选等。川匪扰兴山、竹溪、房县,分兵追剿,歼获甚众。平樊人杰余匪,俘贼首崔宗和。上以熊光调度供支,迭诏褒奖。新设湖北提督,改移郧阳镇协,添兵三千五百名,即以无业乡勇充之。又奏定稽查寨勇章程,略言:"寨勇习于战斗,轻视官兵,流弊不可不虑。今将寨堡户口、器械逐一登记,阳资其力以助此日之军威,默挈其纲以弭将来之民患。"上韪其言。七年,三省匪平,加太子太保。遣撤乡勇,以叛产变价给赏,诏嘉其撙节。

九年,劾湖南巡抚高杞违例调补知县,杞坐降调。未几,侍郎初彭龄劾熊光受沔阳知州秦泰金,及两淮匪费,上诘彭龄,以得自高杞对。命巡抚全保按验无迹,彭龄、杞俱获谴。传谕熊光返躬自省,平心办事,戒勿躁妄。

十年,调直隶。时两广总督那彦成与湖广总督百龄互讦,命偕侍郎托津赴湖北按之。百龄被讦,事有迹。方鞫治,未定谳,那彦成亦以倡抚洋盗逮京,调熊光两广总督。会直隶官吏勾通侵帑事发,历任总督蕃司俱获谴。上以熊光任藩司无虚收,任总督无失察,特诏嘉之。

十三年八月,英吉利兵船十三艘泊香山鸡颈洋,其酋率兵三百擅入澳门,占踞炮台,兵舰驶进黄埔。熊光以英人志在贸易,其兵费出于商税,惟封关足以制其死命。若轻率用兵,彼船炮胜我数倍,战必不敌,而东南沿海将受其害,意主持重。逾月始上闻,言已令停止开舱，俟退出澳门，方准贸易。上以熊光未即调兵，故示弱，严诏切责。洋舶迁延至十月始陆续去。下吏议，褫职，效力南河。百龄代其任，疏言熊光葸懦，上益怒，遣戍伊犁。逾年，召还，授兵部主事，引疾归。道光八年，重与鹿鸣宴，加四品卿衔。十三年，卒于家，年八十四。

熊光尝曰："刑赏者，圣主之大权，而以其柄寄于封圻大吏。若以有司援案此例，求免驳斥之术处之，舛矣。刑一人，赏一人，而有益于世道人心，虽不符于例，所必及也。不得请，必再三争，乃为不负。若忧嫌畏讥，随波逐流，其咎不止溺职而已。"当调直隶，入觐，上曰："教匪净尽，天下自此太平。"熊光曰："督抚率郡县加意抚循，提镇率将弁加意训练，百姓有恩可怀，有威可畏，太平自不难致。若称懈，则伏戎于莽，吴起所谓舟中皆敌国也。"及东巡返，迎驾夷齐庙，与董诰、戴衢亨同对。上曰："道路风景甚佳！"熊光越次言曰："皇上此行，欲稽祖宗创业艰难之迹，为万世子孙法，风景何足言耶？"上有顷又曰："汝苏州人，朕少扈跸过之，其风景诚无匹。"熊光曰："皇上所见，乃剪彩为花。苏州惟虎丘称名胜，实一坟堆之大者！城中河道逼仄，粪船拥挤，何足言风景？"上又曰："如汝言，皇考何为六度至彼？"熊光叩头曰："皇上至孝，臣从前侍皇上谒太上皇帝，蒙谕'朕临御六十年，并无失德。惟六次南巡，劳民伤财，作无益害有益。将来皇帝如南巡，而汝不阻止，必无以对朕。'仁圣之所悔，言犹居耳。"同列皆震悚，壮其敢言。后熊光告人"坟堆"、"粪船"两语，乃乾隆初故相讷亲奏疏所言，重述之耳。

熊光晚年著《伊江笔录》、《春明补录》、《莳溪笔录》三书，纪所闻名臣言行，多可法云。

汪志伊，字稼门，安徽桐城人。乾隆三十六年举人，充四库馆校对，议叙，授山西灵石知县。除征粮扰累，刻木为皂隶书里分粮数，以次传递，民遵输纳。调榆次，迁霍州直隶州知州。代州民孟木成杀人，已定谳情实，其弟代呼冤，巡抚勒保檄志伊往按，平反之。承审者护前失,不决,命大臣临鞫,重违众议,志伊坚执与争,孟木成竟得免死。志伊以此负强项名。

擢江苏镇江知府,调苏州,连擢苏松粮道、按察使。乾隆五十八年,迁甘肃布政使,调浙江。江、浙漕重积弊,由官吏规费多。志伊历任,皆先除规费之在官者,然后以次裁革,严设科条。嘉庆元年,以杭州、乍浦驻防营养赡钱三月未放,被劾,议降二级调用,诏以志伊平日操守尚好,加恩授江西按察使。二年,迁福建布政使,未数月,就擢巡抚。

时海盗方张,仁宗于闽事特加意。志伊屡疏陈水师人材难得,请宽疏防处分,变通选补章程,副参以上,兼用本省之人。以下,两省通融拨用。又州县征粮处分过严,升调要缺难得合例,请人地相需者,不拘俸满参罚,皆允行。诏饬严惩会匪及械斗恶习。

五年,疏报漳、泉一带,匪徒节经剿捕,均知敛迹,谕曰:"滋事不法,有犯必惩,不可无事滋扰。责以镇静,不可姑息养奸,亦不可持之太蹙。"寻奏龙溪、诏安、马港、海澄四厅县,遴员治理。民不械斗。谕曰:"一经良有司整饬,改除积习,是小民不难化导,要在亲民之官得人。当于平日遴选贤员,俾实心任事,为正本清源之道。"志伊荐闽县知县王绍兰,上素知其人,诏嘉志伊能留心察吏。既而偕总督玉德,疏请泉州知府钱学彬改京职,上斥疏语矛盾。寻究得学彬任听家人舞弊婪赃事,坐察吏不明,议革任,特宽之。六年,病,请解职。

八年,起署副都御史、刑部侍郎,授江苏巡抚。给事中萧芝请就产米之乡采买,由海运京,下议,志伊言其不便,罢之。九年,清江浦淤浅,粮船停滞。上虑京仓缺米,诏志伊预筹,请碾常平仓谷三千石备拨。以新漕减运,命酌量采买,志伊疏言:"安徽民田有一岁两收者,各令七月完纳漕粮,九十月可运通。江西、湖广亦如之。"上以一岁两征近加赋,且来岁仍属短绌,斥为迂缪。寻奏采米十二万石搭运,报闻。时江北淮、扬水灾,徐、海苦旱。志伊手编《荒政辑要》,颁属吏为赈济之法。苏州人文荟萃,增设正谊书院课士。奏请颁《御制诗文集》于江南各书院,上勿许,曰:"朕之政治即文章,何必以文字炫长耶?"

十一年,擢工部尚书,未几,授湖广总督。川、楚余匪散匿洞庭湖,环湖数府州多盗。志伊多选干吏侦访,檄下分捕,盗无所匿,滨江地自乾隆末大水淹没,民田未复。亲驾小舟,历勘疏塞,建二闸于第江口、福田寺,以时启闭。

十六年,调闽浙总督。先是湖北应山民喻春谋杀人,其母以刑求诬服,控于京,命志伊提鞫。同知刘曜唐等诱供翻案,以无辜之叶秀承凶,而无左证。巡抚同兴为之平反,奏劾。至是入觐召对,为刘曜唐等剖辩,愿代认处分。上斥其偏执,严议革职,改留任。捕诛海盗黄治,其党吴属乞降。时降盗多授官,志伊曰:"是奖盗也!"仍依律遣戍。

旧有天地等会匪熊毛者,创立仁义会,授张显鲁传煽。事觉,显鲁伏诛,毛遁,募宁化生员李玉衡捕杀之,奏赐玉衡举人。布政使李赓芸,廉吏也,为志伊所荐举至监司。会龙溪知县朱履中以不职劾,因讦赓芸婪索,遽劾讯。履中已自承诬告,志伊固执驳诘,福州知府徐以辀迎合逼供,赓芸自经死。舆论大哗。二十二年,命侍郎熙昌、副都御史王引之往按,得其状,诏斥志伊衰迈谬误,褫职永不叙用。逾年,卒。

志伊矫廉好名,自峻崖岸,仁宗初甚向用,时论毁誉参半焉。卒以偏执获咎。

陈大文,河南杞县人,原籍浙江会稽。乾隆三十七年进士,授吏部主事。典广东乡试,累迁郎中。四十八年,出为广西南宁知府,擢云南迤东道。历贵州、安徽按察使、江宁布政使,皆有声。父忧归,服阕,补广东布政使。总督朱珪荐大文操守廉洁,化其偏僻,可倚用,诏人才难得,命珪加以劝迪,俾成有用才。

嘉庆二年,擢巡抚。海盗方炽,大文以运盐为名,集商船载乡勇出洋,击沈盗船六,斩获二百余人,赐花翎;属县不听者,列案劾治。

诏嘉其捕盗察吏皆有实心，予议叙。寻兼署总督。

四年，调山东巡抚。济、曹两府水灾，兴工代赈，州县玩视者立劾。有拙于催科而舆情爱戴者，疏请留任。禁漕帮旗丁陋规。五年，丁母忧。乾隆末，山东大吏多不得人，吏治日弛。大文性深严，见属吏温颜相对。使尽言，然后正色戒之曰：“汝某事贿若干，吾悉知。不速改，弹章已具草矣！”人莫不畏之。尤锐剔漕弊，杜浮收，官吏被告发劾治者三十余人。及去任时，其摘印在系未经奏劾者，尚七八人，事上闻，诏布政使分别省释。

六年，畿辅大水。大文服将阕。特召署直隶总督。疏请大赈提早一月，以救灾黎。劾查灾开赈迟缓之县令二人，以儆其余。逾年，因病自乞京职，历署吏部侍郎、工部尚书。八年，授两江总督。劾按察使朱隆阿喜事株累，士民多怨，调朱隆阿内用。江苏昭文浮收漕粮，江西乐平勒折重征，县民并走诉于京，先后下大文鞫实，劾府县官，褫职究治。诏嘉大文秉公，不徇庇属员，使小民含冤得白，奸胥猾吏不致幸逃法网，训责各督抚力改积习。

九年，召授左都御史，未至，擢兵部尚书。大文赴京，病于途，诏遣侍卫率医往视，久不瘳，赐尚书衔回籍。既而因在直隶失察属吏侵挪，部议革职，诏俟病瘳以四品京堂用，遂不出。二十年，卒于家。

熊枚，字存甫，江西铅山人。乾隆三十五年，举乡试第一，次年成进士，授刑部主事。断狱平。左翼护军给饷误用白片，惧责，私补印，其长当以盗印罪。枚谓知误更正，与盗用异，改缓。宜城县吏殴毙社长，贿改病死，拟缓。枚谓斗殴情轻，舞文情重，改实。在部八年，多所持议，迁员外郎。尚书英廉荐其才，出为甘肃平凉知府，母忧去，服阕，补河南汝宁府。汝阳有杀人狱，已得实，控不止，枚讯鞫时，忽熟视旁吏曰：“此汝所教也！”吏色变，刑之，则称将嫁祸某富家，咸以为神。丁生母忧，代者未至，米价腾长，枚于丧次谕县令治居奇者，运米接济，民乃安。服阕，补直隶顺德府，擢山东泰武临道。

五十八年，迁江苏按察使。逮治博徒马修章及竹堂寺僧恒一，皆稔恶委法者。吴江太湖滨淫祠三郎神,奸民所祀,其党结胥吏扰民。枚廉知,值赛祠,舟集茑胭湖,密捕得三十八人,或以诬良诉,尾其舟,得盗赃,并逮剧盗九人,毁三郎像火之,盗遂息。教匪刘之协传弥勒教,入教者给命根钱。安徽民任梓家供弥勒像,有簿记六十人奉钱数,官吏捕得,指为匪,巡抚已上闻,逮至江南,枚亲讯。六十人皆任梓戚友贺昏嫁者,乃得释。六十年,迁云南布政使,以治刘河工未竣,留署江苏布政使。开苏州城河,集银六万两,择郡绅董其役,不使县令与工事。嘉庆二年,调安徽,寻擢刑部侍郎。

六年,直隶大水,总督姜晟以办赈延缓免,命枚署总督。截留漕粮六十万石储天津北仓,枚请分储郑家口、泊头诸水次,便灾区挽运。条上赈恤事宜,灾户仿保甲造册,省覆查,杜刁控,酌量变通赈期,捐赈者分别旌赏,各学贫生给口粮,绿营兵丁给修房价,修灾县监狱,以工代赈,并如议行。偕侍郎那彦宝筑永定河决口,既而调陈大文为总督,诏枚受代后专任查赈,巡阅数十州县,举者五人,劾四人。玉田令倪为德清而懋,枚初至,怒之,明日诘赈事,指画悉中,即首荐。上嘉枚勤事,擢左都御史。时有劾枚扰驿需索供应者,命陈大文察访,白其诬,且言枚尽心赈务,特诏褒之。

七年,回京典会试,复署直隶总督,授刑部尚书。调左都御史,管理三库。十年,授工部尚书,复命署直隶总督,率布政使裴行简清查亏空。部议各省贩铁,官为定额,疏上。枚面陈铁为民间日用所需,不能预定多寡,官为查办,恐滋流弊。上俞其说,而斥枚随同画诺,召对忽有异词,年老重听,不宜部务,复调左都御史。未几,有山东民妇京控应奏,枚意未决,副都御史陈嗣龙劾枚模棱,且言枚声名平常,诏斥嗣龙见枚左迁,揣测妄劾,终以枚不能和衷,镌级留任。直隶藩司书吏伪印虚收库银事觉,坐失察,议褫职,诏以四品京堂用,补顺天府丞。次年,充乡试提调官,册券迟误,降五品职衔休致。十三年,卒。

裴行简,字敬之,江西新建人,尚书曰修子。乾隆四十年,赐举人，授内阁中书，充军机章京，迁侍读。四十九年，从大学士阿桂剿甘肃石峰堡回匪，复从察治河南睢州河工。五十年，出为山西宁武知府，调平阳，因亲老，自请改京秩，补户部员外郎，仍直军机。累迁太仆寺少卿。

嘉庆六年，命赴陕西犒军，时经略额勒登保驻略阳，行简疏言：“川、陕兵宜扼冲严守，使陕匪不入川，川匪不入陕，然后逼使东窜，经略以大兵蹙之，可计日枭缚。”又言自宝鸡至褒城，栈道卡兵宜复设。且于要害设大营，隔贼路，通粮运。又以额勒登保方引嫌，自请举劾止及于麾下，行简疏请五路将士皆听举劾，移书川督勒保，陈廉、蔺相下之义，两帅大和。途次，进太仆寺卿，赐花翎。寻出为河南布政使，丁母忧，服阕，补福建布政使。

自乾隆末授受礼成，恩免废员，各州县钱谷出入，益滋纠葛，行简锐事清厘，司册目十有一，创增子目，支解毫黍皆见，吏不能欺。九年，入觐，会仁宗欲清厘直隶仓库，嘉其成效，特以调任。行简彻底清核，逐条覆奏，略曰：“直隶州县，动以皇差为名，藉口赔累。自乾隆十五年至三十年，四举南巡，两幸五台，六次差务，何以并无亏空？四十五年至五十七年，两举南巡，三幸五台，差务较少，而亏空日增。由于地方大吏，贪黩营私，结交馈送，非差务之踵事增华，实上司之借端需索。近年一不加察，任其藉词影射，相习成风。试令州县扪心自问，其捐官肥己之钱，究从何处？此臣不敢代为宽解者也。分年弥补，则有二难：直隶驿务繁多，所有优缺，只可调剂冲途，又别无陋规可提，此为难一也。现任亏空，革留勒限，彼必爱惜官职，卖田鬻产，亦思全完。若责以代前任按年弥补，焉背解囊，势必取给仓库。前欠未清，后亏复至，此为难二也。州县亏项无著，例应道府分赔。道府赔项无著，例应院司摊赔。今直隶未申明定例，请于两次清查应行监追者，再限一年。如财产实属尽绝，著落上司分别赔缴。嘉庆十年以后，交代亏缺，惟有执法从事，不得混入清查，致有宽纵。”疏入，上嘉其明晰，下部议行。寻命以兵部侍郎衔署直隶总督。

十一年，察出藩司书吏假印虚收解款二十八万有奇，遣使按讯。历任总督、布政使议谴有差。行简任内虚收之数少，诏以事由行简立法清查，始得发觉，宽之。是年秋，赴永定河勘工，途次感疾，卒。上深惜之，优诏赐恤依一品例，谥恭勤，赐子元善举人。

方维甸，字南耦，安徽桐城人，总督观承子。观承年逾六十，始生维甸。高宗命抱至御前，解佩囊赐之。乾隆四十一年，帝巡幸山东，维甸以贡生迎驾，授内阁中书，充军机章京。四十六年，成进士，授吏部主事，历郎中。五十二年，从福康安征台湾，赐花翎。迁御史，累擢太常寺少卿。又从福康安征廓尔喀。历光禄寺卿、太常寺卿，授长芦盐政。嘉庆元年，坐事夺职。吏议遣戍军台，诏宽免，降刑部员外郎，仍直军机。迁内阁侍读学士。从尚书那彦成治陕西军务。

五年，授山东按察使，迁河南布政使。时川、楚教匪未靖，维甸率兵六千防守江岸。疏言：“大功将蒇，裁撤乡勇，最为要务。宜在撤兵之前，预为筹议，俟陕西余匪殄尽，酌移河南防兵以易勇，可节省勇粮。”上韪之。

八年，调陕西，就擢巡抚。督捕南山零匪，筹撤乡勇，核治粮饷，并协机宜，复赐花翎。十一年，宁陕新兵叛，维甸亟令总兵杨芳驰回，偕提督杨遇春进山督剿。会德楞泰奉命视师，贼窜两河，将趋石泉，维甸遣总兵王兆梦击之，劝民修寨自卫，贼无所掠。未几，叛兵乞降，德楞泰请以蒲大芳等二百余人仍归原伍。上责其宽纵，命维甸按治，疏陈善后六事，如议行。

十四年，擢闽浙总督。蔡牵甫歼，朱濆乞降，遣散余众。台湾嘉义、彰化二县械斗，命往按治，获犯林聪等，论如律。疏言：“台湾屯务废弛，派员查勘，恤番丁苦累，申明班兵旧制，及归并营汛地，以便操防。约束台民械斗，设约长、族长，令管本庄、本族，严禁隶役党护把持，又商船贸易口岸，牌照不符，定三口通行章程，杜丁役勾串舞弊。”诏皆允行。以台俗民悍，命总督、将军每二年亲赴巡查一次，著为例。

十五年，入觐，以母老乞终养，允之。会浙江巡抚蒋攸铦疏劾盐政弊混，命维甸按治。明年，召授军机大臣。维甸疏陈母病，请寝前命，允其留籍侍养。十八年，丁母忧，遣江宁将军奠酹。未几，教匪林清谋逆，李文成据滑县，夺情起署直隶总督，维甸自请驰赴军营剿贼，会那彦成督师奏捷，允维甸回籍守制。二十年，卒于家。上以维甸忠诚清慎，深惜之。赠太子少保，谥勤襄，赐其子传穆进士。

董教增，字益甫，江苏上元人。乾隆四十五年，南巡，召试举人，授内阁中书。五十一年，成一甲三名进士，授编修，散馆改吏部主事，累迁郎中。嘉庆四年，以道员发四川，明年，授按察使。峨眉、雷波二厅铜铅各厂，毗连夷地。奸民与争界，焚夷巢，保夷纠凉山生番为变，教增率兵往，议者多主剿，教增不可，廉得汉奸构衅者十一人，夷匪首事者六人，集众诛之，夷情帖然。仁宗以教增不烦兵力，而远夷心服，谕奖有加。寻调贵州。九年，迁四川布政使。

十二年，擢安徽巡抚。宁国、池州、广德各属，旧有棚民，植杂粮为业。户部虑妨民田，议遣回籍。教增言："棚民既立室家，难复迁徙。且所种多隙壤，于民田无损，于民食有益，第约束之而已。"从之。又言："徽宁等府巨室，向有世仆，出户已久，告讦频仍，请严杜妄讼，凡世仆以见在是否服役为断。其出户百年者，虽有据亦开豁为良。"得旨允行，著为例。

十五年，调陕西。兴安七属，旧食河东引盐。乾隆间，课摊地丁，其后复归商运，地介川、楚，土盐侵碍，运艰费重，引课多亏。教增请循凤翔例，改食花马池盐，引归民运，课按丁摊，以恤商力。又榆林、绥德、吴堡、米脂四州县，向食土盐，官给票销售。前抚方维甸请用部引，以二百斤为率，凡万一千三百余引，民力难胜。教增规复其旧，由州县颁发小票。每票五十斤，民皆便之。时南山善后倚汉中知府严如熤，能尽其才，不拘文法，岁歉请赈，逾限破例，上陈得允。

十八年，调广东。先是百龄锐意灭海寇，曾贻教增诗云："岭南一事君堪羡，杀贼归来啖荔枝。"既而张保仔就抚，教增报书曰："诗应改一字为'降'贼归来也。"百龄愧之,至是承其后,诸降人桀骜,为闾阎害,惩治甚力,然未尝妄杀。广州府有死囚,值赦减等改军而逃,获之,论重辟,按察使持之坚,教增以律不当死,断断与辩,此囚卒免死。

二十二年,擢闽浙总督。先是海寇未平,禁商民造船高不得逾一丈八尺,小不任重载,难涉风涛,沿海多失业。教增以寇平已久,请免立禁限,以从民便,允之。福清武生林弥高者,健讼包粮,阻众不纳,邑令躬缉,为其党邀夺,官役并伤,令文武往捕获,弥高嗾其党劫持,通县抗征。教增亲鞫得弥高罪状,立斩以徇,诸郡慴惧,强宗悍族抗欠者,皆输纳如额。奏入,诏嘉其能。临海民纠众殴差,致酿大狱。巡抚杨頀坐褫职,命教增兼权浙抚,鞫治之。漳、泉两郡多械斗杀人,官吏往往不能制。龙溪令姚莹捕渠魁五人,杖毙之。巡抚疑其违制,教增曰:"刑乱国宜用重典。"优容之,悍俗稍辑。张保仔就抚后,改名宝,官至澎湖副将,时论犹指斥。教增责令捕盗,奔走海上,盗平而宝亦死。二十五年,入觐,乞病未允,道光元年,乃得请归。二年,卒,赐恤,谥文恪。

教增有识量,强毅不阿。官四川时,力矫豪奢,崇节俭,宴集不设剧。总督勒保以春酒召,闻乐而返。亟撤乐,乃至,尽欢。尝言"刻于己为俭,俭于人为刻",时叹为名言。

论曰:吴熊光忠谠任重,有大臣风。汪志伊、陈大文矜尚廉厉,或矫或偏。熊枚勤于民事,晚诮模棱。名位虽皆不终,要为当时佼佼。裴行简、方维甸,名父之子,特被恩知。董教增有为有守,建树阂达,盖无间然。

清史稿卷三五八
列传第一四五

冯光熊　陆有仁　觉罗琅玕
<small>乌大经</small>　清安泰　常明　温承惠
颜检

　　冯光熊，字太占，浙江嘉兴人。乾隆十二年举人，考授中书，充
军机章京。累擢户部郎中。三十二年，从明瑞赴云南，授盐驿道，母
忧归，坐失察属吏科派，夺职。服阕，以员外郎起用，仍官户部，直军
机，迁郎中。从尚书福隆安赴金川军，授广西右江道，署按察使兼盐
驿道。历江西按察使、甘肃布政使。四十九年，石峰堡回民作乱，筹
画战守，储设饷需具备。以前江西巡抚郝硕迫索属吏事觉，同官多
获谴，光熊亦缘坐夺官，留营效力。事平，用福康安荐，起为安徽按
察使。荐擢湖南巡抚，调山西。

　　时议河东盐课改归地丁，光熊疏言：“河东盐行山、陕、河南三
省，商力积疲，易商加价，俱无所济。若课归地丁，听民贩运，无官课
杂费、兵役盘诘、关津留难，较为便宜。山西州县半领引行盐，半食
土盐、蒙古盐，仍纳引税。其间或引多而地丁少，或引少而地丁多，
征之三省皆然。请将课额四十八万余两通计均摊。”允之。五十七
年，上幸五台，各疆吏先后奏陈，自盐课改革后，价顿减落，民便安
之。诏嘉光熊调剂得宜，赐花翎、黄马褂，署工部侍郎。未几，授贵
州巡抚，调云南。五十九年，署云南总督。明年，大塘苗石柳邓叛扰

铜仁，光熊赴松桃防御，以思州田壩坪、镇远四十八溪、思南大坪，密迩楚苗，且扼铜仁后路，分兵屯守。苗匪急攻松桃、正大，不得逞。旋赴铜仁治饷需，偕总督福康安治军设防，规画称旨，命留贵州巡抚任。

嘉庆二年，事平，奏请铜仁、正大改建石城，以资捍卫，从之。会仲苗又起，偕总督勒保督率镇将，联合滇、黔、楚、粤诸军剿抚，事具《勒保传》。光熊分檄将吏，解归化厅围，肃清播东、播西两路，降安顺、广顺所属苗寨。仲苗平，偕勒保奏上善后四事，请随征武举、武生及乡勇，就近补充弁兵余丁，给难民栖止、牛具费用，储粮备兵民就食，清厘田亩，靖苗、汉之争。自军兴以来，凡所措置，多邀嘉许。勒保移师入川，善后专任光熊。三年春，复疏请申禁汉民典卖苗田，及重债盘剥，驱役苗佃。禁客民差役居摄苗寨，酌裁把事土舍亭长，定夫徭工价，以利穷苗。酌设苗弁，以资管束：悉报可。五年，诏光熊治理有声，年近八旬，召授兵部侍郎，寻擢左都御史。六年，卒，上念前劳，赐祭一坛。

陆有仁，浙江钱塘人。乾隆三十四年进士，授刑部主事，累迁郎中。四十六年，出为广西梧州知府，调太平。五十二年，安南内讧，夷眷来奔，有仁处置得宜。会擢福建延建邵道，总督孙士毅请留防边。寻调督粮道，历山东按察使、直隶布政使。五十七年，坐在山东谳狱草率，降甘肃按察使。嘉庆元年，擢刑部侍郎，留治甘肃赈务，宜绵赴陕剿教匪，命摄陕甘总督。二年，匪由河南窜朱阳关，逼雒南。疏请偕西宁镇总兵富尔赛驰赴潼、商，又调甘凉镇兵会剿，诏军务责巡抚。有仁应驻甘肃，亲身赴陕，迹涉张皇，命回兰州，停止所调镇兵。时宜绵檄调撒拉尔回兵二千赴兴安，有仁并令暂停，上以汉中兵单，待回兵截剿，乃教匪窜汉阴而回兵尚滞循化，斥有仁一经申饬，于应援之兵，亦屡催阘顾，诏褫职鞫讯，寻原之，发四川效力。授陕西按察使，迁布政使。三年，襄阳贼高均德犯陕西，叙防堵'功，赐花翎。四年，擢广东巡抚。

　　五年，召为工部侍郎，调刑部。授陕西巡抚。先是那彦成在陕，劝民筑寨堡，计蓝田、郿鄠、宝鸡、商州、镇安、商南、孝义、五郎共五百四十一处。台布为巡抚，复议汉中二栈为军饷要道，于宝鸡、凤县、留坝、褒城、宁羌各驿筑堡，以周三里为度，徙民屯粮。至是尚未尽实行，严诏切责。有仁疏言："川、陕情形不同，四川地居天险，如大成寨、大团包、方山坪等寨，每处可容数万人，小者亦数千人。贼据之可抗官兵，民守之亦可拒贼。如南山内层峦叠嶂，无宽敞环抱之所，止能于陡险山巅，就势结构，每寨止容数百人至千余人。蜀山多膏腴稻田，民居稠密，其势易合。陕西老林，惟棚民流寓，零星垦种，隔十里数十里，始有民居十数户。若纠合数村共筑一堡，则南村之人欲近南，北村之人欲近北，惟秦陇以西，人皆土著，无不踊跃兴工。秋间贼入西栈，每约彼此各不相犯，而寨民必乘间截其尾队，夺其牲畜，不使晏然空过。其西安、同州、凤翔三府，与汉南附近川省之区，皆多土著，审利害，每邑结有堡寨，或百余或数百。其汉北山内近亦一律兴工，又恐结寨后民丁但知守寨，而于贼出入要隘转无堵御。复令于寨堡之外，每寨拨数百数十人合力守卡，以杜窥伺。请分区责成各道，刻期完竣。"疏入，报闻。有仁与额勒登保规画筑堡团练，著有成效。抚辑难民无归者，以安康、白河等处叛产，及南山客民荒田，量给安插。六年，分拨兵勇防守总要隘口，奏请于五郎、孝义等处专派大员团练堵剿，以专责成。川匪逼黑河，遣总兵齐郎阿、通判雒昂截击，余匪东窜牛尾河，副将韩自昌歼之，被优叙。

　　有仁治陕三年，经理饷需，先事绸缪，撙节不滥，搜捕余匪甚力，屡诏褒嘉。七年，卒，优恤，官其子继祖主事。

　　觉罗琅玕，隶正蓝旗。捐纳笔帖式，累迁刑部郎中。超擢内阁学士，出为江苏按察使。乾隆五十年，召授刑部侍郎。逾年，授浙江巡抚。五十二年，大兵剿台湾林爽文，琅玕储谷二十万石于乍浦、宁波、温州，由海道输运，高宗嘉之。坐审拟海盗失当，吏议当革职，诏宽免，自请罚银三万两。嘉善县吏浮收，按问得实，上以浙漕积弊，琅玕不胜任，命解职，予头等侍卫，赴哈密办事。五十六年，坐监修浙江海塘工程损坏，琅玕在任未亲勘，诏责赔修，应银二十二万七千有奇，免其半。历叶尔羌办事大臣、喀什噶尔参赞大臣。坐家人贩玉，解任回京。寻予郎中衔，为热河避暑山庄总管。

嘉庆二年，以三等侍卫充古城领队大臣，召授刑部侍郎。五年，授贵州巡抚。剿禽广顺等寨苗杨文泰等，诏嘉奖，加总督衔。未几，就擢云贵总督。六年，贵州石蚬苗叛，巡抚伊桑阿赴铜仁剿治，未即平，诏琅玕往督师，而调伊桑阿云南。伊桑阿因按察使常明攻克石蚬有所禽获，遂谎奏亲往督战，苗皆归伏，军事已竣。及琅玕至，难民拥道诉其诬，遂督兵进剿，攻克上潮、下潮诸寨，始肃清。会初彭龄劾伊桑阿贪劣，下琅玕鞫实，上尤罪其欺罔，诛之。诏斥琅玕于伊桑阿未亲往石蚬，避嫌瞻徇，降二品顶带。

七年，维西夷恒乍绷与其党腊者布作乱，秃树、出亨附之。琅玕率总兵张玉龙入山剿捕，克阿喃多贼寨，进攻诸别古山，获秃树。玉龙克小维西夷人，缚腊者布献军前磔之。进攻康普，恒乍绷遁澜沧江外，获其孥。分兵攻吉尾、树苗，琅玕驻剑川，断贼后路，败之于通甸、小川，克回龙厂，寻围剿上江山箐贼，歼其渠，余众乞降。琅玕以恒乍绷势蹙，疏请撤兵，提督乌大经率兵二千驻防。贼诇官军已退，乘水涸潜渡，纠江内降保，复肆劫掠。琅玕驰抵剑川，恒乍绷遁走。八年，上以首逆未获，命永保接办军务。琅玕已禽斩汉奸张有斌，临江扎筏，声言渡兵江外，保保震悚，诣军门乞降，琅玕令诱导诸寨禽贼自效。九月，恒乍绷潜匿山箐，官军搜获之，余党尽歼。事平，予议叙。

琅玕以维西僻处边隅，各夷杂居江内外，稽察难周，疏请于维西、丽江等五路设头人，给顶带，约束夷众。又以维西南北路及鹤丽镇、剑川诸汛皆要地，请裁马为步，添兵八百，分布要隘，边境遂安。九年，卒，谥恪勤。

乌大经，陕西长安人。由武进士授三等侍卫，出为山东德州营参将。三十九年，王伦倡乱，大经助守临清，力战保危城，功最多，高宗特奖之，立擢临清副将。历江西南赣镇、贵州古州镇总兵，广西提督，调云南。五十三年冬，率云南兵从孙士毅征安南，至则士毅已克其都城。明年春，大军为阮惠所袭，败绩，大经所部得向导。全师而返。寻母忧去职，起为甘肃提督，复调云南。嘉庆四年，僧铜金与孟速土司构难，勾结野俅，蔓延猛猛及缅宁内地，大经偕总兵苏尔相进剿，克缅属南柯、三节石、昔木、腊南、那招、雾笼、上中下宁安、腊东、困赛等地，破南洒河贼卡，肃清缅边。署按察使屠述濂由猛猛一路会剿，连克大蚌山、南元寨。五年春，总督书麟视师，用大经计，分两路进攻猛白山箐，大经由南路，连战渡黑河，焚贼寨，首逆寻就禽，夷众受抚。七年春，入觐。会维西事起，命大经驰回，从琅玕进剿，大经偕总兵书成先清威远堡匪，乃会兵维西，克康普。上意不欲穷兵，命大经留防。及匪复肆掠，进剿独村坪及康普、小维西，连克之。八年春，与琅玕分驻石鼓、桥头，沿江督剿，至十月，恒乍绷就禽，乃政师。九年，卒。

清安泰，费莫氏，满洲镶黄旗人。乾隆四十六年进士，授刑部主事，擢员外郎。出为甘肃凉州知府，调署兰州，擢湖南衡永桂郴道。六十年，苗疆事起，奉檄赴保靖抚辑降苗，以治饷功，赐花翎。

嘉庆元年，械送首逆吴半生、石三保至京，擢按察使，迁广西布政使。七年，署巡抚。八年，调浙江布政使。十年，擢江西巡抚，调浙江。

十一年，海寇蔡牵犯浙洋，赴温、台防剿，严杜接济，贼樵汲俱穷，窜去，诏褒之。总督阿林保劾提督李长庚因循玩寇，下清安泰密察，疏言：“长庚忠勇冠诸将，身先士卒，屡冒危险，为贼所畏。惟海艘越两三旬若不熯洗，则苔黏蛏结，驾驶不灵，其收港非逗留。且海中剿贼，全凭风力，风势不顺，虽隔数十里，犹数千里旬日尚不能到。是故海上之兵，无风不战，大风不战，大雨不战，逆风逆潮不战，阴云蒙雾不战，日晚夜黑不战，飓期将至，沙路不熟，贼众我寡，前无泊地，皆不战。及其战也，勇力无所施，全以大炮轰击，船身簸荡，中者几何？我顺风而逐，贼亦顺风而逃，无伏可设，无险可扼，必以钩镰去其皮网，以大炮坏其舵身篷胎，使船伤行迟，我师环而攻之，贼穷投海，然后获其一二船，而余船已飘然远矣。贼往来三省数千里，皆沿海内洋。其外洋灏瀚，则无船可掠，无舀可依，从不敢往，惟遇剿急时始间为遁逃之地。倘日色西沉，贼直窜外洋，我师冒险无益，势必回帆收港，而贼又逭诛矣。且船在大海之中，浪起如升天，落如坠地，一物不固，即有覆溺之虞。每遇大风，一舟折舵，全军失色，虽贼在垂获，亦必舍而收。泊易椾竣工，贼已远遁。数日追及，椾坏复然，故常屡月不获一战。夫船者，官兵之城郭、营垒、车马也。船诚得力，以战则勇，以守则固，以追则速，以冲则坚。今浙省兵船皆长庚督造，颇能如式。惟兵船有定制，而闽省商船无定制，一报被劫，则商船即为贼船，愈高大多炮多粮，则愈足资寇。近日长庚剿贼，使诸镇之兵隔断贼党之船。但以隔断为功，不以禽获为功。而长庚自以己兵专注蔡逆坐船围攻，贼行与行，贼止与止。无如贼船愈大炮愈多，是以兵士明知盗船货财充积，而不能为禽贼禽王之计。且水陆兵饷，例止发三月。海洋路远，往反稽时，而事机之来，间不容发，迟之一日，虽劳费经年，不足追其前效。此皆已往之积弊也。非尽矫从前之失，不能收将来之效。非使贼尽失其所长，亦无由攻其所短。则岸奸济贼之禁，必宜两省合力，乃可期效。"奏上，诏嘉其公正。由是益向用长庚，清安泰之力也。

寻又条上防海事宜："沿海居民，编造保甲。稽核商贩，以断米粮出口。禁制火爆，防火药透漏。断绝采捕，以杜奸宄涸迹。"并如议行。十二年冬，蔡牵子至普陀寺，未获，被谴责。寻以阮元代之，调河南巡抚。十四年，卒。

常明，佟佳氏，满洲镶红旗人。由笔帖式授步军统领主事，出为湖南桂阳知州，擢云南曲靖知府，乾隆六十年，从总督福康安征苗疆，率兵屡克贼巢，赐花翎。镇筸苗吴半生据苏麻寨，自构皮寨进击败之，复破西梁贼砦，擢贵州贵东道。掩击半生于板登寨，获其弟吴老正等,半生复来犯,设伏大破之,乘胜夺贼卡。五寻由西梁进攻,毁其寨,贼纠夯柳苗为援,歼戮甚。众乞降,拒不受,复大挫之。擢按察使,赐号智勇巴图鲁。诏以苗匪每遇败乞降,叵测难信,饬各路将领以常明为法。进剿老乌厂,斩贼目陇老香,与总兵珠隆阿合剿大乌草河迤西苗,连克鱼井、豆田三十余寨。会大军于古丈坪,半生适至,常明冒雨进攻,歼贼千余。分兵克乌龙岩、茶它山诸寨卡,进围高多寨,半生降,乘锐克鸭保寨。

嘉庆元年,剿下平陇苗于葫芦坪,母忧,留营,偕副将海格破小竹山贼于堕河坡,俘贼目杨通等。上嘉常明奋勉,仍命署按察使。二年春,贵州仲苗起,从总督勒保讨之,与施缙并为军锋,同破贼关岭,复夹攻,连拔贼寨八,解新城围,再败之望城坡。贼匿岩洞以拒,设伏,毙贼千余,环攻于卡子河,贼大溃,解南笼围,加布政使衔。时黄草坝被围久,滇、黔道梗,常明援之,克九头山,获伪将军陆宝贵,毁马鞭田贼栅,俘李阿六等,连战皆捷,围乃解。寻克马鞍山,绕击洞洒贼巢,连攻三昼夜,禽贼酋吴抱仙于三陇口,授布政使。进克安有山,捣当丈贼巢,获逆首韦七绺须,又擒贼目黄阿金、梁国珍等于补纳山。三年,连拔雨薛岩等十八寨,苗境悉平。服阕,始莅布政使任。

是年冬,署巡抚,疏荐总兵施缙率贵州兵赴四川剿教匪。五年,因缙战殁,贵州兵不能救,常明坐褫翎顶。秋,入觐,诏念前劳,予三品顶带,留巡抚署任。题销军需,诏诘贵阳贼踪未至,募乡勇多至五万余名,用银十九万余两,命总督琅玕察核。寻奏常明虽无冒帑,处置失宜,责赔缴赏恤银九万余两。六年,石岘苗与湖南苗勾结为乱,巡抚伊桑阿檄常明率师攻克之,复原衔、花翎,寻授巡抚。七年,以挪用铅厂帑银,及失察幕僚私售铅丸,抽匿案卷事,褫职,籍没家产。既而予蓝翎侍卫,充伊犁领队大臣,调库车办事大臣。

十年,授湖北盐法道,累迁湖北巡抚。上念常明久于军事,以四川民、夷杂处,控制不易,十五年,特擢为总督,诏勉其尽职,减免赔项银万五千两,宁远府属夷地,多募汉人充佃,自教匪之乱,川民避入者增至数十万人，争端渐起。十七年，常明疏请："汉民移居夷地及佃种者，编查入册，不追既往。此后严禁夷人招佃与汉民转佃，并编保甲以资约束，增文员以便弹压，移营汛以利控制。"报可。又请川省盐课改归地丁，听民兴贩，诏斥其妨碍淮纲，不顾邻省利害，降二级留任。

十八年，署成都将军。二十年，中瞻对番酋洛布七力为乱，偕提督多隆阿、总兵罗思举往剿，自里塘进攻，破之，捣热笼贼巢，洛布七力举家焚毙。诏以未生得逆首，不予议叙。二十一年，成都革兵谋变，悉捕之置于法，诏嘉其镇静。二十二年，宁越夷扰边，遣将平之。寻卒，赠太子少保，优恤，谥襄恪。

温承惠，字景侨，山西太谷人。乾隆四十二年拔贡，朝考首擢，除七品小京官，分吏部。拔贡内用自是始。累迁郎中。五十四年，出为陕西督粮道，母忧归。高宗巡幸五台，迎銮召对，嘉其才。服阕，补延榆绥道。

嘉庆元年，川、陕、楚军事急，承惠奉檄治兴安、汉中团防。遭父忧，留军，仍摄道事。贼犯平利，承惠驰剿，山水猝涨，坠水，遇救得免。趋扼险隘，获捷。服阕，命以按察使衔仍补原官。五年，擢陕西按察使。疏言："贼扰陕境，已历数年。兵为牵缀，运饷往往不及。则驻兵以待，贼得乘间远逸。三省边境绵长，宜扼要驻兵，以逸待劳。"上韪之，歼匪首王金柱于安康，复破贼洵阳，赈抚流亡，民心渐定。迁布政使，仍留防。贼屡犯境，辄击却之。守御兴、汉先后凡六年，事定优叙。八年，调河南，修伊、洛旧渠。十年，擢江西巡抚。

十一年，调福建，兼署总督，海寇蔡牵犯台湾鹿耳门，檄总兵许松年赴海坛、竿塘与提督李长庚会剿，三沙为蔡牵乡里，增兵驻守，禁沿海接济，诏嘉之。寻调署直隶总督。

十二年，上阅古北口兵，奖其娴整，命实授。浚黑龙、温榆、北运、滏阳诸河。十三年，上幸天津，赏黄马褂。寻以巡幸点景科派，为肥乡令所揭，褫花翎、黄马褂，旋复之。十七年正月，以岁除得雪，

加太子少保。钜鹿县民孙维俭等传习大乘教,滦州民董怀信传习金
丹、八卦教,先后发觉,失察轻纵,褫宫衔、花翎、黄马褂,革职留任。
复以他事数被谴责。

十八年,河南滑县教匪起,命偕提督马瑜往剿,数战滑县近地,
破贼于道口。寻命陕甘总督那彦成总统军务,承惠为参赞。时匪首
林清在京师起事,扰及宫禁,诏以林清传教八年,承惠不能先事查
缉,及剿匪逗留罪,褫职,留治粮饷。十九年,命以员外郎赴河南睢
工效力,工竣,迁郎中,随尚书戴均元襄理永定河工。

二十三年,授山东按察使。承惠前官畿辅,不孚众望,及复起,
颇思晚盖。山东故多盗,侦知东平人广平知府王兆奎三世窝盗,密
捕治之,期年积案一清。掊击贪酷,苏困起敝,吏治为之一变。特诏
褒奖,然卒不安其位。先是盗夜劫泰安富民徐文诰家,戕其佣柏永
柱,县以误杀为文诰罪,实疑狱也。按察使程国仁入其言,锻炼定
谳,承惠至,固疑不实,于他狱盗供得其情,锐意平反。巡抚和舜武
惑于浮言,尼之。及侦获盗首王壮于吉林,具承枪杀永柱状。时国
仁已擢巡抚,旧与承惠有嫌,且护前,不欲承惠竟是狱,檄勘堤工,
承惠辞,乃劾承惠自以曾官总督,横肆不受节制,褫职,荐前兖沂道
童槐继为按察使。槐复劾承惠滥禁无辜,以罪人充捕扰民,谴戍伊
犁,其去也,国仁送于候馆,居民汹汹詈之,不及送而归。既而文诰
诉于京,命尚书文孚往鞫,未至,槐仓卒定谳,释文诰。二十五年,起
承惠为湖北布政使。逾年,以衰老降户部郎中。寻引疾归,卒于家。

颜检,字惺甫,广东连平人,巡抚希深子。拔贡,乾隆四十二年,
授礼部七品小京官,荐升郎中。五十八年,出为江西吉安知府,擢云
南盐法道,调迤南。嘉庆二年,剿威远倮匪,禽匪首札秋。擢江西按
察使,历河南、直隶布政使。

五年,护直隶总督。东明县民李车因奸砍伤七岁幼童,从重拟
绞决。永年县民梁自新勒毙继妻及媳,讯因继妻虐待前妻子有幅,
纵媳与人通奸,同谋毒毙有福,自新忿,将妻媳致死,从轻拟杖流。

两狱并为仁宗嘉许,特旨依议。梁自新加恩,再减杖徒。先是直隶回赎旗地租银,积欠至十三万两,前总督胡季堂、汪承霈屡议调剂,未有善策,检疏请复旗租原额以纾民力,积欠得全减免焉。

六年,擢河南巡抚。七年,诏检前护直督有治绩,命以兵部侍郎衔署理直隶总督。寻实授,赐黄马褂。九年,京察,予议叙。检历官畿辅,颇为仁宗所信任。寻以束鹿县民王洪中与张父观斗殴被伤,上控,承审官偏听,王洪中受责自缢,狱经部鞫,诏斥检玩视重案,下部议革职,改留任。又因他狱屡被诘责,检具疏陈谢,谕曰:"方今中外吏治,贪墨者少,疲玩者多,因循观望,大臣不肯实心。惟恐朕斥其专擅。小官从而效尤,仅知自保身家。此实国家之隐忧,不可不加整顿。卿系朕腹心之臣,其勉之。"

十年,坐易州知州陈渶亏空逾十万,查办不力,降调革任,予主事衔,效力吉地工程处。会永定河堤坏,责随筑赔修。又以刑部秋审,直隶省由缓改实者十四起,革主事衔,仍留工次,事竣,予五品衔,发南河委用。未几,复因直隶官吏勾通侵帑事觉,革职,遣戍乌鲁木齐。十三年,释回。

十四年,命以主事充西仓及大通桥监督。十五年,授湖南岳常澧道,迁云南按察使。十六年,擢贵州巡抚,寻召来京。坐前在直隶失察滦州民董怀信等传习邪教,降二级,以京员用。又坐涿州知州徐用交代朦混,降补工部郎中。十九年,授山东盐运使,命以三品顶戴为浙江巡抚,奏浚西湖兴水利。上素称检操守才干,而病其不能猛以济宽,屡加训戒。二十年,武平民刘奎养听纠入添弟会传习徒众论斩,诏斥检未究编造逆书之人,下部议。复因西湖厝棺被盗,言官劾其谳拟轻纵,命侍郎成格等往按,坐正犯由贿属诬认,诏切责,褫职。二十四年,祝嘏,予官,补刑部员外郎,逾年授福建巡抚。

道光元年,疏陈岁进荔枝树、素心兰采运艰难,诏永远停贡,并嘉检之直。二年,复擢直隶总督。先是藩司屠之申奏请直隶差徭,每地一亩摊征银一分,以示公平,诏俟检到任定议。检力言其不可行,请仍旧制。三年,以年老内召,授户部侍郎,调仓场。复出为漕

运总督。五年,坐河淤滞运,降三品衔休致。寻复以疏请截留漕粮
忤旨,降五品衔。十二年,卒。

　　论曰:冯光熊治苗疆善后,陆有仁兴陕境寨堡团练,琅玕定石
蚬苗、维西夷,清安泰保全良将李长庚,常明佐勒保平仲苗,晚任蜀
疆,镇抚番夷,皆一时疆臣之能举其职者。温承惠治畿辅无异绩,陈
枭山东,则治盗清狱有声,卒以平反冤狱遭倾陷,可谓能晚盖矣。颜
检明于吏事,治尚安静,而屡以宽纵获谴焉。

清史稿卷三五九
列传第一四六

岳起　荆道乾　谢启昆
李殿图　张师诚　王绍兰
李奕畴　钱楷　和舜武

　　岳起，鄂济氏，满洲镶白旗人。乾隆三十六年举人，议叙，授笔帖式。累擢户部员外郎、翰林院侍讲学士、詹事府少詹事。五十六年，迁奉天府尹。前官贪黩，岳起至，屋宇器用遍洗涤之，曰："勿染其污迹也！"与将军忤。逾年，擢内阁学士，寻出为江西布政使。殚心民事，值水灾，行勘圩堤，落水致疾。诏嘉其勤，许解任养疴。

　　嘉庆四年，特起授山东布政使。未几，擢江苏巡抚。清介自矢，僮仆仅数人，出屏驺从，禁游船声伎，无事不许宴宾演剧。吴下奢俗为之一变。疏陈漕弊，略曰："京漕积习相因，惟弊是营。米数之盈绌，米色之纯杂，竟置不问。旗丁领运，无处不以米为挟制，即无处不以贿为通融，推原其故，沿途之抑勒，由旗丁之有帮费。旗丁之索帮费，由州县之浮收。除弊当绝其源，严禁浮收，实绝弊源之首。请下有漕各省，列款指明，严行禁革，俾旗丁及漕运仓场，无从更生观望冀幸之心。"诏嘉其实心除弊。常州知府胡观澜结交盐政征瑞长随高柏林，派捐修葺江阴广福寺。岳起疏言观澜、柏林虽罢逐，尚不足服众心，请将钱二万余串责二人分偿，以修苏州官塘桥路。丹徒知县黎诞登讽士绅胪其政绩保留，实不职，劾罢之。

五年，署两江总督，劾南河工员庄刚、刘普等侵渔舞弊，莫沄于任所设店肆运货至工居奇网利，并治如律。扬州关溢额税银不入私，尽以报解。核减两蕃司耗羡闲款，实存银数报部；并下部议行。六年，疏请浚筑毛城铺以下河道堤岸，上游永城洪河，下游萧、砀境内河堰，并借帑举工，分五年计亩征还，允之。

八年，入觐，以疾留京，署礼部侍郎。会孝淑皇后奉移山陵，坐会疏措语不经，革职留任。寻命解署职，遂卒。帝深惜之，赠太子少保，赐恤如例。

无子，诏问其家产，仅屋四间、田七十六亩，故事，旗员殁无嗣者产入官。以岳起家清贫，留赡其妻。妻殁，官为管业，以为祭扫修坟之资。异数也。妻亦严正，岳起为巡抚时，一日亲往籍毕沅家。暮归，饮酒微醺。妻正色曰："毕公耽于酒色，不保其家，君方畏戒之不暇，乃复效彼耶？"岳起谢之。及至京，居无邸舍，病殁于僧寺，妻纺绩以终。吴民尤思其德，呼曰岳青天，演为歌谣，谓可继汤斌云。

荆道乾，字健中，山西临晋人。乾隆二十四年举人。大挑知县，官湖南，历麻阳、龙山、东安、永顺、慈利、靖州。所至有惠政，屏陋规，平冤狱。在靖州赈饥，尤多全活，屡膺上考。四十七年，迁甘肃宁夏同知，入觐，大学士刘墉曾官湖南巡抚，称之曰："第一清官也。"名始著。寻署石峰堡同知，时方用兵，治事不废，修复水利，复荐卓异记名。五十四年，擢安徽池州知府，屡署徽宁池太道，管芜湖关，赢余不入己，以充赈恤。调安庆，朱珪为巡抚，尤信任之，疏荐，擢山东登莱青道，摄布政使。以激浊扬清为己任，荐廉吏崔映淮、李如珩等，而劾不饬者。

嘉庆二年，迁按察使。四年，迁江苏布政使。先是州县存留俸薪役食及驿站经费，改解藩库，俟奏销后请支，始则防吏侵挪，久之解有浮费，发有短平。或勒抵前官亏空，佐杂教官不能得俸，驿传领于臬司。或苛驳案牍，因索馈遗，邮政日弛废。道乾入觐时，面陈其弊，请悉依定章，于州县征收时开支，省解领之繁。仁宗俞可。至是疏上施行,天下便之。上方欲整饬漕政,以巡抚岳起及道乾皆有清名,责其肃清诸弊。到官三阅月,擢安徽巡抚,疏请禁征漕浮收旧耗米一斗,给运丁五升,加给二升。运丁所得,有据可考。其所用沿途浮费,采访知之,应禁革。诏下所奏于有漕各省永禁。又言:"屯田所以赡运,每丁派田若干及应得正身亲领,以杜包领欺压之弊。田册归粮道收管,另造副册发各卫以备查验。"并允行。宿州、灵璧、泗州水灾,道乾亲往监视赈厂。六年,以病乞罢,诏许解任调理,俟病痊来京候简。次年三月,诏询道乾病状,已先卒于安庆,帝悼惜,赐祭,赐其孙炆举人。

道乾由监司不三年擢至巡抚,求治益急,不避嫌怨,自处刻苦。临殁,呼旧僚至寝所,指床下金示之曰:"吾受重恩,积养廉数千两,足以归丧。诸君素爱我,勿为敛赙。"又呼其兄曰:"兄仁弱,勿听人怂恿受赙违吾意。"兄如其言。

谢启昆,字蕴山,江西南康人。乾隆二十六年进士,朝考第一,选庶吉士,授编修。典河南乡试,分校礼闱,均得士。三十七年,出为江苏镇江知府,调扬州。明于吏事,所持坚正,上官异意不为夺。治东台徐述夔诗词悖逆狱迟缓,褫职戍军台。寻捐复原官,留江南。父忧,夺情署安徽宁国知府。复遭母忧,服阕,称病久不出。五十五年,特擢江南河库道,迁浙江按察使。六十年,迁山西布政使。州县仓库积亏八十余万,不一岁悉补完。高宗异其才,以浙江财赋地亏尤多,特调任。历三岁,亦弥补十之五。

嘉庆四年,擢广西巡抚。上疏,略曰:"各省仓库积弊有三变。始则大吏贪婪者利州县之馈赂,偾事者资州县之摊赔。州县匿其私橐,以公帑应之,离任则亏空累累。大吏既饵其资助,不得不抑勒后任接收。此亏空之缘起也。继则大吏庸暗者任其欺蒙,姑息者又惧兴大狱,以敢接亏空为能员,以禀揭亏空为多事。州县且有藉多亏挟制上司升迁美缺者。此亏空之滥觞也。近年不职督抚相继败露,诸大吏共相濯磨,州县亦争先弥补。但弥补之法,宽则生玩,胥吏因缘为奸，急则张皇，百姓先受其累。各省贫富不同，难易迥别，一法立即一弊生，惟在因地制宜。率定章程，又多窒碍。请饬下各省先查实亏之数、原亏之人，如律论治。其无著者，详记档案，使猾吏无可影射。多分年限，使后任量力补苴，不必展转株求，亦不必程功旦夕。责成督抚裁陋规以清其源，倡节俭以绝其流，讲求爱民之术以培元气，奖擢清廉之员以励官常。日计不足，月计有余。不数年间，休养生息，不徒仓库充盈，吏治民生亦蒸蒸日上。广西自孙士毅经营安南，军需供亿，所费不赀，米银装械，毁弃关外，令州县分赔，遂致通省皆亏。本非州县侵蚀，且人已去任，接收者正在补苴，一经参追，难保不劝捐派累。惟率司、道、府省衣节食，革去一切陋规，俾州县从容弥补，进廉去贪，无累百姓，计三年之内，库项必可补足。惟是数十人补之而不足，一二人败之而有余。是又在知人善任，大法小廉，不爱逢迎，不存姑息，庶不致后有续亏之患。"又言："弥补亏空，初不为一身免累之计，乃有实际。臣前历山西、浙江，皆未咨部，亦未咨追原籍。盖当日之员，大半死亡遣戍，子孙贫乏者多，咨追徒滋纷扰，如数完缴者实无二三，现任反置身事外。广西库项未完者三十九州县，核其廉数多寡，分限三年，按月交库，于交代时有不足者，即以亏空论劾。"疏入，仁宗嘉纳焉。时诏买补仓谷，取诸丰稔邻县，禁于本境采买。启昆言广西跬步皆山，转运不减于谷价，恐不肖者因采买之难，或为勒派，请仍听本境买补便，诏如所议。

广西土司四十有六，生计日绌，贷于客民，辄以田产准折。启昆请禁重利盘剥，违者治罪。田产给还土司，其无力回赎者，俟收田租满一本一利，田归原主，五年为断，其不禁客民入苗地者，廉土民驯愚，物产稀少，藉贩运以通有无也。仿浙江海塘竹篓囊石之法，修筑兴安陡河石堤，以除水患。河流深通，旧铜船过陡河必一月，至是三日而毕。七年，卒于官，诏嘉其廉洁。于所节省浔、梧两关盈余项下赐银三千两治丧。广西土民请祀名宦祠。

启昆少以文学名，博闻强识，尤善为诗。著《树经堂集》、《西魏书》、《小学考》，晚成《广西通志》，为世所称。

李殿图，字桓符，直隶高阳人。乾隆三十一年进士，选庶吉士，授编修。典湖南乡试，迁御史。督广西学政，迁给事中。

四十九年，甘肃回乱，从阿桂、福康安赴军治粮饷、台站，授巩秦阶道。军事初竣，民、回相雠，焚掠报复，讹言时起。殿图处以镇静，叛党缘坐，妇稚量情释宥。罹害户口，随宜赈恤，流亡渐安。卓泥土司与四川松潘、漳腊各番争噶噶固山界，殿图累骑履勘，历小洮河、丈八岭、鹦哥口，皆人迹罕到，群番导行，片语判决，立石达鱼山顶而还，高宗几余考泾、渭清浊源流，命殿图亲勘，自秦州溯流至鸟鼠、崆峒，绘图附说以进，诏嘉其详实。

六十年，迁福建按察使，嘉庆三年，就迁布政使。疏言："乾隆中，业农家必畜骡马三四以任耕种，嗣后官吏借用应差，渐形滋扰，应严行革除。狱讼必速为审结，开释无辜，小民始得安业。常平仓谷积久弊生，民未受益，官仓已受其亏。无灾之年，不宜贷假。吏役例有定额，近则人思托足，藉免役徭。关津税口，官署长随，呼朋引类，并为奸数，宜并禁止。"诏下直省一体察禁。闽俗售田，田面田根，纠缠不决。蠹吏影射，佃户顽抗。钱粮日多脱欠，征收不敷，每以虚出通关而致亏缺，殿图奏请严治。在任逾年，库储大增。

擢安徽巡抚，七年，调福建。有林、陈、蓝、胡诸大姓纠众械斗，治如律。治海盗三脚虎及蔡牵羽党，请祀海洋阵亡官兵，缉匪死事者一体入祀，从之。十一年，蔡牵久未平，仁宗以台湾剿捕事殷，殿图操守尚好，军务未娴，调江西巡抚。寻诏斥殿图于军事无所陈奏，又不能禁止海口偷漏水米火药。降四五品京堂。又以所属久羁案犯，以中允、赞善降补。寻迁翰林院侍讲，引病归。十七年，卒。光绪初，闽浙总督文煜疏陈殿图前任福建政绩昭著，谥文肃。

张师诚，字兰渚，浙江归安人。乾隆中，南巡，召试赐举人，授内阁中书，充军机章京。迁吏部主事，忤和珅，缘事降中书。得应会试，五十五年，成进士，改庶吉士，授编修。嘉庆元年，出为山西蒲州知府,历雁平道,河南、江苏按察使,迁山西布政使。州县仓库多亏,师诚知清查有名无实,特严于交代之际,有亏必完,在任三年,库储充裕。十一年,擢江西巡抚,以兼提督,赐花翎,遂著为令。寻调福建,清治淹牍,疏陈整顿积弊事宜,诏嘉勉。

时海盗蔡牵、朱濆方猖獗,总督玉德废弛黜去,阿林保继任,复与提督李长庚不协。师诚至,始严防海口,杜岸奸接济,筹备船械,长庚得尽力剿捕。是年冬,长庚追蔡牵于粤洋,以伤殒。牵犯台湾后山噶仔兰,为生番击退,请收其地入版籍,免为贼踞。十三年,朱濆与牵有隙,独窜闽洋,总兵许松年击毙之。其弟渥,势蹙思投首,会道员德华由台湾内渡,遇牵党围劫,渥救之,藉以通款,寻复拒敌粤师不果降。十四年,阿林保调两江,师诚暂署总督。闻蔡牵窜浙洋,亲驻厦门,提督王得禄、邱良功合剿,毁盗舟,牵堕海死。朱渥寻率三千余人归诚,赦其罪,海疆以安,闽人刊石乌石山以纪功,海寇稽诛久,由闽、浙不能合力,自师诚治闽,而阮元复莅浙,始告成功。仁宗嘉其严断接济,为殄寇之本。京察特予奖叙。

十九年,调江苏,百龄为总督,诸巡抚皆承望风旨,师诚独举其职。初彭龄奉命同查亏帑,意与百龄、师诚不合,遂劾两人皆受馈遗,而不得实,诏原之。会百龄穷治逆书狱,闾阎悚息,巡抚所主五府州得无扰。川沙民有烧香传徒者,有司密捕解江宁,师诚遣标弁要于途,交按察司依律鞫治,免辜磔者数十人,时以称之。二十一年,父病笃,不俟代回籍,被严议褫职。寻予编修,服阕,迁中允。历江西、安徽布政使。道光元年,擢广东巡抚,调安徽,继母忧去官。复历山西、江苏巡抚。六年,召授仓场侍郎。以病乞归,卒于家。

师诚警敏综核,在当时疆吏中有能名,治福建最著,继之者为王绍兰。

绍兰,字南陔,浙江萧山人。乾隆五十八年进士,授福建南屏知县,调闽县。巡抚汪志伊荐其治行,仁宗曰:"王绍兰好官,朕早闻其名。"召入见,以知州用,擢泉州知府。漳、泉两郡多械斗,自绍兰治泉州,民俗渐驯,而漳州守令以械斗狱获罪,诏举绍兰以为法。擢兴泉永道,捕狱蔡牵养子蔡三及其党蔡昌等,予议叙。迁按察使,母忧去,服阕,起故官,就迁布政使。嘉庆十九年,擢巡抚,始终未出福建。寻汪志伊来为总督,与布政使李赓芸不合,因讦告受赂,劾治,属吏希指罗织,赓芸愤而自缢。志伊获谴,绍兰坐不能匡正,牵连罢职。

少嗜学,究经史大义。去官后,一意著述,以许慎、郑康成为宗,于《仪礼》、《说文》致力尤深,著书皆可传。

李奕畴,字书年,河南夏邑人。乾隆四十五年进士,选庶吉士,授检讨。大考改礼部主事,典贵州乡试,荐迁郎中。五十七年,出为山西宁武知府,调平阳,有政声。历江苏粮道、山东按察使。嘉庆十一年,坐巡抚保荐属吏违例,牵连被议,左迁江南河库道。

十三年,迁安徽按察使,治狱明慎,多平反。霍丘民范受之者,赘于顾氏,与妻反目,外出久不归。县令误听讹言,谓其妻私于邻杨三,锻炼成狱,当顾氏、杨三谋杀罪,其母与弟及佣工某加功,实无左证,五人者不胜刑,皆诬服。奕畴阅供词,疑之,骤诘曰:"尔曹言骨已被焚,然尚有脏腑肠胃,弃之何所?"囚不能对,惟伏地哭。奕畴慨然曰:"是有冤!"使干吏侦之,至陈姓家,言正月十五夜受之曾过宿,而谳曰被杀在十三日,乃缓系诸囚,严缉受之。久之,受之忽自归,则以负博远避,不敢使家人知所在,今始闻大狱起,乃归投案也。事得白,奕畴故无子,狱既解,乃生子铭皖。民间传颂,至演为剧曲。就迁布政使。

十八年,擢浙江巡抚。时近畿教匪未靖,或言严、衢两郡匪徒传习天罡会,诏奕畴严治。奕畴逮讯叶机、姚汉楫等,实止愚民相聚诵经祈福,无逆迹,坐罪首犯数人,株连皆省释。安徽、江西游民来浙租山垦种者日众,言官请禁。奕畴疏陈势难遽逐,请分年遣令回籍。上悟曰:"兹事不易言。游民皆无恒产,驱之此省,又转徙他省,断不能复归乡里。"命徐谋教养,俾流亡者变为土著,乃得安。

寻授漕运总督,在任五年,运务无误,奕畴固长者,待下宽,坐滥委运弁降四级，命以吏、礼二部郎中用。复以运弁纵容帮丁索费，被劾，降主事。二十五年，宣宗即位，命奕畴以尚书守护昌陵。道光二年，原品休致。十九年，重宴鹿鸣，加太子少保。明年，会榜重逢，子铭皖适登第，同与恩荣宴，称盛事焉。二十四年，卒，年九十有一。

钱楷，字裴山，浙江嘉兴人。乾隆五十四年进士，迁翰林院庶吉士，散馆改户部主事，充军机章京。嘉庆三年，典四川乡试，督广西学政，回京，仍直军机。选礼部郎中，调刑部，甚被眷遇，截取京察当外用，予升衔留任。十一年，诏嘉楷久直勤勉，以四五品京堂用。历太常寺少卿、光禄寺卿。十二年，京师旱，疏请循《汉书》求雨闭阳纵阴之说，停止正阳门外石路工程，诏"修省在实政，无事傅会五行。"罢其奏，迭命往河南、山西鞫狱，次第奏结，无枉纵。授河南布政使，十四年，护理巡抚，暂署河东河道总督。擢授广西巡抚，寻调湖北。

十六年，疏言："外洋鸦片烟入中国，奸商巧为夹带。凡粤东西两省匪类纠结，多由于此，以致盗风益炽，请饬闽、粤各关监督并近海督抚，严督关员盘检，按律加等究办。内地货卖一经发觉，穷究买自何人，来从何处，不得含糊搪塞，将失察偷漏监督委员及地方官一体参处，务使来踪尽绝，流弊自除，乃清理匪源之一端也。"诏下沿海督抚认真察办。授户部侍郎，兼管钱法堂事。奏陈湖北地方事宜应酌剂者四端：请附近荆州粮米供支满营兵食，余俱改归。北漕沿江契买洲地，准其耕种纳粮，无契者作为官地，召佃承种。新设提督，移驻襄阳府城。楚北均食淮盐，襄阳、宜昌等府筹议减价。下所司会议，惟沿江洲地一事照行，余以窒碍置之。

复出署河南巡抚。匪徒王胖子勾结南阳饥民滋事，成大狱。楷至任，疏言："前任巡抚恩长于南阳匪徒一案，前后具奏情节与原报不符，办理过当。府、州、县等缉犯并未废弛，平日声名尚好，现拟绞候之二十余犯，明年秋审均应情实，不敢知而不言。"诏以"句决与否，临时自有权衡，非臣下所可豫定。地方官咎有应得，岂能开复？"斥楷敷陈未当，近于喜事，调补工部侍郎。寻授安徽巡抚。以歙县监生张良璧采生毙命,命楷亲讯。谳拟未依凌迟律,失于轻比,部议降一级调用,改降二级留任。十七年,卒。诏以"楷直枢曹久,有劳,自简封圻,治理安静。母程年逾七旬。嗣子尚幼,深悯之,特赐恤。"

和舜武,伊拉里氏,满洲镶蓝旗人。官学生,考授太常寺笔帖式。累迁步军统领衙门员外郎。以治狱明获议叙,迁兵部郎中,兼公中佐领。嘉庆十五年,出为江苏盐法道,累迁山东布政使,整饬吏治,舆论归之,二十二年,擢山西巡抚,调河南。会布政使吴邦庆疏请于漳、衡合注之处建闸坝,和顺武谓:"漳河盛涨湍悍,非一闸所能御,越闸旁趋,且停蓄泥沙,塞卫水宣泄之路。"疏请罢之,仍旧章每年挑浚宝公河以资盐运,如所议行。逾年,调山东。仁宗闻其前为布政使有声,故有此授。山东民俗好讼,又近畿,辄走诉京师。和舜武再莅,讼顿减,特诏褒勉。疏请清理京控积案,责巡抚、蕃、臬分提鞫讯,月定课程,各自陈奏。又请酌改窃盗窝匪条例,加重定拟,俟盗风稍辑,复旧:并从之。至年终,审结积案千余起。予优叙。京察复予议叙。二十四年,卒,上甚惜之,优诏赐恤,赠总督衔,谥恭慎。

论曰:仁宗初政,特重廉吏。岳起、荆道乾清操实政为之冠。谢启昆、张师诚才猷建树,卓越一时:并专圻硕望矣。李殿图、李奕畴、钱楷亦各以明慎慈惠见称,和舜武课最簿书,遂邀易名旷典。王绍兰一眚坐废,晚成经学:殆有幸有不幸哉?

清史稿卷三六〇
列传第一四七

司马骃　　王秉韬 嵇承志
康基田　　吴璥　　徐端
陈凤翔　　黎世序

　　司马骃，字云皋，江苏江宁人。乾隆中，大学士高晋为两江总督，辟佐幕司章奏。习河事，以从九品留工效用，授山阳主簿。累迁淮安同知。仍兼幕职。从晋塞河，屡有功。萨载继任总督，亦倚之。五十年，奏擢江南河库道。道库岁修六十万，溢额则俟上闻，遇险工，厅员借帑，久辄因缘为弊，骃从容筹补，公私具举。五十五年，迁江西按察使。在官七年，巡抚簠簋不饬，被劾多所牵连，骃以谨慎获免。嘉庆元年，迁山西布政使。二年，调山东，兼管河务。是年秋，曹州河溢，命骃偕两江总督李奉翰、南河总督康基田、前山东巡抚伊江阿同任堵塞。冬，擢河东河道总督。曹工寻合龙。三年春，西坝蛰，革职留任。疏言豫东两岸堤工卑薄，请择要增高，以御汛涨。诏以下游不能深通，徒事加堤，斥其不揣本而齐末，曹工之蛰，由于堵筑不坚，罚骃等赔修，夺翎顶，所议工事仍允行。九月，睢州河溢，诏免治罪，责速塞。四年正月，工竣，复顶戴，议叙，免其代赔帑银。寻卒于工次，赐恤。

　　王秉韬，字含溪，汉军镶红旗人。由举人授陕西三原知县。累迁河南光州直隶州知州。缘事降浙江按察司经历,改云南知县。累迁山西保德知州,有政声。五十五年,擢安徽颍州知府,因谳狱迟延罢职,诏以原官发江苏,补淮安。嘉庆二年,复调颍州。会教匪犯河南,去颍州甚近。秉韬慨然曰:“同为守土臣,岂可以畛域遗害乎?”与寿春镇总兵定柱团结乡勇数千,励以忠义,助粮饷,战于境上,破贼走之。时大学士朱珪为安徽巡抚,器其才。未几,擢广西左江道。复以在颍州失察逸犯,罣议,镌级去官,留治江南丰、砀河工。寻署庐凤道。洎仁宗亲政,朱珪荐之,擢奉天府尹,迁河南布政使。五年,擢河东河道总督。

秉韬老于吏事,治河主节费,堤埽单薄择要修筑,不以不急之工扰民。河北道罗正墀信用劣幕舞弊,曹考通判徐𤍤张皇靡费,并劾治之。薪料如额采买,河员滥报辄驳斥,使多积土以备异涨,于是浮冒者不便其所为,言官遽论劾,诏慰勉,戒勿偏于节省。七年,防汛,卒于工次。

秉韬性方正,不沽名,时疆吏中长麟、江志伊并以廉著,秉韬不惬其为人,尝曰:“长三、汪六皆名过其实,奚足贵?”继其任者为嵇承志。

承志,大学士璜子。由举人官内阁中书,累迁长芦盐运使。五十九年,天津海河溢,筑堤守御,高宗以承志无守土责,能尽力,特诏嘉之。寻病归。嘉庆六年,从侍郎那彦宝治永定河,复授长芦盐运使。七年,署河东河道总督。承志年已老,上特以其家世习河事,故任之。八年,河决封丘衡家楼,次年,塞决工竣。召还京,授大理寺少卿。十年,迁顺天府尹。寻卒。

康基田,字茂园,山西兴县人。乾隆二十二年进士,授江苏新阳知县,调昭文。为令几十年,迁广东潮州通判。以获盗功,晋秩同知。累迁河南河北道,调江南淮徐道,治河有声。五十二年,擢江苏按察使。命每年大汛赴淮、徐襄河务。六月,河南睢州河溢,基田奉檄驰往堵筑。次年,迁江宁布政使,兼河务如故。五十四年,署江南河道总督,寻回任。六月,基田防汛睢南,值周家楼河溢,上游魏家庄大埽翻陷,基田压焉,援救得生。诏嘉其奋勉。特加恩赉。五十五年,护理安徽巡抚。以高邮粮胥伪造印串,巡抚闵鹗元被严谴,褫基田顶戴。复以陈奏不实,革职逮问,遣戍伊犁,寻许赎罪,以南河同知用。五十六年,仍授淮徐道。五十九年,力守丰汛曲家庄堤,特诏褒奖。擢江苏按察使,调山东,仍兼黄、运两河事。

嘉庆元年,南河丰汛河溢,基田赴工襄治,迁布政使。命回山东,疏消漫水,抚恤灾民,基田遂往来其间,次年春,丰工竣,赐花翎。擢江苏巡抚。秋,河溢砀山杨家坝,命驰视。山东曹县河亦溢,复命往襄同堵筑。授河东河道总督,寻调南河。三年,曹工合而复蛰,部议革职,诏宽免。疏言:“口门深逾十丈,拟就二坝前河势湾处开引河,别筑一坝,即以旧西坝改作挑水坝,俟秋后兴工。”诏责其延玩,褫翎顶。寻命专任下游挑河事。九月,河南睢州河复溢,水入涡、濉诸河,正河断流,大工旋合。次年春,睢工亦竣,河归故道,引河通畅,复翎顶。时有条奏治海口及复旧制混江龙者,基田疏言:“治河之法,首在束水攻沙。自曹工漫溢,溜或旁趋,遂致正河淤垫。因上决而下淤,非先淤而后决。今睢工、曹工既竣,连年黄水漫衍,所在停沙,比至清江会淮,已成清水,海口刷涤宽三百数十丈,毋庸疏浚。混江龙助水之力甚微,不若束水攻沙、以水治水之力大而功倍。”仁宗嘉纳之。

秋,河溢邵家坝。十二月,堵合未旬日,坝复蛰,渗水,责基田赔帑。五年正月,坝工失火,积料尽焚,革职,留工效力。基田驭下素严,督率将卒守堤,动以军法从事,稽延者杖枷不贷,人多怨之。又官吏积弊惧揭,阴纵火以掩其迹。帝亦知基田性刚守洁,惟责其苛细,仍命随办要工,欲复用之。及邵家坝工竣,以知州用,补江苏太仓直隶州。逾年,擢广东布政使,调江西,又调江宁。十一年,因贵州铅船迟滞,降调,授户部郎中。

十三年,从协办大学士长麟、戴衢亨察视南河,基田请修复天然闸,迤东十八里屯二石闸,靳辅所建也,足以减黄济运,且山石夹峙,无夺溜冲决之患,据以入告。帝嘉其留心河务,加道衔,赐花翎。寻予太仆寺少卿职衔,稽核南河要工钱粮。十六年,以年逾八旬,乞休,允之,命来京就养,以示优恤。后议改建山盱五坝,特命与议。基田疏陈:"旧制尽善,不宜轻改。今仁、义、礼三坝石底损坏,跌成深塘,不得已为变通之计。请将仁、义二坝先改其一,俟大汛果见顺利,再议添所建。拟礼坝先筑草坝,非湖水大涨,不可轻放。"奏入,报闻。十八年,乡举重逢,赐三品卿衔,与鹿鸣宴。寻卒。

吴璥,字式如,浙江钱塘人,吏部侍郎嗣爵子。乾隆四十三年进士,选庶吉士,授编修。大考擢侍讲学士,典陕西乡试。五十四年,督安徽学政。召见,高宗因其父曾为总河,询以河务,所对称旨,即日授河南开归陈许道。累迁布政使。五十九年,巡抚出视赈,璥充乡试监临,闻河水暴涨,即出闸驰防,帝嘉之。六十年,署巡抚。

嘉庆二年,楚匪齐王氏犯河南,击走之,复剿息县匪,赐花翎。母忧留任。四年,署河东河道总督,寻实授。请增河工料价,归地粮摊征,诏斥其病民,革职留任。五年,调南河,堵合邵家坝漫口,加太子少保。八年秋,河决衡家楼,命豫筹来年漕运,请疏邳州、宿迁诸闸,于宿迁、桃源交界筑束水草坝,浚淤浅,依议行。又言徐州一带河水宽深而未消落,乃海口壅塞所致,诏相度治之。寻疏陈:"云梯关海口暗滩,尚非全被阻遏。请于黄泥嘴开引河,并挑吉家浦、于家港、倪家滩、宋家尖诸滩。"允之。九年秋,洪湖水涨未消,请缓筑仁、智两坝,以保堰、盱堤工。时东河衡工甫合,清江浦河口水浅阻粮船,上谓清水力弱,由启放仁、智等坝所致,命侍郎姜晟往会筹蓄黄济运。璥与合疏请堵二坝,及惠济闸之钳口坝使湖水全力东注,刷通河口,并启李工口门,减掣黄水,从之。上终以璥多病,治河不力,虽宥其罪,命解职。十年,授兵部侍郎,调仓场侍郎。

十一年,复授河东河道总督。因料物例价不敷,请依南河按时价折销,允之。复请岁料帮价归地粮摊征,被严斥,革职留任。寻又以堤堰工需并入衡工善后题销,上切责之。十三年,召回京,授刑部

尚书。命偕侍郎托津赴江苏鞫狱，并勘议海口改道，请仍复故道，接
筑云梯关外大堤，从之。复授江南河道总督。十四年，疏陈："海口
应浚，而大堤不坚，旁泄必淤。蓄清为要，而堤坝不复，遇涨必溃。今
闸坝无减黄之路，五坝无节宣之方，皆宜急为救治。"诏题之，令尽
心经理。是冬，以海口挑复正河，费用浩繁，不及于次年挑汛前举
工，请权宜仍浚北潮河以通去路。十五年春，偕两江总督松筠合疏
请修复正河，诏允行；而斥敤无定见，前后矛盾，责其认真督治，不
得以事由松筠主持为推诿之地，寻因病乞假，诏解职，俟病痊以六
部尚书用。

　　敤既去任，松筠疏论河工积弊，谓敤与徐端治理失宜，用人不
当，垫款九十万，恐有冒捏，又两淮盐政阿克当阿劾扬河通判缪元
淳浮冒工款，称："敤路过扬州，与言厅员营弁不肖者多，往往虚报
工程，且有无工借支。前在任六七年，用帑一千余万，今此数年，竟
至三四千万。"诏斥敤知而不奏，命尚书托津等往南河按之，劾敤失
察误工。又浚淮北盐河，未经奏陈，浚后复淤，诏切责，降四级调用，
与徐端分赔盐河工款，命敤赴南河襄办王营减坝及李家楼漫口。十
七年，补光禄寺卿，累迁吏部侍郎。

　　十八年，睢州河溢，命赴南河察勘湖河。十九年，授河东河道总
督，督治睢工。次年，迁兵部尚书，工竣回京，历刑部、吏部，协办大
学士。上以敤练习河务，无岁不奉使出勘河。二十一年，协防东河
秋汛。二十二年，勘睢工及山东运河，南河萧南民堰，清江浦御黄、
束清诸坝。二十三年，筑沁河漫口。二十四年，筑河南兰阳、仪封及
武涉马营坝决口。二十五年，勘南河束清、御黄诸坝及泄水事宜。其
间再署河南巡抚，一署河东道总督。道光元年，以病免。二年，因侍
郎那彦宝治河不职降黜，追论敤与同罪，虽已致仕家居，褫其翎顶。
寻卒。

　　徐端，字肇之，浙江德清人。父振甲，官江苏清河知县。端少随
任，习于河事。入赀为通判。乾隆中，河决青龙冈。振甲知涉县，分

挑引河，端佐役，大学士阿桂督工，见而器之，留东河任用，授兰仪通判。寻升缺为同知，调睢宁，又调开封下南河。

嘉庆三年，署山东沂曹道。睢州河决，端预筑曹州堤，得无害。四年，擢江西饶州知府，未之任，调江苏淮安。七年，擢淮徐道，丁父忧，与假治丧，仍回任。九年，加三品顶戴，护理东河河道总督。时衡家楼甫塞决，诏以前官王秉韬惜费，稽承志年衰，修防多疏，责端通筹全河为未雨绸缪之计。端疏陈临河埽工固紧要，无工之地尤须慎防，仁宗韪之。冬，清口水浅阻漕船，端偕尚书姜晟等往视，请展引河，启祥符五瑞坝，分河水入洪湖助清敌黄，清口乃通。寻授江南河道总督。十年，请疏治云梯关沙淤，培筑桃源以下堤工。又请移建河口束清坝于迤南湖水汇出之处，以资节制。挑清坝外筑束清东坝，对岸张家庄增筑西坝，留口门二十丈，视湖水大小为束展：诏允行。秋，筑义坝。时命侍郎戴均元会筹蓄黄济运。端与合疏请浚王营减坝以下盐河，遇盛涨，相机启放，庶黄减淮强，湖水畅出，堰工亦免著重，从之。

十一年，洪湖异涨，高堰赖新筑子堰抵御，不为害。俄黄水并涨，决盐河民堰，运河东岸荷花塘亦决，以功过相抵。免议。旧制，南河设正副总河，后裁其副。至是授戴均元为河道总督，端副之。秋，河决周家楼，上游郭家房堤蛰，命端专治郭家房堵口，四阅月工竣。时黄水由减坝六塘河入海，正河断流，群议改道，上颁示《御制黄河改道记》，命端视察海口。寻以六塘河下游水势散漫，难施工作，复颁示《御制治旧河记》，命端专驻减坝督工。十二年春，工竣，河循故道，加太子少保。秋，海潮上漾，河由陈家浦旁溢入射阳湖归海，请于黄泥嘴建坝，择要疏淤，俾仍故道。

十三年，署正总河。先是端屡言河淤由于海口流缓，宜接筑云梯关外长堤，束水攻沙，未及举。至是两江总督铁保疏申前议，并请培高堰土坡，修补智、礼二坝，以备湖涨。复毛城铺石堤、王营减坝，以节宣黄水。端赞其议。命协办大学士长麟、戴衢亨察视，惟辍毛城铺坝工，改建徐州十八里屯双闸，余依原议行。夏，湖水涨，端启智、

信二坝,不敷宣泄,坏砖工百余丈,褫翎顶,降三级留任。寻堵合,复
之。时黄水由马港口分流,经灌河口归海,命尚书吴璥、侍郎托津会
勘,以荷花塘坝工垂成复蛰,降端为副总河。十五年,复授河道总
督,裁副总河。端始终主复旧海口堵马港,命尚书马慧裕会同督治。
两江总督松筠劾端于河流逢湾取直,以致停淤,上不直其奏,端疏
辨,诏松筠无预河务,责端与慧裕速施工,勿游移。寻以洪湖风汛,
坏高堰、山盱两厅工甚巨,革职留任。松筠复密陈端只知工程,不晓
机宜,糜帑千万,迄无成功,且恐有浮冒之弊。诏斥端不胜河督之
任,革职留工,专任堵筑义坝。十六年,命以通判用,复命治李家楼
引河。十七年,工甫竣,病卒。

端治南河七年,熟谙工作。苇柳积堤,一过测其多少。与夫役
同劳苦,廉不妄取,河工积弊,端知之,惮于轻发,欲入觐面陈而终
不得,以至于败。继之者为陈凤翔,河事遂益敝。

陈凤翔,字竹香,江西崇仁人。眷录,议叙县丞,发直隶河工,累
迁永定河道。嘉庆六年,畿辅大水,河决者四,凤翔从侍郎那彦宝塞
决,为仁宗所知。逾年,丁父忧,赐金治丧。后复授永定河道。

十四年,擢河东河道总督,逾年,调南河。时南河敝坏已久,河
湖受病日深,诏以蓄清敌黄为急务,其要在修复高堰之堤,责凤翔
克期程工,尤以借黄济运为戒。十六年,疏陈急治河口及运河各工,
高堰二堤亦次第兴办。寻偕两江总督勒保奏报堵合御黄、钳口两
坝,疏末微言:“海口北岸无人烟之地,面面皆水,俟秋间水落,相机
办理。”上以上年堵筑马港,两岸皆新堤,北岸地势尤高,明是新决
讳饰,责令据实奏闻。适王营减坝土堤又决,诏切责,革职留任。寻
奏:“王营减坝旁注,由海口逼紧,水无他路,致有漫溢,请俟水落,
修筑减坝海口,但保南岸,勿筑北岸,以免水逼。”援引高宗谕旨云
梯关外勿与水争地,诏以“从前濒海沙滩无居民,今则马港口外现
有村落,非昔可比。且水热散漫,河缓沙停,弊不胜言。又凤翔等所
绘海口图无村落地名,与十三年吴璥所呈图说不同,河形曲直亦

异。"斥凤翔意存朦混,恃才妄作:"前称云梯关外溜势畅达,未挑处刷深至十余丈,可见海口非高仰。凤翔既未身历其境,今因北岸漫溢,束手无策,反言从前挑筑皆属非计,以相抵塞。"特简百龄为两江总督,与凤翔同勘海口。凤翔谓海口不能畅,下壅在上溃,诿为淮海道黎世序所言。而世序实谓下壅在倪家滩新堤上下,非在海口。及百龄至,亲勘海口深通,惟中段涸成平陆,乃去岁挑河积土河滩,春水漫刷,仍归河内。又拦潮坝放水时,坝根起除未净,阻水停淤,世序屡请筹办,凤翔视为缓图,诏斥因循贻误。会上游绵山拐、李家楼两处漫口,革职留任。

十七年春,礼南又决,百龄劾:"凤翔急开迟闭,坝下冲动,不早亲勘堵筑,用帑二十七万两有奇,而坝工未竣,清水大泄,下河成灾。"严诏斥凤翔贻误,革职,罚赔银十万两,荷校两月,遣戍乌鲁木齐。寻凤翔诉辨,命大学士松筠、府尹初彭龄按讯,得百龄与凤翔同时批准开坝状。凤翔又讦百龄信任盐巡道朱尔赓额督办苇荡柴料,捏报邀功:谴百龄等,凤翔免枷,仍赴戍。未行,病殁。

黎世序,实名承惠,字湛溪,河南罗山人。嘉庆元年进士,授江西星子知县,调南昌。擢江苏镇江知府。十六年,迁淮海道。与河督陈凤翔争堵倪家滩漫口,由是知名。

十七年,调淮阳道。寻凤翔黜,诏加世序三品顶戴,署南河河道总督,俟三年后果称职,始实授。疏言:"自上年大浚,千里长河,王营减坝及李家楼漫口堵合,云梯关外水深二三丈至四五丈,为近年所未有。而清江浦至云梯关一带,较之河底深通时尚高八九尺。此非人力所能猝办,计惟竭力收蓄湖水,以期畅出。敌黄蓄清之法,在堰、盱二堤,有旨缓办。今年礼坝跌损,宣泄路少,二堤尤应急筑,以资捍卫。"允之。

十八年,以仁、义、礼三坝基坏,请于蒋家坝附近山冈移建三坝,挑引河三道,诏令详议,并饬填实旧坝,寻如议行。因全漕渡黄较早,议叙。疏请加高徐州护城石工,添筑越堤,于清江浦汰黄堤外加重堤，又于骆马湖尾闾五坝迤下添碎石滚坝，并允之。先是百龄拟于清江浦石马头筑圈堤，其湾处对王营，上起御黄坝，下属贴心坝，河宽千余丈，至此陡束为二百丈，论者以为不便，得不行，世序卒成之。是年秋，睢南薛家楼、桃北丁家庄漫水坏堤，世序跃入河者再。会上游河南睢州决口夺溜，河水陡落，睢、桃两工得补筑无事，诏以世序不能先事预防，降一级留任，睢州决口久未合，黄水全入洪湖。世序力筹宣泄，浚顺清河于清口淤窄处，自束清坝起至御黄坝止，挑引河三，束清坝、钳口各坝一律辟展，智、仁两坝及蒋坝以南，新挑仁、义两坝引河，并为分减之路。至十九年霜降，安澜，诏嘉世序修防得宜，加二品顶戴。

二十年，疏言：“徐州十八里屯旧有东西两闸，金门宽三丈五尺，不足减水。其西南虎山腰两山对峙，凹处宽二十余丈，山根石脚相连，可作天然滚坝。北面临河，即十八里屯，山冈淤于土中，削平山顶，改作临河滚坝。以虎山腰为重门擎托，可期稳固。”允之。夏，洪湖盛涨，拆展束清、御黄两坝，启山盱引河滚坝，清水畅出，会黄东注，刷河益深，特诏嘉奖，赐花翎。

世序治河，力举束水对坝，课种柳株，验土埽，稽垜牛，减漕规例价。行之既久，滩柳茂密，土料如林，工修河畅。南河岁修三百万两为率，每年必节省二三十万。碎石坦坡，自靳辅始用之于高堰，后兰第锡、吴璥、徐端偶一用之。世序始用之于通工，谤言四起，世序力持，卒获其效。二十一年，京察，议叙。二十二年，因御黄坝刷深不能施工，束清坝掣溜太急，亦难稳立，请于旧二坝水浅处添重坝，又于束清坝外添建一坝，以为重门钳束，于是比岁安澜，奏减料价一成。

道光元年，入觐，宣宗嘉其劳勚，加太子少保，开复一切处分，赐诗以宠之。二年，京察，复予议叙。四年，卒于官，优诏褒恤，加尚书衔，赠太子太保，谥襄勤，入祀贤良祠。江南请祀名宦建专祠，帝追念前劳，御制诗一章，命勒石于墓，赐其子学淳，主事；学渊，举人。学澄，副榜贡生。

自乾隆季年，河官习为奢侈，帑多中饱，浸至无岁不决，又以漕运牵掣，当其事者，无不蹶败。世序澹泊宁静，一湔靡俗。任事十三年，独以恩礼终焉。幕僚邹汝翼，无锡人，世序倚如左右手，欲援陈潢故事，荐之于朝，力而辞止。泾县包世臣号知河事，世序多用其说，惟筑圈堰一事论不合。及创虎山腰滚坝，世臣阻之曰："河以无溜为至险，攻大埽不与焉。湖以淤底为至险，制石工不与焉。公谓减黄入湖，为化险为平。黄缓湖高，吾坐见其积平成险也。两险交至，其祸甚烈，公意在及身，然以忧患贻后世已。"世序初奏亦谓坝成遇不得已乃启，然后实无岁不启。泊二十五年，上游河南睢州马营两口既合，阅岁大汛至，清河、安东、阜宁三县境内河水常平堤，而中泓无溜。世序心知其害，忧瘁而卒。后数月，高堰竟决。

论曰：仁宗锐意治河，用人其慎。然承积弊之后，求治愈殷，窟穴于弊者转益俯张以为尝试。海口改道之说起，纷纭数载而后定。康基田、徐端等皆谙习河事，程功亦仅。至黎世序宣勤久任，南河乃安。而减黄病湖，遂遗隐患。得失之故，具于斯焉。

清史稿卷三六一
列传第一四八

刘清　傅鼐　严如熤 子正基

刘清,字天一,贵州广顺人。由拔贡议叙,授四川冕宁县丞,擢南充知县,政声为一省之冠。

嘉庆元年,教匪起,清得民心,募乡勇五百人击贼,人乐为用。贼自为民时知其名,遇辄避之。继从总督英善剿达州匪徐天德,数捷,率乡勇罗思举赴贼营谕降罗其清,未得要领。而徐天德与王三槐、冷天禄合陷东乡,二年春,始复之,遂署东乡。进克清溪场,禽贼党王学礼,天德之舅也,言天德与王三槐皆有归顺意。总督宜绵令清往招三槐,遍历诸贼垒,迎送奉酒食甚谨,宣示招抚,皆听命,夜宿其帐中。三槐随至大营,约期率所部出降,然实藉觇虚实,非真意。届期,三槐诡称于双庙投降,伏匪为掩袭计,官军预设备,击败之。时罗其清、冉文俦并聚方山坪,清偕总兵百祥夺多福山贼垒,会诸路兵攻方山坪,克之。贼窜通江、巴州,徐天德、王三槐合,清所部乡勇增至千余人,桂涵、李子青等皆骁勇善战,偕诸军击贼,叠有歼获,罗、冉二匪渐蹙。

三年,署广元县事。总督勒保攻王三槐于安乐坪,未下,复令清往招抚。三槐恃前此出入大营无忌,留随人刘星渠等为质,三槐遂诣军门,勒保奏报大捷,俘三槐至京。廷讯时,言:"官逼民反。"仁宗诘之曰:"四川一省官皆不善耶?"对曰:"惟有刘青天一人。"刘青天者,川民以呼清也。帝深嘉之,特谕曰:"朕闻刘清官声甚好,每率众御敌,贼以其廉吏,往往退避引去。如果始终奋勇,民情爱戴,著勒保据实保奏。"寻以清治绩战功奏上,晋秩同知直隶州,赐花翎。于是刘青天之名闻天下。

四年,补忠州,加知府衔。参赞额勒登保破冉天元、张子聪于竹峪关,令清于通江、巴州招抚余匪。自王三槐被诱,诸贼首皆疑惮不敢出。然感清无他,不忍加害,每至贼营,必留宿尽礼,其胁从者先后投出二万余人,遣散归农,以功加道衔。命随副都御史广兴驻达州治军饷,擢建昌道。五年,冉天元等合诸路贼渡嘉陵江,总督魁伦退守盐亭凤凰山,令清集民团守潼河,上下三百余里,多浅滩,尽撤防兵。清争之,不可。贼果于太和镇上游王家嘴偷渡,委罪于清,夺职,命以知县用,留营效力。既而德楞泰破贼,天元伏诛,诸路窜贼彷徨通、巴之间,勒保以清去岁招降成效,责筹安抚。时川匪父子兄弟一家中不尽习教为贼,而奔窜往来,过乡里辄归视。清屯要隘,且剿且抚,遣人存问贼首家属有归诚之意者,潜令图之,展转相引,贼遂瓦解。蓝号鲜大川,巴州人,号为狡悍。其族人文炳、路保及党杨似山,清皆厚恤其家,感恩愿效死,乃使文炳劝大川降,不可,且与似山谋杀文炳。似山乘间杀大川,与文炳、路保同降,巴州匪遂灭。六年,以功复原官,仍授建昌道。七年春,破贼于南江五方坪,禽贼首李彬及辛文等,加按察使衔,寻授四川按察使。败蓝号齐国典余匪于两河口,追禽其党葛成胜。诸匪以次平,大功告蒇,下部议叙。

清在军七年,先后招降三万余人。有业者归乡里,无业及有业愿从者为乡勇,后立战功者三十余人。其中苟崇勋、苟文耀、李彬、辛文、李世玉、赵文相,皆贼魁也。崇勋即苟文通,已奏报歼毙而改名。及军事竣,当遣,清以诸人田庐焚荡,骤散将复为贼,临行重犒之。自向富室巨商贷金,人感其诚,多响应。事毕,积逋负至十万。

八年,陕西余匪自南山窜出栈道,清驰扼广元,遣卒招抚被戕,诏斥轻信纵贼,以前功免罪,命理粮饷及搜捕余匪、裁撤乡勇。十年,事竣入觐,赐御制诗,有曰:"循吏清名迩迩传,蜀民何幸见青天!诚心到处能和众,本性从来不爱钱。"时以异数荣之。丁继母忧,去官，服阕，授山西按察使。迁布政使。忤巡抚初彭龄，劾其袒护属吏，降四级，以从四品京堂用。清亦自陈不胜藩司之任，诏斥冒昧，降补刑部员外郎。热河新设理刑司员，以清往，边方草创，多持大体，断狱平允，蒙民亦以青天呼之。

十七年，授山东盐运使。十八年，河南教匪起，山东贼党朱成良等应之，陷定陶、曹县，巡抚同兴恇惧，清自请将兵。承平久，兵习晏安，清躐草履先之，以五百人败贼于髣山，复定陶，又败之于韩家庙，殪贼二千，进攻扈家集，纵火焚栅，贼突出皆死，诛贼首朱成良、王奇山，自滑县奔至者并歼焉，两阅月而事平。贼初起时，煽惑甚众，清先解散其胁从，成良势孤不得逞，故得速定，上嘉其以文职身先士卒，特诏褒奖，加布政使衔。寻授云南布政使，仍留旧任。

清性坦率，厌苛礼，不合于上官，又不耐簿书钱谷，遂乞病，上亦知之，改授山东登州镇总兵，调曹州镇。道光二年，以老休致，命在籍食全俸。八年，卒，赐祭葬，祀山东名宦，官其孙炽昌为兵部主事，莹，举人。

傅鼐，字重庵，顺天宛平人，原籍浙江山阴。由吏员入赀为府经历，发云南，擢宁洱知县。乾隆末，福康安征苗疆，调赴湖南军营司饷运，晋秩同知直隶州，赐花翎。

嘉庆元年，授凤凰厅同知。治当苗冲，会大军移征湖北教匪，降苗要求苗地归苗，当事议允之。鼐知愈抚且愈骄，乃招流亡，团丁壮，于要害筑碉堡，防苗出没。苗以死力来攻，且战且修，阅三年而碉堡成。有哨台以守望，炮台以御敌，边墙相接百余里。每警，哨台举铳角，妇女、牲畜立归堡，环数十里皆戒严。四年，禽苗酋吴陈受，加知府衔。巡抚姜晟疏荐鼐能胜艰巨，方治镇筸一带荒田，均给丁壮，请俟事竣送部。时镇筸左、右营黑苗最为边患。五年，踩金塘苗出掠泸溪，偕总兵富志那夜分三路捣其巢，伏兵隘路苟罃岩要击，痛歼之，毙首逆吴尚保，苗始夺气。诏嘉奖，命在任食知府俸。

六年，贵州苗复乱，湖南环苗地东、南、北三面七百余里，其西二百余里接贵州,未设备。石岘苗煽十四寨纠湖南苗叛,鼐率乡勇千五百驰赴铜仁。贵州巡抚伊桑阿以招抚戡定上闻,各寨实尚沸然,枪械未缴。总督琅玕至,急檄鼐会剿崖屯沟,黔兵其前,鼐夜由山径入,连破五巢。上下湖山峡尤险,夜分兵围攻,至次日克之,火其寨。三日中尽破诸寨,歼苗二千有奇。仿湖南法,建碉堡守之。伊桑阿因冒功误边伏法,录鼐功,加道衔,总理边务,并命以苗疆道员用。七年,丁父忧,诏鼐办理边防善后,民、苗悦服,难易生手,命留任。初,鼐建议迁永绥城于花园,副将营于茶洞,而贵州方藉永绥为声援,尼其事。至是诏琅玕察奏,乃赴铜仁面陈永绥孤悬苗中,形如釜底,有二难、三可虑。并请移湖南守备于贵州边境螺蛳堡,以为犄角,乃决议移之。既而群苗率众来争,鼐率乡勇深入,苗大集,环之数重,以奇计突围出。寻议勒缴枪械,苗酋石宗四等抗命,并阻丈田,十年,与其党石贵银纠众数千来犯,败之夯都河,追至孟阳冈,歼贼甚众,生擒石宗四、石贵银。是役因贼戕良苗故得用苗兵深入,战月余,破寨十六,余皆乞降,永绥苗遂平。厅属高都、两头羊二寨皆震慑,无敢抗。事闻,予优叙,擢辰沅永靖道。

鼐治苗专用雕剿法,大小百战,所用仅乡勇数千。苗人于穿山峭壁蓦越如平地,无部伍行列,伏箐中从暗击明,铳锐且长,随山起伏,多命中。鼐因苗地用苗技训练士卒,囊沙轻走,习藤牌闪跃,狭路则用短兵。每战后辄严汰,数年始得精卒千,号“飞队”,风雨不乱行列,遗资道路无反顾,甘苦与共,是以能致死。

先是议兴屯田,上书巡抚高杞曰:“防边之道,兵民相辅。湖南苗疆,环以凤凰、永绥、乾州、古丈坪、保靖五厅,犬牙相错,营汛相距各数里。元年班师后苗扰如故,鼐竭心筹之,制胜无如碉堡。募丁壮数千,与苗从事。来则痛击,去则修边,前戈矛,后邪许。得险即守,寸步而前,然后苗锐挫望绝,湖南自乙卯二载用兵,耗帑七百余万。国家经费有常,顽苗叛服无定。募勇不得不散,则碉堡不得虚。后患不得不虑,则自图不得不亟。通力合作,且耕且战,所以招亡拯患也。均田屯丁,自养自卫,所以一劳永逸也。相其距苗远近、碉堡疏密，为屯田多少：凤凰厅碉堡八百，需丁四千轮守，并留千人备战，需田三万余亩。乾州厅碉堡九十余，守丁八百，屯田三千余亩。保靖县碉堡四十余，守丁三百，屯田千五百余亩。古丈坪厅苗驯，止设碉堡十余，守丁百，屯田五百余亩。永绥厅新建碉堡百余，留勇丁二千，亦屯田万亩。而后边无余隙，环苗以成圈围之势，峻国防省国计也。异族逼处，非碉堡无以固，碉堡非勇丁无以守，勇丁非屯田无以赡。边民濒近锋镝，固愿割世业而保身家。后路同资屏蔽，亦乐捐有余以补不足。所募土丁，非其子弟即其亲族。距边称远者，仍佃本户输租，视古来屯戍以客卒杂处，势燕越矣。与其一旦散数千骁健无业子弟流为盗贼，何如收驾轻就熟之用而不费大帑一钱？惟执事图之！"于是收叛产分给无业穷苗佃种。

自擒石宗四，余匪愿返侵地，永绥得万余亩，乾州、凤凰二厅次之，乃续垦沿边隙地二万亩，曰"官垦田"，赎苗质民田万余亩，曰："官赎田"。以廪屯官授屯长，给老幼，筹补助，备犒赏，暨岁修城堡、神祠、学校、育婴、养济诸费。复以兵威勒交苗占民田三万五千余亩，苗自献田七千余亩。其经费田则佃租变价，屯丁田则附碉躬耕，训练讲武，设屯田守备掌之，辖于兵备道。屯政举，使兵农为一以相卫，民、苗为二以相安。与官及兵民约曰："毋擅入苗寨，毋稍役苗夫。"与苗约曰："毋巫鬼椎牛群饮以糜材，毋挟枪矛寻睚眦酿衅。"请乾、凤、永、保四厅编立边字号，广乡试中额一名。苗生编立田字号，加中额一名，苗益感奋。十三年，屯务竣，入觐，诏曰："傅鼐任苗疆十余年，锄莠安良，兴利除弊，建碉堡千有余所，屯田十二万余亩，收恤难民十余万户，练兵八千人，收缴苗寨兵器四万余件。又多方化导，设书院六、义学百，近日苗民向学，革面革心。朕久闻其任劳任怨，不顾身家。今召见，果安详谙练，明白诚实，洵为杰出之才，堪为岩疆保障。其加按察使衔，以风有位。"

十四年，擢湖南按察使。苗人吁留，命每年秋一赴苗疆抚慰边人。鼐在苗疆，设木匦于门，诉者投牒其中，夜出阅之，黎明起视事，剖决立尽。兵民白事，直至榻前。及为按察使，一如同知时。下无壅情,事无不举。十五年,兼署布政使。十六年,卒于官,仁宗深悼惜,诏谓:"倚畀方隆,正欲简任疆寄。加恩赠巡抚衔,照赠官赐恤,赐祭一坛。"苗疆建专祠,祀湖南名宦。光绪中,追谥壮肃。

初,黼排众议以事攻剿,为大吏所恚,将中以开边衅罪。监司阿意,旁掣其肘,镇筸总兵富志那独保全之。富志那从征金川,习知山碉设险之利,黼实从受之,卒以成功。黼殁后,二妾寡居,饘粥不给,其廉操尤著云。

严如熤,字炳文,湖南溆浦人。年十三,补诸生,举优贡。研究舆图、兵法、星卜之书,尤留心兵事。

乾隆六十年,贵州苗乱,湖南巡抚姜晟辟佐幕,上平苗议十二事,言宜急复乾州,进永绥,与保靖、松桃、镇筸声势可通。攻乾州道泸溪,必先得大小章。大小章者,故土司遗民,名曰仡佬,骁健,与苗世仇。如熤募能仡佬语者往,开示利害,挟其酋六人出,推诚与同卧起,乃送质,率其属阳投乾州为内应,约一举破贼,因黔师牵掣未果。次年,卒赖其众,救两镇兵于河溪。后复平陇,战花园,皆为军锋。大小章于大府檄或不受,必得如熤手书始行云。

嘉庆五年,举孝廉方正。廷试平定川、楚、陕三省方略策,如熤对几万言,略谓:"军兴数载,师老财匮,以数万罢惫之众,与猾贼追逐数千里长林深谷中。投诚之贼,无地安置,则已降复乱。流离之民,生活无资,则良亦从乱。乡勇戍卒,多游手募充。虑一旦兵撤饷停,则反思延乱。如此,则乱何由弭?臣愚以为莫若仿古屯田之法。三省自遭蹂躏,叛亡各产不下亿万亩。举流民降贼之无归、乡勇戍卒之无业者,悉编入屯,团练捍卫,计可养胜兵数十万。饷省而兵增,化盗为民,计无逾此。"仁宗亲擢第一。次日,召诣军机处询屯政,复条上十二事。召见,以知县发陕西。下其疏于三省大吏,令采行。

六年,补洵阳,县在万山中,与湖北边界相错,兵贼往来如织。时方厉行坚壁清野,如熤于筑堡练团,措置尤力。贼至无可掠,去则抄其尾。又择坚寨当冲者,储粮供给官军。徐天德、樊人杰败于张家坪,因马鞍寨阻其前,故不得窜。杨遇春破张天伦,亦赖太平寨夹击之力。以功加知州衔,赐花翎。八年,击湖北逸匪于蜀河口,擒王祥,擒方孝德,晋秩同知直隶州。新设定远厅,即以如煜补授。九年,建新城,复于西南百余里黎坝、渔渡坝筑二石城为犄角。治团如洵阳,贼至辄歼,先后禽陈心元、冯世周。丁母忧,大吏议留任,辞不可,服阕,十三年,补潼关厅。寻擢汉中知府。兵燹后,民困兵骄,散勇逸匪,心犹未革。如煜联营伍,立保甲,治堡寨,问民疾苦。兴劝农事,行区田法,教纺织,使务本计。修复褒城山河堰及城固五门、杨填二堰,各灌田数万亩,他小堰百余,皆履勘浚治,水利普兴。复汉中书院,亲临讲授,于华州渭南开谕悍回,缚献亡命数十人,于宁羌解散湖北流民,于城固擒教首陈恒义:皆治渠魁,宽胁从令行禁止,人心帖服,南山遂大定。

道光元年,擢陕安道。会廷议川、楚、陕边防建设事宜,下三省察勘,以如煜任其事,周历相度,析官移治,增营改汛,建城口、白河、砖坪、太平、佛坪五厅,移驻文武。奏上,报可。如煜尝言:"山内州县距省远,多推诿牵掣,宜仿古梁州自为一道及明郧阳巡抚之制,专设大员镇抚,割三省州县以附益之,庶势专权一,可百世无患。"以更张重大,未竟其议。三年,宣宗以如煜在陕年久,熟于南山情形,任事以来,地方安靖,特诏嘉奖,加按察使衔,以示旌异。巡抚卢坤尤重之,采其议增厅治于鼃屋、洋县界,增营汛于商州及略阳;檄勘全秦水利,于沣、泾、浐、渭诸川,郑白、龙首诸渠,规画俱备。社仓、义学,亦以次推行。五年,擢贵州按察使,未到官。六年,入觐,仍调陕西,抵任数日而卒,赠布政使。陕民请比朱邑桐乡故事,留葬南山,勿得,乃请祀名宦,湖南亦祀乡贤。

如煜自为县令至臬司,皆出特擢。在汉中十余年不调,得成其镇抚南山之功。宣宗每论疆吏才,必首及之。将大用,已不及待。为人性豪迈,去边幅,泊荣利,视之如田夫野老。于舆地险要,如聚米画沙。所规画常在数十年外,措施略见所著书。尝佐那彦成筹海寇,有《洋防备览》。佐姜晟筹苗疆,有苗防备览,佐傅鼐筹屯田,有《屯防书》。又有《三省边防备览》,汉江南北、三省山内各图,《汉中府志》及《乐园诗文集》。

子正基,原名芝,字山舫,副贡生。少随父练习吏事。道光中,官河南知县,有声。擢郑州知州。治贾鲁河,息水患。河决开封,正基佐守护。治河兵狱,雪其冤,得河兵死力,城赖以完。母忧归,服阕,补奉天复州。兴屯练,捕盗有法,民杀盗者勿论。奉天治吏素弛,府尹下所属,以正基为法,盗风为辑,引疾去。江南大吏疏调,擢授常州知府。二十九年,大水,勘灾勤至,郡人感之,输钱二十余万助赈,全活甚众。累署淮阳道、按察使。咸丰初,侍郎曾国藩、吕贤基交章荐之,命赴广西治军需,授右江道。擢河南布政使,留广西。时粤匪披猖,将帅龃龉,师久无功。正基曲为调和,疏论其事,谓:"师克在和,事期共济。统兵大帅与地方大吏,宜定纷更不齐之势,联疏阔难合之情。布德信以服人心,明功罪以扬士气。勿因贼盛而生推诿,勿因兵单而务自救,勿以小忿而不为应援,勿以偶挫而坐观成败。庶逆气可殄,大功可成。"时以为谠言。二年,桂林围解,赐花翎。寻随大军赴湖北,时武昌初复,命驰往抚恤难民,署湖北布政使。调广东,复赴广西清核军需。内召授通政副使,迁通政使。七年,引疾归,卒。

论曰:乱之所由起与乱之所由平,亦在民之能治否耳。教匪起于官逼民叛,其间独一得民心之刘清,卒赖以招抚,助诛剿之成功。征苗频烦大兵,而未杜乱源,傅鼐乃以一厅一道之力,剿抚兼施,岩疆绥定。南山善后,严如熤始终其事,化榛莽为桑麻。此其功皆在一时节钺之上,光于史策矣。

清史稿卷三六二
列传第一四九

方积　朱尔汉　杨馥　廖寅
陈昌齐　朱尔赓额　查崇华

方积,字有堂,安徽定远人,拔贡生。以州判发四川,补阆中知县,署梁山。达州东乡贼起,梁山当其冲,贼犯县境,赛白兔山守兵溃。积以一百人据小山为疑兵,贼不敢进。筑砦二百余所,令人自为守。他县流民依集者三十余万人,贼至无所掠食,屡出奇兵击走之。坚壁清野之法,盖自梁山始。既而万县灵宝寺贼起,越境剿平之,又助大兵歼伍文相于石坝山,却林亮功于望牛垭,毙亮功弟廷相,赐花翎。推宁远知府,仍留驻梁山,凡四年。至嘉庆六年,诸路贼渐平,调夔州,继刘清为建昌道。凉山生番叛,率师讨平之。未几,里塘正土司索诺木根登杀副寺,夺其印,副将德宁兵为所困。积单骑往,密授旧头目希拉工布方略,以其众破之。历川北道、盐茶道,擢按察使。马边、峨眉岭诸夷结梁山生番盗边,积偕提督丰绅由马边三河口凿山深入,克六拔夷巢,遂出赤夷间道,进攻岭夷十二地。浃旬之间,每战皆捷。曲曲鸟助逆死拒,潜师出其后,殄之。迁布政使。

积官四川二十余年,驰驱殆遍。山川风土,了然于胸,用兵辄独当一面,及任蕃司,僚属多故交,一无瞻徇。清节自励,尤为时称。卒于官,祀名宦。

朱尔汉，字丽江，顺天大兴人。少为户部吏。乾隆中，官甘肃靖远典史，母忧去官。服阕待次，时平凉回酋田五作乱，尔汉与通判吴廷芳、知县黄家驹守靖远城。贼来攻。靖远回豪哈得成等期夜半为内应，尔汉得其情，令守者悉登城不得下，至哈得成家，阳科其谷饷军，因拘之。分遣人诱禽城下贼，贼之杂守者在城上已数十人，县役铁克保最为剧贼，猝禽之。角声起，扼城上贼无脱者，外贼觉，遂引去。由是以知兵闻，擢隆德知县。徙底店砦降回，擢泾州直隶州知州。擒教匪刘松井，擢巩昌知府。

嘉庆元年，教匪起，蔓延三省。二年，四川贼尤炽，总统宜绵驻达州，檄尔汉参军事。是时王三槐踞方山坪，白岩山者，地险固，贼渠林亮功、樊人杰屯山上，与方山坪为声援。将军舒亮、提督穆克登布屯山前之韩彭坳，尔汉兵三百、乡勇三千屯山后之排亚口。排亚口之下曰金凤观，曰草店，曰鸭坪，一日尽攻克之。复进，有木栅当隘，不见贼，惟以犬守。兵跃攀栅，贼自崖旁斫伤之，鸣锣掣旗，左右贼大至，尔汉虑断后路，退师。先是与韩彭坳诸师为期，中道而止，贼得专力山后，故不克。既而奉节贼千余来援，败之。禽贼渠邱广福。岩贼久困欲走，倾巢来犯，战一昼夜不得路，仍退。尔汉攻之三阅月，搏战被创，乃回巩昌。

三年，运麦十万石饷军，行至成县，贼渠高胡德来夺，败之于格楼坝，禽其党李德胜。四年，张汉潮犯秦州，尔汉赴成县会剿。巩昌警至，驰还，贼已据城东鸳鸯河，夜掠贼卡而入，城守始固，以功擢巩秦阶道。生番铁布者，居西倾山中，众十余万，乘教匪猖獗，时出盗内地。

尔汉以铁布未叛乱，且地险，一构兵非数年不能平。铁布奉回教，乃召其阿浑谕之，于是来首者踵至。一日书姓名一纸，曰：此铁布党也。又出一图，曰：盗巢及要隘尽于此。分遣百余人捕之，悉就擒，铁布遂定。六年，川、楚、陕贼渐蹙，余贼多窜甘肃，率兵扼剿，凡数十战皆捷。八年，甘肃匪平，上功最，赐花翎。

尔汉有识断，能得人死力，奴客悉以兵法部之。自出仕即在行间,后遂与教匪相终始。用兵有法,所用乡勇侯达海,侍卫李荣华,武举刘养鹏,千总邹坤、杜攀桂皆操刺勇健善战,故所至有功。寻调广东肇罗道,擢广西按察使,署布政使。十二年,卒于官。

杨护,字迈功,江西金溪人。乾隆四十九年进士,授刑部主事。总办秋审,执法平。内监讼其弟妻,护按律杖赎守夫墓。和珅方总刑部,意有所徇,驳诘之,护面争。和珅叱曰:"司员敢尔!"护厉声曰:"司员主稿,知为刑狱得其平耳!何叱为?"和珅不能夺。及珅败,擢员外郎。仁宗召见,嘉其有守,命解饷四十万两赴四川济军。川、陕大吏交章论荐,授陕西延榆绥道。时三省清厘叛产,抚恤难民,事方殷,诏责疆吏慎选公正大员如护及刘清者任其事。护周历田野,综核不苟,民渐复业。巡抚秦承恩檄府县募民补伍,护曰:"农工商贾各有其业,若预选送营,旷日失业,与抽丁何殊?"议乃寝。调甘肃平庆泾固盐法道。

嘉庆九年,擢安徽按察使,捕六安州匪刘成巨置诸法。十三年,迁江宁布政使。淮、扬大水,乘舴艋历灾区访问疾苦,渡湖几覆,灾黎感之。寻以失察山阳知县王仲汉冒赈,坐褫职。诏护查赈认真,平日实心办事,留河工效力。复起用,历淮海道、浙江按察使、江苏布政使。二十二年,擢浙江巡抚。未几,坐临海民殴差酿大狱,降四品京堂。复不俟代去任,降礼部郎中。引疾归。道光五年,重宴鹿鸣,加四品卿衔。卒,年八十五。

廖寅,字亮工,四川邻水人。乾隆四十四年举人。家贫,不能常试礼部,十二年中,仅再至都。大挑知县官河南,署叶县。时教匪方炽,叶当冲,寅抚民不扰。民有从逆者,捕其魁乃定。长子思芳有武略,省父至叶,任以守卫事。诏捕教首刘之协,久不获。一日,思芳巡历近郊,见二人絷马坐树下语,异之,归戒门者伺状。俄二人入城饮肆中,有识之者,其一即之协。寅趣思芳往与杂坐,出不意缚之,鞫得实,械至都伏法。特擢江苏镇江知府。浚丹阳九曲河,筑闸,以时启闭，民便之。擢江西吉南赣道，兼管关榷，正税外无多取，吏胥奉法。会南昌煽乱，捕首恶置法。安远复乱，单骑往谕，解散党与，耆民等缚其魁以献，事遂平。历署布政使、按察使。嘉庆十六年，迁两淮盐运使。恤灶丁，治私枭，盐课渐增。河北滑县教匪起，总督百龄檄寅往徐州协守御。会捕逆匪刘第五，误系同姓名者，坐失察降调，上念其禽刘之协功，许捐复原职。以老病归，遂卒。

思芳少时居乡治转练，从军数有功，官至江苏候补道。在叶手禽刘之协，名闻天下。后以捕刘第五获罪下狱，寻赦之。

陈昌齐，字宾臣，广东海康人。乾隆三十六年进士，选庶吉士，授编修，累迁中允。大学士和珅欲罗致之，昌齐以非掌院，无晋谒礼，不往。大考，左迁编修。寻授御史，迁给事中。

昌齐生海邦，习洋盗情状。上疏论剿捕事，略曰："洋匪上岸，率不过一二百人，陆居会匪助凶行劫。沿海居民皆采捕为生，习拳勇，谙水势，匪以利诱，往往从匪。可以为盗，即可用以捕盗。宜令地方官明示，有能出洋剿捕，或遇匪上岸，歼擒送官验实者，船物一概充赏。被诱从匪者，能擒盗连船投首，免罪。则兵力所未及，丁壮亦必图赏力捕。仍令地方各官稽户口，编保甲，以清其源。于各埠访拿济匪粮物，各市镇严缉代匪销赃，俾绝水陆勾通之路。庶几洋面肃清，地方宁谧。"

嘉庆九年，出为浙江温处道。时海寇蔡牵肆扰，昌齐修战舰，简军伍，募人出海绘图闽浙、海洋全图，纤悉备具。每牒报贼情及道里远近稍有虚妄，必指斥之。与提督李长庚深相结纳，俾无掣肘，鞫海盗必详尽得其情。德楞泰奉命按阅闽、浙，议申海禁，谓不数月盗可尽毙，昌齐曰："环海居民耕而食者十之五，余皆捕鱼为业。若禁其下海，数万渔户无以为生，激变之咎谁任之？"德楞泰改容称善。在任五年，以鞫狱迟延，部议镌级。江南、福建大吏辟调，皆不往。归里，主雷阳粤秀讲席。修通志，考据详核，著书终老焉。

朱尔赓额,原名友桂,字白泉,汉军正红旗人,裔出明代。王父
孝纯,工诗古文,有异才,由四川知县历官至两淮盐运使。

朱尔赓额纳赀为兵部主事,充军机章京,累迁郎中,出为江安
粮道。两江总督苏凌阿闻人为和珅旧奴,恣睢用事,廉得其状,白而
逐之。从总督赴安徽察治刘之协逆党,株连数百人,多所省释。署
安徽布政使,引疾归。以母老乞改京秩,授户部郎中。和珅奴刘全
之婿号槟榔蒋者,倚势夺民产,讼于部,刑责不称贷。西贾利旗产,
嗾言官疏陈,使得与汉民通售买,下部议,啖以重贿,却之,持不可。
大学士朱珪管部,闻而重之。故事,自告改京官,不外用。珪荐其才
守可大受,复出为广东潮州知府。海盗方张,朱渍尤黠悍,乃亲历海
壖,治乡团,调镇兵千守沿海,断内奸接济。渍粮绝,屡败走台湾,潮
盗胆落,因其穷蹙解散之。盗魁黄茂高、许云湘、王腾魁、杨胜广、黄
德东、关兆奎受抚,选其强干者编入练勇。会匪李崇玉踞惠、潮山谷
中,时游奕海上,使降人招之自首,朱渍部众亦有来投者。会以母忧
去,未竟其事,服阕,补云南曲靖。

嘉庆十四年,百龄为两广总督,疏请调朱尔赓额广东,擢高廉
道,署督粮道,剿匪事一以倚之。勘海口炮台旧在山上,发炮辄从桅
顶过,悉改建于山麓,屡碎盗舰,挫其锋。暂改运盐由陆,撤红单船
入内港,以杜接济。戒并海郡县严断水米,如在潮州时。匪势渐蹙,
用旧降人招郭学显就抚。未几,郑一妻与张保仔率众逾万泊虎门,
要总督亲至海口面议,文武噤莫敢决,朱尔赓额独进曰:"保仔自知
罪大,众多无粮,拂其请,将死斗。请撤兵卫,单舟迳诣,谕以恩威,
必可集事。"先遣南海、番禺两令往传命,使熟筹而志坚。翌晨,从百
龄登舟,行四十里,见列舰数百,夹水如衢,举炮迎,声震城中。请总
督过舟,叱之曰:"保仔当泥首乞命,如仍骄肆迟疑,无死所矣。"迨
晡,保登舟,请留三千人招西路贼乌石二,不听则擒之以自赎,许
之,给米千石慰遣。保仔乃使余众登岸受抚,自起碇出洋。群谓其
所散皆罢弱,自留精锐,得米将不可制,笑应之曰:"此不必以口舌
争。"至期,保仔果诱乌石二至高州,诛之。海盗悉平,以功获优叙。

赐花翎。寻调署南韶道。

十六年，河决李家楼，特命百龄为两江总督治河事，调朱尔赓额为江南盐巡道。至则佐百龄定计，接筑洪泽湖口束清坝，逼溜刷深太平河，使水有所归。次年，李家楼决口合龙，新筑格堤遏水与大堤平。初，当事主守格堤，奉严旨，失守者从军法。至是见事危急，请改守大堤，听河溜穿格堤而下，免旁泄之险。又新筑减坝受水攻，展侧上游筑斜坝挑水，数日坝根挂淤乃稳固。所筹措工事悉合机宜。苇荡营久为弊薮，樵兵空额无人，营员领帑，临时雇募，弁目专其利。又为滩棍所持，荡料归滩棍者十五六，归弁目者十二三，归工用者十一二，岁仅得苇十数万束。百龄檄朱尔赓额治其事，乃请以荡地不产柴者给樵兵，人四十亩，给牛具籽种，建棚厂以居，荡始有兵。浚沟渠便筏出入，采运始及远，建衙署俾营员常年驻荡，民挟制偷窃者有禁，荡始有官。受事之年，采足正额二百四十万束，于是滩棍之利尽失，厅员得料抵价，少所沾润，皆不便之。适有船兵中途改束，斤重不敷，八厅藉欲撼摇全局。百龄悉其奸，偕河督察讯，朱尔赓额往勘十七年新苇，每束箍口以二尺八寸为率，增旧三寸，估右营得苇八百万束。会署江宁布政使，未及估左营。时河督陈凤翔为百龄所劾，自诉于朝，命尚书松筠、侍郎初彭龄按讯，牵及苇荡事。厅员荧说，嗾验尾帮，舟载余苇九百束，据其重率，以衡已收三百万束之数，斥为不足，遂被劾虚糜钱粮，苦累樵兵，遣戍伊犁。时论冤之。

朱尔赓额因百龄前劾凤翔词不尽实，狱无结正，愿以身任，遂不辩。在戍六年，放还，久之，卒。

查崇华，字九峰，安徽泾县人。少孤，游福建佣书。久之，福州将军魁伦辟佐幕，甚见信任。魁伦劾总督伍拉纳、巡抚浦霖，即命署总督，治其狱。闽地瘠苦，历任大吏责供张无艺，所属罗织大户勒贿，民不堪命，至是贪酷之吏悉伏辜。崇华名闻于时。纳赀为通判，留福建。

　　嘉庆十四年，海盗蔡牵平，以功赐花翎。朱渥欲归诚，未决，崇华只身至海舶，谕以祸福，遂受降。十七年，署台湾淡水同知，高妈达妖言惑众，捕获，讯得刘林、祝现谋以次年闰八月望在京师举事，四方起应之。崇华牒请奏闻，大吏以其语不经，置之，仅以传教罪诛高妈达。至十八年九月十五日，果有林清、祝现之变，刘林者即林清别名也。自高妈达伏法，福建匪党已解散，得无事。寻以道员谒选，授河南南汝光道。教匪巨刘松久在逃，悬缉十余载，侦知潜匿安徽宿州传教，捕获之。母忧去官。

　　道光二年，补陕西凤邠道。值大军征张格尔，调驻嘉峪关治军需。自川、楚军兴，将吏习于糜费，崇华一主核实。以内地马驼出关不耐寒苦，关外有台站应付，长雇徒糜刍秣，悉罢之，节帑甚巨。凡三署按察使，治狱明慎。以老乞归，卒。

　　论曰：剿平教匪，不独赖将帅戮力，一时守土之吏，与有劳焉。最显者为四川刘清，而方积亦倡行坚壁清野，保障一方，后复屡定番乱，蜀人与清并称。他如朱尔汉之保巩昌，杨护之清叛产、抚难民，廖寅之禽刘之协，皆卓有建树。陈昌齐、朱尔赓额于治海寇并具谋略，而朱尔赓额功尤显矣。查崇华预发林清逆谋，为疆臣所格，及管西征军需，以撙节称，故同著于篇。

清史稿卷三六三
列传第一五〇

曹振镛　文孚　英和　王鼎
穆彰阿　潘世恩

曹振镛，字俪笙，安徽歙县人，尚书文埴子。乾隆四十六年进士，选庶吉士，授编修。大考三等，高宗以振镛大臣子，才可用，特擢侍讲。累迁侍读学士。

嘉庆三年，大考二等，迁少詹事。父忧归，服阕，授通政使。历内阁学士，工部、吏部侍郎。十一年，擢工部尚书。高宗实录成，加太子少保。调户部，兼翰林院掌院学士。十八年，调吏部尚书、协办大学士。寻拜体仁阁大学士，管理工部，晋太子太保。二十五年，仁宗崩，枢臣撰遗诏，称高宗诞生于避暑山庄，编修刘凤诰知其误，告振镛，振镛召对陈之，宣宗怒，谴罢枢臣。寻命振镛为军机大臣。宣宗治尚恭俭，振镛小心谨慎，一守文法，最被倚任。

道光元年，晋太子太傅、武英殿大学士。三年，万寿节，幸万寿山玉澜堂，赐宴十五老臣，振镛年齿居末，特命与宴绘像。四年，充上书房总师傅。六年，入直南书房。七年，回疆平，晋太子太师。八年，张格尔就禽，晋太傅，赐紫缰，图形紫光阁，列功臣中。振镛具疏固辞，诏凡军机大臣别绘一图，以遂让功之心，而彰辅弼之效。御制赞曰："亲政之始，先进正人。密勿之地，心腹之臣。问学渊博，献替精醇。克勤克慎，首掌丝纶。"亲书以赐之。十一年，以万寿庆典赐双眼花翎。

十五年,卒,年八十有一,自缮遗疏,附折至十余事。上震悼,诏曰:"大学士曹振镛,人品端方。自授军机大臣以来,靖恭正直,历久不渝。凡所陈奏,务得大体。前大学士刘统勋、朱珪,于乾隆、嘉庆中蒙皇祖、皇考鉴其品节,赐谥文正。曹振镛实心任事,外貌讷然,而献替不避嫌怨,朕深倚赖而人不知。揆诸谥法,足以当'正'字而无愧,其予谥文正。"入祀贤良祠。擢次子恩澍四品卿。

振镛历事三朝,凡为学政者三,典乡会试者各四。衡文惟遵功令,不取淹博才华之士。殿廷御试,必预校阅,严于疵累忌讳,遂成风气。凡纂修会典、两朝实录、河工方略、明鉴、皇朝文颖、全唐文,皆为总裁。驾谒诸陵及秋狝木兰,每命留京办事。临雍视学,命充直讲。恩眷之隆,时无与比。数请停罢不急工程,撙节縻费。世以盐策起家,及改行淮北票法,旧商受损,振镛曰:"焉有饿死之宰相家!"卒赞成,世特以称之。

文孚,字秋潭,博尔济吉特氏,满洲镶黄旗人。由监生考授内阁中书,充军机章京。嘉庆四年,从那彦成赴陕西治军需。八年,随扈秋狝,校射中四矢,赐花翎。十一年,以在直勤,擢四五品京堂,授内阁侍读学士。历鸿胪寺卿、通政司副使。命履勘绥远城浑津、黑河碱地改征,及大青山牧厂余地招垦事。

十三年,予副都统衔,充西宁办事大臣。疏言:"青海蒙、番,重利轻命。自来命盗诸案,一经罚服,怨仇消释。若必按律惩办,不第犯事之家仇隙相寻,被害者心反觖望,相习成风,不可化诲。溯蒙、番内附以来,雍正十一年大学士鄂尔泰等议纂番例颁行,声明俟五年后始依内地律例办理。乾隆年间叠经展限,兹复奉命详议。臣以为番民纠结滋扰,或情同叛逆,或关系边陲大局,自应从严惩办。若其自相残杀及盗窃之案,同以罚服完结,相安已久。必绳以内地法律,转恐愚昧野番,群疑滋惧,非绥服边氓之道。"疏入,下军机大臣议行。

十六年,召回京,授镶白旗满洲副都统。偕内阁学士阮元勘议山西盐务,疏请停止吉兰泰盐官运,改并潞商引额,以潞引之有余,补吉课之不足,吉盐许民捞贩,限制水运至皇甫川而止,下部议行。寻授内阁学士,迁刑部侍郎。十八年,缘事降调,予二等侍卫,命赴山东治军需。复授内阁学士,历山海关副都统、马兰镇总兵、锦州副都统。二十年,召授刑部侍郎。

二十四年,命在军机大臣上学习行走。偕侍郎帅承瀛赴山东鞫狱,并勘兰仪决口,督浚引河。次年春,竣工,予议叙。调户部,又调工部,擢左都御史。宣宗即位,以枢臣撰拟遗诏不慎,先后罢直,文孚独留。

道光二年,命往陕西按鞫渭南县民柳文璧殴毙人命狱,论知县徐润受人属托,疏脱正凶,事后得赃,枷号两月,遣戍伊犁。升任西安知府邓廷桢偏执枉纵,讯无贪酷,革职免发遣。巡抚朱勋失察,议革职,降四五品京堂。四年,《仁宗实录》成,加太子太保。南河阻运,诏责减黄蓄清,至十一月洪湖水多,启坝而高堰、山盱石工溃决,命文孚偕尚书汪廷珍驰往按治,奏劾河督张文浩于御黄坝应闭不闭,五坝应开不开,湖水过多,致石工掣塌万余丈,请遣戍伊犁。两江总督孙玉庭徇隐回护,交部严议,议于御黄坝外,添建三坝钳束黄流。坝内外及束清、运口各坝两岸筑纤道,多作土坝,挑浚长河,帮培堤身,以利漕行。速挑引河,引清入运。堵闭束清坝,杜黄入湖。又议覆侍郎朱士彦条陈五事,由河臣勘办,疏上,并依议行。命文孚等回京,责严烺、魏元煜办理,而引黄济运仍不得要领,河、漕交困。

八年,回疆底定,首逆就擒,晋太子太傅,赐紫缰,绘像紫光阁,御制赞有"和而不同,公正以清"之褒。十一年,以吏部尚书协办大学士。十四年,拜东阁大学士,管理吏部。十五年,转文渊阁大学士。以疾请解职,优诏慰谕,许罢直军机。十六年,致仕。二十一年,卒,赠太保,谥文敬。

英和,字煦斋,索绰络氏,满洲正白旗人,尚书德保子。少有隽才,和珅欲妻以女,德保不可。乾隆五十八年,成进士,选庶吉士,授编修，累迁侍读。

嘉庆三年，大考二等，擢侍读学士。洎仁宗亲政，知其拒婚事，嘉焉，遂向用。累迁内阁学士。五年，授礼部侍郎，兼副都统。六年，充内务府大臣，调户部。以不到旗署为仪亲王所纠，罢副都统。七年，直南书房。扈跸木兰，射鹿以献，赐黄马褂。授翰林院掌院学士。九年，帝幸翰林院，赐一品服。加太子少保，命在军机大臣上学习行走。时诏稽巡幸五台典礼，英和疏言教匪甫平，民未苏息，请俟数年后再议。上嘉纳之。寻自请独对，论大学士刘权之徇情欲保荐军机章京袁煦，上不悦，两斥之。遂罢直书房、军机，降太仆寺卿。历内阁学士，理藩院、工部侍郎。数奉使出按事，河东盐课归入地丁，而蒙古盐侵越内地，命偕内阁学士初彭龄往会巡抚察议。疏言："非禁水运不能限制蒙盐，非设官商不能杜绝私贩。请阿拉善盐只由陆路行销，河东盐仍改商运。吉兰泰盐池所产亦招商运办。"事详《盐法志》。兼左翼总兵，复为内务府大臣。

十二年，偕侍郎蒋予蒲查南河料物加价，议准增添，仍示限制，从之。复直南书房。十三年，命暂在军机大臣上行走，调户部、武英殿。进高宗圣训庙号有误，坐降调内阁学士。寻迁礼部侍郎。十八年，随扈热河，会林清逆党为变，命先回京署步军统领。擒林清于黄村西宋家庄，实授步军统领、工部尚书。滑县平，复太子少保。

十九年，将开捐例，廷议不一。偕大学士曹振镛等覆议，独上疏曰："理财之道，不外开源节流，大捐为权宜之计，本朝屡经举行。但观前事，即知此次未必大效。窃以开捐不如节用，开捐暂时取给，节用岁有所余。请嗣后谒陵，或三年五年一举行，民力可纾。木兰秋狝，为我朝家法，然蒙古迥非昔比，亦请间岁一行，于外藩生计所全实大。各处工程奉旨停止，每岁可省数十万至百余万不等。天下无名之费甚多，苟于国体无伤，不得任其糜费。即如裁撤武职名粮，未必能禁武官不役兵丁，而骤增养廉百余万，应请敕下部臣详查正项经费外，历年增出各款，可裁则裁，可减则减，积久行之，国计日裕。至开源之计，不得以事涉言利，概行斥驳。新疆岁支兵饷百数十万，为内地之累，其地金银矿久经封闭，开之而矿苗旺盛，足敷兵饷。各省矿厂，亦应详查兴办。又户部入官地亩，请严催升科，于国用亦有裨益。"疏入，诏以名粮已饬核办，开矿流弊滋多，仍依众议，豫工事例遂开。是岁调吏部，复命暂在军机大臣上行走。

二十五年，宣宗即位，命为军机大臣，调户部。宣宗方锐意求治，英和竭诚献替。面陈各省府、州、县养廉不敷办公，莫不取给陋规，请查明分别存革，示以限制。上采其言，下疆吏详议，而中外臣工多言其不可，诏停其议，遂罢直军机，专任部务。

道光二年，以户部尚书协办大学士，兼翰林院掌院学士。四年，仁宗实录成，加太子太保。五年，洪泽湖决，阻运道，河、漕交敝，诏筹海运，疆臣率拘牵成例，以为不可。英和奏陈海运、折漕二事为救时之计，越日复上疏，略谓："河、漕不能兼顾，惟有暂停河运以治河，雇募海船以利运，而任事诸臣未敢议行者，一则虑商船到津，难以交卸。一则虑海运既行，漕运员弁、旗丁、水手难以安插。"因陈防弊处置之策甚悉。诏下各省妥议，仍多诿为未便，惟江苏巡抚陶澍力行之。拨苏、松、常、镇、太五属漕米，以河船分次海运。

六年八月，悉数抵天津，上大悦，诏嘉英和创议，予议叙，特赐紫缰以旌异之。张格尔犯回疆，英和疏陈进兵方略，筹备军需，并举长龄、武隆阿可任事，多被采用。七年，奏商人请于易州开采银矿，诏斥其冒昧。调理藩院，罢南书房、内务府大臣。未几，坐家人增租扰累，出为热河都统。八年，命勘南河工程。回疆平，复太子少保。授宁夏将军，以病请解职，允之。

初，营万年吉地于宝华峪，命英和监修，尝从容言汉文帝薄葬事，上称善，议于旧制有所裁省，工竣，孝穆皇后奉安，优予奖叙。至是地宫浸水。谴责在事诸臣，诏以英和始终其事，责尤重，夺职，籍其家，逮讯，得开工时见有石母滴水，仅以土拦，议设龙须沟出水，英和未允状，谳拟大辟，会太后为上言不欲以家事诛大臣，乃解发黑龙江充当苦差，子孙并褫职。十一年，释回，复予子孙官。二十年，卒，赠三品卿衔。

英和通达政体,遇事有为,而数以罪黜。屡掌文衡,爱才好士。自其父及两子一孙,皆以词林起家,为八旗士族之冠。子奎照,嘉庆十九年进士,历官至礼部尚书、军机大臣,缘事夺职,复起为左都御史。奎耀,嘉庆十六年进士,官至通政使,后为南河同知。奎照子锡祉,道光十五年进士,历翰林院侍讲学士,后官长芦盐运使。

王鼎,字定九,陕西蒲城人。少贫,力学,尚气节,赴礼部试至京,大学士王杰与同族,欲致之,不就。杰曰:“观子品概,他日名位必继吾后。”嘉庆元年,成进士,选庶吉士。丁母忧,服除,授编修。两以大考升擢,累迁内阁学士。

十九年,授工部侍郎。仁宗谕曰:“朕向不知汝,亦无人保荐。因阅大考考差文字,知汝学问。屡次召见奏对,知汝品行。汝是朕特达之知。”调吏部,兼署户部、刑部。二十三年,兼管顺天府尹事,复谕曰:“朕初意授汝督抚,今管顺天府尹,犹外任也。且留汝在京,以备差往各省查办事件。”自是数奉使出按事鞫狱。二十四年,调刑部,又调户部。

道光二年,河南仪工奏销不实,解巡抚姚祖同任,命鼎偕侍郎玉麟往按,暂署巡抚。疏陈:“仪工用款多办奏销,与部例成规不符。乃以历办物料、土方价值,合之豫省成规,互相增减,于秸料、引河等款增销一百三十万。夫工、麻斤各款减销一百三十万,虽有通融,银数仍归实用。惟八子钱一款,以银易钱,多于旧价,每两提八十文充入经费,而于各员应缴之银,一并扣算,实违定制。”疏入,命核实报销,而薄谴祖同。是年,擢左都御史,父忧归。

五年,服阕,以一品衔署户部侍郎,授军机大臣。浙江德清徐倪氏因奸谋毙徐蔡氏狱三年不决,按察使王维询因自尽,巡抚程含章与按察使祁𡁝鞫之,甫得情而犯妇在监自缢,宣宗特命鼎典乡试,就治其狱,廉得徐故富家,以狱破其产,官吏多受赇,勾结朦庇,致狱情诪幻。悉发其覆,置之法,浙人称颂焉。六年,授户部尚书。八年,回疆平,以赞画功,加太子太保,绘像紫光阁。

芦盐积疲,商累日重,命鼎偕侍郎敬徵察办。议以:"盐务首重年清年款,先将节年带征厘剔,现年正款不难按数清完。道光二年以前未完银九百余万为旧欠,三年以后未完银为新欠,缓旧征新。请以堰工加价二文,半解部充公,半抵完商欠。新欠抵完,续抵旧欠。芦商生息帑本内,直隶水利、赵北口两项非经费岁需,请停利三年。限满加一倍利,本息同征。旧有拨缴水利帑本一百十七万两,请停征三年。自道光十一年起,岁征十万两。五万完旧本,五万完新本,以恤商力。近年商力疲乏,不能预买生盐,存坨新盐多卤耗。请每包加盐十三斤,俾资贴补。从此款目既清,庶经久可行。"又请免缴嘉庆十七年加价交官半文未完银一百八十四万余两。疏入,并允行。十年,芦商呈请调剂,复命鼎及侍郎宝兴往按。鼎以前次清查,传集各商详询定议,皆称可免亏累积压,虽因银价渐昂,尚不致遽形亏折,遂议驳。时淮盐尤敝,两江总督陶澍疏陈积弊情形,命鼎偕宝兴会同筹议。中外论盐事者,多主就场征税。疏言:"详核淮纲全局,若改课归场灶,尚多窒碍。惟有就旧章大加厘剔,使射利者无可借端,欠课者无可藉口,似较有往辙可循。拟定章程十五条,曰:裁浮费,减窝价,删繁文,慎出纳,裁商总,核滞销,缓积欠,恤灶丁,给船价,究淹销,疏运道,添岸店,散轮规,饬纪纲,收灶盐。"又请裁撤两淮盐政,改归总督办理,以一事权。并诏允行。陶澍得锐意兴革,淮纲自此渐振,鼎之力也。

十一年,署直隶总督。十二年,管理刑部事务。十五年,协办大学士,仍管刑部,直上书房。十八年,拜东阁大学士。二十年,加太子太保。

二十一年夏,河决祥符,命偕侍郎慧成往治之,寻署河督。议者以水势方涨,不宜遽塞,请迁省城以避其冲,鼎持不可,疏言:"河灌归德、陈州及安徽亳、颍,合淮东注洪泽湖,湖底日受淤。万一宣泄不及,高堰危,淮、扬成巨浸,民其鱼矣!无论舍旧址、筑新堤数千里,工费不赀,且自古无任黄水横流之理。请饬户部速具帑,期以冬春之交集事。不效,愿执其咎。"具陈民情安土重迁、省垣可守状。初至汴城，四面皆水，且夕且圮，躬率吏卒巡护，获无恙，洎工兴，亲驻工次，倦则寝肩舆中。次年二月，工竣，用帑六百万有奇，前此马营工用一千二百余万，仪封工用四百七十五万，原议以仪工为率。及蒇事，加增百余万，然事艰于前，微鼎用节工速，不能如是。叙功，晋太子太师。积劳成疾，命缓程回京。

自禁烟事起，英吉利兵犯沿海，鼎力主战。至和议将成，林则徐以罪谴，鼎愤甚，还朝争之力，宣宗慰劳之，命休沐养疴，越数日，自草遗疏，劾大学士穆彰阿误国，闭户自缢，冀以尸谏。军机章京陈孚恩，穆彰阿党也，灭其疏，别具以闻。上疑其卒暴，命取原稿不得，于是优诏悯惜，赠太保，谥文恪，祀贤良祠。后陕西巡抚请祀乡贤，特诏允之。

鼎清操绝俗，生平不受请托，亦不请托于人。卒之日，家无余资。子沅，道光二十年进士，翰林院编修。

穆彰阿，字鹤舫，郭佳氏，满州镶蓝旗人。父广泰，嘉庆中，官内阁学士，迁右翼总兵。坐自请兼兵部侍郎衔，夺职。

穆彰阿，嘉庆十年进士，选庶吉士，授检讨。大考，擢少詹事。累迁礼部侍郎。二十年，署刑部侍郎。因一日进立决本二十余件，诏斥因循积压，堂司各员并下严议，降光禄寺卿。历兵部、刑部、工部、户部侍郎。道光初，充内务府大臣，擢左都御史、理藩院尚书。以漕船滞运，两次命署漕运总督。召授工部尚书，偕大学士蒋攸铦查勘南河。洎试行海运，命赴天津监收漕粮，予优叙。

七年，命在军机大臣上学习行走。逾年，张格尔就擒，加太子少保。授军机大臣，罢内务府大臣，直南书房。寻兼翰林院掌院学士，历兵部、户部尚书。十四年，协办大学士。承修龙泉峪万年吉地，工竣，晋太子太保，赐紫缰。

十六年，充上书房总师傅，拜武英殿大学士，管理工部。十八年，晋文华殿大学士。时禁烟议起，宣宗意锐甚，特命林则徐为钦差大臣，赴广东查办。英吉利领事义律初不听约束，继因停止贸易，始缴烟,尽焚之,责永不贩运入境,强令具结,不从,兵衅遂开。则徐防御严,不得逞于广东,改犯闽、浙,沿海骚然。英舰抵天津,投书总督琦善,言由则徐启衅。穆彰阿窥帝意移,乃赞和议,罢则徐,以琦善代之。琦善一徇敌意,不设备,所要求者亦不尽得请,兵衅复起。先后命弈山、弈经督师,广东、浙江皆挫败。英兵且由海入江,林则徐及闽浙总督邓廷桢、台湾总兵达洪阿、台湾道姚莹以战守为敌所忌,并被严谴,命伊里布、耆英、牛鉴议款。二十二年,和议成,偿币通商,各国相继立约。国威既损,更丧国权,外患自此始。

穆彰阿当国,主和议,为海内所丛诟。上既厌兵,从其策,终道光朝,恩眷不衰。自嘉庆以来,典乡试三,典会试五。凡覆试、殿试、朝考、教习庶士散馆考差、大考翰詹,无岁不与衡文之役。国史、玉牒、实录诸馆,皆为总裁。门生故吏遍于中外,知名之士多被援引,一时号曰:"穆党"。文宗自在潜邸深恶之,既即位十阅月,特诏数其罪曰:"穆彰阿身任大学士,受累朝知遇之恩,保位贪荣,妨贤病国,小忠小信,阴柔以售其奸。伪学伪才,揣摩以逢主意,从前夷务之兴,倾排异己,深堪痛恨!如达洪阿、姚莹之尽忠尽力,有碍于己,必欲陷之。耆英之无耻丧良,同恶相济,尽力全之。固宠窃权,不可枚举,我皇考大公至正,惟以诚心待人,穆彰阿得肆行无忌。若使圣明早烛其奸,必置重典,断不姑容。穆彰阿恃恩益纵,始终不悛。自朕亲政之初,遇事模棱,缄口不言。迨数月后,渐施其伎俩。英船至天津,犹欲引耆英为腹心以遂其谋,欲使天下群黎复遭荼毒。其心阴险,实不可问!潘世恩等保林则徐,屡言其'柔弱病躯,不堪录用'。及命林则徐赴粤西剿匪,又言'未知能去否。'伪言荧惑,使朕不知外事,罪实在此。若不立申国法,何以肃纲纪而正人心?又何以不负皇考付托之重?第念三朝旧臣,一旦置之重法,朕心实有不忍,从宽革职永不叙用。其罔上行私,天下共见,朕不为已甚,姑不深问。朕熟思审处,计之久矣,不得已之苦衷,诸臣其共谅之!"诏下,天下称快。咸丰三年,捐军饷,予五品顶戴。六年,卒。

子萨廉,光绪五年进士,由翰林官至礼部侍郎。

潘世恩，字芝轩，江苏吴县人。乾隆五十八年一甲一名进士，授修撰。嘉庆二年，大考一等，擢侍读。和珅以其青年上第有才望，欲招致之，世恩谢不与通，以次当迁，和珅抑题本六阅月不上。仁宗亲政，乃擢侍讲学士，一岁三迁至内阁学士，历礼部、兵部、户部、吏部侍郎，督云南、浙江、江西学政。

十七年，擢工部尚书，调户部。母忧归，服除，以父老乞养，会其子登乡举，具疏谢，坐未亲诣京，降侍郎。帝鉴其孝思，仍允终养，居家十载。

道光七年，父丧服阕，补吏部侍郎，迁左都御史。再授工部尚书，调吏部。十三年，超拜体仁阁大学士，管理户部。寻命为军机大臣，兼翰林院掌院学士。晋东阁大学士，调管工部，充上书房总师傅，加太子太保。十八年，晋武英殿大学士。二十八年，以八十寿晋太傅，赐紫缰。其明年，引疾，迭疏乞休，温诏慰留，仅解机务。三十年，文宗即位，复三疏，始得予告，食全俸，留其子京邸。咸丰二年，乡举重逢，诏就近与顺天鹿鸣宴。次年，复与恩荣宴。四年，卒，遣亲王奠酹，入祀贤良祠，谥文恭。

世恩历事四朝，迭掌文衡，备叨恩遇，管部务，安静持大体。黑龙江将军请增都尔特六屯，议地当游牧，开垦非计，不可许。言官奏山东盐课请归地丁，议山东场灶半毗连淮境，一归地丁，听民自运自销，必为两淮引课之累，不可行。在枢廷凡十七年，益慎密，有所论列，终不告人。海疆事起，林则徐所论奏，廷议多赞之。及穆彰阿主抚，世恩心以为非，不能显与立异。迨咸丰初诏举人才，世恩已在告，疏言林则徐历任封疆，有体有用，请征召来京备用，并荐前任台湾道姚莹，文宗韪之，于罪穆彰阿时犹举其言。

次子曾莹，道光二十一年进士，由编修官至吏部侍郎。孙福荫，自有传。

论曰：守成之世，治尚综核，而振敝举衰，非拘守绳墨者所克任也。况运会平陂相乘,非常之变,往往当承平既久,萌蘖蠢兆于其间,驭之无术,措置张皇,而庸佞之辈,转以弥缝迎合售其欺,其召乱可幸免哉?宣宗初政,一倚曹振镛,兢兢文法。及穆彰阿柄用,和战游移,遂成外患。一代安危,斯其关键已。英和才不竟用,王鼎忠贞致身,文孚、潘世恩皆恪躬保位者耳。

清史稿卷三六四
列传第一五一

阮元　　汪廷珍　　汤金钊

　　阮元,字伯元,江苏仪征人。祖玉堂,官湖南参将,从征苗,活降苗数千人,有阴德。元,乾隆五十四年进士,选庶吉士,散馆第一,授编修。逾年大考,高宗亲擢第一,超擢少詹事。召对,上喜曰:"不意朕八旬外复得一人!"直南书房、懋勤殿,迁詹事。五十八年,督山东学政,任满,调浙江。历兵部、礼部、户部侍郎。

　　嘉庆四年,署浙江巡抚,寻实授,海寇扰浙历数年,安南夷艇最强,凤尾、水澳、箸黄诸帮附之,沿海土匪勾结为患。元征集群议为弭盗之策,造船炮,练陆师,杜接济。五年春,令黄岩镇总兵岳瓒击箸黄帮,灭之。夏,寇大至,元赴台州督剿,请以定海镇总兵李长庚总统三镇水师,并调粤、闽兵会剿。六月,夷艇纠凤尾、水澳等贼共百余艘,屯松门山下。遣谍间水澳贼先退,会飓风大作,盗艇覆溺无算,余众登山,檄陆师搜捕,禽八百余人。安南四总兵溺毙者三,黄岩知县孙凤鸣获其一,曰伦利贵,磔之。九月,总兵岳瓒、胡振声会击水澳帮,禽歼殆尽,土匪亦次第歼抚,浙洋渐清,而余盗为蔡牵所并,闽师不能制,势益炽,复时犯浙。李长庚已擢提督,元集资与造霆船成,配巨炮,数破牵于海上。

　　八年,奏建昭忠祠,以历年捕海盗伤亡将士从祀。盗首黄葵集舟数十,号新兴帮,令总兵岳瓒、张成等追剿,逾年乃平之。偕总督玉德奏请以李长庚总督两省水师,数逐蔡牵几获,而玉德遇事仍掣肘。十年，元丁父忧去职，长庚益无助，复与总督阿林保不协，久无成功，遂战殁。

十一年，诏起元署福建巡抚，以病辞。十二年，服阕，署户部侍郎，赴河南按事。授兵部侍郎，复命为浙江巡抚，暂署河南巡抚。十三年，乃至浙，诏责其防海殄寇。秋，蔡牵、朱渍合犯定海，亲驻宁波督三镇击走之，牵复遁闽洋。时用长庚部将王得禄、邱良功为两省提督，协力剿贼，元议海战分兵隔贼船之策，专攻蔡牵。十四年秋，合击于渔山外洋，竟殄牵，详得禄等传。元两治浙，多惠政，平寇功尤著云。方督师宁波时，奏请学政刘凤诰代办乡试监临，有联号弊，为言官论劾，遣使鞫实，诏斥徇庇，褫职，予编修，在文颖馆行走。累迁内阁学士。命赴山西、河南按事，迁工部侍郎，出为漕运总督。

十九年，调江西巡抚，以捕治逆匪胡秉耀，加太子少保，赐花翎。二十一年，调河南，擢湖广总督。修武昌江堤，建江陵范家堤、沔阳龙王庙石闸。二十二年，调两广总督。先一年，英吉利贡使入京，未成礼而回，遂渐跋扈。元增建大黄滘、大虎山两炮台，分兵驻守。迭疏陈预防夷患，略曰："英吉利恃强桀骜，性复贪利，宜镇以威，不可尽以德绥。彼之船坚炮利，技长于水短于陆。定例外国货船不许擅入内洋，倘违例禁，即宜随机应变，量加惩创。各国知彼犯我禁，非我轻启衅也。"诏勖以德威相济，勿孟浪，勿葸懦。

道光元年，兼署粤海关监督。洋船夹带鸦片烟，劾褫行商顶带。二年，英吉利护货兵船泊伶仃外洋，与民斗，互有伤毙。严饬交犯，英人扬言罢市归国，即停其贸易。久之拆阅多，托言兵船已归，俟复来如命。乃暂许贸易，与约船来不交犯乃停止。终元任，兵船不至。元在粤九年，兼署巡抚凡六次。

六年，调云贵总督。滇盐久敝，岁绌课十余万，元劾罢蠹吏，力杜漏私，盐井衰旺不齐，调剂抵补，逾所课有溢销，酌拨边用。腾越边外野人时入内地劫掠，而保山等处边夷曰俅俅，以垦山射猎为生，可用，乃募俅俅三百户屯种山地，以御野人，即以溢课充费，岁有扩充，野人畏威，渐有降附者。十二年，协办大学士，仍留总督任。

车里土司刀绳武与叔太康争斗，胁官求助，檄镇道击走之，另择承袭乃安。越南保乐州土官农文云内哄，严边防勿使窜入，亦不越境生事，寻文云走死，诏嘉其镇静得大体。十五年，召拜体仁阁大学士，管理刑部，调兵部。十八年，以老病请致仕，许之，给半俸，濒行，加太子太保。二十六年，乡举重逢，晋太傅，与鹿鸣宴。二十九年，卒，年八十有六，优诏赐恤，谥文达。入祀乡贤祠、浙江名宦祠。

元博学淹通，早被知遇。敕编石渠宝笈，校勘石经。再入翰林，创编国史儒林、文苑传，至为浙江巡抚，始手成之。集四库未收书一百七十二种，撰提要进御，补中秘之阙。嘉庆四年，偕大学士朱珪典会试，一时朴学高才搜罗殆尽。道光十三年，由云南入觐，特命典试，时称异数。与大学士曹振镛共事意不合，元歉然。以前次得人之盛不可复继，历官所至，振兴文教。在浙江立诂经精舍，祀许慎、郑康成，选高才肄业，在粤立学海堂亦如之，并延揽通儒：造士有家法，人才蔚起。撰十三经校勘记、经籍撰诂、皇清经解百八十余种，专宗汉学，治经者奉为科律。集清代天文、律算诸家作畴人传，以章绝学。重修浙江通志、广东通志，编辑山左金石志、两浙金石志、积古斋钟鼎款识、两浙辖轩录、淮海英灵集，刊当代名宿著述数十家为文选楼丛书。自著曰研经室集。他纪事、谈艺诸编，并为世重，身历乾、嘉文物鼎盛之时，主持风会数十年，海内学者奉为山斗焉。

汪廷珍，字瑟庵，江苏山阳人。少孤，母程抚之成立。家中落，岁凶，饘粥或不给，不令人知。母曰：“吾非耻贫，耻言贫，疑有求于人也。”力学，困诸生十年，始举于乡。成乾隆五十四年一甲二名进士，授编修。大考，擢侍读，未几，迁祭酒。六十年，以事忤旨，降侍读。

嘉庆元年，直上书房，大考，擢侍读学士，母忧归，服阕，补原官。七年，督安徽学政。任满，复督江西学政。累迁侍读学士、太仆寺卿、内阁学士，皆留任。廷珍学有根底，初为祭酒，以师道自居。选成均课士录，教学者立言以义法，力戒摹拟剽窃之习。及官学政，为学约五则以训士:曰辨涂,曰端本,曰敬业,曰裁伪,曰自立。与士语,谆谆如父兄之于子弟。所刻试牍,取易修辞之旨曰立诚编。士风为之一变,万载棚民入籍,旧分学额,后裁之,士客讦讼久不决。廷珍请复分额,争端乃息。

十六年,授礼部侍郎。复直上书房,侍宣宗学。十八年,典浙江乡试,留学政,任满回京。二十二年,署翰林院掌院学士,擢左都御史,充上书房总师傅。二十三年,迁礼部尚书。二十四年,仁宗六旬万寿,庆贺期内遇孝慈高皇后祭辰,部臣未援故事疏请服色。坐率忽,降侍郎。逾年,复授礼部尚书。

道光二年,典会试,教习庶吉士。车驾谒陵,命留京办事。三年,宣宗释奠文庙礼成,临幸辟雍,诏曰:"礼部尚书汪廷珍蒙皇考简用上书房师傅,与朕朝夕讲论,非法不道,使朕通经义,辨邪正,受益良多。朕亲政后,畀以尚书之任,尽心厥职,于师道、臣道可谓兼备。今值临雍,眷怀旧学,加太子太保。子报原,以员外郎即补用,示崇儒重道之意。"四年,《仁宗实录》成,赐子报闰主事,孙承佑举人。南河高堰溃决阻运,上以廷珍生长淮、扬,命偕尚书文孚往勘,劾河督张文浩、总督孙玉庭,谴黜有差。疏筹修浚事宜,交河督办理。五年,回京,协办大学士。

七年,卒,上震悼,优诏赐恤,赠太子太师,入祀贤良祠,命大阿哥赐奠,赐银千两治丧,谥文端。江苏请祀乡贤,特诏允之。

廷珍风裁严峻,立朝无所亲附。出入内廷,寮寀见之,莫不肃然。自言生平力戒刻薄,凡贪冒诡谀有不忍为,皆守母教。大学士阮元服其多闻渊博,劝著书,廷珍曰:"六经之奥,昔人先我言之,更何以长语相溷?读书所以析义,要归于中有所主而已。"服用朴俭,或以公孙宏拟之,笑曰:"大丈夫不以曲学阿世为耻,而徒畏布被之讥乎?"后进以文谒,言不宗道,曰:"异日恐丧所守。"属官有例送御史者,持不可,曰:"斯人华而不实,何以立朝?"后皆如所言,人服其精鉴。

汤金钊，字敦甫，浙江萧山人。嘉庆四年进士，选庶吉士，授编修。十三年，入直上书房。金钊端谨自持，宣宗在潜邸，甚敬礼之。母忧服阕，擢侍讲，督湖南学政，累迁内阁学士。

二十一年，复直上书房。典江南乡试，留学政，诏勉以训士不患无才，务培德，经学为本，才藻次之。金钊扬阐诏旨，通诚士子。会匪以祸福煽惑乡愚，金钊著福善辨，刊发晓谕。徐州俗悍，武生不驯者，绳之以法。迁礼部侍郎，任满，仍直上书房。

宣宗即位，调吏部，益向用。时用尚书英和议，命各省查州县陋规，明定限制。金钊疏言："陋规皆出于民，地方官未敢公然苛索者，畏上知之治其罪也。今若明定章程，即为例所应得，势必明目张胆，求多于例外，虽有严旨，不能禁矣。况名目碎杂，所在不同，检察难得真确，转滋纷扰。无论不当明定章程，亦不能妥立章程也。吏治贵在得人，得其人，虽取于民而民爱戴之，不害其为清？非其人，虽不取于民而民嫉雠之，何论其为清？有治人无治法，惟在督抚举措公明，而非立法所能限制。"会中外大臣亦多言其不便，金钊疏入，上手批答曰："朝有诤臣，使朕胸中黑白分明，无伤于政体，不胜欣悦！"予议叙。

道光元年，兼署户部侍郎。两江总督孙玉庭以南漕浮收不能尽去，议请分折征收，学政姚文田、御史王家相皆奏言不可。金钊既同部臣议覆，复疏争曰："康熙中奉永不加赋之明诏，此大清亿万年培养国脉之至计也。前有议加耗米及公费银者，户部以事近加赋议驳。今准其略有浮收，不肖者益无顾忌，而浮收且多于往日，虽告以收逾八折即予严参，然前此逾额者何尝不干严谴，卒不闻为之减少，独于新定之额，恪遵而不敢逾，此臣之所不敢信也。在督抚奏定之后，不虑控告浮收。在州县纵有发觉，又将巧脱其罪。是限制仍同虚设，徒为盛朝开加赋之端，臣窃惜之！"疏入，下江、浙督抚妥议，事乃寝。寻以吏部事繁，罢直书房。典江南乡试，道经铜山，见运河支渠为黄流淤塞，岁苦潦，回京奏请疏浚，如议行。

二年，典会试，调户部，父忧归。六年，服阕，署礼、工二部及仓场侍郎,仍直上书房,授皇长子奕纬读。实授户部侍郎。七年,连擢左都御史、礼部尚书,上方倚畀,迭命赴山西、直隶、四川、湖北、福建鞫狱按事,四年之中,凡奉使五次。所至持法明慎,悉当上意。充上书房总师傅,调吏部尚书。十一年,皇长子遘疾不起,忌者因以激上怒,罢总师傅,降兵部侍郎。逾两年,复自左都御史授工部尚书,转吏部。连典江南、顺天乡试。十六年,陕西巡抚杨名飏被劾,命偕侍郎文庆往按,暂署巡抚。又往四川按事,名飏复与臬司互讦,得其冒工庇属状,劾罢。会京察,以奉使公明,予议叙。又赴张家口、太原鞫狱。十八年,以户部尚书协办大学士,仍调吏部。

十九年,命按事安徽、江苏、浙江。自禁烟议起,海疆久不靖。林则徐既罢,琦善主抚,复不得要领。金钊素不附和议,与穆彰阿等意龃龉,一日召对,上从容问广东事可付诸何人,金钊以林则徐对,上不悦。至二十一年,事且益棘,诏予则徐四品卿衔赴浙江军营,亦未果用之。未几,有吏部司员陈起诗规避仓差,金钊还其呈牍禁勿递,为所讦,坐降四级调用。逾年,授光禄寺卿。以衰老乞罢,住京养疴,许以二品顶戴致仕。久之,上仍眷念,二十九年,皇太后之丧,具疏上慰,赐头品顶戴。咸丰四年,重宴鹿鸣,加太子太保。六年,卒,诏以尚书例赐恤,谥文端。

金钊自为翰林,布衣脱粟,后常不改。当官廉察,负一时清望,虽被排挤,卒以恩礼终。子修,通政司副使。

论曰:阮元由词臣出膺疆寄,竟殄海寇,开府粤、滇,绥边之绩,并有足称,晚登宰辅,与枢臣曹振镛异趣,惟以文学裁成后进,世推耆硕,汪廷珍、汤金钊正色立朝,清节并著。金钊虽以直言被摈,宣宗终鉴其忠诚,易名曰"端",胥无愧焉。

清史稿卷三六五
列传第一五二

觉罗宝兴　　宗室敬徵
宗室禧恩　　陈官俊
卓秉恬

　　觉罗宝兴,字献山,隶镶黄旗。嘉庆十五年进士,选庶吉士,授编修。累迁少詹事,入直上书房。十八年,仁宗幸热河,林清逆党突入禁城,宝兴散直,至东华门与贼遇,急入告警。宣宗方在上书房,闻警戒备,贼不得逞。上还京,擢宝兴内阁学士。

　　十九年,授礼部侍郎。以事忤旨,诏斥宝兴不学,降大理寺卿,罢直书房。复坐部刊科场条例误"高宗"为"高祖",降二级调用。寻予三等侍卫,充吐鲁番领队大臣。

　　道光二年,召为大理寺少卿。复因事降通政司参议,历左副都御史、兵部侍郎,出为泰宁镇总兵。八年,授理藩院侍郎,调兵部。迭命偕户部尚书王鼎察治长芦、两淮盐务,筹议整顿,详王鼎传。十年出为吉林将军,疏言:"松花江西岸、辉发河北岸旧例封禁,其余闲旷山场均设卡伦,惟谓兵丁打捕牲畜,以备贡品。民人无照,私出挖参斫木者,查拿治罪。"又言:"伯都讷珠尔山荒田先后开垦五千二百六十二垧,其租息请自道光十五年为始,以其半分赏兵丁,半存备报修工程。此外尚有可垦荒地五万六千余垧,作为官荒,将来奏请招佃征租。乌拉凉水泉已垦七万三千九百余垧,请拨二道河东二万垧,以七成给乌拉总管衙门,三成给协领衙门,资为津贴。余未垦地五万三千余垧,亦作官荒。"并从之。调盛京,又调成都。

十七年,署四川总督,逾年实授。时马边、越巂边外夷匪数出为患。十九年,疏言:"御边之策,不外剿、抚、防三者。抚之之道,在施于平时,断无失利之后转而就抚之理。比来劳师糜饷,迄无成功。为今计者,以修边防为急务,陈防边五事:一、增兵额,请于马边增兵千二百,雷波、普安、安阜、越巂、宁越各增兵八百,峨边、屏山各增兵四百;一、改营制,请以绥定协副将移驻马边厅城,游击、都司以下各增设移驻有差;一、筑碉堡,饬各厅县因地制宜,从修堡寨,责令各集团练,官给抬炮,督率教演,择要随筑炮台,增设大炮;一、定期巡阅,岁春夏之交,建昌道赴越巂、峨边,永宁道赴马边、雷波、屏山,周历巡阅各一次,秋冬责成提督与建昌总兵分赴巡行察勘边隘;一、优奖边吏,马边、越巂两厅同知,请三年俸满,以题调选缺知府升补。"疏下议行。言官论奏四川提督应如湖南例,半年驻越巂等处。宝兴议:"马边、越巂相距辽远,请于春秋夷匪出没之时,提督往驻马边、峨边、雷波三厅,建昌总兵往驻越巂、宁越。"又言:"越巂边防以大路为重,麦子营、利济站均应增驻弁兵,乾沟诸汛应酌量移撤,分设于马日杠诸处。越巂、宁越两营相距颇远,声势不能相及。前请以建昌左营游击移驻大菩萨地,远在宁越之东,而越巂营参将复与游击不相统属。请越巂、宁越适中之界牌楼,以建昌镇右营都司移驻,专管麦子营、利济站两汛。"并从之。

先是宝兴以马边诸厅县增设防兵,筹议边防经费,请按粮津贴,计可征银百万两,以三十万为初设防兵之需。每岁经费,即以余银七十万两生息,置田供支。上以津贴病民,拨部帑银百万。翰林院侍读学士王炳瀛奏:"四川前买义田,遍及百余州县,若更以数十万帑银于各州县买田收租,膏腴将尽归公产。请限于四厅近边地收买,安置屯防。"下宝兴妥议,疏言:"边防完竣,用银二十二万两有奇,以三十七万发盐茶各商,岁得息三万七千余两,足敷增设练勇饷械之需。余银四十万,听部拨别用。"遂罢买田议。二十一年,拜文渊阁大学士,留四川总督任。时大学士琦善、协办大学士伊里布相继罢,在朝满洲大臣鲜当上意,故有是授。二十六年,入觐,命留京管理刑部,充上书房总师傅,兼翰林院掌院学士。二十八年元旦,加恩年老诸臣,加太保。十月,卒,年七十二,谥文庄。

宗室敬徵,隶镶白旗,肃亲王永锡子。嘉庆十年,封辅国公,授头等侍卫,兼委散秩大臣、副都统。十九年,授内阁学士,兼銮仪使,充总族长。二十二年,失察宗室海康等习红阳教,褫职,谪居盛京。寻予四等侍卫,乾清门行走。

道光初,累迁工部侍郎,授内务府大臣,调户部。八年,偕尚书王鼎察治长芦盐务,奏定归补帑课章程,详王鼎传。十二年,南河奸民陈堂等盗决于家湾官堤,命偕尚书朱士彦往勘。疏陈:“诸口已合,坝下尚未闭气,闸有蜇陷。陈堂等听从逸犯陈端纠众,以为从问拟,疏防各官遣戍。通判张懋祖赔修坝工不实,罚赔枷号。覆勘湖河各工,请择要兴修,高堰、山盱卑矮石工,分年改砌碎石。信坝补还石工,智坝、仁河、义河改修石底。里河福兴闸塌卸,急筑。扬河西岸加高砖工,改抛碎石。”并从之。又会同两江总督陶澍议定淮盐票引兼行,言官所论官票运私、侵碍畅岸、争占马头三者皆可无虑,诏如原议行。

十四年,授左都御史。偕侍郎吴椿勘浙江海塘,疏言:“念里亭至尖山柴工尚资御溜,石塘仍当修整,镇海及戴家桥汛议改竹篓,块石不如条石坦水旧法为坚实。乌龙庙以东,冬工暂缓。”回京,擢兵部尚书,调工部。十五年,以孝穆皇后、孝慎皇后梓宫奉安龙泉峪,诹日不慎,罢尚书、都统,仍充内务府大臣。十六年,署户部侍郎,累迁工部尚书,兼都统。东河总督栗毓美多用砖工,御史李莼言其不便,命敬徵偕莼往勘。疏陈:“已办砖工尚属整齐,砖,改办碎石。”从之。十八年,调户部。

二十二年,南河扬河漫口,水田灌河入海。有议即改新河,河督麟庆以河流未定,遽难决议,命敬徵偕尚书廖鸿荃往勘。疏言:“改河之议,在因势利导。今查灌河海口至萧庄口门三百六十余里。新河正溜,由六塘出达灌口,其下游东北一百十里,滔滔直注。惟当潮长时,黄水相逼,壅阏不前,而上游自口门至响水口二百余里,支流忽分忽合,必须两岸筑堤束水,方免泛滥,计工长三百余里,经费难筹。且中河运道为黄流横截,不得不移塘灌运。清水本弱,仍恃借黄以济。空船引转需时,重运更形艰滞。是移塘乃权宜之计,常年行之,恐妨运道。旧黄河自萧庄迄旧海口四百二十余里,尾闾宽畅。自漫口断流,河身益淤,若挽归故道,堵口挑河,共费五六百万,较改河筑堤搏节实多。请定明岁春融兴工,俟军船回空后筑坝合龙。"诏如议行。寻以户部尚书协办大学士。

二十三年,偕侍郎何汝霖赴南河勘工,又赴河南察视中河厅漫口。疏陈筑坝挑河工费需银五百十八万两,较祥符工费为节省,允之。二十五年,奏:"河南下北河厂庙工,乃北岸七厅适中之所,河臣宜常年驻此。便于控制。"诏河督每于伏汛前移驻庙工,立冬后仍回济宁。寻坐滥保驻藏大臣孟保,降内阁学士。未几,复授工部尚书。又坐滥保科布多参赞大臣果勒明阿,褫职。三十年,署正白旗满洲副都统。咸丰元年,卒,诏念前劳,予一品衔,依尚书例赐恤,谥文悫。

子恒恩,左副都御史,孙盛昱,自有传。

宗室禧恩,字仲蕃,隶正蓝旗,睿亲王淳颖子。嘉庆六年,赐头品顶戴,授头等侍卫,乾清门行走。十年,晋御前侍卫,兼副都统、銮仪使、上驷院卿,转奉宸院卿,迁内阁学士。十八年,擢理藩院侍郎。二十年,授内务府大臣,调户部侍郎。

二十五年,仁宗崩于热河避暑山庄,事出仓猝,禧恩以内廷扈从,建议宣宗有定乱勋,当继位。枢臣托津、戴均元等犹豫,禧恩抗论,众不能夺。会得秘匮朱谕,乃偕诸臣奉宣宗即位,命在御前大臣、领侍卫大臣上行走。

道光二年,擢理藩院尚书。时哈萨克部众潜聚乌梁海,议迁徙安置,增设卡伦。吏部尚书松筠谙习边事,上每垂询,禧恩因以谄之。松筠素坦率,遂代删改疏稿。禧恩怒,以上闻,松筠坐越职干预被谴。寻调工部,仍兼署理藩院尚书。六年,调户部。八年,加太子少保,署吏部尚书。九年,随扈盛京,诏念睿亲王多尔衮数定大勋,加恩后裔,赐禧恩双眼花翎。

十二年,湖南江华瑶赵金龙作乱,命禧恩偕盛京将军瑚松额督师,未至,总督卢坤、提督罗思举已平之,歼金龙。禧恩素贵倨,奉命视师,意气甚盛,嗛诸将不待而告捷,谓金龙死未可信。思举以金龙焚骸及佩物为证,议始息。广东瑶匪赵仔青窜入湖南,率提督余步云、总兵曾胜追剿之。偕巡抚吴荣光疏陈善后事。湖南既定,而两广总督李鸿宾剿连山瑶,阅半年,军屡挫。诏逮鸿宾,以禧恩署总督,由湖南进兵。遣步云、胜等先后破贼,禽首逆邓三、盘文理,毁其巢。甫一月,诸瑶乞降。诏嘉其奏功迅速,赐三眼花翎,封不入八分辅国公。班师,途次丁母忧,温谕慰之。十三年,孝慎皇后薨,命理丧仪,坐议礼征引违制,褫御前大臣、户部尚书、内务府大臣。寻复授理藩院尚书。以生日受属员馈送,为御史赵敦诗所劾,疏辩得直,敦诗坐谴。

十四年,因相度龙泉峪万年吉地,加太子太保。调兵部尚书,兼署礼部户部。十八年,诏以南苑牲畜不蕃,禧恩久管奉宸苑,废弛疏懈,罢其兼领。寻得员司积弊状,尽罢诸兼职,降内阁学士。二十二年,署盛京将军,授理藩院侍郎,留将军署任。英吉利内犯,海疆戒严,命治盛京防务。既而和议成,疏陈善后十事,并巡洋章程,如议行。

二十五年,以病解职。坐失察内地民人越朝鲜界垦地,削公爵,降二等辅国将军。三十年,起署马兰镇总兵、密云副都统。咸丰元年,召授户部侍郎。二年,擢户部尚书,协办大学士,管理藩院事。寻卒,赠太子太保,谥文庄。

禧恩自道光初被恩眷,及孝全皇后被选入宫,家故寒素,赖其资助,遂益用事。遍膺禁近要职,兼摄诸部,凌轹同列,人皆侧目。后晚宠衰,禧恩亦数获谴罢斥。文宗即位,乃复起,不两年登协揆焉。

陈官俊,字伟堂,山东潍县人。嘉庆十三年进士,选庶吉士,授编修,迁赞善。二十一年,入直上书房。大考二等,擢洗马,累迁右庶子。典陕西乡试,督山西学政。

道光元年,命各省明定陋规,中外臣工多言窒碍,官俊亦疏陈不可行,诏嘉之,予议叙。会密谕留心察访官吏贤否、政治得失,官俊恃曾直内廷为宣宗所眷,意气甚张。寻迁侍讲学士,命回京,仍直上书房。山西巡抚成格追劾官俊在学政任殴差买妾,妄作威福,大开奔竞。上以官俊于殴差买妾已自承不讳,曾荐举魏元烺、邱名泰,人材尚不缪。惟所述太监往河东查访盐务控案,事出无稽,解职就质,命长龄道出山西,传旨面诘成格,亦以不能指实引咎,遂两斥之。官俊降编修,罢直上书房。连典贵州、江西乡试,历中允、祭酒、侍讲学士、内阁学士。

十六年,授礼部侍郎,调吏部。十九年,擢工部尚书。东陵郎中庆玉侵帑籍没,主事全孚预告,多所寄顿。事觉,语由官俊闲谈漏泄,回奏复讳饰,诏斥失大臣体,褫职。二十一年,起为通政使,历户部、吏部侍郎,管理三库。擢礼部尚书,调工部。二十四年,以吏部尚书协办大学士。

官俊再起,历典乡会试、殿廷御试,每与衡校。充上书房总师傅。编修童福承素无行,直上书房授皇子读。给事中陈坛劾之,语及福承为官俊妻作祭文,措词过当。福承遣黜,诏斥官俊容隐不奏,罢总师傅,议降三级调用,从宽留任。二十九年,卒,优诏赐恤,称其心田坦白,赠太子太保,入祀贤良祠,谥文悫。赐其孙厚钟、厚滋并为举人。

官俊初直上书房,授宣宗长子奕纬读,宣宗嘉其训迪有方。后皇长子逾冠而薨,上深以为恫,故遇官俊特厚,屡获咎而恩礼始终不衰。

子介祺,道光二十五年进士,官编修。咸丰中,助军饷,加侍讲学士衔。后在籍治团练,守城,赈饥,赐二品顶戴。介祺绩学好古,所藏钟鼎、彝器、金石为近代之冠。

卓秉恬,字静远,四川华阳人。嘉庆七年进士,选庶吉士,年甫逾冠,授检讨。典陕西乡试。十八年,改御史,历给事中,章疏凡数十上。论盗风未息,由捕役与盗贼因缘为奸,捕役藉盗贼以渔利,盗贼仗捕役为护符,民间控告,官不为理,盗贼结恨,又召荼毒。直隶之大名、沧州,河南之卫辉、陈州,山东之曹州、东昌、武定,江苏之徐州最甚,请饬实力禁惩。巡漕山东,履勘泰安、兖州各属,探浚新泉四十三处,定名勒石。历鸿胪寺少卿、顺天府丞。

二十五年,疏言:“由陕西略阳迄东至湖北郧西,谓之南山老林。由陕西宁羌迄南而东,经四川境至湖北保康,谓之巴山老林。地皆硗瘠,粮徭极微。无业游民,给地主钱数千,即租种数沟数岭。岁薄不收则徙去,谓之棚民。良莠莫辨,攘夺时闻。一遇旱涝。一二奸民为之倡,即蚁附蜂起。州县以地方辽阔,莫能追捕,遂至互相容隐。迨酿成大案,即加参劾,事已无济。且事连三省,大吏往返咨商,州县奉文办理,恒在数月之后。与其即一隅而夺谋之,何如合三省而共议之。请于扼要之地,专设大员控制。”宣宗深韪之,诏下三省会议,未果行,仅将边境文武酌就要地改驻添设。

道光四年,调奉天府丞,丁父忧去。服阕,历太仆寺、大理寺少卿,太仆寺卿,宗人府丞,内阁学士,典江南乡试。十五年,迁礼部侍郎,调吏部。督浙江学政。擢左都御史,召还京,兼管顺天府尹事。历兵部、户部、吏部尚书、协办大学士。二十四年,拜文渊阁大学士,晋武英殿。历管兵部、户部、工部,赐花翎。咸丰五年,卒,年七十四,赠太子太保,谥文端。

秉恬兼管京尹最久,凡十有八年。时九卿会议,一二王公枢相主之,余率占位画诺。秉恬在列,时有辩论,不为用事者所喜。子楎,道光二年进士,官至吏部侍郎。

　　论曰：自设军机处，阁臣不预枢务。始犹取名德较著者表望中朝，继则旅进旅退之流，且以年资眷睐，驯跻鼎铉矣。宝兴号娴吏事，而蒙篦篨不飭之声，敬徵数视河工，差著劳勩。禧恩、陈官俊并恃恩私，崛而复起，卓秉恬以言官进，视缄默自安者稍表异焉。

清史稿卷三六六
列传第一五三

孙玉庭　　蒋攸铦　　李鸿宾

　　孙玉庭,字寄圃,山东济宁人。乾隆四十年进士,选庶吉士,授检讨。五十一年,出为山西河东道,父忧去,服阕,补广西盐法道。

　　嘉庆初,就迁按察使,历湖南、安徽、湖北布政使,举发道员胡齐仑侵冒军需,诏嘉之。七年,擢广西巡抚,调广东。安南国王阮光缵为农耐、阮福映所逼,叩关乞内避,命玉庭驰赴广西察办。福映已灭光缵,遣使纳款,玉庭疏陈其恭顺,请受之。寻福映请改国名曰南越,仁宗疑之。玉庭言:"不可以语言文字阻外夷向化之心。其先有古越裳地,继并安南。若改号越南,亦与中国南粤旧名有别。"乃报可。广东海盗日横,玉庭议防急于剿,请增兵严守口岸,禁淡水米粮出海以制之。寻调广西,十年,复调广东。时总督那彦成专意招抚,玉庭意不合,疏陈其弊,谓:"盗非悔罪,特为贪利而来。官吏贪功,不惜重金为市。阳避盗名,阴撄盗实。废法敛怨,莫此为尤。"上韪其言,那彦成由是获罪。

　　十三年,英吉利兵船入澳门,总督吴熊光但停贸易,未遣兵驱逐,上斥畏葸,罢熊光,调玉庭贵州。寻百龄至粤,追论熊光,且劾玉庭不以实入告,坐罢归。已而予官编修,在文颖馆行走。十五年,授云南巡抚,兼署云贵总督。调浙江。二十年,英吉利贡使不愿行跪拜礼,廷议以其倔强,遣之。会玉庭入觐,面奏驭夷之道:"妄有干求,当折以天朝之法度。归心恪顺,不责以中国之仪文。"反覆开陈,上意乃解。

二十一年，擢湖广总督，未几，调两江。漕、盐、河为江南要政，日臻疲累。玉庭久任封圻，治尚安静，整顿江西、湖北引岸缉私，筹款生息，津贴屯丁，减省漕委，随事为补苴之计，稍稍相安。宣宗即位，特加太子少保衔。时用尚书英和言，清查直省陋规，立以限制，下疆臣议久远之法。玉庭疏言："自古有治人无治法。果督抚两司皆得人，则大法小廉，自不虞所属苛取病民。非然者，虽立限制，仍同虚设，弊且滋甚。各省陋规，本干例禁。语云：'作法于凉，其弊犹贪。'禁人之取犹不能不取。若许之取，势必益无顾忌。迨发觉治罪，民已大受其累。府、厅、州、县禄入无多，向来不能不藉陋规为办公之需，然未闻准其加取于民垂为令甲者，诚以自古无此制禄之经也。伏乞停止查办，天下幸甚。"疏入，诏褒其不愧大臣之言。

道光元年，授协办大学士，仍留总督任。是年入觐，与玉澜堂十五老臣宴。帝询淮盐疏销之策，玉庭言："汉口为淮南售盐总岸，向来船到随时交易，是以畅销。自乾隆中立封轮法，挨次轮售，私盐乘间侵越。"因胪陈六害，请复旧章，从之。又言漕粮浮收不能禁革，不如明与八折为便。御史王家相奏言事类加赋，侍郎姚文田、汤金钊亦论之，事遂寝。然州县困于丁费，浮收仍难禁绝，胥吏上下其手，专累良懦，因玉庭议不行，疆臣不敢复请。至同治初，始定漕耗，卒如玉庭议。

四年，拜体仁阁大学士，留任如故。会高家堰决，河督张文浩遣戍，部议玉庭革职，诏念前劳，宽之，留任。寻复以借黄济运无效，褫职，予编修休致。户部复劾其不行海运，而河病运阻，责偿滞漕剥运费十之七，命留浚运河。工竣，回籍。十四年，重宴鹿鸣，加四品顶戴。寻卒，年八十有三。

子善宝，以举人荫生授刑部员外郎，官至江苏巡抚。瑞珍，道光三年进士，由翰林官至户部尚书，谥文定。孙毓溎，道光二十四年一甲一名进士，官至浙江按察使。毓汶亦以一甲二名进士，官至兵部尚书，自有传。曾孙楫，咸丰二年进士，翰林院庶吉士，官至顺天府尹。四世并历清要,家门之盛,北方士族无与埒焉。

蒋攸铦,字砺堂,汉军镶红旗人。先世由浙江迁辽东,从入关,居宝坻。乾隆四十九年,成进士,年甫十九,选庶吉士,授编修。嘉庆初,迁御史,敢言有声,受仁宗知。五年,出为江西吉南赣道,署按察使。八年,广昌斋匪廖干周作乱,攸铦率兵平之。疆臣上其功,会丁母忧去。十年,特起署广东惠潮嘉道,历江西按察使、云南布政使。十四年,调江苏,就擢巡抚。调浙江,擢江南河道总督,以不谙河务,辞诏回原任。

十六年,擢两广总督。严于治盗,遴勤干文武大员驻广、肇、韶、连诸郡居中之地,分路搜截,饬州县官赴乡劝导耆老,使境内不得藏奸,举劾严明,吏皆用命。历擒匪盗七百余名,自首者许自新,特诏褒奖。十八年,应诏陈言,略曰:"我朝累代功德在民,崦乱民憝不畏法,变出意外,此皆由于吏治不修所致。臣观近日道、府、州、县,贪酷者少而委靡者多,夫阘冗之酿患,与贪酷等。窃以为方今急务,莫先于察吏。而欲振积习,必用破格之劝惩。凡贪酷者固应严参,平庸者亦随时勒休改用,勿俟大计始行核办。其有勤能者,即请旨优奖。果道、府、州、县得人,则祸乱之萌自息。"

次年,又上疏曰:"道府由牧令起家者十之二三,由部员外擢者十之七八。闻近来司员少卓著之才,由于满洲之荫生太易,汉员之捐班太多。请饬部臣随时考核,其不宜于部务者,以同知、通判分发各省,使练民事,部曹亦可疏通。今之人才沉于下位者多矣,请饬大臣荐达,择其名实相副者擢用。抑臣更有请者,任事之与专擅,有义利之分,若任事而以专擅罪之,人皆推诿以自全矣。协恭之与党援,有公私之别,如协恭而以党援目之,人且立异以远嫌矣。此近今之积习,为大臣者当力除之。至翰林儒臣,务在崇正学,黜浮华,养成明体达用之才,不必以文章课殿最。科道为耳目之官,敷陈能否得体,纠劾是否为公,询事考言,难逃洞鉴。其有卓越清正者,当由京堂擢卿贰,与翰詹参用。用人之道,因才因地因时,臣下无可市之恩,君上有特操之鉴。人无求备,政在集思,此之谓也。"疏入,上嘉纳之。

英吉利兵船入内洋,攸铦饬停贸易,乃听命引去。请禁民人为洋人服役,洋行不许建洋式房屋,铺商不得用洋字店号,清查商欠,不准无身家者滥充洋商,及内地人私往洋馆,并如议行。商人负暹罗国货价,以官钱代偿,既而贡使来缴还。攸铦以奉旨颁给,乃示怀柔,不得复收回,却之,诏嘉其得体。

二十二年,调四川总督。四川兵故骄纵,一裁以法。民多带刀剑,禁乡村设炉制兵刃。城市编牌取结,有犯连坐。以义仓租息助灌县都江堰岁修,禁派捐累民。重修文翁石室,兴学造士。言官请禁非刑,饬属销毁违法刑具,而严戒纵匪,不得博宽厚虚名,贻闾阎实害。二十四年,率土司头目入都祝嘏,赏赉有加。时因庆典,普免天下积欠钱粮,独四川无欠可免,诏嘉其抚绥有方,予优叙。二十五年,仁宗崩,入谒梓宫,宣宗谕褒为守兼优,加太子少保。

道光二年,召授刑部尚书。寻授直隶总督,值水灾,请截南漕四十万石,赈款先后二百万两,逾年赈事竣。时方治畿辅水利,命侍郎张文浩莅其事,寻以程含章代之,攸铦与合疏言东西两淀,大清、永定、子牙、南北运五河,及天津海口、千里堤,不可缓之工,请部拨银一百二十万两,又疏陈千里堤章程,规复两淀堡船役夫,移改管河员弁驻所,添建巡防堡房。并如议行。命协办大学士,仍留总督任。五年,拜体仁阁大学士,充军机大臣,管理刑部。以回疆平,加太子太保。

七年,授两江总督。疏言总督于河务非专责,与河臣同治,徒掣其肘,请毋庸驻清江浦,从之。时清水不能敌黄,漕运屡阻。攸铦初在浙,不主海运,至是见河、漕交困,试行海运便利,遂请续行,并预储银六十万两,备河运盘坝之用。廷议方主倒塘济运法,且疑其畏难便私,不许。攸铦疏辩,极言倒塘之不足恃,上终不以为然,姑许海运,而禁言盘坝。未几,海运亦罢。以张格尔就禽,追论赞画功,晋太子太傅。

黄玉林者,盐枭巨魁,以仪征老虎颈为窟穴,长江千里,呼吸皆通,诏责严捕,玉林投首,乞捕私自效。十年,攸铦病,乞假,假满,召回京供职,而玉林复图贩私,攸铦疏请严治,发遣新疆,寻复虑其潜回滋事,密请处绞。诏诛玉林,切责攸铦苟且从事,严议褫职,加恩降兵部侍郎。未至京,卒于途,优诏轸惜,依尚书例赐恤。

攸铦精敏强识,与人一面一言,阅数十年记忆不爽。勇于任事,不唯阿。尤长于察吏,荐贤如不及,所举后多以事功名节著。子惣远,官至贵州巡抚,自有传。

李鸿宾,字鹿苹,江西德化人。嘉庆六年进士,选庶吉士,授检讨。迁御史、给事中。十八年,巡视东漕。会林清之变,数疏陈时政利弊。又以山东、河南、直隶毗连之地,频年遭兵,条上善后事,始受仁宗知。命偕河督吴璥、巡抚同兴按河督李亨特贪劣不职状,得实以闻。

十九年,超授东河副总河。时微山湖蓄水尽涸,运河淤塞。鸿宾自巡漕时讲求疏泉济运之策,至是疏瀹上游,湖水通畅,潴蓄充盈,漕运无阻,被褒奖,命赴睢工,会同吴璥塞河。二十年,擢河东河道总督。由谏官不三年而膺方面,为时所罕。寻丁母忧,赐金治丧,予谕祭,异数也。服阕,署礼部、兵部侍郎,命赴河南、山东谳狱,并察黄河、运河、湖水情形。

二十三年,署广东巡抚。二十四年,授漕运总督,复调河东河道总督。河决兰阳、仪封,命偕尚书吴璥治之,鸿宾专驻仪封。会北岸马营坝复决,合疏言马营土质沙松,河溜尚劲,未能遽定坝基,被诘责,遂自陈不胜河督之任。诏斥其见吴璥办工迟缓,虑同获咎,预为地步,褫职,予郎中衔,留河南专司大工钱粮。二十五年,命营山东运河事务,兼署山东巡抚,专驻张秋,筹备趱运事。寻授安徽巡抚。

道光元年,调漕运总督。二年,擢湖广总督。初,湖广行销淮盐,用封轮法,大商垄断,小商向隅,甫改开轮,又有跌价争售之害。鸿宾请设公司,佥商经理,无论盐船到岸先后,小商随到随售,大商按所到各家计引均销。试行两月后，贩运踊跃，著为令。时议折漕以资治河，鸿宾疏言征收折色，弊窦丛生，莫若令民间完交本色，由州县卖米易银，转解河工，诏以易启抑勒捏价，加收平色诸弊，未允行。

调两广总督。广东通商久，号为利薮。自嘉庆以来，英吉利国势日强，渐跋扈。故事，十三行洋商有缺，十二家联保承充，亏帑则摊偿。英领事类地知洋行获利厚，欲以洋斯容阿华充商，诸商不允，乃贿鸿宾得之。类地曰："吾以为总督若何严重，讵消数万金便营私耶！"于是始轻中国官吏。容阿华寻以淫侈耗资逃，勿获，官帑无著，不能责诸商代偿，乃以抽分法为弥补，众商藉以渔利，夷情不服，日益多事。鸦片流行日广，漏银外洋，鸿宾屡疏陈查禁之法及禁种罂粟，并增筑虎门大角炮台，以资控御，而奉行具文，未有实效。十年，协办大学士，仍留总督任。

十一年，崖州黎匪乱，鸿宾驻雷州，令提督刘荣庆、总兵孙得发剿平之。给事中刘光三奏广东匪徒立会滋扰，鸿宾疏陈："无三点会名目，惟抢劫打单，勒索民财，根株未绝。随时访拿，准自首免罪。请广、潮、肇、嘉诸府山场荒地，令无业游民报垦，永不升科，庶衣食有资，免流匪僻。"如议行。入觐，赐花翎。十二年春，湖南瑶赵金龙倡乱，广东连州瑶闻风蠢动，遣兵防剿。五月，鸿宾赴连州，三路进兵，虽有斩获，兵弁伤亡多，疏请俟湖南事竣进剿，诏斥任贼蔓延。提督刘荣庆衰庸，不早纠劾，严议革职，改留任。命尚书禧恩等由湖南移师赴粤剿办，禧恩言："粤兵多食鸦片，不耐山险，鸿宾陈奏不实。"褫职逮治，遣戍乌鲁木齐。十四年，释还，予编修。家居久之，二十年，卒。

论曰：宣宗初政，励精求治。孙玉庭、蒋攸铦并以老成膺分陕之寄，大事多以咨决。其时盐、河、漕皆积困，玉庭持重，晚稍模棱。攸铦直行己意，眷注遂衰，然其汲引人才，识量远矣。李鸿宾初以建言骤起，后乃簠簋不饬，贻海疆隐患。三人皆不能以功名终，公私之殊,不可概论也。